Schneider/Thiel
Das neue Gebührenrecht für Rechtsanwälte

AnwaltsGebühren

Das neue Gebührenrecht für Rechtsanwälte

Änderungen durch das 2. Kostenrechtsmodernisierungsgesetz (2. KostRMoG)

Von
Rechtsanwalt **Norbert Schneider**,
Neunkirchen
und
Rechtsanwältin und Fachanwältin für Familienrecht
Lotte Thiel,
Koblenz

DeutscherAnwaltVerlag

Zitiervorschlag:
Schneider/Thiel, Das neue Gebührenrecht, § 1 Rn 1

Anregungen und Kritik zu diesem Werk senden Sie bitte an
kontakt@anwaltverlag.de
Autoren und Verlag freuen sich auf Ihre Rückmeldung.

Copyright 2013 by Deutscher Anwaltverlag, Bonn
Satz: Reemers Publishing Services GmbH, Krefeld
Druck: Hans Soldan Druck GmbH, Essen
Umschlaggestaltung: gentura, Holger Neumann, Bochum
ISBN 978-3-8240-1229-9

Bibliografische Information der Deutschen Nationalbibliothek
Die Deutsche Nationalbibliothek verzeichnet diese Publikation in der Deutschen Nationalbibliografie; detaillierte bibliografische Daten sind im Internet über http://dnb.d-nb.de abrufbar.

Für Sonja

Vorwort

Am 1.7.2013 wird das 2. KostRMoG in Kraft treten.

Macht es Sinn, schon jetzt ein Handbuch vorzulegen zu einem Gesetz, das nicht einmal die Gesetzgebungsorgane passiert hat, von einer Verabschiedung also noch ein gutes Stück weit entfernt ist?

Nun, Sie haben sich zum Kauf dieses Buchs entschlossen und halten damit unsere Antwort auf diese Frage in Ihren Händen. Die Anschaffung wird sich unserer Überzeugung nach sicher recht schnell amortisieren, denn wir wollen Ihnen aufzeigen, dass die vorausschauende Beschäftigung mit den neuen Gebührenvorschriften außerordentlich nutzbringend sein kann.

Auf der Grundlage des seit dem 29.8.2012 vorliegenden Regierungsentwurfs zum 2. KostRMoG haben wir alle Änderungen im anwaltlichen Gebührenrecht unter Einbeziehung sämtlicher weiterer Sachgebiete, die für den Anwalt Relevanz besitzen, zusammengefasst und kommentiert.

Es ist nicht zu erwarten, dass das Regelungswerk bis zu seinem Inkrafttreten nochmals modifiziert wird, haben sich doch seit der Vorlage des Referentenentwurfs vor etwa einem Jahr noch durchaus wichtige Korrekturen ergeben, die nun aber ausgereift erscheinen und Grundlage des vorliegenden Werks sind.

Wir haben uns bemüht, Sie schon heute wissen zu lassen, welche gebührenrechtlich relevanten Änderungen, die sich weitaus überwiegend als Verbesserungen darstellen, für Ihre künftige Tätigkeit von besonderer Bedeutung sein könnten. Eine teilweise synoptische Gegenüberstellung wichtiger Gebührentatbestände hilft bei der Erfassung des neuen Rechts. Dabei sind insbesondere auch diejenigen Gesetze und Vorhaben berücksichtigt und vorausschauend in Bezug genommen worden, die noch vor dem 1.7.2013 (Art. 43 2. KostRMoG) in Kraft treten, wie zum Beispiel das Gesetz zur Änderung des Prozesskostenhilfe- und Beratungshilferechts (BR-Drucks 516/12) und das Gesetz zur Reform der Sachaufklärung in der Zwangvollstreckung vom 29.7.2009, das zum 1.1.2013 in Kraft treten wird (BGBl I S. 2258).

Sie werden so schon lange vor der endgültigen Verabschiedung des 2. KostRMoG von der Kenntnis der wesentlichen Gebührenänderungen profitieren, Ihre Mandatsbearbeitung darauf ausrichten und aus der Lektüre des Buches Nutzen ziehen.

Neunkirchen/Koblenz im November 2012

Norbert Schneider *Lotte Thiel*

Inhaltsübersicht

§ 1	Einführung	25
§ 2	Überblick über die Änderungen nach Sachgebieten	27
§ 3	Änderungen des RVG	35
§ 4	Änderungen des GKG	311
§ 5	Änderungen des FamGKG	325
§ 6	Änderungen des JVEG	335
§ 7	Übergangsrecht	337
§ 8	Anhänge	343

Inhaltsverzeichnis

Vorwort		7
§ 1	Einführung	25
§ 2	Überblick über die Änderungen nach Sachgebieten	27
§ 3	Änderungen des RVG	35
	A. Überblick	35
	B. Änderungen im Paragraphenteil	36
	I. Abschnitt 1 – Allgemeine Vorschriften	36
	1. § 1 RVG	36
	2. § 3 RVG	39
	3. § 12b RVG	40
	II. Abschnitt 2 – Gebührenvorschriften	41
	1. § 13 RVG	41
	a) Überblick	41
	b) Änderung der Gebührenbeträge	41
	c) Gegenüberstellung ausgewählter Gebührenbeträge (1,0) bei Werten bis 10.000,00 EUR	42
	d) Anhebung des Mindestbetrags	43
	e) Höchstbetrag	44
	2. § 14 RVG	44
	III. Abschnitt 3 – Angelegenheit	45
	1. § 15 RVG	45
	2. § 16 RVG	45
	a) Überblick	45
	b) Gerichtsstandsbestimmungsverfahren (Nr. 3a)	46
	c) Abänderungs- und Aufhebungsverfahren (Nr. 5)	48
	d) Kostenfestsetzungsverfahren (Nr. 10)	49
	3. § 17 RVG	49
	a) Überblick	49
	b) § 17 Nr. 1 RVG	50
	c) § 17 Nr. 1a RVG	50
	d) § 17 Nr. 4 RVG	50
	aa) Überblick	50
	bb) Verfahren nach dem FamFG	50
	cc) Sonstige Verfahren	52
	e) § 17 Nr. 10 RVG	52
	f) § 17 Nr. 11 RVG	53
	g) § 17 Nr. 12 und 13 RVG	54
	4. § 18 RVG	54
	5. § 19 RVG	56
	a) Überblick	56
	b) § 19 Abs. 1 S. 2 Nr. 3 RVG	57
	c) § 19 Abs. 1 S. 2 Nr. 7 RVG	57
	d) § 19 Abs. 1 S. 2 Nr. 10a RVG	59

IV.	Abschnitt 4 – Gegenstandswert	60
	1. Wertgrenze bei mehreren Auftraggebern (§ 22 Abs. 2 RVG)	60
	2. § 23 RVG	62
	a) Überblick	62
	b) Verweisung auf das GNotKG	63
	aa) Überblick	63
	bb) Verweisung auf die Bewertungsvorschriften des GNotKG (Unterabschnitt 3)	63
	(1) Überblick	63
	(2) Sache	63
	(3) Sache bei Kauf	64
	(4) Land- und forstwirtschaftliches Vermögen	64
	(5) Grundstücksgleiche Rechte	65
	(6) Bestimmte schuldrechtliche Verpflichtungen	65
	(7) Erwerbs- und Veräußerungsrechte, Verfügungsbeschränkungen	65
	(8) Nutzungs- und Leistungsrechte	65
	(9) Grundpfandrechte und sonstige Sicherheiten	66
	(10) Bestimmte Gesellschaftsanteile	66
	cc) Verweisung auf bestimme Wertvorschriften	67
	(1) Überblick	67
	(2) Belastung mit Verbindlichkeiten (§ 38 GNotKG)	67
	(3) Wohnungs- und Teileigentum (§ 42 GNotKG)	67
	(4) Erbbaurechtsbestellung (§ 43 GNotKG)	67
	(5) Mithaft (§ 44 GNotKG)	67
	(6) Rangverhältnisse von Vormerkungen (§ 45 GNotKG)	68
	(7) Miet- Pacht- und Dienstverträge (§ 99 GNotKG)	68
	(8) Güterrechtliche Angelegenheiten (§ 100 GNotKG)	68
	(9) Erbrechtliche Angelegenheiten (§ 102 GNotKG)	69
	c) Regelwert	69
	3. § 23a RVG	70
	4. § 23b RVG	71
	5. § 25 RVG	71
	a) Überblick	71
	b) Gleichstellung mit Vollstreckungsverfahren, Verwaltungszwangsverfahren und Vollziehung eines Arrestes oder einer einstweiligen Verfügung	72
	c) Pfändung in künftiges Einkommen wegen wiederkehrenden Leistungen aus einer Schadensersatzrente	72
	d) Höchstwert in Verfahren auf Erteilung der Vermögensauskunft nach § 802c ZPO	73
	6. § 30 RVG	73
	7. § 31b RVG	75
V.	Abschnitt 5 – Außergerichtliche Beratung und Vertretung	76
	1. § 35 RVG	76
	2. § 36 RVG	80
VI.	Abschnitt 6 – Gerichtliche Verfahren	81
	1. § 37 RVG	81

	2. § 38 RVG		81
	3. § 38a RVG		83
VII.	Abschnitt 7 – Straf- und Bußgeldsachen sowie bestimmte sonstige Verfahren		83
	1. Überschrift		83
	2. § 42 RVG		83
VIII.	Abschnitt 8 – Beigeordneter oder bestellter Rechtsanwalt, Beratungshilfe		85
	1. § 48 RVG		85
		a) Überblick	85
		b) Erweiterung der Rechtsmittel in Abs. 2	86
		c) Erstreckung der Verfahrenskostenhilfe in Ehesachen	87
		d) Erstreckung in sozialgerichtlichen Verfahren	91
		e) Neunummerierung des bisherigen Abs. 4	91
		f) Ersetzung der Widerklage und des Widerklageantrags durch Widerantrag	92
		g) Neunummerierung des bisherigen Abs. 5	92
	2. § 49 RVG – Wertgebühren aus der Staatskasse		92
	3. § 50 RVG		93
	4. § 51 RVG		95
		a) Überblick	95
		b) Erstreckung auf Freiheitsentziehungs- und Unterbringungssachen	96
		c) Verweisung auf § 48 Abs. 6 RVG	96
	5. § 58 RVG		97
		a) Überblick	97
		b) Auswirkungen des § 17 Nrn. 10 und 11 RVG	97
		c) § 58 Abs. 3 RVG	98
	6. § 59 RVG		99
	7. § 59a RVG		100
	8. § 59b RVG		101
IX.	Abschnitt 9 – Übergangs- und Schlussvorschriften		101
C. Änderungen im Vergütungsverzeichnis			102
	I. Teil 1 – Allgemeine Gebühren		102
	1. Nr. 1000 VV RVG		102
		a) Überblick	102
		b) Beseitigung von Streit oder Ungewissheit (Anm. Abs. 1 S. 1 Nr. 1)	103
		c) Zahlungsvereinbarung (Anm. Abs. 1 S. 1 Nr. 2)	103
		aa) Überblick	103
		bb) Einigung	104
		(1) Überblick	104
		(2) Vorläufiger Verzicht auf Titulierung	105
		(3) Vorläufiger Verzicht auf Vollstreckung	106
		cc) Mitwirkung	107
		dd) Gegenstandswert	107
		ee) Höhe der Gebühr	110
		ff) Kostenerstattung	112
		d) Streichung der Verweisung auf § 36 RVG	112

2. Nr. 1004 VV RVG................................ 112
   a) Überblick................................... 112
   b) Nichtzulassungsbeschwerdeverfahren................ 113
   c) Verfahren auf Zulassung eines Rechtsmittels............ 116
   d) Finanzgerichtliche Verfahren...................... 116
   e) Beschwerde- und Rechtsbeschwerdeverfahren der freiwilligen Gerichtsbarkeit.............................. 117
   f) Beschwerden gegen Hauptsacheentscheidungen des einstweiligen Rechtsschutzes in verwaltungs- und sozialgerichtlichen Verfahren................................. 118
   g) Weitere Verfahren nach Vorbem. 3.2.1 und 3.2.2 VV RVG... 119
   h) Sonstige Verfahren............................ 119
3. Nrn. 1005 bis 1006 VV RVG........................ 119
   a) Überblick................................... 119
   b) Tatbestandsvoraussetzungen...................... 120
   c) Anbindung an Geschäfts- oder Verfahrensgebühr......... 120
   d) Keine eigene Gebührenbestimmung nach § 14 Abs. 1 RVG... 121
   e) Erhöhung bei mehreren Auftraggebern................ 122
   f) Unbeachtlichkeit einer Anrechnung.................. 123
   g) Teileinigung oder -erledigung..................... 124
   h) Einigung und Erledigung im Rahmen der Beratung........ 125
   i) Einbeziehung nicht anhängiger Gegenstände im gerichtlichen Verfahren................................. 126
   j) Einbeziehung weiterer Gegenstände bei außergerichtlicher Vertretung.................................. 126
   k) Einbeziehung anhängiger Gegenstände bei außergerichtlicher Vertretung.................................. 127
4. Nr. 1008 VV RVG................................ 128
5. Nr. 1009 VV RVG................................ 130
6. Nr. 1010 VV RVG................................ 130
   a) Überblick................................... 130
   b) Anwendungsbereich............................ 131
   c) Voraussetzungen.............................. 131
      aa) Überblick................................ 131
      bb) Besonderer Umfang......................... 131
      cc) Mindestens drei gerichtliche Termine zur Vernehmung von Zeugen oder Sachverständigen................ 132
          (1) Überblick............................. 132
          (2) Zeugenvernehmungstermine................. 132
          (3) Termine zur Vernehmung eines Sachverständigen... 132
   d) Höhe der Gebühr.............................. 132
      aa) Wertgebühren............................. 132
          (1) Gebührensatz........................... 132
          (2) Gegenstandswert........................ 132
      bb) Betragsrahmengebühren...................... 133

II. Teil 2 – Außergerichtliche Tätigkeiten einschließlich der Vertretung im Verwaltungsverfahren 134
  1. Abschnitt 1 – Prüfung der Erfolgsaussicht eines Rechtsmittels ... 134
    a) Nr. 2102 VV RVG 134
    b) Nr. 2103 VV RVG 135
  2. Abschnitt 2 – Herstellung des Einvernehmens 135
  3. Abschnitt 3 – Vertretung............................ 135
    a) Überblick 135
    b) Vorbem. 2.3 VV RVG............................ 137
      aa) Überblick 137
      bb) Anrechnung nach Vorbem. 2.3 Abs. 4 VV RVG 137
        (1) Anrechnung in verwaltungsrechtlichen Angelegenheiten und sozialrechtlichen Angelegenheiten, die nach dem Gegenstandswert berechnet werden 137
        (2) Anrechnung in sozialrechtlichen Angelegenheiten, die nicht nach dem Gegenstandswert berechnet werden .. 138
      cc) Anrechnung nach Vorbem. 2.3 Abs. 5 VV RVG 138
        (1) Verfahren nach der Wehrbeschwerdeordnung (WBO) . 138
        (2) Verfahren nach der Wehrdisziplinarordnung (WDO) . 139
      dd) Anrechnung nach Vorbem. 2.3 Abs. 6 VV RVG 139
    c) Nr. 2300 VV RVG 139
      aa) Überblick 139
      bb) Verwaltungsrechtliche Angelegenheiten............. 140
        (1) Die Gebühr 140
          (a) Überblick............................ 140
          (b) Verwaltungsverfahren 140
          (c) Widerspruchsverfahren................... 140
        (2) Höhe der Geschäftsgebühr 140
          (a) Überblick............................ 140
          (b) Mehrere Auftraggeber 141
    d) Nr. 2301 VV RVG 141
      aa) Überblick 141
      bb) Mehrere Auftraggeber 143
    e) Die Anrechnung der Geschäftsgebühr Nr. 2300 VV RVG in verwaltungsrechtlichen Angelegenheiten................ 143
      aa) Überblick 143
      bb) Gesonderte Prüfung der Schwellengebühr........... 145
      cc) Begrenzung der Anrechnung 148
      dd) Anrechnung bei geringerem Wert................. 149
      ee) Anrechnung bei mehreren Auftraggebern 150
    f) Anrechnung der Geschäftsgebühr im gerichtlichen Verfahren . 151
    g) Nr. 2301 VV RVG a.F............................. 151
    h) Nr. 2303 VV RVG 151
      aa) Überblick 151
      bb) Geschäftsgebühr in Sozialsachen, in denen das GKG nicht anzuwenden ist................................. 151
        (1) Überblick................................. 151
        (2) Vertretung im Verwaltungsverfahren 151

(3)	Vertretung im Widerspruchsverfahren	152
(4)	Höhe der Geschäftsgebühr	152
	(a) Überblick	152
	(b) Mehrere Auftraggeber	152

cc) Geschäftsgebühr in Verfahren nach der WBO 153
    (1) Überblick 153
    (2) Ausgangsverfahren 153
    (3) Beschwerdeverfahren 153
    (4) Verfahren der weiteren Beschwerde 154
    (5) Höhe der Geschäftsgebühr 154
dd) Verfahren nach der Wehrdisziplinarordnung (WDO). 154
i) Nr. 2304 VV RVG 154
  aa) Neuregelung............................. 154
  bb) Verfahren in Sozialsachen, in denen das GKG nicht
     anzuwenden ist........................... 155
    (1) Überblick............................ 155
    (2) Mehrere Auftraggeber..................... 155
  cc) Verfahren nach der WBO 155
  dd) Verfahren nach der WDO 156
j) Anrechnung der Geschäftsgebühr Nr. 2303 Nr. 1 VV RVG ... 156
  aa) Überblick 156
  bb) Gesonderte Prüfung der Schwellengebühr............ 157
  cc) Begrenzung der Anrechnung 160
  dd) Anrechnung bei mehreren Auftraggebern 161
  ee) Anrechnung der Geschäftsgebühr im gerichtlichen
     Verfahren 161
k) Anrechnung der Geschäftsgebühr Nr. 2303 Nr. 2 VV RVG in
  Verfahren nach der WBO........................ 162
  aa) Anrechnung auf die Geschäftsgebühr............... 162
  bb) Anrechnung der Geschäftsgebühr im gerichtlichen Verfahren 164
l) Anrechnung der Geschäftsgebühr Nr. 2303 Nr. 2 VV RVG in
  Verfahren nach der WDO........................ 164
m) Nr. 2305 VV RVG 164
  aa) Überblick 164
  bb) Anrechnung nach Vorbem. 2.3 Abs. 6 VV RVG. 165
  cc) Anrechnung im gerichtlichen Verfahren 167
4. Abschnitt 4 a.F. – Vertretung in bestimmten Angelegenheiten. ... 167
5. Abschnitt 5 – Beratungshilfe 167
  a) Die verworfenen Änderungsvorschläge des Referentenentwurfs . 167
  b) Die Änderungen des Regierungsentwurfs................ 171
    aa) Nr. 2500 VV RVG........................ 171
    bb) Nr. 2501 VV RVG........................ 171
    cc) Nr. 2502 VV RVG........................ 172
    dd) Nr. 2503 VV RVG........................ 172
      (1) Überblick......................... 172
      (2) Gebührenhöhe...................... 172
      (3) Mehrere Auftraggeber.................. 173
      (4) Anrechnung........................ 173

ee) Nr. 2504 VV RVG	175
ff) Nr. 2505 VV RVG	175
gg) Nr. 2506 VV RVG	175
hh) Nr. 2507 VV RVG	175
ii) Nr. 2508 VV RVG	176
III. Teil 3 – Zivilsachen, Verfahren der öffentlich-rechtlichen Gerichtsbarkeiten, Verfahren nach dem Strafvollzugsgesetz, auch in Verbindung mit § 92 des Jugendgerichtsgesetzes, und ähnliche Verfahren	176
1. Abschnitt 1 – Erster Rechtszug	176
a) Vorbem. 3 VV RVG	176
aa) Überblick	176
bb) Vorbem. 3 Abs. 1 VV RVG	177
cc) Anwendungsbereich des Teil 3 VV RVG	177
dd) Vorbem. 3 Abs. 3 VV RVG	179
(1) Überblick	179
(2) Gerichtliche Termine	180
(a) Überblick	180
(b) Anhörungstermin	180
(c) Protokollierungstermin	181
(d) Termin zur Abgabe einer eidesstattlichen Versicherung	183
(e) Sonstige Termine	183
(f) Verkündungstermin	183
(3) Außergerichtliche Termine	183
(a) Überblick	183
(b) Sachverständigentermin (Vorbem. 3 Abs. 3 S. 3 Nr. 1 VV RVG)	183
(c) Mitwirkung an Besprechungen (Vorbem. 3 Abs. 3 S. 3 Nr. 2 VV RVG)	184
(d) Verfahren mit obligatorischer mündlicher Verhandlung nicht erforderlich	184
(e) Unbedingter Verfahrensauftrag reicht aus	186
ee) Vorbem. 3 Abs. 4 VV RVG	188
(1) Überblick	188
(2) Abrechnung nach Wertgebühren	188
(a) Überblick	188
(b) Anrechnung	188
(c) Kostenerstattung	190
(3) Abrechnung nach Rahmengebühren	191
(a) Überblick	191
(b) Anrechnung	191
(c) Keine Auswirkung auf Einigungs- oder Erledigungsgebühr	195
(d) Kostenerstattung	196
b) Nr. 3101 VV RVG	197
aa) Überblick	197
bb) Bloße Protokollierung	198

	cc) Bloßes Verhandeln nicht anhängiger Gegenstände	198
	dd) Verhandeln und Einigung über nicht anhängige Gegenstände ohne gerichtlichen Termin	199
	ee) Verhandeln und Einigung über nicht anhängige Gegenstände im Termin	200
c)	Nr. 3102 VV RVG	202
d)	Nr. 3103 VV RVG a.F.	202
e)	Nr. 3104 VV RVG	202
	aa) Überblick	202
	bb) Die Fälle der Anm. Abs. 1 Nr. 2	203
	(1) Überblick	203
	(2) Entscheidung durch Gerichtsbescheid nach § 84 Abs. 1 S. 1 VwGO	204
	(3) Entscheidung durch Gerichtsbescheid nach § 105 Abs. 1 S. 1 SGG	205
	cc) Angenommenes Anerkenntnis (Anm. Abs. 1 Nr. 3)	206
f)	Nr. 3106 VV RVG	207
	aa) Überblick	207
	bb) Schriftlicher Vergleich	208
	cc) Entscheidung durch Gerichtsbescheid nach § 105 Abs. 1 S. 1 SGG	208
	dd) Angenommenes Anerkenntnis	209
	ee) Berechnung der fiktiven Terminsgebühren	210
	(1) Überblick	210
	(2) Berechnung	210
	(3) Mehrere Auftraggeber	211
	(4) Anrechnung einer Geschäftsgebühr	212
	ff) Gebührenbeträge	213
2. Abschnitt 2 – Berufung, Revision, bestimmte Beschwerden und Verfahren vor dem Finanzgericht		213
a)	Vorbem. 3.2.1 VV RVG	213
	aa) Überblick	213
	bb) Vorbem. 3.2.1 Nr. 1 VV RVG	214
	cc) Vorbem. 3.2.1 Nr. 2 VV RVG	214
	(1) Überblick	214
	(2) Beschwerden in Familiensachen (Nr. 2 Buchst. b)	215
	(3) Beschwerden in Angelegenheiten der freiwilligen Gerichtsbarkeit (Nr. 2 Buchst. b)	216
	(4) Beschwerden gegen die den Rechtszug beendenden Entscheidungen in Beschlussverfahren vor den Gerichten für Arbeitssachen (Nr. 2 Buchst. c)	220
	(5) Beschwerden gegen die den Rechtszug beendenden Entscheidungen im personalvertretungsrechtlichen Beschlussverfahren vor den Gerichten der Verwaltungsgerichtsbarkeit (Nr. 2 Buchst. d)	220
	(6) Beschwerden nach dem GWB (Nr. 2 Buchst. e)	220
	(7) Beschwerden nach dem EnWG (Nr. 2 Buchst. f)	220
	(8) Beschwerden nach dem KSpG (Nr. 2 Buchst. g)	220

	(9) Beschwerden nach dem VSchDG (Nr. 2 Buchst. h) . .	221
	(10) Beschwerden nach dem SpruchG (Nr. 2 Buchst. i). . .	221
	(11) Beschwerden gegen die Entscheidung des Verwaltungs- oder Sozialgerichts wegen des Hauptgegenstands in Verfahren des vorläufigen oder einstweiligen Rechtsschutzes (Nr. 3 Buchst. a).	221
	(a) Überblick.	221
	(b) Abrechnung nach Wertgebühren	222
	(c) Abrechnung nach Betragsrahmengebühren	223
	(aa) Überblick.	223
	(bb) Verfahrensgebühr	224
	(cc) Terminsgebühr	224
	(dd) Einigungs- und Erledigungsgebühr	225
	(12) Beschwerden nach dem WpÜG (Nr. 3 Buchst. b) . . .	225
	(13) Beschwerden nach dem WpHG (Nr. 3 Buchst. c) . . .	225
	(14) Rechtsbeschwerdeverfahren nach dem StVollzG, auch i.V.m. § 92 JGG (Vorbem. 3.2.1 Nr. 4 VV RVG).	225
b)	Nr. 3201 VV RVG	226
	aa) Überblick	226
	bb) Ermäßigung bei vorzeitiger Erledigung	226
	cc) Eingeschränkte Tätigkeit	227
	(1) Überblick.	227
	(2) Verfahren der freiwilligen Gerichtsbarkeit	227
	(3) Familiensachen	227
c)	Nr. 3202 VV RVG	228
	aa) Überblick	228
	bb) Anm. Abs. 1.	228
	(1) Überblick.	228
	(2) Schriftliche Entscheidung oder schriftlicher Vergleich	228
	(3) Gerichtsbescheid	229
	(4) Angenommenes Anerkenntnis in sozialgerichtlichen Verfahren	229
	cc) Anm. Abs. 2.	229
	(1) Entscheidung durch Gerichtsbescheid in finanzgerichtlichen Verfahren	229
	(2) Einstimmiger Beschluss nach § 130a VwGO	230
d)	Nr. 3204 VV RVG	230
e)	Nr. 3205 VV RVG	231
	aa) Überblick	231
	bb) Anm. S. 1	231
	cc) Anm. S. 2	231
	dd) Gebührenbeträge.	232
f)	Vorbem. 3.2.2 VV RVG	232
	aa) Überblick	232
	bb) Rechtsbeschwerden in den in Vorbem. 3.2.2 Nr. 1 Buchst. a) VV RVG genannten Fällen	233
	cc) Rechtsbeschwerden in den in Vorbem. 3.2.2 Nr. 1 Buchst. b) VV RVG genannten Fällen	233

dd) Verfahren vor dem BGH nach dem BPatG (Vorbem. 3.2.2 Nr. 2 VV RVG)........................... 234
ee) Beschwerde im einstweiligen Rechtsschutz vor dem BFH (Vorbem. 3.2.2 Nr. 3 VV RVG) 234
g) Nr. 3207 VV RVG 234
h) Nr. 3210 VV RVG 235
i) Nr. 3212 VV RVG 235
j) Nr. 3213 VV RVG 235
   aa) Überblick 235
   bb) Anm. zu Nr. 3213 VV RVG................ 235
   cc) Gebührenbeträge....................... 235
3. Abschnitt 3 – Gebühren für besondere Verfahren 236
   a) Nr. 3300 VV RVG 236
      aa) Überblick 236
      bb) Nr. 3300 Nr. 2 VV RVG.................. 236
   b) Nr. 3300 Nr. 3 VV RVG 237
   c) Nr. 3310 VV RVG 238
   d) Vorbem. 3.3.6 VV RVG..................... 238
   e) Nr. 3330 VV RVG 240
      aa) Überblick 240
      bb) Begrenzung bei Wertgebühren 240
      cc) Anwendbarkeit auf sozialgerichtliche Verfahren 241
      dd) Gehörsrüge durch den Hauptbevollmächtigten........ 241
   f) Nr. 3335 VV RVG 242
      aa) Überblick 242
      bb) Betragsrahmengebühren 242
      cc) Gegenstandswert....................... 242
   g) Nr. 3336 VV RVG 243
   h) Nr. 3337 VV RVG 243
4. Abschnitt 4 – Einzeltätigkeiten......................... 244
   a) § 35 RVG................................ 244
   b) Vorbem. 3.4 VV RVG....................... 244
   c) Nr. 3400 VV RVG 245
   d) Nrn. 3401, 3402 VV RVG 245
   e) Nr. 3403 VV RVG 247
   f) Nr. 3405 VV RVG 247
   g) Nr. 3406 VV RVG 247
5. Abschnitt 5 – Beschwerde, Nichtzulassungsbeschwerde und Erinnerung.................................... 248
   a) Vorbem. 3.5 VV RVG....................... 248
   b) Nr. 3501 VV RVG 248
   c) Nr. 3506 VV RVG 248
      aa) Überblick 248
      bb) Nichtzulassungsbeschwerde nach § 92a ArbGG........ 249
      cc) Nichtzulassungsbeschwerde nach § 95 GWB.......... 250
   d) Nr. 3511 VV RVG 251
   e) Nr. 3512 VV RVG 251
   f) Nr. 3514 VV RVG 251

g) Nr. 3515 VV RVG	257
h) Nr. 3517 VV RVG	257
i) Nr. 3518 VV RVG	257
IV. Teil 4 – Strafsachen	257
1. Überblick	257
2. Vorbem. 4.1 VV RVG	258
3. Grundgebühr Nr. 4100 VV RVG	259
a) Überblick	259
b) Verhältnis zur Verfahrensgebühr	259
c) Gebührenbeträge	261
4. Zusätzliche Gebühr nach Nr. 4141 VV RVG	261
a) Überblick	261
b) Einstellung des Strafverfahrens und Abgabe an die Verwaltungsbehörde	262
c) Entscheidung im schriftlichen Verfahren nach § 411 Abs. 1 S. 3 StPO	264
d) Rücknahme einer Privatklage	265
e) Übergang zum Strafbefehlsverfahren nach Anklageerhebung	266
f) Verhältnis zu Nr. 4147 VV RVG	267
5. Zusätzliche Verfahrensgebühr (Nr. 4142 VV RVG)	268
6. Einigungsgebühr (Nr. 4147 VV RVG)	268
7. Verfahrensgebühr in Gnadensachen (Nr. 4303 VV RVG)	271
8. Anhebung der Gebührenbeträge	272
a) Betragsrahmen	272
aa) Allgemeine Gebühren	272
bb) Vorbereitendes Verfahren	272
cc) Erstinstanzliches gerichtliches Verfahren	273
dd) Berufungsverfahren	274
ee) Revisionsverfahren	275
ff) Wiederaufnahmeverfahren	275
gg) Zusätzliche Gebühr	276
hh) Einigungsgebühr	276
ii) Strafvollstreckung	276
jj) Einzeltätigkeiten	277
b) Festbetrag Verfahrensgebühr (Nr. 4304 VV RVG)	277
c) Wertgebühren	277
V. Teil 5 – Bußgeldsachen	278
1. Vorbemerkung 5 VV RVG	278
a) Überblick	278
b) Erinnerungen gegen einen Kostenfestsetzungsbeschluss der Staatsanwaltschaft	278
c) Anträge auf gerichtliche Entscheidung gegen einen Kostenfestsetzungsbescheid der Verwaltungsbehörde	279
2. Abschnitt 1 – Gebühren des Verteidigers	280
a) Grundgebühr	280
aa) Überblick	280
bb) Anwendungsbereich	280
cc) Gebührenbeträge	281

b) Zusätzliche Verfahrensgebühr (Nr. 5116 VV RVG) 281
    aa) Die Änderungen 281
    bb) Erhöhung der Bagatellgrenze 281
    cc) Klarstellung des Anwendungsbereichs 282
    dd) Anhebung der Gebührenbeträge 282
c) Anhebung der Gebührenrahmen und -beträge 282
    aa) Überblick 282
    bb) Gebührenrahmen........................... 282
d) Wertgebühr....................................... 284

VI. Teil 6 – Sonstige Verfahren 284
 1. Überblick 284
 2. Abschnitt 1 – Verfahren nach dem Gesetz über die internationale Rechtshilfe in Strafsachen und Verfahren nach dem Gesetz über die Zusammenarbeit mit dem Internationalen Strafgerichtshof ... 285
 3. Abschnitt 2 – Disziplinarverfahren, berufsgerichtliche Verfahren wegen der Verletzung einer Berufspflicht................. 285
    a) Vorbem. 6.2 VV RVG......................... 285
    b) Grundgebühr................................ 286
    c) Nichtzulassungsbeschwerde 286
    d) Gebührenrahmen 287
 4. Abschnitt 3 – Gerichtliche Verfahren bei Freiheitsentziehung und in Unterbringungssachen........................... 290
    a) Pauschgebühr 290
    b) Anpassung der Gebührenbeträge 290
 5. Abschnitt 4 – Gerichtliche Verfahren nach der Wehrbeschwerdeordnung............................. 291
    a) Überschrift 291
    b) Vorbem. 6.4 VV RVG......................... 291
        aa) Überblick 291
        bb) Verfahren nach der Wehrbeschwerdeordnung (WBO) 292
        cc) Verfahren nach der Wehrdisziplinarordnung (WDO)..... 296
    c) Nr. 6401 VV RVG a.F........................... 297
    d) Nr. 6402 VV RVG a.F. / Nr. 6401 VV RVG n.F.......... 297
    e) Nr. 6403 VV RVG a.F. / Nr. 6402 VV RVG n.F.......... 297
        aa) Überblick 297
        bb) Erweitung des Gebührentatbestands 298
        cc) Anm. zu Nr. 6402 VV RVG.................... 298
    f) Nr. 6404 VV RVG a.F........................... 299
    g) Nr. 6405 VV RVG a.F. / Nr. 6403 VV RVG n.F.......... 299
    h) Gebührenbeträge 299
 6. Abschnitt 5 – Einzeltätigkeiten und Verfahren auf Aufhebung oder Änderung einer Disziplinarmaßnahme................. 300

VII. Teil 7 Auslagen 300
 1. Dokumentenpauschale 300
    a) Überblick 300
    b) Anm. Abs. 1 zu Nr. 7000 VV RVG................. 301
    c) „Kopie" statt „Ablichtung"....................... 301
    d) Differenzierung nach Schwarz-Weiß- und Farbkopien 302

			e) Höhe der Dokumentenpauschale bei Übermittlung elektronischer Dokumente	304

             e) Höhe der Dokumentenpauschale bei Übermittlung elektronischer Dokumente 304
             f) Neue Zählweise in Straf- und Bußgeldsachen 305
             g) Anm. Abs. 2 zu Nr. 7000 VV RVG 305
          2. Postentgeltpauschale 306
             a) Änderung des Währungszeichens.................... 306
             b) Auswirkungen des § 17 Nr. 10 und 11 RVG............. 306
          3. Fahrtkosten 308
          4. Tage- und Abwesenheitsgeld bei einer Geschäftsreise 308
          5. Haftpflichtversicherungsprämie 308
    D. Anlage 2 zu § 13 Abs. 1 S. 3 RVG 309

§ 4 Änderungen des GKG 311
    A. Überblick 311
    B. § 1 GKG (Geltungsbereich) 311
    C. § 31 GKG (Mehrere Kostenschuldner) 312
    D. § 34 GKG (Wertgebühren) 315
    E. § 42 GKG (Wiederkehrende Leistungen) 316
    F. § 50 GKG (Bestimmte Beschwerdeverfahren) 318
    G. § 52 GKG (Verfahren vor Gerichten der Verwaltungs-, Finanz- und Sozialgerichtsbarkeit) 318
        I. Abs. 3 319
        II. Abs. 4 320
        III. Abs. 5 321
    H. § 63 GKG (Wertfestsetzung für die Gerichtsgebühren) 321
    I. Nr. 1900 GKG-KostVerz. (Vergleichsgebühr) 322
    J. Änderung der Festgebühren 323

§ 5 Änderungen des FamGKG 325
    A. Überblick 325
    B. § 1 FamGKG (Geltungsbereich) 325
    C. § 26 FamGKG (Mehrere Kostenschuldner) 325
    D. § 28 FamGKG (Wertgebühren) 326
    E. § 36 FamGKG (Genehmigung einer Erklärung oder deren Ersetzung) ... 327
    F. § 38 FamGKG (Stufenantrag) 327
    G. § 39 FamGKG (Antrag und Widerantrag) 328
    H. § 40 FamGKG (Rechtsmittelverfahren) 328
    I. § 42 FamGKG (Auffangwert) 329
    J. § 43 FamGKG (Ehesachen) 329
    K. § 46 FamGKG (Übrige Kindschaftssachen) 330
    L. § 51 FamGKG (Unterhaltssachen) 330
    M. § 55 FamGKG (Wertfestsetzung für die Gerichtsgebühren) 331
    N. § 58 FamGKG (Beschwerde gegen die Anordnung einer Vorauszahlung) . 332
    O. Nr. 1315 FamGKG-KostVerz. (Beendigung des gesamten Verfahrens ohne Endentscheidung) 332
    P. Nr. 1500 FamGKG-KostVerz. (Vergleichsgebühr) 333
    Q. Nr. 1800 FamGKG-KostVerz. (Rüge wegen Verletzung des Anspruchs auf rechtliches Gehör) 333

§ 6 Änderungen des JVEG 335
- A. Überblick 335
- B. Reisekosten 335
- C. Entschädigung für Zeitversäumnis 335
  - I. Überblick 335
  - II. Zeitversäumnis 335
  - III. Nachteile bei der Haushaltsführung 335
  - IV. Verdienstausfall 336

§ 7 Übergangsrecht 337
- A. Überblick 337
- B. RVG 337
  - I. Überblick 337
  - II. Allgemeiner Grundsatz 337
  - III. Rechtsmittelverfahren 338
    1. Überblick 338
    2. Keine vorinstanzliche Tätigkeit 338
    3. Anwalt war vorbefasst 339
  - IV. Änderung von anderen Kostengesetzen 339
- C. GNotKG 340
- D. GKG 341
- E. FamGKG 341
- F. JVEG 341

§ 8 Anhänge 343
- A. Gesetzestext RVG (Stand: 1.11.2012, unter Berücksichtung des Gesetzes zur Reform der Sachaufklärung (mit Inkrafttreten zum 1.1.2013) und des Regierungsentwurfs des 2. KostRMoG vom 29.8.2012). 343
- B. Gebührentabelle zu § 13 Abs. 1 RVG 416
- C. Tabelle Wertgebühren § 49 428
- D. Gebühren in Sozialsachen nach Betragsrahmen 430
- E. Gebührentabelle Strafsachen 432
- F. Gebührentabelle Bußgeldsachen 435
- G. Gebührentabelle Teil 6 VV RVG 436
- H. Gebührentabelle zu § 34 GKG/§ 28 FamGKG 439

Stichwortverzeichnis 443

§ 1 Einführung

Sehr lange hat die praktizierende Anwaltschaft auf eine längst überfällige Gebührenanpassung warten müssen und dies – wohl abhängig von den bisherigen wirtschaftlichen Ergebnissen – mehr oder weniger geduldig ertragen.

Zwischen dem Referentenentwurf zum 2. KostRMoG vom 11.11.2011 und dem am 29.8.2012 vorgelegten Regierungsentwurf ist fast ein Jahr vergangen. Noch einmal neun Monate werden nun bis zum endgültigen Inkrafttreten des Gesetzes am 1.7.2013 (Art. 43 2. KostRMoG) ins Land gehen, woran nun immerhin aber kein vernünftiger Zweifel bestehen kann.

Was uns alle erwartet, das haben wir in diesem Anleitungsbuch zusammengefasst und bereits erläutert. Es wird überwiegend durchaus beachtliche Verbesserungen geben, auch wenn diese natürlich durch den recht langen Zeitablauf seit der letzten Gebührenanpassung zu relativieren sind.

Neben einer reinen Gebührenerhöhung führen auch und vielleicht insbesondere zahlreiche strukturelle Änderungen von bisherigen RVG-Inhalten zu erfreulichen leistungsbezogeneren Erträgen der anwaltlichen Tätigkeit.

Besonders hervorzuheben sind

- der erweiterte Anwendungsbereich der Terminsgebühr,
- Zusatzgebühr für besonders umfangreiche Beweisaufnahmen,
- Erhöhung der Beschwerdegebühren in FG-Verfahren,
- Erhöhung der Beschwerdegebühren in Verfahren des einstweiligen Rechtsschutzes,
- Einigungsgebühr für Zahlungsvereinbarung,
- Erstreckung der Verfahrenskostenhilfe bei Scheidungsfolgenvereinbarungen,
- Berücksichtigung der Tätigkeit im PKH-Verfahren bei der Bestimmung der angemessenen Gebühr,
- weitere Anwendungsfälle der zusätzlichen Gebühr in Straf- und Bußgeldsachen,
- doppelte Postentgeltpauschale in Straf- und Bußgeldsachen,
- gesonderte Vergütung für Farbkopien,
- Anhebung der Tages- und Abwesenheitsgelder etc.

Völlig neu strukturiert ist die außergerichtliche Vergütung in verwaltungs- und sozialrechtlichen Angelegenheiten. Anstelle der bisherigen ermäßigten Gebührenrahmen in Widerspruchsverfahren wird auch hier jetzt eine Gebührenanrechnung eingeführt. In sozialgerichtlichen Verfahren wird es darüber hinaus keine ermäßigte Verfahrensgebühr mehr geben; auch hier wird die Anrechnung der Geschäftsgebühr eingeführt. Dies hat zum einen Auswirkungen auf die Abrechnung der anwaltlichen Vergütung, führt aber zum anderen auch zu einer erheblichen Verbesserung bei der Kostenerstattung.

Neben den Gebührenbeträgen sowohl für den Wahlanwalt als auch für den Pflichtanwalt werden auch sämtliche Betrags- und Betragsrahmengebühren angehoben (Sozialrecht, Strafrecht, Bußgeldsachen etc.). Auch die Tabellenstruktur wird geändert. In den unteren Streitwertbereichen wird eine gröbere Staffelung eingeführt. PKH- und VKH-Beträge werden erst ab Werten von über 4.000,00 EUR (bisher 3.000,00 EUR) reduziert.

Für besonders umfangreiche Beweisaufnahmen dürfen wir künftig auch eine zusätzliche Gebühr bzw. eine erhöhte Terminsgebühr erwarten, ebenso wie der Regelstreitwert sich erhöht.

Da die Neuerungen im RVG auch – zum Teil beachtliche – Änderungen im GKG, im FamGKG sowie im JVEG etc. nach sich ziehen, werden auch diese im Detail vorgestellt und kommentiert, soweit sie für die anwaltliche (Gebühren-)Praxis von Bedeutung sind. Eine Übersicht nach Sachgebieten (§ 2) zeigt dem spezialisierten Anwalt zudem auf, in welchen Bereichen er von welchen Änderungen des 2. KostRMoG betroffen ist.

§ 1 Einführung

10 Die Neuerungen werden an Hand zahlreicher Berechnungsbeispiele erläutert. Soweit erforderlich wird altes und neues Recht gegenübergestellt, um die Änderungen zu verdeutlichen.

11 In Ehe- und Familienstreitsachen wird es eine neue Gebührenregelung für die Anhörungsrüge geben. Die erstinstanzlich bewilligte Verfahrenskostenhilfe wird sich künftig automatisch auf die Anschlussbeschwerde und -rechtsbeschwerde erstrecken. Bei Abschluss von Scheidungsfolgenvereinbarungen wird die Erstreckung der Verfahrenskostenhilfe erweitert. Kommentiert wird auch der geänderte Verfahrenswert bei vertraglich vereinbartem Unterhalt und in Kindergeldverfahren. Der Mindestwert in Ehesachen und der Auffangwert in Familiensachen werden angepasst.

12 In Verfahren der freiwilligen Gerichtsbarkeit werden die vorgesehenen höheren Termins- und Einigungsgebühren im Beschwerdeverfahren ebenso erläutert wie diejenigen im Rechtsbeschwerdeverfahren.

13 Auch im Arbeitsrecht wird es höhere Gebühren für das Beschwerdeverfahren und das Nichtzulassungsbeschwerdeverfahren geben.

14 In verwaltungsrechtlichen Angelegenheiten wird die Erinnerung gegen eine Kostenfestsetzung ab dem 1.7.2013 als gesonderte Angelegenheit bewertet. Ferner wird es neue Wertregelungen in Asylverfahren und keine Beschränkungen bei der Streitwertbeschwerde mehr geben. Für Beschwerden in Verfahren des einstweiligen Rechtsschutzes sind höhere Gebühren vorgesehen. Auch werden hier einige Wertvorschriften geändert.

15 Bei der Beratungshilfe werden Beratungs-, Geschäfts- und die Einigungsgebühr angehoben.

16 Das 2. KostRMoG wird für den Anwalt nicht nur gebühren- und wertmäßige Verbesserungen enthalten, sondern auch klarstellende Modifizierungen, die als Einschränkungen empfunden werden, durchaus aber auf vernünftigen Erwägungen beruhen, die aus der praktischen Erfahrung mit dem RVG entstanden sind.

17 Die vorliegende Kommentierung wird den Leser unterstützen bei der möglichst schnellen Erfassung der wesentlichen Änderungen des 2. KostRMoG, die wiederum Einfluss haben können auf die künftige anwaltliche Tätigkeit und deren gebührenmäßige Bewertung.

18 Die im Anhang vorgehaltenen Gebührentabellen (RVG, GKG/FamGKG) geben den Gesetzesstand im Zeitpunkt des Inkrafttretens wider.

19 Das KostRMoG besteht aus insgesamt 43 Artikeln. Die Hauptgewichtung liegt in den Bereichen des Gerichtskosten- und Notarkostengesetzes durch die Aufhebung der KostO (Art. 42 2. KostRMoG), des Gerichtskostenkostengesetzes (Art. 3 2. KostRMoG) und des Gesetzes über Gerichtskosten in Familiensachen (Art. 5 2. KostRMoG), des Justizvergütungs- und Entschädigungsgesetzes (Art. 7 2. KostRMoG) und des Rechtsanwaltsvergütungsgesetzes (Art. 8 2. KostRMoG).

20 Die linearen und strukturellen Anpassungen durch das KostRMoG an die allgemeine Einkommensentwicklung waren überfällig, weil die bisherigen Regelungen ein kostendeckendes Arbeiten nicht mehr ermöglicht haben.

§ 2 Überblick über die Änderungen nach Sachgebieten

Änderungen	Geänderte Vorschriften	§ 3 Rn
A. Allgemeine Änderungen		
■ Erhöhung der Gebührenbeträge des Wahlanwalts	§ 13 RVG	39
■ Werterhöhung über 30 Mio. EUR nur bei mehreren Gegenständen	§ 22 RVG	144
■ Anhebung des Regelwerts	§ 23 Abs. 3 S. 2 RVG	179
■ Gegenstandswert für Zahlungsvereinbarungen	§ 31b RVG	215
■ Erhöhung der Gebührenbeträge des bestellten oder beigeordneten Anwalts	§ 49 RVG	290
■ Einigungsgebühr auch bei Zahlungsvereinbarung	Anm. Abs. 1 zu Nr. 1000 VV RVG	341
■ Höhere Einigungsgebühr auch in Nichtzulassungsbeschwerdeverfahren und Verfahren über die Zulassung eines Rechtsmittels	Nr. 1004 VV RVG	341
■ Gebühr bei besonders umfangreichen Beweisaufnahmen	Nr. 1010 VV RVG	469
■ Neufassung der Voraussetzungen der Terminsgebühr	Vorbem. 3 Abs. 3 VV RVG	711
B. Allgemeine Zivilsachen		
■ Keine gesonderte Vergütung für Gerichtsstandsbestimmungsverfahren	§ 16 RVG	64
■ Verfahren auf Erbringung der Sicherheitsleistung als zum Rechtszug gehörend	§ 19 RVG	126
■ Geringerer Wert bei Schadensersatzrenten	§ 42 GKG/§ 48 Abs. 1 S. 1 GKG i.V.m. § 9 ZPO	28 (§ 4)
■ Änderungen der Wertvorschriften im außergerichtlichen Bereich	§ 23 Abs. 3 S. 1 RVG i.V.m. dem GNotKG	158
■ Anhebung des Regelwerts	§ 23 Abs. 3 S. 2 RVG	179
■ Einigungsgebühr und Gegenstandswert bei Zahlungsvereinbarung	Anm. Abs. 1 zu Nr. 1000 VV RVG, § 31b RVG	341, 215
■ Zusatzgebühr bei umfangreichen Beweisaufnahmen	Nr. 1010 VV RVG	469
■ Neuregelung der Schwellengebühr	Nr. 2301 VV RVG	559
■ Anwendbarkeit von Teil 3 VV RVG (nur) bei unbedingtem Verfahrensauftrag	Vorbem. 3 Abs. 1 VV RVG	700, 702
■ Terminsgebühr für sämtliche gerichtlichen Termine, ausgenommen Verkündungstermine	Vorbem. 3 Abs. 3 VV RVG	700, 717
■ Terminsgebühr für Besprechungen auch ohne obligatorische mündliche Verhandlung	Vorbem. 3 Abs. 3 VV RVG	700, 740
■ Ermäßigte Verfahrensgebühr bei Mehrwertvergleich im Termin	Nr. 3101 Nr. 2 VV RVG	792

§ 2 Überblick über die Änderungen nach Sachgebieten

	Änderungen	Geänderte Vorschriften	§ 3 Rn
■	Erweiterung der Terminsgebühr in Beschwerdeverfahren gegen den Nichterlass einer einstweiligen Verfügung oder eines Arrests	Nr. 3514 VV RVG	1085
■	Begrenzung der Gebühren für die Gehörsrüge	Nr. 3330 VV RVG	1002
■	Erweiterung des Anwendungsbereichs des Terminsvertreters	Vorbem. 3 Abs. 3 VV RVG	700
C.	**Familiensachen**		
■	Gesonderte Angelegenheit auch bei einstweiliger Anordnung von Amts wegen	§§ 17 Nr. 4 Buchst. b), 16 Nr. 5 RVG	82, 63
■	Erstreckung der Verfahrenskostenhilfe auf Anschlussbeschwerde und -rechtsbeschwerde	§ 48 Abs. 2 RVG	265
■	Erstreckung der Verfahrenskostenhilfe für Folgenvereinbarungen in Ehesachen	§ 48 Abs. 3 RVG	268
■	Terminsgebühr auch für Anhörungstermine und sonstige Termine	Vorbem. 3 Abs. 3 VV RVG	718
■	Terminsgebühr für Besprechungen auch ohne vorgeschriebene mündliche Verhandlung	Vorbem. 3 Abs. 3 VV RVG	740
■	Anwendbarkeit der Berufungsgebühren nur bei Verfahren betreffend den Hauptgegenstand	Vorbem. 3.2.1. Nr. 2 Buchst. b) VV RVG	870
■	Ermäßigung der Verfahrensgebühr bei eingeschränkter Tätigkeit im Beschwerdeverfahren betreffend Verfahren auf Erteilung einer Genehmigung Zustimmung des FamG	Anm. Abs. 2 zu Nr. 3201 VV RVG	934
■	Verfahrenswert bei Genehmigung einer Erklärung oder deren Ersetzung	§ 36 Abs. 1 FamGKG	10 (§ 5)
■	Voller Wert der Beschwer bei verspäteter Beschwerdebegründung	§ 40 Abs. 1 S. 2 FamGKG	16 (§ 5)
■	Erhöhung des Auffangwerts	§ 42 Abs. 3 FamGKG	18 (§ 5)
■	Erhöhung des Mindestwerts in Ehesachen	§ 43 Abs. 1 S. 2 FamGKG	20 (§ 5)
■	Verfahrenswert in den übrigen Kindschaftssachen	§ 46 Abs. 1 FamGKG	21 (§ 5)
■	Verfahrenswert bei vertraglichem Unterhalt	§ 51 Abs. 1 und 2 FamGKG	25 (§ 5)
■	Verfahrenswert in Kindergeldverfahren	§ 51 Abs. 3 FamGKG	28 (§ 5)
■	Gebührenermäßigung bei Billigung eines gerichtlichen Vergleichs	Nr. 1315 FamGKG-KostVerz.	33 (§ 5)
■	Kürzung der Verfahrens- und Vergleichsgebühr bei den Gerichtgebühren	Nr. 1500 FamGKG-KostVerz.	35 (§ 5)
■	Einbeziehung von Ehe- und Familienstreitsachen in Gebührenregelung für die Gehörsrüge	Nr. 1800 FamGKG-KostVerz.	39 (§ 5)

§ 2 Überblick über die Änderungen nach Sachgebieten

	Änderungen	Geänderte Vorschriften	§ 3 Rn
D.	**Verfahren der freiwilligen Gerichtsbarkeit**		
■	Höhere Verfahrensgebühr in Beschwerdeverfahren	Vorbem 3.2.1 Nr. 2 Buchst. b) i.V.m. Nr. 3200 VV RVG	865, 870
■	Eingeschränkte Tätigkeit im Beschwerdeverfahren	Nr. 3201 und Anm. Abs. 2 zu Nr. 3201 VV RVG	934
■	Höhere Terminsgebühr im Beschwerdeverfahren	Vorbem. 3.2.1 Nr. 2 Buchst. b) i.V.m. Nr. 3202 VV RVG	865
■	Höhere Einigungsgebühr im Beschwerdeverfahren	Vorbem. 3.2.1 Nr. 2 Buchst. b) i.V.m. Anm. zu Nr. 1004 VV RVG	893
■	Höhere Gebühren im Rechtsbeschwerdeverfahren	Vorbem. 3.2.2 Nr. 1 Buchst a) i.V.m. Vorbem. 3.2.1 Nr. 2 Buchst. b) VV RVG	975
■	Neue Wertvorschriften durch das GNotKG	§ 23 Abs. 3 RVG i.V.m. den Vorschriften des GNotKG	158
E.	**Arbeitsrecht**		
■	Höhere Vergütung in Beschwerdeverfahren	Vorbem. 3.2.2 Nr. 1 Buchst a) i.V.m. Vorbem. 3.2.1 Nr. 2 Buchst. c) VV RVG	975
■	Höhere Vergütung in Verfahren der Nichtzulassungsbeschwerde nach § 92a ArbGG in Beschlussverfahren	Nr. 3506 VV RVG	1071
F.	**Verwaltungsrechtliche Angelegenheiten**		
■	Erinnerung gegen Kostenfestsetzungsbeschluss als gesonderte Angelegenheit	§ 18 Abs. 1 Nr. 3 RVG	108
■	Wegfall der ermäßigten Geschäftsgebühr im Nachprüfungsverfahren bei Vorbefassung unter Einführung der Anrechnung einer vorangegangenen Geschäftsgebühr	Vorbem. 2.3 Abs. 4 VV RVG	521
■	Neuregelung der Schwellengebühr	Nr. 2301 VV RVG	559 Rn
■	Beschränkung der „fiktiven" Terminsgebühr auf Verfahren mit vorgeschriebener mündlicher Verhandlung	Anm. Abs. 1 Nr. 3 zu Nr. 3104 VV RVG	832
■	Einschränkung der Terminsgebühr bei Entscheidung durch Gerichtsbescheid	Anm. Abs. 1 Nr. 2 zu Nr. 3104 VV RVG	816
■	Höhere Gebühren in Beschwerdeverfahren des einstweiligen Rechtsschutzes	Vorbem. 3.2.1 Nr. 3 Buchs. a) VV RVG	865, 907
■	Wegfall der Terminsgebühr bei Entscheidung nach § 130a VwGO	Anm. Abs. 2 zu Nr. 3202 VV RVG	945

§ 2 Überblick über die Änderungen nach Sachgebieten

	Änderungen	Geänderte Vorschriften	§ 3 Rn
■	Keine Beschränkung der Streitwertbeschwerde	§ 1 Abs. 5 GKG	2 (§ 4)
■	Neue Wertregelungen in Asylverfahren	§ 30 RVG	205
■	Berücksichtigung von zukünftigen Auswirkungen beim Gegenstandswert	§ 52 Abs. 3 S. 2 GKG	38 (§ 4)
■	Streitwert in Verfahren über die Begründung, die Umwandlung, das Bestehen oder die Beendigung eines besoldeten öffentlich-rechtlichen Dienst- oder Amtsverhältnisses	§ 52 Abs. 5 GKG	38 (§ 4)
G.	**Finanzgerichtliche Verfahren**		
■	Erinnerung gegen Kostenfestsetzungsbeschluss als gesonderte Angelegenheit	§ 18 Abs. 1 Nr. 3 RVG	108
■	Wegfall der ermäßigten Geschäftsgebühr im Nachprüfungsverfahren bei Vorbefassung unter Einführung der Anrechnung einer vorangegangenen Geschäftsgebühr	Vorbem. 2.3 Abs. 4 VV RVG; § 35 Abs. 2	523
■	Hälftige Anrechnung der Gebühren nach der StBGebV	§ 35 Abs. 2 RVG	227
■	Höhere Gebühren in Beschwerdeverfahren des einstweiligen Rechtsschutzes vor dem BFH	Vorbem. 3.2.2 Nr. 3 VV RVG	988
■	Streitwerterhöhung bei Bedeutung für die Zukunft	§ 52 Abs. 3 GKG	38 (§ 4)
■	Erhöhung des Mindestwerts	§ 52 Abs. 4 GKG	38 (§ 4)
H.	**Sozialrechtliche Angelegenheiten**		
■	Erinnerung gegen Kostenfestsetzungsbeschluss als gesonderte Angelegenheit	§ 18 Abs. 1 Nr. 3 RVG	108
■	Anhebung der Gebührenrahmen	Nrn. 2303, 3102, 3106 VV RVG	592, 808, 838
■	Keine Beschränkung des Beschwerderechtszugs in Prozesskostenhilfeverfahren	§ 1 Abs. 3 RVG	13
■	Wertgebühren bei sozialgerichtlichen Zwangsgeldverfahren nach § 201 SGG	§ 3 Abs. 1 S. 2 RVG	29
■	Rückwirkung der Prozesskostenhilfe	§ 48 Abs. 4 RVG	287
■	Neuregelung der Höhe der Einigungsgebühr	Nrn. 1005, 1006 VV RVG	417
■	Einheitliche Geschäftsgebühr bei Abrechnung nach Gegenstandswert	Nr. 2300 VV RVG	544
■	Einheitliche Geschäftsgebühr bei Abrechnung nach Betragsrahmen	Nr. 2303 VV RVG	592
■	Neuregelung und Anhebung der Schwellengebühr bei Abrechnung nach Betragsrahmen	Nr. 2304 VV RVG	619
■	Erhöhung der Schwellengebühr bei mehreren Auftraggebern	Anm. Abs. 4 zu Nr. 1008 VV RVG	458

Änderungen	Geänderte Vorschriften	§ 3 Rn
■ Wegfall der ermäßigten Gebühren im Nachprüfungsverfahren bei Einführung gleichzeitiger Anrechnung einer vorangegangenen Geschäftsgebühr	Vorbem. 2.3 Abs. 4 VV RVG	521
■ Wegfall der ermäßigten Verfahrensgebühr im gerichtlichen Verfahren bei Vorbefassung unter gleichzeitiger Einführung der Anrechnung einer vorangegangenen Geschäftsgebühr	Vorbem. 3 Abs. 4 VV RVG	755
■ Beschränkung der Terminsgebühr bei schriftlicher Entscheidung oder schriftlichem Vergleich auf Verfahren mit obligatorischer mündlicher Verhandlung	Anm. Abs. 1 zu Nr. 3104; Anm. Abs. 1 zu Nr. 3106 VV RVG	814, 838
■ Einführung der Terminsgebühr bei Abschluss eines schriftlichen Vergleichs	Anm. zu Nr. 3106 VV RVG	838
■ Einschränkung der Terminsgebühr bei Entscheidung durch Gerichtsbescheid	Anm. Abs. 1 zu Nr. 3104; Anm. zu Nr. 3106 VV RVG	814, 838
■ Anbindung der Höhe der „fiktiven" Terminsgebühr an erstinstanzlich 90 % der Verfahrensgebühr	Anm. zu Nr. 3106 VV RVG	838
■ Höhere Gebühren in Beschwerdeverfahren des einstweiligen Rechtsschutzes	Vorbem. 3.2.1 Nr. 3 Buchst. a) VV RVG	865
■ Anbindung der „fiktiven" Terminsgebühr im Berufungsverfahren an 75 % der Verfahrensgebühr	Anm. zu Nr. 3205 VV RVG	966
■ Höhere Gebühren in erstinstanzlichen Verfahren vor dem BSG oder den Landessozialgerichten	Nr. 3300 Nr. 2 VV RVG	965
I. Verfahren nach dem GWB		
■ Höhere Vergütung im Rechtsbeschwerdeverfahren	Vorbem. 3.2.2 Nr. 1 i.V.m. Vorbem. 3.2.1 Nr. 2 Buchst. d) VV RVG	975
■ Vergütung für Nichtzulassungsbeschwerde nach § 75 GWB	Nr. 3506 VV RVG	1071
J. Verfahren vor dem BVerfG und den Verfassungsgerichten der Länder		
■ Anhebung des Regelstreitwerts auf 5.000,00 €	§ 37 Abs. 2 S. 2 RVG	242
K. Verfahren vor dem EuGH		
Klarstellung der Verweisungsvorschrift	§ 38 Abs. 1 S. 1 RVG	246
L. Verfahren vor dem EGMR		
■ Einführung einer Gebührenverweisung	§ 38a RVG	251

§ 2 Überblick über die Änderungen nach Sachgebieten

	Änderungen	Geänderte Vorschriften	§ 3 Rn
M.	**Verfahren nach der Wehrbeschwerdeordnung**		
■	Neuregelung der Geschäftsgebühr und der Schwellengebühr	Nrn. 2303, 2304 VV RVG	592, 619
■	Abschaffung der Gebührenermäßigung bei Vorbefassung unter gleichzeitiger Einführung der Anrechnung der Geschäftsgebühr	Vorbem. 2.3 Abs. 5 VV RVG	536
■	Höhere Gebührenrahmen in gerichtlichen Verfahren	Nrn. 6400 ff. VV RVG	1278
■	Verfahrensgebühr für Nichtzulassungsbeschwerde und ihre Anrechnung	Nr. 6402 VV RVG	1268
N.	**Unterbringungssachen**		
■	Anhebung der Gebührenbeträge	Nrn. 6300 ff. VV RVG	1243
■	Einführung der Pauschvergütung	§§ 49, 51 RVG	290, 306
O.	**Schiedsrichterliche Verfahren und Verfahren vor dem Schiedsgericht**		
■	Anwendbarkeit der Vorschriften für Einzeltätigkeiten	§ 36 RVG	238
P.	**Zwangsvollstreckung**		
■	Wertgebühren bei sozialgerichtlichen Zwangsgeldverfahren nach § 201 SGG	§ 3 Abs. 1 S. 2 RVG	29
■	Geringerer Gegenstandswert bei der Vollstreckung wiederkehrender Leistungen (§ 850d Abs. 3 ZPO)	§ 25 Abs. 1 Nr. 1 RVG	188, 196
■	Erhöhung des Gegenstandswerts in Verfahren auf Erteilung einer Vermögensauskunft (§ 807 ZPO)	§ 25 Abs. 1 Nr. 4 RVG	188, 199
■	Gegenstandswert für Zahlungsvereinbarungen	§ 31b RVG	215
■	Einigungsgebühr für Zahlungsvereinbarungen	Anm. Abs. 1 zu Nr. 1000 VV RVG	341
Q.	**Strafsachen**		
■	Gesonderte Postenteltpauschale für vorbereitendes Verfahren und gerichtliches Verfahren	§ 17 Nr. 10 RVG i.V.m. Nr. 7000 VV RVG	96
■	Anrechnung von Vorschüssen und Zahlungen auf vorbereitendes und gerichtliches Verfahren	§§ 58 Abs. 1, 17 Nr. 10 RVG	312
■	Anrechnung und Zurückzahlung von Vorschüssen bei Überschreiten der Wahlanwaltsvergütung	§ 58 Abs. 3 RVG	317
■	Beiordnung und Bestellung durch Justizbehörden	§ 59a RVG	327
■	Erhöhung der Gebührenrahmen und -beträge	Nrn. 4100 ff. VV RVG	1125, 1182
■	Erweiterter Anwendungsbereich der Grundgebühr	Nr. 4100 VV RVG	1125
■	Zusätzliche Gebühr auch bei Einstellung und Abgabe an die Verwaltungsbehörde	Anm. Abs. 1 Nr. 1 zu Nr. 4141 VV RVG	1136

Überblick über die Änderungen nach Sachgebieten § 2

	Änderungen	Geänderte Vorschriften	§ 3 Rn
■	Zusätzliche Gebühr auch im Verfahren nach § 411 Abs. 1 S. 3 StPO	Anm. Abs. 1 Nr. 4 zu Nr. 4141 VV RVG	1136, 1145
■	Zusätzliche Gebühr für Beistand oder Vertreter eines Nebenklägers	Anm. Abs. 1 S. 2 zu Nr. 4141 VV RVG	1155
■	Bindung der Einigungsgebühr im Privatklageverfahren an Verfahrensgebühr	Nr. 4147 VV RVG	1163
R.	**Bußgeldsachen**		
■	Gesonderte Postentgeltpauschale für Verfahren vor der Verwaltungsbehörde und gerichtliches Verfahren	§ 17 Nr. 11 RVG i.V.m. Nr. 7002 VV RVG	102
■	Beiordnung und Bestellung durch Justizbehörden	§ 59a RVG	327
■	Antrag auf gerichtliche Entscheidung gegen Kostenfestsetzungsbescheid	Vorbem. 5 Abs. 4 VV RVG	1196
■	Erweiterter Anwendungsbereich der Grundgebühr	Nr. 5100 VV RVG	1208
■	Erhöhung der Gebührenrahmen und -beträge	Nrn. 5100 ff. VV RVG	1218
S.	**Auslagen**		
■	Höhere Vergütung für Farbkopien	Nr. 7000 Nr. 1 VV RVG	1286
■	Dokumentenpauschale für elektronische Dateien	Nr. 7000 Nr. 2, Anm. Abs. 2 zu Nr. 7000 VV RVG	1305
■	„Doppelte" Postentgeltpauschale in Straf- und Bußgeldsachen	§ 17 Nr. 10 u. 11 RVG	1312
■	Anhebung der Tage- und Abwesenheitsgelder	Nr. 7005 VV RVG	1317
T.	**Beratungshilfe**		
■	Anhebung der Beratungshilfegebühr (Schutzgebühr) nach	Nr. 2500 VV RVG	669
■	Anhebung der Beratungsgebühr	Nr. 2501 VV RVG	674
■	Anhebung der Geschäftsgebühr	Nr. 2503 VV RVG	680
■	Anhebung der Einigungs- und Erledigungsgebühr	Nr. 2508 VV RVG	698
■	Anhebung der Gebühren in insolvenzrechtlichen Angelegenheiten	Nrn. 2502, 2504–2507 VV RVG	678, 690–696
U.	**Prozesskostenhilfeverfahren/Verfahrenskostenhilfe**		
■	Kein Ausschluss der Beschwerde aufgrund zugrundeliegender Verfahrensordnung	§ 1 Abs. 3 RVG	14
■	Neuregelung des Gegenstandswerts	§ 23a RVG	181
■	Erstreckung der Verfahrenskostenhilfe auf alle Anschlussrechtsmittel	§ 48 Abs. 2 RVG	265

§ 2 Überblick über die Änderungen nach Sachgebieten

	Änderungen	Geänderte Vorschriften	§ 3 Rn
■	Erstreckung der Verfahrenskostenhilfe in Ehesachen bei Vereinbarung über Folgesachen oder Trennungsunterhalt	§ 48 Abs. 3 RVG	268
■	Rückwirkung in sozialgerichtlichen Verfahren	§ 48 Abs. 4 RVG	287
■	Erhöhung der Gebührenbeträge; höhere Einstiegsstufe	§ 49 RVG	290
■	Erweiterung der Einziehung weiterer Vergütungen	§ 50 RVG	297
■	Anpassung der Verfahrensgebühr in Prozess- und Verfahrenskostenhilfeverfahren	Nr. 3335 VV RVG	1032
■	Anpassung der Terminsgebühr in Prozess- und Verfahrenskostenhilfeverfahren	Vorbem. 3.3.6 S. 2 VV RVG	1013
■	Möglichkeit der Kostenbefreiung auch für Übernahmeschuldner bei Vergleich	§ 31 Abs. 4 GKG; § 26 Abs. 4 FamGKG	8 (§ 4), 4 (§ 5)
V.	**Kostenerstattung**		
■	Höhere Entschädigung für Zeitversäumnis	§ 20 JVEG	5 (§ 6)
■	Höhere Entschädigung für Haushaltstätigkeit	§ 21 JVEG	7 (§ 6)
■	Anhebung des Höchstbetrags für Verdienstausfall	§ 22 JVEG	9 (§ 6)

§ 3 Änderungen des RVG

A. Überblick

Das 2. KostRMoG wird auch das RVG wesentlich umgestalten. Die Änderungen finden sich in Art. 8.

Art. 8 Abs. 1 enthält die Änderungen im Paragraphenteil, Art. 8 Abs. 2 die Änderungen im Vergütungsverzeichnis und Art. 8 Abs. 3 schließlich die Änderung der Anlage 2 zu § 13 Abs. 1 S. 3 RVG (Gebührentabelle).

Im Paragraphenteil werden über 30 Paragraphen – also ziemlich genau die Hälfte aller Paragraphen – geändert, gestrichen oder neu eingeführt. Im Vergütungsverzeichnis werden über 160 Nummern, Anmerkungen und Vorbemerkungen neu gefasst, aufgehoben oder neu eingeführt. Das 2. KostRMoG beinhaltet damit die bisher größte Reform des noch jungen RVG.

Die Änderungen betreffen zunächst einmal die Anhebung aller Gebührenbeträge. Dabei werden nicht nur die Wertgebühren für Wahl- und Pflichtanwalt (§§ 13, 49 RVG) angehoben, sondern auch alle Festgebühren (Beratungshilfe, Pflichtverteidiger) sowie sämtliche Gebührenrahmen (Sozialsachen, Strafsachen, Bußgeldsachen, Verfahren nach Teil 6 VV RVG) einschließlich der im Gesetz vorgesehenen Höchstgebühren oder Kappungsgrenzen. Auch die Tages- und Abwesenheitsgelder (Nr. 7005 VV RVG) werden erhöht.

Neben diesen bloßen Änderungen der Beträge sind auch zahlreiche strukturelle Änderungen vorgesehen, die für die Praxis erhebliche Bedeutung haben werden.

Zum einen werden durch die vorgesehenen Änderungen Lücken geschlossen, die schon seit Beginn des RVG bestanden oder durch spätere Änderungen entstanden sind. So wird z.B. jetzt endlich auch der Antrag auf gerichtliche Entscheidung gegen eine Kostenentscheidung oder Kostenfestsetzung in Bußgeldsachen gesetzlich geregelt; es wird klargestellt, dass Verfahrenskostenhilfe für Anschlussrechtsmittel auch in Familiensachen greift, dass auch einstweilige Anordnungen von Amts wegen eigene Angelegenheiten darstellen, etc.

Darüber hinaus sieht sich der Gesetzgeber veranlasst, der fehlerhaften Rechtsprechung entgegenzuwirken und Klarstellungen in das Gesetz einzufügen. So wird z.B. klargestellt, dass

- der Instanzenzug in PKH-Beschwerdeverfahren nicht durch die zugrunde liegende Verfahrensordnung beschränkt werden darf,
- hinsichtlich der Kappungsgrenze der Geschäftsgebühr kein Toleranzbereich besteht,
- die Terminsgebühr für Besprechungen zur Vermeidung oder Erledigung kein Verfahren mit obligatorischer mündlicher Verhandlung voraussetzt,
- die zusätzliche Gebühr auch bei Einstellung des Strafverfahrens und Abgabe an die Verwaltungsbehörde entsteht,
- es sich bei vorbereitendem Verfahren bzw. Verfahren vor der Verwaltungsbehörde und dem anschließendem gerichtlichen Verfahren um zwei verschiedene Angelegenheiten handelt, sodass die Postentgeltpauschale zweimal anfällt etc.

Auch aus diesen Änderungen ergibt sich ein hohes Potential für die Anwaltschaft.

Zu einer Klarstellung zählt auch die Einführung einer Einigungsgebühr für Zahlungsvereinbarungen (Anm. Abs. 1 S. 1 Nr. 1 und 2 zu Nr. 1000 VV RVG) einschließlich der zugehörigen Wertvorschrift (§ 31b RVG).

Darüber hinaus hat der Gesetzgeber eingesehen, dass einige Gebührenregelungen unzureichend sind und die teils aufwändige Arbeit des Anwalts nicht angemessen vergüten. So sind zahlreiche Beschwerdeverfahren, insbesondere die Beschwerdeverfahren in Angelegenheiten der freiwilligen Gerichtsbarkeit oder in Verfahren der Verwaltungs-, Sozial- und Finanzgerichtsbarkeit aufgewertet worden. Hierzu zählt auch die Einführung einer Zusatzgebühr für umfangreiche Beweis-

§ 3 Änderungen des RVG

aufnahmen, die Erweiterung der Terminsgebühr, der zusätzlichen Gebühr in Strafsachen oder auch die Einführung einer höheren Vergütung für Farbkopien.

11 Umfangreiche Änderungen finden sich darüber hinaus in verwaltungs- und sozialgerichtlichen Angelegenheiten. Die ermäßigten Gebührensätze und -rahmen bei Vorbefassung werden ersatzlos aufgehoben und ausnahmslos durch Anrechnungsregelungen – wie in Zivilsachen – ersetzt. Das hat nicht nur für die Gebühren Bedeutung, sondern wirkt sich auch auf die Kostenerstattung aus.

12 Die nachfolgende Darstellung orientiert sich numerisch an den vorgenommenen Änderungen. In Teil B werden die Änderungen des Paragraphenteils behandelt und in Teil C die Änderungen des Vergütungsverzeichnisses. Die Darstellung „Schritt für Schritt" an Hand der konkreten Änderungen erscheint zweckmäßig, um schnell auf die konkrete Änderung zugreifen und gegebenenfalls gezielt nachschlagen zu können. In der Darstellung der jeweiligen Änderungen wird selbstverständlich der Kontext mitbehandelt. Zahlreiche Beispiele mit den verschiedensten Abrechnungsvarianten verdeutlichen die praktischen Auswirkungen der jeweiligen Änderungen.

B. Änderungen im Paragraphenteil

I. Abschnitt 1 – Allgemeine Vorschriften

1. § 1 RVG

13 § 1 RVG[1] erhält folgenden neuen Wortlaut:

> **§ 1 Geltungsbereich**
>
> (1) Die Vergütung (Gebühren und Auslagen) für anwaltliche Tätigkeiten der Rechtsanwältinnen und Rechtsanwälte bemisst sich nach diesem Gesetz. Dies gilt auch für eine Tätigkeit als Prozesspfleger nach den §§ 57 und 58 der Zivilprozessordnung. Andere Mitglieder einer Rechtsanwaltskammer, Partnerschaftsgesellschaften und sonstige Gesellschaften stehen einem Rechtsanwalt im Sinne dieses Gesetzes gleich.
>
> (2) Dieses Gesetz gilt nicht für eine Tätigkeit als Vormund, Betreuer, Pfleger, Verfahrenspfleger, Verfahrensbeistand, Testamentsvollstrecker, Insolvenzverwalter, Sachwalter, Mitglied des Gläubigerausschusses, Nachlassverwalter, Zwangsverwalter, Treuhänder oder Schiedsrichter oder für eine ähnliche Tätigkeit. § 1835 Abs. 3 des Bürgerlichen Gesetzbuchs bleibt unberührt.
>
> (3) Die Vorschriften dieses Gesetzes über die Erinnerung und die Beschwerde gehen den Regelungen der für das zugrunde liegende Verfahren geltenden Verfahrensvorschriften vor.

14 Der neue § 1 Abs. 3 RVG soll klarstellen, dass sich Rechtsbehelfe und Rechtsmittel in den Kostenverfahren des RVG ausschließlich nach den Vorschriften dieses Gesetzes, also nach den Vorschriften des RVG, richten. Diese Ergänzung entspricht vergleichbaren Regelungen in anderen Kostengesetzen. Auch hier werden entsprechende Klarstellungen vorgenommen (so z.B. § 1 Abs. 6 GNotKG;[2] § 1 Abs. 5 GKG;[3] § 1 Abs. 2 FamGKG[4]).

15 Das RVG kennt mehrere eigene Verfahren betreffend die Vergütung des Anwalts:
- das Vergütungsfestsetzungsverfahren nach § 11 RVG,
- das Verfahren auf Festsetzung des Gegenstandswerts nach § 33 RVG,

---

[1] Änderung durch Art. 8 Abs. 1 Nr. 2.
[2] Siehe Art. 1.
[3] Änderung durch Art. 3 Abs. 1 Nr. 2 Buchst. b).
[4] Änderung durch Art. 5 Abs. 1 Nr. 2.

B. Änderungen im Paragraphenteil § 3

- das Verfahren auf Abhilfe bei Verletzung des Anspruchs auf rechtliches Gehör (§ 12a Abs. 1 RVG),
- das Verfahren auf Feststellung einer Pauschvergütung für den Wahlanwalt (§ 42 RVG),
- das Verfahren auf Feststellung der Notwendigkeit einer Reise des beigeordneten oder bestellten Anwalts (§ 46 Abs. 2 RVG),
- das Verfahren auf Feststellung einer Pauschvergütung für den gerichtlich bestellten oder beigeordneten Wahlanwalt (§ 51 RVG),
- das Verfahren auf Feststellung der Leistungsfähigkeit des Beschuldigten oder Betroffenen (§ 52 Abs. 2 RVG),
- das Verfahren auf Festsetzung der Vergütung eines gerichtlich bestellten oder beigeordneten Rechtsanwalts, insbesondere im Rahmen der Prozess- und Verfahrenskostenhilfe (§ 55 RVG),
- das Verfahren auf Ansatz übergegangener Ansprüche (§ 59 RVG).

Betroffen von der klarstellenden Neuregelung sind 16

- das Verfahren auf Festsetzung des Gegenstandswerts nach § 33 RVG,
- das Verfahren auf Festsetzung der Vergütung eines gerichtlich bestellten oder beigeordneten Rechtsanwalts, insbesondere im Rahmen der Prozess- und Verfahrenskostenhilfe nach § 55 RVG.

Das Verfahren der Vergütungsfestsetzung nach § 11 RVG bleibt von § 1 Abs. 3 RVG unberührt, 17
auch wenn dies in § 1 Abs. 3 RVG nicht ausdrücklich geregelt ist. Nach § 11 Abs. 3 S. 2 RVG richtet sich die Erinnerung weiterhin nach den für die jeweilige Gerichtsbarkeit geltenden Vorschriften. Für die Beschwerde gelten ebenfalls die Vorschriften der jeweiligen Verfahrensordnung (§ 11 Abs. 2 S. 3 RVG). Es wäre daher wünschenswert gewesen, wenn § 1 Abs. 3 RVG klarstellend den Nachsatz enthalten hätte, „soweit in diesem Gesetz nichts anderes bestimmt ist".

Ebenfalls von § 1 Abs. 3 RVG unberührt bleibt das Verfahren auf Feststellung der Leistungsfähigkeit des Beschuldigten oder Betroffenen (§ 52 Abs. 2 RVG), für das die Vorschriften der sofortigen Beschwerde nach §§ 304 bis 311a StPO weiterhin anwendbar bleiben (§ 52 Abs. 4 RVG). 18

Des Weiteren bleibt das Verfahren nach § 59 RVG unberührt, für das § 59 Abs. 2 S. 1 RVG auf die Vorschriften zur Erinnerung und Beschwerde des jeweiligen Kostengesetzes verweist.[5] 19

Auch die übrigen Kostenverfahren des RVG bleiben unberührt, da dort weder Rechtsmittel noch Rechtsbehelfe vorgesehen sind. 20

Ebenfalls unberührt bleiben die Verfahren auf Festsetzung des Streit-, Verfahrens- oder Geschäftswerts nach den jeweiligen Gerichtskostengesetzen. Hier regelt das RVG das Verfahren ohnehin nicht selbst, sondern gewährt dem Anwalt nur ein eigenes Festsetzungs- und Beschwerderecht. Hinsichtlich der Verfahrensvorschriften, insbesondere für die Beschwerde und gegebenenfalls die weitere Beschwerde bleibt es bei den Vorschriften der jeweiligen Gerichtskostengesetze (§ 68 GKG, § 59 FamGKG, § 83 GKNotG). 21

In erster Linie richtet sich der neue § 1 Abs. 3 RVG an die Sozialgerichtsbarkeit. Obwohl die gesetzliche Regelung an sich eindeutig ist und in den Kostenverfahren nach dem RVG auch nur die Regelungen zu den Rechtsbehelfen und Rechtsmitteln des RVG gelten können, setzt sich die Rechtsprechung – insbesondere in der Sozialgerichtsbarkeit – in u.E. verfassungswidriger Weise (Verstoß gegen Art. 19 Abs. 4, 20 GG) darüber hinweg und wendet Rechtsmittelbeschränkungen an, die sich aus der jeweiligen Prozessordnung ergeben. 22

Insbesondere die Landessozialgerichte erklären überwiegend in Verfahren auf Festsetzung der Prozesskostenhilfevergütung die im Gesetz vorgesehene Beschwerde nach § 56 Abs. 2 S. 2 i.V.m. § 33 Abs. 3 RVG für nicht statthaft, weil nach dem SGG (§§ 178 S. 1, 197 Abs. 2 SGG) eine Be- 23

---

[5] In Familiensachen müsste an sich auf § 57 FamGKG und in Verfahren der freiwilligen Gerichtsbarkeit auf § 81 GKNotG verwiesen werden.

§ 3 Änderungen des RVG

schwerde gegen die Kostenfestsetzung des Urkundsbeamten der Geschäftsstelle des Sozialgerichts ausgeschlossen ist.[6]

24 Diese Gesetzesauslegung ist rechts- und verfassungswidrig, weil sie die vom Gesetz vorgesehenen Rechtsmittelmöglichkeiten willkürlich beschränkt. Nur wenige Gerichte haben zutreffend erkannt, dass die §§ 56 Abs. 2 S. 1 i.V.m. § 33 Abs. 3 bis 8 RVG die spezielleren Vorschriften sind und das SGG in Verfahren auf Festsetzung der PKH-Vergütung gar nicht anwendbar ist. Der Gesetzgeber hat für die Kostenverfahren nach dem RVG vielmehr eigenständige Regelungen getroffen. Diese Regelungen sind unabhängig davon, vor welcher Gerichtsbarkeit das zugrunde liegende Verfahren geführt worden ist. Die Verfahren nach dem RVG richten sich eben gerade nicht nach der jeweiligen Prozessordnung (ZPO, FamFG, StPO, SGG, FGO oder VwGO). Nur in den Fällen, in denen das RVG ausdrücklich auf die jeweilige Prozessordnung verweist, ist diese entsprechend heranzuziehen. Dieser Fall ist aber nur in § 11 Abs. 2 S. 3, Abs. 3 S. 2, 52 Abs. 4 RVG vorgesehen, nicht in den sonstigen Festsetzungsverfahren.[7]

25 Um diese rechtswidrige Rechtsprechung für die Zukunft auszuschließen, hat der Gesetzgeber daher jetzt ausdrücklich klargestellt, dass sich Rechtsbehelfe und Rechtsmittel in diesen Kostenverfahren des RVG ausschließlich nach den Vorschriften des RVG richten und Besonderheiten der jeweiligen Prozessordnungen nicht herangezogen werden dürfen.

26 *Beispiel 1: Beschwerde gegen Festsetzung der Prozesskostenhilfevergütung in der Sozialgerichtsbarkeit*

Der Anwalt hatte die Festsetzung seiner Vergütung i.H.v. insgesamt 714,00 EUR (Verfahrensgebühr 300,00 EUR, Terminsgebühr 280,00 EUR nebst 20,00 EUR Auslagen und Umsatzsteuer) beantragt. Das SG hat die Terminsgebühr in Höhe von 280,00 EUR nebst Umsatzsteuer abgesetzt. Die dagegen gem. § 56 Abs. 1 RVG erhobene Erinnerung wurde zurückgewiesen.

Gegen diesen, die Erinnerung zurückweisenden Beschluss kann der Anwalt gem. § 56 Abs. 2 S. 1 i.V.m. § 33 Abs. 3 RVG Beschwerde einlegen. Der erforderliche Beschwerdewert ist erreicht. Dass nach § 197 Abs. 2 SGG eine Beschwerde gegen eine Kostenfestsetzung des Urkundsbeamten ausgeschlossen ist, ist unerheblich, da sich die Beschwerde nicht nach dem SGG, sondern nach dem RVG richtet.

27 Damit wird klargestellt, dass im Rahmen der Festsetzung der Prozess- oder Verfahrenskostenhilfe einheitlich vor sämtlichen Gerichten aller Gerichtsbarkeiten folgendes Rechtsmittelgefüge gegeben ist:

28 (1) Gegen die Festsetzung des Urkundsbeamten nach § 55 RVG ist gem. § 56 Abs. 1 S. 1 RVG die **Erinnerung** gegeben. Die Erinnerung ist **unbefristet**.[8]

---

6 LSG Sachsen-Anhalt, Beschl. v. 27.6.2011 – L 3 R 234/10 B; Beschl. v. 22.12.2010 – L 8 B 21/08 SO; Beschl. v. 30.10.2009 – L 4 P 8/09 B; LSG Berlin-Brandenburg AGS 2011, 499 = NZS 2012, 120; NZS 2011, 800; Beschl. v. 24.2.2009 – L 15 SF 9/09 B; 8.3.2011 – L 6 SF 236/09 B; RVGreport 2008, 420; LSG Schleswig, Beschl. v. 26.1.2011 – L 1 B 266/09 SF E; Beschl. v. 23.7.2008 – L 18 B 76/08 SF; Sächsisches LSG NZS 2006, 612; LSG Nordrhein-Westfalen NZS 2011, 799; Beschl. v. 13.7.2009 – L 7 B 2/09 SB; Beschl. v. 26.9.2008 – L 19 B 123/08 AS; Beschl. v. 23.7.2008 – L 19 B 170/07 AS; Beschl. v. 12.7.2007 – L 2 B 18/06 KN P; LSG Saarbrücken AGS 2009, 195 = JurBüro 2009, 260; LSG Niedersachsen-Bremen, Beschl. v. 28.10.2008 – L 9 B 19/08 AS SF; NdsRpfl 2007, 136; RVGreport 2007, 99.

7 Zutreffend LSG Mecklenburg-Vorpommern, Beschl. v. 17.7.2008 – L 6 B 93/07; LSG Berlin-Brandenburg 11.3.2011 – L 10 SF 295/10 B PKH; Beschl. v. 16.8.2010 – L 18 SF 172/10 B PKH; LSG Nordrhein-Westfalen RVGreport 2010, 221; ASR 2008, 164 = NZA-RR 2008, 606; RVGreport 2008, 456; RVGreport 2008, 303; Bayerisches LSG ASR 2010, 270 = RVGreport 2010, 216; LSG Schleswig-Holstein ASR 2009, 65 = NZS 2009, 534 = RVGreport 2008, 421.

8 OLG Frankfurt RVGreport 2007, 100; OLG Jena RPfleger 2006, 434 = JurBüro 2006, 366; LAG München JurBüro 2010, 10; AnwK-RVG/*Volpert*, § 56 Rn 9 m. w. Nachw. zur Rspr. Wohl kommt aber eine Verwirkung in Betracht (AnwK-RVG/*Volpert*, § 56 Rn 9).

(2) Gegen die Entscheidung über die Erinnerung ist die **Beschwerde** zum nächst höheren Gericht – ausgenommen zu einem Gericht des Bundes (§ 56 Abs. 2 S. 1 i.V.m. § 33 Abs. 4 S. 3 RVG)[9] – gegeben, wenn der Wert der Beschwerde 200,00 EUR übersteigt oder die Beschwerde in der Entscheidung über die Erinnerung zugelassen worden ist (§§ 56 Abs. 2 S. 1, 33 Abs. 3 RVG). Die Beschwerde muss innerhalb von **zwei Wochen** eingelegt werden (§ 56 Abs. 2 i.V.m. § 33 Abs. 3 S. 3 RVG).

(3) Gegen eine Beschwerdeentscheidung des LG wiederum ist die **weitere Beschwerde** zum OLG möglich, wenn das LG diese wegen grundsätzlicher Bedeutung zugelassen hat (§§ 56 Abs. 2 S. 1, 33 Abs. 6 RVG). Die Beschwerde muss innerhalb von **zwei Wochen** eingelegt werden (§ 56 Abs. 2 i.V.m. § 33 Abs. 3 S. 3, Abs. 6 S. 4 RVG).

(4) Eine **Rechtsbeschwerde** ist nicht vorgesehen.

(5) Möglich wäre in Verfahren über die Erinnerung oder Beschwerde noch eine **Gehörsrüge** nach § 12a RVG, sofern kein Rechtsmittel möglich ist. Im Festsetzungsverfahren selbst kommt die Gehörsrüge wegen der unbefristeten und wertunabhängigen Möglichkeit der Erinnerung nicht in Betracht, sondern erst im Verfahren der Beschwerde oder der weiteren Beschwerde.

2. § 3 RVG

§ 3 RVG[10] erhält folgende neue Fassung: 29

> **§ 3 Gebühren in sozialrechtlichen Angelegenheiten**
>
> (1) In Verfahren vor den Gerichten der Sozialgerichtsbarkeit, in denen das Gerichtskostengesetz nicht anzuwenden ist, entstehen Betragsrahmengebühren. In sonstigen Verfahren werden die Gebühren nach dem Gegenstandswert berechnet, wenn der Auftraggeber nicht zu den in § 183 des Sozialgerichtsgesetzes genannten Personen gehört; im Verfahren nach § 201 Absatz 1 des Sozialgerichtsgesetzes werden die Gebühren immer nach dem Gegenstandswert berechnet. In Verfahren wegen überlanger Gerichtsverfahren (§ 202 Satz 2 des Sozialgerichtsgesetzes) werden die Gebühren nach dem Gegenstandswert berechnet.
>
> (2) Absatz 1 gilt entsprechend für eine Tätigkeit außerhalb eines gerichtlichen Verfahrens.

Eingefügt worden ist in § 3 Abs. 1 S. 2 RVG ein zweiter Halbsatz, der auf die Vollstreckungsverfahren nach § 201 SGG Bezug nimmt. Die Ergänzung soll klarstellen, dass in den Verfahren nach § 201 Abs. 1 SGG für den Anwalt Wertgebühren anfallen, selbst wenn in dem zugrunde liegenden Verfahren gem. § 3 Abs. 1 S. 1 RVG nach Betragsrahmen abzurechnen ist.   30

Die Vorschrift des § 201 SGG lautet: 31

> **§ 201 SGG**
>
> (1) Kommt die Behörde in den Fällen des § 131 der im Urteil auferlegten Verpflichtung nicht nach, so kann das Gericht des ersten Rechtszugs auf Antrag unter Fristsetzung ein Zwangsgeld bis zu tausend Euro durch Beschluss androhen und nach vergeblichem Fristablauf festsetzen. Das Zwangsgeld kann wiederholt festgesetzt werden.
>
> (2) Für die Vollstreckung gilt § 200.

In einem Verfahren nach § 201 Abs. 1 S. 1 SGG kann das Gericht des ersten Rechtszugs auf Antrag eine Frist setzen und gleichzeitig für den Fall des fruchtlosen Fristablaufs ein Zwangsgeld   32

---

9 So in Verfahren der Finanzgerichtsbarkeit oder erstinstanzlichen Verfahren vor einem OLG, LAG, VGH, OVG oder LSG; erst Recht in erstinstanzlichen Verfahren vor einem Bundesgericht.

10 Änderung durch Art. 8 Abs. 1 Nr. 3.

androhen. Nach fruchtlosem Fristablauf kann es durch weiteren Beschluss das Zwangsgeld festsetzen, wenn die Behörde der ihr auferlegten Verpflichtung nicht nachkommt.

33 An sich müsste nach der bestehenden Rechtslage auch in diesen Verfahren nach Betragsrahmen abgerechnet werden (§ 3 Abs. 1 S. 1 RVG).[11] Da in Teil 3 Abschnitt 3 Unterabschnitt 3 VV RVG „Vollstreckung und Vollziehung" jedoch keine Betragsrahmengebühren vorgesehen sind, liefe der Wortlaut ins Leere. Daher werden in der Praxis bereits jetzt schon in entsprechender Anwendung die Wertgebühren nach den Nrn. 3309 ff. VV RVG herangezogen.[12] Diese Praxis wird nunmehr Gesetz.

34 Der **Gegenstandswert** der anwaltlichen Tätigkeit bestimmt sich nicht nach § 23 Abs. 1 RVG i.V.m. § 52 GKG, da im gerichtlichen Vollstreckungsverfahren vor den Sozialgerichten keine Gerichtsgebühren vorgesehen sind. Der Wert ist vielmehr nach § 25 Abs. 1 Nr. 3 RVG zu ermitteln. Maßgebend ist der Wert der zu erwirkenden Handlung, Duldung oder Unterlassung. Die Höhe des anzudrohenden oder zu verhängenden Zwangsgelds ist unbeachtlich, da dies nur Mittel zum Zweck ist.

35 Eine Wertfestsetzung von Amts wegen hat nicht zu erfolgen, da keine Gerichtsgebühren anfallen (s. § 63 Abs. 1 GKG). Das Gericht hat diesen Wert vielmehr im Verfahren nach § 33 RVG nur auf Antrag eines Beteiligten festzusetzen.

36 *Beispiel 2: Vollstreckung gegen Behörde in Sozialsachen*
Die Behörde ist durch Urteil des SG zur Neubescheidung verpflichtet worden. Nachdem die Behörde dieser Verpflichtung nicht nachgekommen ist, beantragt der Anwalt für seinen Mandanten beim SG gem. § 201 Abs. 1 SGG eine Fristsetzung unter Androhung eines Zwangsgelds. Der Gegenstandswert des Zwangsgeldverfahrens wird gem. § 25 Abs. 1 Nr. 3 RVG auf 2.000,00 EUR festgesetzt.

Der Anwalt erhält:[13]

1.	0,3-Verfahrensgebühr, Nr. 3309 VV RVG (Wert 2.000,00 EUR)	43,50 EUR
2.	Postentgeltpauschale, Nr. 7002 VV RVG	8,70 EUR
	Zwischensumme	52,20 EUR
3.	Umsatzsteuer, Nr. 7008 VV RVG	9,92 EUR
	Gesamt	**62,12 EUR**

3. § 12b RVG

37 § 12b RVG wird wie folgt neu gefasst:[14]

> **§ 12b Elektronische Akte, elektronisches Dokument**
> In Verfahren nach diesem Gesetz sind die verfahrensrechtlichen Vorschriften über die elektronische Akte und über das elektronische Dokument für das Verfahren anzuwenden, in dem der Rechtsanwalt die Vergütung erhält. Im Fall der Beratungshilfe sind die entsprechenden

---

11 So SG Fulda, Beschl. v. 5.9.2012 – S 4 U 8/06 (zur Veröffentlichung vorgesehen in AGS 2012, Heft 11) = NJW-Spezial 2011, 668.
12 LSG Berlin-Brandenburg RVGreport 2008, 381; VG Bremen, Beschl. v. 15.6.2010 – S 4 E 101/10; A.A. ist das SG Fulda, das Nr. 3102 VV RVG anwenden will (Beschl. v. 5.9.2012 – S 4 U 8/06 [zur Veröffentlichung vorgesehen in AGS 2012, Heft 11] = NJW-Spezial 2011, 668).
13 Berechnet nach den neuen Tabellenbeträgen (siehe § 8 Rn 2).
14 Änderung durch Art. 8 Abs. 1 Nr. 4.

Vorschriften des Gesetzes über das Verfahren in Familiensachen und in den Angelegenheiten der freiwilligen Gerichtsbarkeit anzuwenden.

Zur Begründung der Änderung des § 12b RVG verweist der Regierungsentwurf auf die Begründung zu § 7 GNotKG: *„Alle kostenrechtlichen Regelungen zur elektronischen Akte und zum elektronischen Dokument sollen durch eine allgemeine Verweisung auf die jeweiligen verfahrensrechtlichen Regelungen für das zugrunde liegende Verfahren ersetzt werden. Damit ist sichergestellt, dass für die kostenrechtlichen Verfahren die gleichen Grundsätze wie für das Verfahren zur Hauptsache gelten."* 38

II. Abschnitt 2 – Gebührenvorschriften

1. § 13 RVG

a) Überblick

§ 13 RVG[15] erhält folgende neue Fassung: 39

---

§ 13 Wertgebühren

(1) Wenn sich die Gebühren nach dem Gegenstandswert richten, beträgt die Gebühr bei einem Gegenstandswert bis 500 EUR 40 EUR. Die Gebühr erhöht sich bei einem

Gegenstandswert bis … Euro	für jeden angefangenen Betrag von weiteren … Euro	um … Euro
2 000	500	35
10 000	1 000	51
25 000	3 000	46
50 000	5 000	75
200 000	15 000	85
500 000	30 000	120
über 500 000	50 000	150

Eine Gebührentabelle für Gegenstandswerte bis 500.000 EUR ist diesem Gesetz als Anlage 2 beigefügt.

(2) Der Mindestbetrag einer Gebühr ist 15 EUR.

---

b) Änderung der Gebührenbeträge

Die Gebührenbeträge der Tabelle des § 13 Abs. 1 RVG werden angepasst,[16] ebenso die Gebührenbeträge der Tabelle § 49 RVG (siehe unten Rn 290). 40

Im Gegensatz zu der bisherigen Tabelle reicht die erste Wertstufe jetzt bis 500,00 EUR. Die Gebühr beträgt 40,00 EUR. Hierauf aufbauend sind – wie bisher – weitere Erhöhungen vorgesehen, allerdings bis 2.000,00 EUR nicht mehr in Stufen zu 300,00 EUR, sondern zu 500,00 EUR. 41

Ein ausführliches Tabellenwerk zu den üblichen Gebührensätzen findet sich im Anhang (siehe § 8 Rn 2). 42

---

15 Änderung durch Art. 8 Abs. 1 Nr. 5.
16 Änderung durch Art. 8 Abs. 1 Nr. 5 Buchst. a).

43 Auch wenn die Tabellenbeträge erhöht worden sind, so ergibt sich nicht in allen Fällen im Ergebnis eine Erhöhung. Dadurch, dass sich auch die Gebührensprünge verändert haben, kann es bei einigen Werten vorkommen, dass sich geringere Gebührenbeträge ergeben als nach bisherigem Recht. Der Regierungsentwurf bezeichnet dies als „negativen Erfüllungsaufwand".

c) Gegenüberstellung ausgewählter Gebührenbeträge (1,0) bei Werten bis 10.000,00 EUR

44 neu/alt

Wert	neu	alt	Differenz
500	40,00	45,00	-5,00
1.000	75,00	85,00	-10,00
1.500	110,00	105,00	5,00
2.000	145,00	133,00	12,00
3.000	196,00	189,00	7,00
4.000	247,00	245,00	2,00
5.000	298,00	301,00	-3,00
6.000	349,00	338,00	11,00
7.000	400,00	375,00	25,00
8.000	451,00	412,00	39,00
9.000	502,00	449,00	53,00
10.000	553,00	486,00	67,00

45 alt/neu

Wert	alt	neu	Differenz
300	25,00	40,00	15,00
600	45,00	75,00	30,00
900	65,00	75,00	10,00
1.200	85,00	110,00	25,00
1.500	105,00	110,00	5,00
2.000	133,00	145,00	12,00
2.500	161,00	196,00	35,00
3.000	189,00	196,00	7,00
3.500	217,00	247,00	30,00
4.000	245,00	247,00	2,00
4.500	273,00	298,00	25,00
5.000	301,00	298,00	-3,00
6.000	338,00	349,00	11,00
7.000	375,00	400,00	25,00
8.000	412,00	451,00	39,00
9.000	449,00	502,00	53,00
10.000	486,00	553,00	67,00

B. Änderungen im Paragraphenteil § 3

d) Anhebung des Mindestbetrags

Auch der bisherige Mindestbetrag[17] von 10,00 EUR wird angehoben. Er beträgt künftig 15,00 EUR. 46

Die Anwendung des § 13 Abs. 2 RVG wird – wie bisher – äußerst gering bleiben. Er wird nur zum Tragen kommen bei einem Gebührensatz von 47

- 0,3[18] bei Werten bis 500,00 EUR
- 0,2[19] bei Werten bis 500,00 EUR
- 0,15[20] bei Werten bis 1.000,00 EUR.

> *Beispiel 3: Anhebung auf den Mindestbetrag* 48
>
> Der Anwalt ist mit einer Vollstreckungsmaßnahme beauftragt. Der Gegenstandswert beträgt 400,00 EUR.
>
> Der Gebührensatz beläuft sich nach Nr. 3309 VV RVG auf 0,3. Die Verfahrensgebühr würde sich demnach auf 0,3 × 40,00 EUR = 12,00 EUR belaufen. Die Gebühr wird daher nach § 13 Abs. 2 RVG auf 15,00 EUR angehoben.
>
> Der Anwalt erhält:
> 1. 0,3-Verfahrensgebühr, Nr. 3309 VV RVG 15,00 EUR
>   (Wert 400,00 EUR)
> 2. Postentgeltpauschale, Nr. 7002 VV RVG 3,00 EUR
>   Zwischensumme 18,00 EUR
> 3. Umsatzsteuer, Nr. 7008 VV RVG 3,42 EUR
>   **Gesamt** **21,42 EUR**

Entsprechend wäre z.B. auch bei einem einfachen Schreiben nach Nr. 2302 VV RVG abzurechnen. 49

Die Vorschrift des § 13 Abs. 2 RVG gilt weiterhin nur für Gebühren, nicht auch für **Erhöhungen**. Daher ist diese Vorschrift insbesondere nicht auf die Gebührenerhöhung nach Nr. 1008 VV RVG anwendbar,[21] da es sich bei dieser Erhöhung nicht um eine Gebühr handelt. 50

Ebenfalls nicht anwendbar ist § 13 Abs. 2 RVG auf das nach einer **Gebührenanrechnung** verbleibende Aufkommen, da es sich insoweit nur um einen rechnerischen Differenzbetrag handelt, nicht aber um eine eigene Gebühr.[22] 51

Auch ist § 13 Abs. 2 RVG nicht auf **Auslagen** (z.B. Schreibgebühren, Telekommunikationsentgelte) anwendbar.[23] 52

Des Weiteren gilt § 13 Abs. 2 RVG nicht für die **Hebegebühr**, da Nr. 1009 VV RVG eine spezielle Regelung enthält und eine eigene Mindestgebühr (1,00 EUR) vorsieht.[24] 53

---

17 Änderung durch Art. 8 Abs. 1 Nr. 5 Buchst. b).
18 Z.B. in der Zwangsversteigerung (Nr. 3309 VV RVG) oder bei einem einfachen Schreiben (Nrn. 2302, 3404 VV RVG).
19 Z.B. Terminsvertreter in der Zwangsversteigerung (Nr. 3311 VV RVG) oder im Verteilungsverfahren außerhalb einer Zwangsversteigerung oder Zwangsverwaltung (Nr. 3333 VV RVG), sofern man hier Nr. 3401 VV RVG überhaupt für anwendbar hält; siehe dazu AnwK-RVG/*N. Schneider*, Nr. 3401 VV RVG Rn 9.
20 Z.B. Terminsvertreter in der Zwangsvollstreckung (Nr. 3309 VV RVG), sofern man hier Nr. 3401 VV RVG überhaupt für anwendbar hält; siehe dazu AnwK-RVG/*N. Schneider*, Nr. 3401 VV RVG Rn 9.
21 LG Berlin AGS 2006, 484 = RVGreport 2006, 306; AG Hohenschönhausen AGS 2006, 117 m. Anm. *N. Schneider* = RVGreport 2006, 143; AG Stuttgart AGS 2005, 331; so auch schon zu § 6 Abs. 1 BRAGO: AG München DGVZ 1978, 414; *N. Schneider*, AGS 2005, 325; *Hansens*, RVGreport 2005, 372; a.A. *Volpert*, RVGreport 2004, 450, 453.
22 A.A. – allerdings noch auf Basis der überholten Anrechnungsrechtsprechung des BGH – Gerold/Schmidt/*Mayer*, § 15 Rn 13; *Mayer/Kroiß*, § 13 Rn 36.
23 Gerold/Schmidt/*Mayer*, § 13 Rn 13.
24 Gerold/Schmidt/*Mayer*, § 13 Rn 13.

e) Höchstbetrag

54 Ein genereller Höchstbetrag ist – im Gegensatz zum Mindestbetrag – zwar nicht vorgesehen. Mittelbar ergibt er sich jedoch aus § 22 Abs. 2 RVG und aus § 23 Abs. 1 RVG i.V.m. § 39 Abs. 2 GKG, § 33 Abs. 2 FamGKG; § 35 Abs. 2 GNotKG. Danach darf der für die Gebühren maßgebende Gegenstandswert nicht über 30 bzw. 60 Mio. EUR liegen. Bei mehreren Auftraggebern erhöht sich die Grenze um jeweils 30 Mio. EUR je weiteren Auftraggeber, höchstens jedoch auf 100 Mio. EUR (§ 22 Abs. 2 S. 2;[25] § 23 Abs. 1 S. 4 RVG). Damit kann also ein 1,0-Betrag nie höher liegen als

- bei einem Auftraggeber   91.708,00 EUR
- bei zwei Auftraggebern   181.708,00 EUR
- bei drei Auftraggebern   272.008,00 EUR
- bei mehr als drei Auftraggebern   301.708,00 EUR

2. § 14 RVG

55 § 14 RVG sollte nach dem Referentenentwurf[26] folgende neue Fassung erhalten:

> **§ 14 Rahmengebühren**
>
> (1) Bei Rahmengebühren bestimmt der Rechtsanwalt die Gebühr im Einzelfall nach dem Umfang und der Schwierigkeit der anwaltlichen Tätigkeit nach billigem Ermessen. Daneben können im Einzelfall besondere Umstände sowie die Einkommens- und Vermögensverhältnisse des Auftraggebers angemessen berücksichtigt werden. Ein besonderes Haftungsrisiko des Rechtsanwalts kann bei der Bemessung herangezogen werden. Bei Rahmengebühren, die sich nicht nach dem Gegenstandswert richten, sind die Bedeutung der Angelegenheit für den Auftraggeber und das Haftungsrisiko zu berücksichtigen. Ist die Gebühr von einem Dritten zu ersetzen, ist die von dem Rechtsanwalt getroffene Bestimmung nicht verbindlich, wenn sie unbillig ist.
>
> (2) Im Rechtsstreit hat das Gericht ein Gutachten des Vorstands der Rechtsanwaltskammer einzuholen, soweit die Höhe der Gebühr streitig ist; dies gilt auch im Verfahren nach § 495a der Zivilprozessordnung. Das Gutachten ist kostenlos zu erstatten.

56 Der Regierungsentwurf hat diesen Änderungsvorschlag nicht übernommen, sodass es bei § 14 RVG in der bisherigen Fassung verbleiben wird.

57 Die vom Referentenentwurf vorgeschlagene Formulierung sollte herausstellen, dass die Kriterien des Umfangs und der Schwierigkeit der anwaltlichen Tätigkeit als „Leistungskriterien" im RVG eine besondere Stellung einnehmen. Diese Kriterien sollten für alle Rahmengebühren in den Mittelpunkt gestellt werden. Lediglich bei Betragsrahmengebühren sollte als weiteres Kriterium das Haftungsrisiko und die Bedeutung der Angelegenheit für den Auftraggeber hinzutreten.

58 Daneben sollte die Möglichkeit bestehen, im Einzelfall besondere Umstände wie Einkommens- und Vermögensverhältnisse des Auftraggebers angemessen zu berücksichtigen. Die Einkommens- und Vermögensverhältnisse sollten also nicht mehr grundsätzlich in die Bemessung mit einfließen. Damit sollte z.B. in Sozialsachen verhindert werden, unter Hinweis auf die geringen Einkommens- und Vermögensverhältnisse nur geringere Gebühren zuzusprechen.

59 Bei Wertgebühren sollte es dabei bleiben, dass nur das besondere Haftungsrisiko zu berücksichtigen sei, weil das einfache Haftungsrisiko bereits durch den Gegenstandswert erfasst werde.

---

25 Zur Neufassung des § 22 RVG siehe Rn 144.
26 Art. 8 Abs. 1 Nr. 5.

Abgesehen von der Verschiebung der Gewichtung der einzelnen Kriterien sollte die vorgeschlagene Neufassung auch den Gerichten den Umgang mit den Bemessungskriterien erleichtern. Die Kriterien des Umfangs und der Schwierigkeit sollten nach Auffassung des Referentenentwurfs leicht messbar sein, sodass es den Gerichten bei einer Konzentration auf diese beiden Kriterien leichter fallen sollte, die Ermessensausübung des Anwalts zu überprüfen. 60

Dieser Vorschlag ist unverständlicherweise auf breiter Front abgelehnt worden, sodass er keinen Eingang in den Regierungsentwurf gefunden hat. 61

III. Abschnitt 3 – Angelegenheit

1. § 15 RVG

In § 15 RVG[27] wird die derzeitige Vorschrift des § 15 Abs. 2 S. 2 RVG, wonach der Anwalt seine Vergütung in jedem Rechtszug gesondert verlangen kann, gestrichen. Eine sachliche Änderung ist damit allerdings nicht verbunden. Es handelt sich vielmehr um eine redaktionelle Maßnahme. An Stelle der bisherigen Regelung, wonach der Anwalt seine Vergütung in jedem Rechtszug gesondert verlangen kann, wird in § 17 Nr. 1 RVG (siehe Rn 83) künftig geregelt, dass jeder Rechtszug eine eigene Angelegenheit darstellt. Infolge des neuen § 17 Nr. 1 RVG wäre die Regelung in § 15 Abs. 2 S. 2 RVG daher überflüssig und gegebenenfalls irreführend. Ausgehend davon, dass jeder Rechtszug eine eigene Angelegenheit ist und der weiterhin beibehaltenen Regelung des § 15 Abs. 2 S. 1 RVG, wonach der Anwalt seine Gebühren in jeder Angelegenheit nur einmal erhält, bleibt die bisherige Rechtslage bestehen. Sie wird lediglich eindeutiger formuliert. 62

2. § 16 RVG

a) Überblick

Neben der Ersetzung mehrerer Kommata durch Semikolons[28] soll in § 16 RVG eine neue Nr. 3a[29] eingefügt und die Nrn. 5[30] und 10[31] neu gefasst werden: 63

> **§ 16 Dieselbe Angelegenheit**
>
> Dieselbe Angelegenheit sind
>
> 1. [...]
>
> 3a. das Verfahren zur Bestimmung des zuständigen Gerichts und das Verfahren, für das der Gerichtsstand bestimmt werden soll; dies gilt auch dann, wenn das Verfahren zur Bestimmung des zuständigen Gerichts vor Klageerhebung oder Antragstellung endet, ohne dass das zuständige Gericht bestimmt worden ist;
>
> [...]
>
> 5. das Verfahren über die Anordnung eines Arrests, über den Erlass einer einstweiligen Verfügung oder einstweiligen Anordnung, über die Anordnung oder Wiederherstellung der aufschiebenden Wirkung, über die Aufhebung der Vollziehung oder die Anordnung der sofortigen Vollziehung eines Verwaltungsakts und jedes Verfahren über deren Abänderung oder Aufhebung;
>
> [...]

---

27 Änderung durch Art. 8 Abs. 1 Nr. 6.
28 Änderung durch Art. 8 Abs. 1 Nr. 7 Buchst. a), c) und e).
29 Änderung durch Art. 8 Abs. 1 Nr. 7 Buchst. b).
30 Änderung durch Art. 8 Abs. 1 Nr. 7 Buchst. d).
31 Änderung durch Art. 8 Abs. 1 Nr. 7 Buchst. f).

> 10. im Kostenfestsetzungsverfahren und im Verfahren über den Antrag auf gerichtliche Entscheidung gegen einen Kostenfestsetzungsbeschied (§ 108 des Gesetzes über Ordnungswidrigkeiten) einerseits und im Kostenansatzverfahren sowie im Verfahren über den Antrag auf gerichtliche Entscheidung gegen den Ansatz der Gebühren und Auslagen (§ 108 des Gesetzes über Ordnungswidrigkeiten) andererseits jeweils mehrere Verfahren über
>   a) die Erinnerung,
>   b) den Antrag auf gerichtliche Entscheidung,
>   c) die Beschwerde in demselben Beschwerderechtszug;

b) Gerichtsstandsbestimmungsverfahren (Nr. 3a)

64 Nach der derzeitigen Fassung des RVG ist strittig, unter welchen Voraussetzungen ein Gerichtsstandsbestimmungsverfahren mit zur Hauptsache zählt und wann es eine gesonderte Vergütung auslöst.

65 Unstrittig ist der Fall,
- dass es im Gerichtsstandsbestimmungsverfahren auch zur Bestimmung eines Gerichts kommt und
- dann vor diesem Gericht das Verfahren eingeleitet bzw. fortgesetzt wird.

In diesem Fall gilt unstrittig § 19 Abs. 1 S. 2 Nr. 3 RVG a.F., wonach das Gerichtsstandsbestimmungsverfahren zum Rechtszug gehört und weder eine gesonderte Angelegenheit noch gesonderte Gebühren ausgelöst werden.

66 Wird dagegen der Antrag auf Bestimmung als unzulässig verworfen, als unbegründet zurückgewiesen oder zurückgenommen, bevor das Gericht eine Bestimmung hat treffen können, so ist die Rechtslage strittig. Ausgangspunkt ist die Entscheidung des BGH,[32] wonach ein erfolgloses Verfahren eine gesonderte Angelegenheit darstellt und eine gesonderte Vergütung auslöst. Dabei werden verschiedene Konstellationen unterschiedlich beurteilt.
- Nach einer Auffassung ist in diesen Fällen immer von einer gesonderten Angelegenheit auszugehen und zwar auch dann, wenn das Bestimmungsverfahren während des bereits anhängigen Hauptsacheverfahrens eingeleitet wird.[33]
- Nach a.A. ist ein erfolgloses Bestimmungsverfahren nur dann eine gesonderte Angelegenheit, wenn es vor Anhängigkeit der Hauptsache durchgeführt worden ist, nicht aber, wenn es erst nach deren Anhängigkeit eingeleitet worden ist.[34]
- Nach einer weiteren Auffassung ist dagegen auch ein erfolgloses Verfahren keine gesonderte Angelegenheit.[35]

67 Soweit die Rechtsprechung von einer gesonderten Angelegenheit ausgeht, sieht sie die Tätigkeit des Anwalts als Einzeltätigkeit an, die mit einer 0,8-Verfahrensgebühr nach Nr. 3403 VV RVG zu vergüten ist.[36] Lediglich das OLG Karlsruhe[37] geht von einer 1,3-Verfahrensgebühr nach Nr. 3100 VV RVG aus.

---

32 BGH MDR 1987, 735 = NJW-RR 1987, 757.
33 OLG Köln AGS 2007, 229 = JurBüro 2007, 302 = MDR 2007, 921 = OLGR Köln 2007, 495 = NJW-RR 2007, 1721 = Rpfleger 2007, 577 = NJW 2008, 385.
34 OLG Köln AGS 2007, 67; AGS 2007, 607 = OLGR 2008, 100; AGS 2008, 114 und 406; OLG München AGS 2008, 276 = FamRZ 2008, 627 = OLGR 2008, 462.
35 OLG Dresden AGS 2006, 272 = Rpfleger 2006, 44 = OLGR 2006, 233 = NJ 2005, 564; OLG München AGS 2007, 607 = OLGR 2007, 783 = MDR 2007, 1153 = Rpfleger 2007, 577.
36 BayObLG AnwBl 1999, 354 = Rpfleger 1999, 321 = NJW-RR 2000, 141 = BayObLGR 1999, 47; OLG Koblenz OLGR 2000, 419; OLGR 2006, 701 = NJW-RR 2007, 425.
37 OLG Karlsruhe AGS 2008, 223 = OLGR 2008, 280 = MDR 2008, 473 = Justiz 2008, 141.

Mit dem neuen § 16 Abs. 1 Nr. 3a RVG wird jetzt klargestellt, dass ein Gerichtsstandsbestimmungsverfahren immer zum Rechtszug zählt und keine gesonderte Vergütung auslöst, unabhängig davon, ob es zur Bestimmung gekommen ist oder nicht.

Eine gesonderte Vergütung für das Gerichtstandsbestimmungsverfahren erhält der Anwalt zukünftig daher nur noch dann, wenn es nicht zu einem Hauptsacheverfahren kommt oder der Anwalt dort nicht beauftragt wird.

Beispiel 4: Gerichtstandsbestimmungsverfahren (I)
Der Kläger möchte den in Köln ansässigen A und den in Bonn ansässigen B gemeinsam vor einem Landgericht verklagen. Sein Anwalt beantragt daraufhin beim OLG Köln die Bestimmung eines gemeinsamen Gerichts. Das Gericht bestimmt das LG Köln als gemeinsames Gericht. Dort reicht der Anwalt sodann die Klage ein.

Dieser Fall war immer schon unstrittig. Das Gerichtsstandsbestimmungsverfahren gehört nach allen Auffassungen gem. § 19 Abs. 1 S. 2 Nr. 3 RVG a.F. zur Hauptsache.

Beispiel 5: Gerichtstandsbestimmungsverfahren (II)
Der Kläger möchte den in Köln ansässigen A und den in Bonn ansässigen B gemeinsam vor einem Landgericht verklagen. Sein Anwalt beantragt daraufhin beim OLG Köln die Bestimmung eines gemeinsamen Gerichts. Das OLG weist den Antrag zurück, da ein gemeinsamer Gerichtsstand vor dem LG Köln bereits aus dem Gesichtspunkt der unerlaubten Handlung bestehe. Daraufhin wird die Klage vor dem LG Köln erhoben.

Nach einem Teil der bisherigen Rechtsprechung konnte der Anwalt in diesem Fall für das Gerichtsstandsbestimmungsverfahren eine gesonderte Vergütung verlangen, weil es nicht in den Rechtsstreit mündete. Nach neuem Recht ist die Tätigkeit im Gerichtsstandsbestimmungsverfahren mit den Gebühren in der Hauptsache abgegolten. Gleiches würde gelten, wenn auf Hinweis des Gerichts der Bestimmungsantrag zurückgenommen worden wäre.

Beispiel 6: Gerichtstandsbestimmungsverfahren (III)
Der Anwalt reicht für den Kläger gegen zwei Beklagte vor dem LG Bonn Klage ein. Einer der Beklagten rügt die örtliche Zuständigkeit des Gerichts, da er seinen Wohnsitz in München habe. Daraufhin beantragt der Anwalt vor dem OLG Köln die Bestimmung eines gemeinsamen Gerichts. Das OLG weist den Antrag zurück, da ein gemeinsamer Gerichtsstand bereits aus dem Gesichtspunkt der unerlaubten Handlung bestehe. Hiernach wird das Verfahren vor dem LG Bonn fortgesetzt.

Nach einem Teil der bisherigen Rechtsprechung konnte der Anwalt auch in diesem Fall für das Gerichtsstandsbestimmungsverfahren eine gesonderte Vergütung verlangen, weil es nicht zu einer Bestimmung gekommen ist. Nach neuem Recht ist die Tätigkeit im Gerichtsstandsbestimmungsverfahren mit den Gebühren in der Hauptsache abgegolten. Gleiches würde gelten, wenn auf Hinweis des Gerichts der Bestimmungsantrag zurückgenommen worden wäre.

Beispiel 7: Gerichtstandsbestimmungsverfahren (IV)
Der Anwalt reicht für den Kläger gegen zwei Beklagte vor dem LG Bonn Klage ein. Einer der Beklagten rügt die örtliche Zuständigkeit des Gerichts, da er seinen Wohnsitz in München habe. Das daraufhin vom Anwalt angerufene OLG Köln bestimmt das LG München als gemeinsames Gericht. Dorthin wird der Rechtsstreit sodann verwiesen.

Unabhängig davon, ob der Anwalt weiterhin als Prozessbevollmächtigter tätig bleibt, zählt das Bestimmungsverfahren mit zum Rechtszug und löst neben den Gebühren in der Hauptsache keine gesonderte Vergütung aus. Dieser Fall ist auch nach bisherigem Recht unstrittig.

74 *Beispiel 8: Gerichtstandsbestimmungsverfahren (V)*
Die Partei möchte den in München wohnenden A und den in Berlin wohnenden B gemeinsam verklagen und beauftragt einen Berliner Anwalt, Klage einzureichen. Dieser beantragt zunächst vor dem KG die Bestimmung eines gemeinsamen Gerichts. Das KG bestimmt daraufhin das LG München als gemeinsames Gericht. Zur Einreichung der Klage durch den Anwalt kommt es nicht mehr, sei es, weil sich die Sache vor Klageerhebung doch noch erledigt oder weil der Kläger jetzt die Klage von einem Münchener Anwalt einreichen lässt.
Der Berliner Anwalt hatte bereits Klageauftrag, sodass er die Verfahrensgebühr nach Vorbem. 3 Abs. 2, Nr. 3100 VV RVG verdient hat, allerdings wegen der vorzeitigen Erledigung nur in Höhe von 0,8 (Nr. 3101 Nr. 1 VV RVG). Durch diese Gebühr ist auch das Bestimmungsverfahren mit abgegolten.

75 *Beispiel 9: Gerichtstandsbestimmungsverfahren (VI)*
Die Partei möchte den in München wohnenden A und den in Berlin wohnenden B gemeinsam verklagen und beauftragt einen Berliner Anwalt, zunächst nur vor dem KG die Bestimmung eines gemeinsamen Gerichts zu beantragen. Das KG bestimmt daraufhin das LG München als gemeinsames Gericht. Zu einem Klageauftrag an den Anwalt kommt es nicht mehr, sei es, weil die Sache sich vorher erledigt oder der Klageauftrag einem Münchener Anwalt erteilt wird.
In diesem Fall hatte der Anwalt noch keinen Auftrag für das Klageverfahren, sondern lediglich einen isolierten Auftrag für eine Einzeltätigkeit im Gerichtstandsbestimmungsverfahren. Der Anwalt erhält jetzt eine 0,8-Gebühr nach Nr. 3404 VV RVG.

76 Vertritt der Anwalt den Beklagten oder den potentiellen Beklagten, gelten die vorstehenden Ausführungen entsprechend.

77 Die Bemessung des Gegenstandswerts wird dagegen weiterhin strittig bleiben. Da im gerichtlichen Verfahren keine Gerichtsgebühren anfallen und im Beschwerdeverfahren Festgebühren vorgesehen sind, kommt eine Wertfestsetzung nach den Vorschriften der Gerichtskostengesetze (§ 63 Abs. 2 GKG; § 55 Abs. 1, 2 FamGKG; § 79 Abs. 1 GNotKG) nicht in Betracht. Der Gegenstandswert der anwaltlichen Tätigkeit ist vielmehr auf Antrag nach § 33 RVG festzusetzen.

78 Der Gegenstandswert richtet sich nach § 23 Abs. 1 S. 2 RVG i.V.m. § 48 Abs. 1 S. 1 GKG, § 3 ZPO und ist nach dem Interesse des Antragstellers, die Antragsgegner bei demselben Gericht verklagen zu können, zu bemessen. Dieses Interesse entspricht in der Regel einem Bruchteil des Werts der Hauptsache. Vertreten wird insoweit ein Viertel,[38] ein Fünftel[39] oder ein Zehntel.[40]

79 Kommt es gem. § 567 Abs. 1 Nr. 2 ZPO zur Beschwerde (zulässig nur gegen die Ablehnung einer Bestimmung des LG), dann gilt § 23 Abs. 2 S. 1 RVG. Maßgebend ist das Interesse des Beschwerdeführers, das ebenso wie im Bestimmungsverfahren anzusetzen sein dürfte. Im Verfahren der Rechtsbeschwerde, die allerdings nach überwiegender Auffassung nicht statthaft ist,[41] wäre ebenso zu bewerten.[42]

c) Abänderungs- und Aufhebungsverfahren (Nr. 5)

80 Die Änderung des § 16 Nr. 5 RVG ist letztlich nur eine Folgeänderung des § 17 Nr. 4 RVG (siehe dazu Rn 87). Der derzeitige Wortlaut des § 16 Nr. 5 RVG geht ebenso wie der derzeitige Wortlaut des § 17 Nr. 4 RVG von Antragsverfahren aus. Nach dem Gesetz über das Verfahren in Familien-

---

38 BayObLG IBR 2002, 584 m. Anm. *Mandelkow*; ebenso vgl. BayObLG v. 30.8.1988 – 1Z AR 30/88.
39 OLG Karlsruhe AGS 2008, 223 = OLGR 2008, 280 = MDR 2008, 473 = Justiz 2008, 141.
40 OLG Koblenz NJW 2006, 3723 = NZG 2006, 902 = VuR 2006, 487; OLG Köln AGS 2003, 205.
41 Siehe Zöller/*Vollkommer*, § 37 Rn 4.
42 Schneider/*Herget*, Rn 2547.

sachen und in den Angelegenheiten der freiwilligen Gerichtsbarkeit gibt es aber auch Entscheidungen im einstweiligen Rechtsschutz, die von Amts wegen ergehen. Diesem Umstand trägt die Änderung des § 17 Nr. 4 RVG jetzt Rechnung. Konsequenterweise musste dann auch § 16 Nr. 5 RVG entsprechend geändert werden.

d) Kostenfestsetzungsverfahren (Nr. 10)

Die vorgeschlagene Änderung dient der Klarstellung, dass Verfahren über einen Antrag auf gerichtliche Entscheidung gegen einen Kostenfestsetzungsbescheid und den Ansatz der Gebühren und Auslagen in Bußgeldsachen der Erinnerung oder Beschwerde beim Kostenansatz und in der Kostenfestsetzung gleichstehen.

81

3. § 17 RVG

a) Überblick

In § 17 RVG wird eine neue Nr. 1 eingefügt; die bisherige Nr. 1 wird zur Nr. 1a und Nr. 4 wird geändert. Des Weiteren werden zwei neue Nummern 10 und 11 eingefügt, sodass die bisherigen Nrn. 10 und 11 zu den Nrn. 12 und 13 werden. Es ergibt sich damit folgende Fassung:[43]

82

> **§ 17 Verschiedene Angelegenheiten**
> Verschiedene Angelegenheiten sind
> 1. das Verfahren über ein Rechtsmittel und der vorausgegangene Rechtszug,
> 1a. jeweils das Verwaltungsverfahren, das einem gerichtlichen Verfahren vorausgehende und der Nachprüfung des Verwaltungsakts dienende weitere Verwaltungsverfahren (Vorverfahren, Einspruchsverfahren, Beschwerdeverfahren, Abhilfeverfahren), das Verfahren über die Beschwerde und die weitere Beschwerde nach der Wehrbeschwerdeordnung, das Verwaltungsverfahren auf Aussetzung oder Anordnung der sofortigen Vollziehung sowie über einstweilige Maßnahmen zur Sicherung der Rechte Dritter und ein gerichtliches Verfahren,
> [...]
> 4. das Verfahren in der Hauptsache und ein Verfahren über
>   a) die Anordnung eines Arrests,
>   b) den Erlass einer einstweiligen Verfügung oder einer einstweiligen Anordnung,
>   c) die Anordnung oder Wiederherstellung der aufschiebenden Wirkung, die Aufhebung der Vollziehung oder die Anordnung der sofortigen Vollziehung eines Verwaltungsakts sowie
>   d) die Abänderung oder Aufhebung einer in einem Verfahren nach den Buchstaben a bis c ergangenen Entscheidung,
> [...]
> 10. das strafrechtliche Ermittlungsverfahren und
>   a) ein nachfolgendes gerichtliches Verfahren und
>   b) ein sich nach Einstellung des Ermittlungsverfahrens anschließendes Bußgeldverfahren,
> 11. das Bußgeldverfahren vor der Verwaltungsbehörde und das nachfolgende gerichtliche Verfahren,
> 12. das Strafverfahren und das Verfahren über die im Urteil vorbehaltene Sicherungsverwahrung und
> 13. das Wiederaufnahmeverfahren und das wiederaufgenommene Verfahren, wenn sich die Gebühren nach Teil 4 oder 5 des Vergütungsverzeichnisses richten.

---

43 Änderung durch Art. 8 Abs. 1 Nr. 8.

b) § 17 Nr. 1 RVG

83 In § 17 RVG wird eine neue Nr. 1[44] eingefügt, die klarstellt, dass das Verfahren über ein Rechtsmittel und der vorausgegangene Rechtszug gesonderte Angelegenheit bilden. Diese neue Regelung basiert auf der derzeitigen gleich lautenden Vorschrift des § 15 Abs. 2 S. 2 RVG (siehe oben Rn 62), die mit Inkrafttreten des 2. KostRMoG aufgehoben wird. Grund für die Verschiebung ist, dass Abgrenzungen mehrerer Angelegenheiten voneinander systematisch in § 17 RVG gehören.

84 Für Beschwerdeverfahren, die sich nach Teil 3 VV RVG richten, ist ohnehin zusätzlich geregelt, dass diese als besondere Angelegenheiten gelten (§ 18 Abs. 1 Nr. 3 RVG).

c) § 17 Nr. 1a RVG

85 Die neue Nr. 1a[45] entspricht vollständig der bisherigen Nr. 1. Hier ist lediglich infolge der neu eingefügten Nr. 1 die Nummerierung geändert worden.

86 *Wichtig:*
Das behördliche Aussetzungsverfahren ist gegenüber dem Verwaltungs- und auch dem Widerspruchsverfahren eine gesonderte außergerichtliche Angelegenheit.[46]

d) § 17 Nr. 4 RVG
aa) Überblick

87 In § 17 Nr. 4 RVG[47] wird zum einen der bisherige Wortlaut sprachlich geringfügig – ohne inhaltliche Auswirkungen – geändert. Zum anderen sollen die Worte *„über einen Antrag auf"* gestrichen werden.

88 Nach dem bisherigen Wortlaut betrifft § 17 Nr. 4 RVG nur solche Verfahren des einstweiligen Rechtsschutzes, die auf Antrag eingeleitet werden. Dabei war übersehen worden, dass nach dem Gesetz Verfahren des einstweiligen Rechtsschutzes auch von Amts wegen, also ohne Antrag, eingeleitet werden können.

bb) Verfahren nach dem FamFG

89 Nur dann, wenn für ein entsprechendes Hauptsacheverfahren ein Antrag erforderlich ist, darf das Gericht eine einstweilige Anordnung auch nur auf Antrag erlassen (§ 51 Abs. 1 S. 1 FamFG). Kann das Gericht dagegen die Hauptsache auch von Amts wegen einleiten, dann kann es auch eine einstweilige Anordnung von Amts wegen, also ohne Antrag, erlassen. Dies betrifft derzeit Verfahren nach

- §§ 156 Abs. 3 S. 2, 157 Abs. 3 FamFG (Kindschaftssachen),
- §§ 300 Abs. 1, 2, 301 Abs. 1 FamFG (Betreuungssachen),
- §§ 331 S. 1, 332 S. 1 FamFG (Unterbringungssachen) und
- § 427 Abs. 1 S. 1 FamFG (Freiheitsentziehungssachen).

90 Für diese Verfahren gilt § 17 Nr. 4 Buchst. b) RVG dem Wortlaut nach bislang nicht, was zum Teil dazu führte, dass dem Anwalt in von Amts wegen eingeleiteten Verfahren eine gesonderte Vergütung abgesprochen wurde und seine Tätigkeit als durch die Gebühren in der Hauptsache mit abgegolten angesehen wurden. Die Neufassung stellt jetzt klar, dass auch ein einstweiliges Rechtsschutzverfahren, das von Amts wegen eingeleitet worden ist und die Hauptsache verschiedene Angelegenheiten darstellen.

---

44 Änderung durch Art. 8 Abs. 1 Nr. 8 Buchst. a).
45 Änderung durch Art. 8 Abs. 1 Nr. 8 Buchst. b).
46 LSG Niedersachen-Bremen AGS 2012, 237 = JurBüro 2012, 143.
47 Änderung durch Art. 8 Abs. 1 Nr. 8 Buchst. c).

Beispiel 10: Einstweilige Anordnung auf Antrag 91

Der Anwalt beantragt für seinen Mandanten beim Familiengericht die Gewährung des Umgangsrechts mit dem bei der Mutter lebenden Kind. Gleichzeitig beantragt er gem. §§ 49 ff. FamFG den Erlass einer einstweiligen Anordnung auf vorläufige Besuchskontakte. Sowohl in der Hauptsache als auch im einstweiligen Anordnungsverfahren findet ein Erörterungstermin vor dem FamG statt. Die Verfahrenswerte werden wie folgt festgesetzt: Hauptsache 3.000,00 EUR (§ 45 FamGKG); einstweilige Anordnung 1.500,00 EUR (§§ 41, 45 FamGKG). Es liegen nach § 17 Nr. 4 Buchst. b) RVG zwei verschiedene Angelegenheiten vor. Der Anwalt erhält seine Gebühren gesondert.

I. Hauptsacheverfahren (Wert: 3.000,00 EUR)
1. 1,3-Verfahrensgebühr, Nr. 3100 VV RVG 254,80 EUR
2. 1,2-Terminsgebühr, Nr. 3104 VV RVG 235,20 EUR
3. Postentgeltpauschale, Nr. 7002 VV RVG 20,00 EUR
   Zwischensumme 510,00 EUR
4. 19 % Umsatzsteuer, Nr. 7008 VV RVG 96,90 EUR
   Gesamt **606,90 EUR**

II. Einstweiliges Anordnungsverfahren (Wert: 1.500,00 EUR)
1. 1,3-Verfahrensgebühr, Nr. 3100 VV RVG 143,00 EUR
2. 1,2-Terminsgebühr, Nr. 3104 VV RVG 132,00 EUR
3. Postentgeltpauschale, Nr. 7002 VV RVG 20,00 EUR
   Zwischensumme 295,00 EUR
4. 19 % Umsatzsteuer, Nr. 7008 VV RVG 56,05 EUR
   Gesamt **351,05 EUR**

Beispiel 11: Einstweilige Anordnung von Amts wegen (I) 92

Der Anwalt beantragt für seinen Mandanten beim FamG die Übertragung der alleinigen elterlichen Sorge. Das FamG erlässt daraufhin von Amts wegen eine einstweilige Anordnung nach § 1666 BGB, entzieht beiden Elternteilen die elterliche Sorge und bestellt dem betroffenen Kind einen Vertreter des Jugendamts als Vormund. Im einstweiligen Anordnungsverfahren findet sodann auf Antrag des Antragsgegners (§ 54 Abs. 2 FamFG) ein Erörterungstermin vor dem FamG statt. Später findet dann auch im Hauptsacheverfahren ein Erörterungstermin statt. Die Verfahrenswerte werden wiederum wie folgt festgesetzt: Hauptsache 3.000,00 EUR (§ 45 FamGKG); einstweilige Anordnung 1.500,00 EUR (§§ 41, 45 FamGKG).

Auch jetzt liegen nach § 17 Nr. 4 Buchst. b) RVG zwei verschiedene Angelegenheiten vor. Der Anwalt erhält seine Gebühren gesondert. Abzurechnen ist wie im vorangegangenen Beispiel (siehe Rn 91).

Wird eine einstweilige oder vorläufige Anordnung **von Amts wegen** erlassen, so kommt unter Umständen allerdings nur eine 0,8-Verfahrensgebühr nach Nrn. 3100, 3101 Nr. 1 VV RVG in Betracht, wenn der Anwalt im gerichtlichen Verfahren keine weiteren Tätigkeiten entwickelt, als die Anordnung entgegenzunehmen und mit seinem Mandanten zu besprechen. 93

Beispiel 12: Einstweilige Anordnung von Amts wegen (II) 94

Der Kindesvater stellt einen Hauptsacheantrag zum Umgangsrecht. Das Gericht erlässt von Amts wegen eine einstweilige Anordnung. Der Anwalt nimmt diese entgegen, bespricht sie mit dem Mandanten und veranlasst nichts Weiteres. In der Hauptsache wird sodann verhandelt.

Im einstweiligen Anordnungsverfahren entsteht jetzt wegen vorzeitiger Erledigung nur die 0,8-Verfahrensgebühr nach Nrn. 3100, 3101 Nr. 1 VV RVG, da kein Antrag oder Schriftsatz eingereicht und auch kein Termin wahrgenommen worden ist.

Im Hauptsacheverfahren entstehen dagegen die volle 1,3-Verfahrensgebühr sowie eine Terminsgebühr.

I. Hauptsacheverfahren (Wert: 3.000,00 EUR)

1.	1,3-Verfahrensgebühr, Nr. 3100 VV RVG	254,80 EUR
2.	1,2-Terminsgebühr, Nr. 3104 VV RVG	235,20 EUR
3.	Postentgeltpauschale, Nr. 7002 VV RVG	20,00 EUR
	Zwischensumme 510,00 EUR	
4.	19 % Umsatzsteuer, Nr. 7008 VV RVG	96,90 EUR
	Gesamt	**606,90 EUR**

II. Einstweiliges Anordnungsverfahren (Wert: 1.500,00 EUR)

1.	0,8-Verfahrensgebühr, Nrn. 3100, 3101 Nr. 1 VV RVG	88,00 EUR
2.	Postentgeltpauschale, Nr. 7002 VV RVG	17,60 EUR
	Zwischensumme 105,60 EUR	
3.	19 % Umsatzsteuer, Nr. 7008 VV RVG	20,06 EUR
	Gesamt	**125,66 EUR**

cc) Sonstige Verfahren

95 Auch in sonstigen Verfahren, in denen das Gericht von Amts wegen eine einstweilige Anordnung erlassen kann, gilt § 17 Nr. 4 RVG. Solche Verfahren können gegebenenfalls in verwaltungs- und sozialrechtlichen Angelegenheiten vorkommen.

e) § 17 Nr. 10 RVG

96 In der Rechtsprechung und Kommentarliteratur war seit Anbeginn des RVG strittig, ob das vorbereitende Verfahren und das nachfolgende erstinstanzliche gerichtliche Verfahren in Strafsachen eine Angelegenheit darstellt oder ob es sich um mehrere Angelegenheiten handelt.

97 Bedeutung hat diese Frage vor allem für die Postentgeltpauschale, also ob nur eine Postentgeltpauschale anfällt oder ob zwei gesonderte Pauschalen im vorbereitenden Verfahren und im erstinstanzlichen gerichtlichen Verfahren entstehen.

98 Darüber hinaus hat die Streitfrage Bedeutung bei der Anrechnung von Zahlungen und Vorschüssen, die der Pflichtverteidiger vom Beschuldigten erhalten hat.

99 Der Gesetzgeber hat nunmehr klargestellt, dass es sich um zwei verschiedene Angelegenheiten handelt. Damit ist auch klargestellt worden, dass zwei Postentgeltpauschalen anfallen (siehe hierzu Rn 312) und dass Zahlungen und Vorschüsse, die der Beschuldigte im vorbereitenden Verfahren geleistet hat, nicht auf die Vergütung aus der Landeskasse im gerichtlichen Verfahren angerechnet werden können. Auch für die Zählung der Kopiekosten hat § 17 Nr. 10 Bedeutung (siehe Rn 1303).

100 Die Klarstellung in § 17 Nr. 10 RVG hat darüber hinaus auch Bedeutung für das Übergangsrecht (siehe § 7). Da es sich bei vorbereitendem Verfahren und gerichtlichem Verfahren um zwei verschiedene Angelegenheiten handelt, sind somit für das gerichtliche Verfahren bereits die höheren Gebührenbeträge anzusetzen, wenn der Auftrag für das gerichtliche Verfahren nach dem 30.6.2013 erteilt worden ist.

Beispiel 13: Vorbereitendes Verfahren und erstinstanzliches gerichtliches Verfahren in Strafsachen

Gegen den Beschuldigten werden im April 2013 Ermittlungen wegen des Verdachts einer Straftat eingeleitet. Im August 2013 wird Anklage erhoben.

Würde man davon ausgehen, dass es sich um eine Angelegenheit handelt, würde der Anwalt nicht nur für das vorbereitende Verfahren, sondern auch für das erstinstanzliche gerichtliche Verfahren noch die geringeren Gebührenbeträge nach der derzeitigen Fassung des RVG erhalten. Da jetzt jedoch klargestellt ist, dass es sich um eine eigene selbstständige Angelegenheit handelt, und der Auftrag für das gerichtliche Verfahren nach dem 30.6.2013 erteilt worden ist, sind hier bereits die neuen Gebührenbeträge anzusetzen. Zudem entsteht die Postentgeltpauschale gesondert.

I. Vorbereitendes Verfahren

1.	Grundgebühr, Nr. 4100 VV RVG a.F.		165,00 EUR
2.	Verfahrensgebühr, Nr. 4104 VV RVG a.F.		140,00 EUR
3.	Postentgeltpauschale, Nr. 7002 VV RVG		20,00 EUR
	Zwischensumme	325,00 EUR	
4.	19 % Umsatzsteuer, Nr. 7008 VV RVG		61,75 EUR
	Gesamt		**386,75 EUR**

II. Erstinstanzliches gerichtliches Verfahren

1.	Verfahrensgebühr, Nr. 4106 VV RVG n.F.		165,00 EUR
2.	Terminsgebühr, Nr. 4108 VV RVG n.F.		275,00 EUR
3.	Postentgeltpauschale, Nr. 7002 VV RVG		20,00 EUR
	Zwischensumme	460,00 EUR	
4.	19 % Umsatzsteuer, Nr. 7008 VV RVG		87,40 EUR
	Gesamt		**547,40 EUR**

f) § 17 Nr. 11 RVG

Auch in Bußgeldsachen war der Umfang der Angelegenheit strittig. Hier wurde ebenfalls von einem Teil der Rechtsprechung die Auffassung vertreten, das Verfahren vor der Verwaltungsbehörde und das nachfolgende erstinstanzliche gerichtliche Verfahren würden eine einzige Angelegenheit darstellen, sodass die Postentgeltpauschale nur einmal anfallen würde. Ein Großteil der Rechtsprechung hat hier jedoch bereits nach altem Recht zwei Gebührenangelegenheiten angenommen und dies mit der Besonderheit des Bußgeldverfahrens begründet.

Zukünftig ist nunmehr klargestellt, dass es sich um zwei Angelegenheiten handelt und dass der Anwalt im Verfahren vor der Verwaltungsbehörde und im nachfolgenden erstinstanzlichen gerichtlichen Verfahren jeweils eine gesonderte Postentgeltpauschale erhält (siehe hierzu Rn 1312).

Die Frage der Anrechnungen von Zahlungen und Vorschüssen bei dem gerichtlich bestellten oder beigeordneten Anwalt stellt sich in Bußgeldsachen in der Praxis kaum.

Von Bedeutung ist die Änderung dagegen auch hier für das Übergangsrecht. Sofern der Auftrag für die Verteidigung im Verwaltungsverfahren vor dem 1.7.2013 erteilt worden ist, der Auftrag für die Verteidigung im gerichtlichen Verfahren dagegen nach dem 30.6.2013, gelten auch hier nur für das vorbereitende Verfahren noch die alten Gebührenbeträge. Für das erstinstanzliche gerichtliche Verfahren sind dagegen bereits die neuen Beträge anzuwenden.

106 *Beispiel 14: Verfahren vor der Verwaltungsbehörde und erstinstanzliches gerichtliches Verfahren in Bußgeldsachen*

Gegen den Betroffenen wird im Mai 2013 ein Bußgeldverfahren eingeleitet. Nach Einspruch wird die Sache im August 2013 an das AG abgegeben.

Der Verteidiger erhält im vorbereitenden Verfahren die Gebühren nach den geringeren Betragsrahmen der derzeitigen Fassung. Im erstinstanzlichen gerichtlichen Verfahren erhält er die Gebühren nach der Neufassung des 2. KostRMoG. Auch hier entstehen jetzt zwei Postentgeltpauschalen.

I. Verfahren vor der Verwaltungsbehörde

1.	Grundgebühr, Nr. 5100 VV RVG a.F.		85,00 EUR
2.	Verfahrensgebühr, Nr. 5103 VV RVG a.F.		135,00 EUR
3.	Postentgeltpauschale, Nr. 7002 VV RVG		20,00 EUR
	Zwischensumme	240,00 EUR	
4.	19 % Umsatzsteuer, Nr. 7008 VV RVG		45,60 EUR
	Gesamt		**285,60 EUR**

II. Erstinstanzliches gerichtliches Verfahren

1.	Verfahrensgebühr, Nr. 5109 VV RVG n.F.		160,00 EUR
2.	Terminsgebühr, Nr. 5110 VV RVG n.F.		255,00 EUR
3.	Postentgeltpauschale, Nr. 7002 VV RVG		20,00 EUR
	Zwischensumme	435,00 EUR	
4.	19 % Umsatzsteuer, Nr. 7008 VV RVG		82,65 EUR
	Gesamt		**517,65 EUR**

g) § 17 Nr. 12 und 13 RVG

107 Infolge der Einfügung der Nrn. 10 und 11 sind die bisherigen Nrn. 10 und 11 zu den neuen Nrn. 12 und 13 geworden. Inhaltliche Änderungen sind damit nicht verbunden.

4. § 18 RVG

108 § 18 Abs. 1 Nr. 3 RVG[48] erhält folgende neue Fassung:

> **§ 18 Besondere Angelegenheiten**
> (1) Besondere Angelegenheiten sind
> 1. [...]
> 3. solche Angelegenheiten, in denen sich die Gebühren nach Teil 3 des Vergütungsverzeichnisses richten, jedes Beschwerdeverfahren, jedes Verfahren über eine Erinnerung gegen einen Kostenfestsetzungsbeschluss und jedes sonstige Verfahren über eine Erinnerung gegen eine Entscheidung des Rechtspflegers, soweit sich aus § 16 Nummer 10 nichts anderes ergibt;

109 Nach der bisherigen Fassung des § 18 Abs. 1 Nr. 3 RVG sind nur Erinnerungen gegen Entscheidungen des Rechtspflegers erfasst. Dabei ist nicht berücksichtigt worden, dass in manchen Gerichtsbarkeiten (Verwaltungsgerichtsbarkeit, Sozialgerichtsbarkeit, Strafgerichtsbarkeit [Bußgeldsachen, wenn die Staatsanwaltschaft einstellt]) die Kostenfestsetzung nicht vom Rechtspfleger

---

[48] Änderung durch Art. 8 Abs. 1 Nr. 9.

durchgeführt wird, sondern vom Urkundsbeamten der Geschäftsstelle. In Bußgeldsachen vor der Verwaltungsbehörde wird die Festsetzung von einem Mitarbeiter der Verwaltung durchgeführt. Darüber hinaus gibt es auch Verfahren, in dem der Richter selbst die Kostenfestsetzung durchführt (s. § 199 Abs. 1 BRAO). Nach dem derzeitigen Wortlaut des Gesetzes wäre das Erinnerungsverfahren daher in allen diesen Fällen keine besondere Angelegenheit und würde keine gesonderte Vergütung auslösen.

Damit steht sich dem Wortlaut nach die Anwaltschaft schlechter als nach der BRAGO, nach der Erinnerungen in Kostenfestsetzungsverfahren immer gesonderte Angelegenheiten waren (§§ 37 Nr. 7, 61 Abs. 1 Nr. 2 BRAGO). 110

Zum Teil hat die Rechtsprechung in wörtlicher Anwendung des Gesetzes eine gesonderte Vergütung abgelehnt.[49] 111

Zuletzt ist die Rechtsprechung jedoch überwiegend davon ausgegangen, dass hier ein redaktionelles Versehen vorliege und hat die Erinnerung in Kostenfestsetzungssachen als gesonderte Angelegenheit angesehen.[50] 112

Mit der jetzigen Neufassung ist klargestellt, dass der Anwalt in allen Erinnerungsverfahren gegen einen Kostenfestsetzungsbeschluss eine gesonderte Vergütung erhält, unabhängig davon, wer die angefochtene Entscheidung erlassen hatte. 113

Die Vergütung richtet sich in **Verfahren nach Teil 3 VV RVG, in denen nach dem Gegenstandswert** abgerechnet wird, nach Nr. 3500 VV RVG. 114

Maßgebender Gegenstandswert ist gem. § 23 Abs. 2 S. 3 i.V.m. S. 1 RVG das Abänderungsinteresse, also die Differenz zwischen dem festgesetzten Betrag und dem Betrag, dessen Festsetzung im Wege der Erinnerung angestrebt wird.[51] 115

Beispiel 15: Erinnerung in verwaltungsgerichtlichen Verfahren 116

Der Anwalt legt gegen den Kostenfestsetzungsbeschluss des VG, mit dem Reisekosten in Höhe von 90,00 EUR abgesetzt worden sind, Erinnerung ein.

Die Erinnerung ist nach § 18 Abs. 1 Nr. 3 RVG eine gesonderte Angelegenheit. Der Anwalt erhält die Gebühr nach Nr. 3500 VV RVG aus dem Wert von 90,00 EUR.

1.	0,5-Verfahrensgebühr, Nr. 3500 VV RVG		20,00 EUR
	(Wert: 90,00 EUR)		
2.	Postentgeltpauschale, Nr. 7002 VV RVG		4,00 EUR
	Zwischensumme	24,00 EUR	
3.	19 % Umsatzsteuer, Nr. 7008 VV RVG		4,56 EUR
	Gesamt		**28,56 EUR**

Auch in **Straf- und Bußgeldsachen** sind durch die entsprechende Verweisung in Vorbem. 4 Abs. 5 und Vorbem. 5 Abs. 4 VV RVG die Vorschriften nach Teil 3 VV RVG anzuwenden. Es gilt daher auch hier die Nr. 3500 VV RVG. 117

Gleiches gilt in Verfahren nach **Teil 6 Abschnitt 2 VV RVG** (Vorbem. 6.2 Abs. 3 VV RVG). 118

In **Sozialsachen, in denen das GKG nicht anzuwenden ist**, richtet sich die Gebühr für ein Erinnerungsverfahren nach Nr. 3501 VV RVG. Hier ist also ein Gebührenrahmen von 20,00 bis 119

---

49 So AG Regensburg AGS 2005, 548 m. Anm. *N. Schneider* = RVGreport 2005, 384 = JurBüro 2005, 595.

50 So **für verwaltungsgerichtliche Verfahren**: BVerwG AGS 2007, 406 = NVwZ-RR 2007, 717 = Rpfleger 2007, 595 = JurBüro 2007, 534 = BayVBl 2008, 91 = *Buchholz* 363 § 18 RVG Nr. 1 = RVGreport 2007, 342.
Für **sozialgerichtliche Verfahren**: SG Berlin RVGreport 2011, 101; AGS 2008, 88 = ASR 2008, 111 = RVGreport 2008, 22 = NJW-Spezial 2008, 93; SG Fulda ASR 2010, 87 = NZS 2011, 199; SG Karlsruhe rv 2010, 120; SG Cottbus AGS 2011, 130.

51 Schneider/*Herget,* Rn 3421.

210,00 EUR vorgesehen (siehe Rn 1069). Die Mittelgebühr beträgt 115,00 EUR. Zur Bemessung des Gebührenrahmens siehe SG Berlin.[52]

120 *Beispiel 16: Erinnerung in sozialgerichtlichen Verfahren*

Gegen den Kostenfestsetzungsbeschluss des SG, mit dem die angemeldeten Anwaltskosten um 150,00 EUR gekürzt worden sind, legt der Rechtsanwalt für seinen Mandanten Erinnerung ein.

Die Erinnerung ist nach § 18 Abs. 1 Nr. 3 RVG eine gesonderte Angelegenheit. Der Anwalt erhält die Gebühr nach Nr. 3501 VV RVG. Ausgehend von der Rechtsprechung des SG Berlin ergäbe sich bei Ansatz der doppelten Mindestgebühr.

1.	Verfahrensgebühr, Nr. 3501 VV RVG	40,00 EUR
2.	Postentgeltpauschale, Nr. 7002 VV RVG	8,00 EUR
	Zwischensumme	48,00 EUR
3.	19 % Umsatzsteuer, Nr. 7008 VV RVG	9,12 EUR
	Gesamt	**57,12 EUR**

121 Sachgerecht wäre es an sich gewesen, auch in sozialrechtlichen Angelegenheiten – ebenso wie in Verfahren nach den Teilen 4 – 6 VV RVG – die Erinnerungsverfahren in der Kostenfestsetzung nach dem Gegenstandswert abzurechnen und damit nach Nr. 3500 VV RVG.

Gründe für eine unterschiedliche Behandlung sind an sich nicht ersichtlich.

122 Unberührt von der Änderung des § 18 Abs. 1 Nr. 3 RVG bleibt die Regelung des § 16 Nr. 10 RVG. Danach bilden mehrere Verfahren über die Erinnerung gegen einen Kostenfestsetzungsbeschluss eine Angelegenheit. Dies betrifft insbesondere wechselseitig eingelegte Erinnerungen oder mehrere nacheinander folgende Erinnerungen, die sich gegen denselben Kostenfestsetzungsbeschluss richten.

123 Erinnerungen gegen den Kostenansatz stellen dagegen keine gesonderte Angelegenheit dar. Nach der BRAGO waren diese Verfahren ebenfalls gesonderte Angelegenheiten (§§ 37 Nr. 7, 61 Abs. 1 Nr. 2 BRAGO). Diese Regelung hat der Gesetzgeber im RVG jedoch nicht übernommen. Auch das 2. KostRMoG wird daran nichts ändern. Die Gerichtskosten werden grundsätzlich in allen Verfahren vom Urkundsbeamten der Geschäftsstelle angesetzt, sodass § 18 Abs. 1 Nr. 3 RVG nicht greift. Soweit die Festsetzung anderweitig erfolgt – so in Verfahren vor dem Anwaltsgericht durch den Vorsitzenden (§ 199 BRAO) – greift § 18 Abs. 1 Nr. 3 RVG ebenfalls nicht.

124 Auch für sonstige Erinnerungen bleibt es dabei, dass diese nur dann eine gesonderte Angelegenheit darstellen, wenn sie sich gegen eine Entscheidung des Rechtspflegers richten. Erinnerungen gegen Entscheidungen eines Urkundsbeamten der Geschäftsstelle oder eines Richters lösen also nie eine gesonderte Vergütung aus.

125 Ausnahmsweise löst auch eine Erinnerung gegen eine Entscheidung des Rechtspflegers keine gesonderte Angelegenheit aus, nämlich bei einer Vollstreckungserinnerung nach § 766 ZPO (§ 19 Abs. 2 Nr. 2 RVG).

5. § 19 RVG

a) Überblick

126 In § 19 Abs. 1 S. 2 RVG[53] werden die Nrn. 3 und 7 wie folgt geändert und in Nr. 10a folgende neue Regelung eingefügt:

---

[52] AGS 2012, 20.
[53] Änderung durch Art. 8 Abs. 1 Nr. 10.

> **§ 19 Tätigkeiten, die mit dem Verfahren zusammenhängen**
> (1) Zu dem Rechtszug oder dem Verfahren gehören auch alle Vorbereitungs-, Neben- und Abwicklungstätigkeiten und solche Verfahren, die mit dem Rechtszug oder Verfahren zusammenhängen, wenn die Tätigkeit nicht nach § 18 eine besondere Angelegenheit ist. Hierzu gehören insbesondere
> 1. [...]
> 3. Zwischenstreite, die Bestellung von Vertretern durch das in der Hauptsache zuständige Gericht, die Ablehnung von Richtern, Rechtspflegern, Urkundsbeamten der Geschäftsstelle oder Sachverständigen, die Festsetzung des Streit- oder Geschäftswerts;
> [...]
> 7. <mark>die Mitwirkung bei der Erbringung der Sicherheitsleistung und das Verfahren wegen deren Rückgabe;</mark>
> [...]
> 10a. <mark>Beschwerdeverfahren, wenn sich die Gebühren nach Teil 4, 5 oder 6 des Vergütungsverzeichnisses richten und dort nichts anderes bestimmt ist oder besondere Gebührentatbestände vorgesehen sind;</mark>

b) § 19 Abs. 1 S. 2 Nr. 3 RVG

In § 19 Abs. 1 S. 2 RVG[54] werden in Nr. 3 die Wörter *„die Bestimmung des zuständigen Gerichts"* gestrichen. Dies ist letztlich Folge dessen, dass das Gerichtsstandsbestimmungsverfahren jetzt gesondert im neuen § 16 Nr. 3a RVG in allen Fällen als zur Hauptsache gehörig aufgeführt werden soll (siehe oben Rn 64). Damit wird die Streitfrage geklärt, unter welchen Voraussetzungen ein Gerichtsstandsbestimmungsverfahren mit zur Hauptsache zählt und wann es eine gesonderte Vergütung auslöst.

127

c) § 19 Abs. 1 S. 2 Nr. 7 RVG

In § 19 Abs. 1 S. 2 Nr. 7 RVG[55] wird die bisherige Formulierung *„Verfahren wegen Rückgabe einer Sicherheit;"* in *„Mitwirkung bei der Erbringung der Sicherheitsleistung und das Verfahren wegen deren Rückgabe;"* geändert.

128

Bisher ist nur geregelt, dass ein Verfahren auf Rückgabe einer Sicherheit zum Rechtszug gehört. Damit sind die Verfahren nach §§ 109 und 715 ZPO gemeint, die neben der Vergütung in der Hauptsache keine gesonderten Gebühren auslösen.

129

> *Beispiel 17: Verfahren auf Rückgabe einer Sicherheit nach § 109 ZPO*
> Gegen den Beklagten war ein Versäumnisurteil über 11.000,00 EUR ergangen. Auf seinen Einspruch hin hat das Gericht die Zwangsvollstreckung gegen Sicherheitsleistung eingestellt. Daraufhin hat der Beklagte 11.000,00 EUR hinterlegt. Später wird die Klage abgewiesen. Nunmehr beantragt der Beklagte nach § 109 ZPO die Rückgabe des hinterlegten Betrags.
> Das Verfahren nach § 109 ZPO zählt gem. § 19 Abs. 1 S. 2 Nr. 7 RVG zum Rechtszug und löst für den Anwalt keine gesonderte Vergütung aus.

130

> *Beispiel 18: Verfahren auf Rückgabe einer Sicherheit nach § 715 ZPO*
> Der Beklagte ist erstinstanzlich vom LG verurteilt worden 11.000,00 EUR zu zahlen. Dagegen legt er Berufung ein. Der Kläger will vollstrecken und hinterlegt dazu 11.000,00 EUR. Daraufhin zahlt der Beklagte. Nachdem das OLG die Berufung zurückgewiesen hat, will der Kläger

131

---

54 Änderung durch Art. 8 Abs. 1 Nr. 10 Buchst. a).
55 Änderung durch Art. 8 Abs. 1 Nr. 10 Buchst. b).

den hinterlegten Betrag zurückerhalten und beantragt nach § 715 ZPO die Rückgabe des hinterlegten Geldes an ihn anzuordnen. Das Gericht spricht daraufhin die Rückgabe der Sicherheit aus.

Das Verfahren nach § 715 ZPO zählt gem. § 19 Abs. 1 S. 2 Nr. 7 RVG zum Rechtszug des Berufungsverfahrens und löst für den Anwalt keine gesonderte Vergütung aus.

132 Umstritten ist, ob auch die Mitwirkung des Anwalts bei der Erbringung einer Sicherheitsleistung zum Rechtszug zählt oder ob sie eine gesonderte Vergütung auslöst. Soweit man eine gesonderte Vergütung bejaht, ist wiederum umstritten, ob die Tätigkeit eine Vorbereitungshandlung zur Vollstreckung darstellt, also die Gebühr nach Nr. 3309 VV RVG auslöst oder ob es sich um eine Geschäftstätigkeit nach Teil 2 Abschnitt 3 VV RVG handelt, die eine Gebühr nach Nr. 2300 VV RVG auslöst.

133 Diese Streitfrage soll durch die Neufassung des § 19 Abs. 1 S. 2 Nr. 7 RVG dahingehend geklärt werden, dass die Erbringung der Sicherheitsleistung immer zum Rechtszug des Streitverfahrens gehört und damit keine gesonderte Vergütung auslöst.

134 Unklar ist allerdings, wie weit der Anwendungsbereich der § 19 Abs. 1 S. 2 Nr. 7 RVG gehen soll. Die Erbringung der Sicherheit vollzieht sich in zwei Schritten.

- Zunächst einmal muss die Sicherheit bereitgestellt werden. Es muss also das Geld körperlich hinterlegt oder es muss mit dem Kreditinstitut ein Bürgschaftsvertrag geschlossen werden.
- Hiernach muss dann die Sicherheit dem Gegner zur Verfügung gestellt werden, indem ihm der Nachweis der Hinterlegung erbracht wird oder ihm das Original der Bürgschaftsurkunde zugestellt wird.

135 Dass § 19 Abs. 1 S. 2 Nr. 7 RVG den zweiten Schritt erfassen soll, ist eindeutig. Hierfür kann nach der Neufassung des Gesetzes keine gesonderte Vergütung (mehr) in Rechnung gestellt werden.

136 *Beispiel 19: Beibringung einer Sicherheitsleistung*
Der Kläger hat erstinstanzlich vor dem LG ein Urteil über 11.000,00 EUR erstritten. Daraus will er vor Rechtskraft vollstrecken und beschafft sich bei seiner Bank eine Prozessbürgschaft über 11.000,00 EUR. Diese übergibt er dem Anwalt, damit dieser die Bürgschaft dem Beklagten zustelle.
Für die Zustellung der Bürgschaft kann der Anwalt keine gesonderte Vergütung verlangen. Diese Tätigkeit zählt mit zum Rechtszug.

137 Fraglich ist aber, ob auch der erste Schritt, nämlich das Beschaffen der Sicherheit auch durch die Gebühren im Rechtszug abgegolten sein sollen. Zutreffend dürfte es sein, diese Tätigkeit vom Anwendungsbereich des § 19 Abs. 1 S. 2 Nr. 7 RVG auszunehmen und eine gesonderte Vergütung (Geschäftstätigkeit) anzunehmen.

138 *Beispiel 20: Beschaffung einer Prozessbürgschaft*
Der Kläger hat erstinstanzlich vor dem LG ein Urteil über 11.000,00 EUR erstritten. Daraus will er vor Rechtskraft vollstrecken und beauftragt den Anwalt, mit seiner Bank zu verhandeln und bei dieser eine Prozessbürgschaft über 11.000,00 EUR zu beschaffen. Der Anwalt wendet sich daraufhin an die Bank, reicht die erforderlichen Unterlagen ein und erwirkt die gewünschte Prozessbürgschaft. Diese stellt er anschließend dem Beklagten zu.
Für die Zustellung der Bürgschaft kann der Anwalt wiederum keine gesonderte Vergütung verlangen. Die Beschaffung der Bürgschaft, also die Vertragsverhandlungen mit der Bank über die Gestellung der Prozessbürgschaft sind dagegen eine gesonderte außergerichtliche Tätigkeit, die eine Geschäftsgebühr nach Nr. 2300 VV RVG auslösen.

Beispiel 21: Hinterlegung einer Geldsumme **139**

Der Kläger hat erstinstanzlich vor dem LG ein Urteil über 11.000,00 EUR erstritten. Daraus will er vor Rechtskraft vollstrecken und übergibt dem Anwalt einen Betrag in Höhe von 11.000,00 EUR in bar, damit er diesen Betrag zur Sicherheit hinterlege. Der Anwalt wendet sich daraufhin an die zuständige Hinterlegungsstelle, zahlt dort die 11.000,00 EUR ein und erhält einen Hinterlegungsschein, den er anschließend dem Beklagten zustellt.

Für die Zustellung des Hinterlegungsscheins kann der Anwalt wiederum keine gesonderte Vergütung verlangen. Die Hinterlegung des Geldes ist dagegen eine gesonderte außergerichtliche Tätigkeit, die wiederum eine Geschäftsgebühr nach Nr. 2300 VV RVG auslöst. Hinzu kommt dann auch noch eine Hebegebühr nach Nr. 1009 VV RVG.

d) § 19 Abs. 1 S. 2 Nr. 10a RVG

Nach § 19 Abs. 1 S. 2 Nr. 10 wird eine neue Nr. 10a[56] eingefügt, wonach Beschwerdeverfahren in Angelegenheiten, in denen sich die Gebühren nach Teil 4, 5 oder 6 VV RVG richten – im Gegensatz zu Beschwerden nach Teil 3 VV RVG (§ 18 Abs. 1 Nr. 3 RVG) – zum Rechtszug zählen, also weder eine gesonderte Angelegenheit noch gesonderte Gebühren auslösen, sofern dort nichts anderes bestimmt ist oder besondere Gebührentatbestände vorgesehen sind. **140**

Die Änderung steht im unmittelbaren Zusammenhang mit der Änderung des § 17 Nr. 8 Buchst. a) RVG. Damit soll sichergestellt werden, dass Vorbem. 4.1 Abs. 2, 5.1 Abs. 1 und Vorbem. 6.2 Abs. 1 VV RVG trotz der neuen § 17 Nr. 1 RVG (siehe oben Rn 83) wie bisher so ausgelegt werden, dass für Beschwerden gegen Neben- und Zwischenentscheidungen, mit Ausnahme der in Vorbem. 4 Abs. 5, Vorbem. 5 Abs. 4 und Vorbem. 6.2 Abs. 3 VV RVG[57] genannten Verfahren, keine besonderen Gebühren anfallen, es sei denn, es ist im Gesetz etwas anderes bestimmt. **141**

Beispiel 22: Beschwerde nach § 111a StPO **142**

Gegen den Beschuldigen wird wegen des Verdachts einer Trunkenheitsfahrt ermittelt. Das AG entzieht ihm daraufhin vorläufig die Fahrerlaubnis. Dagegen lässt der Beschuldigte durch seinen Verteidiger nach § 304 StPO Beschwerde einlegen.

Für die Beschwerde entstehen keine zusätzlichen Gebühren. Die Tätigkeit zählt vielmehr zur Instanz (Vorbem. 4.1 Abs. 2 VV RVG). Die Mehrarbeit kann lediglich im Rahmen des § 14 Abs. 1 RVG Gebühren erhöhend berücksichtigt werden.[58]

Unklar ist die Rechtslage weiterhin für die Beschwerdeverfahren, für die in Teil 4 VV RVG gesonderte Gebühren vorgesehen sind. Aus dem Grundsatz des § 17 Nr. 1 RVG einerseits und im Umkehrschluss zu § 19 Abs. 1 S. 2 Nr. 10a RVG andererseits wird man wohl jetzt annehmen müssen, dass der Anwalt in den Fällen, in denen Teil 4 VV RVG besondere Gebühren für Beschwerden vorsieht nicht nur gesonderte Gebühren anfallen, sondern das Beschwerdeverfahren auch eine eigene Angelegenheit i.S.d. § 15 RVG darstellt. Dies betrifft **143**

- die Beschwerde nach § 372 StPO in einem Wiederaufnahmeverfahren (Nr. 4139 VV RVG);
- Beschwerden in der Strafvollstreckung (Vorbem. 4.2 VV RVG). Nach der bisherigen gesetzlichen Regelung wurden diese im Umkehrschluss zu 4.3 Abs. 3 S. 2 VV RVG nicht als gesonderte Angelegenheiten angesehen;[59] nach der Neuregelung dürfte diese Auffassung nicht mehr vertretbar sein;

---

56 Änderung durch Art. 8 Abs. 1 Nr. 10 Buchst. c).
57 In der Begründung sind diese Verfahren nach Vorbem. 6.2. Abs. 3 VV RVG zwar nicht erwähnt. Das dürfte jedoch auf einem Redaktionsversehen beruhen, da jedenfalls auf Vorbem. 6.2 Abs. 1 VV RVG Bezug genommen wird.
58 Ablehnend LG Detmold VRR 2008, 363 = StRR 2008, 363.
59 LG Düsseldorf AGS 2007, 352 = StRR 2007, 83; OLG Braunschweig AGS 2009, 327 = StraFo 2009, 220 = NJW-Spezial 2009, 348 = RVGprof. 2009, 98 = StRR 2009, 203 = RVGreport 2009, 311; *Burhoff*, Vorbem. 4.2 VV Rn 26.

- Beschwerdeverfahren als Einzeltätigkeiten (ausdrücklich geregelt in Vorbem. 3.4 Abs. 3 S. 2 VV RVG);
- Beschwerden nach § 406 Abs. 5 S. 2 StPO gegen das Absehen einer Entscheidung über Adhäsionsansprüche (Nr. 4145 VV RVG);
- Beschwerden gegen eine den Rechtszug beendende Entscheidung nach § 25 Abs. 1 S. 3 bis 5, § 13 StrRehaG (Nr. 4146 VV RVG).

IV. Abschnitt 4 – Gegenstandswert

1. Wertgrenze bei mehreren Auftraggebern (§ 22 Abs. 2 RVG)

144 § 22 RVG[60] erhält folgenden neuen Wortlaut:

> **§ 22 Grundsatz**
>
> (1) In derselben Angelegenheit werden die Werte mehrerer Gegenstände zusammengerechnet.
>
> (2) Der Wert beträgt in derselben Angelegenheit höchstens 30 Millionen EUR, soweit durch Gesetz kein niedrigerer Höchstwert bestimmt ist. Sind in derselben Angelegenheit mehrere Personen wegen verschiedener Gegenstände Auftraggeber, beträgt der Wert für jede Person höchstens 30 Millionen EUR, insgesamt jedoch nicht mehr als 100 Millionen EUR.

145 Geändert worden ist die Regelung des § 22 Abs. 2 S. 2 RVG, die eine Anhebung des Höchstwerts bei mehreren Auftraggebern vorsieht.

146 Nach § 22 Abs. 1 S. 1 RVG beträgt der Gegenstandswert höchstens 30 Mio. EUR. Dies gilt entsprechend, wenn sich der Gegenstandswert gem. § 23 Abs. 1 S. 1 RVG nach den für die Gerichtsgebühren geltenden Werten richtet, da die Gerichtskostengesetze ebenfalls eine Höchstgrenze von 30 Mio. EUR vorsehen (§ 39 Abs. 2 GKG; § 33 Abs. 2 FamGKG; § 35 Abs. 2 GNotKG).

147 Bei den Anwaltsgebühren ist in § 22 Abs. 2 S. 2 RVG für die Wertbegrenzung des § 22 Abs. 2 S. 1 RVG eine Erhöhung der Wertgrenze um bis zu jeweils 30 Mio. EUR für jeden weiteren Auftraggeber vorgesehen, höchstens auf 100 Mio. EUR. Diese Anhebung ist nach § 23 Abs. 1 S. 4 RVG auch in den Fällen vorgesehen, in denen sich die Wertbegrenzung aus den in § 23 Abs. 1 S. 1 bis 3 RVG Bezug genommenen Wertvorschriften der Gerichtskostengesetze ergibt.

148 Der Wortlaut des § 22 Abs. 2 S. 2 RVG differenziert bisher nicht danach, ob der Gegenstand der anwaltlichen Tätigkeit für die verschiedenen Auftraggeber derselbe ist oder ob verschiedene Gegenstände zugrunde liegen. Ein Teil der Rechtsprechung hatte daher die Vorschrift unreflektiert auch auf solche Fälle angewandt, in denen der Anwalt mehrere Auftraggeber wegen desselben Gegenstands vertreten hatte.[61] Daneben fiel dann auch die Gebührenerhöhung nach Nr. 1008 VV RVG an, da auch deren Voraussetzungen erfüllt waren.

149 > *Beispiel 23: Mehrere Auftraggeber – derselbe Gegenstand*
>
> Der Anwalt vertritt drei Auftraggeber, die als Gesamtschuldner auf Zahlung eines Betrags in Höhe von 100 Mio. EUR in Anspruch genommen werden.
>
> Nach Auffassung von OLG Köln und OLG Dresden wäre der Gegenstandswert je Person auf 30 Mio. EUR zu begrenzen (§ 23 Abs. 1 S. 1 RVG i.V.m. § 39 Abs. 2 GKG); der Höchstwert

---

60 Änderung durch Art. 8 Abs. 1 Nr. 11.
61 OLG Köln AGS 2009, 454 m. abl. Anm. *N. Schneider* = JurBüro 2009, 485 = NJW 2009, 3586 = AnwBl 2010, 67 = RVGreport 2009, 399; OLG Dresden AGS 2007, 521; ebenso *Maier-Reimer*, NJW 2009, 3550; ebenso *Bischof*, NJW 2010, 1374.

wäre damit um zweimal 30 Mio. EUR auf 90 Mio. EUR zu erhöhen. Da der Anwalt die mehreren Auftraggeber zugleich wegen desselben Gegenstands vertreten hat, würde sich die Verfahrensgebühr nach Nr. 1008 VV RVG zweimal um jeweils 0,3 auf 1,9 erhöhen.

1.	1,9-Verfahrensgebühr, Nrn. 3100, 1008 VV RVG (Wert: 90 Mio. EUR)		516.245,20 EUR
2.	1,2-Terminsgebühr, Nr. 3104 VV RVG (Wert: 90 Mio. EUR)		326.049,60 EUR
3.	Postentgeltpauschale, Nr. 7002 VV RVG		20,00 EUR
	Zwischensumme	842.314,80 EUR	
4.	19 % Umsatzsteuer, Nr. 7008 VV RVG		160.039,81 EUR
	Gesamt		**1.002.354,61 EUR**

Gegen diese Auffassung ist eingewandt worden, dass sie dem Gebührensystem des RVG widerspreche. Eine Addition der Gegenstandswerte einerseits und eine Gebührenerhöhung nach Nr. 1008 VV RVG schließen sich grundsätzlich aus. Entweder liegt der anwaltlichen Tätigkeit derselbe Gegenstand zugrunde; dann bleibt es bei dem einfachen Wert; dafür erhöhen sich jedoch Verfahrens- und Geschäftsgebühr um 0,3 je weiteren Auftraggeber, höchstens um 2,0. Liegen dagegen verschiedene Gegenstände zugrunde, dann werden die einzelnen Werte nach § 22 Abs. 2 S. 2 RVG bzw. § 23 Abs. 1 S. 4 RVG i.V.m. § 22 Abs. 2 S. 2 RVG zusammengerechnet. Eine Gebührenerhöhung nach Nr. 1008 VV RVG ist daneben aber ausgeschlossen. 150

Der BGH[62] hatte bereits diese Systematik berücksichtigt und klargestellt, dass eine Anhebung der Höchstgebühr gem. § 22 Abs. 2 S. 2 RVG nur in Betracht komme, wenn der Anwalt mehrere Auftraggeber wegen verschiedener Gegenstände vertrete. Diese Rechtsprechung ist nunmehr durch die Änderung des § 22 Abs. 2 S. 2 RVG Gesetz geworden. 151

Im Beispiel 24 bleibt daher der Gegenstandswert auf 30 Mio. EUR begrenzt. Der Anwalt erhält lediglich die Gebührenerhöhung nach Nr. 1008 VV RVG. 152

1.	1,9-Verfahrensgebühr, Nrn. 3100, 1008 VV RVG (Wert: 30 Mio. EUR)		174.245,20 EUR
2.	1,2-Terminsgebühr, Nr. 3104 VV RVG (Wert: 30 Mio. EUR)		110.049,60 EUR
3.	Postentgeltpauschale, Nr. 7002 VV RVG		20,00 EUR
	Zwischensumme	284.314,80 EUR	
4.	19 % Umsatzsteuer, Nr. 7008 VV RVG		54.019,81 EUR
	Gesamt		**338.334,61 EUR**

Die Vorschrift des § 22 Abs. 2 S. 2 RVG kommt danach nur dann zur Anwendung, wenn unterschiedliche Gegenstände zugrunde liegen. 153

Beispiel 24: Mehrere Auftraggeber – verschiedene Gegenstände 154
Der Anwalt vertritt zwei Auftraggeber, die jeweils einen Anspruch in Höhe von 40 Mio. EUR geltend machen.

---

[62] AGS 2010, 213 = WM 2010, 823 = NJW 2010, 1373 = zfs 2010, 342 = BRAK-Mitt 2010, 144; OLG Hamm AGS 2010, 394 = RVGreport 2010, 273; bestätigt in AGS 2012, 142 = NJW-Spezial 2012, 91; ebenso OLG Hamm AGS 2010, 394 = RVGreport 2010, 273; *Thiel*, AGS 2010, 215.

Der Gegenstandswert ist zunächst je Auftraggeber auf 30 Mio. EUR zu begrenzen (§ 23 Abs. 1 S. 1 RVG i.V.m. § 39 Abs. 1 GKG). Da verschiedene Gegenstände zugrunde liegen, sind die Werte zu addieren. Der nach § 23 Abs. 1 S. 4 i.V.m. § 22 Abs. 2 S. 2 RVG zu berechnende Gesamtwert beläuft sich jetzt auf 60 Mio. EUR.

1. 1,3-Verfahrensgebühr, Nr. 3100 VV RVG   236.220,40 EUR
 (Wert: 60 Mio. EUR)
2. 1,2-Terminsgebühr, Nr. 3104 VV RVG   218.049,60 EUR
 (Wert: 60 Mio. EUR)
3. Postentgeltpauschale, Nr. 7002 VV RVG   20,00 EUR
 Zwischensumme   454.290,00 EUR
4. 19 % Umsatzsteuer, Nr. 7008 VV RVG   86.315,10 EUR
 Gesamt   **540.605,10 EUR**

155 Die Summe der einzelnen Werte darf den Betrag von 100 Mio. EUR nicht übersteigen (§ 22 Abs. 2 S. 2 RVG).

156 *Beispiel 25: Mehrere Auftraggeber – verschiedene Gegenstände, Begrenzung auf 100 Mio. EUR*
Der Anwalt vertritt in einem Rechtsstreit vier Auftraggeber, die jeweils einen Anspruch in Höhe von 40 Mio. EUR geltend machen.

Der Gegenstandswert ist zunächst je Person wiederum auf 30 Mio. EUR zu begrenzen (§ 23 Abs. 1 RVG, § 39 Abs. 2 GKG). Da verschiedene Gegenstände zugrunde liegen, sind die Werte zu addieren. Da sich der nach § 22 Abs. 1 RVG zu berechnende Gesamtwert jetzt auf (4 × 30 Mio. EUR =) 120 Mio. EUR belaufen würde, ist die Höchstgrenze von 100 Mio. EUR erreicht, sodass nach diesem Wert abzurechnen ist (§ 23 Abs. 1 S. 4 i.V.m. § 22 Abs. 2 RVG).

1. 1,3-Verfahrensgebühr, Nr. 3100 VV RVG   392.220,40 EUR
 (Wert: 100 Mio. EUR)
2. 1,2-Terminsgebühr, Nr. 3104 VV RVG   362.049,60 EUR
 (Wert: 100 Mio. EUR)
3. Postentgeltpauschale, Nr. 7002 VV RVG   20,00 EUR
 Zwischensumme   754.290,00 EUR
4. 19 % Umsatzsteuer, Nr. 7008 VV RVG   143.315,10 EUR
 Gesamt   **897.605,10 EUR**

2. § 23 RVG

a) Überblick

157 § 23 RVG[63] erhält folgende neue Fassung:

> **§ 23 Allgemeine Wertvorschrift**
> (1) Soweit sich die Gerichtsgebühren nach dem Wert richten, bestimmt sich der Gegenstandswert im gerichtlichen Verfahren nach den für die Gerichtsgebühren geltenden Wertvorschriften. In Verfahren, in denen Kosten nach dem Gerichtskostengesetz oder dem Gesetz über Gerichtskosten in Familiensachen erhoben werden, sind die Wertvorschriften des jeweiligen

---

[63] Änderung durch Art. 8 Abs. 1 Nr. 12.

> Kostengesetzes entsprechend anzuwenden, wenn für das Verfahren keine Gerichtsgebühr oder eine Festgebühr bestimmt ist. Diese Wertvorschriften gelten auch entsprechend für die Tätigkeit außerhalb eines gerichtlichen Verfahrens, wenn der Gegenstand der Tätigkeit auch Gegenstand eines gerichtlichen Verfahrens sein könnte. § 22 Abs. 2 Satz 2 bleibt unberührt.
>
> (2) In Beschwerdeverfahren, in denen Gerichtsgebühren unabhängig vom Ausgang des Verfahrens nicht erhoben werden oder sich nicht nach dem Wert richten, ist der Wert unter Berücksichtigung des Interesses des Beschwerdeführers nach Absatz 3 Satz 2 zu bestimmen, soweit sich aus diesem Gesetz nichts anderes ergibt. Der Gegenstandswert ist durch den Wert des zugrunde liegenden Verfahrens begrenzt. In Verfahren über eine Erinnerung oder eine Rüge wegen Verletzung des rechtlichen Gehörs richtet sich der Wert nach den für Beschwerdeverfahren geltenden Vorschriften.
>
> (3) Soweit sich aus diesem Gesetz nichts anderes ergibt, gelten in anderen Angelegenheiten für den Gegenstandswert die Bewertungsvorschriften des Gerichts- und Notarkostengesetzes und die §§ 38, 42 bis 45 sowie 100 bis 102 des Gerichts- und Notarkostengesetzes entsprechend. Soweit sich der Gegenstandswert aus diesen Vorschriften nicht ergibt und auch sonst nicht feststeht, ist er nach billigem Ermessen zu bestimmen; in Ermangelung genügender tatsächlicher Anhaltspunkte für eine Schätzung und bei nichtvermögensrechtlichen Gegenständen ist der Gegenstandswert mit 5 000 EUR, nach Lage des Falles niedriger oder höher, jedoch nicht über 500 000 EUR anzunehmen.

b) Verweisung auf das GNotKG
aa) Überblick

In § 23 Abs. 3 RVG wird die bisherige Verweisung auf die § 18 Abs. 2, §§ 19 bis 23, 24 Abs. 1, 2, 4 und 5, §§ 25, 39 Abs. 2 und 3 sowie § 46 Abs. 4 der KostO durch die entsprechenden Bewertungsvorschriften des Gerichts- und Notarkostengesetzes, die §§ 38, 42 bis 45 sowie 100 bis 102 des GNotKG ersetzt. Die Änderung passt die Verweisung zur Anwendung bestimmter Wertvorschriften an das neue Gerichts- und Notarkostengesetz an. Wesentliche Änderungen sind damit nicht verbunden.[64]

158

bb) Verweisung auf die Bewertungsvorschriften des GNotKG (Unterabschnitt 3)
(1) Überblick

Mit Bewertungsvorschriften sind die in Kapitel 1, Abschnitt 7, Unterabschnitt 3 enthaltenen Vorschriften des GNotKG gemeint.

159

(2) Sache

> **§ 46 Sache**
>
> (1) Der Wert einer Sache wird durch den Preis bestimmt, der im gewöhnlichen Geschäftsverkehr nach der Beschaffenheit der Sache unter Berücksichtigung aller den Preis beeinflussenden Umstände bei einer Veräußerung zu erzielen wäre (Verkehrswert).
>
> (2) Steht der Verkehrswert nicht fest, ist er zu bestimmen
> 1. nach dem Inhalt des Geschäfts,
> 2. nach den Angaben der Beteiligten,
> 3. anhand von sonstigen amtlich bekannten Tatsachen oder Vergleichswerten aufgrund einer amtlichen Auskunft oder
> 4. anhand offenkundiger Tatsachen.

160

---

[64] Änderung durch Art. 8 Abs. 1 Nr. 12 Buchst. a).

> (3) Bei der Bestimmung des Verkehrswerts eines Grundstücks können auch herangezogen werden
> 1. im Grundbuch eingetragene Belastungen,
> 2. aus den Grundakten ersichtliche Tatsachen oder Vergleichswerte oder
> 3. für Zwecke der Steuererhebung festgesetzte Werte.
>
> Im Fall der Nummer 3 steht § 30 der Abgabenordnung einer Auskunft des Finanzamts nicht entgegen.
> (4) Eine Beweisaufnahme zur Feststellung des Verkehrswerts findet nicht statt.

(3) Sache bei Kauf

161

> **§ 47 Sache bei Kauf**
> Im Zusammenhang mit dem Kauf wird der Wert der Sache durch den Kaufpreis bestimmt. Der Wert der vorbehaltenen Nutzungen und der vom Käufer übernommenen oder ihm sonst infolge der Veräußerung obliegenden Leistungen wird hinzugerechnet. Ist der nach Satz 1 und 2 ermittelte Wert niedriger als der Verkehrswert, ist der Verkehrswert maßgebend.

(4) Land- und forstwirtschaftliches Vermögen

162

> **§ 48 Land- und forstwirtschaftliches Vermögen**
> (1) Im Zusammenhang mit der Übergabe oder Zuwendung eines land- oder forstwirtschaftlichen Betriebs mit Hofstelle an eine oder mehrere natürliche Personen einschließlich der Abfindung weichender Erben beträgt der Wert des land- und forstwirtschaftlichen Vermögens im Sinne des Bewertungsgesetzes höchstens das Vierfache des letzten Einheitswerts, der zur Zeit der Fälligkeit der Gebühr bereits festgestellt ist, wenn
> 1. die unmittelbare Fortführung des Betriebs durch den Erwerber selbst beabsichtigt ist und
> 2. der Betrieb unmittelbar nach Vollzug der Zuwendung einen wesentlichen Teil der Existenzgrundlage des zukünftigen Inhabers bildet.
>
> § 46 Absatz 3 Satz 2 gilt entsprechend. Ist der Einheitswert noch nicht festgestellt, so ist dieser vorläufig zu schätzen; die Schätzung ist nach der ersten Feststellung des Einheitswerts zu berichtigen; die Frist des § 20 Absatz 1 beginnt erst mit der Feststellung des Einheitswerts. In dem in Artikel 3 des Einigungsvertrages genannten Gebiet gelten für die Bewertung des land- und forstwirtschaftlichen Vermögens die Vorschriften des Dritten Abschnitts im Zweiten Teil des Bewertungsgesetzes mit Ausnahme von § 125 Absatz 3; § 126 Absatz 2 des Bewertungsgesetzes sind entsprechend anzuwenden.
>
> (2) Weicht der Gegenstand des gebührenpflichtigen Geschäfts vom Gegenstand der Einheitsbewertung oder vom Gegenstand der Bildung des Ersatzwirtschaftswerts wesentlich ab oder hat sich der Wert infolge bestimmter Umstände, die nach dem Feststellungszeitpunkt des Einheitswerts oder des Ersatzwirtschaftswerts eingetreten sind, wesentlich verändert, so ist der nach den Grundsätzen der Einheitsbewertung oder der Bildung des Ersatzwirtschaftswerts geschätzte Wert maßgebend.
>
> (3) Die Absätze 1 und 2 sind entsprechend anzuwenden für die Bewertung
> 1. eines Hofs im Sinne der Höfeordnung und
> 2. eines landwirtschaftlichen Betriebs in einem Verfahren aufgrund der Vorschriften über die gerichtliche Zuweisung eines Betriebs (§ 1 Nummer 2 des Gesetzes über das gerichtliche Verfahren in Landwirtschaftssachen), sofern das Verfahren mit der Zuweisung endet.

(5) Grundstücksgleiche Rechte

§ 49 Grundstücksgleiche Rechte

(1) Die für die Bewertung von Grundstücken geltenden Vorschriften sind auf Rechte entsprechend anzuwenden, die den für Grundstücke geltenden Vorschriften unterliegen, soweit sich aus Absatz 2 nichts anderes ergibt.

(2) Der Wert eines Erbbaurechts beträgt 80 Prozent der Summe aus den Werten des belasteten Grundstücks und darauf errichteter Bauwerke; sofern die Ausübung des Rechts auf eine Teilfläche beschränkt ist, sind 80 Prozent vom Wert dieser Teilfläche zugrunde zu legen.

163

(6) Bestimmte schuldrechtliche Verpflichtungen

§ 50 Bestimmte schuldrechtliche Verpflichtungen

Der Wert beträgt bei einer schuldrechtlichen Verpflichtung

1. über eine Sache oder ein Recht nicht oder nur eingeschränkt zu verfügen, 10 Prozent des Verkehrswerts der Sache oder des Werts des Rechts;2. zur eingeschränkten Nutzung einer Sache 20 Prozent des Verkehrswerts der Sache;
3. zur Errichtung eines Bauwerks, wenn es sich um
   a) ein Wohngebäude handelt, 20 Prozent des Verkehrswerts des unbebauten Grundstücks,
   b) ein gewerblich genutztes Bauwerk handelt, 20 Prozent der voraussichtlichen Herstellungskosten;
4. zu Investitionen 20 Prozent der Investitionssumme.

164

(7) Erwerbs- und Veräußerungsrechte, Verfügungsbeschränkungen

§ 51 Erwerbs- und Veräußerungsrechte, Verfügungsbeschränkungen

(1) Der Wert eines Ankaufsrechts oder eines sonstigen Erwerbs- oder Veräußerungsrechts ist der Wert des Gegenstands, auf den sich das Recht bezieht. Der Wert eines Vorkaufs- oder Wiederkaufsrechts ist die Hälfte des Werts nach Satz 1.

(2) Der Wert einer Verfügungsbeschränkung, insbesondere nach den §§ 1365 und 1369 des Bürgerlichen Gesetzbuchs sowie einer Belastung gemäß § 1010 des Bürgerlichen Gesetzbuchs, beträgt 30 Prozent des von der Beschränkung betroffenen Gegenstands.

(3) Ist der nach den Absätzen 1 und 2 bestimmte Wert nach den besonderen Umständen des Einzelfalls unbillig, kann ein höherer oder ein niedrigerer Wert angenommen werden.

165

(8) Nutzungs- und Leistungsrechte

§ 52 Nutzungs- und Leistungsrechte

(1) Der Wert einer Dienstbarkeit, einer Reallast oder eines sonstigen Rechts oder Anspruchs auf wiederkehrende oder dauernde Nutzungen oder Leistungen einschließlich des Unterlassens oder Duldens bestimmt sich nach dem Wert, den das Recht für den Berechtigten oder für das herrschende Grundstück hat.

(2) Ist das Recht auf eine bestimmte Zeit beschränkt, ist der auf die Dauer des Rechts entfallende Wert maßgebend. Ist die Verlängerung der Dauer des Rechts nur von der Erklärung des Berechtigten abhängig, wird die mögliche weitere Dauer des Rechts nur zur Hälfte eingerechnet. Der Wert ist jedoch durch den Wert des betroffenen Gegenstands zu Beginn des Rechts beschränkt. Ist die Dauer des Rechts außerdem auf die Lebensdauer einer Person beschränkt, darf der nach Absatz 4 bemessene Wert nicht überschritten werden.

166

§ 3 Änderungen des RVG

(3) Der Wert eines Rechts von unbeschränkter Dauer ist der auf die ersten 20 Jahre entfallende Wert. Der Wert eines Rechts von unbestimmter Dauer ist der auf die ersten zehn Jahre entfallende Wert, soweit sich aus Absatz 4 nichts anderes ergibt.

(4) Ist das Recht auf die Lebensdauer einer Person beschränkt, ist sein Wert

bei einem Lebensalter von …	der auf die ersten … Jahre
bis zu 30 Jahren	20
über 30 Jahren bis zu 50 Jahren	15
über 50 Jahren bis zu 70 Jahren	10
über 70 Jahren	5

entfallende Wert. Hängt die Dauer des Rechts von der Lebensdauer mehrerer Personen ab, ist maßgebend,

1. wenn das Recht mit dem Tod des zuletzt Sterbenden erlischt, das Lebensalter der jüngsten Person,
2. wenn das Recht mit dem Tod des zuerst Sterbenden erlischt, das Lebensalter der ältesten Person.

(5) Der Jahreswert wird mit fünf Prozent des Werts des betroffenen Gegenstands oder Teils des betroffenen Gegenstands angenommen, sofern nicht ein anderer Wert festgestellt werden kann.

(6) Für die Berechnung des Werts ist der Beginn des Rechts maßgebend. Bildet das Recht später den Gegenstand eines gebührenpflichtigen Geschäfts, so ist der spätere Zeitpunkt maßgebend. Ist der nach den vorstehenden Absätzen bestimmte Wert nach den besonderen Umständen des Einzelfalls unbillig, weil im Zeitpunkt des Geschäfts der Beginn des Rechts noch nicht feststeht oder das Recht in anderer Weise bedingt ist, ist ein niedrigerer Wert anzunehmen. Der Wert eines durch Zeitablauf oder durch den Tod des Berechtigten erloschenen Rechts beträgt null EUR.

(7) Preisklauseln werden nicht berücksichtigt.

(9) Grundpfandrechte und sonstige Sicherheiten

167

§ 53 Grundpfandrechte und sonstige Sicherheiten

(1) Der Wert einer Hypothek, Schiffshypothek, eines Registerpfandrechts an einem Luftfahrzeug oder einer Grundschuld ist der Nennbetrag der Schuld. Der Wert einer Rentenschuld ist der Nennbetrag der Ablösungssumme.

(2) Der Wert eines sonstigen Pfandrechts oder der sonstigen Sicherstellung einer Forderung durch Bürgschaft, Sicherungsübereignung oder dergleichen bestimmt sich nach dem Betrag der Forderung und, wenn der als Pfand oder zur Sicherung dienende Gegenstand einen geringeren Wert hat, nach diesem.

(10) Bestimmte Gesellschaftsanteile

168

§ 54 Bestimmte Gesellschaftsanteile

Wenn keine genügenden Anhaltspunkte für einen höheren Wert von Anteilen an Kapitalgesellschaften und von Kommanditbeteiligungen bestehen, bestimmt sich der Wert nach dem Eigenkapital im Sinne von § 266 Absatz 3 des Handelsgesetzbuchs, das auf den jeweiligen Anteil oder die Beteiligung entfällt. Grundstücke, Gebäude, grundstücksgleiche Rechte, Schiffe oder Schiffsbauwerke sind dabei nach den Bewertungsvorschriften dieses Unter-

B. Änderungen im Paragraphenteil § 3

> abschnitts zu berücksichtigen. Sofern die betreffenden Gesellschaften überwiegend tätig sind, insbesondere als Immobilienverwaltungs-, Objekt-, Holding-, Besitz- oder sonstige Beteiligungsgesellschaft, ist der auf den jeweiligen Anteil oder die Beteiligung entfallende Wert des Vermögens der Gesellschaft maßgeblich; die Sätze 1 und 2 sind nicht anzuwenden.

cc) Verweisung auf bestimme Wertvorschriften
(1) Überblick

Darüber hinaus verweist § 23 Abs. 3 RVG auf bestimmte Vorschriften des GNotKG, die enumerativ aufgezählt sind. Dabei dürfte dem Gesetzgeber ein redaktionelles Versehen unterlaufen sein, da er § 99 GNotKG nicht erwähnt (siehe Rn 176). 169

(2) Belastung mit Verbindlichkeiten (§ 38 GNotKG)

> **§ 38 GNotKG Belastung mit Verbindlichkeiten**
> Verbindlichkeiten, die auf einer Sache oder auf einem Recht lasten, werden bei Ermittlung des Geschäftswerts nicht abgezogen, sofern nichts anderes bestimmt ist. Dies gilt auch für Verbindlichkeiten eines Nachlasses, einer sonstigen Vermögensmasse und im Fall einer Beteiligung an einer Personengesellschaft auch für deren Verbindlichkeiten.

170

(3) Wohnungs- und Teileigentum (§ 42 GNotKG)

> **§ 42 GNotKG Wohnungs- und Teileigentum**
> (1) Bei der Begründung von Wohnungs- oder Teileigentum und bei Geschäften, die die Aufhebung oder das Erlöschen von Sondereigentum betreffen, ist Geschäftswert der Wert des bebauten Grundstücks. Ist das Grundstück noch nicht bebaut, ist dem Grundstückswert der Wert des zu errichtenden Bauwerks hinzuzurechnen.
> (2) Bei Wohnungs- und Teilerbbaurechten gilt Absatz 1 entsprechend, wobei an die Stelle des Grundstückswerts der Wert des Erbbaurechts tritt.

171

(4) Erbbaurechtsbestellung (§ 43 GNotKG)

> **§ 43 GNotKG Erbbaurechtsbestellung**
> Wird bei der Bestellung eines Erbbaurechts als Entgelt ein Erbbauzins vereinbart, ist Geschäftswert der nach § 52 errechnete Wert des Erbbauzinses. Ist der nach § 49 Absatz 2 errechnete Wert des Erbbaurechts höher, so ist dieser maßgebend.

172

(5) Mithaft (§ 44 GNotKG)

> **§ 44 GNotKG Mithaft**
> (1) Bei der Einbeziehung eines Grundstücks in die Mithaft eines Grundpfandrechts und bei der Entlassung aus der Mithaft bestimmt sich der Geschäftswert nach dem Wert des einbezogenen oder entlassenen Grundstücks, wenn dieser geringer als der Wert nach § 53 Absatz 1 ist. Die Löschung eines Grundpfandrechts, bei dem bereits Grundstücke aus der Mithaft entlassen worden ist, steht der Entlassung aus der Mithaft gleich.
> (2) Absatz 1 gilt entsprechend für grundstücksgleiche Rechte.
> (3) Absatz 1 gilt ferner entsprechend
> 1. für Schiffshypotheken mit der Maßgabe, dass an die Stelle des Grundstücks das Schiff oder das Schiffsbauwerk tritt, und

173

§ 3   Änderungen des RVG

> 2. für Registerpfandrechte an einem Luftfahrzeug mit der Maßgabe, dass an die Stelle des Grundstücks das Luftfahrzeug tritt.

(6) Rangverhältnisse von Vormerkungen (§ 45 GNotKG)

174
> **§ 45 GNotKG Rangverhältnisse und Vormerkungen**
> (1) Bei Einräumung des Vorrangs oder des gleichen Rangs ist Geschäftswert der Wert des vortretenden Rechts, höchstens jedoch der Wert des zurücktretenden Rechts.
> (2) Die Vormerkung gemäß § 1179 des Bürgerlichen Gesetzbuchs zugunsten eines nach- oder gleichstehenden Berechtigten steht der Vorrangseinräumung gleich. Dasselbe gilt für den Fall, dass ein nachrangiges Recht gegenüber einer vorrangigen Vormerkung wirksam sein soll. Der Ausschluss des Löschungsanspruchs nach § 1179a Absatz 5 des Bürgerlichen Gesetzbuchs ist wie ein Rangrücktritt des Rechts zu behandeln, als dessen Inhalt der Ausschluss vereinbart wird.
> (3) Geschäftswert einer sonstigen Vormerkung ist der Wert des vorgemerkten Rechts; § 51 Absatz 1 Satz 2 ist entsprechend anzuwenden.

(7) Miet- Pacht- und Dienstverträge (§ 99 GNotKG)

175
> **§ 99 GNotKG Miet-, Pacht- und Dienstverträge**
> (1) Der Geschäftswert bei der Beurkundung eines Miet- oder Pachtvertrags ist der Wert aller Leistungen des Mieters oder Pächters während der gesamten Vertragszeit. Bei Miet- oder Pachtverträgen von unbestimmter Vertragsdauer ist der auf die ersten fünf Jahre entfallende Wert der Leistungen maßgebend; ist jedoch die Auflösung des Vertrags erst zu einem späteren Zeitpunkt zulässig, ist dieser maßgebend. In keinem Fall darf der Geschäftswert den auf die ersten 20 Jahre entfallenden Wert übersteigen.
> (2) Der Geschäftswert bei der Beurkundung eines Dienstvertrags, eines Geschäftsbesorgungsvertrags oder eines ähnlichen Vertrags ist der Wert aller Bezüge des zur Dienstleistung oder Geschäftsbesorgung Verpflichteten während der gesamten Vertragszeit, höchstens jedoch der Wert der auf die ersten fünf Jahre entfallenden Bezüge.

176   Bisher war in § 23 Abs. 3 RVG eine Verweisung auf § 25 KostO enthalten. § 25 KostO wird durch die neue Vorschrift des § 99 GNotKG ersetzt, wobei § 99 GNotKG gegenüber § 25 KostO eine Erhöhung des maximalen Bewertungszeitraums von drei auf fünf Jahren enthält. Auf § 99 GNotKG wird allerdings in § 23 Abs. 3 RVG nicht verwiesen. Es dürfte sich hier um ein Redaktionsversehen handeln, denn es ist kein Grund ersichtlich, die bisherige Verweisung aufzuheben. Auch die Begründung des Regierungsentwurfs enhält dazu keine Angaben.

(8) Güterrechtliche Angelegenheiten (§ 100 GNotKG)

177
> **§ 100 GNotKG Güterrechtliche Angelegenheiten**
> (1) Der Geschäftswert
> 1. bei der Beurkundung von Eheverträgen im Sinne des § 1408 des Bürgerlichen Gesetzbuchs, die sich nicht auf Vereinbarungen über den Versorgungsausgleich beschränken und
> 2. bei der Beurkundung von Anmeldungen aufgrund solcher Verträge ist die Summe der Werte der gegenwärtigen Vermögen beider Ehegatten. Betrifft der Ehevertrag nur das Vermögen eines Ehegatten, ist nur dessen Vermögen maßgebend. Bei Ermittlung des Vermögens werden Verbindlichkeiten bis zur Hälfte des nach Satz 1 oder 2 maßgeblichen

> Werts abgezogen. Verbindlichkeiten eines Ehegatten werden nur von seinem Vermögen abgezogen.
>
> (2) Betrifft der Ehevertrag nur bestimmte Vermögenswerte, auch wenn sie dem Anfangsvermögen hinzuzurechnen wären, oder bestimmte güterrechtliche Ansprüche, so ist deren Wert, höchstens jedoch der Wert nach Absatz 1 maßgebend.
>
> (3) Betrifft der Ehevertrag Vermögenswerte, die noch nicht zum Vermögen des Ehegatten gehören, werden sie mit 30 Prozent ihres Werts berücksichtigt, wenn sie im Ehevertrag konkret bezeichnet sind.
>
> (4) Die Absätze 1 bis 3 gelten entsprechend bei Lebenspartnerschaftsverträgen.

(9) Erbrechtliche Angelegenheiten (§ 102 GNotKG)

> **§ 102 GNotKG Erbrechtliche Angelegenheiten**
>
> (1) Geschäftswert bei der Beurkundung einer Verfügung von Todes wegen ist, wenn über den ganzen Nachlass oder einen Bruchteil verfügt wird, der Wert des Vermögens oder der Wert des entsprechenden Bruchteils des Vermögens. Verbindlichkeiten des Erblassers werden abgezogen, jedoch nur bis zur Hälfte des Werts des Vermögens. Vermächtnisse und Auflagen werden nur bei Verfügung über einen Bruchteil und nur mit dem Anteil ihres Werts hinzugerechnet, der dem Bruchteil entspricht, über den nicht verfügt wird.
>
> (2) Verfügt der Erblasser außer über die Gesamtrechtsnachfolge daneben über Vermögenswerte, die noch nicht zu seinem Vermögen gehören, jedoch in der Verfügung von Todes wegen konkret bezeichnet sind, wird deren Wert hinzugerechnet. Von dem Begünstigten zu übernehmende Verbindlichkeiten werden abgezogen, jedoch nur bis zur Hälfte des Vermögenswerts. Die Sätze 1 und 2 gelten bei gemeinschaftlichen Testamenten und gegenseitigen Erbverträgen nicht für Vermögenswerte, die bereits nach Absatz 1 berücksichtigt sind.
>
> (3) Betrifft die Verfügung von Todes wegen nur bestimmte Vermögenswerte, ist deren Wert maßgebend; Absatz 2 Satz 2 gilt entsprechend.
>
> (4) Bei der Beurkundung eines Erb- oder Pflichtteilsverzichtsvertrags gilt Absatz 1 Satz 1 und 2 entsprechend. Das Pflichtteilsrecht ist wie ein entsprechender Bruchteil des Nachlasses zu behandeln.
>
> (5) Die Absätze 1 bis 3 gelten entsprechend für die Beurkundung der Anfechtung oder des Widerrufs einer Verfügung von Todes wegen sowie für den Rücktritt von einem Erbvertrag. Hat eine Erklärung des einen Teils nach Satz 1 im Fall eines gemeinschaftlichen Testaments oder eines Erbvertrags die Unwirksamkeit von Verfügungen des anderen Teils zur Folge, ist der Wert der Verfügungen des anderen Teils dem Wert nach Satz 1 hinzuzurechnen.

c) Regelwert

In § 23 Abs. 3. S. 2, 2. Hs. RVG[65] wird der allgemeine Auffangwert erhöht.

Der allgemeine Auffangwert, der seit 1994 unverändert geblieben und lediglich gerundet auf EUR umgestellt worden ist, soll von 4.000,00 EUR auf 5.000,00 EUR erhöht werden. Damit entspricht dieser Wert den Auffangwerten in den übrigen Kostengesetzen (siehe § 52 GKG; § 42 Abs. 3 FamGKG; § 36 Abs. 3 GNotKG).

---

[65] Änderung durch Art. 8 Abs. 1 Nr. 12 Buchst. b).

3. § 23a RVG

181 Hinter § 23 RVG wird folgender neuer § 23a RVG eingefügt:[66]

> **§ 23a Gegenstandswert im Verfahren über die Prozesskostenhilfe**
> (1) Im Verfahren über die Bewilligung der Prozesskostenhilfe oder die Aufhebung der Bewilligung nach § 124 Nummer 1 der Zivilprozessordnung bestimmt sich der Gegenstandswert nach dem für die Hauptsache maßgebenden Wert; im Übrigen ist er nach dem Kosteninteresse nach billigem Ermessen zu bestimmen.
> (2) Der Wert nach Absatz 1 und der Wert für das Verfahren, für das die Prozesskostenhilfe beantragt worden ist, werden nicht zusammengerechnet.

182 Der neue § 23a RVG entspricht der bisherigen Anm. zu Nr. 3335 VV RVG. Mit der „Versetzung" dieser Wertvorschrift soll Verschiedenes erreicht werden.

183 Zum einen sollen entsprechend der allgemeinen Systematik des RVG die für die Anwälte geltenden Vorschriften zum Gegenstandswert einheitlich in Abschnitt 4 des Gesetzesteils geregelt werden. Daher wird die bislang im Vergütungsverzeichnis enthaltene Wertvorschrift in Abschnitt 4 des Paragraphenteils versetzt.

184 Zum anderen soll durch die Gesetzesänderung klargestellt werden, dass diese Wertvorschrift auch für die Terminsgebühr gilt. Bislang war die Wertvorschrift als Anm. zu Nr. 3335 VV RVG (Verfahrensgebühr in Prozesskostenhilfeverfahren) geregelt. Damit galt der Wert nach dem Wortlaut der Vorschrift nur für die Verfahrensgebühr, nicht aber auch für die Terminsgebühr. Gleichwohl wurde dieser Wert in der Praxis auch für die Terminsgebühr angesetzt. Durch die Voranstellung der Vorschrift in den Paragraphenteil ist künftig klargestellt, dass dieser Wert für alle Gebühren gilt.

185 Soweit das Gesetz von Prozesskostenhilfe spricht, gelten die Vorschriften selbstverständlich auch in Verfahren der Verfahrenskostenhilfe sowie in den Fällen des § 11a ArbGG und des § 4a InsO entsprechend (§ 12 S. 1 RVG).

186 Inhaltlich hat sich durch die Verschiebung nichts geändert.[67] In den einzelnen Verfahren gilt weiterhin Folgendes:

- In Verfahren über die **Bewilligung** der Prozesskostenhilfe richtet sich der Gegenstandswert nach dem für die Hauptsache maßgebenden Wert (§ 23a Abs. 1, 1. Hs. RVG. Das Interesse an der Befreiung von Prozesskosten ist unerheblich. Daher kommt es insbesondere nicht darauf an, ob die Prozesskosten geringer oder höher sind als die Hauptsache. Auch dann, wenn lediglich Prozesskostenhilfe mit Ratenzahlung beantragt wird oder mit der Maßgabe, dass die Partei einen Teil ihres Vermögens einzusetzen hat oder aus einem durch den Rechtsstreit erzielten Erlös die Prozesskosten später zurückzahlen soll, bleibt es beim vollen Wert der Hauptsache.[68] Der volle Wert ist auch dann anzunehmen, wenn es „nur" um die Frage der **Beiordnung** geht.[69]
- In **sonstigen Verfahren**, die nicht auf Bewilligung, Aufhebung oder Abänderung gerichtet sind, also in den Verfahren nach § 124 Nr. 2 bis 4 ZPO, ergibt sich der Gegenstandswert aus dem Kosteninteresse und ist nach billigem Ermessen zu bestimmen (§ 23a Abs. 1, 2. Hs. RVG). Grund hierfür ist, dass in den Fällen des § 124 Nr. 2–4 ZPO die Erfolgsaussich-

---

66 Änderung durch Art. 8 Abs. 1 Nr. 13.
67 Siehe ausführlich Schneider/Herget/*Schneider*, Rn 4492 ff.
68 OLG Nürnberg JurBüro 1962, 345 = Rpfleger 1963, 138.
69 BGH AGS 2010, 549 = MDR 2010, 1350 = FamRZ 2010, 1892 = JurBüro 2011, 31 = FuR 2011, 48 = FamRB 2011, 9 = RVGreport 2011, 72.

ten der Hauptsache keine Rolle spielen. Hier geht es um die Aufhebung der Prozesskostenhilfe aus anderen Gründen.
- In **Beschwerdeverfahren** gelten über § 23 Abs. 3 S. 1 RVG die gleiche Grundsätze wie in den Ausgangsverfahren.

4. § 23b RVG

Infolge der Einfügung des neuen § 23a RVG[70] wird der bisherige § 23a RVG zum neuen § 23b RVG aufrücken. Eine inhaltliche Änderung ist damit nicht verbunden.

187

5. § 25 RVG

a) Überblick

§ 25 RVG[71] erhält folgende Neufassung:

188

> **§ 25 Gegenstandswert in der Vollstreckung und bei der Vollziehung**
>
> (1) In der Zwangsvollstreckung, in der Vollstreckung, in Verfahren des Verwaltungszwangs und bei der Vollziehung eines Arrestes oder einer einstweiligen Verfügung bestimmt sich der Gegenstandswert
>
> 1. nach dem Betrag der zu vollstreckenden Geldforderung einschließlich der Nebenforderungen; soll ein bestimmter Gegenstand gepfändet werden und hat dieser einen geringeren Wert, ist der geringere Wert maßgebend; wird künftig fällig werdendes Arbeitseinkommen nach § 850d Abs. 3 der Zivilprozessordnung gepfändet, sind die noch nicht fälligen Ansprüche nach § 51 Abs. 1 Satz 1 des Gesetzes über Gerichtskosten in Familiensachen und § 9 der Zivilprozessordnung zu bewerten; im Verteilungsverfahren (§ 858 Abs. 5, §§ 872 bis 877 und 882 der Zivilprozessordnung) ist höchstens der zu verteilende Geldbetrag maßgebend;
> 2. nach dem Wert der herauszugebenden oder zu leistenden Sachen; der Gegenstandswert darf jedoch den Wert nicht übersteigen, mit dem der Herausgabe- oder Räumungsanspruch nach den für die Berechnung von Gerichtskosten maßgeblichen Vorschriften zu bewerten ist;
> 3. nach dem Wert, den die zu erwirkende Handlung, Duldung oder Unterlassung für den Gläubiger hat, und
> 4. in Verfahren über die Erteilung der Vermögensauskunft nach § 802c der Zivilprozessordnung nach dem Betrag, der einschließlich der Nebenforderungen aus dem Vollstreckungstitel noch geschuldet wird; der Wert beträgt jedoch höchstens 2 000 EUR.
>
> (2) In Verfahren über Anträge des Schuldners ist der Wert nach dem Interesse des Antragstellers nach billigem Ermessen zu bestimmen.

In § 25 RVG, der zum 1.1.2013 ohnehin eine neue Fassung erhält,[72] wird zunächst die Überschrift neu gefasst.

189

Darüber hinaus wird in Abs. 1 eingefügt, dass die Vorschrift auch in der Vollstreckung, in Verfahren des Verwaltungszwangs und bei der Vollziehung eines Arrestes oder einer einstweiligen Verfügung" gilt.

190

---

70 Änderung durch Art. 8 Abs. 1 Nr. 14.
71 Änderung durch Art. 8 Abs. 1 Nr. 15; IdF d. Art. 3 Abs. 4 Nr. 3 des Gesetzes vom 29.7.2009 BGBl I S. 2258 mit Wirkung zum 1.1.2013.
72 IdF des Art. 3 Abs. 4 Nr. 3 des Gesetzes vom 29.7.2009 BGBl I S. 2258 mit Wirkung zum 1.1.2013.

§ 3 Änderungen des RVG

191 Des Weiteren wird in Abs. 1 Nr. 1 die bisherige Verweisung auf § 42 Abs. 1 GKG durch die Verweisung auf 9 ZPO ersetzt.

192 In Abs. 1 Nr. 4 wird zudem der Höchstwert von 1.500,00 EUR auf 2.000,00 EUR angehoben.

b) Gleichstellung mit Vollstreckungsverfahren, Verwaltungszwangsverfahren und Vollziehung eines Arrestes oder einer einstweiligen Verfügung

193 Mit der Änderung der Überschrift[73] (bislang „Gegenstandswert in der Zwangsvollstreckung") soll klargestellt werden, dass die Wertvorschriften für die Zwangsvollstreckung auch anzuwenden sind für

- die Vollstreckung
  - in Familiensachen (§§ 86 ff. FamFG),
  - in Verwaltungssachen (§§ 167 ff. VwGO),
  - in finanzgerichtlichen Verfahren (§§ 150 ff. FGO),
  - in sozialrechtlichen Angelegenheiten (§§ 198 ff. SGG) etc.,
- Verfahren des Verwaltungszwangs (§§ 6 ff. VwVG),
- die Vollziehung eines Arrestes (§§ 928 ff. ZPO) und die
- die Vollziehung einer einstweiligen Verfügung (§§ 930, 928 ff. ZPO).

Dies entspricht auch der derzeitigen Praxis.

194 Bislang war die Gleichstellung nur im Vergütungsverzeichnis (Vorbem. 3.3.3 VV RVG) vorgenommen worden. Mit der Änderung der Überschrift wird dies jetzt auch für die Wertvorschrift nachgeholt.

195 Auch im Gesetzestext des § 25 Abs. 1 RVG wird die Gleichstellung vollzogen und klargestellt, dass die Vorschrift auch für die Vollstreckung, die Verfahren des Verwaltungszwangs und die Vollziehung eines Arrestes oder einer einstweiligen Verfügung gilt.

c) Pfändung in künftiges Einkommen wegen wiederkehrenden Leistungen aus einer Schadensersatzrente

196 In § 25 Abs. 1 Nr. 1 RVG wird zukünftig nicht mehr auf § 42 Abs. 1 GKG verwiesen werden, sondern auf § 9 ZPO.[74] Dies ist Folge der Aufhebung des bisherigen § 42 Abs. 1 GKG (siehe § 4 Rn 48 ff.).

197 Wird auf wiederkehrende Leistungen aus einer Schadensersatzrente wegen der Verletzung des Körpers oder der Gesundheit eines Menschen aufgrund gesetzlicher Vorschriften (§§ 843 ff. BGB) in wiederkehrendes Arbeitseinkommen gepfändet, soll also zukünftig nicht mehr der fünffache Jahresbetrag der zu vollstreckenden Beträge (60 Monate) als Höchstgrenze gelten, sondern gem. § 9 ZPO der dreieinhalbfache Jahresbetrag (42 Monate). Fällige Beträge werden allerdings nach wie vor hinzugerechnet.

198 *Beispiel 26: Pfändung in laufendes Arbeitseinkommen*

Der Gläubiger hat gegen den Schuldner ein Urteil erwirkt, wonach von diesem monatlich 400,00 EUR Schadensersatzrente ab März 2012 zu zahlen sind. Da der Schuldner nicht zahlt, beauftragt der Gläubiger im August 2013 seinen Anwalt wegen der fälligen und zukünftigen Beträge in das Arbeitseinkommen zu vollstrecken.

Der Gegenstandswert der anwaltlichen Vollstreckungstätigkeit berechnet sich (ohne Zinsen und Kosten) wie folgt:

1.	fällige Beträge (März 2012 bis August 2013), 18 × 400,00 EUR =	7.200,00 EUR
2.	zukünftige Beträge, 42 × 400,00 EUR	16.800,00 EUR
	Gesamt	**24.000,00 EUR**

---

[73] Änderung durch Art. 8 Abs. 1 Nr. 15 Buchst. a).
[74] Änderung durch Art. 8 Abs. 1 Nr. 15 Buchst. b).

d) Höchstwert in Verfahren auf Erteilung der Vermögensauskunft nach § 802c ZPO

Der Gegenstandswert für die Vertretung in einem derzeitigen Verfahren über den Antrag auf Abnahme der eidesstattlichen Versicherung nach § 807 ZPO richtet sich gem. § 25 Abs. 1 Nr. 4 RVG nach dem Betrag, der einschließlich der Nebenforderungen aus dem Vollstreckungstitel noch geschuldet wird; der Wert beträgt jedoch höchstens 1.500,00 EUR.

Ab dem 1.1.2013 wird die ZPO geändert. Es wird sich dann um das Verfahren über die Erteilung der Vermögensauskunft nach § 802c ZPO handeln. Eine entsprechende Änderung des § 25 RVG ist bereits verabschiedet. Der Höchstwert wird zunächst bei 1.500,00 EUR bleiben.

Dieser Höchstwert, der seit 1994 – abgesehen von der Euroumstellung (vormals 3.000,00 DM) – unverändert geblieben ist, soll mit dem 2. KostRMoG auf 2.000,00 EUR angehoben werden.[75]

Angesichts der geringen Gebühren von 0,3 (Nrn. 3309, 3310 VV RVG), die der Anwalt erhält, wird sich die Gebührensteigerung in Grenzen halten. Eine wirkliche „Aufbesserung" der Vergütung wird sich auch nicht dadurch ergeben, dass künftig die Vermögensauskunft alle zwei Jahre verlangt werden kann und nicht erst – wie zurzeit – nach drei Jahren.

Beispiel 27: Antrag auf Erteilung der Vermögensauskunft (I)
Der Anwalt wird beauftragt, wegen eines Titels über 800,00 EUR nebst bisheriger Vollstreckungskosten i.H.v. 100,00 EUR das Verfahren auf Abgabe der Vermögensauskunft einzuleiten.
Der Gegenstandswert richtet sich auch hier nach dem Wert der Forderung einschließlich Nebenforderungen (§ 25 Abs. 1 Nr. 4, 1. Hs. RVG), also 900,00 EUR.

Beispiel 28: Antrag auf Erteilung der Vermögensauskunft (II)
Der Anwalt wird beauftragt, wegen eines Titels über 5.000,00 EUR das Verfahren auf Abgabe der Vermögensauskunft einzuleiten.
Da der Gegenstandswert nach § 25 Abs. 1 Nr. 4, 1. Hs. RVG über 2.000,00 EUR liegen würde, greift jetzt der Höchstwert des § 25 Abs. 1 Nr. 4, 2. Hs. RVG von 2.000,00 EUR.

6. § 30 RVG

§ 30 RVG[76] erhält folgende Fassung:

> **§ 30 Gegenstandswert in gerichtlichen Verfahren nach dem Asylverfahrensgesetz**
> (1) In Klageverfahren nach dem Asylverfahrensgesetz beträgt der Gegenstandswert 5 000 EUR, in Verfahren des vorläufigen Rechtsschutzes 2 500 EUR. Sind mehrere natürliche Personen an demselben Verfahren beteiligt, erhöht sich der Wert für jede weitere Person in Klageverfahren um 1 000 EUR und in Verfahren des vorläufigen Rechtsschutzes um 500 EUR.
> (2) Ist der nach Absatz 1 bestimmte Wert nach den besonderen Umständen des Einzelfalls unbillig, kann das Gericht einen höheren oder einen niedrigeren Wert festsetzen.

Im GKG findet sich deshalb keine Wertvorschrift, die den Streitwert im gerichtlichen Verfahren nach dem AsylVfG bewertet, weil Verwaltungsrechtsstreitigkeiten betreffend Asylsachen gem. § 83b AsylVfG gerichtskostenfrei sind und eine Streitwertfestsetzung von Amts wegen nicht erfolgt. Die Wertfestsetzung geschieht nur auf Antrag gemäß § 33 Abs. 1 RVG. Der vor Inkrafttreten des RVG in § 83b Abs. 2 AsylVfG geregelte Streitwert wurde für die Anwaltsgebühren in

---

75 Änderung durch Art. 8 Abs. 1 Nr. 15 Buchst. b).
76 Änderung durch Art. 8 Abs. 1 Nr. 16.

Asylsachen inhalts- und wortlautgemäß im Kalenderjahr 2004 in das RVG übernommen. Eine Wertanpassung war mit der Übernahme in das RVG allerdings nicht verbunden. Ausgehend von dem Inkrafttreten des 2. KostRMoG im Kalenderjahr 2013 haben sich die Streitwerte im gerichtlichen Verfahren nach dem AsylVfG seit 20 Jahren nicht verändert, obgleich gerade diese Verwaltungsrechtsstreitigkeiten einen hohen Aufwand in tatsächlicher und rechtlicher Hinsicht einfordern.

207 Bisher werden Streitigkeiten nach dem AsylVfG, die die Asylanerkennung einschließlich der Feststellung von Abschiebungshindernissen von sonstigen Klageverfahren unterschieden. Dabei werden erstere derzeit mit 3.000,00 EUR noch unterhalb des in § 52 Abs. 2 GKG geregelten Auffangwerts bemessen und sonstige Klageverfahren mit 1.500,00 EUR bewertet. Der Streitwert in vorläufigen Rechtsschutzverfahren beträgt bisher 1.500,00 EUR oder entspricht der Hälfte des Werts der Hauptsache.

208 Diese geringen Werte werden nun zumindest der Systematik der Auffangwerte angepasst, sodass alle Klageverfahren nach dem AsylVfG, auch im Sinne einer Vereinfachung und Vereinheitlichung zukünftig mit 5.000,00 EUR bewertet werden sollen (§ 30 Abs. 1 S. 1, 1. Alt. RVG).

209 Der Wert in Verfahren des vorläufigen Rechtsschutzes soll einheitlich 2.500,00 EUR betragen (§ 30 Abs. 1 S. 1 2. Alt. RVG). Grundsätzlich ist der Aufwand in einstweiligen Rechtsschutzverfahren wegen damit verbundener hoher Haftungsrisiken regelmäßig nicht geringer, vielmehr grundsätzlich höher, weil innerhalb kürzerer Zeit dem Gericht überzeugend ein Sachverhalt dargestellt werden muss, der Grundlage für eine gerichtliche Entscheidung im Sinne der Antragstellung bietet, weshalb die allein aus einem Streitwert in Höhe von 2.500,00 EUR anfallende Verfahrensgebühr die anwaltliche Tätigkeit nicht sachgerecht bewerten dürfte. Zumindest aber stellt sie eine Erhöhung gegenüber dem bisherigen Wert in Höhe von 1.500,00 EUR dar.

210 Während die derzeitige Regelung des § 30 RVG in S. 3 berücksichtigt, dass bei Beteiligung mehrerer natürlicher Personen an demselben Verfahren für jede weitere Person im Klageverfahren der Streitwert um 900,00 EUR und in Verfahren des vorläufigen Rechtsschutzes um 600,00 EUR zu erhöhen ist, wird diese Werterhöhung für Klageverfahren zukünftig mit 1.000,00 EUR bemessen, während sich für Verfahren des vorläufigen Rechtsschutzes im Vergleich zur geltenden Rechtslage eine Ermäßigung ergibt, weil sich der Wert für jede weitere Person um nur noch 500,00 EUR erhöht. Die grundsätzliche Erhöhung bei Beteiligung mehrerer natürlicher Personen im Klageverfahren will der Gesetzgeber insoweit aber beibehalten, sodass Nr. 1008 VV RVG weiterhin verdrängt wird und nicht anwendbar ist.

211 Neu eingeführt wird die in § 30 Abs. 2 RVG enthaltene Billigkeitskorrekturmöglichkeit, wonach die sich aus § 30 Abs. 1 S. 1 und 2 RVG ergebenden Regelwerte veränderbar im Sinne einer Erhöhung oder Ermäßigung sind. Eine Abweichung vom Regelwert soll dann möglich sein, wenn der sich aus § 30 Abs. 1 RVG ergebende Wert nach den besonderen Umständen des Einzelfalls unbillig ist. Die Formulierung entspricht derjenigen, die der Gesetzgeber in den §§ 45 Abs. 3, 47 Abs. 2, 48 Abs. 3, 49 Abs. 2, 50 Abs. 3 und 51 Abs. 3 S. 2 FamGKG in bestimmten Familiensachen vorgesehen hat.

212 Der Gesetzgeber eröffnet durch die Möglichkeit der Abweichung vom Regelwert, die nach nunmehr 20 Jahren erstmals erhöhten Werte über die „Hintertür" des § 30 Abs. 2 RVG wieder zu ermäßigen. Es ist an sich auch kein einstweiliges Rechtsschutzverfahren denkbar, dessen Aufwand und Haftungsrisiko noch unterhalb von 2.500,00 EUR gelegen sein soll. Gleichermaßen ist auch nicht einzusehen, dass der Wert des § 30 Abs. 1 S. 1 1. Alt. RVG, der den nicht veränderbaren Auffangwerten des RVG und den Gerichtskostengesetzen entspricht, noch eine Ermäßigung erfahren sollte. In seiner Begründung des Gesetzesentwurfs formuliert der Gesetzgeber den einfach gelagerten und für die Betroffenen weniger bedeutsamen Fall als denjenigen, der eine Herabsetzung des Regelwerts ermöglicht und den besonders umfangreich und schwierigen Fall als denjenigen, der eine Korrekturmöglichkeit im Sinne einer Erhöhung des Streitwerts zulässt.

Zu beachten ist, dass eine Billigkeitskorrektur immer erst dann vorzunehmen ist, wenn eine Bewertung nach § 30 Abs. 1 RVG abschließend erfolgt, insbesondere auch die in § 30 Abs. 1 S. 2 RVG vorgesehene Erhöhung bei Beteiligung mehrerer natürlicher Personen berücksichtigt worden ist. 213

> *Beispiel 29: Klage gegen die Abschiebungsandrohung für drei Personen* 214
> Der Anwalt wird beauftragt, Klage gegen die Abschiebungsandrohung gem. § 34 Abs. 1 AsylVfG zu erheben.
> Der Gegenstandswert für das Klageverfahren beträgt nach § 30 Abs. 1 S. 1, 1. Alt. RVG 5.000,00 EUR. Da mehrere Personen an demselben Verfahren beteiligt sind, erhöht sich der Wert für jede weitere Person um 1.000,00 EUR (§ 30 Abs. 1 S. 2 RVG), sodass der Wert auf 7.000,00 EUR festzusetzen ist.
> Ist der Fall einfach gelagert und für die Beteiligten weniger bedeutsam, kommt eine Billigkeitskorrektur nach § 30 Abs. 2 RVG im Sinne einer Ermäßigung des Werts in Höhe von 7.000,00 EUR in Betracht. Ist das Verfahren hingegen umfangreich, besonders bedeutsam für die Beteiligten und schwierig, besteht die Möglichkeit den nach § 30 Abs. 1 RVG ermittelten Wert in Höhe von 7.000,00 EUR zu erhöhen.

7. § 31b RVG

Eingefügt wird ein neuer § 31b RVG:[77] 215

> **§ 31b Gegenstandswert bei Zahlungsvereinbarungen**
> Ist Gegenstand einer Einigung nur eine Zahlungsvereinbarung (Nummer 1000 des Vergütungsverzeichnisses), beträgt der Gegenstandswert 20 Prozent des Anspruchs.

Ergänzend zu der in Anm. Abs. 1 S. 2 Nr. 2 zu Nr. 1000 VV RVG klarstellend geregelten Einigungsgebühr für eine Zahlungsvereinbarung wird in § 31b RVG eine Wertvorschrift für solche Einigungen eingeführt. 216

Die Vorschrift ist nur anwendbar, wenn die zugrunde liegende Forderung zum Zeitpunkt der Einigung unstreitig ist. Soweit auch die Forderung selbst streitig ist, gilt der volle Wert. 217

Wird bei einer unstreitigen Forderung eine Einigung nur über die Zahlungsmodalitäten geschlossen, richtet sich das Interesse der Parteien nicht nach der Hauptsache, sondern nach dem Fälligkeits- bzw. Stundungsinteresse. Dieses Interesse ist naturgemäß geringer als das Hauptsacheinteresse und daher mit einem Bruchteil zu bewerten. 218

Obwohl das Interesse je nach Fallkonstellation höher oder niedriger sein kann, hat sich der Regierungsentwurf nicht für eine flexible Lösung entschieden, sondern für einen festen Prozentsatz i.H.v. 20 %. 219

Maßstab ist der „Anspruch", nicht die „Hauptsache". Darin liegt ein Unterschied. 220

Wird eine Zahlungsvereinbarung vor einer Titulierung geschlossen, dürfte nur auf den Wert der Hauptforderung abzustellen sein (§ 23 Abs. 3 S. 1 RVG i.V.m. § 43 Abs. 1 GKG, § 37 Abs. 1 FamGKG, § 37 Abs. 1 GNotKG), da hier Zinsen und Kosten als Nebenforderungen unberücksichtigt bleiben. 221

> *Beispiel 30: Gegenstandswert einer Zahlungsvereinbarung (Forderung ist nicht tituliert)* 222
> Der Anwalt wird beauftragt, eine Forderung i.H.v. 3.000,00 EUR nebst Zinsen und vorgerichtlicher Kosten geltend zu machen. Es wird sodann eine Zahlungsvereinbarung getroffen.
> Der Gegenstandswert beläuft sich auf 20 % der Hauptforderung, also auf 600,00 EUR.

---

77 Änderung durch Art. 8 Abs. 1 Nr. 17.

223 Ist die Forderung dagegen bereits tituliert, sind auch Zinsen und Kosten hinzuzurechnen, da sich der Gegenstandswert einer Forderung in der Vollstreckung nicht allein nach der Hauptsache richtet, sondern hier Zinsen und Kosten hinzuzurechnen sind (siehe § 25 Abs. 1 Nr. 1 RVG). Der Prozentsatz ist also von dem Forderungsstand einschließlich der bislang aufgelaufenen Kosten und Zinsen zu berechnen.

224 *Beispiel 31: Gegenstandswert einer Zahlungsvereinbarung (Forderung ist tituliert)*
Der Anwalt wird beauftragt, wegen eines Titels über 1.600,00 EUR Hauptforderung zu vollstrecken. Zwischenzeitlich sind 90,00 EUR Zinsen aufgelaufen und 170,00 EUR Vollstreckungskosten. Es wird sodann eine Zahlungsvereinbarung getroffen.
Der Gegenstandswert beläuft sich auf 20 % der Gesamtforderung i.H.v. (1.600,00 EUR + 90,00 EUR + 170,00 EUR =) 1.860,00 EUR, also auf 372,00 EUR.

225 Wegen weiterer Einzelheiten wird insoweit auf die Ausführungen zu Nr. 1000 VV RVG (siehe Rn 347 ff.) Bezug genommen.

226 Soweit die Zahlungsvereinbarung in einem gerichtlichen Verfahren getroffen wird, kann gegebenenfalls auch auf entsprechenden Antrag eine Wertfestsetzung nach § 33 RVG erfolgen.

V. Abschnitt 5 – Außergerichtliche Beratung und Vertretung

1. § 35 RVG

227 § 35 RVG[78] erhält folgende Neufassung:

> **§ 35 Hilfeleistung in Steuersachen**
> (1) Für die Hilfeleistung bei der Erfüllung allgemeiner Steuerpflichten und bei der Erfüllung steuerlicher Buchführungs- und Aufzeichnungspflichten gelten die §§ 23 bis 39 der Steuerberatergebührenverordnung in Verbindung mit den §§ 10 und 13 der Steuerberatergebührenverordnung entsprechend.
> (2) Sieht dieses Gesetz die Anrechnung einer Geschäftsgebühr auf eine andere Gebühr vor, stehen die Gebühren nach den §§ 23, 24 und 31 der Steuerberatergebührenverordnung, bei mehreren Gebühren deren Summe, einer Geschäftsgebühr nach Teil 2 des Vergütungsverzeichnisses gleich. Bei der Ermittlung des Höchstbetrags des anzurechnenden Teils der Geschäftsgebühr ist der Gegenstandswert derjenigen Gebühr zugrunde zu legen, auf die angerechnet wird.

228 Aufgrund der Umstellung der ermäßigten Rahmengebühr nach Nr. 2301 VV RVG a.F. bei einer Vorbefassung auf eine Gebührenanrechnung (siehe dazu auch Rn 521 ff.)[79] ist eine ergänzende Regelung für die Fälle erforderlich, in denen sich die Gebühren in einer dem Nachprüfungsverfahren (Einspruchsverfahren) vorangehenden anwaltlichen Tätigkeit nicht nach dem RVG richten, sondern gem. § 35 RVG nach der StBGebV.

229 Diese Regelung findet sich in § 35 Abs. 1 S. 1 RVG. Danach ist eine Gebühr nach §§ 23, 24 oder 31 StBGebV anzurechnen wie eine Geschäftsgebühr nach Nr. 2300 VV RVG. Eine solche Gebühr wird also hälftig angerechnet, höchstens zu einem Satz von 0,75 (Vorbem. 2.3 Abs. 4 S. 1; Vorbem. 3 Abs. 4 RVG).

---

[78] Änderung durch Art. 8 Abs. 1 Nr. 18.
[79] Art. 8 Abs. 2 Nr. 10.

B. Änderungen im Paragraphenteil § 3

Da der Gegenstandswert nach der StBGebV im Verwaltungsverfahren (Besteuerungsverfahren) i.d.R. höher ist als der Gegenstandswert nach dem RVG im Nachprüfungsverfahren, ordnet § 35 Abs. 2 S. 2 RVG ergänzend an, dass die Gebühr nach der StBGebV nur nach dem geringeren Wert der nachfolgenden Geschäftsgebühr anzurechnen ist. 230

Beispiel 32: Anrechnung einer Gebühr nach der StBGebV auf nachfolgende Geschäftsgebühr 231

Der Anwalt hatte für den Mandanten die Erbschaftssteuererklärung (Wert des Nachlasses: 150.000,00 EUR) erstellt und beim Finanzamt eingereicht. Es ist ein Erbschaftssteuerbescheid über 4.000,00 EUR ergangen. Dagegen legt der Anwalt auftragsgemäß Einspruch ein.

Für das Besteuerungsverfahren erhält der Anwalt eine Gebühr nach § 35 RVG i.V.m. § 24 Abs. 1 Nr. 12 StBGebV aus der Tabelle A der StBGebV (Anlage 1 zur StBGebV). Der Gegenstandswert richtet sich nach Anm. zu § 24 Abs. 1 Nr. 12 StBGebV und beläuft sich auf den Wert des Nachlasses.

Im Einspruchsverfahren greift die Verweisung des § 35 RVG nicht, da auf § 40 StBGebV nicht Bezug genommen wird. Der Anwalt erhält daher eine Geschäftsgebühr nach Nr. 2300 VV RVG. Maßgebend ist jetzt gem. § 23 Abs. 1 S. 3 RVG i.V.m. § 52 Abs. 1, 3 GKG der Wert der angegriffenen Steuerforderung, hier also 4.000,00 EUR.

Anzurechnen ist jetzt noch die Gebühr der Nr. 24 Abs. 1 Nr. 12 StBGebV zur Hälfte (Vorbem. 2.3. Abs. 4 S. 1 VV RVG), und zwar aus dem Wert der Steuerforderung (§ 35 Abs. 2 S. 2 RVG).

Ausgehend jeweils von den Mittelgebühren ergibt dies folgende Berechnung:

I. Besteuerungsverfahren

1.	0,6-Gebühr, § 35 RVG i.V.m. § 24 Abs. 1 Nr. 12 StBGebV (Wert: 150.000,00 EUR)		951,00 EUR
2.	Postentgeltpauschale, Nr. 7002 VV RVG		20,00 EUR
	Zwischensumme	971,00 EUR	
3.	19 % Umsatzsteuer, Nr. 7008 VV RVG		184,49 EUR
	Gesamt		**1.155,49 EUR**

II. Einspruchsverfahren

1.	1,5-Geschäftsgebühr, Nr. 2300 VV RVG (Wert: 4.000,00 EUR)		370,50 EUR
2.	gem. § 35 Abs. 2 RVG i.V.m. Vorbem. 2.3 Abs. 4 S. 1 VV RVG anzurechnen, 0,3 aus 4.000,00 EUR nach Tabelle A StBGebV		-73,50 EUR
3.	Postentgeltpauschale, Nr. 7002 VV RVG		20,00 EUR
	Zwischensumme	317,00 EUR	
4.	19 % Umsatzsteuer, Nr. 7008 VV RVG		60,23 EUR
	Gesamt		**377,23 EUR**

Ebenso ist anzurechnen, wenn der Tätigkeit ein gerichtliches Verfahren nachfolgt. Es gilt dann § 35 Abs. 2 RVG i.V.m. Vorbem. 3 Abs. 4 S. 1 VV RVG. 232

Beispiel 33: Anrechnung einer Gebühr nach der StBGebV auf nachfolgende gerichtliche Verfahrensgebühr 233

Der Anwalt hatte für den Mandanten die Erbschaftssteuererklärung (Wert des Nachlasses: 150.000,00 EUR) erstellt und beim Finanzamt eingereicht. Es ist ein Erbschaftssteuerbescheid über 4.000,00 EUR ergangen. Dagegen legt der Mandant selbst Einspruch ein. Nachdem dieser zurückgewiesen worden ist, beauftragt er den Anwalt, vor dem FG Klage zu erheben.

Für das Besteuerungsverfahren erhält der Anwalt wieder die Gebühr nach § 35 RVG i.V.m. § 24 Abs. 1 Nr. 12 StBGebV.

Jetzt ist die Gebühr der Nr. 24 Abs. 1 Nr. 1 StBGebV zur Hälfte auf die Verfahrensgebühr des gerichtlichen Verfahrens anzurechnen (Vorbem. 3 Abs. 4 S. 1 VV RVG), und zwar wiederum nur aus dem Wert der Steuerforderung (§ 35 Abs. 2 S. 2 RVG).

I. Besteuerungsverfahren
1. 0,6-Gebühr, § 35 RVG i.V.m. § 24 Abs. 1 Nr. 12 StBGebV
(Wert: 150.000,00 EUR) — 951,00 EUR
2. Postentgeltpauschale, Nr. 7002 VV RVG — 20,00 EUR
Zwischensumme — 971,00 EUR
3. 19 % Umsatzsteuer, Nr. 7008 VV RVG — 184,49 EUR
Gesamt — **1.155,49 EUR**

II. Gerichtliches Verfahren
1. 1,6-Verfahrensgebühr, Nr. 3200 VV RVG
(Wert: 4.000,00 EUR) — 395,20 EUR
2. gem. § 35 Abs. 2 RVG i.V.m. Vorbem. 3 Abs. 4 S. 1 VV RVG anzurechnen, 0,3 aus 4.000,00 EUR nach Tabelle A StBGebV — -73,50 EUR
3. 1,2-Terminsgebühr, Nr. 3202 VV RVG
(Wert: 4.000,00 EUR) — 296,40 EUR
4. Postentgeltpauschale, Nr. 7002 VV RVG — 20,00 EUR
Zwischensumme — 638,10 EUR
5. 19 % Umsatzsteuer, Nr. 7008 VV RVG — 121,24 EUR
Gesamt — **759,34 EUR**

234 Weiterhin war zu berücksichtigen, dass nach der StBGebV mehrere Gebühren anfallen können. In diesem Fall sollen alle Gebühren hälftig angerechnet werden, indem die Summe der Gebühren hälftig angerechnet wird (§ 35 Abs. 2 S. 2 RVG).

235 *Beispiel 34: Anrechnung mehrerer Gebühren nach der StBGebV auf nachfolgende Geschäftsgebühr*

Der Anwalt hatte für den Mandanten eine Körperschaftssteuererklärung erstellt (Wert: 120.000,00 EUR) und insoweit mit dem Finanzamt eine Besprechung geführt. Es ist ein Steuerbescheid ergangen. Dagegen legt der Anwalt auftragsgemäß Einspruch ein, da die Steuerforderung nach Auffassung des Mandanten um 3.000,00 EUR zu hoch angesetzt ist.

Für das Besteuerungsverfahren erhält der Anwalt eine Gebühr nach § 35 RVG i.V.m. § 24 Abs. 1 Nr. 3 StBGebV sowie eine weitere Gebühr für die Besprechung nach § 31 StBGebV. Der Gegenstandswert richtet sich nach Anm. zu § 24 Abs. 1 Nr. 3 StBGebV.

Anzurechnen ist jetzt das gesamte Gebührenaufkommen (§ 35 Abs. 2 S. 2 RVG).

Ausgehend jeweils von den Mittelgebühren ergibt dies folgende Berechnung:

I. Besteuerungsverfahren

1.	0,5-Gebühr, § 35 RVG i.V.m. § 24 Abs. 1 Nr. 3 StBGebV		715,50 EUR
	(Wert: 120.000,00 EUR)		
2.	0,75-Gebühr, § 35 RVG i.V.m. § 31 StBGebV		1.073,25 EUR
	(Wert: 120.000,00 EUR)		
3.	Postentgeltpauschale, Nr. 7002 VV RVG		20,00 EUR
	Zwischensumme	1.808,75 EUR	
4.	19 % Umsatzsteuer, Nr. 7008 VV RVG		343,66 EUR
	Gesamt		**2.152,41 EUR**

II. Einspruchsverfahren

1.	1,5-Geschäftsgebühr, Nr. 2300 VV RVG		370,50 EUR
	(Wert: 4.000,00 EUR)		
	gem. § 35 Abs. 2 RVG i.V.m. Vorbem. 2.3 Abs. 4 S. 1 VV RVG anzurechnen (1,25 : 2 =) 0,625 aus 4.000,00 EUR nach Tabelle A StBGebV		-153,13 EUR
2.	Postentgeltpauschale, Nr. 7002 VV RVG		20,00 EUR
	Zwischensumme	237,37 EUR	
3.	19 % Umsatzsteuer, Nr. 7008 VV RVG		45,10 EUR
	Gesamt		**282,47 EUR**

Zu beachten ist auch hier die Begrenzung der Anrechnung auf 0,75 nach Vorbem. 2.3 Abs. 4 S. 1; Vorbem. 3 Abs. 4 S. 1 VV RVG. **236**

Beispiel 35: Anrechnung mehrerer Gebühren nach der StBGebV auf nachfolgende Geschäftsgebühr mit Anrechnungsbegrenzung **237**

Wie vorangegangenes Beispiel 34 (siehe Rn 235); jedoch soll für die Gebühren nach der StBGebV von den Höchstsätzen ausgegangen werden.

Für das Besteuerungsverfahren ergeben sich jetzt Gebühren i.H.v. 0,8 + 1,0 = 1,8, sodass hälftig 0,9 anzurechnen wären. Gem. Vorbem. 2.3 Abs. 4 S. 1 RVG bleibt die Anrechnung jedoch auf 0,75 beschränkt.

I. Besteuerungsverfahren

1.	0,8-Gebühr, § 35 RVG i.V.m. § 24 Abs. 1 Nr. 3 StBGebV		1.144,80 EUR
	(Wert: 120.000,00 EUR)		
2.	1,0-Gebühr, § 35 RVG i.V.m. § 31 StBGebV		1.431,00 EUR
	(Wert: 120.000,00 EUR)		
3.	Postentgeltpauschale, Nr. 7002 VV RVG		20,00 EUR
	Zwischensumme	2.595,80 EUR	
4.	19 % Umsatzsteuer, Nr. 7008 VV RVG		493,20 EUR
	Gesamt		**3.089,00 EUR**

§ 3 Änderungen des RVG

II. Gerichtliches Verfahren

1.	1,6-Verfahrensgebühr, Nr. 3200 VV RVG (Wert: 4.000,00 EUR)	395,20 EUR
2.	gem. § 35 Abs. 2 RVG i.V.m. Vorbem. 2.3 Abs. 4 S. 1 VV RVG anzurechnen (1,8 : 2 =) 0,9, aber gem. Vorbem. 3 Abs. 4 S. 1 RVG nicht mehr als 0,75 aus 4.000,00 EUR nach Tabelle A StBGebV	-183,75 EUR
3.	1,2-Terminsgebühr, Nr. 3202 VV RVG (Wert: 4.000,00 EUR)	296,40 EUR
4.	Postentgeltpauschale, Nr. 7002 VV RVG	20,00 EUR
	Zwischensumme 527,85 EUR	
5.	19 % Umsatzsteuer, Nr. 7008 VV RVG	100,29 EUR
	Gesamt	**628,14 EUR**

2. § 36 RVG

238 § 36 RVG[80] erhält folgende Fassung:

> **§ 36 Schiedsrichterliche Verfahren und Verfahren vor dem Schiedsgericht**
>
> (1) Teil 3 Abschnitt 1, 2 und 4 des Vergütungsverzeichnisses ist auf die folgenden außergerichtlichen Verfahren entsprechend anzuwenden:
> 1. schiedsrichterliche Verfahren nach Buch 10 der Zivilprozessordnung und
> 2. Verfahren vor dem Schiedsgericht (§ 104 des Arbeitsgerichtsgesetzes).
>
> (2) Im Verfahren nach Absatz 1 Nr. 1 erhält der Rechtsanwalt die Terminsgebühr auch, wenn der Schiedsspruch ohne mündliche Verhandlung erlassen wird.

239 Schiedsrichterliche Verfahren nach Buch 10 der ZPO (§§ 1025 ff. ZPO) und Verfahren vor dem Schiedsgericht (§ 104 ArbGG) sind außergerichtliche Tätigkeiten, da es sich bei den Schiedsgerichten nicht um staatliche Gerichte handelt. Einschlägig wären an sich daher die Gebühren nach Teil 2 VV RVG. Das Gesetz enthält jedoch in § 36 RVG eine abweichende Regelung, sodass die Gebühren nach Teil 2 VV RVG nicht anwendbar sind (Vorbem. 2 Abs. 1 VV RVG). § 36 Abs. 1 RVG verweist auf die Vorschriften nach Teil 3 VV RVG.

240 Bislang wurde insoweit nur auf Teil 3 VV RVG Abschnitt 1 und 2 VV RVG verwiesen, also auf die Gebühren eines erstinstanzlichen gerichtlichen Verfahrens und auf die Rechtsmittelverfahren. Übersehen worden war dabei, auch auf Teil 3 Abschnitt 4 VV RVG zu verweisen (Verkehrsanwalt, Terminsvertreter und Einzeltätigkeiten).

241 Mit der Änderung des § 36 RVG soll klargestellt werden, dass in schiedsrichterlichen Verfahren nach der ZPO und Verfahren vor dem Schiedsgericht nach § 104 ArbGG auch Teil 3 Abschnitt 4 VV RVG anzuwenden ist.

---

[80] Änderung durch Art. 8 Abs. 1 Nr. 19.

VI. Abschnitt 6 – Gerichtliche Verfahren

1. § 37 RVG

§ 37 RVG[81] erhält folgende Fassung:

242

> **§ 37 Verfahren vor den Verfassungsgerichten**
>
> (1) Die Vorschriften für die Revision in Teil 4 Abschnitt 1 Unterabschnitt 3 des Vergütungsverzeichnisses gelten entsprechend in folgenden Verfahren vor dem Bundesverfassungsgericht oder dem Verfassungsgericht (Verfassungsgerichtshof, Staatsgerichtshof) eines Landes:
>
> 1. Verfahren über die Verwirkung von Grundrechten, den Verlust des Stimmrechts, den Ausschluss von Wahlen und Abstimmungen,
> 2. Verfahren über die Verfassungswidrigkeit von Parteien,
> 3. Verfahren über Anklagen gegen den Bundespräsidenten, gegen ein Regierungsmitglied eines Landes oder gegen einen Abgeordneten oder Richter und
> 4. Verfahren über sonstige Gegenstände, die in einem dem Strafprozess ähnlichen Verfahren behandelt werden.
>
> (2) In sonstigen Verfahren vor dem Bundesverfassungsgericht oder dem Verfassungsgericht eines Landes gelten die Vorschriften in Teil 3 Abschnitt 2 Unterabschnitt 2 des Vergütungsverzeichnisses entsprechend. Der Gegenstandswert ist unter Berücksichtigung der in § 14 Abs. 1 genannten Umstände nach billigem Ermessen zu bestimmen; er beträgt mindestens 5 000 EUR.

In § 37 RVG wird lediglich in Abs. 2 S. 2 der Mindestwert angehoben. Ebenso wie andere Mindest- und Regelwerte (vgl. § 23 Abs. 3 S. 3, 2. Hs. RVG,[82] §§ 42 Abs. 3, 43 Abs. 1 S. 2 FamGKG,[83] § 52 Abs. 4 GKG[84] etc.) soll auch in Verfahren vor dem BVerfG und den Verfassungsgerichten der Länder der Mindestwert angehoben werden.

243

Letztmalig war der Mindestwert zum 1.4.1994 von damals 6.000,00 DM auf 8.000,00 DM angehoben worden (§ 113 Abs. 2 S. 3 BRAGO). Mit Einführung des Euro wurde der Wert dann auf 4.000,00 EUR umgerechnet und ist auch so in das RVG übernommen worden.

244

Anstelle des bisherigen Mindestwerts von 4.000,00 EUR soll zukünftig ein Mindestwert von 5.000,00 EUR gelten. Diese Anhebung erschien dem Gesetzgeber angemessen. Damit wird der Mindestwert an die Entwicklung der wirtschaftlichen Verhältnisse angepasst.

245

2. § 38 RVG

§ 38 RVG[85] enthält folgende Fassung:

246

> **§ 38 Verfahren vor dem Gerichtshof der Europäischen Gemeinschaften**
>
> (1) In Vorabentscheidungsverfahren vor dem Gerichtshof der Europäischen Gemeinschaften gelten die Vorschriften in Teil 3 Abschnitt 2 Unterabschnitt 2 des Vergütungsverzeichnisses entsprechend. Der Gegenstandswert bestimmt sich nach den Wertvorschriften, die für die Ge-

---

81 Änderung durch Art. 8 Abs. 1 Nr. 20.
82 Änderung durch Art. 8 Abs. 1 Nr. 12.
83 Änderung durch Art. 5 Abs. 1 Nrn. 19 und 20.
84 Änderung durch Art. 3 Abs. 1 Nr. 18 Buchst. b).
85 Änderung durch Art. 8 Abs. 1 Nr. 21.

> richtsgebühren des Verfahrens gelten, in dem vorgelegt wird. Das vorlegende Gericht setzt den Gegenstandswert auf Antrag durch Beschluss fest. § 33 Abs. 2 bis 9 gilt entsprechend.
>
> (2) Ist in einem Verfahren, in dem sich die Gebühren nach Teil 4, 5 oder 6 des Vergütungsverzeichnisses richten, vorgelegt worden, sind in dem Vorabentscheidungsverfahren die Nummern 4130 und 4132 des Vergütungsverzeichnisses entsprechend anzuwenden.
>
> (3) Die Verfahrensgebühr des Verfahrens, in dem vorgelegt worden ist, wird auf die Verfahrensgebühr des Verfahrens vor dem Gerichtshof der Europäischen Gemeinschaften angerechnet, wenn nicht eine im Verfahrensrecht vorgesehene schriftliche Stellungnahme gegenüber dem Gerichtshof der Europäischen Gemeinschaften abgegeben wird.

247 In § 38 Abs. 1 S. 1 RVG ist lediglich die konkretisierende Verweisung auf den Unterabschnitt 2 eingefügt worden.

248 Mit der Neufassung wird damit eine Regelungslücke geschlossen. Klargestellt werden soll, dass für die Vorabentscheidungsverfahren vor dem EuGH die Vorschriften des jeweiligen Revisionsverfahrens des zugrunde liegenden Ausgangsverfahrens gelten. Im Gegensatz zu § 37 RVG verweist § 38 RVG in der derzeitigen Fassung nur auf Teil 3 Unterabschnitt 2 VV RVG (Rechtsmittel), ohne dabei klarzustellen, auf welchen Unterabschnitt, also auf welche Rechtsmittelverfahren (Berufung oder Revision) konkret Bezug genommen wird. Die Praxis hatte in entsprechender Anwendung des § 37 RVG auf die jeweiligen Gebühren der Revisionsverfahren (Unterabschnitt 2) abgestellt, zumal in Strafsachen schon immer ausdrücklich auf die Revisionsvorschriften verwiesen wurde (§ 38 Abs. 2 RVG).[86] Diese Praxis wird nunmehr Gesetz.

249 Soweit ein am BGH zugelassener Anwalt im Vorabentscheidungsverfahren tätig wird, bleibt es bei der einfachen Verfahrensgebühr der Nr. 3206 VV RVG. Eine Erhöhung nach Nr. 3208 VV RVG kommt nicht in Betracht.[87]

250 Es gelten danach also folgende Gebühren:

Wertgebühren	
Gebühr	Satz
Verfahrensgebühr, Nr. 3206 VV RVG	1,6
Ermäßigte Verfahrensgebühr, Nrn. 3206, 3207 VV RVG	1,1
Terminsgebühr, Nr. 3210 VV RVG	1,5

Betragsrahmengebühren			
Gebühr	Mindestgebühr	Mittelgebühr	Höchstgebühr
Verfahrensgebühr, Nr. 3212 VV RVG[88]	80,00 EUR	480,00 EUR	880,00 EUR
Terminsgebühr, Nr. 3213 VV RVG[89]	80,00 EUR	455,00 EUR	830,00 EUR

---

[86] BGH AGS 2012, 281 m. Anm. *N. Schneider* = NJW 2012, 2118 = Rpfleger 2012, 583.
[87] BGH AGS 2012, 281 m. Anm. *N. Schneider* = NJW 2012, 2118 = Rpfleger 2012, 583.
[88] Änderung durch Art. 8 Abs. 2 Nr. 38.
[89] Änderung durch Art. 8 Abs. 2 Nr. 39.

3. § 38a RVG

Nach § 38 RVG wird folgender § 38a RVG[90] eingefügt: 251

> **§ 38a Verfahren vor dem Europäischen Gerichtshof für Menschenrechte**
> In Verfahren vor dem Europäischen Gerichtshof für Menschenrechte gelten die Vorschriften in Teil 3 Abschnitt 2 Unterabschnitt 2 des Vergütungsverzeichnisses entsprechend. Der Gegenstandswert ist unter Berücksichtigung der in § 14 Absatz 1 genannten Umstände nach billigem Ermessen zu bestimmen; er beträgt mindestens 5 000 EUR.

Bislang fehlte eine Gebührenregelung für Verfahren vor dem Europäischen Gerichtshof für Menschenrechte. Mit dem neuen § 38a RVG wird diese Lücke geschlossen. 252

Eigenständige Gebühren werden auch hier nicht geregelt. Es wird pauschal auf die Gebühren eines jeweiligen Revisionsverfahrens verwiesen. Die vorgeschlagene Regelung entspricht damit den Regelungen für Verfahren vor dem BVerfG für Verfassungsbeschwerden (§ 37 Abs. 2 S. 1 RVG) und für Verfahren vor dem EuGH (§ 38 Abs. 1 S. 1 RVG). 253

Zu den möglichen Gebührensätzen und -beträgen siehe die Tabelle in § 8 Rn 2 ff. 254

Der **Gegenstandswert** ist ebenso wie in § 37 Abs. 2 S. 2 RVG und § 38 Abs. 1 S. 2 RVG unter Berücksichtigung der in § 14 Abs. 1 RVG genannten Umstände nach billigem Ermessen zu bestimmen (§ 38a S. 2, 1. Hs. RVG). Der Mindestwert beträgt 5.000,00 EUR (§ 38a S. 2, 2. Hs. RVG). 255

Ein Wertfestsetzungsverfahren ist hier nicht vorgesehen. Das Verfahren nach § 33 RVG ist nicht anwendbar, da es nur für deutsche Gerichte gilt, nicht aber für internationale Gerichte. Der Anwalt muss diesen Wert daher selbst ermitteln. Im Streitfall ist die vom Anwalt vorgenommene Bewertung in vollem Umfang gerichtlich überprüfbar. 256

VII. Abschnitt 7 – Straf- und Bußgeldsachen sowie bestimmte sonstige Verfahren

1. Überschrift

Die Ergänzung der Überschrift[91] ist wegen der nachfolgenden Änderung des § 42 RVG erforderlich geworden, weil es sich bei Freiheitsentziehungs- und Unterbringungssachen nicht um Straf- und Bußgeldsachen handelt. 257

2. § 42 RVG

§ 42 RVG erhält folgende Fassung:[92] 258

> **§ 42 Feststellung einer Pauschgebühr**
> (1) In Strafsachen, gerichtlichen Bußgeldsachen, Verfahren nach dem Gesetz über die internationale Rechtshilfe in Strafsachen, in Verfahren nach dem IStGH-Gesetz, in Freiheitsentziehungs- und Unterbringungssachen sowie bei Unterbringungsmaßnahmen nach § 151 Nummer 6 und 7 des Gesetzes über das Verfahren in Familiensachen und in den Angelegenheiten der freiwilligen Gerichtsbarkeit stellt das Oberlandesgericht, zu dessen Bezirk das Ge-

---

90 Eingefügt durch Art. 8 Abs. 1 Nr. 22.
91 Änderung durch Art. 8 Abs. 1 Nr. 23.
92 Änderung durch Art. 8 Abs. 1 Nr. 24.

§ 3 Änderungen des RVG

> richt des ersten Rechtszugs gehört, auf Antrag des Rechtsanwalts eine Pauschgebühr für das ganze Verfahren oder für einzelne Verfahrensabschnitte durch unanfechtbaren Beschluss fest, wenn die in den Teilen 4 bis 6 des Vergütungsverzeichnisses bestimmten Gebühren eines Wahlanwalts wegen des besonderen Umfangs oder der besonderen Schwierigkeit nicht zumutbar sind. Dies gilt nicht, soweit Wertgebühren entstehen. Beschränkt sich die Feststellung auf einzelne Verfahrensabschnitte, sind die Gebühren nach dem Vergütungsverzeichnis, an deren Stelle die Pauschgebühr treten soll, zu bezeichnen. Die Pauschgebühr darf das Doppelte der für die Gebühren eines Wahlanwalts geltenden Höchstbeträge nach den Teilen 4 bis 6 des Vergütungsverzeichnisses nicht übersteigen. Für den Rechtszug, in dem der Bundesgerichtshof für das Verfahren zuständig ist, ist er auch für die Entscheidung über den Antrag zuständig.
>
> (2) Der Antrag ist zulässig, wenn die Entscheidung über die Kosten des Verfahrens rechtskräftig ist. Der gerichtlich bestellte oder beigeordnete Rechtsanwalt kann den Antrag nur unter den Voraussetzungen des § 52 Abs. 1 Satz 1, Abs. 2, auch in Verbindung mit § 53 Abs. 1, stellen. Der Auftraggeber, in den Fällen des § 52 Abs. 1 Satz 1 der Beschuldigte, ferner die Staatskasse und andere Beteiligte, wenn ihnen die Kosten des Verfahrens ganz oder zum Teil auferlegt worden sind, sind zu hören.
>
> (3) Der Strafsenat des Oberlandesgerichts ist mit einem Richter besetzt. Der Richter überträgt die Sache dem Senat in der Besetzung mit drei Richtern, wenn es zur Sicherung einer einheitlichen Rechtsprechung geboten ist.
>
> (4) Die Feststellung ist für das Kostenfestsetzungsverfahren, das Vergütungsfestsetzungsverfahren (§ 11) und für einen Rechtsstreit des Rechtsanwalts auf Zahlung der Vergütung bindend.
>
> (5) Die Absätze 1 bis 4 gelten im Bußgeldverfahren vor der Verwaltungsbehörde entsprechend. Über den Antrag entscheidet die Verwaltungsbehörde. Gegen die Entscheidung kann gerichtliche Entscheidung beantragt werden. Für das Verfahren gilt § 62 des Gesetzes über Ordnungswidrigkeiten.

259 In § 42 Abs. 1 S. 1 RVG wird eingefügt, dass eine Pauschgebühr auch in Freiheitsentziehungs- und Unterbringungssachen sowie in Unterbringungsmaßnahmen Minderjähriger (Kindschaftssachen nach § 151 Nrn. 6 und 7 FamFG) festgestellt werden kann.

260 Nach der derzeitigen Fassung ist für den Wahlanwalt – ebenso wie für den gerichtlich bestellten oder beigeordneten Anwalt (§ 51 RVG) (siehe Rn 306 ff.) – die Feststellung einer Pauschgebühr nur vorgesehen in Strafsachen, gerichtlichen Bußgeldsachen, Verfahren nach dem IRG und dem IStGH-Gesetz. Nach der BRAGO war die Festsetzung einer Pauschgebühr auch in Freiheitsentziehungs- und Unterbringungssachen möglich (§ 112 Abs. 5 BRAGO). Obwohl die Regelung des § 112 BRAGO im Wesentlichen im RVG unverändert fortgeführt werden sollte,[93] ist bei Schaffung des RVG durch das 1. Kostenrechtsmodernisierungsgesetz[94] die Regelung des § 112 Abs. 5 BRAGO nicht übernommen worden. Vermutlich ist dies versehentlich unterblieben, denn die Begründung zum RVG enthält hierzu keine Ausführungen. Die danach offenbar unbeabsichtigt entfallene Pauschgebührenregelung für die Verfahren in Freiheitsentziehungs- und Unterbringungssachen soll nunmehr in § 51 Abs. 1 RVG eingestellt werden (siehe Rn 306).

261 Konsequent war es daher, in den für den Wahlanwalt geltenden § 42 RVG ebenfalls eine entsprechende Ergänzung aufzunehmen.

---

[93] Begründung zu Teil 6 Abschnitt 3 VV RVG, Bundestags-Drucks. 15/1971 S. 231.
[94] Vom 5.5.2004 (BGBl I S. 718, 788).

Eine Pauschgebühr kann danach zukünftig in allen Verfahren bewilligt werden, für die sich die Gebühren nach Teil 6 Abschnitt 3 VV RVG richten, also auch für die Kindschaftssachen nach § 151 Nr. 6 und 7 FamFG.

262

Für die Feststellung ist auch hier das OLG, in dessen Bezirk das Gericht des ersten Rechtszugs liegt, zuständig. Funktionell zuständig ist nicht der Familiensenat, sondern der Zivilsenat.

263

VIII. Abschnitt 8 – Beigeordneter oder bestellter Rechtsanwalt, Beratungshilfe

1. § 48 RVG

a) Überblick

§ 48 RVG[95] wird wie folgt geändert:

264

> **§ 48 Umfang des Anspruchs und der Beiordnung**
>
> (1) Der Vergütungsanspruch bestimmt sich nach den Beschlüssen, durch die die Prozesskostenhilfe bewilligt und der Rechtsanwalt beigeordnet oder bestellt worden ist.
>
> (2) In Angelegenheiten, in denen sich die Gebühren nach Teil 3 des Vergütungsverzeichnisses bestimmen und die Beiordnung eine Berufung, eine Beschwerde wegen des Hauptgegenstands, eine Revision oder eine Rechtsbeschwerde wegen des Hauptgegenstands betrifft, wird eine Vergütung aus der Staatskasse auch für die Rechtsverteidigung gegen ein Anschlussrechtsmittel und, wenn der Rechtsanwalt für die Erwirkung eines Arrests, einer einstweiligen Verfügung oder einer einstweiligen Anordnung beigeordnet ist, auch für deren Vollziehung oder Vollstreckung gewährt. Dies gilt nicht, wenn der Beiordnungsbeschluss ausdrücklich etwas anderes bestimmt.
>
> (3) Die Beiordnung in einer Ehesache erstreckt sich im Fall des Abschlusses eines Vertrags im Sinne der Nummer 1000 des Vergütungsverzeichnisses auf alle mit der Herbeiführung der Einigung erforderlichen Tätigkeiten, soweit der Vertrag
>
> 1. den gegenseitigen Unterhalt der Ehegatten,
> 2. den Unterhalt gegenüber den Kindern im Verhältnis der Ehegatten zueinander,
> 3. die Sorge für die Person der gemeinschaftlichen minderjährigen Kinder,
> 4. die Regelung des Umgangs mit einem Kind,
> 5. die Rechtsverhältnisse an der Ehewohnung und den Haushaltsgegenständen
>
> oder
>
> 6. die Ansprüche aus dem ehelichen Güterrecht
>
> betrifft. Satz 1 gilt im Fall der Beiordnung in Lebenspartnerschaftssachen nach § 269 Abs. 1 Nr. 1 und 2 des Gesetzes über das Verfahren in Familiensachen und in den Angelegenheiten der freiwilligen Gerichtsbarkeit entsprechend.
>
> (4) Die Beiordnung in Angelegenheiten, in denen nach § 3 Absatz 1 Betragsrahmengebühren entstehen, erstreckt sich auf Tätigkeiten ab dem Zeitpunkt der Beantragung der Prozesskostenhilfe, wenn vom Gericht nichts anderes bestimmt ist. Die Beiordnung erstreckt sich ferner auf die gesamte Tätigkeit im Verfahren über die Prozesskostenhilfe einschließlich der vorbereitenden Tätigkeit.
>
> (5) In anderen Angelegenheiten, die mit dem Hauptverfahren nur zusammenhängen, erhält der für das Hauptverfahren beigeordnete Rechtsanwalt eine Vergütung aus der Staatskasse nur dann, wenn er ausdrücklich auch hierfür beigeordnet ist. Dies gilt insbesondere für

---

[95] Änderung durch Art. 8 Abs. 1 Nr. 25.

> 1. die Zwangsvollstreckung, die Vollstreckung und den Verwaltungszwang;
> 2. das Verfahren über den Arrest, die einstweilige Verfügung und die einstweilige Anordnung;
> 3. das selbstständige Beweisverfahren;
> 4. das Verfahren über die Widerklage oder den Widerantrag, ausgenommen die Rechtsverteidigung gegen den Widerantrag in Ehesachen und in Lebenspartnerschaftssachen nach § 269 Abs. 1 Nr. 1 und 2 des Gesetzes über das Verfahren in Familiensachen und in den Angelegenheiten der freiwilligen Gerichtsbarkeit.
>
> (6) Wird der Rechtsanwalt in Angelegenheiten nach den Teilen 4 bis 6 des Vergütungsverzeichnisses im ersten Rechtszug bestellt oder beigeordnet, erhält er die Vergütung auch für seine Tätigkeit vor dem Zeitpunkt seiner Bestellung, in Strafsachen einschließlich seiner Tätigkeit vor Erhebung der öffentlichen Klage und in Bußgeldsachen einschließlich der Tätigkeit vor der Verwaltungsbehörde. Wird der Rechtsanwalt in einem späteren Rechtszug beigeordnet, erhält er seine Vergütung in diesem Rechtszug auch für seine Tätigkeit vor dem Zeitpunkt seiner Bestellung. Werden Verfahren verbunden, kann das Gericht die Wirkungen des Satzes 1 auch auf diejenigen Verfahren erstrecken, in denen vor der Verbindung keine Beiordnung oder Bestellung erfolgt war.

b) Erweiterung der Rechtsmittel in Abs. 2

265 Wird einer Partei für eine eigene Berufung oder Revision Prozesskostenhilfe bewilligt, so erstreckt sich die Bewilligung auch auf eine Anschlussberufung oder -revision der Gegenseite. Grund hierfür ist, dass die Bedürftigkeit der Partei bereits im Rahmen des eigenen Rechtsmittels geprüft worden ist und sich eine Prüfung der Erfolgsaussicht der Abwehr des Anschlussrechtsmittels wegen des vorinstanzlichen Erfolgs gem. § 119 Abs. 1 S. 2 ZPO verbietet.

266 In § 48 Abs. 2 S. 1 RVG sind als Hauptrechtsmittel bislang allerdings nur Berufung und Revision erwähnt und demzufolge als Anschlussrechtsmittel nur Anschlussberufung und Anschlussrevision. Dabei war übersehen worden, dass es vergleichbare Situationen auch in Beschwerde- und Rechtsbeschwerdeverfahren gegen Hauptsacheentscheidungen gibt – so insbesondere in Familiensachen (§§ 58 ff., 70 ff. FamFG). Daher sind jetzt auch diese Verfahren als Hauptsacherechtsmittel aufgezählt. Auf die Aufzählung der einzelnen Anschlussrechtsmittel wird verzichtet und stattdessen generell auf „Anschlussrechtsmittel" Bezug genommen.[96]

267 *Beispiel 36: Verfahrenskostenhilfeerstreckung auf Anschlussbeschwerde*

Die Ehefrau hatte beantragt, den Ehemann zu einer zukünftigen monatlichen Unterhaltszahlung in Höhe von 600,00 EUR zu verpflichten. Das FamG hat den Ehemann durch Beschluss (§ 38 Abs. 1 FamFG) verpflichtet, 400,00 EUR monatlich zu zahlen. Dagegen legt der Ehemann Beschwerde nach § 58 FamFG ein, mit der er seinen Abweisungsantrag weiter verfolgt. Dafür wird ihm antragsgemäß Verfahrenskostenhilfe bewilligt. Daraufhin erhebt die Ehefrau Anschlussbeschwerde gem. § 66 FamFG, mit der sie ihren Antrag auf Zahlung von Unterhalt in Höhe der zurückgewiesenen 200,00 EUR weiterverfolgt.

Einer gesonderten Verfahrenskostenhilfebewilligung für die Anschlussbeschwerde bedarf es nicht. Die für die eigene Beschwerde des Ehemannes bewilligte Verfahrenskostenhilfe erstreckt sich auch auf die Abwehr der Anschlussbeschwerde der Ehefrau. Der dem Ehemann beigeordnete Anwalt kann daher aus dem vollen Wert von 12 × 600,00 EUR auch im Beschwerdeverfahren abrechnen, ohne dass es einer zusätzlichen Bewilligung und Beiordnung bedarf.

---

96 Änderung durch Art. 8 Abs. 1 Nr. 25 Buchst. a).

c) Erstreckung der Verfahrenskostenhilfe in Ehesachen

Klargestellt wird,[97] dass im Fall des § 48 Abs. 3 RVG bei Abschluss eines Vertrags über die in § 48 Abs. 3 Nrn. 1 bis 6 RVG genannten Regelungsgegenstände durch die Erstreckung der Verfahrenskostenhilfe alle anfallenden Gebühren aus dem Gesamtwert erfasst werden, nämlich neben der Einigungsgebühr auch die Verfahrens(differenz)gebühr und die Terminsgebühr. Die beabsichtigte Formulierung führt nun dazu, dass alle durch den Abschluss des Vertrags entstehenden Gebühren aus der Landeskasse zu vergüten sind.

268

Die bisherige Regelung war insoweit nicht eindeutig, auch wenn grundsätzlich davon auszugehen ist, dass der Gesetzgeber bereits in der Vergangenheit eine Gleichbehandlung zwischen bemittelten und mittellosen Beteiligten beabsichtigt hatte, weil anderenfalls nur solche Beteiligten, die keinerlei Unterstützung aus der Landeskasse erhalten, in die Lage versetzt wären, einen Vertrag im Sinne der Nr. 1000 VV RVG in einer Ehesache abzuschließen. Denn unbemittelte Beteiligte könnten die hierfür entstehenden Gebühren gar nicht aufbringen. Deshalb ist es auch zweifelhaft, ob der Gesetzgeber durch die bisherige Formulierung den unbemittelten Beteiligten den Vertragsabschluss bzw. die Vergütung der sie vertretenden Verfahrensbevollmächtigten versagen wollte.

269

Nichtsdestotrotz hat aber die Rechtsprechung in diesem Zusammenhang bisher schlichtweg alles vertreten, was Sinn und Zweck der Vorschrift auch in ihrer bisherigen Formulierung nicht gerecht wird.[98]

270

Häufig wurde in diesem Zusammenhang auch die Entscheidung des BGH v. 8.6.2004[99] herangezogen, wonach im Falle des Abschlusses eines Vergleichs im Prozesskostenhilfeverfahren Prozesskostenhilfe für den Vergleich, nicht aber für das gesamte Prozesskostenhilfeverfahren bewilligt werden könne. Die Entscheidung ist aber gar nicht einschlägig.[100] Sie betrifft lediglich die Bewilligung und ihren Umfang in den Fällen, in denen ein Vergleich in einem Prozesskostenhilfeverfahren geschlossen wird. Für das Prozesskostenhilfeverfahren selbst kann nämlich keine Prozesskostenhilfe bewilligt werden.[101] Davon macht der BGH wegen der gesetzlich eingeräumten Möglichkeit in § 118 Abs. 1 S. 3 ZPO eine auf die Einigung selbst beschränkte Ausnahme. Im Fall des § 48 Abs. 3 RVG stellt sich dagegen die Frage, welchen Umfang eine Beiordnung eines Verfahrensbevollmächtigten in einem Verfahren hat, für das bereits Verfahrenskostenhilfe bewilligt ist.

271

Beim Abschluss eines Vertrags, der

272

- den gegenseitigen Unterhalt der Ehegatten (Nr. 1),
- den Unterhalt gegenüber den Kindern im Verhältnis der Ehegatten zueinander (Nr. 2),
- die Sorge für die Person der gemeinschaftlichen minderjährigen Kinder (Nr. 3),
- die Regelung des Umgangs mit einem Kind (Nr. 4), die Rechtsverhältnisse an der Ehewohnung und den Haushaltsgegenständen (Nr. 5) oder
- die Ansprüche aus dem ehelichen Güterrecht (Nr. 6) betrifft,

ist **keine** gesonderte Verfahrenshilfe zu beantragen. Die in der Ehesache bewilligte Verfahrenskostenhilfe erstreckt sich vielmehr kraft Gesetzes auch auf den Abschluss des Vertrags in den genannten Regelungsbereichen. Denn § 48 Abs. 3 RVG verfolgte auch bereits bisher den Zweck, zur Entlastung der Gerichte beizutragen, sodass auch für die beteiligten Anwälte stets ein Anreiz dahingehend geschaffen ist, in einer anhängigen Ehesache alle möglichen, in Betracht kommenden Folgesachen, die streitig sind, im Zusammenhang mit dem Abschluss eines Vertrags in der Scheidungssache zu erledigen, damit nach Abschluss des Scheidungsverfahrens keine isolierten Ver-

---

97 Änderung durch Art. 8 Abs. 1 Nr. 25 Buchst. b).
98 Zum Meinungsstand: *Volpert*, RVGreport 2010, 445 ff.
99 AGS 2004, 292 = NJW 2004, 2595 = BGHR 2004, 1251 = Schaden-Praxis 2004, 355 = FamRZ 2004, 1708 = MDR 2004, 1312 = JurBüro 2004, 601 = VersR 2005, 289 = Rpfleger 2004, 637 = RuS 2005, 308 = ZIP 2005, 92.
100 Zu Recht OLG Schleswig SchlHA 2012, 110 = NJW 2012, 1523.
101 Vgl. Zöller/*Geimer*, 29. Aufl., § 114 ZPO Rn 3 m.w.N.

fahren mehr anhängig gemacht werden können und müssen. Sinn, Zweck und dahingehender Wille des Gesetzgebers werden konterkariert, wenn den beteiligten Anwälten die Gebühren für ihre insoweit ausgeübte Tätigkeit versagt würden. Deshalb sollen auch nach bisherigem Recht dem Verfahrensbevollmächtigten alle Gebühren aus der Landeskasse erstattet werden, also die Verfahrensgebühr, die Verfahrens(differenz)gebühr, die Terminsgebühr und die Einigungsgebühr der Nr. 1000 VV RVG.

273 Die damit verbundene Intention des Gesetzgebers hat insbesondere das OLG Köln[102] zutreffend herausgearbeitet:

> *„Es widerspräche der Zielsetzung der Prozesskostenhilfe, dass die in diesen Fällen anfallende Terminsgebühr von der armen Partei selber zu tragen wäre. Darauf müsste der Rechtsanwalt seine Partei hinweisen und ihr aufzeigen, dass auf sie keine Kosten entfallen, wenn derartige Ansprüche nicht mit verglichen, sondern in einem gesonderten Verfahren geltend gemacht werden, sodass die Prozesskostenhilfe unter seiner Beiordnung auch für die in jenen Verfahren anfallende Terminsgebühr bekommen könne. Die Folge wird dann sein, dass die arme Partei ein gesondertes Verfahren betreibt. Eine derartige Verfahrensweise ist nicht nur unwirtschaftlich, sondern für alle Beteiligten auch mit überflüssiger Arbeit verbunden; gerade das will die Regelung des § 48 Abs. 3 RVG vermeiden."*

274 Einige Oberlandesgerichte haben ungeachtet dessen die Verfahrens(differenz)gebühr und/oder die Terminsgebühr bislang von der Erstreckung ausgenommen. Der Meinungsstreit dürfte mit der Neuregelung seine Beendigung finden.

275 Der derzeitige Meinungsstand in der Rechtsprechung stellt sich wie folgt dar:

276 (aa) Nur die Einigungsgebühr, keine Verfahrensdifferenzgebühr und keine Terminsdifferenzgebühr haben folgende Gerichte aus der Landeskasse festgesetzt:
- OLG Bamberg,[103]
- OLG Düsseldorf,[104]
- OLG Oldenburg,[105]
- OLG Celle,[106]
- OLG Rostock.[107]

277 (bb) Nur Einigungsgebühr und Verfahrensdifferenzgebühr, aber keine Terminsgebühr haben festgesetzt:
- OLG Hamm,[108]
- OLG Schleswig,[109]
- OLG München,[110]
- AG Westerburg,[111]
- AG Koblenz.[112]

---

102 AGS 2007, 547 = FamRZ 2008, 707 = OLGR 2008, 367 = NJW-Spezial 2007, 523.
103 OLGR 2008, 662 = FamRZ 2008, 2142.
104 AGS 2009, 337 = OLGR 2009, 125 = JurBüro 2009, 98 = FamRZ 2009, 714 = FF 2009, 218.
105 FamRZ 2010, 400 = JurBüro 2010, 93.
106 AGS 2011, 551 = MDR 2011, 324 = NdsRpfl 2011, 127 = NJW 2011, 1296 = JurBüro 2011, 196 = FamRZ 2011, 835 = NJW-RR 2011, 716 = Rpfleger 2011, 386 = FuR 2011, 238.
107 AGS 2008, 399 = FamRZ 2008, 708 = OLGR 2008, 524 = JurBüro 2008, 373.
108 FamFR 2012, 354 m. Anm. *N. Schneider*; OLG Hamm, Beschl. v. 25.5.2012 – 6 WF 108/12.
109 SchlHA 2012, 109 = FamRZ 2012, 1418.
110 OLGR 2009, 530; OLGR 2009, 605 = FamRZ 2009, 1780 = AGS 2009, 502; AGS 2009, 503 = OLGR 2009, 604 = JurBüro 2009, 478 = NJW-RR 2009, 1367 = FamRZ 2009, 1779 = MDR 2009, 1315.
111 Beschl. v. 20.1.2010 – 21 C 262/06.
112 FamRZ 2006, 1219.

(cc) Jedenfalls die Einigungsgebühr und die Verfahrensdifferenzgebühr sind festgesetzt worden, wobei die Terminsgebühr nicht geltend gemacht worden ist: **278**
- OLG Schleswig.[113]

(dd) Eine Einigungsgebühr wird überwiegend auch dann festgesetzt, wenn die Einigung über die in § 48 Abs. 3 RVG genannten Regelungsgegenstände außergerichtlich erfolgt ist: **279**
- OLG Koblenz,[114]
- OLG Rostock,[115]
- OLG Celle,[116]
- OLG Brandenburg.[117]

Das AG Westerburg[118] hat hingegen zwar immerhin für eine außerprozessual vorbereitete Vereinbarung über eine nicht anhängige Folgesache neben der Einigungsgebühr der Nr. 1000 VV RVG auch eine Verfahrensdifferenzgebühr gem. 3101 VV RVG zugebilligt, dagegen keine Terminsgebühr. Es geht aber davon aus, dass die grundsätzlich abrechnungsfähige außergerichtliche Tätigkeit des Anwalts nichts mit den bei Gericht entstandenen Gebühren nach den Vorschriften des RVG etwas zu tun haben könne. **280**

(ee) Zutreffend bejahen im Fall des § 48 Abs. 3 RVG sowohl eine Verfahrensdifferenzgebühr als auch eine Terminsgebühr: **281**
- OLG Koblenz,[119]
- OLG Köln,[120]
- OLG Saarbrücken,[121]
- OLG Stuttgart,[122]
- OLG Nürnberg,[123]
- OLG Karlsruhe,[124]
- OLG Bamberg,[125]
- OLG Schleswig,[126]
- AG Marburg.[127]

Beispiel 37: Einigung im Verbundverfahren über nicht anhängige Gegenstände des § 48 Abs. 3 RVG **282**
In der Ehesache ist beiden Beteiligten Verfahrenskostenhilfe bewilligt worden. Im Scheidungstermin wird eine Vereinbarung über nicht anhängigen Zugewinn abgeschlossen.

---

113 AGS 2012, 404.
114 AGS 2009, 119 = FamRZ 2009, 143 = MDR 2008, 1423 = NJW 2009, 237 = OLGR 2009, 217.
115 AGS 2008, 399 = FamRZ 2008, 708 = OLGR 2008, 524 = JurBüro 2008, 373.
116 AGS 2007, 514 m. Anm. *N. Schneider* = JurBüro 2006, 319.
117 AGS 2007, 146 = FamRZ 2005, 1264 = FF 2006, 70.
118 Beschl. v. 20.1.2010 – 21 C 262/06.
119 AGS 2009, 119 = FamRZ 2009, 143 = MDR 2008, 1423 = NJW 2009, 237 = OLGR 2009, 217.
120 AGS 2007, 547 = FamRZ 2008, 707 = NJW-Spezial 2007, 523 = OLGR 2008, 367.
121 AGS 2009, 77 = NJW 2008, 3150 = FamRZ 2009, 143 = RVGreport 2008, 384 = OLGR 2008, 823.
122 AGS 2008, 353 = AnwBl 2008, 303 = FamRZ 2008, 1010 = JurBüro 2008, 306 = Rpfleger 2008, 368 = MDR 2008, 1067 = Justiz 2008, 367 = RVGprof. 2008, 77.
123 AGS 2011, 185 m. Anm. *N. Schneider* = NJW 2011, 1297 = MDR 2011, 325 = AnwBl 2011, 230 = NJW 2011, 1297 = Rpfleger 2011, 278 = FamRZ 2011, 1976 = NJW-Spezial 2011, 124 = FamFR 2011, 88 m. Anm. *N. Schneider* = FuR 2011, 349.
124 FuR 2009, 636 = MDR 2009, 1253 = JurBüro 2009, 590 = FamRZ 2009, 2114 = Rpfleger 2010, 29 = NJW 2010, 1383 = FPR 2010, 364 = Familienrecht kompakt 2009, 220 = FF 2010, 85 = AG kompakt 2010, 135 = FamFR 2009, 98.
125 AGS 2010, 141 = JurBüro 2009, 591 = FamRZ 2010, 231.
126 SchlHA 2012, 109.
127 AGS 2007, 510 m. Anm. *N. Schneider* (bestätigt durch Beschl. des OLG Frankfurt v. 26.1.2007 – 2 WF 42/07).

Die Werte werden wie folgt festgesetzt: Ehesache 8.000,00 EUR, Versorgungsausgleich 1.600,00 EUR, Güterrecht 5.000,00 EUR.

1.	1,3-Verfahrensgebühr, Nr. 3100 VV RVG, § 49 RVG (Wert: 9.600,00 EUR)	399,10 EUR
2.	0,8-Verfahrensgebühr, Nrn. 3100, 3101 Nr. 1 VV RVG, § 49 RVG (Wert: 5.000,00 EUR)	205,60 EUR
	gem. § 15 Abs. 3 RVG nicht mehr als 1,3 aus über 14.600,00 EUR	435,50 EUR
3.	1,2-Terminsgebühr, Nr. 3104 VV RVG, § 49 RVG (Wert: 14.600,00 EUR)	402,00 EUR
4.	1,5-Terminsgebühr, Nr. 1000 VV RVG, § 49 RVG (Wert: 5.000,00 EUR)	385,50 EUR
5.	Postentgeltpauschale, Nr. 7002 VV RVG	20,00 EUR
	Zwischensumme	1.243,00 EUR
6.	19 % Umsatzsteuer, Nr. 7008 VV RVG	236,17 EUR
	Gesamt	**1.479,17 EUR**

283 Erstreckt sich die für eine Ehesache bewilligte Verfahrenskostenhilfe gem. § 48 Abs. 3 S. 1 RVG auf den Abschluss eines Vergleichs über eine nicht rechtshängige Angelegenheit, so gilt dies auch für einen Vergleich über Kindesunterhalt für die Zeit vor Rechtskraft der Scheidung und gleichermaßen für den Abschluss eines Vertrags über Trennungsunterhalt.[128] Denn der Wortlaut des § 48 Abs. 3 RVG regelt sowohl den Unterhalt die Ehegatten untereinander betreffend als auch den Kindesunterhalt im Verhältnis zu ihren Eltern unabhängig von ihrer Anspruchsgrundlage und auch unabhängig davon, zu welchem Zeitpunkt die Ansprüche entstanden sind.

284 *Beispiel 38: Einigung im Verbundverfahren über nicht anhängige Gegenstände des § 48 Abs. 3 RVG und zwar über Kindesunterhalt für einen Zeitraum vor Rechtskraft des Scheidungsbeschlusses sowie über Trennungsunterhalt*

In der Ehesache ist beiden Beteiligten Verfahrenskostenhilfe bewilligt worden. Die Ehefrau hatte beantragt, den Ehemann zu einer zukünftigen monatlichen Unterhaltszahlung ab Rechtskraft des Scheidungsbeschlusses zu verpflichten. Im Verbundverfahren (Wert der Ehesache 12.000,00 EUR, Versorgungsausgleich 2.400,00 EUR) einigen sich die Beteiligten im Termin zur Scheidung ihrer Ehe unter Mitwirkung ihrer Verfahrensbevollmächtigten nach Verhandlungen über den anhängigen Versorgungsausgleich, nicht anhängigen nachehelichen Unterhalt (Wert: 3.600,00 EUR) und Kindesunterhalt für einen Zeitraum vor Rechtskraft des Scheidungsbeschlusses (Wert: 5.010,00 EUR).

Zu rechnen ist wie folgt:

1.	1,3-Verfahrensgebühr, Nr. 3100 VV (Wert: 14.400,00 EUR)	435,50 EUR
2.	0,8-Verfahrensgebühr, Nrn. 3011, 3101 Nr. 2 VV RVG (Wert: 8.610,00 EUR)	237,60 EUR

---

128 AGS 2011, 185 m. Anm. *N. Schneider* = MDR 2011, 325 = AnwBl 2011, 230 = NJW 2011, 1297 = Rpfleger 2011, 278 = FamRZ 2011, 1976 = NJW-Spezial 2011, 124 = FamFR 2011, 88 m. Anm. *N. Schneider* = FuR 2011, 349.

	gem. § 15 Abs. 3 RVG, nicht mehr als 1,3 aus 23.010,00 EUR	490,10 EUR
3.	1,2-Terminsgebühr, Nr. 3104 VV RVG (Wert: 23.010,00 EUR)	452,40 EUR
4.	1,0-Einigungsgebühr, Nrn. 1000, 1003 VV RVG (Wert: 2.400,00 EUR)	196,00 EUR
5.	1,5-Einigungsgebühr, Nr. 1000 VV RVG (Wert: 8.610,00 EUR)	445,50 EUR
	gem. § 15 Abs. 3 RVG, nicht mehr als 1,5 aus 11.010,00 EUR	481,50 EUR
6.	Postentgeltpauschale, Nr. 7002 VV RVG	20,00 EUR
	Zwischensumme	1.444,00 EUR
7.	19 % Umsatzsteuer, Nr. 7008 VV RVG	274,36 EUR
	Gesamt	**1.718,36 EUR**

d) Erstreckung in sozialgerichtlichen Verfahren

Nach Auffassung einiger Gerichte[129] ist der Aufwand, der in sozialgerichtlichen Angelegenheiten[130] im Verfahren über den Antrag auf Bewilligung von Prozesskostenhilfe entsteht, bei der Festsetzung der aus der Staatskasse zu zahlenden Rahmengebühren nicht zu berücksichtigen, weil nur die Tätigkeit ab der Bewilligung zugrunde zu legen sei. Damit bestünde für den Rechtsuchenden eine Lücke für die kostenlose Inanspruchnahme eines Rechtsanwalts, die dadurch geschlossen werden soll, dass auch die Tätigkeit im PKH-Bewilligungsverfahren von der bewilligten PKH erfasst wird. Künftig sind also auch die Tätigkeiten im Prozesskostenhilfebewilligungsverfahren, das nach § 16 Nr. 2 RVG zum Rechtszug gehört, im Rahmen des § 14 Abs. 1 RVG zu berücksichtigen.[131]

285

Beispiel 39: Erstreckung der Prozesskostenhilfe auf vorangegangenes Bewilligungsverfahren

286

Gegen den Bescheid der Behörde erhebt der Anwalt auftragsgemäß Klage zum SG. Anschließend begründet er die Klage und beantragt hiernach für seine Partei die Bewilligung von Prozesskostenhilfe unter seiner Beiordnung. Nach Eingang der Erwiderung der Behörde bewilligt das SG die beantragte Prozesskostenhilfe.

Nach dem derzeitigen Wortlaut des § 48 Abs. 1 RVG könnte man bei der Abrechnung gegenüber der Landeskasse die Tätigkeiten im Hinblick auf die Einlegung der Klage und die Anfertigung der Klagebegründung im Rahmen des § 14 Abs. 1 RVG unberücksichtigt lassen, weil sie vor Einreichung des PKH-Antrags erbracht worden sind und die Bewilligung erst ab Antragstellung ausgesprochen wird. Mit dem neuen § 48 Abs. 4 RVG wird klargestellt, dass auch die Tätigkeiten vor Antragstellung – hier also für die Erhebung der Klage und die Anfertigung der Klagebegründung – im Rahmen des § 14 Abs. 1 RVG berücksichtigt werden müssen.

e) Neunummerierung des bisherigen Abs. 4

Infolge des neuen § 48 Abs. 4 RVG[132] wird der bisherige Abs. 4 zu Abs. 5. Inhaltlich ändert sich dadurch jedoch nichts.

287

---

129 Z.B. LSG Schleswig-Holstein ASR 2009, 65 = NZS 2009, 534 = RVGreport 2008, 421; SG Fulda JurBüro 2012, 362.
130 Änderung durch Art. 8 Abs. 1 Nr. 25 Buchst. c).
131 So bereits Thüringer LSG ASR 2011, 215; Bayerisches LSG AGS 2011, 376 = RVGreport 2010, 476.
132 Änderung durch Art. 8 Abs. 1 Nr. 25 Buchst. d).

f) Ersetzung der Widerklage und des Widerklageantrags durch Widerantrag

288 In § 48 Abs. 5 S. 2 Nr. 4 RVG[133] werden nach dem Wort „Widerklage" die Wörter „oder den Widerantrag" eingefügt und das Wort „Widerklageantrag" durch das Wort „Widerantrag" ersetzt. Diese Änderung hat nur sprachliche Gründe. Da es in Familiensachen und in Verfahren der freiwilligen Gerichtsbarkeit keine „Klagen", sondern nur „Anträge" gibt (§ 113 Abs. 5 Nr. 2 FamFG), wird der Wortlaut entsprechend angepasst.

g) Neunummerierung des bisherigen Abs. 5

289 Infolge des neuen § 48 Abs. 4 RVG wird der bisherige Abs. 5[134] zu Abs. 6. Inhaltlich ändert sich dadurch jedoch nichts.

2. § 49 RVG – Wertgebühren aus der Staatskasse

290 § 49 RVG[135] erhält folgenden Wortlaut:

§ 49 Wertgebühren aus der Staatskasse

Bestimmen sich die Gebühren nach dem Gegenstandswert, werden bei einem Gegenstandswert von mehr als 4 000 EUR anstelle der Gebühr nach § 13 Absatz 1 folgende Gebühren vergütet:

Gegenstandswert bis … Euro	Gebühr … Euro	Gegenstandswert bis … Euro	Gebühr … Euro
5 000	257	16 000	335
6 000	267	19 000	349
7 000	277	22 000	363
8 000	287	25 000	377
9 000	297	30 000	412
10 000	307	über	
13 000	321	30 000	447

291 Ebenso wie die Tabelle des § 13 Abs. 1 RVG (siehe Rn 39 ff.) wird auch die Tabelle des § 49 RVG geändert.

292 Eine Gebührentabelle der PKH/VKH-Gebührenbeträge nach den wichtigsten gerichtlichen Gebührensätzen ist im Anhang (siehe § 8 Rn 3) angefügt.

293 Zum einen wird die Einstiegs-Gebührenstufe angehoben. Während nach derzeitigem Recht die Gebührenbeträge bis zur Wertstufe von 3.000,00 EUR mit den Wahlanwaltsbeträgen identisch sind, werden jetzt die Gebührenbeträge bis zu einer Wertstufe von 4.000,00 EUR mit den Wahlanwaltsgebühren gleichgestellt. Insoweit bleibt es also bei der Tabelle des § 13 Abs. 1 RVG. Erst bei Werten von über 4.000,00 EUR, also der Gebührenstufe von 4.000,01 EUR bis 5.000,00 EUR treten an Stelle der Gebührenbeträge des § 13 Abs. 1 RVG die des § 49 RVG.

294 Die Beträge selbst werden – ebenso wie die Beträge der Tabelle des § 13 Abs. 1 RVG – an die wirtschaftlichen Verhältnisse angepasst.

---

133 Änderung durch Art. 8 Abs. 1 Nr. 25 Buchst. d).
134 Änderung durch Art. 8 Abs. 1 Nr. 25 Buchst. e).
135 Änderung durch Art. 8 Abs. 1 Nr. 26.

B. Änderungen im Paragraphenteil § 3

Geblieben ist die höchste Gebührenstufe, die der Gebührenstufe für die Wahlanwaltsbeträge bis 35.000,00 EUR entspricht. Höhere Gegenstandswerte schlagen sich – wie bisher – in der Prozess- und Verfahrenskostenhilfe nicht nieder. Es bleibt dann bei der Gebührenstufe von über 30.000,00 EUR.

295

Soweit der Anwalt mehrere Auftraggeber wegen verschiedener Gegenstände vertritt, und die Addition der Werte wegen der Begrenzung auf die Wertstufe von über 30.000,00 EUR nicht mehr zum Tragen kommt, also wenn der Gesamtwert (§ 23 Abs. 1 S. 1 RVG i.V.m. § 39 Abs. 1 GKG) mehr als 35.000,00 EUR beträgt, ist nach der Rechtsprechung insoweit Nr. 1008 VV RVG analog anzuwenden.[136] Soweit sich dann der nach 23 Abs. 1 S. 1 RVG i.V.m. § 39 Abs. 1 GKG hinzuzurechnende Mehrwert nicht mehr auswirkt, will die Rechtsprechung dies in analoger Anwendung der Nr. 1008 VV RVG durch eine Anhebung des Gebührensatzes ausgleichen.

296

3. § 50 RVG

§ 50 RVG[137] erhält folgende neue Fassung,

297

> **§ 50 Weitere Vergütung bei Prozesskostenhilfe**
>
> (1) Nach Deckung der in § 122 Absatz 1 Nummer 1 der Zivilprozessordnung bezeichneten Kosten und Ansprüche hat die Staatskasse über die auf sie übergegangenen Ansprüche des Rechtsanwalts hinaus weitere Beträge bis zur Höhe der Regelvergütung einzuziehen, wenn dies nach den Vorschriften der Zivilprozessordnung und nach den Bestimmungen, die das Gericht getroffen hat, zulässig ist. Die weitere Vergütung ist festzusetzen, wenn das Verfahren durch rechtskräftige Entscheidung oder in sonstiger Weise beendet ist und die von der Partei zu zahlenden Beträge beglichen sind oder wegen dieser Beträge eine Zwangsvollstreckung in das bewegliche Vermögen der Partei erfolglos geblieben ist oder aussichtslos erscheint.
>
> (2) Der beigeordnete Rechtsanwalt soll eine Berechnung seiner Regelvergütung unverzüglich zu den Prozessakten mitteilen.
>
> (3) Waren mehrere Rechtsanwälte beigeordnet, bemessen sich die auf die einzelnen Rechtsanwälte entfallenden Beträge nach dem Verhältnis der jeweiligen Unterschiedsbeträge zwischen den Gebühren nach § 49 und den Regelgebühren; dabei sind Zahlungen, die nach § 58 auf den Unterschiedsbetrag anzurechnen sind, von diesem abzuziehen.

In § 50 Abs. 1 S. 1 RVG ist bislang nur die Rede davon, dass die Staatskasse „*über die Gebühren des § 49 hinaus weitere Beträge bis zur Höhe der Gebühren nach § 13*" einzieht. Danach wären weitergehende Auslagen nicht einzuziehen. Mit der Änderung soll klargestellt werden, dass die Staatskasse nach Befriedigung ihrer Ansprüche nicht nur die Gebührendifferenz, sondern auch zusätzliche Auslagen wie z.B. eine höhere Auslagenpauschale nach Nr. 7002 VV RVG oder Auslagen, die nicht aus der Staatskasse zu erstatten sind, einzuziehen hat.

298

Hinsichtlich der Postentgeltpauschale verkennt der Entwurf allerdings, dass sich hier keine Unterschiede zwischen Wahl- und Pflichtanwaltsvergütung ergeben können. Die Postentgeltpauschale berechnet sich nämlich nicht nach den PKH-Gebührenbeträgen, sondern nach den Wahlanwaltsgebührenbeträgen. Daher schuldet die Landeskasse ohnehin die „Wahlanwalts-Postentgeltpauschale".[138]

299

---

136 BGH VersR 1981, 1031 = BGHZ 81, 40 = Rpfleger 1981, 437 = AnwBl 1981, 402 = MDR 1981, 1004 = NJW 1981, 2757 = RuS 1981, 245 = JurBüro 1981, 1657; OLG Hamm AGS 2003, 200 m. Anm. *N. Schneider* (noch zu § 6 BRAGO); VGH Baden-Württemberg AGS 2009, 501 und 547 = JurBüro 2009, 490 = DÖV 2009, 688.
137 Änderung durch Art. 8 Abs. 1 Nr. 27.
138 Zuletzt OLG Nürnberg AGS 2010, 137 = JurBüro 2010, 40; AnwK-RVG/*N. Schneider*, Nr. 7002 Rn 25.

300 Hinsichtlich sonstiger Auslagen macht die gesetzliche Regelung nur Sinn, wenn man der Auffassung ist, dass auch hinsichtlich von Auslagen, die nicht von der Beiordnung gedeckt sind, die Sperre des § 122 Abs. 1 Nr. 3 ZPO greift.[139] Soweit man der zutreffenden Auffassung folgt, dass der Anwalt die bedürftige Partei unmittelbar in Anspruch nehmen kann, soweit die Beiordnung nicht greift,[140] wäre die Regelung des § 50 Abs. 1 S. 1 RVG überflüssig.

301 *Beispiel 40: Einzug der Reisekosten bei eingeschränkter Beiordnung*

Für einen Räumungsprozess (Streitwert: 10.000,00 EUR) vor dem AG Köln hatte die bedürftige Partei einen Anwalt aus Bonn beauftragt und dessen Beiordnung beantragt. Das AG Köln hat den Anwalt beigeordnet, allerdings eingeschränkt zu den Bedingungen eines im Gerichtsbezirk Köln niedergelassenen Anwalts.

Aus der Landeskasse erhält der Anwalt:

1.	1,3-Verfahrensgebühr, Nr. 3100 VV RVG, § 49 RVG (Wert: 10.000,00 EUR)		399,10 EUR
2.	1,2-Terminsgebühr, Nr. 3104 VV RVG, § 49 RVG (Wert: 10.000,00 EUR)		368,40 EUR
3.	Postentgeltpauschale, Nr. 7002 VV RVG		20,00 EUR
	Zwischensumme	787,50 EUR	
4.	19 % Umsatzsteuer, Nr. 7008 VV RVG		149,63 EUR
	Gesamt		**937,13 EUR**

Die Wahlanwaltsvergütung beläuft sich wie folgt:

1.	1,3-Verfahrensgebühr, Nr. 3100 VV RVG (Wert: 10.000,00 EUR)		718,90 EUR
2.	1,2-Terminsgebühr, Nr. 3104 VV RVG (Wert: 10.000,00 EUR)		663,60 EUR
3.	Fahrtkosten, Nr. 7003 VV RVG, 2 × 20 km × 0,30 EUR/km		12,00 EUR
4.	Abwesenheitsentgelt, Nr. 7005 Nr. 1 VV RVG		20,00 EUR
5.	Postentgeltpauschale, Nr. 7002 VV RVG		20,00 EUR
	Zwischensumme	1.434,50 EUR	
6.	19 % Umsatzsteuer, Nr. 7008 VV RVG		272,56 EUR
	Gesamt		**1.707,06 EUR**

Hinsichtlich der Differenz der Wahlanwaltsgebühren zu den Pflichtgebühren kann der Anwalt den Mandanten nach § 122 Abs. 1 Nr. 3 ZPO nicht in Anspruch nehmen.

1.	1,3-Verfahrensgebühr, Nr. 3100 VV RVG (Wert: 10.000,00 EUR)	718,90 EUR
2.	1,3-Verfahrensgebühr, Nr. 3100 VV RVG, § 49 RVG (Wert: 10.000,00 EUR)	-399,10 EUR

---

[139] KG FamRZ 2012, 468; OLG Brandenburg AGS 2010, 327 = JurBüro 2010, 434; OLG Frankfurt AGS 2002, 95 = OLGR 2002, 28 = BRAGOreport 2002, 43.
[140] OLG Nürnberg AGS 2002, 67 = JurBüro 2001, 481 = FamRZ 2001, 1157 = OLGR 2001, 318.

3.	1,2-Terminsgebühr, Nr. 3104 VV RVG		663,60 EUR
	(Wert: 10.000,00 EUR)		
4.	1,2-Terminsgebühr, Nr. 3104 VV RVG, § 49 RVG		-368,40 EUR
	(Wert: 10.000,00 EUR)		
5.	Fahrtkosten, Nr. 7003 VV RVG,		12,00 EUR
	2 × 20 km × 0,30 EUR/km		
6.	Abwesenheitsentgelt, Nr. 7005 Nr. 1 VV RVG		20,00 EUR
7.	Postentgeltpauschale, Nr. 7002 VV RVG		20,00 EUR
8.	Postentgeltpauschale, Nr. 7002 VV RVG		-20,00 EUR
	Zwischensumme	647,00 EUR	
9.	19 % Umsatzsteuer, Nr. 7008 VV RVG		122,93 EUR
	Gesamt		**769,93 EUR**

Den Differenzbetrag kann er nur nach § 50 RVG aus der Landeskasse erhalten, wenn diese entsprechend hohe Raten einzieht. 302

Nach zutreffender Ansicht kann der Anwalt dagegen die Reisekosten unmittelbar mit dem Mandanten abrechnen, sodass es des Einzugs durch die Landeskasse nach § 50 Abs. 1 S. 1 RVG nicht bedarf.[141] 303

Soweit man der Auffassung folgt, dass der Anwalt wegen § 122 Abs. 1 Nr. 3 ZPO gehindert sei, den Mandanten auf die Reisekosten in Anspruch zu nehmen, bedarf es eines Einzugs durch die Landeskasse, damit diese die Reisekosten anschließend an den Anwalt auskehren kann. Diese Möglichkeit eröffnet die neue Fassung des § 50 Abs. 1 S. 1 RVG. 304

Zu befürchten ist allerdings, dass die Neufassung des § 50 RVG als Argument dafür verwendet wird, der Anwalt könne Auslagen außerhalb des Umfangs seiner Beiordnung nicht unmittelbar gegenüber seinem Auftraggeber geltend machen. 305

4. § 51 RVG

a) Überblick

§ 51 RVG[142] erhält folgende neue Fassung: 306

> **§ 51 Festsetzung einer Pauschgebühr**
>
> (1) In Straf- und Bußgeldsachen, Verfahren nach dem Gesetz über die internationale Rechtshilfe in Strafsachen, in Verfahren nach dem IStGH-Gesetz, in Freiheitsentziehungs- und Unterbringungssachen sowie bei Unterbringungsmaßnahmen nach § 151 Nummer 6 und 7 des Gesetzes über das Verfahren in Familiensachen und in den Angelegenheiten der freiwilligen Gerichtsbarkeit ist dem gerichtlich bestellten oder beigeordneten Rechtsanwalt für das ganze Verfahren oder für einzelne Verfahrensabschnitte auf Antrag eine Pauschgebühr zu bewilligen, die über die Gebühren nach dem Vergütungsverzeichnis hinausgeht, wenn die in den Teilen 4 bis 6 des Vergütungsverzeichnisses bestimmten Gebühren wegen des besonderen Umfangs oder der besonderen Schwierigkeit nicht zumutbar sind. Dies gilt nicht, soweit Wertgebühren entstehen. Beschränkt sich die Bewilligung auf einzelne Verfahrensabschnitte, sind die Gebühren nach dem Vergütungsverzeichnis, an deren Stelle die Pauschgebühr treten soll, zu bezeichnen. Eine Pauschgebühr kann auch für solche Tätigkeiten gewährt werden, für die

---

141 OLG Nürnberg AGS 2002, 67 = JurBüro 2001, 481 = FamRZ 2001, 1157 = OLGR 2001, 318.
142 Änderung durch Art. 8 Abs. 1 Nr. 28.

> ein Anspruch nach § 48 Abs. 5 besteht. Auf Antrag ist dem Rechtsanwalt ein angemessener Vorschuss zu bewilligen, wenn ihm insbesondere wegen der langen Dauer des Verfahrens und der Höhe der zu erwartenden Pauschgebühr nicht zugemutet werden kann, die Festsetzung der Pauschgebühr abzuwarten.
>
> (2) Über die Anträge entscheidet das Oberlandesgericht, zu dessen Bezirk das Gericht des ersten Rechtszugs gehört, und im Fall der Beiordnung einer Kontaktperson (§ 34a des Einführungsgesetzes zum Gerichtsverfassungsgesetz) das Oberlandesgericht, in dessen Bezirk die Justizvollzugsanstalt liegt, durch unanfechtbaren Beschluss. Der Bundesgerichtshof ist für die Entscheidung zuständig, soweit er den Rechtsanwalt bestellt hat. In dem Verfahren ist die Staatskasse zu hören. § 42 Abs. 3 ist entsprechend anzuwenden.
>
> (3) Absatz 1 gilt im Bußgeldverfahren vor der Verwaltungsbehörde entsprechend. Über den Antrag nach Absatz 1 Satz 1 bis 3 entscheidet die Verwaltungsbehörde gleichzeitig mit der Festsetzung der Vergütung.

b) Erstreckung auf Freiheitsentziehungs- und Unterbringungssachen

307 In der Überschrift werden die Wörter „in Straf- und Bußgeldsachen" gestrichen. Darüber hinaus wird in S. 1 jetzt auch eine Pauschgebühr für Freiheitsentziehungs- und Unterbringungssachen[143] sowie bei Unterbringungsmaßnahmen nach § 151 Nr. 6 und 7 FamFG eingeführt.

308 Nach der derzeitigen Fassung ist für den gerichtlich bestellten oder beigeordneten Anwalt die Festsetzung einer Pauschgebühr nur vorgesehen in Strafsachen, gerichtlichen Bußgeldsachen, Verfahren nach dem Gesetz über internationale Rechtshilfe und in Verfahren nach dem IStGH-Gesetz. Nach der BRAGO (§ 112 Abs. 4 und 5 BRAGO) war die die Festsetzung einer Pauschgebühr auch in Freiheitsentziehungs- und Unterbringungssachen möglich. Obwohl die Regelungen des § 112 BRAGO im Wesentlichen beibehalten werden sollten,[144] sind die Vorschriften der Abs. 4 und 5 des § 122 BRAGO bei Schaffung des RVG durch das 1. Kostenrechtsmodernisierungsgesetz[145] nicht übernommen worden. Vermutlich ist dies versehentlich geschehen, denn die Begründung zum RVG enthält hierzu keine Ausführungen. Die danach offenbar unbeabsichtigt entfallene Pauschgebührenregelung für die Verfahren in Freiheitsentziehungs- und Unterbringungssachen soll nunmehr in § 51 Abs. 1 RVG (wieder) eingestellt werden (zur gleichlautenden Änderung für den Wahlanwalt siehe Rn 258).

Dementsprechend wird auch die Überschrift abgeändert.

309 Eine Pauschgebühr kann danach zukünftig in allen Verfahren bewilligt werden, für die sich die Gebühren nach Teil 6 Abschnitt 3 VV RVG richten, also auch für die Kindschaftssachen nach § 151 Nr. 6 und 7 FamFG.

310 Zuständig für die Bewilligung ist auch hier das OLG, in dessen Bezirk das Gericht des ersten Rechtszugs liegt (§ 51 Abs. 2 RVG). Funktionell zuständig ist allerdings nicht der Familiensenat, sondern der Zivilsenat.

c) Verweisung auf § 48 Abs. 6 RVG

311 Aufgrund der Einfügung eines neuen Abs. 4 in § 48 RVG[146] und des damit verbundenen Aufrückens der folgenden Absätze war die Verweisung in § 51 RVG anzupassen. Eine inhaltliche Änderung ist damit nicht verbunden.

---

143 Änderung durch Art. 8 Abs. 1 Nr. 28 Buchst. a) und b) aa).
144 Begründung zu Teil 6 Abschnitt 3 VV RVG, BT-Drucks 15/1971 S. 231.
145 Vom 5.5.2004 (BGBl I S. 718, 788).
146 Änderung durch Art. 8 Abs. 1 Nr. 25 Buchst. b) bb).

5. § 58 RVG

a) Überblick

§ 58 RVG[147] erhält folgende Fassung:

312

> **§ 58 Anrechnung von Vorschüssen und Zahlungen**
>
> (1) Zahlungen, die der Rechtsanwalt nach § 9 des Beratungshilfegesetzes erhalten hat, werden auf die aus der Landeskasse zu zahlende Vergütung angerechnet.
>
> (2) In Angelegenheiten, in denen sich die Gebühren nach Teil 3 des Vergütungsverzeichnisses bestimmen, sind Vorschüsse und Zahlungen, die der Rechtsanwalt vor oder nach der Beiordnung erhalten hat, zunächst auf die Vergütungen anzurechnen, für die ein Anspruch gegen die Staatskasse nicht oder nur unter den Voraussetzungen des § 50 besteht.
>
> (3) In Angelegenheiten, in denen sich die Gebühren nach den Teilen 4 bis 6 des Vergütungsverzeichnisses bestimmen, sind Vorschüsse und Zahlungen, die der Rechtsanwalt vor oder nach der gerichtlichen Bestellung oder Beiordnung für seine Tätigkeit für bestimmte Verfahrensabschnitte erhalten hat, auf die von der Staatskasse für diese Verfahrensabschnitte zu zahlenden Gebühren anzurechnen. Hat der Rechtsanwalt Zahlungen empfangen, nachdem er Gebühren aus der Staatskasse erhalten hat, ist er zur Rückzahlung an die Staatskasse verpflichtet. Die Anrechnung oder Rückzahlung erfolgt nur, soweit der Rechtsanwalt durch die Zahlungen insgesamt mehr als den doppelten Betrag der ihm ohne Berücksichtigung des § 51 aus der Staatskasse zustehenden Gebühren erhalten würde. ==Sind die dem Rechtsanwalt nach Satz 3 verbleibenden Gebühren höher als die Höchstgebühren eines Wahlanwalts, ist auch der die Höchstgebühren übersteigende Betrag anzurechnen oder zurückzuzahlen.==

Geändert wird lediglich § 58 Abs. 3 RVG. Hier wird ein neuer S. 4 angefügt. Im Übrigen bleibt die Vorschrift unverändert. Allerdings ist durch die Einführung des § 17 Nrn. 10 und 11 RVG (siehe Rn 82, 96 ff., 102 ff.) jetzt eine Streitfrage geklärt.

313

b) Auswirkungen des § 17 Nrn. 10 und 11 RVG

Nach § 58 Abs. 3 S. 1 RVG sind in Angelegenheiten, in denen sich die Gebühren nach den Teilen 4 bis 6 VV bestimmen, Vorschüsse und Zahlungen, die der Rechtsanwalt vor oder nach der gerichtlichen Bestellung oder Beiordnung für seine Tätigkeit für bestimmte Verfahrensabschnitte erhalten hat, auf die von der Staatskasse für diese Verfahrensabschnitte zu zahlenden Gebühren anzurechnen. Insoweit war strittig, ob das vorbereitende Verfahren und das erstinstanzliche gerichtliche Verfahren als ein Verfahrensabschnitt anzusehen ist oder ob es sich um zwei Verfahrensabschnitte handelt. Bedeutung hat dies, wenn auf das vorbereitende Verfahren Zahlungen oder Vorschüsse geleistet worden sind. Geht man von zwei Verfahrensabschnitten aus,[148] dann ist nicht anzurechnen. Geht man von einem Verfahrensabschnitt aus,[149] dann ist anzurechnen.

314

---

[147] Änderung durch Art. 8 Abs. 1 Nr. 29.
[148] So die h.M.: OLG Düsseldorf NStZ-RR 2011, 192 = StRR 2011, 43; OLG Oldenburg StraFo 2007, 347 = JurBüro 2007, 415 = StV 2007, 477 = NdsRpfl 2007, 353 = RVGreport 2007, 344 = StRR 2007, 159; OLG Stuttgart AGS 2008, 117 = StraFo 2007, 437 = Rpfleger 2007, 682 = NStZ-RR 2008, 31 = Justiz 2007, 393; OLG Köln AGS 2009, 585; StraFo 2008, 399; KG StraFo 2009, 84 = RVGreport 2008, 339 = RVGprof. 2008, 206 = StRR 2008, 477; OLG Hamm, Beschl. v. 20.11.2007 – 3 Ws 320/07.
[149] So OLG Frankfurt AGS 2007, 193 m. Anm. *Volpert* = StraFo 2007, 219 = StV 2007, 476 = NStZ-RR 2007, 328 = StRR 2007, 158.

315 *Beispiel 41: Anrechnung bei Pflichtverteidigung*
Der Anwalt vereinbart mit dem Mandanten für das Ermittlungsverfahren gem. § 3a RVG eine Pauschale in Höhe von 5.000,00 EUR, die auch gezahlt wird. Im gerichtlichen Verfahren wird der Anwalt als Pflichtverteidiger beigeordnet.
Geht man von einer Angelegenheit aus, dann sind die 5.000,00 EUR auf die aus der Landeskasse zu zahlende Pflichtverteidigervergütung anzurechnen, soweit sie das Doppelte der Pflichtverteidigervergütung übersteigen.
Geht man von zwei Angelegenheiten aus, dann darf von den 5.000,00 EUR im gerichtlichen Verfahren nichts auf die Pflichtverteidigervergütung angerechnet werden.

316 In § 17 Nrn. 10 und 11 RVG wird klargestellt, dass das vorbereitende Verfahren und das erstinstanzliche gerichtliche Verfahren zwei Angelegenheiten sind, ebenso das Verfahren vor der Verwaltungsbehörde und das anschließende erstinstanzliche gerichtliche Verfahren in Bußgeldsachen. Daraus folgt dann, dass es sich auch um zwei verschiedene Verfahrensabschnitte handelt und daher eine Anrechnung künftig jedenfalls ausgeschlossen ist.

c) § 58 Abs. 3 RVG

317 Anlass der Ergänzung ist die Frage, ob § 58 Abs. 3 RVG auch verhindern soll, dass der gerichtlich bestellte oder beigeordnete Anwalt mehr erhält, als er erhalten würde, wenn er als Wahlverteidiger tätig geworden wäre.

318 Nach einer Auffassung[150] ist in Kauf zu nehmen, dass der gerichtlich bestellte oder beigeordnete Anwalt in bestimmten Fällen mehr erhält als die höchst mögliche Wahlanwaltsvergütung.

319 Nach anderer Auffassung ist bei Festsetzung der Vergütung des gerichtlich bestellten oder beigeordneten Anwalts dagegen zu berücksichtigen, dass dieser neben den vollen Pflichtanwaltsgebühren zusammen mit den bereits erhaltenen Zahlungen und Vorschüssen nicht mehr erhält, als ihm als Wahlanwaltsvergütung zustehen würde.[151] Dafür spreche insbesondere die Regelung des § 52 Abs. 1 S. 2 RVG, wonach die aus der Staatskasse gezahlten Pflichtanwaltsgebühren auf den Anspruch gegen den Beschuldigten auf Zahlung der Wahlverteidigergebühren anzurechnen sind. Hierdurch soll nämlich erreicht werden, dass der Rechtsanwalt nicht mehr als die Wahlvergütung erhält. Dann kann aber im Rahmen des § 58 Abs. 3 RVG auch nichts anderes gelten.

320 In dem neuen § 58 Abs. 3 S. 4 RVG wird nunmehr gesetzlich klargestellt, dass unabhängig von der Regelung des § 58 Abs. 3 S. 3 RVG auch unterhalb des Doppelten der Pflichtverteidigergebühren anzurechnen und zurückzuzahlen ist, wenn der Anwalt seine Vergütung in Höhe der höchst möglichen Wahlanwaltsvergütung erhalten hat.

321 *Beispiel 42: Anrechnung auch bei Erreichen der Wahlanwaltsvergütung*
Der Verteidiger nimmt an der Hauptverhandlung vor dem AG teil. Es findet nur ein Termin statt, der jedoch sechs Stunden dauert. Der Verteidiger hat einen Vorschuss in Höhe von 350,00 EUR netto erhalten.
Aus der Landeskasse würde der Pflichtverteidiger jetzt erhalten

1.	Verfahrensgebühr, Nr. 4106 VV RVG	132,00 EUR
2.	Terminsgebühr, Nr. 4108 VV RVG	220,00 EUR
3.	Zuschlag, Nr. 4110 VV RVG	110,00 EUR
	Gesamt	**462,00 EUR**
	Das Doppelte (§ 58 Abs. 3 S. 3 RVG) beträgt	924,00 EUR.

---

[150] OLG Hamm JurBüro 1979, 71; *Mertens/Stutz*, Rn 1134.
[151] OLG Jena AGS 2011, 281 = Rpfleger 2010, 107 = JurBüro 2010, 81 = StRR 2010, 199 = RVGreport 2010, 24; AnwK-RVG/*Fölsch/N. Schneider*, § 58 Rn 77 f.; Gerold/Schmidt/*Burhoff*, § 58 Rn 71.

Die Höchstgebühren des Wahlanwalts betragen
1.	Verfahrensgebühr, Nr. 4106 VV RVG	290,00 EUR
2.	Terminsgebühr, Nr. 4108 VV RVG	480,00 EUR
	Gesamt	**770,00 EUR**

Nach § 58 Abs. 3 S. 3 RVG würde die Summe von Vorschuss (350,00 EUR) und Vergütung aus der Landeskasse (462,00 EUR) mit 812,00 EUR insgesamt das Doppelte der Pflichtverteidigervergütung (924,00 EUR) nicht überschreiten, sodass nichts anzurechnen wäre.

Da aber die Höchstgebühren des Wahlanwalts überschritten sind, ergibt sich eine Pflicht zur Anrechnung aus § 58 Abs. 3 S. 4 RVG in Höhe von:

Vorschuss	350,00 EUR
Gebühren aus der Landeskasse	462,00 EUR
./. Höchstgebühren des Wahlanwalts	-770,00 EUR
Anrechnungsbetrag	**42,00 EUR**

Die Landeskasse muss also nur zahlen:
Gebühren aus der Landeskasse	462,00 EUR
./. Anrechnungsbetrag	-42,00 EUR
	420,00 EUR

Erhält der Anwalt die Zahlung des Mandanten erst nachträglich, so ist ebenso zu rechnen. Jetzt muss der Anwalt die nachträgliche Zahlung der Landeskasse unverzüglich mitteilen (§ 55 Abs. 5 S. 4 RVG). Diese führt dann eine Neuberechnung durch, aufgrund derer der Anwalt den Überschuss an die Landeskasse zurückzahlen muss.

322

Beispiel 43: Rückzahlungspflicht auch bei Erreichen der Wahlanwaltsvergütung

323

Wie vorangegangenes Beispiel 42 (siehe Rn 321); jedoch werden die 350,00 EUR erst gezahlt, nachdem der Verteidiger mit der Landeskasse bereits abgerechnet hat.

Jetzt führt die Anrechnung dazu, dass der Anwalt 42,00 EUR an die Landeskasse zurückzahlen muss.

6. § 59 RVG

§ 59 RVG[152] erhält folgende neue Fassung:

324

§ 59 Übergang von Ansprüchen auf die Staatskasse

(1) Soweit dem im Wege der Prozesskostenhilfe oder nach § 138 des Gesetzes über das Verfahren in Familiensachen und in den Angelegenheiten der freiwilligen Gerichtsbarkeit, auch in Verbindung mit § 270 des Gesetzes über das Verfahren in Familiensachen und in den Angelegenheiten der freiwilligen Gerichtsbarkeit, beigeordneten oder nach § 67a Abs. 1 Satz 2 der Verwaltungsgerichtsordnung bestellten Rechtsanwalt wegen seiner Vergütung ein Anspruch gegen die Partei oder einen ersatzpflichtigen Gegner zusteht, geht der Anspruch mit der Befriedigung des Rechtsanwalts durch die Staatskasse auf diese über. Der Übergang kann nicht zum Nachteil des Rechtsanwalts geltend gemacht werden.

(2) Für die Geltendmachung des Anspruchs sowie für die Erinnerung und die Beschwerde gelten die Vorschriften über die Kosten des gerichtlichen Verfahrens entsprechend. Ansprüche

---

[152] Änderung durch Art. 8 Abs. 1 Nr. 30.

> der Staatskasse werden bei dem Gericht des ersten Rechtszugs angesetzt. Ist das Gericht des ersten Rechtszugs ein Gericht des Landes und ist der Anspruch auf die Bundeskasse übergegangen, wird er insoweit bei dem jeweiligen obersten Gerichtshof des Bundes angesetzt.
>
> (3) Absatz 1 gilt entsprechend bei Beratungshilfe.

325 Geändert wird § 59 Abs. 2 S. 1 RVG;[153] der bisherige § 58 Abs. 2 S. 4 RVG wird gleichzeitig aufgehoben.[154]

326 Mit diesen beiden Änderungen soll bezweckt werden, dass sich sowohl der Ansatz der übergegangenen Ansprüche als auch die Rechtsbehelfe gegen die Geltendmachung dieser Ansprüche nach dem jeweiligen Kostengesetz (GKG, FamGKG, GNotKG) richten.

7. § 59a RVG

327 Eingefügt wird ein neuer § 59a RVG:[155]

> **§ 59a Beiordnung und Bestellung durch Justizbehörden**
>
> (1) Für den durch die Staatsanwaltschaft beigeordneten Zeugenbeistand gelten die Vorschriften über den gerichtlich beigeordneten Zeugenbeistand entsprechend. Über Anträge nach § 51 Absatz 1 entscheidet das Oberlandesgericht, in dessen Bezirk die Staatsanwaltschaft ihren Sitz hat. Hat der Generalbundesanwalt einen Zeugenbeistand beigeordnet, entscheidet der Bundesgerichtshof.
>
> (2) Für den nach § 87e des Gesetzes über die internationale Rechtshilfe in Strafsachen in Verbindung mit § 53 des Gesetzes über die internationale Rechtshilfe in Strafsachen durch das Bundesamt für Justiz bestellten Beistand gelten die Vorschriften über den gerichtlich bestellten Rechtsanwalt entsprechend. An die Stelle des Urkundsbeamten der Geschäftsstelle tritt das Bundesamt. Über Anträge nach § 51 Absatz 1 entscheidet das Bundesamt gleichzeitig mit der Festsetzung der Vergütung.
>
> (3) Gegen Entscheidungen der Staatsanwaltschaft und des Bundesamts für Justiz nach den Vorschriften dieses Abschnitts kann gerichtliche Entscheidung beantragt werden. Zuständig ist das Landgericht, in dessen Bezirk die Justizbehörde ihren Sitz hat. Bei Entscheidungen des Generalbundesanwalts entscheidet der Bundesgerichtshof.

328 Gem. § 163 Abs. 3 S. 2 StPO kann auch die Staatsanwaltschaft einem Zeugen einen anwaltlichen Beistand für polizeiliche Vernehmungen beiordnen. Während der vom Gericht beigeordnete Zeugenbeistand nach § 45 Abs. 3 RVG einen Vergütungsanspruch gegen die Staatskasse erlangt, fehlt es für den von der Staatsanwaltschaft beigeordneten Zeugenbeistand bislang an einer gesetzlichen Regelung. Hier kann allenfalls § 45 Abs. 3 RVG entsprechend angewandt werden.

329 Des Weiteren kann das Bundesamt für Justiz gem. §§ 87e, 53 IRG im Verfahren auf Bewilligung der Vollstreckung von Geldstrafen und Geldbußen im Rechtshilfeverkehr mit den Mitgliedstaaten der Europäischen Union nach den §§ 87 ff. IRG einen anwaltlichen Beistand bestellen. Auch hier sieht das RVG keinen Vergütungsanspruch gegen die Staatskasse vor.

330 Diese Lücke soll der neue § 59a RVG schließen. Er verweist in Abs. 1 und 2 auf die für die gerichtlich beigeordneten oder bestellten Rechtsanwälte geltenden Vorschriften.

---

153 Änderung durch Art. 8 Abs. 1 Nr. 30 Buchst. a).
154 Änderung durch Art. 8 Abs. 1 Nr. 30 Buchst. b).
155 Änderung durch Art. 8 Abs. 1 Nr. 31.

B. Änderungen im Paragraphenteil § 3

Die Zuständigkeit für die Festsetzung von Pauschgebühren soll bei Verfahren der Staatsanwaltschaft dem OLG übertragen werden, das auch für die spätere Pauschgebührenfestsetzung im Strafverfahren zuständig wäre. **331**

Im Bußgeldverfahren vor der Verwaltungsbehörde soll das Bundesamt für Justiz die Pauschgebühr – ebenso wie in § 51 Abs. 3 RVG – selbst festsetzen. **332**

Entsprechend § 57 RVG soll in § 59a Abs. 3 RVG der Rechtsbehelf gegen Entscheidungen der Justizbehörde geregelt werden. Als zuständiges Gericht ist grundsätzlich das örtlich zuständige LG vorgesehen, soweit der Generalbundesanwalt entschieden hat, der BGH. **333**

8. § 59b RVG

Der bisherige § 59a RVG wird zum neuen § 59b RVG:[156] **334**

> **§ 59b Bekanntmachung von Neufassungen**
>
> Das Bundesministerium der Justiz kann nach Änderungen den Wortlaut des Gesetzes feststellen und als Neufassung im Bundesgesetzblatt bekannt machen. Die Bekanntmachung muss auf diese Vorschrift Bezug nehmen und angeben
> 1. den Stichtag, zu dem der Wortlaut festgestellt wird,
> 2. die Änderungen seit der letzten Veröffentlichung des vollständigen Wortlauts im Bundesgesetzblatt sowie
> 3. das Inkrafttreten der Änderungen.

Durch die Einführung des neuen § 59a RVG rückt der bisherige § 59a RVG zum neuen § 59b RVG auf. Inhaltliche Änderungen sind damit nicht verbunden. **335**

IX. Abschnitt 9 – Übergangs- und Schlussvorschriften

§ 60 RVG wird wie folgt geändert:[157] **336**

> **§ 60 Übergangsvorschrift**
>
> (1) Die Vergütung ist nach bisherigem Recht zu berechnen, wenn der unbedingte Auftrag zur Erledigung derselben Angelegenheit im Sinne des § 15 vor dem Inkrafttreten einer Gesetzesänderung erteilt oder der Rechtsanwalt vor diesem Zeitpunkt bestellt oder beigeordnet worden ist. Ist der Rechtsanwalt im Zeitpunkt des Inkrafttretens einer Gesetzesänderung in derselben Angelegenheit bereits tätig, ist die Vergütung für das Verfahren über ein Rechtsmittel, das nach diesem Zeitpunkt eingelegt worden ist, nach neuem Recht zu berechnen. Die Sätze 1 und 2 gelten auch, wenn Vorschriften geändert werden, auf die dieses Gesetz verweist.
>
> (2) Sind Gebühren nach dem zusammengerechneten Wert mehrerer Gegenstände zu bemessen, gilt für die gesamte Vergütung das bisherige Recht auch dann, wenn dies nach Absatz 1 nur für einen der Gegenstände gelten würde.

In § 60 Abs. 1 S. 1 RVG[158] wird nach dem Wort „Zeitpunkt" das Wort „*gerichtlich*" gestrichen. Das hängt mit der Einführung des § 59a RVG (siehe Rn 327) zusammen. Die Übergangsregelung **337**

---

156 Änderung durch Art. 8 Abs. 1 Nr. 32.
157 Änderung durch Art. 8 Abs. 1 Nr. 33.
158 Änderung durch Art. 8 Abs. 1 Nr. 33 Buchst. a).

soll auch die Fälle erfassen soll, in denen ein Rechtsanwalt von der Staatsanwaltschaft oder vom Bundesamt für Justiz bestellt worden ist.

338 In § 60 Abs. 1 S. 2 RVG[159] werden die Wörter „*und, wenn ein gerichtliches Verfahren anhängig ist, in demselben Rechtszug*" gestrichen. Die Beschränkung der Regelung in § 60 Abs. 1 S. 2 RVG auf „denselben Rechtszug" entfällt, weil nach der neuen § 17 Nr. 1 RVG ohnehin jeder Rechtszug künftig eine eigene Angelegenheit bilden soll.

339 Systemgerecht wäre es an sich gewesen, § 60 Abs. 1 S. 2 RVG vollständig zu streichen, nachdem klargestellt wird, dass es sich bei einem Rechtsmittelverfahren um eine eigene Angelegenheit handelt (§ 17 Nr. 1 RVG) (siehe dazu Rn 83). Damit hätte eine einheitliche Anwendung des neuen und des alten Gebührenrechts hergestellt werden können.

340 So bleibt es dabei, dass für den bereits vorinstanzlich befassten Anwalt hinsichtlich eines Rechtsmittelverfahrens andere Gebührenvorschriften gelten können als für den erstmals beauftragten Anwalt, da für ihn nicht auf die Auftragserteilung abgestellt wird, sondern auf die Einlegung des Rechtsmittels. Damit ist die Anwendung des jeweiligen Gebührenrechts zum Teil von Zufälligkeiten abhängig und bietet Raum für Manipulationen (zu Einzelheiten siehe § 7 Rn 12 ff.).

C. Änderungen im Vergütungsverzeichnis

I. Teil 1 – Allgemeine Gebühren

1. Nr. 1000 VV RVG

a) Überblick

341 Nr. 1000 VV RVG[160] erhält folgende neue Fassung:

1000	Einigungsgebühr	1,5
	(1) Die Gebühr entsteht für die Mitwirkung beim Abschluss eines Vertrags, durch den	
	1. der Streit oder die Ungewissheit über ein Rechtsverhältnis beseitigt wird oder	
	2. die Erfüllung des Anspruchs bei gleichzeitigem vorläufigen Verzicht auf die gerichtliche Geltendmachung und, wenn bereits ein zur Zwangsvollstreckung geeigneter Titel vorliegt, bei gleichzeitigem vorläufigen Verzicht auf Vollstreckungsmaßnahmen geregelt wird (Zahlungsvereinbarung).	
	Die Gebühr entsteht nicht, wenn sich der Vertrag ausschließlich auf ein Anerkenntnis oder einen Verzicht beschränkt. Im Privatklageverfahren ist Nummer 4147 anzuwenden.	
	(2) Die Gebühr entsteht auch für die Mitwirkung bei Vertragsverhandlungen, es sei denn, dass diese für den Abschluss des Vertrags im Sinne des Absatzes 1 nicht ursächlich war.	
	(3) Für die Mitwirkung bei einem unter einer aufschiebenden Bedingung oder unter dem Vorbehalt des Widerrufs geschlossenen Vertrag entsteht die Gebühr, wenn die Bedingung eingetreten ist oder der Vertrag nicht mehr widerrufen werden kann.	
	(4) Soweit über die Ansprüche vertraglich verfügt werden kann, gelten die Absätze 1 und 2 auch bei Rechtsverhältnissen des öffentlichen Rechts.	
	(5) Die Gebühr entsteht nicht in Ehesachen und in Lebenspartnerschaftssachen (§ 269 Abs. 1 Nr. 1 und 2 FamFG). Wird ein Vertrag, insbesondere über den Unterhalt, im Hinblick auf die in Satz 1 genannten Verfahren geschlossen, bleibt der Wert dieser Verfahren bei der Berechnung der Gebühr außer Betracht. In Kindschaftssachen ist Absatz 1 Satz 1 und 2 auch für die Mitwirkung an einer Vereinbarung, über deren Gegenstand nicht vertraglich verfügt werden kann, entsprechend anzuwenden.	

---

[159] Änderung durch Art. 8 Abs. 1 Nr. 33 Buchst. b).
[160] Änderung durch Art. 8 Abs. 2 Nr. 2.

Anm. Abs. 1 S. 1 zu Nr. 1000 VV RVG wird neu gefasst.[161] Er wird um eine weitere Tatbestandsalternative erweitert, die zugleich auch die Legaldefinition der „Zahlungsvereinbarung" enthält. Der bisherige 2. Hs. der Anm. Abs. 1 S. 1 wird dadurch zu Anm. Abs. 1 S. 2 zu Nr. 1000 VV RVG. 342

Darüber hinaus wird der bisherige S. 2 der Anm. Abs. 1 zu Nr. 1000 VV RVG aufgehoben. 343

In Anm. Abs. 5 S. 3 zu Nr. 1000 VV RVG wird darüber hinaus – bedingt durch die Änderung der Anm. Abs. 1 – die Verweisung auf Anm. Abs. 1 angepasst.[162]

Im Übrigen bleibt die Vorschrift unverändert. 344

Ergänzend muss in diesem Zusammenhang auf die neue Wertvorschrift des § 31b RVG[163] hingewiesen werden, die den Gegenstandswert der Einigung (nicht auch der zugrunde liegenden Betriebstätigkeit) regelt. 345

b) Beseitigung von Streit oder Ungewissheit (Anm. Abs. 1 S. 1 Nr. 1)

Die bisherige Anm. Abs. 1 S. 1 zu Nr. 1000 VV RVG wird in der Neufassung zu Anm. Abs. 1 S. 1 Nr. 1 VV RVG. Inhaltliche Änderungen sind damit nicht verbunden. 346

c) Zahlungsvereinbarung (Anm. Abs. 1 S. 1 Nr. 2)
aa) Überblick

Die Ergänzung in Anm. Abs. 1 S. 1 zu Nr. 1000 VV RVG um die weitere Tatbestandsalternative zu Nr. 2[164] spiegelt eine bereits bei Inkrafttreten des RVG gegebene Intention des Gesetzgebers wider, den Anwendungsbereich der Einigungsgebühr auf den Abschluss von (Raten-)Zahlungsvereinbarungen zu erweitern. Der Einbeziehung standen bisher folgende Bedenken entgegen: 347

Ist die Titulierung eines Anspruchs erfolgt, besteht grundsätzlich über das Rechtsverhältnis kein Streit mehr. Deshalb hatte die Rechtsprechung auch schon auf der Grundlage der Geltung der BRAGO das Entstehen einer Einigungsgebühr jedenfalls für den Fall abgelehnt, dass die Parteien über eine bereits titulierte Forderung einen Ratenzahlungsvergleich abgeschlossen hatten.[165] Dies wurde insbesondere damit begründet, dass insoweit kein gegenseitiges Nachgeben i.S.d. § 23 Abs. 1 BRAGO feststellbar gewesen wäre und nach Titulierung auch kein streitiges Rechtsverhältnis mehr bestanden habe, das zwischen den Parteien noch hätte beseitigt werden können. Vereinzelt wurde dagegen auch eine Einigung bejaht.[166] 348

Anders hat die Rechtsprechung[167] nur die Fallkonstellation bewertet, wenn fraglich gewesen ist, ob und inwieweit die titulierte Forderung zu realisieren sein werde und dieser Unsicherheit durch Vereinbarung einer Ratenzahlungsvereinbarung begegnet werden konnte. Denn dann ergab sich inzidenter die Erfüllung der tatbestandlichen Voraussetzungen des § 779 Abs. 2 BGB, wodurch der Anwendungsbereich des § 23 Abs. 1 BRAGO eröffnet gewesen war. 349

---

161 Änderung durch Art. 8 Abs. 2 Nr. 2 Buchst. a).
162 Änderung durch Art. 8 Abs. 2 Nr. 2 Buchst. b).
163 Eingeführt durch Art. 8 Abs. 1 Nr. 17.
164 Änderung durch Art. 8 Abs. 2 Nr. 2 Buchst. a).
165 AG Koblenz DGVZ 2012, 127; ebenso AG Koblenz, Beschl. v. 8.1.2009 – 40 UR IIa 1368/08 (nur, wenn zusätzliche Zugeständnisse gemacht werden); LG Münster, Beschl. v. 3.9.2007 – 5 T 697/07 (nur bei zusätzlichen Sicherheiten); KG JurBüro 2006, 530 = Rpfleger 2006, 610 = KGR 2006, 1007 = RVGreport 2006, 265 = NJ 2006, 514 (nur bei zusätzlichen Sicherheiten); AG Plön AGS 2011, 323 = DGVZ 2011, 135 = JurBüro 2011, 475.
166 OLG Naumburg AGS 2011, 607 (bei gleichzeitigem Teilverzicht); AG Halle, Beschl. v. 2.7.2010 – 103 II 6552/09; BGH VRR 2009, 158; LG Wuppertal DGVZ 2008, 185; AG Erfurt, Beschl. v. 14.5.2009 – 2 T 115/09; OLG Rostock AGS 2008, 326 = OLGR 2008, 716 = MDR 2008, 1308 = RVGreport 2008, 261; LG Memmingen JurBüro 2008, 384; OLG Jena OLG-NL 2006, 210 = FamRZ 2006, 1692 = MDR 2006, 1436 = OLGR 2007, 83 = RVGreport 2006, 345 = Rpfleger 2006, 547; LG Tübingen DGVZ 2006, 61 = RVGprof. 2005, 184.
167 BGH AGS 2005, 140 = FamRZ 2005, 794 = NJW-RR 2005, 1303 = JurBüro 2005, 309 = AnwBl 2005, 365 = DGVZ 2005, 93 = JurBüro 2005, 309 = MDR 2005, 897 = NJW-RR 2005, 1303; FamRZ 2009, 43.

§ 3 Änderungen des RVG

350 Das Inkrafttreten des RVG sollte den Anwendungsbereich der Einigungsgebühr in diesem Sinne erweitern. Das wurde auch so der Begründung des Gesetzgebers zu Nr. 3310 VV RVG[168] entnommen, wonach eine Terminsgebühr für eine auf die Erledigung zielende Besprechung deshalb als verzichtbar angesehen worden war, weil „vielfach die Einigungsgebühr bei Ratenzahlungsvereinbarungen anfallen werde".

351 Trotz dieser Formulierung bestand auch nach Inkrafttreten des RVG weiterhin Unklarheit über den Umfang des Anwendungsbereichs und ist bis heute streitig geblieben, ob eine Einigungsgebühr beim Abschluss einer (Raten-)Zahlungsvereinbarung bei bereits titulierten Forderungen entstehen kann, weil die bisherige Anm. Abs. 1 S. 1 zu Nr. 1000 VV RVG nur den Wortlaut des § 779 Abs. 1 BGB unter Verzicht auf das gegenseitige Nachgeben enthält. Nicht geregelt ist nämlich, inwieweit der Ungewissheit über ein Rechtsverhältnis die Unsicherheit bei der Verwirklichung des Anspruchs gleichsteht (§ 779 Abs. 2 BGB).

352 Insoweit beabsichtigt nun der Gesetzgeber dieser Problematik Rechnung zu tragen, indem er Anm. Abs. 1 S. 1 zu Nr. 1000 VV RVG mit der Maßgabe ergänzt, dass die Einigungsgebühr auch bei einer Vereinbarung über die Erfüllung des Anspruchs unter gleichzeitigem Verzicht auf Titulierung bzw. Vollstreckungsmaßnahmen anfallen soll. Damit ist intendiert, den bisherigen Streit über das Entstehen der Einigungsgebühr zu beenden.

353 Im Referentenentwurf war zunächst nur die Rede von einer Zahlungsvereinbarung unter gleichzeitigem Verzicht auf Vollstreckungsmaßnahmen. Damit fehlte eine Regelung für die Fälle, in denen die Forderung noch nicht tituliert war und im Wege der Einigung von einer Titulierung abgesehen werden sollte.

354 Die BRAK und der DAV hatten deshalb in ihrer Stellungnahme zum Referentenentwurf den Vorschlag unterbreitet, ergänzend in Anm. Abs. 1 zu Nr. 1000 VV RVG den Satz einzufügen „dass es der Ungewissheit über ein Rechtsverhältnis gleichstehe, wenn die Verwirklichung des Anspruchs unsicher ist". Diese Formulierung entspricht dem Wortlaut des § 779 Abs. 2 BGB. Damit sollten noch nicht titulierte und titulierte Ansprüche gleichermaßen erfasst werden, was allein auch sachgerecht erschien.

355 Der Regierungsentwurf ist diesen Forderungen letztlich nachgekommen und hat die Lücke des Referentenentwurfs beseitigt.

356 Während im Referentenentwurf zudem noch von einem „Verzicht" auf Vollstreckungsmaßnahmen die Rede war, hat der Regierungsentwurf dies dahingehend abgeändert, dass ein „vorläufiger Verzicht" ausreicht.

bb) Einigung
(1) Überblick

357 Erforderlich ist eine Einigung, in der der Schuldner die Erfüllung des Anspruchs zusagt und der Gläubiger dem Schuldner durch die Gewährung von Ratenzahlung oder Stundung entgegenkommt und gleichzeitig für den Zeitraum der Ratenzahlung oder Stundung vorläufig auf eine Titulierung bzw. auf Vollstreckungsmaßnahmen verzichtet.

358 Beiden Alternativen ist gemein, dass die Forderung unstreitig sein muss. Ist die Forderung streitig, liegt bereits immer ein Fall der Anm. Abs. 1 Nr. 1 zu Nr. 1000 VV RVG vor. Der Anwalt erhält dann eine Einigungsgebühr aus dem vollen Wert.

359 *Beispiel 44: Einigung mit Ratenzahlungsvereinbarung*
Der Anwalt ist vom Gläubiger beauftragt, eine Forderung gegen den Schuldner i.H.v. 5.000,00 EUR durchzusetzen. Der Schuldner bestreitet die Forderung. Nach Verhandlungen ist er bereit, sein Bestreiten aufzugeben, wenn ihm eine Ratenzahlung bewilligt wird. Darauf-

---
168 BT-Drucks 15/1971 S. 215.

hin wird ein Vergleich geschlossen, wonach der Schuldner die 5.000,00 EUR nebst Zinsen in monatlichen Raten zu 100,00 EUR zahlt.

Da die Einigung auch den Streit über die Forderung beseitigt, liegt eine Einigung nach Anm. Abs. 1 S. 1 Nr. 1 zu Nr. 1000 VV RVG vor, sodass die Einigungsgebühr aus dem vollen Wert anfällt. Ausgehend von einer Mittelgebühr nach Nr. 2300 VV RVG erhält der Anwalt folgende Vergütung:

1.	1,5-Geschäftsgebühr, Nr. 2300 VV RVG (Wert: bis 10.000,00 EUR)	829,50 EUR
2.	1,5-Einigungsgebühr, Nr. 1000 VV RVG (Wert: bis 10.000,00 EUR)	829,50 EUR
3.	Postentgeltpauschale, Nr. 7002 VV RVG	20,00 EUR
	Zwischensumme	1.679,00 EUR
4.	Umsatzsteuer, Nr. 7008 VV RVG	319,01 EUR
	Gesamt	**1.998,01 EUR**

Beispiel 45: Einigung mit Ratenzahlungsvereinbarung 360

Der Kläger hat gegen den Beklagten ein rechtskräftiges Urteil über 5.000,00 EUR erwirkt. Der Beklagte beruft sich darauf, dass die titulierte Forderung durch eine Aufrechnung erloschen sei und droht eine Vollstreckungsabwehrklage an. Nach Verhandlungen ist er bereit, sein Bestreiten aufzugeben, wenn ihm eine Ratenzahlung bewilligt wird. Daraufhin wird ein Vergleich geschlossen, wonach der Schuldner die 5.000,00 EUR nebst Zinsen in monatlichen Raten zu je 100,00 EUR zahlt.

Da die Einigung auch hier den Streit über die Forderung beseitigt, liegt eine Einigung nach Anm. Abs. 1 S. 1 Nr. 1 zu Nr. 1000 VV RVG vor, sodass die Einigungsgebühr aus dem vollen Wert anfällt. Ausgehend von einer Mittelgebühr nach Nr. 2300 VV RVG[169] erhält der Anwalt folgende Vergütung:

1.	1,5-Verfahrensgebühr, Nr. 2300 VV RVG (Wert: bis 5.000,00 EUR)	447,00 EUR
2.	1,5-Einigungsgebühr, Nr. 1000 VV RVG (Wert: bis 5.000,00 EUR)	447,00 EUR
3.	Postentgeltpauschale, Nr. 7002 VV RVG	20,00 EUR
	Zwischensumme	914,00 EUR
4.	Umsatzsteuer, Nr. 7008 VV RVG	173,66 EUR
	Gesamt	**1.087,66 EUR**

(2) Vorläufiger Verzicht auf Titulierung

Mit dieser Variante nach Anm. Abs. 1 S. 1 Nr. 2 VV RVG sollen die Fälle erfasst werden in denen 361
- kein Streit über den Bestand der Forderung (mehr) besteht,
- die betreffende Forderung noch nicht tituliert ist,
- dem Schuldner die Forderung gestundet oder ihm nachgelassen wird, die Forderung in Raten zu zahlen und
- der Gläubiger auf eine Titulierung der Forderung vorläufig verzichtet.

---

[169] Für die Abwehr einer drohenden Vollstreckungsabwehrklage entsteht eine Geschäftsgebühr nach Nr. 2300 VV RVG (BGH AGS 2011, 120 m. Anm. *Schons* = MDR 2011, 454 = AnwBl 2011, 402 = NJW 2011, 1603 = JurBüro 2011, 301 = Rpfleger 2011, 399 = zfs 2011, 465 = NJW-Spezial 2011, 155 = NJW-Spezial 2011, 156 = ZfIR 2011, 213 = FamRZ 2011, 560 = RVGreport 2011, 136 = ArbRB 2011, 110 = FoVo 2011, 151).

362 *Beispiel 46: Ratenzahlungsvereinbarung (Vorläufiger Vollstreckungsverzicht bei noch nicht titulierter Forderung)*

Der Anwalt ist vom Gläubiger beauftragt, gegen den Schuldner eine Forderung i.H.v. 10.000,00 EUR geltend zu machen. Dieser erhebt keine Einwände gegen die Forderung, teilt aber mit, er könne nicht zahlen. Daraufhin vereinbart der Anwalt mit dem Schuldner, dass es ihm nachgelassen bleibe, die Forderung nebst Zinsen in monatlichen Raten zu tilgen und dass der Gläubiger auf eine Titulierung verzichte, solange die Raten pünktlich gezahlt werden.

Der Anwalt erhält jetzt neben der Geschäftsgebühr nach Nr. 2300 VV RVG auch eine Einigungsgebühr für die Zahlungsvereinbarung, da der Gläubiger für den Fall der pünktlichen Ratenzahlung auf eine Titulierung verzichtet hat.

(3) Vorläufiger Verzicht auf Vollstreckung

363 Mit dieser Variante nach Anm. Abs. 1 S. 1 Nr. 2 VV RVG sollen die Fälle erfasst werden in denen
- kein Streit über den Bestand der Forderung (mehr) besteht,
- die betreffende Forderung bereits tituliert ist oder noch tituliert werden soll,
- dem Schuldner die Forderung gestundet oder ihm nachgelassen wird, die Forderung in Raten zu zahlen und
- der Gläubiger auf eine Vollstreckung der Forderung vorläufig verzichtet.

364 *Beispiel 47: Zahlungsvereinbarung (Vorläufiger Vollstreckungsverzicht bei titulierter Forderung)*

Der Kläger hat gegen den Beklagten ein Urteil i.H.v. 10.000,00 EUR erwirkt. Nach Androhung der Zwangsvollstreckung wird eine Vereinbarung geschlossen, wonach es dem Beklagten überlassen bleibt, die Forderung nebst Zinsen in monatlichen Raten zu tilgen und der Kläger auf Vollstreckungsmaßnahmen verzichtet, solange die Raten pünktlich gezahlt werden.

Der Anwalt erhält neben der 0,3-Verfahrensgebühr nach Nr. 3309 VV RVG auch eine Einigungsgebühr nach Anm. Abs. 1 S. 1 Nr. 2 zu Nr. 1000 VV RVG für die Zahlungsvereinbarung, da der Kläger für den Fall der pünktlichen Ratenzahlung auf Vollstreckungsmaßnahmen verzichtet hat.

Eine Terminsgebühr entsteht nicht, da Vorbem. 3 Abs. 3 VV RVG in der Zwangsvollstreckung nicht anwendbar ist. Eine Gebühr fällt hier nur für die Teilnahme an einem gerichtlichen Termin oder einem Termin zur Abgabe des Vermögensverzeichnisses (Nr. 3310 VV RVG) an.

365 *Beispiel 48: Ratenzahlungsvereinbarung (Vorläufiger Vollstreckungsverzicht bei noch nicht titulierter Forderung)*

Der Anwalt ist vom Gläubiger beauftragt, gegen den Schuldner eine Forderung i.H.v. 10.000,00 EUR geltend zu machen. Dieser erhebt keine Einwände gegen die Forderung, teilt aber mit, er könne nicht zahlen. Daraufhin vereinbart der Anwalt mit dem Schuldner, dass dieser ein notarielles Schuldanerkenntnis beibringe und es ihm nachgelassen bleibe, die Forderung nebst Zinsen in monatlichen Raten zu tilgen und der Kläger auf Vollstreckungsmaßnahmen verzichte, solange die Raten pünktlich gezahlt werden.

Der Anwalt erhält jetzt neben der Geschäftsgebühr nach Nr. 2300 VV RVG auch eine Einigungsgebühr für die Zahlungsvereinbarung, da der Gläubiger für den Fall der pünktlichen Ratenzahlung auf Vollstreckungsmaßnahmen verzichtet hat.

366 Eine Einigungsgebühr entsteht auch dann, wenn nur für einen befristeten Zeitraum auf Vollstreckungsmaßnahmen verzichtet wird (siehe Rn 377) oder wenn die Einigung nur einen Teilbetrag betrifft (siehe Rn 380).

cc) Mitwirkung

Nach wie vor erforderlich bleibt eine Mitwirkung des Anwalts. Daran fehlt es nach der Rechtsprechung, wenn eine Forderung mit Zustimmung des Gläubigervertreters in Raten durch den Gerichtsvollzieher eingezogen wird, und zwar selbst dann, wenn vor der Einleitung der Zwangsvollstreckung zwischen den Parteivertretern Verhandlungen über die Möglichkeit einer Ratenzahlung stattgefunden haben.[170] Ebenso lehnt der BGH[171] eine Mitwirkung ab, wenn sich der Gläubiger nur allgemein gegenüber dem Gerichtsvollzieher mit der Gestattung von Ratenzahlungen durch den Schuldner einverstanden erklärt.

367

Diese strenge ablehnende Auffassung erscheint allerdings bedenklich, da an die Mitwirkung beim Abschluss einer Einigung keine allzu hohen Anforderungen zu stellen sind und insbesondere eine Ursächlichkeit im Sinne einer sine qua non nicht erforderlich ist. Abgesehen davon ist nach § 806b S. 2 ZPO die Einwilligung des Gläubigers zu einer Ratenzahlung erforderlich. Zu Recht lehnt das AG Bersenbrück[172] eine Einigungsgebühr bei einer Ratenzahlungsbewilligung des Gerichtsvollziehers gem. §§ 806b, 900 Abs. 3 ZPO nur dann ab, wenn der Gläubiger auf die Entscheidung des Gerichtsvollziehers nicht in irgendeiner Weise eingewirkt hat.

368

dd) Gegenstandswert

Nach dem Referentenentwurf war ein weiteres Problem bereits vorgezeichnet, nämlich die Frage, welcher Gegenstandswert für die Einigungsgebühr bei einer Zahlungs- oder Stundungsvereinbarung anzusetzen sei.

369

Bereits nach bisherigem Recht wurde die Frage uneinheitlich beantwortet, wie der Gegenstandswert einer Ratenzahlungsvereinbarung anzusetzen war. Soweit über die Forderung Streit bestand, wurde der volle Wert angesetzt. Das war auch richtig, weil es sich dann um eine gewöhnliche Einigung handelte und nicht nur um eine Zahlungsvereinbarung.

370

War die Forderung dagegen unstreitig, wurde überwiegend nicht der volle Wert angesetzt, da die Parteien sich dann nicht über die Erfüllung einigen, sondern nur über die Modalitäten der Erfüllung. Das AG Lüdenscheid[173] ist davon ausgegangen, dass nicht der gesamte ursprüngliche Anspruch den Gegenstandswert bildet, sondern der Wert der Ratenvereinbarung gem. § 3 ZPO frei zu schätzen sei. Er sollte sich nach dem Interesse der Parteien am Zustandekommen der Ratenzahlungsvereinbarung richten. Dieses Interesse wiederum sollte i.d.R. darin bestehen, die Mehrkosten zu vermeiden, die hätten anfallen können, wenn es nicht zu einer Ratenzahlungsvereinbarung gekommen wäre. Das Gericht lehnt dabei eine prozentuale Quote ab und berechnet im konkreten Fall den Gegenstandswert nach den Prozesskosten, die entstanden wären, wenn der Schuldner das Verfahren weiter betrieben und in die Länge gezogen hätte, um die gewünschte Stundung faktisch herbeizuführen.

371

Das OLG Jena[174] hat unter Berufung auf OLG Celle[175] – ebenfalls § 3 ZPO – angwandt und ein Drittel der Hauptforderung angesetzt.[176] Das KG[177] ist insoweit nach § 3 ZPO von 10 % der Hauptforderung ausgegangen.[178]

372

---

170 AG Wiesbaden DGVZ 2007, 159.
171 AGS 2006, 496 = FamRZ 2006, 1372 = DGVZ 2006, 133 = BGHReport 2006, 1392 = ZVI 2006, 441 = Rpfleger 2006, 674 = NJW 2006, 3640 = MDR 2006, 1373 = InVo 2007, 39 = JurBüro 2007, 24 = RVGreport 2006, 382.
172 DGVZ 2006, 202.
173 AGS 2008, 251 = JurBüro 2008, 90.
174 OLG-NL 2006, 210 = FamRZ 2006, 1692 = MDR 2006, 1436 = OLGR 2007, 83 = RVGreport 2006, 345 = Rpfleger 2006, 547.
175 JurBüro 1971, 237.
176 Ebenso Gerold/Schmidt/*Müller-Rabe*, Nr. 1000 VV RVG Rn 248.
177 KGR 2004, 309 und 446 = RVG-Letter 2004, 35.
178 Zu weiteren Nachweisen siehe Schneider/Herget/*Onderka*, Rn 4601 ff.

Der Gesetzgeber hat mit dem Regierungsentwurf diese Frage geklärt und in § 31b RVG angeordnet, dass der Gegenstandswert 20 % der Forderung betrage.

373 *Beispiel 49: Zahlungsvereinbarung, Absehen von Titulierung (voller Betrag)*

Der Anwalt macht für den Gläubiger eine Forderung i.H.v. 5.000,00 EUR geltend. Der Schuldner erklärt, er bestreite die Forderung nicht, aber er könne nicht zahlen. Daraufhin wird eine Vereinbarung geschlossen, wonach der Schuldner die gesamte Forderung nebst Zinsen in monatlichen Raten tilgen wird und der Gläubiger auf eine Titulierung verzichte, solange die Raten pünktlich gezahlt werden.

Ausgehend von einer Quote von 20 % ergibt sich für die Einigungsgebühr ein Gegenstandswert i.H.v. 1.000,00 EUR. Zinsen und Kosten dürfen hier nicht mitgerechnet werden (siehe Rn 221).

1.	1,5-Geschäftsgebühr, Nr. 2300 VV RVG (Wert: 5.000,00 EUR)	447,00 EUR
2.	1,5-Einigungsgebühr, Nr. 1000 VV RVG (Wert: 1.000,00 EUR)	112,50 EUR
3.	Postentgeltpauschale, Nr. 7002 VV RVG	20,00 EUR
	Zwischensumme	579,50 EUR
4.	Umsatzsteuer, Nr. 7008 VV RVG	110,11 EUR
	Gesamt	**689,61 EUR**

374 *Beispiel 50: Zahlungsvereinbarung, Absehen von Vollstreckung (voller Betrag)*

Der Kläger hat gegen den Beklagten ein Urteil über eine Forderung i.H.v. 5.000,00 EUR nebst Zinsen erwirkt. Nach Androhung der Zwangsvollstreckung wegen der 5.000,00 EUR zuzüglich zwischenzeitlich aufgelaufener 500,00 EUR Zinsen wird ein Vergleich geschlossen, wonach der Beklagte die gesamte Forderung nebst Zinsen in monatlichen Raten tilgen wird und der Kläger auf Vollstreckungsmaßnahmen verzichtet, solange die Raten pünktlich gezahlt werden.

Jetzt sind die Zinsen mit einzubeziehen (siehe Rn 223).

Ausgehend von einer Quote von 20 % ergibt sich ein Gegenstandswert i.H.v. 1.100,00 EUR.

1.	0,3-Verfahrensgebühr, Nr. 3309 VV RVG (Wert: 5.500,00 EUR)	104,70 EUR
2.	1,5-Einigungsgebühr, Nr. 1000 VV RVG (Wert: 1.100,00 EUR)	165,00 EUR
3.	Postentgeltpauschale, Nr. 7002 VV RVG	20,00 EUR
	Zwischensumme	289,70 EUR
4.	Umsatzsteuer, Nr. 7008 VV RVG	55,04 EUR
	Gesamt	**344,74 EUR**

375 Wird die Einigung nur über einen Teilbetrag geschlossen, dann ist nur dieser Teilbetrag maßgebend.

376 *Beispiel 51: Ratenzahlungsvereinbarung (Teilbetrag)*

Wie vorangegangenes Beispiel 50 (siehe Rn 374). Der Beklagte zahlt 3.000,00 EUR. Im Übrigen wird ein Vergleich geschlossen, wonach der Beklagte die Restforderung nebst Zinsen in monatlichen Raten tilgen wird und der Kläger auf Vollstreckungsmaßnahmen verzichtet, solange die Raten pünktlich gezahlt werden.

Der Wert der Verfahrensgebühr (Nr. 3309 VV RVG) beläuft sich gem. § 25 Abs. 1 Nr. 1 RVG wiederum auf 5.500,00 EUR, der Wert der Einigung beläuft sich jedoch nur auf 20 % aus 2.500,00 EUR = 500,00 EUR.

1. 0,3-Verfahrensgebühr, Nr. 3309 VV RVG 104,70 EUR
   (Wert: 5.500,00 EUR)
2. 1,5-Einigungsgebühr, Nr. 1000 VV RVG 60,00 EUR
   (Wert: 500,00 EUR)
3. Postentgeltpauschale, Nr. 7002 VV RVG 20,00 EUR
   Zwischensumme 184,70 EUR
4. Umsatzsteuer, Nr. 7008 VV RVG 35,09 EUR
   Gesamt **219,79 EUR**

Eine Einigungsgebühr entsteht auch dann aus dem vollen Wert, wenn nur für einen befristeten Zeitraum auf Vollstreckungsmaßnahmen verzichtet wird. **377**

Beispiel 52: Befristete Ratenzahlungsvereinbarung **378**

Der Kläger hat gegen den Beklagten ein Versäumnisurteil über einen Betrag i.H.v. 1.860,00 EUR nebst Zinsen erwirkt. Nach Androhung der Zwangsvollstreckung (zwischenzeitlich aufgelaufene Zinsen 100,00 EUR) wird ein Vergleich geschlossen, wonach der Beklagte für die Dauer von sechs Monaten in monatlichen Raten in Höhe von 150,00 EUR zahlen wird. Hiernach soll dann neu verhandelt werden. Für die Dauer von sechs Monaten verzichtet der Kläger auf Vollstreckungsmaßnahmen, sofern die Raten pünktlich gezahlt werden.

Der Wert der Einigungsgebühr bemisst sich hier mit 20 % aus dem Gesamtbetrag. Zwar sind zunächst nur 6 × 150,00 EUR zu zahlen. Wegen des Rests ist aber ebenfalls auf eine Vollstreckung vorläufig verzichtet worden.

1. 0,3-Verfahrensgebühr, Nr. 3309 VV RVG 43,50 EUR
   (Wert: 1.960,00 EUR)
2. 1,5-Einigungsgebühr, Nr. 1000 VV RVG 60,00 EUR
   (Wert: 392,00 EUR)
3. Postentgeltpauschale, Nr. 7002 VV RVG 20,00 EUR
   Zwischensumme 123,50 EUR
4. Umsatzsteuer, Nr. 7008 VV RVG 23,47 EUR
   Gesamt **146,97 EUR**

Erstreckt sich die Zahlungsvereinbarung nur auf einen Teil der Forderung, ist auch nur dieser Teil maßgebend. **379**

Beispiel 53: Zahlungsvereinbarung nur über Teilbetrag **380**

Der Kläger hat gegen den Beklagten ein Versäumnisurteil über einen Betrag i.H.v. 1.860,00 EUR nebst Zinsen erwirkt. Nach Androhung der Zwangsvollstreckung (zwischenzeitliche Zinsen 100,00 EUR) wird ein Vergleich geschlossen, wonach der Beklagte sofort 900,00 EUR zahlt und im Übrigen monatliche Raten in Höhe von 150,00 EUR. Solange pünktlich gezahlt wird verzichtet der Kläger auf Vollstreckungsmaßnahmen.

Der Wert der Einigungsgebühr bemisst sich jetzt hier nicht nach dem Gesamtbetrag, sondern nur mit 20 % aus 1.060,00 EUR, also dem Teil der Forderung, über den die Zahlungsvereinbarung getroffen worden ist.

1.	0,3-Verfahrensgebühr, Nr. 3309 VV RVG	43,50 EUR
	(Wert: 1.960,00 EUR)	
2.	1,5-Einigungsgebühr, Nr. 1000 VV RVG	60,00 EUR
	(Wert: bis 212,00 EUR)	
3.	Postentgeltpauschale, Nr. 7002 VV RVG	20,00 EUR
	Zwischensumme 123,50 EUR	
4.	Umsatzsteuer, Nr. 7008 VV RVG	23,47 EUR
	Gesamt	**146,97 EUR**

ee) Höhe der Gebühr

381 Die Höhe der Einigungsgebühr richtet sich nach den Nrn. 1000, 1003, 1004 VV RVG. Ist die Forderung nicht (mehr) anhängig und ist auch keine Vollstreckungsmaßnahme anhängig, beträgt der Gebührensatz 1,5. Dass die Forderung zuvor in einem gerichtlichen Verfahren anhängig war, steht dem Anfall der 1,5-Gebühr nicht entgegen.[179]

382 *Beispiel 54: Ratenzahlungsvereinbarung (rechtskräftiger Titel – keine Vollstreckung anhängig)*

Der Kläger hat gegen den Beklagten ein rechtskräftiges Urteil über einen Betrag i.H.v. 1.860,00 EUR nebst Zinsen erwirkt. Nach Androhung der Zwangsvollstreckung (aufgelaufene Zinsen 100,00 EUR) wird ein Vergleich geschlossen, wonach der Beklagte die Forderung nebst Zinsen in monatlichen Raten zu je 150,00 EUR tilgen kann und der Kläger auf Vollstreckungsmaßnahmen verzichtet, solange die Raten pünktlich gezahlt werden.

Der Anwalt erhält zunächst eine 0,3-Verfahrensgebühr nach Nr. 3309 VV RVG.

Eine Terminsgebühr entsteht nicht, da Vorbem. 3 Abs. 3 VV RVG in der Zwangsvollstreckung nicht anwendbar ist. Die Gebühr fällt hier nur für die Teilnahme an einem gerichtlichen Termin oder einem Termin zur Abgabe des Vermögensverzeichnisses an (Nr. 3310 VV RVG).

Hinzu kommt eine 1,5-Einigungsgebühr für den Ratenzahlungsvergleich, da der Kläger für den Fall der pünktlichen Ratenzahlung auf Vollstreckungen verzichtet hat. Die Höhe der Gebühr beläuft sich auf 1,5, da die Forderung aufgrund Rechtskraft nicht (mehr) anhängig und ein Vollstreckungsverfahren (noch) nicht eingeleitet ist.

Ausgehend von einem Gegenstandswert i.H.v. 20 % ergibt sich folgende Berechnung:

1.	0,3-Verfahrensgebühr, Nr. 3309 VV RVG	43,50 EUR
	(Wert: 1.960,00 EUR)	
2.	1,5-Einigungsgebühr, Nr. 1000 VV RVG	60,00 EUR
	(Wert: 392,00 EUR)	
3.	Postentgeltpauschale, Nr. 7002 VV RVG	20,00 EUR
	Zwischensumme 123,50 EUR	
4.	Umsatzsteuer, Nr. 7008 VV RVG	23,47 EUR
	Gesamt	**146,97 EUR**

383 Nur eine 1,0-Einigungsgebühr (Nr. 1003 VV RVG) entsteht, wenn zum Zeitpunkt der Einigung ein Vollstreckungsverfahren anhängig ist (dazu gehört auch ein Vollsteckungsauftrag an den Gerichtsvollzieher – Anm. Abs. 1 S. 2 zu Nr. 1003 VV RVG).

---

[179] AnwK-RVG/*Onderka*, Nr. 1000 Rn 152 f.

Beispiel 55: Ratenzahlungsvereinbarung (rechtskräftiger Titel – Vollstreckung anhängig) **384**

Der Kläger hat gegen den Beklagten ein rechtskräftiges Urteil über einen Betrag i.H.v. 1.860,00 EUR nebst Zinsen erwirkt. Während des bereits eingeleiteten Vollstreckungsverfahrens (aufgelaufene Zinsen 100,00 EUR) wird ein Vergleich geschlossen, wonach der Beklagte die Forderung nebst Zinsen in monatlichen Raten zu 150,00 EUR tilgen kann und der Kläger auf Vollstreckungsmaßnahmen verzichtet, solange die Raten pünktlich gezahlt werden.

Jetzt entsteht die Einigungsgebühr nur zu 1,0 (Nr. 1003 VV RVG).

1.	0,3-Verfahrensgebühr, Nr. 3309 VV RVG		43,50 EUR
	(Wert: 1.960,00 EUR)		
2.	1,0-Einigungsgebühr, Nrn. 1000, 1003 VV RVG		40,00 EUR
	(Wert: 392,00 EUR)		
3.	Postentgeltpauschale, Nr. 7002 VV RVG		16,70 EUR
	Zwischensumme	100,20 EUR	
4.	Umsatzsteuer, Nr. 7008 VV RVG		19,04 EUR
	Gesamt		**119,24 EUR**

Ebenso entsteht nur eine 1,0-Einigungsgebühr, wenn die Hauptsache noch anhängig ist. **385**

Beispiel 56: Ratenzahlungsvereinbarung (Hauptsache noch anhängig) **386**

Der Kläger hat gegen den Beklagten ein Versäumnisurteil über einen Betrag i.H.v. 1.860,00 EUR nebst Zinsen erwirkt. Der Beklagte legt dagegen Einspruch ein. Ungeachtet dessen droht der Kläger die Zwangsvollstreckung an. Es wird daraufhin ein Vergleich geschlossen, wonach der Beklagte die Forderung nebst Zinsen in monatlichen Raten zu je 150,00 EUR tilgen kann und der Kläger auf Vollstreckungsmaßnahmen verzichtet, solange die Raten pünktlich gezahlt werden.

Auch jetzt entsteht die Einigungsgebühr nur zu 1,0 (Nr. 1003 VV RVG), da die Hauptsache noch anhängig ist.

Möglich ist auch eine 1,3-Einigungsgebühr, wenn die Hauptsache in einem Rechtsmittelverfahren anhängig ist. **387**

Beispiel 57: Ratenzahlungsvereinbarung (Hauptsache im Rechtsmittelverfahren anhängig) **388**

Der Kläger hat gegen den Beklagten ein vorläufig vollstreckbares Urteil über 1.860,00 EUR nebst Zinsen erwirkt. Der Beklagte legt dagegen Berufung ein. Daraufhin leistet der Gläubiger Sicherheit und vollstreckt (zwischenzeitliche Zinsen 100,00 EUR). Sodann wird ein Vergleich geschlossen, wonach der Beklagte die Forderung nebst Zinsen in monatlichen Raten tilgen kann und der Kläger auf Vollstreckungsmaßnahmen verzichtet, solange die Raten pünktlich gezahlt werden.

Jetzt entsteht die Einigungsgebühr zu 1,3 (Nr. 1004 VV RVG), da die Forderung im Berufungsverfahren anhängig ist.

1.	0,3-Verfahrensgebühr, Nr. 3309 VV RVG		43,50 EUR
	(Wert: 1.960,00 EUR)		
2.	1,3-Einigungsgebühr, Nrn. 1000, 1004 VV RVG		52,00 EUR
	(Wert: 392,00 EUR)		
3.	Postentgeltpauschale, Nr. 7002 VV RVG		19,10 EUR
	Zwischensumme	114,60 EUR	
4.	Umsatzsteuer, Nr. 7008 VV RVG		21,77 EUR
	Gesamt		**136,37 EUR**

ff) Kostenerstattung

389 Hinsichtlich der Kostenerstattung werden die unterschiedlichsten Auffassungen vertreten. Ein Teil der Rechtsprechung geht davon aus, dass die Kosten einer Ratenzahlungsvereinbarung notwendige Kosten der Zwangsvollstreckung seien.[180] Die Gegenauffassung lehnt dies ab, da die Einigung nicht der Durchführung der Zwangsvollstreckung diene, sondern deren Vermeidung.[181]

390 Nach der Rechtsprechung des BGH[182] sind die Kosten eines im Zwangsvollstreckungsverfahren geschlossenen Vergleichs in entsprechender Anwendung von § 98 S. 1 ZPO als gegeneinander aufgehoben anzusehen, wenn nicht die Parteien ein anderes vereinbart haben.

> *Wichtig:*
> Bei Abschluss einer Ratenzahlungsvereinbarung sollte daher auf jeden Fall auch vereinbart werden, dass der Schuldner die Kosten der Einigung übernimmt.

391 Ist eine solche Vereinbarung geschlossen, so ist wiederum strittig, ob die dadurch entstehende Einigungsgebühr nach § 788 Abs. 1 ZPO mit dem Hauptsachetitel beigetrieben und gegebenenfalls nach § 788 Abs. 2 ZPO festgesetzt werden kann. Dies wird zum Teil bejaht,[183] zum Teil verneint.[184]

d) Streichung der Verweisung auf § 36 RVG

392 Die derzeitige Verweisung in Anm. Abs. 1 S. 2 zu Nr. 1000 VV RVG auf § 36 RVG soll aufgehoben werden.[185] Sie ist zum einen unzutreffend, weil § 36 RVG gar keine Regelungen über Güteverfahren enthält, sondern schiedsrichterliche Verfahren nach dem zehnten Buch der ZPO und Verfahren vor dem Schiedsgericht gem. § 104 ArbGG betrifft. Zum anderen ist eine ausdrückliche Regelung für Güteverfahren auch überflüssig, weil es sich bei den Güteverfahren ohnehin nicht um gerichtliche Verfahren handelt und der Gebührentatbestand der Nr. 1000 VV RVG daher unmittelbar anzuwenden ist.

393 Infolge der Streichung des derzeitigen S. 2 der Anm. Abs. 1 zu Nr. 1000 VV RVG wird der bisherige S. 3 der Anm. Abs. 1 zu Nr. 1000 VV RVG zum neuen S. 2 der Anm. Abs. 1 zu Nr. 1000 VV RVG.

2. Nr. 1004 VV RVG

a) Überblick

394 Nr. 1004 VV RVG soll folgende Fassung erhalten:[186]

1004	Über den Gegenstand ist ein Berufungs- oder Revisionsverfahren, ein Verfahren über die Beschwerde gegen die Nichtzulassung eines dieser Rechtsmittel oder ein Verfahren vor dem Rechtsmittelgericht über die Zulassung des Rechtsmittels anhängig	
	Die Gebühren 1000 bis 1002 betragen	1,3
	(1) Dies gilt auch in den in den Vorbemerkungen 3.2.1 und 3.2.2 genannten Beschwerde- und Rechtsbeschwerdeverfahren.	
	(2) Absatz 2 der Anmerkung zu Nummer 1003 ist anzuwenden.	

---

180 AG Hanau, Beschl. v. 26.6.2008 – 81 M 2538/08.
181 AG Hanau DGVZ 2008, 186.
182 AGS 2007, 302 = BGHR 2007, 330 = FamRZ 2007, 555 = DGVZ 2007, 36 = NJW 2007, 1213 = JurBüro 2007, 216 = Rpfleger 2007, 271 = MDR 2007, 609 = InVo 2007, 294 = VuR 2007, 193 = RVGreport 2007, 276 = FoVo 2008, 114.
183 LG Memmingen JurBüro 2008, 384; LG Wiesbaden DGVZ 2000, 60.
184 AG Hanau DGVZ 2008, 186.
185 Änderung durch Art. 8 Abs. 2 Nr. 2 Buchst. a).
186 Änderung durch Art. 8 Abs. 2 Nr. 3.

C. Änderungen im Vergütungsverzeichnis § 3

In Nr. 1004 VV RVG wird der Gebührentatbestand ergänzt um die **395**
- Verfahren über die Beschwerde gegen die Nichtzulassung der in Nr. 1004 und Anm. Abs. 1 zu Nr. 1004 VV RVG genannten Rechtsmittel sowie
- Verfahren vor dem Rechtsmittelgericht auf Zulassung eines Rechtsmittels.

In der ursprünglichen Fassung der Nr. 1004 VV RVG war eine Erhöhung der Einigungs- (Nr. 1000 **396**
VV RVG), Aussöhnungs- (Nr. 1001 VV RVG) oder Erledigungsgebühr (Nr. 1002 VV RVG) nur vorgesehen bei einer Einigung, Aussöhnung oder Erledigung in einem Berufungs- oder Revisionsverfahren. Bereits damals war übersehen worden, dass es berufungs- und revisionsgleiche Verfahren gab, so z.B. Beschwerden und Rechtsbeschwerden in Familiensachen, die ebenfalls den Ansatz einer höheren Einigungs-, Aussöhnungs- oder Erledigungsgebühr gerechtfertigt hätten.[187] Die Rechtsprechung hat in diesen Fällen teilweise in analoger Anwendung eine höhere Gebühr gewährt, so insbesondere in Familiensachen.[188]

Mit Inkrafttreten des FamFG[189] ist die Vorschrift der Nr. 1004 VV RVG bereits auf Beschwerde- **397**
und Rechtsbeschwerdeverfahren nach den Vorbem. 3.2.1 und 3.2.2 VV RVG erweitert worden (Anm. Abs. 1 zu Nr. 1004 VV RVG). Dabei ist jedoch übersehen worden, dass es noch weitere Verfahren gibt, die ebenfalls eine Erhöhung rechtfertigen. Dies wird jetzt nachgeholt.

> *Hinweis*
> Für die Einigungs- und Erledigungsgebühren, die nach Betragsrahmen abgerechnet werden, stellt sich derzeit zwar das gleiche Problem. Dieses wird aber dadurch gelöst, dass Einigungs- und Erledigungsgebühr künftig an der jeweiligen Verfahrensgebühr festgemacht werden (siehe Rn 417).

b) Nichtzulassungsbeschwerdeverfahren

Nach § 17 Nr. 9 RVG sind Verfahren über Beschwerden gegen die Nichtzulassung eines Rechtsmittels eigene Angelegenheiten. Im Gegensatz zu den Verfahren auf Zulassung eines Rechtsmittels (§ 16 Nr. 11 RVG) gehören sie daher nicht zum jeweiligen Rechtsmittelverfahren, sondern lösen gesonderte Gebühren aus. Zum Teil sind die Gebühren gesondert geregelt (Nrn. 3506, 3516 VV RVG); zum Teil gelten über die Vorbem. 3.2.1, 3.2.2 VV RVG die Gebühren eines Berufungs- oder Revisionsverfahrens entsprechend. Für die Einigungs- oder Erledigungsgebühr sind in diesen Verfahren bislang keine gesonderten Regelungen vorhanden, sodass es nach dem Wortlaut des Gesetzes bei der einfachen 1,0-Gebühr der Nr. 1003 VV RVG verbleiben würde, sofern die Nichtzulassungsbeschwerdeverfahren selbst nicht bereits unter Vorbem. 3.2.1, 3.2.2 VV RVG fallen. Künftig soll in allen Verfahren über die Beschwerde gegen die Nichtzulassung eines Rechtsmittels der höhere 1,3-Gebührensatz nach Nr. 1004 VV RVG gelten. **398**

> *Beispiel 58: Nichtzulassungsbeschwerde mit Einigung* **399**
> Nach Klage abweisendem Urteil des OLG lässt der Kläger beim BGH gem. § 544 ZPO Beschwerde gegen die Nichtzulassung der Revision einlegen (Wert: 50.000,00 EUR). Während des Nichtzulassungsbeschwerdeverfahrens verhandeln die Anwälte außergerichtlich und erzielen eine Einigung.

---

187 Siehe hierzu ausführlich *N. Schneider*, NJW 2007, 2666; *ders.*, AnwBl 2005, 202.
188 OLG Nürnberg AGS 2007 493 = OLGR 2007, 731 = MDR 2007, 1105 = FamRZ 2007, 1672 = Rpfleger 2007, 577 = NJW-RR 2007, 1727 = RVGreport 2007, 385 = FamRB 2007, 364; OLG Schleswig AGS 2008, 444 = SchlHA 2008, 461 = OLGR 2008, 674 = JurBüro 2008, 415 = FamRZ 2008, 1876 = MDR 2008, 1247 = NJW-Spezial 2008, 605 = FamRB 2008, 341; a.A. OLG Hamm AGS 2007, 238 = RVGreport 2007, 223.
189 Durch das Gesetz zur Reform des Verfahrens in Familiensachen und in den Angelegenheiten der freiwilligen Gerichtsbarkeit (FGG-ReformG) v. 17.12.2008, BGBl I 2008, 2586 ff., in Kraft getreten am 1.9.2009.

Es entsteht eine 2,3-Verfahrensgebühr nach Nrn. 3506, 3508 VV RVG und eine 1,2-Terminsgebühr nach Vorbem. 3 Abs. 3, 3. Var. i.V.m. Nr. 3516 VV RVG.[190] Die Höhe der Einigungsgebühr beläuft sich dagegen dem derzeitigen Wortlaut nach nur auf 1,0 (Nr. 1003 VV RVG). Nach der Neufassung der Nr. 1004 VV RVG entsteht künftig eine 1,3-Einigungsgebühr.

Der Anwalt erhält danach:

1.	2,3-Verfahrensgebühr, Nrn. 3506, 3508 VV RVG (Wert: 50.000,00 EUR)		2.663,40 EUR
2.	1,2-Terminsgebühr, Nr. 3516 VV RVG (Wert: 50.000,00 EUR)		1.389,60 EUR
3.	1,3-Einigungsgebühr, Nrn. 1000, 1004 VV RVG (Wert: 50.000,00 EUR)		1.505,40 EUR
4.	Postentgeltpauschale, Nr. 7002 VV RVG		20,00 EUR
	Zwischensumme	5.578,40 EUR	
5.	Umsatzsteuer, Nr. 7008 VV RVG		1.059,90 EUR
	Gesamt		**6.638,30 EUR**

400 Entsprechendes gilt auch in verwaltungs-, sozial- und finanzgerichtlichen Verfahren im Falle einer Erledigung.

401 *Beispiel 59: Nichtzulassungsbeschwerde mit Erledigung*

Nach einem Klage abweisenden Urteil des FG lässt der Kläger beim BFH Beschwerde gegen die Nichtzulassung der Revision einlegen (Wert: 5.000,00 EUR). Während des Nichtzulassungsbeschwerdeverfahrens verhandelt der Anwalt nochmals mit dem Finanzamt; es kommt zu einer Erledigung i.S.d. Nr. 1002 VV RVG.

Es entsteht eine 1,6-Verfahrensgebühr nach Nr. 3506 VV RVG und eine 1,2-Terminsgebühr nach Nr. 3516 VV RVG. Die Höhe der Erledigungsgebühr würde sich dem derzeitigen Wortlaut nach nur auf 1,0 belaufen (Nr. 1003 VV RVG). Nach der Neufassung der Nr. 1004 VV RVG entsteht künftig auch hier eine 1,3-Erledigungsgebühr.

Der Anwalt erhält danach:

1.	1,6-Verfahrensgebühr, Nr. 3506 VV RVG (Wert: 5.000,00 EUR)		476,80 EUR
2.	1,2-Terminsgebühr, Nr. 3516 VV RVG (Wert: 5.000,00 EUR)		357,60 EUR
3.	1,3-Erledigungsgebühr, Nrn. 1000, 1004 VV RVG (Wert: 5.000,00 EUR)		387,40 EUR
4.	Postentgeltpauschale, Nr. 7002 VV RVG		20,00 EUR
	Zwischensumme	1.241,80 EUR	
5.	Umsatzsteuer, Nr. 7008 VV RVG		235,94 EUR
	Gesamt		**1.477,74 EUR**

---

[190] AnwK-RVG/*N. Schneider*, Nr. 3516 Rn 5; Gerold/Schmidt/*Müller-Rabe*, Nr. 3515 ff. Rn 7, Vorbem. 3 Abs. 3 Rn 29 ff.; a.A. BGH AGS 2007, 298 = BGHR 2007, 369 = NJW 2007, 1461 = FamRZ 2007, 637 = NJ 2007, 223 = RVGprof. 2007, 78 = MittdtschPatAnw 2007, 242 = JurBüro 2007, 252 = MDR 2007, 742 = RVGreport 2007, 269 = zfs 2007, 467 = NJ 2007, 411; nach neuem Recht wird sich diese Frage nicht mehr stellen, da in Vorbem. 3 Abs. 3 VV RVG zukünftig klargestellt wird, dass es für die Terminsgebühr infolge der Mitwirkung an einer Besprechung nicht darauf ankommt, ob im Verfahren eine mündliche Verhandlung vorgeschrieben ist. Siehe dazu Rn 740 ff.

C. Änderungen im Vergütungsverzeichnis § 3

Betroffen von der Anhebung der Einigungs- und Erledigungsgebühr sind alle Verfahren über die Beschwerde gegen die Nichtzulassung einer Berufung, Revision sowie einer Beschwerde oder Rechtsbeschwerde nach Vorbem. 3.2.1, 3.2.2 VV RVG, sofern sich die Gebühren nach dem Gegenstandswert richten (§ 2 Abs. 1, 3 Abs. 1 S. 2 und 3 RVG), also

- die Beschwerde gem. § 544 ZPO gegen die Nichtzulassung der Revision nach den §§ 542 ff. ZPO. Der Anwalt erhält eine 2,3-Verfahrensgebühr nach Nrn. 3506, 3508 VV RVG und eine 1,2-Terminsgebühr nach Nr. 3516 VV RVG;
- die Beschwerde gem. § 72a ArbGG gegen die Nichtzulassung der Revision nach den §§ 72 ff. ArbGG. Der Anwalt erhält eine 1,6-Verfahrensgebühr nach Nr. 3506 VV RVG und eine 1,2-Terminsgebühr nach Nr. 3516 VV RVG;
- die Beschwerde gem. § 75 Abs. 1 GWB gegen die Nichtzulassung der Rechtsbeschwerde nach den §§ 74 ff. GWB. Der Anwalt erhält die Verfahrens- und Terminsgebühren eines Berufungsverfahrens nach den Nrn. 3200 ff. VV RVG (Vorbem. 3.2.1 Nr. 2 Buchst. d) VV RVG; bislang Vorbem. 3.2.1 Nr. 4 VV RVG (zur Änderung siehe Rn 898);
- die Beschwerde gem. § 25 Abs. 1 VSchDG gegen die Nichtzulassung der Rechtsbeschwerde nach den §§ 24 ff. VSchDG. Der Anwalt erhält die Verfahrens- und Terminsgebühren eines Berufungsverfahrens nach den Nrn. 3200 ff. VV RVG (Vorbem. 3.2.1 Nr. 2 Buchst. f) VV RVG; bislang Vorbem. 3.2.1 Nr. 9 VV RVG (zur Änderung siehe Rn 900);
- die Beschwerde gem § 87 EnWG gegen die Nichtzulassung der Rechtsbeschwerde nach den §§ 86 ff. EnWG. Der Anwalt erhält die Verfahrens- und Terminsgebühren eines Berufungsverfahrens nach den Nrn. 3200 ff. VV RVG (Vorbem. 3.2.1 Nr. 2 Buchst. e) VV RVG; bislang Vorbem. 3.2.1 Nr. 8 VV RVG (zur Änderung siehe Rn 899);
- die Beschwerde gem. § 92a ArbGG gegen die Nichtzulassung der Rechtsbeschwerde nach den §§ 92 ff. ArbGG. Der Anwalt erhält die Verfahrens- und Terminsgebühren eines Berufungsverfahrens nach den Nrn. 3200 ff. VV RVG (Vorbem. 3.2.1 Nr. 3 VV RVG);
- Beschwerde gem. § 133 VwGO gegen die Nichtzulassung der Revision nach den §§ 132 ff. VwGO. Der Anwalt erhält die Verfahrensgebühr nach Nr. 3506 VV RVG und die Terminsgebühr nach Nr. 3516 VV RVG;
- Beschwerde gem. § 115 Abs. 3 FGO gegen die Nichtzulassung der Revision nach den §§ 115 ff. FGO. Der Anwalt erhält die Verfahrensgebühr nach Nr. 3506 VV RVG und die Terminsgebühr nach Nr. 3516 VV RVG;
- die Beschwerde nach § 145 SGG gegen die Nichtzulassung der Berufung nach den §§ 143 ff. SGG, soweit gem. § 3 Abs. 1 S. 2 RVG nach dem Gegenstandswert abgerechnet wird. Der Anwalt erhält eine 1,6-Verfahrensgebühr nach Nr. 3504 VV RVG und eine 1,2-Terminsgebühr nach Nr. 3516 VV RVG;
- Beschwerde gem. § 160a SGG gegen die Nichtzulassung der Revision nach §§ 160 ff. SGG, soweit gem. § 3 Abs. 1 S. 2 RVG nach dem Gegenstandswert abgerechnet wird. Der Anwalt erhält eine 1,6-Verfahrensgebühr nach Nr. 3506 VV RVG und eine 1,2-Terminsgebühr nach Nr. 3516 VV RVG.

Diese Anhebung ist gerechtfertigt. So war es bislang nicht einzusehen, dass der Anwalt z.B. in einem zivilrechtlichen Berufungsverfahren sowie in einem Revisionsverfahren die 1,3-Einigungsgebühr nach Nrn. 1000, 1004 VV RVG erhielt, ausgerechnet in dem dazwischen liegenden Verfahren der Nichtzulassungsbeschwerde jedoch nur eine 1,0-Gebühr nach Nr. 1003 VV RVG erhalten sollte. Daher ist vorgesehen, dass auch für diese Verfahren der Nichtzulassungsbeschwerde eine 1,3-Gebühr nach Nr. 1004 VV RVG anfällt, wenn es zur Einigung oder Erledigung dort anhängiger Ansprüche kommt.

Eine Erhöhung der Aussöhnungsgebühr (Nr. 1001 VV RVG) kommt dagegen nicht in Betracht, da es in Ehesachen keine Nichtzulassungsbeschwerde gibt.

c) Verfahren auf Zulassung eines Rechtsmittels

405 Für Verfahren auf Zulassung eines Rechtsmittels ergibt sich die höhere Einigungsgebühr bereits nach der derzeitigen Rechtslage daraus, dass Verfahren auf Zulassung eines Rechtsmittels gem. § 16 Nr. 11 RVG zum jeweiligen Rechtsmittelverfahren gehören und somit Nr. 1004 VV RVG bereits unmittelbar anwendbar ist. Zur Klarstellung wird jedoch auch hier angeordnet, dass die höhere 1,3-Gebühr nach Nr. 1004 VV RVG anfällt.

406 *Beispiel 60: Verfahren auf Zulassung der Berufung mit Erledigung*

Das Verwaltungsgericht hat die Anfechtungsklage (Wert: 10.000,00 EUR) zurückgewiesen und die Berufung nicht zugelassen. Der Anwalt des Klägers beantragt daraufhin nach § 124a Abs. 4 VwGO die Zulassung der Berufung. Während des Zulassungsverfahrens verhandelt der Anwalt nochmals mit der Behörde und erzielt eine Erledigung.

Obwohl der Antrag beim Verwaltungsgericht einzureichen ist (§ 124a Abs. 4 S. 2 VwGO), zählt das Zulassungsverfahren nach § 16 Nr. 11 RVG schon zum Berufungsverfahren. Der Anwalt des Klägers erhält also eine 1,6-Verfahrensgebühr nach Nr. 3200 VV RVG. Der Antrag auf Zulassung löst bereits die volle Gebühr aus. Hinzukommt eine Terminsgebühr nach Vorbem. 3 Abs. 3, 3. Var., Nr. 3202 VV RVG. Für die Erledigung entsteht bereits nach derzeitigem Recht die 1,3-Gebühr nach Nr. 1004 VV RVG.

1.	1,6-Verfahrensgebühr, Nr. 3200 VV RVG (Wert: 10.000,00 EUR)		884,80 EUR
2.	1,2-Terminsgebühr, Nr. 3202 VV RVG (Wert: 10.000,00 EUR)		663,60 EUR
3.	1,3-Erledigungsgebühr, Nrn. 1002, 1004 VV RVG (Wert: 10.000,00 EUR)		718,90 EUR
4.	Postentgeltpauschale, Nr. 7002 VV RVG		20,00 EUR
	Zwischensumme	2.287,30 EUR	
5.	19 % Umsatzsteuer, Nr. 7008 VV RVG		434,59 EUR
	Gesamt		**2.721,89 EUR**

d) Finanzgerichtliche Verfahren

407 Nach wie vor in Nr. 1004 VV RVG nicht erwähnt sind die erstinstanzlichen Verfahren vor dem Finanzgericht. Zwar erhält der Anwalt dort in Teil 3 VV RVG die höheren Gebühren eines Berufungsverfahrens (Vorbem. 3.2.1 Nr. 1 VV RVG), also nach den Nrn. 3200 ff. VV RVG. Eine höhere Einigungsgebühr ist jedoch im Gesetz nicht vorgesehen. Die Höhe der Gebühr beläuft sich dem Wortlaut nach daher gem. Nr. 1003 VV RVG auf 1,0.

408 Zum Teil wurde allerdings anfangs vertreten, dass die erhöhte Gebühr nach Nr. 1004 VV RVG gelte.[191] Zwar handele es sich um ein erstinstanzliches Verfahren. Es sei jedoch nicht einzusehen, dass sich Verfahrens- und Terminsgebühren gem. Teil 3 Abschnitt 2 Unterabschnitt 1 VV RVG nach den erhöhten Gebühren für die Berufung bemessen (Vorbem. 3.2.1 Nr. 1 VV RVG), die Einigungs- und Erledigungsgebühr sich dagegen nach den einfachen Gebührensätzen der ersten Instanz richten sollen.[192] Diese Auffassung ist jedoch nicht mehr haltbar. Der Gesetzgeber hat in Kenntnis dieses Problems in Nr. 1004 VV RVG bereits bei der ersten Änderung der Vorschrift

---

[191] FG Baden-Württemberg AGS 2007, 349 = JurBüro 2007, 198; FG Rheinland-Pfalz AGS 2008, 181 = NJW-Spezial 2008, 157 = RVGreport 2008, 105; Kompaktkommentar/*Bischof*, Nr. 1004 Rn 4, 5; *Meyer/Kroiß*, Nr. 1004 Rn 6; RMOLK-RVG/*Baumgärtel*, Nr. 1004 Rn 2; *N. Schneider*, AnwBl 2005, 202; *Hansens/Braun/Schneider*, Teil 6 Rn 37; Teil 14 Rn 22; *Hartmann*, KostG, RVG Nr. 1004 Rn 3.

[192] *Mayer/Kroiß*, RVG, Nr. 1004 VV RVG Rn 6; *N. Schneider*, AnwBl 2005, 202.

durch das FGG-ReformG[193] ausdrücklich nur die Einigung in den Beschwerden- und Rechtsbeschwerden nach Vorbem. 3.2.1, 3.2.2 VV RVG aufgewertet. Die Einigungs- und Erledigungsgebühr in finanzgerichtlichen Verfahren hat er bewusst nicht verändert. Hier erschien ihm die Besserstellung bei der Verfahrensgebühr ausreichend.[194] Nachdem er auch jetzt bei der zweiten Änderung dieser Vorschrift die finanzgerichtlichen Verfahren nicht erwähnt hat, kann eine Gesetzeslücke daher nicht mehr angenommen werden.

Beispiel 61: Erledigung im finanzgerichtlichen Verfahren   409

Der Anwalt wird nach Erlass des Einspruchsbescheides gegen eine Steuerforderung über 8.000,00 EUR mit der Anfechtungsklage beauftragt. In der mündlichen Verhandlung kommt es zu einer Erledigung i.S.d. Nr. 1002 VV RVG.

Obwohl der Anwalt nach Vorbem. 3.2.1 Nr. 1 VV RVG die Gebühren eines Berufungsverfahrens verdient, erhält er nur eine 1,0-Erledigungsgebühr.

1. 1,6-Verfahrensgebühr, Vorbem. 3.2.1 Nr. 1, Nr. 3200 VV RVG   721,60 EUR
   (Wert: 8.000,00 EUR)
2. 1,2-Terminsgebühr, Vorbem. 3.2.1 Nr. 1, Nr. 3202 VV RVG   541,20 EUR
   (Wert: 8.000,00 EUR)
3. 1,0-Erledigungsgebühr, Nrn. 1002, 1003 VV RVG   451,00 EUR
   (Wert: 8.000,00 EUR)
4. Postentgeltpauschale, Nr. 7002 VV RVG   20,00 EUR
   Zwischensumme   1.733,80 EUR
5. 19 % Umsatzsteuer, Nr. 7008 VV RVG   329,42 EUR
   Gesamt   **2.063,22 EUR**

e) Beschwerde- und Rechtsbeschwerdeverfahren der freiwilligen Gerichtsbarkeit

Eine zusätzliche Erweiterung des Anwendungsbereichs der Nr. 1004 VV RVG ergibt sich zwar nicht durch die Änderung der Nr. 1004 VV RVG selbst, wohl aber durch die Änderung der in Bezug genommenen Vorbem. 3.2.1 VV RVG. Dort sind in der neuen Vorbem. 3.2.1 Nr. 2b) VV RVG jetzt auch Beschwerdeverfahren gegen eine Endentscheidung wegen des Hauptgegenstands in den Angelegenheiten der freiwilligen Gerichtsbarkeit aufgenommen worden (Art. 8 Abs. 2 Nr. 30, siehe dazu Rn 876). Das hat nicht nur zur Folge, dass jetzt anstelle der Gebühren nach Nrn. 3500 ff. VV RVG die der Nrn. 3200 ff. VV RVG gelten (siehe Rn 885 ff.), sondern auch, dass jetzt der höhere Satz der Einigungsgebühr nach Nr. 1004 VV RVG greift.   410

Beispiel 62: Einigung in einem Beschwerdeverfahren der freiwilligen Gerichtsbarkeit   411

In einem Verfahren auf Abberufung eines Testamentsvollstreckers (Verfahrenswert 20.000,00 EUR) einigen sich die Beteiligten im Beschwerdeverfahren unter Mitwirkung ihrer Anwälte.

Die Anwälte erhalten nach Vorbem. 3.2.1 Nr. 2 Buchst. b) VV RVG die Gebühren eines Berufungsverfahrens (Nrn. 3200 ff. VV RVG). Die Höhe der Einigungsgebühr richtet sich nach Nr. 1004 VV RVG, da zu den in Vorbem. 3.2.1 VV RVG genannten Verfahren, auf die die

---

193 Gesetz v. 17.12.2008, BGBl I 2586.
194 FG Köln EFG 2011, 1832 = StE 2011, 603; AnwK-RVG/*N. Schneider*, Nr. 1004 Rn 5; Gerold/Schmidt/*Müller-Rabe*, Nrn. 1003, 1004 Rn 56 im Hinblick auf die eingefügte Anm., die nach ihrem Wortlaut nur Beschwerde- und Rechtsbeschwerdeverfahren betrifft.

Anm. Abs. 1 zu Nr. 1004 VV RVG verweist, jetzt auch die Beschwerden gegen Endentscheidungen in Angelegenheiten der freiwilligen Gerichtsbarkeit zählen.

1.	1,6-Verfahrensgebühr, Vorbem. 3.2.1 Nr. 2 Buchst. b), Nr. 3200 VV RVG (Wert: 20.000,00 EUR)	1.179,20 EUR
2.	1,2-Terminsgebühr, Vorbem. 3.2.1 Nr. 2 Buchst. b), Nr. 3202 VV RVG (Wert: 20.000,00 EUR)	884,40 EUR
3.	1,3-Erledigungsgebühr, Nrn. 1000, 1004 VV RVG (Wert: 20.000,00 EUR)	958,10 EUR
4.	Postentgeltpauschale, Nr. 7002 VV RVG	20,00 EUR
	Zwischensumme 3.041,70 EUR	
5.	19 % Umsatzsteuer, Nr. 7008 VV RVG	577,92 EUR
	Gesamt	**3.619,62 EUR**

f) Beschwerden gegen Hauptsacheentscheidungen des einstweiligen Rechtsschutzes in verwaltungs- und sozialgerichtlichen Verfahren

412 Nach Vorbem 3.2.1 Nr. 3 Buchst. a) VV RVG werden künftig Beschwerden wegen des Hauptgegenstands in Verfahren des vorläufigen oder einstweiligen Rechtsschutzes der Verwaltungs- und Sozialgerichtsbarkeit wie Berufungsverfahren abgerechnet. Dadurch ergeben sich auch höhere Einigungs- und Erledigungsgebühren, da Anm. Abs. 1 zu Nr. 1004 VV RVG pauschal auf diese Verfahren verweist (ausführlich dazu siehe Rn 907 ff.).

413 *Beispiel 63: Beschwerde gegen einstweilige Anordnung des Verwaltungsgerichts*

Gegen den Beschluss des VG, mit dem das Gericht den Antrag auf Aussetzung der sofortigen Vollziehung des Antragstellers abgelehnt hat, legt dieser Beschwerde zum OVG/VGH ein. Im Verhandlungstermin vor dem OVG/VGH wird eine Einigung getroffen. Der Streitwert beträgt 1.500,00 EUR.

Abzurechnen ist wie folgt:

1.	1,6-Verfahrensgebühr, Nr. 3200 VV RVG (Wert: 1.500,00 EUR)	176,00 EUR
2.	1,2-Terminsgebühr, Nr. 3202 VV RVG (Wert: 1.500,00 EUR)	132,00 EUR
3.	1,3-Einigungsgebühr, Nrn. 1000, 1004 VV RVG (Wert: 1.500,00 EUR)	143,00 EUR
4.	Postentgeltpauschale, Nr. 7002 VV RVG	20,00 EUR
	Zwischensumme 471,00 EUR	
5.	19 % Umsatzsteuer, Nr. 7008 VV RVG	89,49 EUR
	Gesamt	**560,49 EUR**

414 *Beispiel 64: Beschwerde gegen einstweilige Anordnung des Sozialgerichts mit mündlicher Verhandlung und Einigung*

Gegen den Beschluss des SG, mit dem die Behörde zu einer vorläufigen Leistung verpflichtet worden ist, legt diese Beschwerde ein. In der mündlichen Verhandlung wird eine Einigung getroffen.

Ausgehend von den Mittelgebühren ist wie folgt abzurechnen:

1.	Verfahrensgebühr, Nr. 3204 VV RVG	370,00 EUR
2.	Terminsgebühr, Nr. 3205 VV RVG	280,00 EUR
3.	Einigungsgebühr, Nrn. 1006, 3204 VV RVG	370,00 EUR
4.	Postentgeltpauschale, Nr. 7002 VV RVG	20,00 EUR
	Zwischensumme 1.040,00 EUR	
5.	19 % Umsatzsteuer, Nr. 7008 VV RVG	197,60 EUR
	Gesamt	**1.237,60 EUR**

g) Weitere Verfahren nach Vorbem. 3.2.1 und 3.2.2 VV RVG

Änderungen ergeben sich auch insoweit, als in den Katalog der Vorbem. 3.2.1 und 3.2.2 VV RVG weitere Verfahren aufgenommen worden sind, etwa Beschwerdeverfahren nach dem SpruchG oder Beschwerden gegen die den Rechtszug beendenden Entscheidungen im personalvertretungsrechtlichen Beschlussverfahren vor den Gerichten der Verwaltungsgerichtsbarkeit. In diesen Verfahren entstehen künftig ebenfalls die höheren Einigungs- oder Erledigungsgebühren nach Nr. 1004 VV RVG.

415

h) Sonstige Verfahren

Für sonstige Verfahren, auch wenn sie vor einem höheren Gericht stattfinden und dort höhere Gebührensätze gelten (z.B. in den erstinstanzlichen Verfahren nach Nr. 3300 VV RVG vor einem Ober- oder Bundesgericht), gilt Nr. 1004 VV RVG nicht. In Anbetracht der zweimaligen Änderung der Vorschrift der Nr. 1004 VV RVG kann nicht davon ausgegangen werden, dass der Gesetzgeber diese Verfahren übersehen hat und insoweit eine Regelungslücke besteht.

416

3. Nrn. 1005 bis 1006 VV RVG

a) Überblick

Anstelle der bisherigen Nrn. 1005 – 1007 VV RVG treten die neuen Nrn. 1005, 1006 VV RVG[195] in Kraft, die folgenden Wortlaut erhalten werden:

417

1005	Einigung oder Erledigung in einem Verwaltungsverfahren in sozialrechtlichen Angelegenheiten, in denen im gerichtlichen Verfahren Betragsrahmengebühren entstehen (§ 3 RVG):	
	Gebühren 1000 und 1002	in Höhe der Geschäftsgebühr
	(1) Die Gebühr bestimmt sich einheitlich nach dieser Vorschrift, wenn in die Einigung Ansprüche aus anderen Verwaltungsverfahren einbezogen werden. Ist über einen Gegenstand ein gerichtliches Verfahren anhängig, bestimmt sich die Gebühr nach Nummer 1006. Maßgebend für die Höhe der Gebühr ist die höchste entstandene Geschäftsgebühr ohne Berücksichtigung einer Erhöhung nach Nummer 1008. Steht dem Rechtsanwalt ausschließlich eine Gebühr nach § 34 RVG zu, beträgt die Gebühr die Hälfte des in der Anmerkung zu Nummer 2302[196] genannten Betrags.	
	(2) Betrifft die Einigung oder Erledigung nur einen Teil der Angelegenheit, ist der auf diesen Teil der Angelegenheit entfallende Anteil an der Geschäftsgebühr unter Berücksichtigung der in § 14 Abs. 1 RVG genannten Umstände zu schätzen.	

---

195 Änderung durch Art. 8 Abs. 2 Nr. 4.
196 Es dürfte sich um einen redaktionellen Fehler handeln. Gemeint ist Nr. 2304 VV RVG (siehe Rn 448).

§ 3 Änderungen des RVG

1006	Über den Gegenstand ist ein gerichtliches Verfahren anhängig: Die Gebühr 1005 entsteht	in Höhe der Verfahrensgebühr
	(1) Die Gebühr bestimmt sich einheitlich nach dieser Vorschrift, wenn in die Einigung nicht rechtshängige Ansprüche einbezogen werden, die nicht in diesem Verfahren rechtshängig sind. Maßgebend für die Höhe der Gebühr ist die im Einzelfall bestimmte Verfahrensgebühr in der Angelegenheit, in der die Einigung erfolgt. Eine Erhöhung nach Nummer 1008 ist nicht zu berücksichtigen.	
	(2) Betrifft die Einigung oder Erledigung nur einen Teil der Angelegenheit, ist der auf diesen Teil der Angelegenheit entfallende Anteil an der Verfahrensgebühr unter Berücksichtigung der in § 14 Abs. 1 RVG genannten Umstände zu schätzen.	

b) Tatbestandsvoraussetzungen

418 Hinsichtlich der Tatbestandsvoraussetzungen der Einigungs- und Erledigungsgebühr ergeben sich, abgesehen von der Neufassung der Nr. 1000 VV RVG (siehe oben Rn 341) keine Änderungen. Auch in sozialrechtlichen Angelegenheiten wird weiterhin auf die Grundtatbestände der Nrn. 1000 und 1002 VV RVG Bezug genommen.

c) Anbindung an Geschäfts- oder Verfahrensgebühr

419 In Sozialsachen, in denen das GKG nicht anzuwenden ist und demnach Betragsrahmen entstehen (§ 3 Abs. 1 S. 1, Abs. 2 RVG), sind zurzeit für die Einigungsgebühr (Nr. 1000 VV RVG) und die Erledigungsgebühr (Nr. 1002 VV RVG) drei verschiedene Gebührenrahmen vorgesehen. Entsprechend der Einteilung bei den Wertgebühren ist vorgesehen

- ein grundsätzlicher Rahmen (Nr. 1005 VV RVG a.F.),
- ein Rahmen bei gerichtlicher Anhängigkeit außerhalb eines Berufungs- und Revisionsverfahrens (Nr. 1006 VV RVG a.F.) und
- ein weiterer Rahmen für Einigungen und Erledigungen bei Anhängigkeit in einem Berufungs- und Revisionsverfahren (Nr. 1007 VV RVG a.F.).

420 Zu Problemen kommt es hier immer wieder bei der Bestimmung der Höhe des angemessenen Gebührenbetrags der Einigungs- oder Erledigungsgebühr nach § 14 Abs. 1 RVG, insbesondere deshalb, weil es bei der Einigung oder Erledigung insbesondere nicht auf Umfang und Schwierigkeit der anwaltlichen Tätigkeit ankommen kann.

421 Weitere Probleme ergeben sich, wenn eine Einigung über mehrere Gegenstände getroffen wird oder wenn mehrere Gegenstände erledigt werden, die zum Teil anhängig und zum Teil nicht anhängig oder in unterschiedlichen Instanzen anhängig sind.

422 Anstelle der bisherigen drei Gebührenrahmen ist künftig jeweils nur noch eine Verweisung auf die jeweilige Geschäfts- oder Verfahrensgebühr vorgesehen.

423 Die vorgeschlagene Anknüpfung an die Geschäfts- oder Verfahrensgebühr soll zu einer sachgerechten Gewichtung führen. Ist eine Angelegenheit besonders umfangreich und schwierig und fällt deshalb eine hohe Geschäfts- oder Verfahrensgebühr an, ist der Entlastungseffekt einer Einigung oder Erledigung und die Verantwortung des Anwalts entsprechend hoch, sodass dann auch die Einigungs- und Erledigungsgebühren entsprechend hoch ausfallen sollen.

424 Damit werden faktisch neue Gebührenrahmen für Einigung und Erledigung geschaffen. Zudem vereinfacht sich die Abrechnung, weil sich die Höhe der Einigungs- bzw. Erledigungsgebühr jetzt immer an dem konkreten Rahmen der Verfahrensgebühr orientiert und keinen eigenen Ermessensspielraum mehr eröffnet (siehe unten Rn 427).

Damit stehen für die Einigungs- und Erledigungsgebühr folgende Gebührenrahmen zur Verfügung:

Übersicht Einigungs- und Erledigungsgebühr in sozialrechtlichen Angelegenheiten, die sich nicht nach dem Gegenstandwert richten

	Rahmen	Mittelgebühr	Höchstgebühr
außergerichtliche Vertretung (voller Rahmen)	50,00 – 640,00 EUR	345,00 EUR	
außergerichtliche Vertretung (weder umfangreich noch schwierig)			300,00 EUR
erste Instanz	50,00 – 550,00 EUR	300,00 EUR	
Beschwerde gegen die Nichtzulassung der Berufung	60,00 – 680,00 EUR	370,00 EUR	
Berufungsverfahren	60,00 – 680,00 EUR	370,00 EUR	
Beschwerde gegen die Nichtzulassung der Revision	80,00 – 880,00 EUR	480,00 EUR	
Revisionsverfahren	80,00 – 880,00 EUR	480,00 EUR	
Erinnerungs- und Beschwerdeverfahren	20,00 – 210,00 EUR	115,00 EUR	
Verkehrsanwalt	wie Hauptbevollmächtigter		420,00 EUR
Terminsvertreter	wie Hauptbevollmächtigter		

425

Eine Erhöhung bei mehreren Auftraggebern nach Nr. 1008 VV RVG auch für die Gebührenrahmen der Einigungs- und Erledigungsgebühr kommt dagegen nicht in Betracht (Anm. Abs. 1 S. 3 zu Nr. 1005; Anm. Abs. 1 S. 3 zu Nr. 1006 VV RVG) (siehe unten Rn 435).

426

d) Keine eigene Gebührenbestimmung nach § 14 Abs. 1 RVG

Um Streitigkeiten über die angemessene Höhe der Einigungs- oder Erledigungsgebühr zu vermeiden, ist dazu in Anm. Abs. 1 zu Nr. 1005 VV RVG und Anm. Abs. 1 zu Nr. 1006 VV RVG vorgesehen, die Höhe der Einigungs- oder Erledigungsgebühr nicht nur an den Rahmen der Geschäfts- oder Verfahrensgebühr anzubinden, sondern darüber hinaus auch an die im konkreten Einzelfall gem. § 14 Abs. 1 RVG bestimmte Höhe der jeweiligen Geschäfts- oder Verfahrensgebühr. Damit besteht also für die Einigungs- und Erledigungsgebühr – nicht mehr wie bisher – ein eigener Gebührenrahmen, der nach den Kriterien des § 14 Abs. 1 RVG auszufüllen ist. Vielmehr handelt es sich faktisch um eine Festgebühr in Höhe der zuvor bestimmten Geschäfts- oder Verfahrensgebühr.

427

Das gilt auch dann, wenn hinsichtlich der Geschäftsgebühr die Kappungsgrenze der sog. Schwellengebühr (Nr. 2304 VV RVG) greift. Dann ist die Höhe der Einigungs- und Erledigungsgebühr ebenfalls auf diesen Betrag begrenzt.

428

Hintergrund dieser Anbindung ist, dass sich der Beitrag des Anwalts an der Einigung oder Erledigung mit den Kriterien des § 14 Abs. 1 RVG häufig nur schwer bewerten lässt und daher Streitigkeiten über die angemessene Höhe der Einigungs- und Erledigungsgebühr an der Tagesordnung sind. Um diesen Streit zu vermeiden, soll daher die Höhe der Einigungs- oder Erledigungsgebühr an die konkret bestimmte Höhe der Geschäfts- oder Verfahrensgebühr angeknüpft werden. Für die Geschäfts- und Verfahrensgebühr ist eine Bestimmung an Hand der Kriterien des § 14 Abs. 1 RVG einfacher. Diese Bestimmung ist dann auch für eine eventuelle Einigungs- oder Erledigungsgebühr maßgebend.

429

430 Dies erscheint auch angemessen und sachgerecht. Ist die Sache besonders umfangreich und schwierig, fällt eine höhere Geschäftsgebühr an. Dann ist auch der Entlastungseffekt einer Einigung oder Erledigung des Anwalts entsprechend hoch; gleiches gilt für seine Verantwortung.

431 *Beispiel 65: Erledigung im Nachprüfungsverfahren ohne Vorbefassung*
Der Anwalt wird erstmals in einem Nachprüfungsverfahren beauftragt und wirkt an einer Erledigung mit. Die Sache ist umfangreich, aber durchschnittlich, sodass von der Mittelgebühr auszugehen ist.
Die Erledigungsgebühr beläuft sich damit auch auf die Mittelgebühr.

1.	Geschäftsgebühr, Nr. 2303 Nr. 1 VV RVG	345,00 EUR
2.	Erledigungsgebühr, Nrn. 1002, 1005 VV RVG	345,00 EUR
3.	Postentgeltpauschale, Nr. 7002 VV RVG	20,00 EUR
	Zwischensumme	710,00 EUR
4.	19 % Umsatzsteuer, Nr. 7008 VV RVG	134,90 EUR
	Gesamt	**844,90 EUR**

432 *Beispiel 66: Erledigung im erstinstanzlichen Verfahren ohne Vorbefassung*
Der Anwalt wird erstmals mit der Anfechtungsklage vor dem SG beauftragt. Im Termin zur mündlichen Verhandlung wirkt er an einer Erledigung mit. Die Sache ist durchschnittlich, sodass von der Mittelgebühr auszugehen ist.

1.	Verfahrensgebühr, Nr. 3102 VV RVG	300,00 EUR
2.	Terminsgebühr, Nr. 3106 VV RVG	280,00 EUR
3.	Erledigungsgebühr, Nrn. 1002, 1006 VV RVG	300,00 EUR
4.	Postentgeltpauschale, Nr. 7002 VV RVG	20,00 EUR
	Zwischensumme	900,00 EUR
5.	19 % Umsatzsteuer, Nr. 7008 VV RVG	171,00 EUR
	Gesamt	**1.071,00 EUR**

433 Soweit nur die sog. Schwellengebühr (Nr. 2304 VV RVG) greift, entsteht auch eine entsprechend geringere Einigungs- oder Erledigungsgebühr.

434 *Beispiel 67: Erledigung im Nachprüfungsverfahren ohne Vorbefassung (Schwellengebühr)*
Der Anwalt wird erstmals in einem Nachprüfungsverfahren beauftragt und wirkt an einer Erledigung mit. Die Sache ist durchschnittlich, aber weder umfangreich noch schwierig, sodass von der Schwellengebühr nach Nr. 2304 VV RVG auszugehen ist.
Die Erledigungsgebühr beläuft sich damit auch auf die Schwellengebühr.

1.	Geschäftsgebühr, Nrn. 2303 Nr. 1, 2304 VV RVG	300,00 EUR
2.	Erledigungsgebühr, Nrn. 1002, 1005 VV RVG	300,00 EUR
3.	Postentgeltpauschale, Nr. 7002 VV RVG	20,00 EUR
	Zwischensumme	620,00 EUR
4.	19 % Umsatzsteuer, Nr. 7008 VV RVG	117,80 EUR
	Gesamt	**737,80 EUR**

e) Erhöhung bei mehreren Auftraggebern

435 Wird der Anwalt für mehrere Auftraggeber tätig, so erhöht sich der Gebührenrahmen der Geschäfts- und Verfahrensgebühr nach Nr. 1008 VV RVG um 30 % je weiteren Auftraggeber, höchstens um 200 %, und zwar unabhängig davon, ob derselbe Gegenstand zugrunde liegt. Das gilt auch für die sog. Schwellengebühr (Nr. 2304 VV RVG). Die danach erhöhte Geschäfts- oder Verfahrensgebühr soll jedoch nicht als Bezugsgröße für Einigungs- und Erledigungsgebühren gelten. Die entsprechende Einschränkung ist in S. 3 mit dem Regierungsentwurf nachgetragen worden.

Soweit eine Standardgebühr (Mittelgebühr, Mindest- oder Höchstgebühr) angesetzt wird, ist für die Einigungs- oder Erledigungsgebühr die jeweilige einfache Standardgebühr anzusetzen. **436**

> *Beispiel 68: Erledigung bei mehreren Auftraggebern (I)* **437**
> In einem Verfahren vor dem SG vertritt der Anwalt eine Bedarfsgemeinschaft, bestehend aus vier Personen und wirkt im Termin zur mündlichen Verhandlung an einer Erledigung mit. Die Sache ist durchschnittlich, sodass die Mittelgebühr angemessen ist.
>
> Der nach Nr. 1008 VV RVG um 90 % erhöhte Gebührenrahmen der Nr. 3102 VV RVG beläuft sich auf (50,00 EUR × 1,9 =) 95,00 EUR bis (550,00 × 1,9 =) 1.045,00 EUR. Die Mittelgebühr beträgt somit (95,00 EUR + 1.045,00 EUR)/2 = 570,00 EUR.
>
> Die Erledigungsgebühr beläuft sich dagegen nur auf die einfache Mittelgebühr i.H.v. 300,00 EUR.
>
> | | | |
> |---|---|---:|
> | 1. | Verfahrensgebühr, Nrn. 3102, 1008 VV RVG | 570,00 EUR |
> | 2. | Terminsgebühr, Nr. 3106 VV RVG | 280,00 EUR |
> | 3. | Erledigungsgebühr, Nrn. 1002, 1006 VV RVG | 300,00 EUR |
> | 4. | Postentgeltpauschale, Nr. 7002 VV RVG | 20,00 EUR |
> | | Zwischensumme | 1.170,00 EUR |
> | 5. | 19 % Umsatzsteuer, Nr. 7008 VV RVG | 222,30 EUR |
> | | **Gesamt** | **1.392,30 EUR** |

Soweit die erhöhte Verfahrensgebühr frei bestimmt ist, muss diese Gebühr dann um die Erhöhung bereinigt werden, indem 30 % je weiteren Auftraggeber wieder abgezogen werden. **438**

> *Beispiel 69: Erledigung bei mehreren Auftraggebern (I)* **439**
> In einem Verfahren vor dem SG vertritt der Anwalt eine Bedarfsgemeinschaft, bestehend aus vier Personen und wirkt im Termin zur mündlichen Verhandlung an einer Erledigung mit. Der Anwalt setzt eine leicht erhöhte Verfahrensgebühr i.H.v. 600,00 EUR an.
>
> Die Erledigungsgebühr beläuft sich auf 600,00 EUR : 1,9 = 315,79 EUR.
>
> | | | |
> |---|---|---:|
> | 1. | Verfahrensgebühr, Nrn. 3102, 1008 VV RVG | 600,00 EUR |
> | 2. | Terminsgebühr, Nr. 3106 VV RVG | 280,00 EUR |
> | 3. | Erledigungsgebühr, Nrn. 1002, 1006 VV RVG | 315,79 EUR |
> | 4. | Postentgeltpauschale, Nr. 7002 VV RVG | 20,00 EUR |
> | | Zwischensumme | 1.215,79 EUR |
> | 5. | 19 % Umsatzsteuer, Nr. 7008 VV RVG | 231,00 EUR |
> | | **Gesamt** | **1.446,79 EUR** |

f) Unbeachtlichkeit einer Anrechnung

Ohne Bedeutung ist es für den Gebührenrahmen der Einigungsgebühr, wenn auf die zugrunde liegende Geschäfts- oder Verfahrensgebühr eine zuvor entstandene Geschäfts-, Verfahrens- oder Beratungsgebühr anzurechnen ist (zur Umstellung des Systems der Gebührenminderung bei Vorbefassung auf eine echte Anrechnung siehe Rn 523 ff.). Nach dem eindeutigen Wortlaut des Gesetzes ist auf die jeweilige Geschäfts- oder Verfahrensgebühr abzustellen und nicht auf den im konkreten Fall verbleibenden Gebührenbetrag. Das folgt letztlich auch aus § 15a Abs. 1 RVG, wonach der Anwalt jede Gebühr unbeschadet einer Anrechnung in voller Höhe fordern kann. **440**

441 *Beispiel 70: Erledigung im gerichtlichen Verfahren bei vorangegangener Tätigkeit im Widerspruchsverfahren*

Der Anwalt vertritt den Auftraggeber zunächst im Widerspruchsverfahren und anschließend im gerichtlichen Verfahren vor dem SG. In der mündlichen Verhandlung wirkt er an einer Erledigung mit. Die Sache ist umfangreich, aber durchschnittlich, sodass jeweils von der Mittelgebühr auszugehen ist.

Die Erledigungsgebühr bemisst sich aus dem Gebührenaufkommen der Verfahrensgebühr vor Anrechnung.

I. Vertretung im Widerspruchsverfahren

1.	Geschäftsgebühr, Nr. 2303 Nr. 1 VV RVG	345,00 EUR
2.	Postentgeltpauschale, Nr. 7002 VV RVG	20,00 EUR
	Zwischensumme	365,00 EUR
3.	19 % Umsatzsteuer, Nr. 7008 VV RVG	69,35 EUR
	Gesamt	**434,35 EUR**

II. Vertretung im gerichtlichen Verfahren

1.	Verfahrensgebühr, Nr. 3102 VV RVG	300,00 EUR
2.	gem. Vorbem. 3 Abs. 4 VV RVG anzurechnen	-172,50 EUR
3.	Terminsgebühr, Nr. 3106 VV RVG	280,00 EUR
4.	Erledigungsgebühr, Nrn. 1002, 1006 VV RVG	300,00 EUR
5.	Postentgeltpauschale, Nr. 7002 VV RVG	20,00 EUR
	Zwischensumme	727,50 EUR
6.	19 % Umsatzsteuer, Nr. 7008 VV RVG	138,23 EUR
	Gesamt	**865,73 EUR**

g) Teileinigung oder -erledigung

442 Lediglich dann, wenn die Einigung oder Erledigung nur einen Teil der zugrunde liegenden Gegenstände betrifft, versagt die Anknüpfung an die Geschäfts- oder Verfahrensgebühr. Bei Abrechnung nach Wertgebühren würde eine Einigungs- oder Erledigungsgebühr dann nur aus dem betreffenden Teilwert anfallen. Da in Sozialsachen, in denen das GKG nicht anzuwenden ist, wertunabhängig abgerechnet wird, scheidet diese Anknüpfung aus.

443 Wird nur über einen Teil der zugrunde liegenden Gegenstände eine Einigung oder Erledigung erzielt, ist zwar auch von der bestimmten Höhe der Verfahrens- oder Geschäftsgebühr auszugehen. Es ist dann allerdings anhand der Kriterien des § 14 Abs. 1 RVG der auf diesen Teil der Angelegenheit entfallende Anteil an der Geschäftsgebühr unter Heranziehung der Kriterien nach § 14 Abs. 1 RVG zu schätzen, nach dem sich dann die Höhe der Einigungs- und Erledigungsgebühr bemisst (Anm. Abs. 2 S. 2 zu Nr. 1005 VV RVG; Anm. Abs. 2 S. 2 zu Nr. 1006 VV RVG).

444 *Beispiel 71: Teileinigung im gerichtlichen Verfahren*

Beantragt wird die Feststellung des Grades der Behinderung (GdB) von 100 % sowie die Feststellung der Merkzeichen G und H. Im Termin einigt sich der Anwalt mit der Behörde, dass von einem GdB von 60 % ausgegangen werden soll. Hinsichtlich der Merkzeichen wird das Verfahren fortgesetzt. Die Sache ist durchschnittlich.

Auszugehen ist für die Verfahrens- und für die Terminsgebühr von der Mittelgebühr. Für die Einigungsgebühr ist jetzt zu fragen, welchen Anteil die Feststellung des GdB und die Feststellung der Merkzeichen ausmachen. Hier soll von einem Anteil von 70 % für den GdB und von

30 % für die Merkzeichen ausgegangen werden. Damit beläuft sich die Einigungsgebühr gem. Anm. Abs. 2 S. 2 zu Nr. 1006 VV RVG auf 70 % der Verfahrensgebühr.

1.	Verfahrensgebühr, Nr. 3102 VV RVG	300,00 EUR
2.	Terminsgebühr, Nr. 3106 VV RVG	280,00 EUR
3.	Erledigungsgebühr, Nrn. 1002, 1006 VV RVG	210,00 EUR
4.	Postentgeltpauschale, Nr. 7002 VV RVG	20,00 EUR
	Zwischensumme 810,00 EUR	
5.	19 % Umsatzsteuer, Nr. 7008 VV RVG	153,90 EUR
	Gesamt	**963,90 EUR**

Auch bei mehreren Auftraggebern kann eine Teileinigung in Betracht kommen. Hier wird man dann entsprechend quoteln. **445**

Beispiel 72: Erledigung bei mehreren Auftraggebern **446**

In einem Verfahren vor dem SG vertritt der Anwalt zwei Auftraggeber, die Leistungen beanspruchen. Hinsichtlich des einen Auftraggebers wird eine Einigung erzielt; der andere Auftraggeber nimmt seine Klage zurück.

Die Erledigungsgebühr dürfte hier mir der halben (einfachen) Verfahrensgebühr anzunehmen sein.

1.	Verfahrensgebühr, Nrn. 3102, 1008 VV RVG	390,00 EUR
2.	Terminsgebühr, Nr. 3106 VV RVG	280,00 EUR
3.	Erledigungsgebühr, Nrn. 1002, 1006 VV RVG	150,00 EUR
4.	Postentgeltpauschale, Nr. 7002 VV RVG	20,00 EUR
	Zwischensumme 840,00 EUR	
5.	19 % Umsatzsteuer, Nr. 7008 VV RVG	159,60 EUR
	Gesamt	**999,60 EUR**

h) Einigung und Erledigung im Rahmen der Beratung

Übersehen hatte der Referentenentwurf, dass Einigungs- und Erledigungsgebühren auch im Rahmen der Beratung anfallen können.[197] Für eine Beratung sind aber weder eine Geschäfts- noch eine Verfahrensgebühr vorgesehen. **447**

Auch diese Lücke ist mit dem Regierungsentwurf geschlossen worden. Im Falle einer Beratung erhält der Anwalt eine Einigungs- oder Erledigungsgebühr in Höhe der Hälfte des in Nr. 2304 VV RVG genannten Betrags. Soweit das Gesetz von dem in Anm. zu 2302 VV RVG genannten Betrag spricht, handelt es sich um ein redaktionelles Versehen, das sicherlich noch berichtigt werden wird. Die jetzige Regelung der Nr. 2304 VV RVG (Schwellengebühr) war im Referentenentwurf noch in Anm. zu Nr. 2302 VV RVG enthalten. **448**

Beispiel 73: Erledigung bei Beratung **449**

Der Anwalt hatte den Auftraggeber in einem Widerspruchsverfahren ausführlich beraten. Eine Vereinbarung ist nicht geschlossen worden. Aufgrund der Beratung erzielt der Mandant eine Erledigung.

Die Erledigungsgebühr ist hier mir dem hälftigen Betrag nach Nr. 2304 VV RVG anzusetzen.

1.	Beratungsgebühr, § 34 Abs. 1 RVG	250,00 EUR
2.	Erledigungsgebühr, Nrn. 1002, Anm. Abs. 1 S. 4 zu Nr. 1005 VV RVG	150,00 EUR

---

197 Zuletzt AG Neumünster AGS 2011, 475 = zfs 2011, 406.

§ 3 Änderungen des RVG

	3. Postentgeltpauschale, Nr. 7002 VV RVG		20,00 EUR
	Zwischensumme	420,00 EUR	
	4. 19 % Umsatzsteuer, Nr. 7008 VV RVG		79,80 EUR
	Gesamt		**499,80 EUR**

450 Der hälftige Betrag der Kappungsgrenze gilt auch dann, wenn der Anwalt mit seinem Auftraggeber – wie es § 34 Abs. 1 RVG vorsieht – eine Gebührenvereinbarung getroffen hat.

i) Einbeziehung nicht anhängiger Gegenstände im gerichtlichen Verfahren

451 Kommt es in einem gerichtlichen Verfahren zu einer Einigung oder Erledigung auch über nicht anhängige Gegenstände, bleibt die Anbindung an die Verfahrensgebühr bestehen (Anm. Abs. 1 zu Nr. 1006 VV RVG). Es kann hier also nicht zu Fällen unterschiedlicher Gebührenrahmen mit der Folge einer entsprechenden Anwendung des § 15 Abs. 3 RVG kommen.

452 In der Regel wird durch die Einbeziehung nicht anhängiger Gegenstände die Verfahrensgebühr höher anzusetzen sein, da das Mitverhandeln und Einbeziehen nicht anhängiger Gegenstände i.d.R. größeren Umfang und weitere Schwierigkeiten mit sich bringt. Das schlägt dann auch auf die Einigungs- und Erledigungsgebühr durch.

453 *Beispiel 74: Einigung auch über nicht anhängige Gegenstände*

Beantragt wird die Feststellung des Grades der Behinderung (GdB) von 100 %. Im Termin einigt sich der Anwalt mit der Behörde, darauf, dass von einem GdB von 60 % ausgegangen werden soll. Gleichzeitig wird eine Einigung erzielt, dass auch von den Merkzeichen G und H ausgegangen werden soll.

Ausgehend von einer zunächst durchschnittlichen Angelegenheit, haben sich Umfang und Bedeutung durch die Einbeziehung der nicht anhängigen Gegenstände (Feststellung der Merkzeichen G und H) erhöht, sodass jeweils von einer um 20 % erhöhten Mittelgebühr ausgegangen werden soll. Die Einigungsgebühr entsteht einheitlich aus dem Rahmen der Nr. 1006 VV RVG (Anm. Abs. 1 zu Nr. 1006 VV RVG) und bemisst sich nach der um 20 % erhöhten Verfahrensgebühr.

1.	Verfahrensgebühr, Nr. 3102 VV RVG		360,00 EUR
2.	Terminsgebühr, Nr. 3106 VV RVG		336,00 EUR
3.	Einigungsgebühr, Nrn. 1000, 1006 VV RVG		360,00 EUR
4.	Postentgeltpauschale, Nr. 7002 VV RVG		20,00 EUR
	Zwischensumme	1.076,00 EUR	
5.	19 % Umsatzsteuer, Nr. 7008 VV RVG		204,44 EUR
	Gesamt		**1.280.44 EUR**

j) Einbeziehung weiterer Gegenstände bei außergerichtlicher Vertretung

454 Wie zu verfahren ist, wenn im Rahmen einer außergerichtlichen Vertretung weitergehende nicht anhängige Gegenstände mit erledigt oder in eine Einigung einbezogen werden, war im Referentenentwurf nicht geregelt. Diese Lücke ist mit dem Regierungsentwurf durch Anm. Abs. 1 zu Nr. 1005 VV RVG geschlossen worden. Es gilt die höchste Geschäftsgebühr (Anm. Abs. 1 S. 2 zu Nr. 1005 VV RVG).

455 *Beispiel 75: Einigung auch über nicht weitere nicht anhängige Gegenstände*

Der Mandant hatte die Feststellung des Grades der Behinderung (GdB) von zurzeit 60 % auf 80 % beantragt. Die Behörde hat dies abgelehnt. Dagegen legt der Anwalt Widerspruch ein. Das Widerpsruchsverfahren ist umfangreich und schwierig. Des Weiteren hatte der Mandant er vor der Behörde die Feststellung der Merkzeichen G und H beantragt, was diese ebenfalls ablehnt hatte. Auch dagegen hatte der Anwalt Widerspruch eingelegt. In diesem Verfahren wird eine Einigung geschlossen, aufgrund der die Behörde das Merkzeichen G anerkennt sowie einen GdB von 70 %. Das zweite Widerpsruchsverfahren war weder umfangreich noch schwierig.

In dem ersten Widerpsruchsverfahren entsteht eine Mittelgebühr, aber keine Einigungsgebühr, da die Einigung in der zweiten Angelegenheit stattgefunden hat. In der zweiten Angelegenheit entsteht die Einigungsgebühr. Obwohl dort nur die Schwellengebühr angefallen ist, richet sich die Einigungsgebühr gem. Anm. Abs. 1 S. 1, 2 zu Nr. 1005 VV RVG nach dem höheren Rahmen der Mittelgebühr des anderen Widerspruchsverfahrens.

I. Widerspruchsverfahren GdB

1.	Geschäftsgebühr, Nr. 2303 Nr. 1 VV RVG		345,00 EUR
2.	Postentgeltpauschale, Nr. 7002 VV RVG		20,00 EUR
	Zwischensumme	365,00 EUR	
3.	19 % Umsatzsteuer, Nr. 7008 VV RVG		69,35 EUR
	Gesamt		**434,35 EUR**

II. Widerspruchsverfahren Merkzeichen

1.	Geschäftsgebühr, Nrn. 2303 Nr. 1, 2304 VV RVG		300,00 EUR
2.	Einigungsgebühr, Nrn. 1000, 1005 VV RVG		345,00 EUR
3.	Postentgeltpauschale, Nr. 7002 VV RVG		20,00 EUR
	Zwischensumme	665,00 EUR	
4.	19 % Umsatzsteuer, Nr. 7008 VV RVG		126,35 EUR
	Gesamt		**791,35 EUR**

k) Einbeziehung anhängiger Gegenstände bei außergerichtlicher Vertretung

Der Fall, nämlich dass im Rahmen einer außergerichtlichen Vertretung weitergehende anhängige Gegenstände mit erledigt oder in eine Einigung einbezogen werden, war im Referentenentwurf ebenfalls nicht geregelt. Auch diese Lücke ist mit dem Regierungsentwurf durch Anm. Abs. 1 zu Nr. 1005 VV RVG geschlossen worden.

Beispiel 76: Einigung auch über nicht anhängige Gegenstände

Der A beantragt die Feststellung des Grades der Behinderung (GdB) von zurzeit 60 % auf 80 %. Nachdem die Behörde dies ablehnt und auch der Widerspruch erfolglos war, erhebt er Anfechtungsklage zum SG. Des Weiteren beantragt er vor der Behörde die Feststellung der Merkzeichen G und H, was diese ebenfalls ablehnt. Daraufhin beauftragt der A einen Anwalt mit seiner Vertretung im Widerspruchsverfahren. Dort wird eine Einigung geschlossen, aufgrund der die Behörde das Merkzeichen G anerkennt sowie einen GdB von 70 %.

Die Einigungsgebühr entsteht nach Anm. Abs. 1 zu Nr. 1005 VV RVG jetzt jedoch nur aus dem geringeren Rahmen der Nr. 1006 i.V.m. Nr. 3102 VV RVG. Ausgehend jeweils von den Mittelgebühren ergibt sich folgende Berechnung:

I. Gerichtliches Verfahren

1.	Verfahrensgebühr, Nr. 3102 VV RVG		300,00 EUR
2.	Postentgeltpauschale, Nr. 7002 VV RVG		20,00 EUR
	Zwischensumme	320,00 EUR	
3.	19 % Umsatzsteuer, Nr. 7008 VV RVG		60,80 EUR
	Gesamt		**380,80 EUR**

II. Widerspruchsverfahren

1.	Geschäftsgebühr, Nrn. 2303 Nr. 1, 2304 VV RVG	345,00 EUR
2.	Einigungsgebühr, Nrn. 1000, 1005, 1006 VV RVG	300,00 EUR
3.	Postentgeltpauschale, Nr. 7002 VV RVG	20,00 EUR
	Zwischensumme 665,00 EUR	
4.	19 % Umsatzsteuer, Nr. 7008 VV RVG	126,35 EUR
	Gesamt	**791,35 EUR**

4. Nr. 1008 VV RVG

458 Nr. 1008 VV RVG wird wie folgt neu gefasst:[198]

1008	Auftraggeber sind in derselben Angelegenheit mehrere Personen: Die Verfahrens- oder Geschäftsgebühr erhöht sich für jede weitere Person um .... (1) Dies gilt bei Wertgebühren nur, soweit der Gegenstand der anwaltlichen Tätigkeit derselbe ist. (2) Die Erhöhung wird nach dem Betrag berechnet, an dem die Personen gemeinschaftlich beteiligt sind. (3) Mehrere Erhöhungen dürfen einen Gebührensatz von 2,0 nicht übersteigen; bei Festgebühren dürfen die Erhöhungen das Doppelte der Festgebühr und bei Betragsrahmengebühren das Doppelte des Mindest- und Höchstbetrags nicht übersteigen. (4) Im Fall der Gebühren 2301 und 2304 erhöht sich der Gebührensatz oder Betrag dieser Gebühren entsprechend.	0,3 oder 30 % bei Festgebühren, bei Betragsrahmengebühren erhöhen sich der Mindest- und Höchstbetrag um 30 %

459 Ergänzt wird die Vorschrift in der Anm. um einen neuen Anm. Abs. 4. Diese Ergänzung dient an sich nur (noch) der Klarstellung.

460 Insbesondere in sozialrechtlichen Angelegenheiten, in denen nach Betragsrahmen abzurechnen ist, war anfangs strittig, ob sich die Erhöhung nach Nr. 1008 VV RVG auch auf die sog. Schwellengebühren der Anm. zu Nr. 2400 und Nr. 2401 VV RVG a.F. auswirkt. Zum Teil wurde die Auffassung vertreten, die Begrenzung in den beiden Anmerkungen sei absolut und gelte für alle Fälle, also auch für diejenigen, in denen der Anwalt mehrere Auftraggeber vertrete.[199] Die überwiegende Rechtsprechung[200] hat dies dagegen abgelehnt und auch die Schwellengebühr um 30 % je weiteren Auftraggeber angehoben, höchstens um 200 %.[201] Dies hat dann auch letztlich das BSG[202] klargestellt.

461 Bei der Abrechnung nach Wertgebühren war die Frage an sich nicht strittig. Dies folgt hier schon aus dem anderen Gebührensystem. So belief sich z.B. unstrittig die Mindestgebühr der Geschäftsgebühr bei vier Auftraggebern auf (0,5 + 0,9 Erhöhung =) 1,4 und lag damit bereits über der 1,3-Kappungsgrenze der Anm. zu Nr. 2301 VV RVG a.F., sodass hier eine absolute Grenze von 1,3, die dann unterhalb des Rahmens gelegen hätte, nicht angenommen werden konnte.

462 Der Gesetzgeber hat mit der neuen Anm. Abs. 4 zu Nr. 1008 VV RVG jetzt klargestellt, dass die Erhöhung in allen Fällen auch bei der sog. Schwellengebühr zu berücksichtigen ist.

---

[198] Änderung durch Art. 8 Abs. 2 Nr. 5.
[199] LSG Baden-Württemberg AGS 2009, 73 = RVGreport 2010, 145.
[200] SG Aachen AGS 2010, 80 = ASR 2010, 55 = NJW-Spezial 2010, 157.
[201] Wobei zum Teil irrtümlich auch eine Anhebung auf insgesamt 200 % als Höchstgrenze angenommen wurde.
[202] AGS 2010, 373 = zfs 2010, 463 = JurBüro 2010, 525 = NJW 2010, 3533 = RVGreport 2010, 258.

C. Änderungen im Vergütungsverzeichnis § 3

Dabei ist zu beachten, dass es für Wert- und Betragsrahmengebühren jeweils nur noch eine Schwellengebühr geben wird, da nach dem 2. KostRMoG die ermäßigten Gebührentatbestände für die Nachprüfungsverfahren und damit auch die dort vorgesehenen Schwellengebühren aufgehoben werden (siehe Rn 520). 463

Beispiel 77: Schwellengebühr bei mehreren Auftraggebern (Wertgebühren) 464

Der Anwalt wird von zwei Gesamtschuldnern mit der außergerichtlichen Abwehr einer Forderung in Höhe von 8.000,00 EUR beauftragt. Die Tätigkeit des Anwalts ist weder umfangreich noch schwierig.

Auch die „Schwellengebühr" erhöht sich bei mehreren Auftraggebern um 0,3 je weiteren Auftraggeber, sofern der Gegenstand der anwaltlichen Tätigkeit derselbe ist.

1. 1,6-Geschäftsgebühr, Nrn. 2300, 1008 VV RVG 721,60 EUR
   (Wert: 8.000,00 EUR)
2. Postentgeltpauschale, Nr. 7002 VV RVG 20,00 EUR
   Zwischensumme 741,60 EUR
3. 19 % Umsatzsteuer, Nr. 7008 VV RVG 140,90 EUR
   Gesamt **882,50 EUR**

Beispiel 78: Schwellengebühr bei mehreren Auftraggebern (Betragsrahmengebühren) 465

In einer sozialrechtlichen Angelegenheit vertritt der Anwalt eine aus vier Personen bestehende Bedarfsgemeinschaft. Die Sache ist weder umfangreich noch schwierig. Die Schwellengebühr erhöht sich damit um 90 %. Abzurechnen ist wie folgt:

Es gilt Nr. 2303 Nr. 1 VV RVG. Allerdings erhöht sich der Gebührenrahmen nach Nr. 1008 VV RVG um 30 %. Dies gilt auch für die sog. Schwellengebühr.[203] Diese darf jetzt bis zu 570,00 EUR betragen.

1. Geschäftsgebühr, Nrn. 2303 Nr. 1, 2304, 1008 VV RVG 570,00 EUR
2. Postentgeltpauschale, Nr. 7002 VV RVG 20,00 EUR
   Zwischensumme 590,00 EUR
3. 19 % Umsatzsteuer, Nr. 7008 VV RVG 112,10 EUR
   Gesamt **702,10 EUR**

Übersicht: Schwellengebühr bei mehreren Auftraggebern

Auftraggeber	Nr. 2301 VV RVG	Nr. 2304 VV RVG
1	1,3	300,00 EUR
2	1,6	390,00 EUR
3	1,9	480,00 EUR
4	2,2	570,00 EUR
5	2,5	660,00 EUR
6	2,8	750,00 EUR
7	3,1	840,00 EUR
8 und mehr	3,3	900,00 EUR

---

203 BSG AGS 2010, 373 = ASR 2010, 179 = zfs 2010, 463 = RVGreport 2010, 258; SG Karlsruhe AGS 2009, 488 = ASR 2009, 247 = NJW-Spezial 2009, 685 = RVGprof. 2010, 54.

5. Nr. 1009 VV RVG

466 Die Änderung in Nr. 1009 VV RVG[204] beschränkt sich darauf, das „EUR"-Zeichen durch „€" zu ersetzen und damit den Text der Schreibweise des übrigen Gesetzestextes anzupassen. Inhaltlich haben sich jedoch keine Veränderungen ergeben.

467 Zur Anhebung der Prozentsätze bestand kein Anlass. Auch bei den früheren Anpassungen der Gebührenbeträge sind die Prozentsätze der Hebegebühr unverändert geblieben. Eine Anpassung der Beträge an die Entwicklung der wirtschaftlichen Verhältnisse erfolgt hier dadurch, dass sich die Werte der hinterlegten Gelder oder Kostbarkeiten aufgrund der allgemeinen Preis- und Wertsteigerungen erhöhen und damit letztlich auch die Gebührenbeträge.

468 Der Mindestbetrag beträgt weiterhin 1,00 EUR. Der Mindestbetrag des § 13 Abs. 2 RVG i.H.v. künftig 15,00 EUR (siehe Rn 39) gilt nicht für die Hebegebühr. Eine Anhebung des Mindestbetrages wäre an sich geboten gewesen, zumal nicht nur der Mindestbetrag nach § 13 Abs. 2 RVG, sondern auch andere Mindest- und Festbeträge angehoben werden. Der Gesetzgeber sah dafür aber offenbar keine Veranlassung.

6. Nr. 1010 VV RVG

a) Überblick

469 Neu eingeführt wird Nr. 1010 VV RVG:[205]

1010	Zusatzgebühr für besonders umfangreiche Beweisaufnahmen in Angelegenheiten, in denen sich die Gebühren nach Teil 3 richten und mindestens drei gerichtliche Termine stattfinden, in denen Sachverständige oder Zeugen vernommen werden ... Die Gebühr entsteht für den durch besonders umfangreiche Beweisaufnahmen anfallenden Mehraufwand.	0,3 oder bei Betragsrahmengebühren erhöhen sich der Mindest- und Höchstbetrag der Terminsgebühr um 30 %.

470 Seit Wegfall der Beweisgebühr wurde ständig kritisiert, dass das RVG für umfangreiche Beweisaufnahmen, insbesondere solche, die sich über mehrere Termine erstrecken, keine angemessene Vergütung vorhalte. Insbesondere in baurechtlichen Verfahren kommen häufig umfangreiche Beweisaufnahmen vor. Daher war es auch vor allem eine Forderung der Baurechtler, hier Abhilfe zu schaffen.

471 Die Wiedereinführung der Beweisgebühr kam nicht in Betracht und wäre von der Anwaltschaft auch nicht gewünscht, da dann gleichzeitig die Sätze von Verfahrens- und Terminsgebühr wieder hätten reduziert werden müssen.

472 Eine solche Wiedereinführung der Beweisgebühr hätte auch ein falsches Signal gesetzt, da das RVG bestrebt ist, zügige Verfahrenserledigungen zu belohnen und keinen Anreiz für eine Verfahrensverzögerung zu setzen. Genau das wäre aber gegeben, wenn für eine Beweisaufnahme wieder eine Gebühr eingeführt und damit ein Anreiz geschaffen würde, es auf eine solche ankommen zu lassen.

---

204 Änderung durch Art. 8 Abs. 2 Nr. 6.
205 Änderung durch Art. 8 Abs. 2 Nr. 7.

Der Gesetzgeber hat sich daher zwar gegen eine generelle Beweisgebühr entschieden, andererseits aber einen Ausgleich für umfangreiche Beweisaufnahmen geschaffen.

473

Seine Begründung hierzu lautet:

474

> „Die vorgeschlagene Zusatzgebühr soll den besonderen Aufwand bei sehr umfangreichen Beweisaufnahmen ausgleichen. Durch diese Gebühr sollen aber keine Fehlanreize gesetzt werden, die dazu animieren könnten, zusätzliche Beweisaufnahmetermine zu provozieren. Die Hürde bis zu einem dritten Beweistermin erscheint hierfür ausreichend."

b) Anwendungsbereich

Systematisch hätte die Vorschrift der Nr. 1010 VV RVG an sich in Teil 3 VV RVG angesiedelt werden müssen, da sie für alle Verfahren nach diesem Teil, aber auch nur für diesen Teil gilt. Der Gesetzgeber hat sich allerdings dazu entschlossen, sie als Allgemeine Gebühr in Teil 1 VV RVG zu regeln. Letztlich ist dies unerheblich. Anwendung findet diese Zusatzgebühr jedenfalls nur in Verfahren nach Teil 3 VV RVG. Um welche Art Verfahren es sich dabei handelt ist unerheblich. Sie gilt sowohl für Verfahren mit Wertgebühren als auch für Verfahren mit Betragsrahmengebühren.

475

c) Voraussetzungen
aa) Überblick

Voraussetzungen der Zusatzgebühr sind

476

- besonders umfangreiche Beweisaufnahmen und
- mindestens drei gerichtliche Termine, in denen Sachverständige oder Zeugen vernommen werden.

bb) Besonderer Umfang

Zunächst einmal ist Voraussetzung, dass eine „besonders umfangreiche Beweisaufnahme" stattgefunden hat. Eine umfangreiche Beweisaufnahme genügt nicht. Sie muss besonders umfangreich sein.

477

Die entsprechenden Kriterien wird die Rechtsprechung sicherlich noch herausarbeiten. Insoweit kann man sich gegebenenfalls an die §§ 42 und 51 RVG anlehnen, die ebenfalls einen „besonderen Umfang" voraussetzen.

478

Klargestellt ist jedenfalls durch das Tatbestandsmerkmal der „besonders umfangreichen Beweisaufnahme", dass drei gerichtliche Termine zur Vernehmung von Sachverständigen oder Zeugen für sich allein nicht ausreichen.

479

> *Beispiel 79: Fehlender besonderer Umfang*
>
> In einem Verfahren kommt es zu drei Beweisterminen, in denen jeweils ein Zeuge für jeweils zehn Minuten vernommen wird.
>
> Von einem besonderen Umfang der Beweisaufnahme kann nicht ausgegangen werden. Eine Zusatzgebühr entsteht nicht.

480

Andererseits fordert der Wortlaut nicht, dass sich der besondere Umfang gerade aus der Vernehmung von Sachverständigen oder Zeugen ergeben muss. Es genügt, dass die Beweisaufnahme insgesamt besonders umfangreich war.

481

> *Beispiel 80: Besonderer Umfang aus anderen Gründen*
>
> Wie vorangegangenes Beispiel. Vor der Vernehmung der Zeugen war es zu zahlreichen und umfangreichen Sachverständigenterminen und mehreren Gutachten gekommen.
>
> Jetzt kann ein besonderer Umfang vorliegen, sodass durch die drei Zeugenvernehmungstermine die Zusatzgebühr ausgelöst wird.

482

cc) Mindestens drei gerichtliche Termine zur Vernehmung von Zeugen oder Sachverständigen

(1) Überblick

483 Hinzu kommen muss, dass mindestens drei gerichtliche Termine zur Vernehmung von Zeugen oder Sachverständigen stattgefunden haben.

484 Die Termine müssen in derselben Angelegenheit i.S.d. § 15 RVG stattgefunden haben, also im selben Rechtszug (s. § 17 Nr. 1 RVG).

485 Zu beachten ist, dass das selbstständige Beweisverfahren und das Hauptsacheverfahren oder ein Verfahren vor und nach Zurückverweisung jeweils gesonderte Angelegenheiten darstellen, sodass jeweils gesondert gezählt werden muss. Die Anrechnung der Verfahrensgebühr in diesen Fällen ist unerheblich, zumal die Terminsgebühren jeweils gesondert anfallen.

(2) Zeugenvernehmungstermine

486 Termine zur Vernehmung eines Zeugen müssen solche nach den §§ 394 ff. ZPO oder nach vergleichbaren Vorschriften anderer Verfahrensordnungen sein. Schriftliche Zeugenaussagen zählen nicht hierzu. Unerheblich ist, ob der Zeuge vor dem erkennenden Gericht, dem beauftragten oder ersuchten Richter stattgefunden hat.

487 Wird derselbe Zeuge in mehreren Terminen vernommen, so zählen diese gesondert.

488 Andererseits ist es unerheblich, wie viele Zeugen vernommen werden.

489 Werden Zeugen und Sachverständige in einem Termin vernommen, zählt dies auch nur als ein Termin.

490 Unklar ist, ob auch von einem Termin auszugehen ist, wenn es nicht mehr zur Vernehmung des Zeugen kommt, etwa weil er sich auf ein Zeugnis- oder Aussageverweigerungsrecht beruft. Dem Wortlaut nach dürften solche Termine nicht zählen.

(3) Termine zur Vernehmung eines Sachverständigen

491 Termine zur Vernehmung eines Sachverständigen müssen solche nach § 411 Abs. 3 ZPO oder nach vergleichbaren Vorschriften anderer Verfahrensordnungen sein.

492 Schriftliche Gutachten zählen nicht hierzu, ebenso wenig Termine, die von einem gerichtlichen Sachverständigen anberaumt worden sind, da es sich insoweit nicht um gerichtliche Termine handelt. Das ergibt sich eindeutig aus der Unterscheidung in Vorbem. 3 Abs. 3 VV RVG.

493 Wird derselbe Sachverständige in mehreren Terminen vernommen, so zählen diese gesondert.

494 Werden Zeuge und Sachverständiger in einem Termin vernommen, zählt dies dagegen nur als ein Termin.

495 Unklar ist, ob auch von einem Termin auszugehen ist, wenn es nicht mehr zur Vernehmung des Sachverständigen kommt, etwa weil sich die Parteien doch noch vorher einigen. Dem Wortlaut nach dürften solche Termine nicht zählen.

d) Höhe der Gebühr
aa) Wertgebühren
(1) Gebührensatz

496 Die Höhe der Gebühr beträgt bei Wertgebühren 0,3.

497 Eine Erhöhung dieser Gebühr bei mehreren Auftraggebern nach Nr. 1008 VV RVG findet nicht statt, da es sich nicht um eine Verfahrensgebühr handelt.

(2) Gegenstandswert

498 Maßgebender Wert ist der Gesamtwert der Gegenstände, über die Beweis erhoben worden ist (§ 2 Abs. 1 RVG). Dieser Wert kann hinter dem Wert der Hauptsache zurückbleiben und ist dann auf Antrag nach § 33 RVG gesondert festzusetzen.

C. Änderungen im Vergütungsverzeichnis § 3

Beispiel 81: Gebührenerhöhung bei umfangreicher Beweisaufnahme (Wertgebühren)   **499**

In dem Verfahren (Wert: 200.000,00 EUR) kommt es zu einer umfangreichen Beweisaufnahme mit drei Terminen zur Vernehmung von Zeugen und Sachverständigen.

Neben der Verfahrens- und der Terminsgebühr entsteht jetzt die Zusatzgebühr der Nr. 1010 VV RVG.

1.	1,3-Verfahrensgebühr, Nr. 3100 VV RVG (Wert: 200.000,00 EUR)	2.610,40 EUR
2.	1,2-Terminsgebühr, Nr. 3104 VV RVG (Wert: 200.000,00 EUR)	2.409,60 EUR
3.	0,3-Zusatzgebühr, Nr. 1010 VV RVG (Wert: 200.000,00 EUR)	602,40 EUR
4.	Postentgeltpauschale, Nr. 7002 VV RVG	20,00 EUR
	Zwischensumme 5.642,40 EUR	
5.	19 % Umsatzsteuer, Nr. 7008 VV RVG	1.072,06 EUR
	Gesamt	**6.714,46 EUR**

Beispiel 82: Gebührenerhöhung bei umfangreicher Beweisaufnahme (Wertgebühren, Beweisaufnahme nur über einen Teil des Streitgegenstands)   **500**

In dem Verfahren (Wert: 200.000,00 EUR) kommt es wegen eines Teils der Forderungen i.H.v. 120.000,00 EUR zu einer umfangreichen Beweisaufnahme mit drei Terminen zur Vernehmung von Zeugen und Sachverständigen.

Neben der Verfahrens- und der Terminsgebühr aus dem Gesamtwert entsteht jetzt die Zusatzgebühr der Nr. 1010 VV RVG nur aus dem Wert von 120.000,00 EUR.

1.	1,3-Verfahrensgebühr, Nr. 3100 VV RVG (Wert: 200.000,00 EUR)	2.610,40 EUR
2.	1,2-Terminsgebühr, Nr. 3104 VV RVG (Wert: 200.000,00 EUR)	2.409,60 EUR
3.	0,3-Zusatzgebühr, Nr. 1010 VV RVG (Wert: 120.000,00 EUR)	474,90 EUR
4.	Postentgeltpauschale, Nr. 7002 VV RVG	20,00 EUR
	Zwischensumme 5.514,90 EUR	
5.	19 % Umsatzsteuer, Nr. 7008 VV RVG	1.047,83 EUR
	Gesamt	**6.562,73 EUR**

bb) Betragsrahmengebühren

Bei Betragsrahmengebühren erhöhen sich der Mindest- und der Höchstbetrag der Terminsgebühr um 30 %. Dadurch ergibt sich dann zugleich eine um 30 % erhöhte Mittelgebühr.   **501**

Die Verfahrensgebühr bleibt unberührt.   **502**

Beispiel 83: Gebührenerhöhung bei umfangreicher Beweisaufnahme (Betragsrahmengebühren)   **503**

Der Anwalt vertritt einen Auftraggeber. Es kommt zu einer umfangreichen Beweisaufnahme mit drei Terminen zur Vernehmung von Zeugen und Sachverständigen.

Der Betragsrahmen erhöht sich um 30 %.

1.	Verfahrensgebühr, Nr. 3102 VV RVG	300,00 EUR
2.	Terminsgebühr, Nr. 3106, 1010 VV RVG	364,00 EUR
3.	Postentgeltpauschale, Nr. 7002 VV RVG	20,00 EUR
	Zwischensumme 684,00 EUR	
4.	19 % Umsatzsteuer, Nr. 7008 VV	129,96 EUR
	Gesamt	**813,96 EUR**

504 Vertritt der Anwalt mehrere Auftraggeber, so sind die Erhöhungen nach Nr. 1008 VV RVG und nach Nr. 1010 VV RVG getrennt anzuwenden.

505 *Beispiel 84: Gebührenerhöhung bei umfangreicher Beweisaufnahme (Betragsrahmengebühren, mehrere Auftraggeber)*

Wie vorangegangenes Beispiel 83 (siehe Rn 503). Der Anwalt vertritt zwei Auftraggeber.

Jetzt erhöht sich sowohl der Betragsrahmen der Verfahrensgebühr als auch der der Terminsgebühr um jeweils 30 %.

1.	Verfahrensgebühr, Nrn. 3102, 1008 VV RVG	390,00 EUR
2.	Terminsgebühr, Nrn. 3106, 1010 VV RVG	364,00 EUR
3.	Postentgeltpauschale, Nr. 7002 VV RVG	20,00 EUR
	Zwischensumme 774,00 EUR	
4.	19 % Umsatzsteuer, Nr. 7008 VV	147,06 EUR
	Gesamt	**921,06 EUR**

II. Teil 2 – Außergerichtliche Tätigkeiten einschließlich der Vertretung im Verwaltungsverfahren

1. Abschnitt 1 – Prüfung der Erfolgsaussicht eines Rechtsmittels

a) Nr. 2102 VV RVG

506 Nr. 2102 VV RVG erhält folgende Fassung:[206]

2102	Gebühr für die Prüfung der Erfolgsaussicht eines Rechtsmittels in sozialrechtlichen Angelegenheiten, in denen im gerichtlichen Verfahren Betragsrahmengebühren entstehen (§ 3 RVG), und in den Angelegenheiten, für die nach den Teilen 4 bis 6 Betragsrahmengebühren entstehen	30,00 bis 320,00 €
	Die Gebühr ist auf eine Gebühr für das Rechtsmittelverfahren anzurechnen.	

507 In Nr. 2102 VV RVG wird der Gebührenrahmen von bisher 10,00 bis 260,00 EUR auf 30,00 bis 320,00 EUR angehoben. Die neue Mittelgebühr beträgt dann 175,00 EUR. Darüber hinaus wird die Währungsangabe von „EUR" in „€" umgewandelt.

---

[206] Änderung durch Art. 8 Abs. 2 Nr. 8.

b) Nr. 2103 VV RVG

Nr. 2103 VV RVG erhält folgende Fassung:[207]   508

2103	Die Prüfung der Erfolgsaussicht eines Rechtsmittels ist mit der Ausarbeitung eines schriftlichen Gutachtens verbunden: Die Gebühr 2102 beträgt	50,00 bis 550,00 €

Auch in Nr. 2103 VV RVG wird der Gebührenrahmen angehoben, und zwar von bisher 40,00 bis 400,00 EUR auf 50,00 bis 550,00 EUR. Die neue Mittelgebühr beträgt dann 300,00 EUR. Darüber hinaus wird auch hier die Währungsangabe von „EUR" in „€" umgewandelt.   509

2. Abschnitt 2 – Herstellung des Einvernehmens

Dieser Abschnitt betrifft die Tätigkeit des Anwalts für die Herstellung des Einvernehmens nach dem EuRAG.[208] Eigenständige Gebührentatbestände sind hier nicht vorgesehen. Vielmehr wird auf die Verfahrens- oder Geschäftsgebühren Bezug genommen, die dem Anwalt zustehen würden, wenn er Verfahrensbevollmächtigter gewesen wäre. Unmittelbare Änderungen sind für diese Tätigkeiten nicht vorgesehen. Mittelbar tritt allerdings eine Änderung ein, soweit auf Rahmengebühren Bezug genommen wird, da dann auch in den Fällen der Nrn. 2200, 2201 VV RVG die höheren Betragsrahmen nach neuem Recht anzuwenden sind.   510

3. Abschnitt 3 – Vertretung

a) Überblick

In diesem Bereich findet eine grundlegende Umgestaltung des Vergütungsverzeichnisses statt.   511

Die bisherige Trennung der „Vertretung" (Abschnitt 3) und der „Vertretung in bestimmten Angelegenheiten" (Abschnitt 4) wird aufgegeben. Die bislang in Teil 2 Abschnitt 3 VV RVG enthaltenen Geschäftsgebühren für Verwaltungs- und Nachprüfungsverfahren (Nrn. 2400, 2401 VV RVG) in   512

- sozialrechtlichen Angelegenheiten, in denen im gerichtlichen Verfahren Betragsrahmengebühren entstehen (§ 3 Abs. 2 i.V.m. Abs. 1 S. 1 RVG),
- Verfahren nach der WBO, wenn im gerichtlichen Verfahren das Verfahren vor dem Truppendienstgericht oder vor dem BVerwG an die Stelle des Verwaltungsrechtswegs gem. § 82 SG tritt und
- Verfahren nach der WDO (Beschwerde nach § 42 WDO)

werden künftig in Abschnitt 3 mit geregelt.

Es bleibt allerdings dabei, dass in sozialrechtlichen Angelegenheiten des § 3 Abs. 2 i.V.m. Abs. 1 S. 1 RVG und in Verfahren der WBO und der WDO nach Betragsrahmen abgerechnet wird.   513

Aufgehoben wird sowohl bei den Wertgebühren als auch bei den Betragsrahmengebühren die Zweispurigkeit für die Geschäftsgebühr in Nachprüfungsverfahren (i.d.R. Widerspruchsverfahren). Nach dem derzeitigen Recht hängt die Höhe der Geschäftsgebühr in einem Nachprüfungsverfahren davon ab, ob der Anwalt bereits im vorangegangenen Verwaltungsverfahren tätig war oder nicht. Bei Vorbefassung im Verwaltungsverfahren ist nach der derzeitigen Fassung jeweils ein verminderter Gebührenrahmen vorgesehen (Nrn. 2301, 2401 VV RVG). Zukünftig soll der   514

---

207 Änderung durch Art. 8 Abs. 2 Nr. 9.
208 Gesetz über die Tätigkeit europäischer Rechtsanwälte in Deutschland.

Anwalt sowohl im Verwaltungsverfahren als auch im Nachprüfungsverfahren dieselbe Gebühr mit demselben Gebührenrahmen erhalten.

515 Im Gegenzug soll dann allerdings bei Vorbefassung im Verwaltungsverfahren die dort entstandene Geschäftsgebühr hälftig auf die weitere Geschäftsgebühr des Nachprüfungsverfahrens angerechnet werden (Vorbem. 2 Abs. 4 und 5 VV RVG). Darüber hinaus wird die Anrechnung begrenzt, und zwar bei Wertgebühren auf maximal 0,75 und bei Betragsrahmengebühren auf maximal 175,00 EUR (Vorbem. 2 Abs. 4 S. 1, 2; Abs. 5). Gleichzeitig wird geregelt, dass bei der zweiten Geschäftsgebühr die Vorbefassung nicht Gebühren mindernd berücksichtigt werden darf, weil dies bereits durch die Anrechnung erfasst wird.

516 Beibehalten wird dagegen die Kappungsgrenze, wenn die Tätigkeit des Anwalts weder umfangreich noch schwierig war (Nrn. 2301, 2304 VV RVG).

517 Bei der jetzt noch verbleibenden einzigen Betragsrahmengebühr wird gleichzeitig der Betragsrahmen von bisher 40,00 EUR bis 520,00 EUR (Mittelgebühr 280,00 EUR) auf jetzt 50,00 bis 640,00 EUR (Mittelgebühr 345,00 EUR) angehoben. Auch die sog. Schwellengebühr steigt von 240,00 auf nunmehr 300,00 EUR (Nr. 2304 VV RVG).

518 Infolge des Wegfalls der ermäßigten Geschäftsgebühren sowie der Übernahme der bisher in Teil 2 Abschnitt 4 VV RVG (Nr. 2400 ff. VV RVG) geregelten Gebühren in Teil 2 Abschnitt 3 VV RVG, ergeben sich zukünftig folgende Geschäftsgebühren:

519
Nr. VV RVG	Gebühr
Nr. 2300	Geschäftsgebühr nach Wert
Nr. 2301	Schwellengebühr nach Wert
Nr. 2302	Einfaches Schreiben
Nr. 2303	Geschäftsgebühr nach Betragsrahmen
Nr. 2304	Schwellengebühr nach Betragsrahmen
Nr. 2305	Geschäftsgebühr in Güte- und Schlichtungsverfahren

520 **Synopse Teil 2 Abschnitt 3 und 4 VV RVG alt/neu**

Alt		neu
Nr. 2300	Geschäftsgebühr nach Wert	Nr. 2300
Anm. zu Nr. 2300	Schwellengebühr nach Wert	Nr. 2301
Nr. 2301	Geschäftsgebühr im Nachprüfungsverfahren nach Wert	aufgehoben
Nr. 2302	Einfaches Schreiben	Nr. 2302
Nr. 2303	Geschäftsgebühr in Güte- und Schlichtungsverfahren	Nr. 2305
Nr. 2400	Geschäftsgebühr nach Betragsrahmen	Nr. 2303
Anm. zu Nr. 2400	Schwellengebühr nach Betragsrahmen	Nr. 2304
Nr. 2401	Geschäftsgebühr im Nachprüfungsverfahren nach Betragsrahmen	aufgehoben

b) Vorbem. 2.3 VV RVG
aa) Überblick

Vorbem. 2.3 VV RVG erhält folgende neue Fassung:[209] **521**

> *Vorbemerkung 2.3:*
>
> (1) Im Verwaltungszwangsverfahren ist Teil 3 Abschnitt 3 Unterabschnitt 3 entsprechend anzuwenden.
>
> (2) Dieser Abschnitt gilt nicht für die in Abschnitt 4 und in den Teilen 4 bis 6 geregelten Angelegenheiten.
>
> (3) Die Geschäftsgebühr entsteht für das Betreiben des Geschäfts einschließlich der Information und für die Mitwirkung bei der Gestaltung eines Vertrags.
>
> (4) Soweit wegen desselben Gegenstands eine Geschäftsgebühr für eine Tätigkeit im Verwaltungsverfahren entstanden ist, wird diese Gebühr zur Hälfte, bei Wertgebühren jedoch höchstens mit einem Gebührensatz von 0,75, auf eine Geschäftsgebühr für eine Tätigkeit im weiteren Verwaltungsverfahren, das der Nachprüfung des Verwaltungsakts dient, angerechnet. Bei einer Betragsrahmengebühr beträgt der Anrechnungsbetrag höchstens 175,00 €. Bei der Bemessung einer weiteren Geschäftsgebühr innerhalb eines Rahmens ist nicht zu berücksichtigen, dass der Umfang der Tätigkeit infolge der vorangegangenen Tätigkeit geringer ist. Bei einer Wertgebühr erfolgt die Anrechnung nach dem Wert des Gegenstands, der auch Gegenstand des weiteren Verfahrens ist.
>
> (5) Absatz 4 gilt entsprechend bei einer Tätigkeit im Verfahren nach der WBO, wenn darauf eine Tätigkeit im Beschwerdeverfahren oder wenn der Tätigkeit im Beschwerdeverfahren eine Tätigkeit im Verfahren der weiteren Beschwerde vor den Disziplinarvorgesetzten folgt.
>
> (6) Soweit wegen desselben Gegenstands eine Geschäftsgebühr nach Nummer 2300 entstanden ist, wird diese Gebühr zur Hälfte, jedoch höchstens mit einem Gebührensatz von 0,75, auf eine Geschäftsgebühr nach Nummer 2305 angerechnet. Absatz 4 Satz 4 gilt entsprechend.

In der Vorbem. 2.3 VV RVG werden die Absätze 4 bis 6 neu eingefügt. Die Änderungen beruhen auf den einschneidenden Änderungen zur Geschäftsgebühr in den Abschnitten 3 und 4 zu Teil 2 VV RVG (siehe oben Rn 520). **522**

bb) Anrechnung nach Vorbem. 2.3 Abs. 4 VV RVG
(1) Anrechnung in verwaltungsrechtlichen Angelegenheiten und sozialrechtlichen Angelegenheiten, die nach dem Gegenstandswert berechnet werden

In verwaltungsrechtlichen Angelegenheiten und sozialrechtlichen Angelegenheiten, in denen sich die Gebühren nach dem Gegenstandswert richten (§ 3 Abs. 1 S. 2, Abs. 2 RVG), entsteht nach neuem Recht sowohl im Verwaltungsverfahren als auch im Nachprüfungsverfahren eine Geschäftsgebühr nach Nr. 2300 VV RVG. **523**

Anstelle der früheren Gebührenermäßigung bei Vorbefassung (Nr. 2301 VV RVG) ist jetzt nach Vorbem. 2.3 Abs. 4 VV RVG eine hälftige Anrechnung der zuvor entstandenen Geschäftsgebühr vorgesehen. **524**

Zugleich wird wie in Vorbem. 3 Abs. 4 VV RVG eine Anrechnungsgrenze eingeführt. Es darf nicht mehr als 0,75 angerechnet werden (Vorbem. 2 Abs. 4 S. 1 VV RVG). Bis zu einer 1,5-Geschäftsgebühr ist also die Hälfte anzurechnen. Ein darüber hinaus gehender Gebührensatz bleibt anrechnungsfrei. **525**

---

[209] Änderung durch Art. 8 Abs. 2 Nr. 10.

526 Soweit das Nachprüfungsverfahren einen geringeren Wert hat als das Verwaltungsverfahren, wird nur nach dem Wert des Gegenstands angerechnet, der auch in das Nachprüfungsverfahren übergegangen ist (Vorbem. 2.3 Abs. 4 S. 4 VV RVG).

527 Ungeachtet der Umstellung von gesonderten Gebührenrahmen auf eine Gebührenanrechnung bleibt es damit dabei, dass der im Nachprüfungsverfahren gegebene geringere Umfang infolge der vorangegangenen Tätigkeit im Verwaltungsverfahren berücksichtigt wird, jetzt allerdings durch eine hälftige und zudem der Höhe nach begrenzte Gebührenanrechnung. Dafür darf dann andererseits aber im Nachprüfungsverfahren der eventuell geringere Umfang durch die vorherige Einarbeitung nicht im Rahmen des § 14 Abs. 1 RVG Gebühren mindernd berücksichtigt werden.

528 Die vorgesehene Umstellung auf eine „echte" Anrechnungslösung kann im Einzelfall zu einem geringeren Gebührenaufkommen führen als bisher (siehe Rn 534). Andererseits findet künftig § 15a Abs. 2 RVG Anwendung, was sich dann insbesondere bei der Kostenerstattung auswirkt, an der der Anwalt in Beratungshilfesachen profitiert, da er dann über § 9 S. 2 BerHG einen höheren Erstattungsanspruch geltend machen kann als bisher (siehe Rn 534).

529 Zur Durchführung der Anrechnung siehe ausführlich im Folgenden (vgl. Rn 531 ff.).

(2) Anrechnung in sozialrechtlichen Angelegenheiten, die nicht nach dem Gegenstandswert berechnet werden

530 In sozialrechtlichen Angelegenheiten, in denen sich die Gebühren nicht nach dem Gegenstandswert richten (§ 3 Abs. 1 S. 1, Abs. 2 RVG), entsteht nach neuem Recht sowohl im Verwaltungsverfahren als auch im Nachprüfungsverfahren eine Geschäftsgebühr nach Nr. 2303 Nr. 1 VV RVG (bisher Nr. 2400 VV RVG).

531 Anstelle der früheren Gebührenermäßigung (Nr. 2401 VV RVG a.F.) ist jetzt nach Vorbem. 2.3 Abs. 4 VV RVG eine hälftige Anrechnung der zuvor entstandenen Geschäftsgebühr vorzunehmen.

532 Zugleich wird eine Anrechnungsgrenze eingeführt. Es dürfen nicht mehr als 175,00 EUR angerechnet werden (Vorbem. 2 Abs. 4 S. 2 VV RVG). Bis zu einer Geschäftsgebühr von 350,00 EUR ist also die Hälfte anzurechnen. Ein darüber hinaus gehender Gebührenbetrag bleibt anrechnungsfrei.

533 Auch hier bleibt es also dabei, dass der im Nachprüfungsverfahren gegebene geringere Umfang infolge der vorangegangenen Tätigkeit im Verwaltungsverfahren berücksichtigt wird, jetzt allerdings durch eine hälftige und zudem der Höhe nach begrenzte Gebührenanrechnung. Dafür darf dann andererseits aber im Nachprüfungsverfahren auch der eventuell geringere Umfang durch die vorherige Einarbeitung im Rahmen des § 14 Abs. 1 RVG nicht Gebühren mindernd berücksichtigt werden.

534 Die vorgesehene Umstellung auf eine „echte" Anrechnungslösung kann im Einzelfall zu einem geringeren Gebührenaufkommen führen als nach bisherigem Recht. Andererseits findet auch hier künftig § 15a Abs. 2 RVG Anwendung, was sich dann insbesondere auf die Kostenerstattung auswirkt, an der der Anwalt insbesondere in Beratungshilfesachen profitiert, da er dann über § 9 S. 2 BerHG einen höheren Erstattungsanspruch geltend machen kann als bisher (siehe Rn 576).

535 Zur Durchführung der Anrechnung siehe ausführlich im Folgenden (vgl. Rn 536 ff.).

cc) Anrechnung nach Vorbem. 2.3 Abs. 5 VV RVG
(1) Verfahren nach der Wehrbeschwerdeordnung (WBO)

536 Vorbem. 2 Abs. 5 VV RVG erklärt die Anrechnung nach Abs. 4 in Verfahren nach der WBO für entsprechend anwendbar.

537 In Verfahren nach der WBO, bei denen im gerichtlichen Verfahren das Verfahren vor dem Truppendienstgericht oder das Verfahren vor dem BVerwG an die Stelle des Verwaltungsrechtswegs gemäß § 82 SG tritt, erhält der Anwalt jeweils eine Geschäftsgebühr nach Nr. 2303 Nr. 2 VV RVG (siehe Rn 643).

Die Vorbem. 2.3 Abs. 5 VV RVG geht insoweit gem. § 17 Nr. 1a VV RVG von drei möglichen Verfahrensabschnitten aus, in denen jeweils eine Geschäftsgebühr anfallen kann, nämlich 538
- im Ausgangsverfahren (unklar ist, ob es solche Verfahren überhaupt gibt; siehe Rn 609),
- im Beschwerdeverfahren nach den §§ 1 ff. WBO und
- im Verfahren der weiteren Beschwerde nach den §§ 17 ff. WBO.

Ist der Anwalt in mehreren dieser aufeinander folgenden Verfahrensabschnitte tätig, so entstehen die Geschäftsgebühren zwar gesondert, weil es sich jeweils um verschiedene Angelegenheiten handelt (§ 17 Nr. 1a RVG); die Geschäftsgebühren sind allerdings nach Vorbem. 2.3 Abs. 5 VV in entsprechender Anwendung der Vorbem. 2.3. Abs. 4 VV RVG aufeinander anzurechnen. 539

Zur Durchführung der Anrechnung siehe ausführlich Rn 608 ff. 540

(2) Verfahren nach der Wehrdisziplinarordnung (WDO)
Im Gegensatz zu den gerichtlichen Verfahren nach der WDO, die sich gem. Vorbem. 6.4 Abs. 1 VV RVG nach Teil 6 Abschnitt 4 VV RVG richten, fehlt für die vorgerichtliche Tätigkeit in diesen Verfahren eine entsprechende Regelung. Man wird hier Nr. 2303 Nr. 2 VV RVG entsprechend anwenden müssen (siehe Rn 618) und damit auch die Anrechnung nach Vorbem. 2.3 Abs. 5 i.V.m. Abs. 4 VV RVG (ausführlich siehe dazu Rn 628 ff.). 541

dd) Anrechnung nach Vorbem. 2.3 Abs. 6 VV RVG
Vorbem. 2.3. Abs. 6 VV RVG übernimmt die Anrechnungsbestimmung aus der bisherigen Anm. zu Nr. 2303 VV RVG (Anrechnung einer vorangegangenen Geschäftsgebühr auf die Geschäftsgebühr eines Güte- oder Schlichtungsverfahrens). 542

Die Verlagerung der Anrechnungsregelung dient lediglich der Übersichtlichkeit, weil dadurch alle Anrechnungsregelungen nach diesem Abschnitt in der Vorbemerkung zusammengefasst sind. Sachlich ändert sich hier nichts (zur Durchführung der Anrechnung siehe ausführlich Rn 653 ff.). 543

c) Nr. 2300 VV RVG
aa) Überblick
Nr. 2300 VV RVG erhält folgende neue Fassung:[210] 544

2300	Geschäftsgebühr, soweit in den Nummern 2302, 2303 und 2305 nichts anderes bestimmt ist	0,5 bis 2,5

Die neue Nr. 2300 VV RVG entspricht sachlich der bisherigen Fassung. Inhaltliche Änderungen ergeben sich nicht. 545

Dadurch, dass jetzt auch die Geschäftsgebühr in sozialrechtlichen Angelegenheiten nach Betragsrahmen in Teil 2 Abschnitt 3 VV RVG geregelt ist (Nr. 2303 Nr. 1 VV RVG) und ebenso die Geschäftsgebühr in Verfahren nach der WBO und – nicht ausdrücklich – nach der WDO (Nr. 2303 Nr. 2 VV RVG), bedurfte es lediglich sprachlich einer Abgrenzung der Geschäftsgebühr der Nr. 2300 VV RVG zu derjenigen nach Nr. 2303 VV RVG. Gleichzeitig wird klargestellt, dass die Geschäftsgebühr der Nr. 2305 VV RVG lex specialis zu Nr. 2300 VV RVG ist und dieser vorgeht. Zum Zwecke dieser Abgrenzung ist der Tatbestand der Nr. 2300 VV RVG geändert worden. Ansonsten ist die Vorschrift unverändert geblieben. 546

Der weitere Vorbehalt der Nr. 2302 VV RVG (einfaches Schreiben) ist an sich systemwidrig, da es sich bei Nr. 2302 VV RVG nicht um eine eigene Gebühr handelt, sondern nur um eine Regelung zur Höhe der Gebühren der Nr. 2300 VV RVG und Nr. 2302 VV RVG, die die Existenz der Gebühr Nr. 2300 VV RVG tatbestandlich sogar voraussetzt. 547

---

[210] Änderung durch Art. 8 Abs. 2 Nr. 11.

§ 3 Änderungen des RVG

548 Änderungen im Anwendungsbereich der Nr. 2300 VV RVG ergeben sich jetzt allerdings in Verwaltungssachen, was aber weniger mit der Änderung der Nr. 2300 VV RVG selbst zu tun hat, sondern vielmehr mit dem Wegfall der bisherigen Ermäßigung nach Nr. 2301 VV RVG und der gleichzeitig eingeführten Gebührenanrechnung (siehe dazu ausführlich Rn 570 ff.).

bb) Verwaltungsrechtliche Angelegenheiten
(1) Die Gebühr
(a) Überblick

549 Unmittelbar hat sich am Gebührentatbestand der Nr. 2300 VV RVG nichts geändert. Die Gebühr gilt – wie bisher – sowohl für das Verwaltungs- als auch für das Nachprüfungsverfahren. Mittelbar ergibt sich eine Änderung insoweit, als der volle Gebührenrahmen infolge des Wegfalls der Nr. 2301 VV RVG a.F. (siehe Rn 591) jetzt auch im Nachprüfungsverfahren bei Vorbefassung im Verwaltungsverfahren anzuwenden ist.

(b) Verwaltungsverfahren

550 Wird der Anwalt im Verwaltungsverfahren tätig, erhält er – wie bisher – eine Geschäftsgebühr nach Nr. 2300 VV RVG. Gebührenrahmen und Kappungsgrenze (jetzt Nr. 2301 VV RVG) sind inhaltlich unverändert geblieben.

(c) Widerspruchsverfahren

551 Wird der Anwalt im Widerspruchsverfahren tätig, erhält er ebenfalls eine Geschäftsgebühr nach Nr. 2300 VV RVG in derselben Höhe und ebenfalls mit der Begrenzung nach Nr. 2301 VV RVG. Ein gesonderter Gebührenrahmen (früher Nr. 2301 VV RVG a.F.) ist künftig ebensowenig vorgesehen wie eine gesonderte Kappungsgrenze (früher Anm. zu Nr. 2301 VV RVG a.F.).

552 Die Geschäftsgebühr für das Widerspruchsverfahren erhält der Anwalt zukünftig auch dann aus dem vollen Rahmen der Nr. 2300 VV RVG, wenn er im Verwaltungsverfahren bereits eine Geschäftsgebühr verdient hat, da es sich insoweit nach § 17 Nr. 1a RVG (bisher § 17 Nr. 1 RVG) um eine gesonderte Angelegenheit handelt, in der die Gebühren erneut entstehen (arg e § 15 Abs. 2 RVG).

553 War der Anwalt allerdings bereits im Verwaltungsverfahren tätig, muss er sich nach Vorbem. 2.3 Abs. 4 S. 1 VV RVG die erste Geschäftsgebühr hälftig auf die zweite Geschäftsgebühr anrechnen lassen (zur Berechnung siehe unten Rn 570).

(2) Höhe der Geschäftsgebühr
(a) Überblick

554 Die Höhe der Geschäftsgebühr bestimmt sich anstelle der bisherigen unterschiedlichen Gebührenrahmen der Nrn. 2300, 2301 VV RVG a.F. in allen Verfahrensabschnitten gem. Nr. 2300 VV RVG nach demselben Gebührenrahmen von 0,5 bis 2,5. Aus diesem Rahmen bestimmt der Anwalt die im Einzelfall billige Gebühr. Maßgebend sind die Kriterien des § 14 Abs. 1 RVG, wobei allerdings eine Vorbefassung in einem früheren Verfahrensabschnitt nicht Gebühren mindernd berücksichtigt werden darf (Vorbem. 2.3 Abs. 4 S. 3 VV RVG).

555 Die Mittelgebühr beträgt nach wie vor 1,5 (zur Schwellengebühr bei fehlendem Umfang und fehlender Schwierigkeit siehe Rn 560).

556 *Beispiel 85: Geschäftsgebühr im Verwaltungsverfahren (Mittelgebühr)*
Der Anwalt wird im Verwaltungsverfahren vor der Behörde beauftragt. Die Sache ist umfangreich, aber durchschnittlich. Der Gegenstandswert beträgt 6.000,00 EUR.
Ausgehend von der Mittelgebühr kann der Anwalt nach den neuen Gebührenbeträgen des § 13 RVG verlangen:

C. Änderungen im Vergütungsverzeichnis § 3

1. 1,5-Geschäftsgebühr, Nr. 2300 VV RVG   523,50 EUR
 (Wert: 6.000,00 EUR)
2. Postentgeltpauschale, Nr. 7002 VV RVG   20,00 EUR
 Zwischensumme   543,50 EUR
3. 19 % Umsatzsteuer, Nr. 7008 VV RVG   103,27 EUR
 Gesamt   **646,77 EUR**

(b) Mehrere Auftraggeber

Vertritt der Anwalt mehrere Auftraggeber wegen desselben Gegenstands, so erhöht sich der Gebührenrahmen um 0,3 je weiteren Auftraggeber, höchstens um 2,0.   557

Wird der Anwalt sowohl im Verwaltungsverfahren als auch im Nachprüfungsverfahren für mehrere Auftraggeber tätig, erhöht sich sowohl der Gebührenrahmen für das Verwaltungsverfahren als auch für das Nachprüfungsverfahren, da es sich um verschiedene Angelegenheiten handelt, und der Anwalt die Erhöhung nach Nr. 1008 VV RVG in jeder Angelegenheit gesondert erhält (zur Anrechnung bei mehreren Auftraggebern siehe Rn 568).   558

d) Nr. 2301 VV RVG
aa) Überblick

Nr. 2301 VV RVG erhält folgende neue Fassung:[211]   559

2301	Die Tätigkeit ist weder schwierig noch umfangreich:	
	Die Gebühr 2300 beträgt höchstens	1,3

Ist die Tätigkeit weder umfangreich noch schwierig, darf der Anwalt gem. Nr. 2301 VV RVG – wie bisher – nicht mehr als eine 1,3-Gebühr verlangen. Damit wird die bisherige Anm. zu Nr. 2300 VV RVG a.F. neu gefasst und zu einer eigenen Nummer im Vergütungsverzeichnis aufgewertet.   560

Die neue Nr. 2301 VV RVG soll die bisherige Reglung zur Schwellengebühr der Anm. zu Nr. 2300 VV RVG ersetzen. Anlass hierfür war die wechselhafte Rechtsprechung des BGH. Dieser hatte zunächst[212] ohne jegliche Begründung und ohne Auseinandersetzung mit der Rechtsprechung die Auffassung vertreten, dem Anwalt stehe auch bei der Schwellengebühr ein Toleranzbereich von 20 % zu; die Frage des Umfangs und Schwierigkeit sei der gerichtlichen Überprüfung entzogen, solange der Anwalt nicht um mehr als 20 % von der billigen Gebühr abweiche und dies begründe. Die Instanzrechtsprechung[213] hat sich von dieser Entscheidung nicht beeindrucken lassen und ging von einer unbedachten Äußerung des BGH aus, dieser nebenbei abgegeben habe, ohne zu wissen, welche Konsequenzen sich daraus ergeben werden, zumal die entsprechende Aussage auch in keinem amtlichen Leitsatz auftauchte. Umso erstaunter war man, als dann der VI. Senat in seinem Urt. v. 8.5.2012[214] diese Rechtsprechung nicht nur bestätigte, sondern auch noch eine dogmatische Herleitung dafür lieferte. In dieser Phase hatte sich dann das BMJ entschlossen, den Referentenentwurf, der nach wie vor an der der bisherigen Anm. zu Nr. 2300 VV RVG festgehalten hatte, abzuändern und eine neue Nr. 2301 VV RVG einzufügen. Sie soll   561

---
211 Änderung durch Art. 8 Abs. 2 Nr. 11.
212 (IX. Senat) AGS 2011, 120 m. Anm. *Schons* = MDR 2011, 454 = AnwBl 2011, 402 = NJW 2011, 1603 = JurBüro 2011, 301 = Rpfleger 2011, 399 = zfs 2011, 465 = NJW-Spezial 2011, 155 = ZfIR 2011, 213 = FamRZ 2011, 560 = RVGreport 2011, 136 = Vollstreckung effektiv 2011, 76 = ArbRB 2011, 110 = FoVo 2011, 151.
213 AG Halle (Saale) AGS 2011, 421 = NJW-Spezial 2011, 508; OLG Celle DAR 2012, 358 = zfszfs 2012, 105 = Schaden-Praxis 2012, 160 = SVR 2012, 188; OLG Koblenz AGS 2011, 536 = Schaden-Praxis 2011, 410 = JurBüro 2012, 75 = NJW-Spezial 2011, 681 = SVR 2011, 456.
214 AGS 2012, 220 und 267 = zfs 2012, 402 = Schaden-Praxis 2012, 267 = AnwBl 2012, 662 = NJW-RR 2012, 887 = NJW-Spezial 2012, 379 = RVGreport 2012, 258 = MDR 2012, 810 = FamRZ 2012, 1134 = ArbRB 2012, 210 = VRR 2012, 318 = IBR 2012, 426 m. Anm. *N. Schneider*.

klarstellen, dass ein Ermessensspielraum für die Überschreitung einer 1,3-Gebühr nicht in Betracht kommt, sondern dass die Kriterien Umfang und Schwierigkeit gerichtlich voll überprüfbar sein sollen. Zwischenzeitlich hat der VIII. Senat des BGH die Sache ohnehin wieder „gerade gerückt",[215] nachdem sowohl der IX. als auch der VI. Senat erklärt hatten, an ihrer gegenteiligen Auffassung nicht mehr festzuhalten.

562 Bereits durch den BGH ist damit klargestellt, dass der Anwalt, will er eine höhere Gebühr als die 1,3-Gebühr verlangen, Umfang und/oder Schwierigkeit begründen und notfalls beweisen muss und dass dies gerichtlich voll überprüfbar ist. Der Toleranzbereich greift also nur bis 1,3 und ab 1,3. Die Hürde von 1,3 muss der Anwalt dagegen ohne Toleranz nehmen. Ungeachtet dessen soll durch die neue Nr. 2301 VV RVG diese Rechtslage nochmals klargestellt werden.

563 Es soll mit der neuen Nr. 2301 VV RVG keinesfalls ein neuer Gebührenrahmen (0,5 bis 1,3 – Mittelgebühr 0,9) eingeführt werden, wie dies bei Inkrafttreten des RVG schon einmal vertreten worden war.[216] Insoweit sei auf die Begründung des Regierungsentwurfs zu Nr. 2301 VV RVG Bezug genommen:

564 *„Grundsätzlich ist in allen Kostenverzeichnissen eine bei einem besonderen Sachverhalt von der grundsätzlichen Regelung abweichende Gebührenhöhe in einer besonderen Nummer des Verzeichnisses als modifizierte Gebühr geregelt. Diese Regelungstechnik soll auch für die Schwellengebühr genutzt werden. Damit wird – insbesondere zur Sicherstellung einer einheitlichen Rechtsanwendung durch die verschiedenen Fachgerichtsbarkeiten – auch klargestellt, dass die Frage des überdurchschnittlichen Umfangs und der überdurchschnittlichen Schwierigkeit als Tatbestandsvoraussetzung der vollen gerichtlichen Nachprüfung unterliegt (so auch BSG vom 1.7.2009, NJW 2010, 1400; a.A. BGH vom 8.5.2012, zfs 2012, 402). Die volle gerichtliche Überprüfbarkeit entspricht auch der Intension[217] des Gesetzgebers. In der Begründung des Gesetzentwurfs der Fraktionen von CDU/CSU, BÜNDNIS 90/DIE GRÜNEN und FDP zu Artikel 3 Nummer 2400 (jetzt: 2300) VV RVG (Bundestags-Drs. 15/1971 S. 207) ist hierzu ausgeführt, dass eine nach Abwägung der unterschiedlichen Kriterien des § 14 Absatz 1 RVG in der Summe gänzlich durchschnittliche Angelegenheit nur dann einen Gebührensatz von mehr als 1,3 (etwa in Höhe der Mittelgebühr 1,5) rechtfertigen würde, wenn die Tätigkeit des Anwalts im Hinblick auf Umfang oder Schwierigkeit über dem Durchschnitt liegt."*

565 Auf die bisherige Rechtsprechung kann daher weiterhin zurückgegriffen werden. Es bleibt auch bei der sich in der Praxis herausgebildeten Verteilung der Darlegungs- und Beweislast. Will der Anwalt eine höhere Gebühr als 1,3 abrechnen, so obliegt ihm die volle Darlegungs- und Beweislast dafür, dass Umfang oder Schwierigkeit gegeben sind. Wollen der Auftraggeber oder der Gegner weniger als 1,3 zahlen, so muss jeweils dargelegt werden, dass die Sache noch nicht einmal durchschnittlich ist. Grundsätzlich ist zunächst einmal von einer 1,3-Gebühr als Regelgebühr auszugehen.[218]

566 *Beispiel 86: Geschäftsgebühr (Schwellengebühr)*
Der Anwalt wird von seinem Mandanten beauftragt, eine Forderung i.H.v. 6.000,00 EUR außergerichtlich geltend zu machen. Die Sache ist weder umfangreich noch schwierig.

---

215 AGS 2012, 373 = NJW-Spezial 2012, 541 = RVGprof. 2012, 147 = GRURPrax 2012, 396.
216 *Braun*, Gebührenabrechnung nach dem neuen RVG, S. 62.
217 Gemeint ist wohl „Intention".
218 BGH AGS 2007, 28 = DAR 2007, 234 = VersR 2007, 265 = zfs 2007, 102 = Schaden-Praxis 2007, 85 = JurBüro 2007, 72 = Rpfleger 2007, 166 = MDR 2007, 491 = NZV 2007, 181 = NJW-RR 2007, 420 = AnwBl 2007, 154 = RuS 2007, 439.

Der Anwalt erhält eine Geschäftsgebühr nach Nr. 2300 VV RVG, kann aber gem. Nr. 2301 VV RVG höchstens verlangen:

1. 1,3-Geschäftsgebühr, Nrn. 2300, 2301 VV RVG   453,70 EUR
   (Wert: 6.000,00 EUR)
2. Postentgeltpauschale, Nr. 7002 VV RVG   20,00 EUR
   Zwischensumme   473,70 EUR
3. 19 % Umsatzsteuer, Nr. 7008 VV RVG   90,00 EUR
   Gesamt   **563,70 EUR**

Verdient der Anwalt in verwaltungsrechtlichen Angelegenheiten gem. § 17 Nr. 1a RVG mehrere Geschäftsgebühren (Verwaltungs- und Nachprüfungsverfahren), dann kann die Schwellengebühr in beiden Verfahrensabschnitten zum Zuge kommen. Die Begrenzung der Nr. 2301 VV RVG ist dabei für jede Gebühr gesondert zu prüfen. Schwierigkeit und Umfang im Verwaltungsverfahren begründen noch keine Schwierigkeit und noch keinen Umfang im Nachprüfungsverfahren und umgekehrt. Es ist also möglich, dass in einem Verfahrensabschnitt die Schwellengebühr greift, in dem anderen aber nicht, dass sie in beiden Verfahrensabschnitten greift oder in gar keinem (dazu auch die Abrechnungsbeispiele, siehe Rn 577 ff.). 567

bb) Mehrere Auftraggeber
Vertritt der Anwalt mehrere Auftraggeber wegen desselben Gegenstand, so erhöht sich auch die Schwellengebühr. Das ist jetzt durch Anm. Abs. 4 zu Nr. 1008 VV RVG klargestellt (siehe dazu Rn 462). 568

Beispiel 87: Geschäftsgebühr bei mehreren Auftraggebern (Schwellengebühr) 569
Der Anwalt vertritt zwei Gesamtschuldner, die außergerichtlich auf Zahlung eines Betrags i.H.v. 6.000,00 EUR in Anspruch genommen werden. Die Sache ist weder umfangreich noch schwierig.

Die Schwellengebühr erhöht sich gem. Anm. Abs. 4 zu Nr. 1008 VV RVG um 0,3 auf 1,6, sodass der Anwalt gem. 2301 VV RVG höchstens verlangen kann:

1. 1,6-Geschäftsgebühr, Nrn. 2300, 2301, 1008   558,40 EUR
   VV RVG
   (Wert: 6.000,00 EUR)
2. Postentgeltpauschale, Nr. 7002 VV RVG   20,00 EUR
   Zwischensumme   578,40 EUR
3. 19 % Umsatzsteuer, Nr. 7008 VV RVG   109,90 EUR
   Gesamt   **688,30 EUR**

e) Die Anrechnung der Geschäftsgebühr Nr. 2300 VV RVG in verwaltungsrechtlichen Angelegenheiten
aa) Überblick
War der Anwalt sowohl im Verwaltungsverfahren als auch im nachfolgenden Nachprüfungsverfahren tätig, so erhält er gem. § 17 Nr. 1a RVG jeweils eine gesonderte Geschäftsgebühr nach Nr. 2300 VV RVG (siehe Rn 549), wobei gegebenenfalls die Ermäßigung nach Nr. 2301 VV RVG zu beachten ist (siehe Rn 560). 570

Allerdings muss er sich jetzt die erste Geschäftsgebühr nach Vorbem. 2.3 Abs. 4 S. 1 VV RVG hälftig auf die zweite Geschäftsgebühr anrechnen lassen, höchstens jedoch mit 0,75. 571

§ 3 Änderungen des RVG

572 Dafür darf bei der Bemessung der weiteren Geschäftsgebühr des Nachprüfungsverfahrens innerhalb des Betragsrahmens nicht Gebühren mindernd berücksichtigt werden, dass der Umfang der Tätigkeit infolge der vorangegangenen Tätigkeit geringer ist (Vorbem. 2.3 Abs. 4 S. 3 VV RVG).

573 *Beispiel 88: Anrechnung der Geschäftsgebühr im Widerspruchsverfahren (Vergleich neues Recht/altes Recht)*
Der Anwalt wird im Verwaltungsverfahren vor der Behörde beauftragt (Wert: 6.000,00 EUR). Gegen den Bescheid der Behörde legt er Widerspruch ein. Sowohl im Verwaltungsverfahren als auch im Widerspruchsverfahren war die Sache umfangreich und schwierig, aber durchschnittlich.

Der Anwalt erhält sowohl im Verwaltungsverfahren als auch im Widerspruchsverfahren eine Geschäftsgebühr nach Nr. 2300 VV RVG. Im Verwaltungsverfahren ist aufgrund des Umfangs und der Schwierigkeit die Mittelgebühr von 1,5 anzusetzen. Im Widerspruchsverfahren ist wegen der dort ebenso gegebenen Schwierigkeit und des Umfangs ebenfalls die Mittelgebühr von 1,5 anzusetzen. Die Vorbefassung im Beschwerdeverfahren darf nicht Gebühren mindernd berücksichtigt werden (Vorbem. 2.3 Abs. 4 S. 3 VV RVG). Zu beachten ist, dass die erste Geschäftsgebühr hälftig auf die zweite Gebühr anzurechnen ist (Vorbem. 2.3 Abs. 4 S. 1 VV RVG).

I. Verwaltungsverfahren
1. 1,5-Geschäftsgebühr, Nr. 2300 VV RVG   523,50 EUR
(Wert: 6.000,00 EUR)
2. Postentgeltpauschale, Nr. 7002 VV RVG   20,00 EUR
Zwischensumme   543,50 EUR
3. 19 % Umsatzsteuer, Nr. 7008 VV RVG   103,27 EUR
Gesamt   **646,77 EUR**

II. Widerspruchsverfahren
1. 1,5-Geschäftsgebühr, Nr. 2300 VV RVG   523,50 EUR
(Wert: 6.000,00 EUR)
2. gem. Vorbem. 2.3 Abs. 4 S. 1 VV RVG anzurechnen, 0,75 aus 6.000,00 EUR   -261,75 EUR
3. Postentgeltpauschale, Nr. 7002 VV RVG   20,00 EUR
Zwischensumme   281,75 EUR
4. 19 % Umsatzsteuer, Nr. 7008 VV RVG   53,53 EUR
Gesamt   **335,28 EUR**
Gesamt I. + II.   **982,05 EUR**

Insgesamt ergibt sich damit ein Gebührenaufkommen i.H.v. (1,5 + 1,5 − 0,75 =) 2,25.

574 Zu erstatten wäre bei erfolgreichem Widerspruchsverfahren unter Berücksichtigung des § 15a Abs. 2 RVG die volle Geschäftsgebühr unbeschadet der Anrechnung:

1. 1,5-Geschäftsgebühr, Nr. 2300 VV RVG   523,50 EUR
(Wert: 6.000,00 EUR)
2. Postentgeltpauschale, Nr. 7002 VV RVG   20,00 EUR
Zwischensumme   543,50 EUR
3. 19 % Umsatzsteuer, Nr. 7008 VV RVG   103,27 EUR
Gesamt   **646,77 EUR**

C. Änderungen im Vergütungsverzeichnis § 3

Nach bisherigem Recht wäre – ausgehend von den bisherigen Gebührenbeträgen – wie folgt zu rechnen: 575

I. Verwaltungsverfahren
1. 1,5-Geschäftsgebühr, Nr. 2300 VV RVG a.F.   507,00 EUR
   (Wert: 6.000,00 EUR)
2. Postentgeltpauschale, Nr. 7002 VV RVG   20,00 EUR
   Zwischensumme   527,00 EUR
3. 19 % Umsatzsteuer, Nr. 7008 VV RVG   100,13 EUR
   Gesamt   **627,13 EUR**

II. Widerspruchsverfahren
1. 0,9-Geschäftsgebühr, Nr. 2300, 2301 VV RVG a.F.   304,20 EUR
   (Wert: 6.000,00 EUR)
2. Postentgeltpauschale, Nr. 7002 VV RVG   20,00 EUR
   Zwischensumme   324,20 EUR
3. 19 % Umsatzsteuer, Nr. 7008 VV RVG   61,60 EUR
   Gesamt   **385,80 EUR**
   Gesamt I. + II.   **1.012,93 EUR**

Insgesamt ergab sich damit ein Gebührenaufkommen i.H.v. (1,5 + 0,9 =) 2,4, also ein höheres Aufkommen als nach neuem Recht. Trotz der geringeren Gebührenbeträge liegt das Gesamtaufkommen hier nach altem Recht sogar höher als nach neuem Recht.

Zu erstatten wären bei erfolgreichem Widerspruchsverfahren jetzt allerdings nur 385,80 EUR, also deutlich weniger als nach neuem Recht. Die Kostenerstattung wirkt sich daher nach neuem Recht für den Auftraggeber und gegebenenfalls auch für den Anwalt (§ 9 S. 2 BerHG) günstiger aus. 576

bb) Gesonderte Prüfung der Schwellengebühr

Zu beachten ist, dass die Anwendung der Schwellengebühr für jeden Verfahrensabschnitt gesondert zu prüfen ist. Schwierigkeit und Umfang im Verwaltungsverfahren begründen noch keine Schwierigkeit und keinen Umfang im Nachprüfungsverfahren und umgekehrt. Es ist also möglich, dass in einem Verfahrensabschnitt die Schwellengebühr greift, in dem anderen aber nicht, dass sie in beiden Verfahrensabschnitten greift oder in gar keinem. 577

Beispiel 89: Anrechnung der Geschäftsgebühr im Widerspruchsverfahren (jeweils Schwellengebühr) 578

Der Anwalt wird im Verwaltungsverfahren vor der Behörde beauftragt (Wert: 6.000,00 EUR). Gegen den Bescheid der Behörde legt er Widerspruch ein. Sowohl im Verwaltungsverfahren als auch im Widerspruchsverfahren war die Sache weder umfangreich noch schwierig.

Der Anwalt erhält sowohl im Verwaltungsverfahren als auch im Widerspruchsverfahren eine 1,3-Geschäftsgebühr nach Nr. 2300 VV RVG. Anzurechnen ist i.H.v. 0,65.

I. Verwaltungsverfahren
1. 1,3-Geschäftsgebühr, Nrn. 2300, 2301 VV RVG   453,70 EUR
   (Wert: 6.000,00 EUR)
2. Postentgeltpauschale, Nr. 7002 VV RVG   20,00 EUR
   Zwischensumme   473,70 EUR
3. 19 % Umsatzsteuer, Nr. 7008 VV RVG   93,00 EUR
   Gesamt   **563,70 EUR**

II. Widerspruchsverfahren

1.	1,3-Geschäftsgebühr, Nrn. 2300, 2301 VV RVG (Wert: 6.000,00 EUR)	453,70 EUR
2.	gem. Vorbem. 2.3 Abs. 4 S. 1 VV RVG anzurechnen, 0,65 aus 6.000,00 EUR	-226,85 EUR
3.	Postentgeltpauschale, Nr. 7002 VV RVG	20,00 EUR
	Zwischensumme	246,85 EUR
4.	19 % Umsatzsteuer, Nr. 7008 VV RVG	46,90 EUR
	Gesamt	**293,75 EUR**

579

Beispiel 90: Anrechnung der Geschäftsgebühr im Widerspruchsverfahren (Schwellengebühr im Verwaltungsverfahren/Mittelgebühr im Nachprüfungsverfahren)

Der Anwalt wird im Verwaltungsverfahren vor der Behörde beauftragt (Wert: 6.000,00 EUR). Gegen den Bescheid der Behörde legt er Widerspruch ein. Im Verwaltungsverfahren war die Sache weder umfangreich noch schwierig; im Widerspruchsverfahren war sie dagegen umfangreich und schwierig, aber durchschnittlich.

Der Anwalt erhält im Verwaltungsverfahren eine 1,3-Geschäftsgebühr und im Widerspruchsverfahren eine 1,5-Geschäftsgebühr. Anzurechnen ist i.H.v. 0,65.

I. Verwaltungsverfahren

1.	1,3-Geschäftsgebühr, Nrn. 2300, 2301 VV RVG (Wert: 6.000,00 EUR)	453,70 EUR
2.	Postentgeltpauschale, Nr. 7002 VV RVG	20,00 EUR
	Zwischensumme	473,70 EUR
3.	19 % Umsatzsteuer, Nr. 7008 VV RVG	93,00 EUR
	Gesamt	**563,70 EUR**

II. Widerspruchsverfahren

1.	1,5-Geschäftsgebühr, Nr. 2300 VV RVG (Wert: 6.000,00 EUR)	523,50 EUR
2.	gem. Vorbem. 2.3 Abs. 4 S. 1 VV RVG anzurechnen, 0,65 aus 6.000,00 EUR	-226,85 EUR
3.	Postentgeltpauschale, Nr. 7002 VV RVG	20,00 EUR
	Zwischensumme	316,65 EUR
4.	19 % Umsatzsteuer, Nr. 7008 VV RVG	60,16 EUR
	Gesamt	**376,81 EUR**

580

Beispiel 91: Anrechnung der Geschäftsgebühr im Widerspruchsverfahren (Mittelgebühr im Verwaltungsverfahren/Schwellengebühr im Nachprüfungsverfahren)

Der Anwalt wird im Verwaltungsverfahren vor der Behörde beauftragt (Wert: 6.000,00 EUR). Gegen den Bescheid der Behörde legt er Widerspruch ein. Im Verwaltungsverfahren war die Sache umfangreich und schwierig, aber durchschnittlich; im Widerspruchsverfahren war sie dagegen weder umfangreich noch schwierig.

Der Anwalt erhält im Verwaltungsverfahren eine 1,5-Geschäftsgebühr und im Widerspruchsverfahren i.H.v. 1,3. Anzurechnen ist i.H.v. 0,75.

I. Verwaltungsverfahren
1. 1,5-Geschäftsgebühr, Nr. 2300 VV RVG   523,50 EUR
   (Wert: 6.000,00 EUR)
2. Postentgeltpauschale, Nr. 7002 VV RVG   20,00 EUR
   Zwischensumme   543,50 EUR
3. 19 % Umsatzsteuer, Nr. 7008 VV RVG   103,27 EUR
   Gesamt   **646,77 EUR**

II. Widerspruchsverfahren
1. 1,3-Geschäftsgebühr, Nrn. 2300, 2301 VV RVG   453,70 EUR
   (Wert: 6.000,00 EUR)
2. gem. Vorbem. 2.3 Abs. 4 S. 1 VV RVG anzurechnen,   -261,75 EUR
   0,75 aus 6.000,00 EUR
3. Postentgeltpauschale, Nr. 7002 VV RVG   20,00 EUR
   Zwischensumme   211,95 EUR
4. 19 % Umsatzsteuer, Nr. 7008 VV RVG   40,27 EUR
   Gesamt   **252,22 EUR**

Beispiel 92: Anrechnung der Geschäftsgebühr im Widerspruchsverfahren (jeweils Mittelgebühr)   **581**

Der Anwalt wird im Verwaltungsverfahren vor der Behörde beauftragt (Wert: 6.000,00 EUR). Gegen den Bescheid der Behörde legt er Widerspruch ein. Sowohl im Verwaltungsverfahren als auch im Widerspruchsverfahren war die Sache umfangreich und schwierig, aber durchschnittlich.

Der Anwalt erhält sowohl im Verwaltungsverfahren als auch im Widerspruchsverfahren eine 1,5-Geschäftsgebühr nach Nr. 2300 VV RVG. Anzurechnen ist i.H.v. 0,75.

I. Verwaltungsverfahren
1. 1,5-Geschäftsgebühr, Nr. 2300 VV RVG   523,50 EUR
   (Wert: 6.000,00 EUR)
2. Postentgeltpauschale, Nr. 7002 VV RVG   20,00 EUR
   Zwischensumme   543,50 EUR
3. 19 % Umsatzsteuer, Nr. 7008 VV RVG   103,27 EUR
   Gesamt   **646,77 EUR**

II. Widerspruchsverfahren
1. 1,5-Geschäftsgebühr, Nr. 2300 VV RVG   523,50 EUR
   (Wert: 6.000,00 EUR)
2. gem. Vorbem. 2.3 Abs. 4 S. 1 VV RVG anzurechnen,   -261,75 EUR
   0,75 aus 6.000,00 EUR
3. Postentgeltpauschale, Nr. 7002 VV RVG   20,00 EUR
   Zwischensumme   281,75 EUR
4. 19 % Umsatzsteuer, Nr. 7008 VV RVG   53,53 EUR
   Gesamt   **335,28 EUR**

cc) Begrenzung der Anrechnung

582 Zu beachten ist, dass die Anrechnung gem. Vorbem. 2.3 Abs. 4 S. 2 VV RVG auf einen Gebührensatz von 0,75 begrenzt ist. Diese Grenze greift immer dann, wenn die anzurechnende Geschäftsgebühr über einem Gebührensatz von 1,5 liegt.

583 *Beispiel 93: Anrechnung der Geschäftsgebühr im Widerspruchsverfahren (Begrenzung der Anrechnung)*

Wie vorangegangenes Beispiel 92 (siehe Rn 581); jedoch war die Tätigkeit im Verwaltungsverfahren äußerst umfangreich und schwierig, sodass ein Gebührensatz über der Mittelgebühr (hier 1,8) anzusetzen ist.

Jetzt ist zu beachten, dass die Anrechnung auf maximal 0,75 beschränkt ist (Vorbem. 2.3 Abs. 4 S. 2 VV RVG).

I. Verwaltungsverfahren

1.	1,8-Geschäftsgebühr, Nr. 2300 VV RVG		628,20 EUR
	(Wert: 6.000,00 EUR)		
2.	Postentgeltpauschale, Nr. 7002 VV RVG		20,00 EUR
	Zwischensumme	648,20 EUR	
3.	19 % Umsatzsteuer, Nr. 7008 VV RVG		123,16 EUR
	Gesamt		**771,36 EUR**

II. Widerspruchsverfahren

1.	1,5-Geschäftsgebühr, Nr. 2300 VV RVG		523,50 EUR
	(Wert: 6.000,00 EUR)		
2.	gem. Vorbem. 2.3 Abs. 4 S. 1, 2 VV RVG anzurechnen, 0,75 aus 6.000,00 EUR		-314,10 EUR
3.	Postentgeltpauschale, Nr. 7002 VV RVG		20,00 EUR
	Zwischensumme	229,40 EUR	
4.	19 % Umsatzsteuer, Nr. 7008 VV RVG		43,59 EUR
	Gesamt		**272,99 EUR**
	Gesamt I. + II.		**1.044,35 EUR**

Zu erstatten wären bei erfolgreichem Widerspruchsverfahren unter Berücksichtigung des § 15a Abs. 2 RVG wiederum:

1.	1,5-Geschäftsgebühr, Nr. 2300 VV RVG		523,50 EUR
	(Wert: 6.000,00 EUR)		
2.	Postentgeltpauschale, Nr. 7002 VV RVG		20,00 EUR
	Zwischensumme	543,50 EUR	
3.	19 % Umsatzsteuer, Nr. 7008 VV RVG		103,27 EUR
	Gesamt		**646,77 EUR**

584 Nach bisherigem Recht wäre wie folgt zu rechnen:

I. Verwaltungsverfahren

1.	1,8-Geschäftsgebühr, Nr. 2300 VV RVG a.F.		608,40 EUR
	(Wert: 6.000,00 EUR)		
2.	Postentgeltpauschale, Nr. 7002 VV RVG		20,00 EUR
	Zwischensumme	628,40 EUR	

3. 19 % Umsatzsteuer, Nr. 7008 VV RVG 119,40 EUR
Gesamt **747,80 EUR**

II. Widerspruchsverfahren
1. 0,9-Geschäftsgebühr, Nrn. 2300, 2301 VV RVG a.F. 304,20 EUR
   (Wert: 6.000,00 EUR)
2. Postentgeltpauschale, Nr. 7002 VV RVG 20,00 EUR
   Zwischensumme 324,20 EUR
3. 19 % Umsatzsteuer, Nr. 7008 VV RVG 61,60 EUR
   Gesamt **385,80 EUR**
   Gesamt I. + II. **1.133,60 EUR**

Auch in diesem Fall steht sich der Anwalt nach neuem Recht schlechter als nach dem bisherigen Recht.

Dafür ist bei erfolgreichem Widerspruchsverfahren nach neuem Recht mit 646,77 EUR von der Gegenseite deutlich mehr zu erstatten als nach altem Recht (385,80 EUR).

Auch im rechtsschutzversicherten Mandat wirkt sich die Anrechnung günstiger aus. Für das Verwaltungsverfahren besteht grundsätzlich kein Versicherungsschutz. Dieser setzt frühestens im Widerspruchsverfahren ein. Während nach der bisherigen Regelung der Rechtsschutzversicherer bei einer Vorbefassung des Anwalts nur die Gebühr nach dem geringeren Rahmen (Nr. 2301 VV RVG a.F.) erstattet werden musste, gilt nach neuem Recht auch für ihn § 15a Abs. 2 RVG mit der Folge, dass er die volle Geschäftsgebühr für das Widerspruchsverfahren zahlen muss, ohne sich auf die Anrechnung berufen zu können. Insoweit gilt das Gleiche wie bei der Kostenerstattung (siehe oben Rn 534). 585

dd) Anrechnung bei geringerem Wert

Soweit das Nachprüfungsverfahren einen geringeren Wert hat als das Verwaltungsverfahren, wird nur nach dem Wert des Gegenstands gerechnet, der auch in das Nachprüfungsverfahren übergegangen ist (Vorbem. 2.3 Abs. 4 S. 4 VV RVG). 586

Beispiel 94: Anrechnung der Geschäftsgebühr im Widerspruchsverfahren (Begrenzung der Anrechnung) 587

Das Straßenverkehrsamt droht die Verhängung einer Fahrtenbuchauflage für die Dauer von zwei Jahren an. Schließlich wird die Fahrtenbuchauflage nur für ein Jahr angeordnet. Dagegen wird Widerspruch eingelegt.

Der Gegenstandswert des Verwaltungsverfahrens beläuft sich gem. Nr. 46.12 des Streitwertkatalogs für die Verwaltungsgerichtsbarkeit[219] auf 9.600,00 EUR.[220] Der Gegenstandswert des Widerspruchsverfahrens beträgt dagegen nur 4.800,00 EUR. Daher wird auch nur nach diesem Wert angerechnet.

Ausgehend jeweils von der Mittelgebühr ist wie folgt zu rechnen:

I. Verwaltungsverfahren
1. 1,5-Geschäftsgebühr, Nr. 2300 VV RVG 829,50 EUR
   (Wert: 9.600,00 EUR)

---

219 Vom 7./8.7.2004 (abgedr. in AGS 2004, 417 ff. und NVwZ 2004, 1327 ff.)
220 Nach Auffassung des Hessischen VGH nur auf 5.800,00 EUR (AGS 2012, 248 = RVGprof. 2012, 60 = VRR 2012, 83 = DÖV 2012, 407 = NJW-Spezial 2012, 348).

2.	Postentgeltpauschale, Nr. 7002 VV RVG	20,00 EUR
	Zwischensumme	849,50 EUR
3.	19 % Umsatzsteuer, Nr. 7008 VV RVG	161,41 EUR
	Gesamt	**1.010,91 EUR**

II. Widerspruchsverfahren

1.	1,5-Geschäftsgebühr, Nr. 2300 VV RVG (Wert: 4.800,00 EUR)	447,00 EUR
2.	gem. Vorbem. 2.3 Abs. 4 S. 1 VV RVG anzurechnen, 0,75 aus 4.800,00 EUR	- 223,50 EUR
3.	Postentgeltpauschale, Nr. 7002 VV RVG	20,00 EUR
	Zwischensumme	243,50 EUR
4.	19 % Umsatzsteuer, Nr. 7008 VV RVG	46,27 EUR
	Gesamt	**289,77 EUR**

ee) Anrechnung bei mehreren Auftraggebern

588 Vertritt der Anwalt mehrere Auftraggeber, so greift die Erhöhung nach Nr. 1008 VV RVG für beide Geschäftsgebühren. Anzurechnen ist dann aber dennoch maximal eine 0,75-Gebühr. Die Anrechnungsgrenze erhöht sich bei mehreren Auftraggebern nicht, sondern bleibt bei 0,75.[221]

589 *Beispiel 95: Anrechnung der Geschäftsgebühr im Widerspruchsverfahren (Begrenzung der Anrechnung)*

Der Anwalt ist von zwei Auftraggebern zunächst im Verwaltungsverfahren und sodann im Widerspruchsverfahren beauftragt worden. Der Gegenstandswert beläuft sich auf 6.000,00 EUR. Die Sache war weder im Verwaltungsverfahren noch im Widerspruchsverfahren umfangreich oder schwierig.

Ausgehend jeweils von der erhöhten Schwellengebühr (siehe Anm. Abs. 4 zu Nr. 1008 VV RVG) ist wie folgt zu rechnen:

I. Verwaltungsverfahren

1.	1,6-Geschäftsgebühr, Nrn. 2300, 2301, 1008 VV RVG (Wert: 6.000,00 EUR)	558,40 EUR
2.	Postentgeltpauschale, Nr. 7002 VV RVG	20,00 EUR
	Zwischensumme	578,40 EUR
3.	19 % Umsatzsteuer, Nr. 7008 VV RVG	109,90 EUR
	Gesamt	**688,30 EUR**

II. Widerspruchsverfahren

1.	1,6-Geschäftsgebühr, Nrn. 2300, 2301, 1008 VV RVG (Wert: 6.000,00 EUR)	558,40 EUR

---

221 LG Düsseldorf AGS 2007, 381 = MDR 2007, 1164 = JurBüro 2007, 480 = Rpfleger 2007, 629 = RVGreport 2007, 298 = VRR 2007, 399 = RVG prof. 182; AG Stuttgart AGS 2007, 385 = MDR 2007, 1107 = ZMR 2007, 737 = JurBüro 2007, 522 = NJW-RR 2007, 1725; LG Ulm AGS 2008, 163 = AnwBl. 2008, 73 = NJW-Spezial 2008, 155; KG AGS 2009, 4 = NJ 2008, 461 = Rpfleger 2008, 669 = KGR 2008, 968 = JurBüro 2008, 585 = RVGreport 2008, 391 = NJW-Spezial 2009, 92 = VRR 2008, 439.

C. Änderungen im Vergütungsverzeichnis § 3

2.	gem. Vorbem. 2.3 Abs. 4 S. 1, 2 VV RVG anzurechnen, 0,75 aus 6.000,00 EUR		-261,75 EUR
3.	Postentgeltpauschale, Nr. 7002 VV RVG		20,00 EUR
	Zwischensumme	316,65 EUR	
4.	19 % Umsatzsteuer, Nr. 7008 VV RVG		60,16 EUR
	Gesamt		**376,81 EUR**

f) Anrechnung der Geschäftsgebühr im gerichtlichen Verfahren
Kommt es nach einem Widerspruchsverfahren oder unmittelbar nach einem Verwaltungsverfahren zu einem gerichtlichen Verfahren, dann ist die Geschäftsgebühr bzw. die zuletzt entstandene Geschäftsgebühr hälftig, höchstens mit 0,75 auf die Verfahrensgebühr nach Teil 3 VV RVG anzurechnen (Vorbem. 3 Abs. 4 VV RVG) (siehe dazu Rn 757). 590

g) Nr. 2301 VV RVG a.F.
Die bisherige Nr. 2301[222] VV RVG (Gebührenrahmen im Nachprüfungsverfahren bei Vorbefassung im Verwaltungsverfahren) wird ersatzlos aufgehoben. Dies ist Folge der Umstellung auf eine Anrechnung der vorgerichtlichen Geschäftsgebühren von Verwaltungs- auf Nachprüfungsverfahren (ausführlich dazu siehe Rn 548). 591

h) Nr. 2303 VV RVG
aa) Überblick
Hinter der unverändert bleibenden Nr. 2302 VV RVG wird folgende neue Nr. 2303 VV RVG[223] eingefügt: 592

2303	Geschäftsgebühr in 1. sozialrechtlichen Angelegenheiten, in denen im gerichtlichen Verfahren Betragsrahmengebühren entstehen (§ 3 RVG), und 2. Verfahren nach der WBO, wenn im gerichtlichen Verfahren das Verfahren vor dem Truppendienstgericht oder vor dem Bundesverwaltungsgericht an die Stelle des Verwaltungsrechtswegs gemäß § 82 SG tritt	50,00 bis 640,00 €

Die neue Nr. 2303 VV RVG übernimmt die bisher in Nr. 2400 VV RVG geregelte Betragsrahmen-Geschäftsgebühr, die nach Vorbem. 2.4 Abs. 1 VV RVG a.F. auch in Verfahren nach der WBO galt.

bb) Geschäftsgebühr in Sozialsachen, in denen das GKG nicht anzuwenden ist
(1) Überblick
In sozialrechtlichen Angelegenheiten, in denen sich die Gebühren nicht nach dem Gegenstandswert richten (§ 3 Abs. 2, Abs. 1 S. 1 RVG), entsteht eine Geschäftsgebühr nach Nr. 2303 Nr. 1 VV RVG. Zu beachten ist gegebenenfalls die Anrechnung nach Vorbem. 2.3 Abs. 4 VV RVG. 593

(2) Vertretung im Verwaltungsverfahren
Wird der Anwalt im Verwaltungsverfahren tätig, erhält er eine Gebühr nach Nr. 2303 Nr. 1 VV RVG. 594

---

[222] Änderung durch Art. 8 Abs. 2 Nr. 11.
[223] Änderung durch Art. 8 Abs. 2 Nr. 12.

(3) Vertretung im Widerspruchsverfahren

595 Wird der Anwalt im Widerspruchsverfahren tätig, erhält er ebenfalls eine Geschäftsgebühr nach Nr. 2303 Nr. 1 VV RVG, und zwar – anders als bisher – aus dem vollen Rahmen.

596 Die Geschäftsgebühr für das Widerspruchsverfahren erhält der Anwalt gesondert neben einer gegebenenfalls im Verwaltungsverfahren verdienten Geschäftsgebühr, da es sich insoweit nach § 17 Nr. 1a RVG um gesonderte Angelegenheiten handelt (siehe Rn 86).

597 War der Anwalt allerdings bereits im Verwaltungsverfahren tätig, muss er sich nach Vorbem. 2.3 Abs. 4 S. 1 VV RVG die erste Geschäftsgebühr hälftig auf die zweite Geschäftsgebühr anrechnen lassen (siehe unten Rn 628). Die Vorbefassung im Verwaltungsverfahren darf dann allerdings nicht noch zusätzlich Gebühren mindernd berücksichtigt werden (Vorbem. 2.3 Abs. 4 S. 3 VV RVG).

(4) Höhe der Geschäftsgebühr

(a) Überblick

598 Die Höhe der Geschäftsgebühr bestimmt sich anstelle der bisherigen unterschiedlichen Gebührenrahmen der Nrn. 2400, 2401 VV RVG in allen Verfahrensabschnitten gem. Nr. 2303 Nr. 1 VV RVG nach demselben Gebührenrahmen von 50,00 bis 640,00 EUR, aus dem der Anwalt die im Einzelfall billige Gebühr bestimmt.

599 Der vorgeschlagene Gebührenrahmen ist so ausgewählt worden, dass die Schwellengebühr (vergleichbar einer 1,3-Gebühr bei Wertgebühren) der Mittelgebühr der Gebühr der Nr. 3102 VV RVG entspricht.

600 Die Mittelgebühr beträgt 345,00 EUR (zur Schwellengebühr bei fehlendem Umfang und fehlender Schwierigkeit siehe Rn 562).

601 Maßgebend sind die Kriterien des § 14 Abs. 1 RVG, wobei allerdings eine Vorbefassung in einem früheren Verfahrensabschnitt nicht Gebühren mindernd berücksichtigt werden darf (Vorbem. 2.3 Abs. 4 S. 3 VV RVG).

602 *Beispiel 96: Geschäftsgebühr im Verwaltungsverfahren (Mittelgebühr)*

Der Anwalt wird im Verwaltungsverfahren vor der Behörde beauftragt. Die Sache ist umfangreich, aber durchschnittlich.

Ausgehend von der Mittelgebühr kann der Anwalt verlangen:

1.	Geschäftsgebühr, Nr. 2303 Nr. 1 VV RVG		345,00 EUR
2.	Postentgeltpauschale, Nr. 7002 VV RVG		20,00 EUR
	Zwischensumme	365,00 EUR	
3.	19 % Umsatzsteuer, Nr. 7008 VV RVG		69,35 EUR
	Gesamt		**434,35 EUR**

(b) Mehrere Auftraggeber

603 Vertritt der Anwalt mehrere Auftraggeber, so erhöht sich der Gebührenrahmen nach Nr. 1008 VV RVG um 30 % je weiteren Auftraggeber, höchstens um 200 %.

604 *Beispiel 97: Geschäftsgebühr im Verwaltungsverfahren bei mehreren Auftraggebern (Mittelgebühr)*

Der Anwalt wird im Verwaltungsverfahren vor der Behörde für eine aus zwei Personen bestehende Bedarfsgemeinschaft tätig. Die Sache ist umfangreich, aber durchschnittlich.

Ausgehend von der Mittelgebühr kann der Anwalt bei einem erhöhten Gebührenrahmen von 65,00 bis 832,00 EUR verlangen:

1.	Geschäftsgebühr, Nrn. 2303 Nr. 1, 1008 VV RVG	448,50 EUR
2.	Postentgeltpauschale, Nr. 7002 VV RVG	20,00 EUR

	Zwischensumme	468,50 EUR
3.	19 % Umsatzsteuer, Nr. 7008 VV RVG	89,02 EUR
	Gesamt	**557,52 EUR**

Wird der Anwalt sowohl im Verwaltungsverfahren als auch im Nachprüfungsverfahren für mehrere Auftraggeber tätig, erhöht sich sowohl der Gebührenrahmen für das Verwaltungsverfahren als auch der für das Nachprüfungsverfahren, da es sich um verschiedene Angelegenheiten handelt und der Anwalt die Erhöhung nach Nr. 1008 VV RVG in jeder Angelegenheit gesondert erhält (zur Anrechnung bei mehreren Auftraggebern siehe Rn 588). 605

cc) Geschäftsgebühr in Verfahren nach der WBO
(1) Überblick
In Verfahren nach der WBO, bei denen 606

- das Verfahren vor dem Truppendienstgericht an die Stelle des gerichtlichen Verfahrens
- oder das Verfahren vor dem BVerwG an die Stelle des Verwaltungsrechtswegs gem. § 82 SG

tritt, erhielt der Anwalt bislang nach Vorbem. 2.4 S. 1 Nr. 2 VV RVG die gleiche Geschäftsgebühr wie in sozialrechtlichen Verfahren, die nicht nach dem Gegenstandswert berechnet wurde. Diese Gleichstellung wird beibehalten und nunmehr in Nr. 2303 Nr. 2 VV RVG verankert.

Möglich sind hier nach § 17 Nr. 1a VV RVG drei Verfahrensabschnitte und damit drei Angelegenheiten i.S.d. § 15 RVG, in denen jeweils eine Geschäftsgebühr anfallen kann, nämlich 607

- im Ausgangsverfahren (unklar ist, ob es solche Verfahren überhaupt gibt; siehe Rn 609),
- im Beschwerdeverfahren nach den §§ 1 ff. WBO und
- im Verfahren der weiteren Beschwerde nach den §§ 17 ff. WBO.

Ist der Anwalt in mehreren dieser aufeinander folgenden Verfahrensabschnitte tätig, so entstehen die Geschäftsgebühren zwar gesondert, weil es sich jeweils um besondere Angelegenheiten handelt (§ 17 Nr. 1a RVG). Die Geschäftsgebühren sind allerdings nach Vorbem. 2.3 Abs. 5 i.V.m. Abs. 4 S. 1 VV RVG aufeinander anzurechnen. 608

(2) Ausgangsverfahren
In Nr. 2303 Nr. 2 VV RVG und in Vorbem. 2.3 Abs. 5 VV RVG geht das Gesetz davon aus, es gebe zunächst ein „Verfahren nach der WBO". Fraglich ist u.E., ob es überhaupt ein solches „Ausgangsverfahren" gibt. Die Verfahren nach der WBO dürften vielmehr erst mit der Beschwerde nach den §§ 1 ff. WBO beginnen. Ein „Vorverfahren" oder „Verwaltungsverfahren" kennt die WBO nicht. Unterstellt man, es gebe ein solches Verfahren, dann würde bereits hier eine erste Geschäftsgebühr nach Nr. 2303 Nr. 2 VV RVG entstehen. 609

(3) Beschwerdeverfahren
Kommt es zu einem Verfahren der Beschwerde nach den §§ 1 ff. WBO, erhält der Anwalt ebenfalls eine Geschäftsgebühr nach Nr. 2303 Nr. 2 VV RVG. 610

Die Gebühr erhält er nach § 17 Nr. 1a RVG gesondert neben einer gegebenenfalls im Ausgangsverfahren verdienten Geschäftsgebühr. Die erste Geschäftsgebühr ist dann allerdings hälftig, höchstens zu 175,00 EUR, anzurechnen (siehe unten Rn 637). Dafür darf bei der Bemessung der weiteren Geschäftsgebühr innerhalb des Betragsrahmens nicht berücksichtigt werden, dass der Umfang der Tätigkeit infolge der vorangegangenen Tätigkeit geringer ist (Vorbem. 2.3 Abs. 5 i.V.m Abs. 4 S. 3 VV RVG). 611

Soweit eine weitere Beschwerde folgt, ist die Geschäftsgebühr wiederum hälftig anzurechnen (Vorbem. 2.3 Abs. 5 i.V.m. Abs. 4 S. 1 VV RVG), höchstens zu 175,00 EUR (Vorbem. 2.3 Abs. 5 i.V.m. Abs. 4 S. 2 VV RVG). 612

(4) Verfahren der weiteren Beschwerde

613 Das Verfahren der weiteren Beschwerde nach den §§ 17 ff. WBO ist für den Anwalt gem. § 17 Nr. 1a RVG eine selbstständige Angelegenheit, in der ebenfalls die Geschäftsgebühr nach Nr. 2303 Nr. 2 VV RVG – gegebenenfalls neben der zuvor im Beschwerdeverfahren verdienten Geschäftsgebühr – entsteht.

614 War der Anwalt bereits im Beschwerdeverfahren tätig, muss er sich allerdings nach Vorbem. 2.3 Abs. 5 i.V.m. Abs. 4 S. 1 VV RVG die erste Geschäftsgebühr hälftig auf die zweite Geschäftsgebühr anrechnen lassen, höchstens jedoch mit 175,00 EUR (Vorbem. 2.3 Abs. 5 i.V.m. Abs. 4 S. 2 VV RVG). Dafür darf bei der Bemessung der weiteren Geschäftsgebühr innerhalb des Betragsrahmens nicht berücksichtigt werden, dass der Umfang der Tätigkeit infolge der vorangegangenen Tätigkeit geringer ist (Vorbem. 2.3 Abs. 5 i.V.m Abs. 4 S. 3 VV RVG).

(5) Höhe der Geschäftsgebühr

615 Die Höhe der Geschäftsgebühr bestimmt sich anstelle der bisherigen unterschiedlichen Gebührenrahmen der Nrn. 2400, 2401 VV RVG in allen Verfahrensabschnitten gem. Nr. 2303 Nr. 2 VV RVG nach einem Gebührenrahmen von 50,00 bis 640,00 EUR, aus dem der Anwalt die im Einzelfall billige Gebühr bestimmt. Maßgebend sind die Kriterien des § 14 Abs. 1 RVG, wobei allerdings eine Vorbefassung in einem früheren Verfahrensabschnitt nicht Gebühren mindernd berücksichtigt werden darf (Vorbem. 2.3 Abs. 5 i.V.m Abs. 4 S. 3 VV RVG).

616 Die Mittelgebühr beträgt 345,00 EUR (zur Schwellengebühr siehe Rn 620).

617 *Beispiel 98: Geschäftsgebühr im Beschwerdeverfahren (Mittelgebühr)*
Der Anwalt wird im Verfahren der Beschwerde nach §§ 1 ff. WBO beauftragt. Die Sache ist umfangreich aber durchschnittlich.
Ausgehend von der Mittelgebühr kann der Anwalt verlangen:

1.	Geschäftsgebühr, Nr. 2303 Nr. 2 VV RVG		345,00 EUR
2.	Postentgeltpauschale, Nr. 7002 VV RVG		20,00 EUR
	Zwischensumme	365,00 EUR	
3.	19 % Umsatzsteuer, Nr. 7008 VV RVG		69,35 EUR
	Gesamt		**434,35 EUR**

dd) Verfahren nach der Wehrdisziplinarordnung (WDO)

618 Im Gegensatz zu den gerichtlichen Verfahren nach der WBO, die sich gem. Vorbem. 6.4 Abs. 1 VV RVG nach Teil 6 Abschnitt 4 VV RVG richten, fehlt für die vorgerichtliche Tätigkeit in diesen Verfahren eine entsprechende Regelung. Man wird hier Nr. 2303 Nr. 2 VV RVG entsprechend anwenden müssen (siehe Rn 541), zumal § 42 WDO ausdrücklich auf die Beschwerde nach der WBO Bezug nimmt und damit auch auf die Anrechnung nach Vorbem. 2.3 Abs. 5 i.V.m. Abs. 4 VV RVG.

i) Nr. 2304 VV RVG

aa) Neuregelung

619 In Nr. 2304 VV RVG ist künftig die Schwellengebühr enthalten, die früher in der Anm. zu Nr. 2400 und der Anm. Abs. 2 zu Nr. 2401 VV RVG enthalten war.

2304	Die Tätigkeit ist weder schwierig noch umfangreich:	
	Die Gebühr 2303 beträgt höchstens	300,00 €

C. Änderungen im Vergütungsverzeichnis §3

bb) Verfahren in Sozialsachen, in denen das GKG nicht anzuwenden ist
(1) Überblick
Ist die Tätigkeit weder umfangreich noch schwierig, darf der Anwalt gem. Nr. 2304 VV RVG nicht mehr als 300,00 EUR verlangen. 620

> *Beispiel 99: Geschäftsgebühr im Nachprüfungsverfahren (Schwellengebühr)* 621
> Der Anwalt wird erstmals im Widerspruchsverfahren beauftragt. Die Sache ist weder umfangreich noch schwierig.
> Der Anwalt kann gem. Nr. 2304 VV RVG höchstens verlangen:
> 1. Geschäftsgebühr, Nrn. 2303 Nr. 1, 2304 VV RVG   300,00 EUR
> 2. Postentgeltpauschale, Nr. 7002 VV RVG   20,00 EUR
>   Zwischensumme   320,00 EUR
> 3. 19 % Umsatzsteuer, Nr. 7008 VV RVG   60,80 EUR
> **Gesamt**   **380,80 EUR**

Die Begrenzung nach Nr. 2304 VV RVG gilt unabhängig davon, ob der Anwalt im Verwaltungsverfahren oder im Nachprüfungsverfahren tätig ist. Da Verwaltungsverfahren und Nachprüfungsverfahren zwei verschiedene Angelegenheiten sind (§ 17 Nr. 1a RVG), ist die Begrenzung für jede Angelegenheit gesondert zu prüfen. Es ist daher nicht zwingend, dass die Begrenzung in beiden Angelegenheiten greift oder in beiden Angelegenheiten überschritten wird. Es ist durchaus möglich, dass im Verwaltungsverfahren die Begrenzung greift, im Nachprüfungsverfahren jedoch nicht und umgekehrt (siehe dazu die Berechnungsbeispiele, vgl. Rn 624 ff.). 622

(2) Mehrere Auftraggeber
Vertritt der Anwalt mehrere Auftraggeber, so erhöht sich auch die Schwellengebühr um 30 % je weiteren Auftraggeber, höchstens um 200 %. Das ist jetzt durch Anm. Abs. 4 zu Nr. 1008 VV RVG klargestellt (siehe auch Rn 462). 623

> *Beispiel 100: Geschäftsgebühr im Nachprüfungsverfahren (Schwellengebühr)* 624
> Der Anwalt wird erstmals im Widerspruchsverfahren von einer aus vier Personen bestehenden Bedarfsgemeinschaft beauftragt. Die Sache ist weder umfangreich noch schwierig.
> Die Schwellengebühr erhöht sich jetzt um 90 %, sodass der Anwalt gem. Nr. 2304 VV RVG verlangen kann:
> 1. Geschäftsgebühr, Nrn. 2303 Nr. 1, 2304, 1008 VV RVG   570,00 EUR
> 2. Postentgeltpauschale, Nr. 7002 VV RVG   20,00 EUR
>   Zwischensumme   590,00 EUR
> 3. 19 % Umsatzsteuer, Nr. 7008 VV RVG   112,10 EUR
> **Gesamt**   **702,10 EUR**

cc) Verfahren nach der WBO
Ist die Tätigkeit weder umfangreich noch schwierig, darf der Anwalt auch in Verfahren nach der WBO gem. Nr. 2304 VV RVG nicht mehr als 300,00 EUR verlangen. 625

> *Beispiel 101: Geschäftsgebühr im Beschwerdeverfahren (Schwellengebühr)* 626
> Der Anwalt wird im Verfahren der Beschwerde nach den §§ 1 ff. WBO beauftragt. Die Sache ist weder umfangreich noch schwierig.
> Der Anwalt kann gem. Nr. 2304 VV RVG höchstens verlangen:
> 1. Geschäftsgebühr, Nrn. 2303 Nr. 2, 2304 VV RVG   300,00 EUR

2. Postentgeltpauschale, Nr. 7002 VV RVG		20,00 EUR
Zwischensumme	320,00 EUR	
3. 19 % Umsatzsteuer, Nr. 7008 VV RVG		60,80 EUR
Gesamt		**380,80 EUR**

dd) Verfahren nach der WDO

627 Auch in Verfahren nach der WDO kann der Anwalt gem. Nr. 2304 VV RVG nicht mehr als 300,00 EUR verlangen, wenn die Tätigkeit weder umfangreich noch schwierig war. Es gilt das gleiche wie in den Verfahren nach der WBO

j) Anrechnung der Geschäftsgebühr Nr. 2303 Nr. 1 VV RVG
aa) Überblick

628 War der Anwalt sowohl im Verwaltungsverfahren als auch im Widerspruchsverfahren tätig, so erhält er jeweils eine gesonderte Geschäftsgebühr (§ 17 Nr. 1a RVG). Allerdings muss er sich jetzt die erste Geschäftsgebühr nach Vorbem. 2.3 Abs. 4 S. 1 VV RVG hälftig auf die zweite Geschäftsgebühr anrechnen lassen, höchstens jedoch mit 175,00 EUR (Vorbem. 2.3 Abs. 4 S. 2 VV RVG). Dafür ist bei der Bemessung der weiteren Geschäftsgebühr innerhalb des Gebührenrahmens nicht zu berücksichtigen, dass der Umfang der Tätigkeit infolge der vorangegangenen Tätigkeit geringer ist (Vorbem. 2.3 Abs. 4 S. 3 VV RVG).

629 *Beispiel 102: Anrechnung der Geschäftsgebühr im Widerspruchsverfahren (neues Recht/altes Recht)*

Der Anwalt wird im Verwaltungsverfahren vor der Behörde beauftragt. Gegen den Bescheid der Behörde legt er Widerspruch ein. Verwaltungsverfahren und Widerspruchsverfahren sind umfangreich und schwierig, allerdings durchschnittlich.

Der Anwalt erhält sowohl im Verwaltungsverfahren als auch im Widerspruchsverfahren eine Geschäftsgebühr nach Nr. 2303 Nr. 1 VV RVG (§ 17 Nr. 1a RVG). Auszugehen ist wegen Umfangs und Schwierigkeit jeweils von der Mittelgebühr. Die Vorbefassung im Beschwerdeverfahren darf nicht Gebühren mindernd berücksichtigt werden (Vorbem. 2.3 Abs. 4 S. 3 VV RVG). Zu beachten ist noch, dass die erste Geschäftsgebühr hälftig auf die zweite Gebühr anzurechnen ist (Vorbem. 2.3 Abs. 4 S. 1 VV RVG).

I. Verwaltungsverfahren

1. Geschäftsgebühr, Nr. 2303 Nr. 1 VV RVG		345,00 EUR
2. Postentgeltpauschale, Nr. 7002 VV RVG		20,00 EUR
Zwischensumme	365,00 EUR	
3. 19 % Umsatzsteuer, Nr. 7008 VV RVG		69,35 EUR
Gesamt		**434,35 EUR**

II. Widerspruchsverfahren

1. Geschäftsgebühr, Nr. 2303 Nr. 1 VV RVG		345,00 EUR
2. gem. Vorbem. 2.3 Abs. 4 S. 1 VV RVG anzurechnen		-172,50 EUR
3. Postentgeltpauschale, Nr. 7002 VV RVG		20,00 EUR
Zwischensumme	192,50 EUR	
4. 19 % Umsatzsteuer, Nr. 7008 VV RVG		36,58 EUR
Gesamt		**229,08 EUR**
Gesamt I. + II.		**663,43 EUR**

Im Falle eines erfolgreichen Widerspruchsverfahrens wäre von der Behörde die volle Geschäftsgebühr nebst Auslagen zu erstatten. Auf die Anrechnung könnte sich die Behörde gem. § 15a Abs. 2 RVG nicht berufen. Zu erstatten wären demnach:

1.	Geschäftsgebühr, Nr. 2303 Nr. 1 VV RVG	345,00 EUR
2.	Postentgeltpauschale, Nr. 7002 VV RVG	20,00 EUR
	Zwischensumme	365,00 EUR
3.	19 % Umsatzsteuer, Nr. 7008 VV RVG	69,35 EUR
	Gesamt	**434,35 EUR**

Nach bisherigem Recht wäre wie folgt abzurechnen: **630**

I. Verwaltungsverfahren

1.	Geschäftsgebühr, Nr. 2400 VV RVG	280,00 EUR
2.	Postentgeltpauschale, Nr. 7002 VV RVG	20,00 EUR
	Zwischensumme	300,00 EUR
3.	19 % Umsatzsteuer, Nr. 7008 VV RVG	57,00 EUR
	Gesamt	**357,00 EUR**

II. Widerspruchsverfahren

1.	Geschäftsgebühr, Nrn. 2400, 2401 VV RVG	150,00 EUR
2.	Postentgeltpauschale, Nr. 7002 VV RVG	20,00 EUR
	Zwischensumme	170,00 EUR
3.	19 % Umsatzsteuer, Nr. 7008 VV RVG	32,30 EUR
	Gesamt	**202,30 EUR**
	Gesamt I. + II.	**559,30 EUR**

Im Falle eines erfolgreichen Widerspruchsverfahrens wären von der Behörde jetzt nur 202,30 EUR zu erstatten. Das neue Recht kommt somit sowohl bei der Vergütung als auch bei der Kostenerstattung zu einem günstigeren Ergebnis.

Auch im rechtschutzversicherten Mandat wirkt sich die Anrechnung bei den Rahmengebühren günstiger aus. Für das Verwaltungsverfahren besteht in Sozialsachen grundsätzlich kein Versicherungsschutz. Dieser setzt frühestens im Widerspruchsverfahren, regelmäßig erst im Klageverfahren ein. Während nach der bisherigen Regelung der Rechtsschutzversicherer bei einer Vorbefassung des Anwalts nur die Gebühr nach dem geringeren Rahmen (Nr. 2401 VV RVG a.F.) übernehmen musste, gilt nach neuem Recht auch für ihn § 15a Abs. 2 RVG mit der Folge, dass er die volle Geschäftsgebühr für das Widerspruchsverfahren zahlen muss, ohne sich auf die Anrechnung berufen zu können. Insoweit gilt das Gleiche wie bei der Kostenerstattung (siehe vorangegangenes Beispiel, vgl. Rn 629). **631**

bb) Gesonderte Prüfung der Schwellengebühr
Zu beachten ist, dass die Anwendung der Schwellengebühr auch hier für jeden Verfahrensabschnitt gesondert zu prüfen ist. Schwierigkeit und Umfang im Verwaltungsverfahren begründen noch keine Schwierigkeit und keinen Umfang im Nachprüfungsverfahren und umgekehrt. Es ist also möglich, dass in einem Verfahrensabschnitt die Schwellengebühr greift, in dem anderen aber nicht, dass sie in beiden Verfahrensabschnitten greift oder in gar keinem. **632**

633 *Beispiel 103: Anrechnung der Geschäftsgebühr im Widerspruchsverfahren (jeweils Schwellengebühr)*

Der Anwalt wird im Verwaltungsverfahren vor der Behörde beauftragt. Gegen den Bescheid der Behörde legt er Widerspruch ein. Sowohl im Verwaltungsverfahren als auch im Widerspruchsverfahren war die Sache weder umfangreich noch schwierig.

Der Anwalt erhält sowohl im Verwaltungsverfahren als auch im Widerspruchsverfahren die Geschäftsgebühr nur i.H.v. 300,00 EUR. Anzurechnen ist i.H.v. 150,00 EUR.

I. Verwaltungsverfahren

1.	Geschäftsgebühr, Nrn. 2303 Nr. 1, 2304 VV RVG	300,00 EUR
2.	Postentgeltpauschale, Nr. 7002 VV RVG	20,00 EUR
	Zwischensumme	320,00 EUR
3.	19 % Umsatzsteuer, Nr. 7008 VV RVG	60,80 EUR
	Gesamt	**380,80 EUR**

II. Widerspruchsverfahren

1.	Geschäftsgebühr, Nrn. 2303 Nr. 1, 2304 VV RVG	300,00 EUR
2.	gem. Vorbem. 2.3 Abs. 4 S. 1 VV RVG anzurechnen	-150,00 EUR
3.	Postentgeltpauschale, Nr. 7002 VV RVG	20,00 EUR
	Zwischensumme	170,00 EUR
4.	19 % Umsatzsteuer, Nr. 7008 VV RVG	32,30 EUR
	Gesamt	**202,30 EUR**

634 *Beispiel 104: Anrechnung der Geschäftsgebühr im Widerspruchsverfahren (Schwellengebühr im Verwaltungsverfahren/Mittelgebühr im Nachprüfungsverfahren)*

Der Anwalt wird im Verwaltungsverfahren vor der Behörde beauftragt. Gegen den Bescheid der Behörde legt er Widerspruch ein. Im Verwaltungsverfahren war die Sache weder umfangreich noch schwierig; im Widerspruchsverfahren war sie dagegen umfangreich und schwierig, aber durchschnittlich.

Der Anwalt erhält im Verwaltungsverfahren die Geschäftsgebühr lediglich i.H.v. 300,00 EUR, im Widerspruchsverfahren dagegen i.H.v. 345,00 EUR. Anzurechnen ist i.H.v. 150,00 EUR.

I. Verwaltungsverfahren

1.	Geschäftsgebühr, Nrn. 2303 Nr. 1, 2304 VV RVG	300,00 EUR
2.	Postentgeltpauschale, Nr. 7002 VV RVG	20,00 EUR
	Zwischensumme	320,00 EUR
3.	19 % Umsatzsteuer, Nr. 7008 VV RVG	60,80 EUR
	Gesamt	**380,80 EUR**

II. Widerspruchsverfahren

1.	Geschäftsgebühr, Nr. 2303 Nr. 1 VV RVG	345,00 EUR
2.	gem. Vorbem. 2.3 Abs. 4 S. 1 VV RVG anzurechnen	-150,00 EUR
3.	Postentgeltpauschale, Nr. 7002 VV RVG	20,00 EUR
	Zwischensumme	215,00 EUR
4.	19 % Umsatzsteuer, Nr. 7008 VV RVG	40,85 EUR
	Gesamt	**255,85 EUR**

C. Änderungen im Vergütungsverzeichnis § 3

Beispiel 105: Anrechnung der Geschäftsgebühr im Widerspruchsverfahren (Mittelgebühr im Verwaltungsverfahren/Schwellengebühr im Nachprüfungsverfahren) **635**

Der Anwalt wird im Verwaltungsverfahren vor der Behörde beauftragt. Gegen den Bescheid der Behörde legt er Widerspruch ein. Im Verwaltungsverfahren war die Sache umfangreich und schwierig, aber durchschnittlich; im Widerspruchsverfahren war sie dagegen weder umfangreich noch schwierig.

Der Anwalt erhält im Verwaltungsverfahren eine Geschäftsgebühr i.H.v. 345,00 EUR und im Widerspruchsverfahren i.H.v. 300,00 EUR. Anzurechnen ist i.H.v. 172,50 EUR.

I. Verwaltungsverfahren

1.	Geschäftsgebühr, Nr. 2303 Nr. 1 VV RVG		345,00 EUR
2.	Postentgeltpauschale, Nr. 7002 VV RVG		20,00 EUR
	Zwischensumme	365,00 EUR	
3.	19 % Umsatzsteuer, Nr. 7008 VV RVG		69,35 EUR
	Gesamt		**434,35 EUR**

II. Widerspruchsverfahren

1.	Geschäftsgebühr, Nrn. 2303 Nr. 1, 2304 VV RVG		300,00 EUR
2.	gem. Vorbem. 2.3 Abs. 4 S. 1 VV RVG anzurechnen		-172,50 EUR
3.	Postentgeltpauschale, Nr. 7002 VV RVG		20,00 EUR
	Zwischensumme	147,50 EUR	
4.	19 % Umsatzsteuer, Nr. 7008 VV RVG		28,03 EUR
	Gesamt		**175,53 EUR**

Beispiel 106: Anrechnung der Geschäftsgebühr im Widerspruchsverfahren (jeweils Mittelgebühr) **636**

Der Anwalt wird im Verwaltungsverfahren vor der Behörde beauftragt. Gegen den Bescheid der Behörde legt er Widerspruch ein. Sowohl im Verwaltungsverfahren als auch im Widerspruchsverfahren war die Sache umfangreich und schwierig, aber durchschnittlich.

Der Anwalt erhält sowohl im Verwaltungsverfahren als auch im Widerspruchsverfahren eine Geschäftsgebühr i.H.v. 345,00 EUR. Anzurechnen ist i.H.v. 172,50 EUR.

I. Verwaltungsverfahren

1.	Geschäftsgebühr, Nr. 2303 Nr. 1 VV RVG		345,00 EUR
2.	Postentgeltpauschale, Nr. 7002 VV RVG		20,00 EUR
	Zwischensumme	365,00 EUR	
3.	19 % Umsatzsteuer, Nr. 7008 VV RVG		69,35 EUR
	Gesamt		**434,35 EUR**

II. Widerspruchsverfahren

1.	Geschäftsgebühr, Nr. 2303 Nr. 1 VV RVG		345,00 EUR
2.	gem. Vorbem. 2.3 Abs. 4 S. 1 VV RVG anzurechnen		-172,50 EUR
3.	Postentgeltpauschale, Nr. 7002 VV RVG		20,00 EUR
	Zwischensumme	192,50 EUR	
4.	19 % Umsatzsteuer, Nr. 7008 VV RVG		36,58 EUR
	Gesamt		**229,08 EUR**

cc) Begrenzung der Anrechnung

637 Zu beachten ist, dass die Anrechnung gem. 2.3 Abs. 4 S. 1 VV RVG auf einen Betrag von 175,00 EUR begrenzt ist. Diese Grenze greift immer dann, wenn die anzurechnende Geschäftsgebühr oberhalb von 350,00 EUR liegt.

638 *Beispiel 107: Anrechnung der Geschäftsgebühr im Widerspruchsverfahren (II)*

Wie vorangegangenes Beispiel 106 (siehe Rn 636); jedoch war die Tätigkeit im Verwaltungsverfahren äußerst umfangreich und schwierig, sodass ein Betrag i.H.v. 50 % über der Mittelgebühr anzusetzen ist.

Jetzt ist zu beachten, dass die Anrechnung auf maximal 175,00 EUR beschränkt ist.

I. Verwaltungsverfahren

1.	Geschäftsgebühr, Nr. 2303 Nr. 1 VV RVG		517,50 EUR
2.	Postentgeltpauschale, Nr. 7002 VV RVG		20,00 EUR
	Zwischensumme	537,50 EUR	
3.	19 % Umsatzsteuer, Nr. 7008 VV RVG		102,13 EUR
	Gesamt		**639,63 EUR**

II. Widerspruchsverfahren

1.	Geschäftsgebühr, Nr. 2303 Nr. 1 VV RVG		345,00 EUR
2.	gem. Vorbem. 2.3 Abs. 4 VV RVG anzurechnen		-175,00 EUR
3.	Postentgeltpauschale, Nr. 7002 VV RVG		20,00 EUR
	Zwischensumme	190,00 EUR	
4.	19 % Umsatzsteuer, Nr. 7008 VV RVG		36,10 EUR
	Gesamt		**226,10 EUR**
	Gesamt I. + II.		**865,73 EUR**

Im Falle eines erfolgreichen Widerspruchsverfahrens wären von der Behörde unter Berücksichtigung des § 15a Abs. 2 RVG zu erstatten:

1.	Geschäftsgebühr, Nr. 2303 Nr. 1 VV RVG		345,00 EUR
2.	Postentgeltpauschale, Nr. 7002 VV RVG		20,00 EUR
	Zwischensumme	365,00 EUR	
3.	19 % Umsatzsteuer, Nr. 7008 VV RVG		69,35 EUR
	Gesamt		**434,35 EUR**

639 Nach bisherigem Recht wäre wie folgt zu rechnen:

I. Verwaltungsverfahren

1.	Geschäftsgebühr, Nr. 2400 VV RVG		420,00 EUR
2.	Postentgeltpauschale, Nr. 7002 VV RVG		20,00 EUR
	Zwischensumme	440,00 EUR	
3.	19 % Umsatzsteuer, Nr. 7008 VV RVG		83,60 EUR
	Gesamt		**523,60 EUR**

II. Widerspruchsverfahren

1.	Geschäftsgebühr, Nrn. 2400, 2401 VV RVG		150,00 EUR
2.	Postentgeltpauschale, Nr. 7002 VV RVG		20,00 EUR
	Zwischensumme	170,00 EUR	

3. 19 % Umsatzsteuer, Nr. 7008 VV RVG 32,30 EUR
Gesamt **202,30 EUR**
Gesamt I. + II. **725,90 EUR**

Im Falle eines erfolgreichen Widerspruchsverfahrens wären von der Behörde jetzt wiederum nur 202,30 EUR zu erstatten.

dd) Anrechnung bei mehreren Auftraggebern

Vertritt der Anwalt mehrere Auftraggeber, so greift die Erhöhung nach Nr. 1008 VV RVG für beide Geschäftsgebühren. Anzurechnen ist dann aber dennoch maximal eine Gebühr i.H.v. 175,00 EUR. Die Anrechnungsgrenze erhöht sich bei mehreren Auftraggebern nicht, sondern bleibt bei 175,00 EUR.[224]

640

Beispiel 108: Anrechnung der Geschäftsgebühr im Widerspruchsverfahren bei mehreren Auftraggebern

641

Der Anwalt ist von einer aus vier Personen bestehenden Bedarfgemeinschaft sowohl im Verwaltungsverfahren als auch im Widerspruchsverfahren beauftragt worden. Auszugehen ist jeweils von der Schwellengebühr.

Die Schwellengebühr erhöht sich in beiden Angelegenheiten um 90 % und beträgt somit 570,00 EUR. Die erste Geschäftsgebühr ist gem. Vorbem. 2.3 Abs. 4 S. 1 VV RVG hälftig auf die zweite anzurechnen, höchstens jedoch mit 175,00 EUR (Vorbem. 2.3 Abs. 4 S. 2 RVG).

Abzurechnen ist wie folgt:

I. Verwaltungsverfahren
1. Geschäftsgebühr, Nrn. 2303 Nr. 1, 1008 VV RVG 570,00 EUR
2. Postentgeltpauschale, Nr. 7002 VV RVG 20,00 EUR
    Zwischensumme 590,00 EUR
3. 19 % Umsatzsteuer, Nr. 7008 VV RVG 112,10 EUR
    Gesamt **702,10 EUR**

II. Widerspruchsverfahren
1. Geschäftsgebühr, Nrn. 2303 Nr. 1, 1008 VV RVG 570,00 EUR
2. gem. Vorbem. 2.3 Abs. 4 S. 1 VV RVG anzurechnen -175,00 EUR
3. Postentgeltpauschale, Nr. 7002 VV RVG 20,00 EUR
    Zwischensumme 415,00 EUR
4. 19 % Umsatzsteuer, Nr. 7008 VV RVG 78,85 EUR
    Gesamt **493,85 EUR**

ee) Anrechnung der Geschäftsgebühr im gerichtlichen Verfahren

Kommt es nach einem Widerspruchsverfahren oder unmittelbar nach einem Verwaltungsverfahren zu einem gerichtlichen Verfahren, dann ist künftig die Geschäftsgebühr bzw. die zuletzt ent-

642

---

[224] Zur entsprechenden Rechtslage bei den Wertgebühren: LG Düsseldorf AGS 2007, 381 = MDR 2007, 1164 = JurBüro 2007, 480 = Rpfleger 2007, 629 = RVGreport 2007, 298 = VRR 2007, 399 = RVG prof. 182; AG Stuttgart AGS 2007, 385 = MDR 2007, 1107 = ZMR 2007, 737 = JurBüro 2007, 522 = NJW-RR 2007, 1725; LG Ulm AGS 2008, 163 = AnwBl. 2008, 73 = NJW-Spezial 2008, 155; KG AGS 2009, 4 = NJ 2008, 461 = Rpfleger 2008, 669 = KGR 2008, 968 = JurBüro 2008, 585 = RVGreport 2008, 391 = NJW-Spezial 2009, 92 = VRR 2008, 439.

standene Geschäftsgebühr hälftig auf die Verfahrensgebühr nach Teil 3 VV RVG anzurechnen (Vorbem. 3 Abs. 4 VV RVG) (siehe dazu Rn 759 ff.).

k) Anrechnung der Geschäftsgebühr Nr. 2303 Nr. 2 VV RVG in Verfahren nach der WBO
aa) Anrechnung auf die Geschäftsgebühr

643 Ist der Anwalt in mehreren Verfahrensabschnitten tätig, so erhält er auch in Verfahren nach der WBO jeweils eine gesonderte Geschäftsgebühr (§ 17 Nr. 1a RVG). Allerdings muss er sich auch hier die erste Geschäftsgebühr nach Vorbem. 2.3 Abs. 5 i.V.m. Abs. 4 S. 1 VV RVG hälftig auf die zweite Geschäftsgebühr anrechnen lassen, höchstens jedoch mit 175,00 EUR (Vorbem. 2.3 Abs. 5 i.V.m. Abs. 4 S. 2 VV RVG). Dafür ist bei der Bemessung einer weiteren Geschäftsgebühr innerhalb eines Rahmens nicht zu berücksichtigen, dass der Umfang der Tätigkeit infolge der vorangegangenen Tätigkeit geringer ist (Vorbem. 2.3 Abs. 5 i.V.m Abs. 4 S. 3 VV RVG).

644 Insoweit kann ergänzend auf die Ausführungen zur Anrechnung der Nr. 2303 Nr. 1 VV RVG Bezug genommen werden.

Beispiel 109: Anrechnung der Geschäftsgebühr im Verfahren der weiteren Beschwerde nach der WBO

Der Anwalt legt für seinen Mandanten Beschwerde nach den §§ 1 ff. WBO ein. Nachdem diese zurückgewiesen worden ist, legt er weitere Beschwerde nach den §§ 17 ff. WBO ein. Das Beschwerdeverfahren ist weder umfangreich noch schwierig. Das Verfahren der weiteren Beschwerde ist dagegen umfangreich, allerdings durchschnittlich.

Der Anwalt erhält sowohl im Verfahren über die Beschwerde als auch im Verfahren über die weitere Beschwerde eine Geschäftsgebühr nach Nr. 2303 Nr. 2 VV RVG. Im Verfahren der Beschwerde ist lediglich die Schwellengebühr der Nr. 2304 VV RVG anzusetzen. Im Verfahren der weiteren Beschwerde ist dagegen die Mittelgebühr anzusetzen. Die Vorbefassung im Beschwerdeverfahren darf nicht Gebühren mindernd berücksichtigt werden (Vorbem. 2.3 Abs. 5 i.V.m Abs. 4 S. 3 VV RVG). Zu beachten ist noch, dass die erste Geschäftsgebühr hälftig auf die zweite Gebühr anzurechnen ist (Vorbem. 2.3 Abs. 5 i.V.m. Abs. 4 S. 1 VV RVG).

I. Beschwerdeverfahren

1.	Geschäftsgebühr, Nr. 2303 Nr. 2 VV RVG		300,00 EUR
2.	Postentgeltpauschale, Nr. 7002 VV RVG		20,00 EUR
	Zwischensumme	320,00 EUR	
3.	19 % Umsatzsteuer, Nr. 7008 VV RVG		60,80 EUR
	Gesamt		**380,80 EUR**

II. Weitere Beschwerde

1.	Geschäftsgebühr, Nr. 2303 Nr. 2 VV RVG		345,00 EUR
2.	gem. Vorbem. 2.3 Abs. 5 i.V.m. Abs. 4 S. 1 VV RVG anzurechnen		-150,00 EUR
3.	Postentgeltpauschale, Nr. 7002 VV RVG		20,00 EUR
	Zwischensumme	215,00 EUR	
4.	19 % Umsatzsteuer, Nr. 7008 VV RVG		40,85 EUR
	Gesamt		**255,85 EUR**

645 Zu beachten ist, dass die Anrechnung gem. 2.3 Abs. 5 i.V.m. Abs. 4 S. 2 VV RVG auf einen Betrag von 175,00 EUR begrenzt ist. Diese Grenze greift also immer dann, wenn die anzurechnende Geschäftsgebühr über 350,00 EUR liegt.

Beispiel 110: Anrechnung der Geschäftsgebühr im Verfahren der weiteren Beschwerde nach der WBO

646

Wie vorangegangenes Beispiel 109 (siehe Rn 644); jedoch war die Tätigkeit im Beschwerdeverfahren äußerst umfangreich und schwierig, sodass ein Betrag über der Mittelgebühr anzusetzen ist.

Jetzt ist zu beachten, dass die Anrechnung auf maximal 175,00 EUR beschränkt ist.

I. Beschwerdeverfahren

1.	Geschäftsgebühr, Nr. 2303 Nr. 2 VV RVG		550,00 EUR
2.	Postentgeltpauschale, Nr. 7002 VV RVG		20,00 EUR
	Zwischensumme	570,00 EUR	
3.	19 % Umsatzsteuer, Nr. 7008 VV RVG		108,30 EUR
	Gesamt		**678,30 EUR**

II. Weitere Beschwerde

1.	Geschäftsgebühr, Nr. 2303 Nr. 2 VV RVG		345,00 EUR
2.	gem. Vorbem. 2.3 Abs. 5 i.V.m. Abs. 4 VV RVG anzurechnen		-175,00 EUR
3.	Postentgeltpauschale, Nr. 7002 VV RVG		20,00 EUR
	Zwischensumme	190,00 EUR	
4.	19 % Umsatzsteuer, Nr. 7008 VV RVG		36,10 EUR
	Gesamt		**226,10 EUR**

Soweit man auch eine Tätigkeit im „Verfahren" für möglich hält, würde dort eine gesonderte Geschäftsgebühr entstehen, die hälftig auf die Gebühr eines Beschwerdeverfahrens anzurechnen wäre. Diese Gebühr wäre dann wiederum hälftig anzurechnen auf die eines weiteren Beschwerdeverfahrens.

647

Beispiel 111: Anrechnung der Geschäftsgebühr im Verfahren der Beschwerde und der weiteren Beschwerde nach der WBO

648

Der Anwalt ist für seinen Mandanten zunächst im „Verfahren" tätig und anschließend im Verfahren der Beschwerde nach den §§ 1 ff. WBO und hiernach im Verfahren der weiteren Beschwerde nach den §§ 17 ff. WBO.

Der Anwalt erhält sowohl im Verfahren als auch im Verfahren über die Beschwerde und im Verfahren der weiteren Beschwerde eine Geschäftsgebühr nach Nr. 2303 Nr. 2 VV RVG. Die erste Geschäftsgebühr ist dabei hälftig auf die zweite Gebühr anzurechnen und die zweite Geschäftsgebühr auf die dritte.

I. Verfahren

1.	Geschäftsgebühr, Nr. 2303 Nr. 2 VV RVG		345,00 EUR
2.	Postentgeltpauschale, Nr. 7002 VV RVG		20,00 EUR
	Zwischensumme	365,00 EUR	
3.	19 % Umsatzsteuer, Nr. 7008 VV RVG		69,35 EUR
	Gesamt		**434,35 EUR**

II. Beschwerdeverfahren

1.	Geschäftsgebühr, Nr. 2303 Nr. 2 VV RVG		345,00 EUR
2.	gem. Vorbem. 2.3 Abs. 5 i.V.m. Abs. 4 VV RVG anzurechnen		-172,50 EUR

3. Postentgeltpauschale, Nr. 7002 VV RVG		20,00 EUR
Zwischensumme	192,50 EUR	
4. 19 % Umsatzsteuer, Nr. 7008 VV RVG		36,58 EUR
Gesamt		**229,08 EUR**

III. Verfahren der weiteren Beschwerde

1. Geschäftsgebühr, Nr. 2303 Nr. 2 VV RVG		345,00 EUR
2. gem. Vorbem. 2.3 Abs. 5 i.V.m. Abs. 4 S. 1 VV RVG anzurechnen		-172,50 EUR
3. Postentgeltpauschale, Nr. 7002 VV RVG		20,00 EUR
Zwischensumme	192,50 EUR	
4. 19 % Umsatzsteuer, Nr. 7008 VV RVG		36,58 EUR
Gesamt		**229,08 EUR**

bb) Anrechnung der Geschäftsgebühr im gerichtlichen Verfahren

649 Kommt es nach einem Beschwerdeverfahren oder einem Verfahren der weiteren Beschwerde zu einem gerichtlichen Verfahren vor dem Truppendienstgericht oder dem BVerwG, dann ist die zuletzt entstandene Geschäftsgebühr hälftig auf die Verfahrensgebühr nach Teil 6 Abschnitt 4 VV RVG (Nrn. 6400, 6402 VV RVG) anzurechnen (siehe dazu Rn 1251 ff.).

l) Anrechnung der Geschäftsgebühr Nr. 2303 Nr. 2 VV RVG in Verfahren nach der WDO

650 Insoweit gilt das gleiche wie in Verfahren nach der WBO (siehe Rn 643ff.). Auf eine gesonderte Darstellung wird daher verzichtet.

m) Nr. 2305 VV RVG
aa) Überblick

651 Nr. 2305 VV RVG erhält folgende neue Fassung:[225]

2305	Geschäftsgebühr für	
	1. Güteverfahren vor einer durch die Landesjustizverwaltung eingerichteten oder anerkannten Gütestelle (§ 794 Abs. 1 Nr. 1 ZPO) oder, wenn die Parteien den Einigungsversuch einvernehmlich unternehmen, vor einer Gütestelle, die Streitbeilegung betreibt (§ 15a Abs. 3 EGZPO),	
	2. Verfahren vor einem Ausschuss der in § 111 Abs. 2 des Arbeitsgerichtsgesetzes bezeichneten Art,	
	3. Verfahren vor dem Seemannsamt zur vorläufigen Entscheidung von Arbeitssachen und	
	4. Verfahren vor sonstigen gesetzlich eingerichteten Einigungsstellen, Gütestellen oder Schiedsstellen	1,5

652 Der Gebührentatbestand der Nr. 2305 VV RVG übernimmt unverändert den Gebührentatbestand der bisherigen Nr. 2303 VV RVG. Lediglich die bisherige Anm. zu Nr. 2303 VV RVG, wird aufgehoben. In dieser Anmerkung war geregelt, dass eine zuvor angefallene Geschäftsgebühr nach Nr. 2300 VV RVG hälftig, höchstens zu 0,75 auf die Geschäftsgebühr des Güte- oder Schlichtungsverfahrens nach Nr. 2303 VV RVG a.F. anzurechnen war. Die gesonderte Anrechnungsbestimmung wird überflüssig, weil die Anrechnungsbestimmungen für Geschäftsgebühren in

---

[225] Änderung durch Art. 8 Abs. 2 Nr. 13.

Vorbem. 2.3 VV RVG zusammengefasst werden. Die bisher in der Anm. zu Nr. 2303 VV RVG geregelte Anrechnung ist jetzt inhaltsgleich in Vorbem. 2.3 Abs. 6 VV RVG enthalten.

bb) Anrechnung nach Vorbem. 2.3 Abs. 6 VV RVG

Vorbem. 2.3 Abs. 6 VV RVG übernimmt die Anrechnungsbestimmung aus der bisherigen Anm. zu Nr. 2303 VV RVG. Die Verlagerung der Anrechnungsregelung dient lediglich der Übersichtlichkeit, weil dadurch alle Anrechnungsregelungen nach diesem Abschnitt in der Vorbemerkung zusammengefasst sind. Sachlich ändert sich hier nichts. 653

Beispiel 112: Anrechnung der Geschäftsgebühr auf Geschäftsgebühr des Schlichtungsverfahrens (Gebührensatz unter 1,5) 654

Der Anwalt wird beauftragt, eine Forderung i.H.v. 400,00 EUR außergerichtlich geltend zu machen. Die Sache ist weder umfangreich noch schwierig. Anschließend wird das obligatorische Streitschlichtungsverfahren nach § 15a EGZPO durchgeführt.

Es entsteht eine 1,3-Geschäftsgebühr, die zur Hälfte anzurechnen ist.

I. Außergerichtliche Vertretung (Wert: 400,00 EUR)
1. 1,3-Geschäftsgebühr, Nr. 2300 VV RVG   52,00 EUR
2. Postentgeltpauschale, Nr. 7002 VV RVG   10,40 EUR
   Zwischensumme   62,40 EUR
3. 19 % Umsatzsteuer, Nr. 7008 VV RVG   11,86 EUR
   Gesamt   **74,26 EUR**

II. Schlichtungsverfahren (Wert: 400,00 EUR)
1. 1,5-Geschäftsgebühr, Nr. 2305 Nr. 1 VV RVG   60,00 EUR
2. gem. Vorbem. 2.3 Abs. 6 S. 1, 2 VV RVG anzurechnen, 0,65 aus 400,00 EUR   -26,00 EUR
3. Postentgeltpauschale, Nr. 7002 VV RVG[226]   12,00 EUR
   Zwischensumme   46,00 EUR
4. 19 % Umsatzsteuer, Nr. 7008 VV RVG   8,74 EUR
   Gesamt   **54,74 EUR**

Beispiel 113: Anrechnung der Geschäftsgebühr auf Geschäftsgebühr des Schlichtungsverfahrens (Gebührensatz über 1,5) 655

Der Anwalt wird beauftragt, eine Forderung i.H.v. 400,00 EUR außergerichtlich geltend zu machen. Die Sache ist besonders umfangreich und sehr schwierig; auch die übrigen Kriterien sind überdurchschnittlich. Anschließend wird das obligatorische Streitschlichtungsverfahren nach § 15a EGZPO durchgeführt.

Von der hier anzunehmenden 2,0-Geschäftsgebühr ist jetzt lediglich der Höchstsatz von 0,75 anzurechnen.

I. Außergerichtliche Vertretung (Wert: 400,00 EUR)
1. 2,0-Geschäftsgebühr, Nr. 2300 VV RVG   80,00 EUR
2. Postentgeltpauschale, Nr. 7002 VV RVG   16,00 EUR
   Zwischensumme   96,00 EUR
3. 19 % Umsatzsteuer, Nr. 7008 VV RVG   18,24 EUR
   Gesamt   **114,24 EUR**

---

226 Die Postentgeltpauschale berechnet sich aus dem Gebührenaufkommen vor Anrechnung.

II. Schlichtungsverfahren (Wert: 400,00 EUR)

1.	1,5-Geschäftsgebühr, Nr. 2305 Nr. 1 VV RVG		60,00 EUR
2.	gem. Vorbem. 2.3 Abs. 6 S. 1 VV RVG anzurechnen, 0,75 aus 400,00 EUR		-30,00 EUR
3.	Postentgeltpauschale, Nr. 7002 VV RVG[227]		12,00 EUR
	Zwischensumme	42,00 EUR	
4.	19 % Umsatzsteuer, Nr. 7008 VV RVG		7,98 EUR
	Gesamt		**49,98 EUR**

656 Soweit der Wert des nachfolgenden Schlichtungsverfahrens geringer ist, wird auch nur nach dem geringeren Wert angerechnet, der in das Schlichtungsverfahren übergegangen ist (Vorbem. 2.3 Abs. 6 S. 2 i.V.m. Abs. 4 S. 4 VV RVG).

657 *Beispiel 114: Anrechnung der Geschäftsgebühr auf Geschäftsgebühr des Schlichtungsverfahrens bei unterschiedlichen Werten*

Der Anwalt wird beauftragt, eine Forderung i.H.v. 2.000,00 EUR außergerichtlich geltend zu machen. Die Sache ist weder umfangreich noch schwierig. Der Schuldner zahlt daraufhin einen Teilbetrag i.H.v. 1.860,00 EUR. Wegen der restlichen 140,00 EUR wird das obligatorische Streitschlichtungsverfahren nach § 15a EGZPO durchgeführt.

Die außergerichtliche Vertretung richtet sich nach einem Wert von 2.000,00 EUR, das Schlichtungsverfahren nach 140,00 EUR. Angerechnet wird die Geschäftsgebühr der Nr. 2300 VV RVG nur nach 140,00 EUR, da nur insoweit der Gegenstand der außergerichtlichen Vertretung in das Schlichtungsverfahren übergegangen ist (Vorbem. 2.3 Abs. 6 S. 2 i.V.m. Abs. 4 S. 4 VV RVG).

I. Außergerichtliche Vertretung (Wert: 2.000,00 EUR)

1.	1,3-Geschäftsgebühr, Nr. 2300 VV RVG		188,50 EUR
2.	Postentgeltpauschale, Nr. 7002 VV RVG		20,00 EUR
	Zwischensumme	208,50 EUR	
3.	19 % Umsatzsteuer, Nr. 7008 VV RVG		39,62 EUR
	Gesamt		**248,12 EUR**

II. Schlichtungsverfahren (Wert: 140,00 EUR)

1.	1,5-Geschäftsgebühr, Nr. 2305 Nr. 1 VV RVG		60,00 EUR
2.	gem. Vorbem. 2.3 Abs. 6 S. 1 VV RVG anzurechnen, 0,75 aus 140,00 EUR		-30,00 EUR
3.	Postentgeltpauschale, Nr. 7002 VV RVG[228]		12,00 EUR
	Zwischensumme	42,00 EUR	
4.	19 % Umsatzsteuer, Nr. 7008 VV RVG		7,98 EUR
	Gesamt		**49,98 EUR**

658 Kommt es nach dem Schlichtungsverfahren zu einem gerichtlichen Verfahren, ist die Geschäftsgebühr des Schlichtungsverfahrens hälftig auf die Verfahrensgebühr des nachfolgenden gerichtlichen Verfahrens anzurechnen (Vorbem 3 Abs. 4 S. 2 VV RVG). Die Anrechnung ist auch hier

---

[227] Die Postentgeltpauschale berechnet sich aus dem Gebührenaufkommen vor Anrechnung.
[228] Die Postentgeltpauschale berechnet sich aus dem Gebührenaufkommen vor Anrechnung.

C. Änderungen im Vergütungsverzeichnis § 3

auf höchstens 0,75 begrenzt. Wegen des festen Gebührensatzes kann diese Beschränkung allerdings nur bei mehreren Auftraggebern in Betracht kommen.

cc) Anrechnung im gerichtlichen Verfahren
Hinsichtlich der Anrechnung der Geschäftsgebühr der Nr. 2305 VV RVG im gerichtlichen Verfahren nach Vorbem. 3 Abs. 4 VV RVG ergeben sich keine Änderungen. Hier bleibt es bei der derzeitigen Rechtslage. 659

4. Abschnitt 4 a.F. – Vertretung in bestimmten Angelegenheiten

Teil 2 Abschnitt 4 VV RVG wird vollständig aufgehoben.[229] Aufgrund der Umstellung auf eine Gebührenanrechnung sind die Geschäftsgebühren in sozialrechtlichen Angelegenheiten nach Betragsrahmen für Verwaltungs- und Nachprüfungsverfahren in Teil 2 Abschnitt 3 VV RVG aufgenommen worden (siehe Rn 512), sodass eine eigenständige Regelung wie bisher in Teil 2 Abschnitt 4 VV RVG nicht mehr erforderlich ist. 660

5. Abschnitt 5 – Beratungshilfe

a) Die verworfenen Änderungsvorschläge des Referentenentwurfs
Vorgesehen war im Referentenentwurf, Teil 2 Abschnitt 5 VV RVG wie folgt neu zu gestalten:[230] 661

Vorbemerkung 2.5:
(1) Im Rahmen der Beratungshilfe entstehen Gebühren ausschließlich nach diesem Abschnitt.
(2) Tätigkeiten in einer Familiensache sind nicht deshalb verschiedene Angelegenheiten, weil sie sowohl den auf die Trennungszeit entfallenden Zeitraum als auch die für den Fall der Scheidung zu klärenden Fragen betreffen.

2500	Beratungshilfegebühr	15,00 €
	Neben der Gebühr werden keine Auslagen erhoben. Die Gebühr kann erlassen werden.	
2501	Beratungsgebühr	35,00 €
	(1) Die Gebühr entsteht für eine Beratung, wenn die Beratung nicht mit einer anderen gebührenpflichtigen Tätigkeit zusammenhängt.	
	(2) Die Gebühr ist auf eine Gebühr für eine sonstige Tätigkeit anzurechnen, die mit der Beratung zusammenhängt.	
2502	In einer Angelegenheit sind Gegenstand der Beratungstätigkeit Familiensachen verschiedener Art:	
	Die Gebühr 2501 erhöht sich für jede weitere, unter eine andere Nummer des § 111 FamFG fallende Familiensache um	10,00 €
2503	Beratungstätigkeit mit dem Ziel einer außergerichtlichen Einigung mit den Gläubigern über die Schuldenbereinigung auf der Grundlage eines Plans (§ 305 Abs. 1 Nr. 1 InsO):	
	Die Gebühr 2501 beträgt	70,00 €
2504	Geschäftsgebühr	85,00 €
	(1) Die Gebühr entsteht für das Betreiben des Geschäfts einschließlich der Information oder die Mitwirkung bei der Gestaltung eines Vertrags.	

---
[229] Änderung durch Art. 8 Abs. 2 Nr. 14.
[230] Art. 8 Abs. 2 Nr. 16.

	(2) Auf die Gebühren für ein anschließendes gerichtliches oder behördliches Verfahren ist diese Gebühr zur Hälfte anzurechnen. Auf die Gebühren für ein Verfahren auf Vollstreckbarerklärung eines Vergleichs nach den §§ 796a, 796b und 796c Abs. 2 Satz 2 ZPO ist die Gebühr zu einem Viertel anzurechnen.	
2505	In einer Angelegenheit sind Gegenstand der Beratungstätigkeit Familiensachen verschiedener Art:	
	Die Gebühr 2504 erhöht sich für jede weitere, unter eine andere Nummer des § 111 FamFG fallende Familiensache um	25,00 €
2506	Tätigkeit mit dem Ziel einer außergerichtlichen Einigung mit den Gläubigern über die Schuldenbereinigung auf der Grundlage eines Plans (§ 305 Abs. 1 Nr. 1 InsO):	
	Die Gebühr 2504 beträgt bei bis zu 5 Gläubigern	270,00 €
2507	Es sind 6 bis 10 Gläubiger vorhanden:	
	Die Gebühr 2504 beträgt	405,00 €
2508	Es sind 11 bis 15 Gläubiger vorhanden:	
	Die Gebühr 2504 beträgt	540,00 €
2509	Es sind mehr als 15 Gläubiger vorhanden:	
	Die Gebühr 2504 beträgt	675,00 €
2510	Einigungs- und Erledigungsgebühr	150,00 €
	(1) Die Anmerkungen zu Nummern 1000 und 1002 sind anzuwenden.	
	(2) Die Gebühr entsteht auch für die Mitwirkung bei einer außergerichtlichen Einigung mit den Gläubigern über die Schuldenbereinigung auf der Grundlage eines Plans (§ 305 Abs. 1 Nr. 1 InsO).	
2511	In einer Angelegenheit sind Gegenstand der Beratungstätigkeit Familiensachen verschiedener Art:	
	Die Gebühr 2510 erhöht sich für jede weitere, unter eine andere Nummer des § 111 FamFG fallende Familiensache um	45,00 €

662 In der Praxis und der Rechtsprechung ist höchst umstritten, wann in familienrechtlichen Beratungshilfeangelegenheiten von einer Angelegenheit und wann von mehreren Angelegenheiten auszugehen ist. Während die frühere Rechtsprechung überwiegend bei mehreren Familiensachen grundsätzlich einen inneren Zusammenhang bejaht hat und im Zweifel immer von einer Angelegenheit mit mehreren Gegenständen ausgegangen ist, differenziert die jüngere Rechtsprechung und geht bei verschiedenen Familiensachen auch im Rahmen der Beratungshilfe von verschiedenen Angelegenheiten aus. Zum Teil wird bei der Differenzierung auf § 111 FamFG abgestellt. Eine einheitliche Rechtsprechung hat sich jedoch nicht herausgebildet. Die Rechtsprechung ist bislang je nach OLG-Bezirk uneinheitlich (siehe Rn 668).

663 Der Gesetzgeber sah sich angesichts der Vielschichtigkeit der Materie jedoch nicht in der Lage, hier allgemein verbindliche Regelungen aufzustellen.

664 Klarstellen wollte er jedoch, dass nicht allein schon deshalb von verschiedenen Angelegenheiten auszugehen sei, weil die Familiensache sowohl den Trennungszeitraum als auch den nachehelichen Zeitraum betraf (beabsichtigte Vorbem. 2.5. Abs. 2 VV RVG).

665 Andererseits wollte er offenlassen, wann eine Angelegenheit oder mehrere Angelegenheiten anzunehmen sind. Diese Entscheidung sollte nach wie vor der Rechtsprechung überlassen bleiben.

Allerdings wollte er für den Fall, dass das Gericht bei mehreren Familiensachen von derselben Angelegenheit ausgeht, einen Ausgleich dadurch schaffen, dass sich Beratungs-, Geschäfts- und Einigungsgebühr für jede weitere Familiensache i.S.d. § 111 FamFG erhöhen sollten.

666

Letztlich wurde diese beabsichtigte Änderung wieder verworfen. In den Regierungsentwurf ist sie nicht aufgenommen worden. Es bleibt insoweit also alles beim Alten. Die Frage, wann eine oder mehrere Angelegenheiten anzunehmen sind, wird weiterhin der Rechtsprechung überlassen bleiben. Der nachfolgende Rechtsprechungsüberblick offenbart die Tendenz, die jeweiligen Familiensachen außergerichtlich nicht mehr als eine, sondern als gesonderte Angelegenheiten anzusehen:

667

668

OLG Köln[231]	Auch wenn nur ein Beratungshilfeschein erteilt worden ist, sind die Beratung/Vertretung in Fragen ■ des Ehegattenunterhalts, ■ des Kindesunterhalts, ■ des Umgangsrechts und ■ des ehelichen Güterrechts einschließlich Haushalt und Vermögensauseinandersetzung vier verschiedene Angelegenheiten.
OLG Düsseldorf[232]	■ Scheidungssachen und Scheidungsfolgesachen sind für die Festsetzung der Beratungsgebühr selbstständige Angelegenheiten. ■ Die Regelung des § 16 Nr. 4 RVG betrifft lediglich das gerichtliche Verbundverfahren und erfasst nicht die vorgelagerte außergerichtliche Beratungshilfe in Scheidungs- und Folgesachen. Eine analoge Anwendung des § 16 Nr. 4 RVG kommt nicht in Betracht. ■ Bei einer Beratungshilfetätigkeit für die Scheidung und deren Folgen ist gebührenrechtlich von verschiedenen Angelegenheiten auch dann auszugehen, wenn diese später im gerichtlichen Verbundverfahren geltend zu machen wären.
OLG Frankfurt[233]	Die verschiedenen Trennungsfolgen (hier: Ehegattenunterhalt, Kindesunterhalt, Hausratsteilung, Auflösung der Ehewohnung) stellen im Bereich der Beratungshilfe verschiedene Angelegenheiten dar.
LG Mönchengladbach[234]	Bei Beratungshilfe für die Geltendmachung von Kindesunterhalt und für ein Umgangsrecht betreffend ein nichteheliches oder eheliches Kind, handelt es sich kostenrechtlich nicht um eine Angelegenheit, sodass hierfür zwei Mal Beratungshilfe abgerechnet werden kann.
AG Bad Schwalbach[235]	In Familiensachen handelt es sich bei der Beratung des Rechtsanwalts über das Umgangsrecht um eine eigenständige Angelegenheit im Verhältnis zu den Angelegenheiten Auskunft und Hausrat.

---

231 AGS 2009, 422 = FamRZ 2009, 1345 = Rpfleger 2009, 516 = OLGR Köln 2009, 818 = RVGreport 2010, 142.
232 AGS 2009, 79 = JurBüro 2009, 39 = OLGR 2009, 154 = NJW-RR 2009, 430 = FamRZ 2009, 1244 = Rpfleger 2009, 90.
233 AGS 2009, 593 = FamRZ 2010, 230 = RVG prof. 2010, 54 = RVGreport 2010, 143 = FamFR 2010, 65.
234 AGS 2009, 80 = JurBüro 2009, 95 = MDR 2009, 534 = FamRZ 2009, 1086 = AnwBl 2009, 312; AGS 2003, 76 = JurBüro 2002, 421 = Rpfleger 2002, 463 = FamRZ 2004, 217.
235 JurBüro 2009, 95.

OLG Dresden[236]	§ 16 Nr. 4 RVG ist auf das Beratungshilfeverfahren nicht analog anwendbar. Gewährt ein Rechtsanwalt daher pflichtgemäß Beratungshilfe in mehreren unterschiedlichen Familiensachen, deren Gemeinsamkeit lediglich darin liegt, dass sie Folge desselben Trennungskonflikts sind, so kann er grundsätzlich auch dann, wenn nur ein Berechtigungsschein erteilt ist, seine anwaltliche Tätigkeit in mehreren Angelegenheiten, entsprechend der Anzahl der betroffenen Lebenssachverhalte, gegenüber der Staatskasse abrechnen.
LG Marburg[237]	Im Rahmen der Beratungshilfe stellen die unterschiedlichen Folgen von Trennung und Scheidung grundsätzlich verschiedene Angelegenheiten dar. Eine analoge Anwendung von § 16 Nr. 4 RVG auf das Beratungshilfeverfahren scheidet aus. Bei „Unterhaltsfragen" und „Umgangsrecht" handelt es sich somit um eigenständige Angelegenheiten.
KG[238]	Bei der Tätigkeit in den Bereichen „Ehescheidung", „Hausrat/Wohnungszuweisung" und „Umgangsrecht/Sorgerecht" handelt es sich jeweils um eigene gebührenrechtliche Angelegenheiten, da zwischen diesen Angelegenheiten kein innerer Zusammenhang besteht.
AG Eisleben[239]	Zur Abgrenzung der verschiedenen Angelegenheiten des § 2 Abs. BerHG ist im Bereich des Familienrechts auf den Katalog des § 111 FamFG abzustellen.
OLG Brandenburg[240]	Die Regelung von Trennungsunterhaltsansprüchen und vermögensrechtlichen Angelegenheiten während des Getrenntlebens bei noch bestehender Ehe sind als jeweils verschiedene Angelegenheiten anzusehen.
AG Merzig[241]	Findet eine Beratung über den Kindesunterhalt und das Umgangsrecht zu verschiedenen Zeitpunkten (zwei Monate Zeitdifferenz) statt, so handelt es sich um gesonderte Angelegenheiten.
OLG München[242]	Wird in einer familienrechtlichen Angelegenheit Beratungshilfe zur Regelung von mehreren Trennungsfolgen und gleichzeitig für den Fall der Scheidung nebst Folgesachen bewilligt, so liegen für den die Beratungshilfe leistenden Rechtsanwalt mindestens zwei Angelegenheiten im Sinne des Beratungshilfegesetzes vor.
OLG Rostock[243]	§ 16 RVG findet für die außergerichtliche Beratungshilfe keine Anwendung. Die Vorschrift betrifft lediglich das gerichtliche Verbundverfahren. Für die Frage, ob dieselbe Angelegenheit vorliegt, kommt es darauf an, ob die Beratung in unterschiedlichen Lebensbereichen bzw. zu unterschiedlichen Lebenssachverhalten erfolgt ist.

---

236 AGS 2011, 138 = NJW-RR 2011, 713 = FamRZ 2011, 1684 = FamFR 2011, 161 = RVGreport 2011, 219.
237 JurBüro 2011, 651.
238 AGS 2010, 612 = RVGreport 2010, 141.
239 AGS 2011, 554 = FamRZ 2012, 327 = NJW-Spezial 2011, 763.
240 FamRZ 2010, 833.
241 AGS 2008, 136.
242 AGS 2012, 25 = MDR 2011, 1386 = Rpfleger 2012, 88 = FamRZ 2012, 326 = FamFR 2011, 546 m. Anm. *N. Schneider* = FamRB 2012, 84.
243 AGS 2011, 80 = JurBüro 2011, 206 = FamRZ 2011, 834 = NJW-RR 2011, 871 = NJW-Spezial 2011, 92 = RVGreport 2011, 106.

C. Änderungen im Vergütungsverzeichnis   § 3

b) Die Änderungen des Regierungsentwurfs
aa) Nr. 2500 VV RVG

Nr. 2500 VV RVG[244] erhält folgende Neufassung: 669

2500	Beratungshilfegebühr	15,00 €
	Neben der Gebühr werden keine Auslagen erhoben. Die Gebühr kann erlassen werden.	

Hier wird lediglich die Höhe der Beratungshilfegebühr im Zuge der Gebührenanpassung von bisher 10,00 EUR auf 15,00 EUR angehoben.   670

Da neben der Gebühr nach wie vor keine Auslagen erhoben werden und die Umsatzsteuer nach dem RVG einen Auslagentatbestand darstellt (Nr. 7008 VV RVG), handelt es sich weiterhin um eine Bruttogebühr.[245] Das bedeutet, dass die Gebühr sich netto auf 12,61 EUR beläuft. Der Anwalt muss von der Gebühr aus 12,61 EUR i.H.v. 2,39 EUR Umsatzsteuer abführen. Da auch hier § 10 RVG gilt, muss der Anwalt eine Rechnung schreiben.   671

> *Beispiel 115: Beratungshilfegebühr*   672
>
> Der Anwalt wird im Rahmen der Beratungshilfe beauftragt und lässt sich vom Mandanten die Beratungshilfegebühr i.H.v. 15,00 EUR bezahlen.
>
> Abzurechnen ist wie folgt.
>
> 1. Beratungshilfegebühr, Nr. 2500 VV RVG   12,61 EUR
> 2. 19 % Umsatzsteuer, Nr. 7008 VV RVG   2,39 EUR
>   **Gesamt**   **15,00 EUR**

Wird der Anwalt für mehrere Auftraggeber tätig, tritt keine Erhöhung nach Nr. 1008 VV RVG ein, weil es sich nicht um eine Verfahrens- oder Geschäftsgebühr handelt. Der Anwalt kann die Gebühr vielmehr von jedem Auftraggeber gesondert verlangen.[246]   673

bb) Nr. 2501 VV RVG

Nr. 2501 VV RVG wird wie folgt neu gefasst:[247]   674

2501	Beratungsgebühr	35,00 €
	(1) Die Gebühr entsteht für eine Beratung, wenn die Beratung nicht mit einer anderen gebührenpflichtigen Tätigkeit zusammenhängt.	
	(2) Die Gebühr ist auf eine Gebühr für eine sonstige Tätigkeit anzurechnen, die mit der Beratung zusammenhängt.	

Hier wird lediglich die Höhe der Gebühr von bisher 30,00 EUR auf nunmehr 35,00 EUR im Zuge der Gebührenanpassung angehoben (siehe dazu Rn 668).   675

Damit steigt auch die Höhe der Postentgeltpauschale auf 7,00 EUR, die auch in Beratungsfällen möglich ist, soweit tatsächlich Postentgelte anfielen.[248]   676

> *Beispiel 116: Beratung mit Postentgeltpauschale*   677
>
> Der Anwalt wird im Rahmen der Beratungshilfe beauftragt, den Mandanten in einer Strafsache zu beraten. Dazu fordert er die Ermittlungsakten per Telefax an und schickt sie anschließend per Post zurück.

---

[244] Änderung durch Art. 8 Abs. 2 Nr. 15.
[245] AnwK-RVG/*Fölsch*, Nr. 2500 Rn 3; AnwK-RVG/*Schnapp/Volpert*, Nr. 1008 Rn 44; a.A. *Euba*, RVGreport 2009, 281 ff.
[246] AnwK-RVG/*Fölsch*, Nr. 2500 Rn 1.
[247] Änderung durch Art. 8 Abs. 2 Nr. 16.
[248] AG Königs Wusterhausen AGS 2012, 188 = VRR 2012, 83 = NJW-Spezial 2012, 220 = StRR 2012, 123; AG Halle RVGreport 2012, 188.

Durch die Fax-Anforderung und die Rücksendung per Post sind jeweils Postentgelte angefallen. Der Anwalt darf daher eine Postentgeltpauschale berechnen.

1.	Beratungsgebühr, Nr. 2501 VV RVG	35,00 EUR
2.	Postentgeltpauschale, Nr. 7002 VV RVG	7,00 EUR
	Zwischensumme	42,00 EUR
3.	19 % Umsatzsteuer, Nr. 7008 VV RVG	7,98 EUR
	Gesamt	**49,98 EUR**

cc) Nr. 2502 VV RVG

678 Nr. 2502 VV RVG ändert sich wie folgt:[249]

2502	Beratungstätigkeit mit dem Ziel einer außergerichtlichen Einigung mit den Gläubigern über die Schuldenbereinigung auf der Grundlage eines Plans (§ 305 Abs. 1 Nr. 1 InsO): Die Gebühr 2501 beträgt	70,00 €

679 Auch hier wird die Höhe der Gebühr im Zuge der Gebührenanpassung von bisher 60,00 EUR auf nunmehr 70,00 EUR angehoben.

dd) Nr. 2503 VV RVG
(1) Überblick

680 Nr. 2503 VV RVG erhält folgende neue Fassung:[250]

2503	Geschäftsgebühr	85,00 €
	(1) Die Gebühr entsteht für das Betreiben des Geschäfts einschließlich der Information oder die Mitwirkung bei der Gestaltung eines Vertrags.	
	(2) Auf die Gebühren für ein anschließendes gerichtliches oder behördliches Verfahren ist diese Gebühr zur Hälfte anzurechnen. Auf die Gebühren für ein Verfahren auf Vollstreckbarerklärung eines Vergleichs nach den §§ 796a, 796b und 796c Abs. 2 Satz 2 ZPO ist die Gebühr zu einem Viertel anzurechnen.	

(2) Gebührenhöhe

681 Die Höhe der Geschäftsgebühr wird im Zuge der Gebührenanpassung von bisher 70,00 EUR auf nunmehr 85,00 EUR angehoben.[251]

682 Damit erhöht sich auch die Postentgeltpauschale auf 17,00 EUR, die sich nach den Beratungshilfegebühren berechnet und nicht nach den fiktiven Gebühren eines Wahlanwalts.[252] Dies soll im Übrigen durch das Gesetz zur Begrenzung der Aufwendungen für die Prozesskostenhilfe (Prozesskostenhilfebegrenzungsgesetz – PKHBegrenzG) gesetzlich geregelt werden.

683 *Beispiel 117: Außergerichtliche Vertretung*

Der Anwalt wird mit der außergerichtlichen Vertretung beauftragt.

Die Geschäftsgebühr der Nr. 2503 VV RVG beläuft sich auf 85,00 EUR, die Postentgeltpauschale auf 17,00 EUR.

---

[249] Änderung durch Art. 8 Abs. 2 Nr. 17.
[250] Änderung durch Art. 8 Abs. 2 Nr. 18.
[251] Änderung durch Art. 8 Abs. 2 Nr. 18 Buchst. a).
[252] OLG Brandenburg JurBüro 2010, 198; OLG Celle AGS 2009, 189 = OLGR 2009, 81 = NJW-Spezial 2009, 285 = RVGreport 2009, 311; KG RVGreport 2008, 433; OLG Dresden AGS 2008, 559 = OLGR 2009, 110 = MDR 2009, 414 = RVGreport 2008, 432; OLG Hamm FamRZ 2009, 721; OLG Nürnberg Rpfleger 2008, 504 = OLGR 2008, 619 = MDR 2008, 1003 = NJW-RR 2008, 1671 = RVGreport 2008, 308 (unter Aufgabe seiner bisherigen Rechtsprechung); OLG Bamberg JurBüro 2007, 645 = OLGR 2008, 199.

1. Geschäftsgebühr, Nr. 2503 VV RVG		85,00 EUR
2. Postentgeltpauschale, Nr. 7002 VV RVG		17,00 EUR
Zwischensumme	102,00 EUR	
3. 19 % Umsatzsteuer, Nr. 7008 VV RVG		19,38 EUR
Gesamt		**121,38 EUR**

(3) Mehrere Auftraggeber

Vertritt der Anwalt mehrere Auftraggeber, so erhöht sich die Geschäftsgebühr nach Nr. 1008 VV RVG für jeden weiteren Auftraggeber um 30 %.[253] Es ergeben sich damit folgende Beträge:

684

Auftraggeber	Betrag
1	85,00 EUR
2	110,50 EUR
3	136,00 EUR
4	161,50 EUR
5	187,00 EUR
6	212,50 EUR
7	238,00 EUR
8 und mehr	255,00 EUR

(4) Anrechnung

Infolge der Gebührenerhöhung erhöht sich auch der hälftige Anrechnungsbetrag der Anm. zu Nr. 2503 VV RVG auf 42,50 EUR.

685

Beispiel 118: Außergerichtliche Vertretung mit nachfolgender Vertretung

686

Der Anwalt wird mit der außergerichtlichen Vertretung beauftragt und nachfolgend mit der Vertretung im gerichtlichen Verfahren (Gegenstandswert: 1.500,00 EUR).

Die Geschäftsgebühr der Nr. 2503 VV RVG beläuft sich auf 85,00 EUR, der anzurechnende Betrag beläuft sich auf 42,50 EUR.

I. Außergerichtliche Vertretung

1. Geschäftsgebühr, Nr. 2503 VV RVG		85,00 EUR
2. Postentgeltpauschale, Nr. 7002 VV RVG		17,00 EUR
Zwischensumme	102,00 EUR	
3. 19 % Umsatzsteuer, Nr. 7008 VV RVG		19,38 EUR
Gesamt		**121,38 EUR**

II. Gerichtliches Verfahren (Wert: 1.500,00 EUR)

1. 1,3-Verfahrengebühr, Nr. 3100 VV RVG	143,00 EUR
2. gem. Anm. Abs. 2 zu Nr. 2503 VV RVG anzurechnen	-42,50 EUR
3. 1,2-Terminsgebühr, Nr. 3104 VV RVG	132,00 EUR
4. Postentgeltpauschale, Nr. 7002 VV RVG	20,00 EUR

---

253 KG AGS 2007, 466 = KGR 2007, 703 = Rpfleger 2007, 553 = JurBüro 2007, 543 = RVGreport 2007, 299 = NJ 2008, 83; OLG Nürnberg FamRZ 2007, 844 = OLGR 2007, 686 = RVGprof. 2007, 40 = RVG-Letter 2007, 36; OLG Oldenburg AGS 2007, 45 = OLGR 2007, 164 = JurBüro 2007, 140 = NJW-RR 2007, 431 = RVGreport 2006, 465; OLG Jena AGS 2012, 141 = JurBüro 2012, 140 = ASR 2012, 29; OLG Koblenz JurBüro 2012, 419 = FamFR 2012, 67; a.A. AG Kiel SchlHA 2011, 35.

	Zwischensumme	252,50 EUR
5.	19 % Umsatzsteuer, Nr. 7008 VV RVG	47,98 EUR
	Gesamt	**300,48 EUR**

687 Mit der Neufassung wird zudem der in Anm. Abs. 2 S. 1 VV RVG a.f. zuletzt[254] eingeführte Anrechnungsausschluss auf eine Gebühr nach Nr. 2401 VV RVG a.f. (verminderte Verfahrensgebühr im Nachprüfungsverfahren bei Vorbefassung) und Nr. 3103 VV RVG a.f. (verminderte Verfahrensgebühr im erstinstanzlichen gerichtlichen Verfahren bei Vorbefassung gestrichen.[255] Grund hierfür ist, dass diese verminderten Gebühren ersatzlos aufgehoben werden, da in verwaltungs- und sozialrechtlichen Angelegenheiten ebenfalls auf ein Anrechnungssystem umgestellt werden soll (siehe hierzu Rn 524, 530).

688 Eine Anrechnung der Geschäftsgebühr für eine außergerichtliche Vertretung und eine anschließende Vertretung in einem Güte- oder Schlichtungsverfahren nach Nr. 2305 VV RVG ist im Gegensatz zu den Wahlanwaltsgebühren nicht vorgesehen. In Anbetracht, dass die Anrechnungsbestimmungen der Beratungshilfe jetzt mehrfach geändert worden sind, und in Vorbem. 2.3 Abs. 6 VV RVG für den Wahlanwalt die Anrechnung ausdrücklich neu geregelt worden ist, kann nicht davon ausgegangen werden, dass der Gesetzgeber eine entsprechende Anrechnung in der Anm. Abs. 2 zur neuen Nr. 2503 VV RVG übersehen hat. Es ist vielmehr davon auszugehen, dass die Geschäftsgebühren hier anrechnungsfrei entstehen sollen und nur die letzte Gebühr dann im gerichtlichen Verfahren nach Vorbem. 3 Abs. 4 VV RVG angerechnet wird.

689 *Beispiel 119: Außergerichtliche Vertretung, Schlichtungsverfahren und anschließendes streitiges Verfahren*

Der Anwalt wird beauftragt, eine Forderung i.H.v. 400,00 EUR außergerichtlich geltend zu machen. Die Sache ist weder umfangreich noch schwierig. Anschließend wird das obligatorische Streitschlichtungsverfahren nach § 15a EGZPO durchgeführt. Danach kommt es zum Rechtsstreit vor dem Amtsgericht. Für die außergerichtliche Tätigkeit ist Beratungshilfe bewilligt.

Es entsteht jeweils eine Geschäftsgebühr nach Nr. 2503 VV RVG (§ 17 Nr. 7a RVG). Die zweite Geschäftsgebühr ist dann gem. Anm. Abs. 2 zu Nr. 2503 VV RVG zur Hälfte auf die Verfahrensgebühr des gerichtlichen Verfahrens anzurechnen.

I. Außergerichtliche Vertretung

1.	Geschäftsgebühr, Nr. 2503 VV RVG		85,00 EUR
2.	Postentgeltpauschale, Nr. 7002 VV RVG		17,00 EUR
	Zwischensumme	102,00 EUR	
3.	19 % Umsatzsteuer, Nr. 7008 VV RVG		19,38 EUR
	Gesamt		**121,38 EUR**

II. Schlichtungsverfahren

1.	Geschäftsgebühr, Nr. 2503 VV RVG		85,00 EUR
2.	Postentgeltpauschale, Nr. 7002 VV RVG		17,00 EUR
	Zwischensumme	102,00 EUR	
3.	19 % Umsatzsteuer, Nr. 7008 VV RVG		19,38 EUR
	Gesamt		**121,38 EUR**

---

254 Art. 11 Nr. 3 des Gesetzes zur Durchführung der Verordnung (EG) Nr. 4/2009 und zur Neuordnung bestehender Aus- und Durchführungsbestimmungen auf dem Gebiet des internationalen Unterhaltsverfahrensrechts v. 23.3.2011 (BGBl I S. 898).

255 Änderung durch Art. 8 Abs. 2 Nr. 18 Buchst. b).

III. Gerichtliches Verfahren (Wert: 400,00 EUR)

1. 1,3-Verfahrengebühr, Nr. 3100 VV RVG ... 52,00 EUR
2. gem. Anm. Abs. 2 zu Nr. 2503 VV RVG anzurechnen ... -42,50 EUR
3. 1,2-Terminsgebühr, Nr. 3104 VV RVG ... 48,00 EUR
4. Postentgeltpauschale, Nr. 7002 VV RVG[256] ... 20,00 EUR
   Zwischensumme ... 77,50 EUR
5. 19 % Umsatzsteuer, Nr. 7008 VV RVG ... 14,73 EUR
   Gesamt ... **92,23 EUR**

ee) Nr. 2504 VV RVG

Nr. 2504 VV RVG erhält folgende Fassung:[257]

2504	Tätigkeit mit dem Ziel einer außergerichtlichen Einigung mit den Gläubigern über die Schuldenbereinigung auf der Grundlage eines Plans (§ 305 Abs. 1 Nr. 1 InsO):	
	Die Gebühr 2503 beträgt bei bis zu 5 Gläubigern	270,00 €

Hier wird lediglich die Höhe der Geschäftsgebühr im Zuge der Gebührenanpassung von bisher 224,00 EUR auf nunmehr 270,00 EUR angehoben.

ff) Nr. 2505 VV RVG

Nr. 2505 VV RVG erhält folgende Fassung:[258]

2505	Es sind 6 bis 10 Gläubiger vorhanden:	
	Die Gebühr 2503 beträgt	405,00 €

Auch hier wird lediglich die Höhe der Geschäftsgebühr im Zuge der Gebührenanpassung von bisher 336,00 EUR auf nunmehr 405,00 EUR angehoben.

gg) Nr. 2506 VV RVG

Nr. 2506 VV RVG erhält folgende Fassung:[259]

2506	Es sind 11 bis 15 Gläubiger vorhanden:	
	Die Gebühr 2503 beträgt	540,00 €

Es wird lediglich hier die Höhe der Geschäftsgebühr im Zuge der Gebührenanpassung von bisher 448,00 EUR auf nunmehr 540,00 EUR angehoben.

hh) Nr. 2507 VV RVG

Nr. 2507 VV RVG erhält folgende Fassung:[260]

2507	Es sind mehr als 15 Gläubiger vorhanden:	
	Die Gebühr 2503 beträgt	675,00 €

Auch hier wird die Höhe der Geschäftsgebühr im Zuge der Gebührenanpassung von bisher 560,00 EUR auf nunmehr 675,00 EUR angehoben.

---

[256] Die Postentgeltpauschale berechnet sich aus dem Gebührenaufkommen vor Anrechnung.
[257] Änderung durch Art. 8 Abs. 2 Nr. 19.
[258] Änderung durch Art. 8 Abs. 2 Nr. 20.
[259] Änderung durch Art. 8 Abs. 2 Nr. 21.
[260] Änderung durch Art. 8 Abs. 2 Nr. 22.

ii) Nr. 2508 VV RVG

698 Nr. 2508 VV RVG erhält folgende Fassung:[261]

2508	Einigungs- und Erledigungsgebühr	150,00 €
	(1) Die Anmerkungen zu Nummern 1000 und 1002 sind anzuwenden.	
	(2) Die Gebühr entsteht auch für die Mitwirkung bei einer außergerichtlichen Einigung mit den Gläubigern über die Schuldenbereinigung auf der Grundlage eines Plans (§ 305 Abs. 1 Nr. 1 InsO).	

699 Auch die Einigungs- und Erledigungsgebühr wird im Zuge der Gebührenanpassung von bisher 125,00 EUR auf nunmehr 150,00 EUR angehoben.

III. Teil 3 – Zivilsachen, Verfahren der öffentlich-rechtlichen Gerichtsbarkeiten, Verfahren nach dem Strafvollzugsgesetz, auch in Verbindung mit § 92 des Jugendgerichtsgesetzes, und ähnliche Verfahren

1. Abschnitt 1 – Erster Rechtszug

a) Vorbem. 3 VV RVG
aa) Überblick

700 Vorbem. 3 VV RVG wird wie folgt gefasst:[262]

> *Vorbemerkung 3:*
> (1) Gebühren nach diesem Teil erhält der Rechtsanwalt, dem ein unbedingter Auftrag als Prozess- oder Verfahrensbevollmächtigter, als Beistand für einen Zeugen oder Sachverständigen oder für eine sonstige Tätigkeit in einem gerichtlichem Verfahren erteilt worden ist. Der Beistand für einen Zeugen oder Sachverständigen erhält die gleichen Gebühren wie ein Verfahrensbevollmächtigter.
> (2) Die Verfahrensgebühr entsteht für das Betreiben des Geschäfts einschließlich der Information.
> (3) Die Terminsgebühr entsteht sowohl für die Wahrnehmung von gerichtlichen Terminen als auch für die Wahrnehmung von außergerichtlichen Terminen und Besprechungen, wenn nichts anderes bestimmt ist. Sie entsteht jedoch nicht für die Wahrnehmung eines gerichtlichen Termins nur zur Verkündung einer Entscheidung. Die Gebühr für außergerichtliche Termine und Besprechungen entsteht für
> 1. die Wahrnehmung eines von einem gerichtlich bestellten Sachverständigen anberaumten Termins und
> 2. die Mitwirkung an Besprechungen, die auf die Vermeidung oder Erledigung des Verfahrens gerichtet sind; dies gilt nicht für Besprechungen mit dem Auftraggeber.
> (4) Soweit wegen desselben Gegenstands eine Geschäftsgebühr nach Teil 2 entsteht, wird diese Gebühr zur Hälfte, bei Wertgebühren jedoch höchstens mit einem Gebührensatz von 0,75, auf die Verfahrensgebühr des gerichtlichen Verfahrens angerechnet. Bei Betragsrahmengebühren beträgt der Anrechnungsbetrag höchstens 175,00 €. Sind mehrere Gebühren entstanden, ist für die Anrechnung die zuletzt entstandene Gebühr maßgebend. Bei einer Betragsrahmengebühr ist nicht zu berücksichtigen, dass der Umfang der Tätigkeit im gerichtlichen Verfahren infolge der vorangegangenen Tätigkeit geringer ist. Bei einer wertabhängi-

---

[261] Änderung durch Art. 8 Abs. 2 Nr. 23.
[262] Änderung durch Art. 8 Abs. 2 Nr. 24.

> gen Gebühr erfolgt die Anrechnung nach dem Wert des Gegenstands, der auch Gegenstand des gerichtlichen Verfahrens ist.
> (5) Soweit der Gegenstand eines selbstständigen Beweisverfahrens auch Gegenstand eines Rechtsstreits ist oder wird, wird die Verfahrensgebühr des selbstständigen Beweisverfahrens auf die Verfahrensgebühr des Rechtszugs angerechnet.
> (6) Soweit eine Sache an ein untergeordnetes Gericht zurückverwiesen wird, das mit der Sache bereits befasst war, ist die vor diesem Gericht bereits entstandene Verfahrensgebühr auf die Verfahrensgebühr für das erneute Verfahren anzurechnen.
> (7) Die Vorschriften dieses Teils sind nicht anzuwenden, soweit Teil 6 besondere Vorschriften enthält.

Klargestellt wird in Vorbem. 3 Abs. 1 VV RVG[263] zunächst der Anwendungsbereich der Gebühren nach Teil 3 VV RVG. Neu gefasst werden darüber hinaus die Voraussetzungen der Terminsgebühr in Vorbem. 3 Abs. 3 VV RVG und die Regelungen zur Anrechnung einer vorangegangenen Geschäftsgebühr in Vorbem. 3 Abs. 4 VV RVG.[264] Im Übrigen bleibt die Vorbemerkung unverändert. **701**

bb) Vorbem. 3 Abs. 1 VV RVG

Die neue Formulierung in Vorbem. 3 Abs. 1 VV RVG[265] soll den Anwendungsbereich des Teil 3 VV RVG klarstellen. **702**

Diese Regelung war im Referentenentwurf[266] noch unter Vorbem. 3.1 VV RVG enthalten, wäre dort allerdings fehl platziert gewesen. Sie soll nämlich für den gesamten Teil 3 VV RVG gelten und nicht nur für Teil 3 Abschnitt 1 VV RVG. Daher ist diese Regelung mit dem Regierungsentwurf entsprechend versetzt worden. **703**

cc) Anwendungsbereich des Teil 3 VV RVG

In der Praxis bereitet die Abgrenzung zwischen der Anwendung der Gebühren nach Teil 2 VV RVG für außergerichtliche Tätigkeiten und den Gebühren des Teil 3 VV RVG für das gerichtliche Verfahren immer wieder Probleme. So hat das OLG Koblenz[267] den Anwendungsbereich erheblich vorverlagert. Auch die darauf folgende Entscheidung des BGH[268] ist stark kritisiert worden, obwohl sie im Ergebnis zutreffend sein dürfte, da der BGH nicht den Zeitpunkt der Anwendbarkeit vorverlegt, sondern einen vorzeitigen Prozessauftrag angenommen hat. Bereits in seiner Entscheidung vom 8.2.2007[269] hatte der BGH zutreffend die Anwendbarkeit des Teil 3 VV RVG gefordert, aber auch ausreichend sein lassen, dass bereits ein unbedingter Verfahrensauftrag bestand. **704**

Mit der nunmehr vorgeschlagenen Änderung der Vorbem 3 Abs. 1 VV RVG soll für den Übergang von der vorgerichtlichen zur gerichtlichen Tätigkeit klargestellt werden, dass die Anwendung der Gebühren nach Teil 3 VV RVG einen unbedingten Auftrag als Verfahrensbevollmächtigter voraussetzt. **705**

---

263 Änderung durch Art. 8 Abs. 2 Nr. 24 Buchst. a).
264 Änderung durch Art. 8 Abs. 2 Nr. 24 Buchst. b).
265 Änderung durch Art. 8 Abs. 2 Nr. 24 Buchst. a).
266 Art. 8 Abs. 2 Nr. 30.
267 AGS 2010, 66 = zfs 2010, 42 = RVGreport 2010, 68 = ArbRB 2010, 180 = FamFR 2010, 43.
268 AGS 2010, 483 = FamRZ 2010, 1656 = AnwBl 2010, 719 = DAR 2010, 613 = MDR 2010, 1219 = JurBüro 2010, 580 = Rpfleger 2010, 699 = NJW 2011, 530 = DB 2010, 1995 = BRAK-Mitt 2010, 226 = RVGreport 2010, 385 = RVGprof. 2010, 208 = FamRB 2010, 367 = ArbRB 2010, 372 = FF 2010, 508.
269 AGS 2007, 166 = FamRZ 2007, 721 = AnwBl 2007, 381 = BGHR 2007, 478 = NJW-RR 2007, 720 = JurBüro 2007, 241 = Rpfleger 2007, 430 = MDR 2007, 863 = DAR 2007, 551 = Schaden-Praxis 2008, 126 = RVGreport 2007, 143 = NJW-Spezial 2007, 210 = zfs 2007, 285 = RVGprof. 2007, 95 = BRAK-Mitt 2007, 127 = FamRB 2007, 207.

706 Dabei muss es sich nicht um einen Klageauftrag handeln. Dieser ist nur für den Anwalt des Klägers erforderlich. Für den Anwalt des Beklagten ist ein Auftrag zur Klageverteidigung erforderlich, für den Anwalt eines Streithelfers reicht ein Auftrag, sich am Verfahren zu beteiligen. Für den Anwalt eines Zeugen oder Sachverständigen wiederum reicht jeglicher Auftrag zur Beistandsleistung.

707 Möglich ist auch, dass unbedingter Auftrag für eine außergerichtliche Vertretung erteilt wird und ein bedingter Auftrag für das gerichtliche Verfahren. Es kommt dann für die Anwendbarkeit des Teil 3 VV RVG auf den Bedingungseintritt an.

708 *Beispiel 120: Unbedingter Auftrag zur außergerichtlichen Vertretung, bedingter Auftrag für gerichtliches Verfahren*

Der Anwalt wird beauftragt, eine Forderung in Höhe von 10.000,00 EUR beizutreiben. Er soll den Gegner zunächst außergerichtlich unter Fristsetzung zur Zahlung auffordern und für den Fall, dass nicht fristgerecht gezahlt werde, soll er Klage einreichen. Es kommt anschließend zu einer Besprechung und einer Einigung.

Zunächst einmal lag ein unbedingter Auftrag für eine außergerichtliche Vertretung vor, sodass eine Geschäftsgebühr angefallen ist. Insoweit soll von der Schwellengebühr der Anm. zu Nr. 2300 VV RVG ausgegangen werden. Der Anwalt hatte also bis dahin verdient:

1.	1,3-Geschäftsgebühr, Nr. 2300 VV RVG		718,90 EUR
	(Wert: 10.000,00 EUR)		
2.	Postentgeltpauschale, Nr. 7002 VV RVG		20,00 EUR
	Zwischensumme	738,90 EUR	
3.	19 % Umsatzsteuer, Nr. 7008 VV RVG		140,39 EUR
	Gesamt		**879,29 EUR**

Wie die weitere Tätigkeit abzurechnen ist, hängt davon ab, ob die Zahlungsfrist bereits abgelaufen war.

a) War die Frist zur Zahlung noch nicht abgelaufen, dann war die Bedingung für den Auftrag, Klage zu erheben noch nicht eingetreten, sodass es bei einer Geschäftsgebühr bleibt. Infolge der weiteren Tätigkeiten, insbesondere der Besprechung hat sich allerdings der Gebührensatz erhöht. Insoweit soll hier von einer 1,5-Gebühr ausgegangen werden. Hinzu kommt eine 1,5-Einigungsgebühr nach Nr. 1000 VV RVG.

1.	1,5-Geschäftsgebühr, Nr. 2300 VV RVG		829,50 EUR
	(Wert: 10.000,00 EUR)		
2.	1,5-Einigungsgebühr, Nr. 1000 VV RVG		829,50 EUR
	(Wert: 10.000,00 EUR)		
3.	Postentgeltpauschale, Nr. 7002 VV RVG		20,00 EUR
4.	abzüglich bereits abgerechneter		-718,90 EUR
	Zwischensumme	960,10 EUR	
5.	19 % Umsatzsteuer, Nr. 7008 VV RVG		182,42 EUR
	Gesamt		**1.142,52 EUR**

b) War die Zahlungsfrist dagegen bereits abgelaufen, dann hatte sich der zunächst bedingte Klageauftrag in einen unbedingten umgewandelt (§ 158 BGB), sodass sich jetzt die weitere Tätigkeit nach Teil 3 VV RVG richtet und insbesondere eine Terminsgebühr entstanden ist. Abzurechnen wäre dann wie folgt:

C. Änderungen im Vergütungsverzeichnis §3

1.	0,8-Verfahrensgebühr, Nr. 3100, 3101 Nr. 1 VV RVG (Wert: 10.000,00 EUR)	442,40 EUR
2.	gem. Vorbem. 3 Abs. 4 S. 1 VV RVG anzurechnen, 0,65 aus 10.000,00 EUR	-359,45 EUR
3.	1,2-Terminsgebühr, Nr. 3104 VV RVG (Wert: 10.000,00 EUR)	663,60 EUR
4.	1,5-Einigungsgebühr, Nr. 1000 VV RVG (Wert: 10.000,00 EUR)	829,50 EUR
5.	Postentgeltpauschale, Nr. 7002 VV RVG	20,00 EUR
	Zwischensumme 1.596,05 EUR	
6.	19 % Umsatzsteuer, Nr. 7008 VV RVG	303,25 EUR
	Gesamt	**1.899,30 EUR**

Nach dem ausdrücklichen Willen des Gesetzgebers soll es dabei möglich sein, dass für den einen Anwalt bereits die Gebühren nach Teil 3 VV RVG gelten, während der andere (noch) nach Teil 2 VV RVG abrechnet. Damit wird der „Gleichstellungsrechtsprechung" des OLG Koblenz[270] der Boden entzogen. 709

Beispiel 121: Unterschiedliche Abrechnung für beteiligte Anwälte auf verschiedenen Seiten 710
Der Anwalt wird beauftragt, eine Forderung in Höhe von 10.000,00 EUR beizutreiben. Es kommt zu Verhandlungen mit dem Anwalt des Gegners. Als diese ins Stocken geraten, erhält der Anwalt Klageauftrag. Bevor die Klage eingereicht wird, werden die Verhandlungen fortgesetzt.
Während der Anwalt des Gläubigers bereits Klageauftrag hatte und folglich eine Terminsgebühr erhält, liegt für den Anwalt des Gegners noch eine außergerichtliche Vertretung vor, sodass der Mehraufwand der Besprechungen im Rahmen des § 14 Abs. 1 RVG bei der Höhe der Geschäftsgebühr zu berücksichtigen ist.

dd) Vorbem. 3 Abs. 3 VV RVG
(1) Überblick
Durch die neu gefasste Vorbem. 3 Abs. 3 VV RVG[271] soll zweierlei erreicht werden: 711
- Zum einen soll klargestellt werden, dass die Terminsgebühr für die Mitwirkung an auf die Vermeidung oder Erledigung des Verfahrens gerichteten außergerichtlichen Besprechungen unabhängig davon entsteht, ob für das gerichtliche Verfahren eine mündliche Verhandlung vorgeschrieben ist oder nicht.
- Zum anderen sollen künftig grundsätzlich alle gerichtlichen Termine, insbesondere auch Anhörungstermine, eine Terminsgebühr auslösen, ausgenommen bloße Verkündungstermine.

Zu diesem Zweck wird die Vorbemerkung systematisch umgestaltet. Es wird fortan zwischen 712
- gerichtlichen Terminen und
- außergerichtlichen Terminen

unterschieden.
Die Einschränkung bzw. Ergänzung, dass die Terminsgebühr „wenn nichts anderes bestimmt" ist, soll zweierlei klarstellen. 713

---

270 AGS 2010, 66 = zfs 2010, 42 = RVGreport 2010, 68 = ArbRB 2010, 180 = FamFR 2010, 43.
271 Änderung durch Art. 8 Abs. 2 Nr. 24 Buchst. b).

714 Zum einen soll verdeutlicht werden, dass Einschränkungen für die Terminsgebühr, die sich aus besonderen Tatbeständen in den Nummern des Vergütungsverzeichnisses ergeben, nicht für die in Vorbem. 3 Abs. 3 VV RVG geregelten Fälle gelten sollen. So soll insbesondere die Terminsgebühr für Besprechungen nach Vorbem. 3 Abs. 3 S. 3 Nr. 2 VV RVG nicht davon abhängig sein, dass im zugrunde liegenden Verfahren eine mündliche Verhandlung vorgeschrieben ist (siehe Rn 740).

715 Zum anderen soll klargestellt werden, dass besondere Tatbestände der Terminsgebühr, die in den Nummern des Vergütungsverzeichnisses geregelt sind, nicht an die Voraussetzungen der Vorbem. 3 Abs. 3 VV RVG geknüpft sind, also dass z.B. in den Fällen Anm. Abs. 1 zu Nr. 3104, VV RVG, eine Terminsgebühr nach wie vor auch ohne einen Termin anfallen kann.

716 Das Gleiche gilt für die Terminsgebühr der Nr. 3310 VV RVG, die tatbestandlich einen gerichtlichen Termin, einen Termin zur Abgabe der Vermögensauskunft oder zur Abnahme der eidesstattlichen Versicherung voraussetzt (siehe Rn 1012).

(2) Gerichtliche Termine
(a) Überblick

717 Nach der Neufassung entsteht die Terminsgebühr für die Vertretung in einem gerichtlichen Termin mit Ausnahme eines Termins zur Verkündung einer Entscheidung. Bislang konnte die Terminsgebühr nur entstehen für die Vertretung in einem Verhandlungs-, Erörterungs- oder Beweisaufnahmetermin. Daher entstand die Terminsgebühr dem Wortlaut nach insbesondere nicht in einem Anhörungstermin, wie er in vielen Verfahren der freiwilligen Gerichtsbarkeit vorgesehen ist. Da der Aufwand und die Verantwortung des Anwalts in anderen gerichtlichen Terminen dem eines Verhandlungs- oder Erörterungstermins vergleichbar ist, soll hier eine Gleichstellung bewirkt werden.

(b) Anhörungstermin

718 Entstehen soll eine Terminsgebühr insbesondere bei einem Anhörungstermin. Dabei kann es sich um einen Termin zur Anhörung eines Ehegatten handeln (§ 128 Abs. 1 FamFG), um einen Termin in einem Sorgerechtsverfahren zur Anhörung des Kindes (§ 159 FamFG) oder der Eltern (§ 160 FamFG) oder sonstige Termine zur Anhörung einer Partei oder eines Beteiligten.

719 *Beispiel 122: Anhörung eines Ehegatten im Rahmen der Scheidung*

Der Münchner Anwalt vertritt die in München wohnende Antragsgegnerin im Scheidungsverfahren, das vor dem FamG Schleswig geführt wird (Werte: Ehesache 6.000,00 EUR, Versorgungsausgleich 1.200,00 EUR). Das FamG Schleswig läst die Ehefrau im Wege der Rechtshilfe vor dem FamG München zur Scheidung anhören. An diesem Termin nimmt der Münchener Anwalt teil. Hiernach wird vor dem FamG Schleswig verhandelt und die Scheidung ausgesprochen. An diesem Termin nimmt der Anwalt nicht teil.

Nach der bisherigen Gesetzesfassung konnte für den Münchener Anwalt eine Terminsgebühr nicht entstehen, da er nur an einem Anhörungstermin teilgenommen hat.[272]

Nach neuem Recht entsteht eine Terminsgebühr, allerdings nur aus dem Wert von 6.000,00 EUR, da der Termin nur zur Anhörung in der Ehesache durchgeführt worden ist.

1.	1,3-Verfahrensgebühr, Nr. 3100 VV RVG	586,30 EUR
	(Wert: 7.200,00 EUR)	
2.	1,2-Terminsgebühr, Nr. 3104 VV RVG	418,80 EUR
	(Wert: 6.000,00 EUR)	
3.	Postentgeltpauschale, Nr. 7002 VV RVG	20,00 EUR
	Zwischensumme	1.025,10 EUR

---

[272] OLG Koblenz AGS 2011, 589 = FamFR 2011, 447 = FamRZ 2011, 1978.

C. Änderungen im Vergütungsverzeichnis § 3

4.	19 % Umsatzsteuer, Nr. 7008 VV RVG	194,77 EUR
	Gesamt	**1.219,86 EUR**

Wäre im Termin auch der Versorgungsausgleich erörtert worden, wäre die Terminsgebühr aus dem Gesamtwert angefallen.

Beispiel 123: Anhörung eines Kindes im Rahmen eines Sorgerechtsverfahrens **720**

In einem Sorgerechtsverfahren hört das Gericht das minderjährige Kind gem. § 159 FamFG an und teilt den Eltern anschließend das Ergebnis mit. Es wird sodann noch ein Gutachten eingeholt und hiernach der Antrag zurückgenommen.

Nach der bisherigen Gesetzesfassung konnte nach h.M. für die beteiligten Anwälte eine Terminsgebühr nicht entstehen, da sie nur an einem Anhörungstermin teilgenommen haben.[273]

Nach der Neufassung entsteht dagegen die Terminsgebühr.

1.	1,3-Verfahrensgebühr, Nr. 3100 VV RVG		254,80 EUR
	(Wert: 3.000,00 EUR)		
2.	1,2-Terminsgebühr, Nr. 3104 VV RVG		235,20 EUR
	(Wert: 3.000,00 EUR)		
3.	Postentgeltpauschale, Nr. 7002 VV RVG		20,00 EUR
	Zwischensumme	510,00 EUR	
4.	19 % Umsatzsteuer, Nr. 7008 VV RVG		96,90 EUR
	Gesamt		**606,90 EUR**

Beispiel 124: Anhörung eines Ehegatten im Rahmen eines Umgangsrechtsverfahrens **721**

In einem Umgangsrechtsverfahren hört das Gericht die Eltern gem. § 160 FamFG an. Der Antrag wird später zurückgenommen.

Es gilt das Gleiche wie im vorangegangenen Beispiel.

(c) Protokollierungstermin

Ebenfalls nicht erfasst waren nach der bisherigen Fassung der Vorbem. 3 Abs. 3 VV RVG Termine zur Protokollierung einer Einigung (Vorbem 3 Abs. 3 S. 2 VV RVG). War ein gerichtlicher Termin ausschließlich zur Protokollierung einer Einigung anberaumt, konnte dafür eine Terminsgebühr nicht entstehen. Nach neuem Recht entsteht jetzt ebenfalls eine Terminsgebühr. **722**

Die Bedeutung wird für einen Prozessbevollmächtigten gering sein, da er i.d.R. die Terminsgebühr schon durch Besprechungen nach Vorbem. 3 Abs. 3 S. 3 Nr. 2 VV RVG verdient haben wird oder sie spätestens durch den Abschluss eines schriftlichen Vergleichs, wozu auch der protokollierte Vergleich zählt, entsteht (Anm. Abs. 1 Nr. 1 zu Nr. 3104 VV RVG). **723**

Beispiel 125: Protokollierungstermin (I) **724**

In einem Rechtsstreit schlägt das Gericht den Parteien einen Vergleich vor, der anschließend in einem Termin protokolliert wird.

Selbst wenn die Anwälte zuvor keine Besprechung geführt haben, würde die Terminsgebühr nach Anm. Abs. 1 Nr. 1 zu Nr. 3104 VV RVG bereits nach altem Recht anfallen, da ein schriftlicher Vergleich geschlossen worden ist.

---

[273] OLG Köln AGS 2008, 593 = OLGR 2009, 126; OLG Stuttgart AGS 2007, 503 = FamRZ 2007, 233 = OLGR 2007, 1002 = RVGreport 2007, 460; OLG Braunschweig AGS 2009, 441 = NdsRpfl 2009, 188 = OLGR 2009, 625; a.A. OLG Schleswig AGS 2007, 502 = SchlHA 2007, 391 = OLGR 2007, 475 = RVGreport 2007, 388; Vechta AGS 2011, 528 m. Anm. *Thiel* = FamRZ 2012, 243 = FamFR 2011, 477.

725 Bedeutung hat die Terminsgebühr für den Hauptbevollmächtigten daher nur in Verfahren, in denen eine mündliche Verhandlung nicht vorgeschrieben ist.

726 *Beispiel 126: Protokollierungstermin (II)*
In einem selbstständigen Beweisverfahren schlägt das Gericht den Parteien einen Vergleich vor, der dann in einem Termin protokolliert wird.
Eine Terminsgebühr nach Anm. Abs. 1 Nr. 1 zu Nr. 3104 VV RVG kann jetzt nicht anfallen, da im selbstständigen Beweisverfahren eine mündliche Verhandlung nicht vorgeschrieben ist (§§ 490 Abs. 1, 128 Abs. 4 ZPO). Nach altem Recht entstand daher keine Terminsgebühr. Nach neuem Recht wird dagegen die Terminsgebühr durch den Protokollierungstermin ausgelöst.

727 Besondere Bedeutung wird diese Variante für einen Unterbevollmächtigten haben, für den bislang die Wahrnehmung eines Protokollierungstermins eine Einzeltätigkeit nach Nr. 3403 VV RVG darstellte, künftig aber eine Terminsvertretung nach Nrn. 3401, 3402 VV RVG sein wird (siehe dazu Rn 1056).

728 Zu beachten ist die Einschränkung nach Anm. Abs. 3 zu Nr. 3104 VV RVG. Danach entsteht die Terminsgebühr nicht, soweit lediglich beantragt ist, eine Einigung der Parteien oder der Beteiligten oder mit Dritten über nicht rechtshängige Ansprüche zu Protokoll zu nehmen.

729 *Beispiel 127: Protokollierungstermin mit Mehrwert*
In einem Kündigungsschutzverfahren haben die Anwälte einen Vergleich über die Aufhebung des Arbeitsverhältnisses (Wert: 9.000,00 EUR) erzielt, der vor Gericht protokolliert werden soll. Der Anwalt wird beauftragt, gleichzeitig auch eine zwischen den Parteien unmittelbar getroffene Einigung über den Dienstwagen mit zu protokollieren. Das ArbG setzt den Mehrwert für die Einigung über den Dienstwagen auf 1.000,00 EUR fest.

Aus dem Mehrwert entsteht zwar die Verfahrengebühr, allerdings nur in Höhe von 0,8 (Nr. 3101 Nr. 2, 1. Var. VV RVG). Eine Terminsgebühr aus dem Mehrwert entsteht dagegen nicht (Anm. Abs. 3 zu Nr. 3104 VV RVG). Ebenso wenig entsteht aus dem Mehrwert eine Einigungsgebühr, da es insoweit an der Mitwirkung des Anwalts fehlt. Das Protokollieren einer bereits von den Parteien geschlossenen Einigung reicht nicht aus.

1.	1,3-Verfahrensgebühr, Nr. 3100 VV RVG (Wert: 9.000,00 EUR)	652,60 EUR
2.	0,8-Verfahrensgebühr, Nrn. 3100, 3101 VV RVG (Wert: 1.000,00 EUR) (Die Höchstgrenze des § 15 Abs. 3 RVG, nicht mehr als 1,3 aus 10.000,00 EUR (718,90 EUR) ist nicht erreicht)	60,00 EUR
3.	1,2-Terminsgebühr, Nr. 3104 VV RVG (Wert: 9.000,00 EUR)	602,40 EUR
4.	1,0-Einigungsgebühr, Nr. 1000 VV RVG (Wert: 9.000,00 EUR)	502,00 EUR
5.	Postentgeltpauschale, Nr. 7002 VV RVG	20,00 EUR
	Zwischensumme	1.837,00 EUR
6.	19 % Umsatzsteuer, Nr. 7008 VV RVG	349,03 EUR
	Gesamt	**2.186,03 EUR**

C. Änderungen im Vergütungsverzeichnis § 3

(d) Termin zur Abgabe einer eidesstattlichen Versicherung
Nimmt der Anwalt an einem Termin zur Abgabe der eidesstattlichen Versicherung im Rahmen eines Auskunftsverfahrens teil, entsteht nach neuem Recht ebenfalls eine Terminsgebühr. 730

(e) Sonstige Termine
Auch für die Teilnahme an sonstigen Terminen, etwa zur Parteianhörung oder Entgegennahme von Parteierklärungen, z.B. Erklärung über die Echtheit einer Urkunde (439 ZPO), entsteht eine Terminsgebühr. 731

> *Beispiel 128: Termin zur Erklärung über Rentenanwartschaften* 732
> In einem Scheidungsverfahren ergeben sich Lücken im Versicherungsverlauf des Antragsgegners. Da er keine Unterlagen beibringt, beraumt das Gericht einen Termin an, in dem sich der Antragsgegner zu seinen Beschäftigungsverhältnissen während der Ehezeit erklären soll.
> Nimmt der Anwalt an diesem Termin teil, löst dies für ihn eine Terminsgebühr aus.

(f) Verkündungstermin
Die Teilnahme an einem reinen Verkündungstermin soll dagegen nach wie vor keine Terminsgebühr auslösen, da in einem solchen Termin keine anwaltliche Tätigkeit entfaltet werden muss. Soweit die Verkündung der Entscheidung anlässlich eines anderen Termins erfolgt, entsteht selbstverständlich eine Terminsgebühr. Die Einschränkung gilt nur für Termine, die ausschließlich zur Verkündung vorgesehen sind und in denen auch nichts mehr geschieht. 733

> *Beispiel 129: Bloßer Verkündungstermin* 734
> In der mündlichen Verhandlung erhält die Partei, die sich bis dahin selbst vertreten hat, einen Schriftsatznachlass. Sie beauftragt daraufhin einen Anwalt, der schriftsätzlich zur Sache nochmals Stellung nimmt und dann am späteren Verkündungstermin teilnimmt.
> Da der Anwalt lediglich an einem bloßen Verkündungstermin teilgenommen hat, ist eine Terminsgebühr nicht entstanden.

Wird vor einer Verkündung noch verhandelt oder erörtert, entsteht die Terminsgebühr. 735

> *Beispiel 130: Verkündungstermin mit vorheriger Verhandlung* 736
> Im vereinfachten Verfahren nach § 495a ZPO wird im Termin zur mündlichen Verhandlung sogleich ein Urteil verkündet.
> Jetzt entsteht eine Terminsgebühr, da es sich nicht um einen bloßen Verkündungstermin handelt.

(3) Außergerichtliche Termine
(a) Überblick
Nach der Neufassung werden zwei außergerichtliche Termine erfasst, nämlich 737

- Termine, die von einem vom Gericht bestellten Sachverständigen anberaumt worden sind (Vorbem. 3 Abs. 3 S. 3 Nr. 1 VV RVG) und
- die Mitwirkung an Besprechungen, die auf die Vermeidung oder Erledigung des Verfahrens gerichtet sind (Vorbem. 3 Abs. 3 S. 3 Nr. 2 VV RVG).

(b) Sachverständigentermin (Vorbem. 3 Abs. 3 S. 3 Nr. 1 VV RVG)
Vorbem. 3 Abs. 3 S. 3 Nr. 1 VV RVG regelt die Terminsgebühr für die Wahrnehmung eines von einem gerichtlichen bestellten Sachverständigen anberaumten Termins. Diese Regelung entspricht der bisherigen Vorbem. 3 Abs. 3, 2. Var. VV RVG. Inhaltliche Änderungen sind mit dieser Umstellung nicht verbunden. 738

(c) Mitwirkung an Besprechungen (Vorbem. 3 Abs. 3 S. 3 Nr. 2 VV RVG)

739 Nach der neuen Vorbem. 3 Abs. 3 S. 3 Nr. 2 VV RVG entsteht die Terminsgebühr für die Mitwirkung an Besprechungen, die auf die Vermeidung oder Erledigung eines gerichtlichen Verfahrens gerichtet sind, auch ohne Beteiligung des Gerichts, ausgenommen Besprechungen mit dem Auftraggeber. Diese Regelung entspricht der bisherigen Vorbem. 3 Abs. 3, 3. Var. VV RVG. Inhaltliche Änderungen sind mit der Neuregelung dieser Variante an sich nicht verbunden.

(d) Verfahren mit obligatorischer mündlicher Verhandlung nicht erforderlich

740 Mit der Neufassung soll allerdings jetzt klargestellt werden, dass die Terminsgebühr nach dieser Variante unabhängig davon entsteht, ob in dem zugrunde liegenden Verfahren eine mündliche Verhandlung vorgeschrieben ist oder nicht.

741 Aus dem Gesetzeswortlaut ergibt sich das zwar nicht eindeutig. Die Begründung des Regierungsentwurfs lässt jedoch keine Zweifel daran, was mit dieser Änderung gewollt ist:

„Der Neuaufbau des Absatzes 3 soll einen Streit in der Rechtsprechung zum Anfall der Terminsgebühr für Besprechungen dahingehend entscheiden, dass die Terminsgebühr für die Mitwirkung an auf die Vermeidung oder Erledigung des Verfahrens gerichtete außergerichtliche Besprechungen auch dann entsteht, wenn die gerichtliche Entscheidung ohne mündliche Verhandlung durch Beschluss ergeht. Diese Auffassung entspricht den Entscheidungen des OLG München vom 27.8.2010 (AGS 2010, 420 f.) und 25.3.2011 (AGS 2011, 213 ff.), die einer Entscheidung des BGH vom 1.2.2007 (AGS 2007, 298 ff.) entgegengetreten. Der BGH hat seine Entscheidung mit Beschl. v. 2.11.2011 (XII ZB 458/10, nachgewiesen unter juris) dahingehend eingeschränkt, dass die Terminsgebühr jedenfalls dann anfällt, wenn in dem Verfahren eine mündliche Verhandlung für den Fall vorgeschrieben ist, dass eine Partei sie beantragt. Die nunmehr vorgeschlagene Klärung der Streitfrage entspricht der Intention des Gesetzgebers, wie sich aus Vorbemerkung 3.3.2 ableiten lässt. Nach dieser Vorbemerkung bestimmt sich die Terminsgebühr im Mahnverfahren nach Teil 3 Abschnitt 1. Diese Bestimmung würde keinen Sinn ergeben, wenn eine mündliche Verhandlung in dem Verfahren vorgeschrieben sein müsste oder zumindest auf Antrag stattfinden müsste. Der erste Satz soll verdeutlichen, dass die Terminsgebühr sowohl durch gerichtliche als auch durch außergerichtliche anwaltliche Tätigkeiten unabhängig voneinander anfallen kann. Mit dem Zusatz „wenn nichts anderes bestimmt ist" sollen die Fälle der „fiktiven Terminsgebühr", bei denen kein Termin wahrgenommen wird, erfasst werden."

742 Damit soll letztlich einer verfehlten Rechtsprechung des BGH entgegengewirkt werden. Der BGH vertritt in ständiger Rechtsprechung die Auffassung, dass eine Terminsgebühr durch Besprechungen außerhalb eines gerichtlichen Termins nur in einem solchen Verfahren entstehen könne, für das eine mündliche Verhandlung vorgeschrieben sei.[274] In einzelnen Fällen hat er

---

[274] AGS 2007, 298 m. Anm. *N. Schneider* = BGHReport 2007, 369 = NJW 2007, 1461 = FamRZ 2007, 637 = NJ 2007, 223 = RVGprof. 2007, 78 = MittdtschPatAnw 2007, 242 = JurBüro 2007, 252 = MDR 2007, 742 = RVGreport 2007, 269 = zfs 2007, 467 (Verfahren der Nichtzulassungsbeschwerde); AGS 2007, 397 m. Anm. *N. Schneider* = BGHR 2007, 735 = NJW 2007, 2644 = AnwBl 2007, 631 = MDR 2007, 1103 = Rpfleger 2007, 574 = JurBüro 2007, 525 = BB 2007, 1360 = FamRZ 2007, 1096 = RVGreport 2007, 271 = NZBau 2007, 448 = NJ 2007, 365 = zfs 2007, 467 = MittdtschPatAnw 2007, 383 („Verfahren nach § 522 Abs. 2 S. 1 ZPO" nach Hinweiserteilung); AGS 2012, 274 m. Anm. *N. Schneider* = NJW 2012, 1294 = FamRZ 2012, 708 = AnwBl 2012, 470 = MDR 2012, 615 = zfs 2012, 342 = JurBüro 2012, 302 = RVGprof. 2012, 55 = RVGprof. 2012, 77 = RVGreport 2012, 184 = NJW-Spezial 2012, 317 (Prozesskostenhilfebewilligungsverfahren).

zwar eine Terminsgebühr bejaht,[275] ist dabei aber von seinem Grundsatz nicht abgewichen, sondern hat besondere Ausnahmefälle angenommen.

Dabei verkennt der BGH, dass bereits nach der derzeitigen gesetzlichen Regelung im zugrunde liegenden Verfahren eine mündliche Verhandlung nicht vorgeschrieben sein muss. Anderenfalls wäre es nicht zu erklären, weshalb der Gesetzgeber in Nr. 3516 VV RVG ausdrücklich einen Gebührentatbestand für die Terminsgebühr im Nichtzulassungsbeschwerdeverfahren, in dem grundsätzlich nie mündlich verhandelt wird, angeordnet hat. Gleiches gilt für ein Mahnverfahren, in dem es nun wirklich keine gerichtlichen Termine geben kann, gleichwohl dort ausdrücklich eine Terminsgebühr vorgesehen ist (Vorbem. 3.3.2 VV RVG).

Entgegen der Auffassung des BGH ist nicht die Vermeidung eines gerichtlichen Termins der (Haupt-)Zweck der derzeitigen Vorbem. 3 Abs. 3, 3. Var. VV RVG; vielmehr soll in jedem gerichtlichen Verfahren in jeder Phase ein Anreiz geschaffen werden, dem Gericht durch Eigeninitiative der Anwälte, also durch Verhandlungen und Besprechungen untereinander die Arbeit eines weiteren Verfahrens oder einer Entscheidung abzunehmen.

Da der BGH bis zuletzt trotz heftiger Kritik der Instanzrechtsprechung[276] bei seiner Auffassung geblieben ist, sah sich der Gesetzgeber veranlasst, hier einzugreifen und klarzustellen, dass in dem zugrunde liegenden Verfahren eine mündliche Verhandlung nicht vorgeschrieben sein muss.

> *Beispiel 131: Besprechung zur Erledigung eines Verfahrens*
>
> In einem selbstständigen Beweisverfahren (Wert: 8.000,00 EUR) führen die Anwälte eine Besprechung, mit der sie das Beweisverfahren erledigen und ein Hauptsacheverfahren vermeiden wollen.
>
> Im selbstständigen Beweisverfahren ist eine mündliche Verhandlung nicht vorgeschrieben (§§ 490 Abs. 1, 128 Abs. 4 ZPO). Ungeachtet dessen kann durch eine Besprechung der Anwälte gem. Vorbem. 3 Abs. 3 S. 3 Nr. 2 VV RVG eine Terminsgebühr ausgelöst werden.
>
> | | | | |
> |---|---|---|---|
> | 1. | 1,3-Verfahrensgebühr, Nr. 3100 VV RVG | | 586,30 EUR |
> | | (Wert: 8.000,00 EUR) | | |
> | 2. | 1,2-Terminsgebühr, Nr. 3104 VV RVG | | 541,20 EUR |
> | | (Wert: 8.000,00 EUR) | | |
> | 3. | Postentgeltpauschale, Nr. 7002 VV RVG | | 20,00 EUR |
> | | Zwischensumme | 1.147,50 EUR | |
> | 4. | 19 % Umsatzsteuer, Nr. 7008 VV RVG | | 218,03 EUR |
> | | **Gesamt** | | **1.365,53 EUR** |

Vorbem. 3 Abs. 3 S. 3 Nr. 2 VV RVG gilt nicht nur für Terminsgebühren, die sich nach dem Gegenstandswert berechnen, sondern auch für Terminsgebühren, bei denen nach Rahmengebühren abgerechnet wird.

---

275 AGS 2012, 10 m. Anm. *Thiel* = MDR 2012, 57 = zfs 2012, 43 = FamRZ 2012, 110 = Rpfleger 2012, 102 = NJW 2012, 459 = JurBüro 2012, 137 = FF 2012, 43 = FuR 2012, 93 = FamFR 2012, 36 = FamRB 2012, 47 = RVGreport 2012, 59 = NJW-Spezial 2012, 156 (einstweilige Anordnung in Familiensachen); AGS 2012, 124 m. Anm. *N. Schneider* = NJW-RR 2012, 314 = MDR 2012, 376 = Rpfleger 2012, 287 = JurBüro 2012, 242 = AnwBl 2012, 286 = FamRZ 2012, 545 = FamRB 2012, 115 = RVGreport 2012, 148 = RVGprof. 2012, 94 („Verfahren nach § 522 Abs. 2 S. 1 ZPO" vor Hinweiserteilung).

276 OLG München AGS 2010, 420 = NJW-Spezial 2010, 635 = RVGreport 2010, 419 = FamFR 2010, 472; AGS 2011, 213 = AnwBl 2011, 590 = JurBüro 2011, 360 = Rpfleger 2011, 566 = NJW-Spezial 2011, 284 = FamRZ 2011, 1977; OLG Dresden AGS 2008, 333 = OLGR 2008, 676 = NJW-RR 2008, 1667 = NJW-Spezial 2008, 444; OLG Köln AGS 2012, 459 = NJW-Spezial 2012, 573 = RPfleger 2012, 469.

748 *Beispiel 132: Besprechung in einstweiligem Anordnungsverfahren vor SG*

In einem einstweiligen Anordnungsverfahren vor dem SG führt der Anwalt mit dem Sachbearbeiter der Behörde ein Gespräch zur Erledigung des Anordnungsverfahrens, woraufhin der Antrag zurückgenommen wird.

Im einstweiligen Anordnungsverfahren vor dem SG ist eine mündliche Verhandlung nicht vorgeschrieben (§§ 124 Abs. 3, 86b Abs. 4 SGG). Daher wurde bislang eine Terminsgebühr überwiegend abgelehnt.[277] Künftig ist klargestellt, dass auch hier eine Terminsgebühr ausgelöst wird. Ausgehend von den Mittelgebühren wäre nach den neuen Beträgen wie folgt zu rechnen:

1.	Verfahrensgebühr, Nr. 3102 VV RVG		300,00 EUR
2.	Terminsgebühr, Nr. 3106 VV RVG		280,00 EUR
3.	Postentgeltpauschale, Nr. 7002 VV RVG		20,00 EUR
	Zwischensumme	600,00 EUR	
4.	19 % Umsatzsteuer, Nr. 7008 VV		114,00 EUR
	Gesamt		**714,00 EUR**

(e) Unbedingter Verfahrensauftrag reicht aus

749 Ergänzend stellt Vorbem. 3 Abs. 1 VV RVG (siehe Rn 703) klar, dass die Terminsgebühr entstehen kann, sobald ein unbedingter Verfahrensauftrag erteilt worden ist. Die Terminsgebühr für Besprechungen kann daher schon vor Anhängigkeit entstehen.[278]

750 *Beispiel 133: Besprechung zur Vermeidung eines Verfahrens (I)*

Dem Anwalt ist der Auftrag erteilt worden, Klage auf Zahlung eines Betrags i.H.v. 8.000,00 EUR einzureichen. Bevor die Klage eingereicht werden kann, führen die Anwälte eine Besprechung, worauf der Gegner die Forderung ausgleicht.

Neben der 0,8-Verfahrensgebühr der Nrn. 3100, 3101 VV RVG entsteht gem. Vorbem. 3 Abs. 3 S. 3 Nr. 2 VV RVG eine 1,2-Terminsgebühr (Nr. 3104 VV RVG).

1.	0,8-Verfahrensgebühr, Nrn. 3100, 3101 VV RVG (Wert: 8.000,00 EUR)		360,80 EUR
2.	1,2-Terminsgebühr, Nr. 3104 VV RVG (Wert: 8.000,00 EUR)		541,20 EUR
3.	Postentgeltpauschale, Nr. 7002 VV RVG		20,00 EUR
	Zwischensumme	922,00 EUR	
4.	19 % Umsatzsteuer, Nr. 7008 VV RVG		175,18 EUR
	Gesamt		**1.097,18 EUR**

751 Bei dem zu vermeidenden Verfahren muss es sich nicht um ein Prozessverfahren handeln. Die Terminsgebühr entsteht auch bei Vermeidung anderer gerichtlicher Verfahren, sofern dort eine Terminsgebühr vorgesehen ist.

---

[277] LSG NRW, Beschl. v. 9.7.2010 – L 19 B 395/09 AS; a.A., also für eine Terminsgebühr bereits nach altem Recht; Bayerisches LSG AGS 2010, 378 = RVGreport 2010, 220 = ASR 2010, 79.

[278] So bereits BGH AGS 2007, 166 = FamRZ 2007, 721 = AnwBl 2007, 381 = BGHR 2007, 478 = NJW-RR 2007, 720 = JurBüro 2007, 241 = Rpfleger 2007, 430 = MDR 2007, 863 = AE 2007, 277 = DAR 2007, 551 = Schaden-Praxis 2008, 126 = RVGreport 2007, 143 = RVG-Letter 2007, 38 = NJW-Spezial 2007, 210 = zfs 2007, 285 = Mittdtsch-PatAnw 2007, 242 = RVGprof. 2007, 95 = FA 2007, 144 = BRAK-Mitt 2007, 127 = VRR 2007, 198 = FamRB 2007, 207.

C. Änderungen im Vergütungsverzeichnis §3

Beispiel 134: Besprechung zur Vermeidung eines Verfahrens (II) **752**
Dem Anwalt ist der Auftrag erteilt worden, ein Mahnverfahren wegen einer Forderung i.H.v. 8.000,00 EUR einzuleiten. Daraufhin führt er nochmals eine Besprechung mit dem Gegner und erzielt eine Einigung.

Obwohl im Mahnverfahren eine mündliche Verhandlung nicht vorgeschrieben – sogar nicht einmal vorgesehen ist –, entsteht nach Vorbem. 3 Abs. 3 S. 3 Nr. 2 VV RVG eine Terminsgebühr, die sich gem. Vorbem 3.3.2 VV RVG nach Nr. 3104 VV RVG richtet.

Hinzu kommt die Verfahrensgebühr nach Nr. 3305 VV RVG, allerdings gem. Nr. 3306 VV RVG auf 0,5 ermäßigt.

Des Weiteren entsteht eine 1,5-Einigungsgebühr nach Nr. 1000 VV RVG.

1.	0,5-Verfahrensgebühr, Nrn. 3305, 3306 VV RVG		225,50 EUR
	(Wert: 8.000,00 EUR)		
2.	1,2-Terminsgebühr, Vorbem. 3.2.2, Nr. 3104 VV RVG		541,20 EUR
	(Wert: 8.000,00 EUR)		
3.	1,5-Einigungsgebühr, Nr. 1000 VV RVG		676,50 EUR
	(Wert: 8.000,00 EUR)		
4.	Postentgeltpauschale, Nr. 7002 VV RVG		20,00 EUR
	Zwischensumme	1.463,20 EUR	
5.	19 % Umsatzsteuer, Nr. 7008 VV RVG		278,01 EUR
	Gesamt		**1.741,21 EUR**

Die Vermeidung eines jeden gerichtlichen Verfahrens reicht aus, sofern sich aus den jeweiligen **753** besonderen Tatbeständen der Terminsgebühren nicht etwas anderes ergibt. So reicht z.B. eine Besprechung zur Vermeidung eines Zwangsvollstreckungsverfahrens nicht aus, da hier die Terminsgebühr nur bei Teilnahme an einem gerichtlichen Termin oder einem Termin zur Abgabe des Vermögensverzeichnisses anfällt.

Beispiel 135: Besprechung zur Vermeidung einer Zwangsvollstreckung und streitiger Forde- **754**
rung aus einem Versäumnisurteil
Dem Anwalt ist Vollstreckungsauftrag wegen einer Forderung i.H.v. 1.860,00 EUR erteilt worden. Er droht daraufhin dem Schuldner die Zwangsvollstreckung an. Daraufhin führt er mit dem Schuldner eine Besprechung und schließt einen Ratenzahlungsvergleich mit diesem.

Obwohl die Voraussetzungen der Vorbem. 3 Abs. 3 S. 3 Nr. 2 VV RVG erfüllt wären, wird eine Terminsgebühr nicht ausgelöst, da diese nach Nr. 3310 VV RVG nur für die Teilnahme an einem gerichtlichen Termin oder einem Termin zur Abgabe eines Vermögensverzeichnisses entstehen kann.

Es entstehen also nur eine 0,3-Verfahrensgebühr sowie eine 1,5-Einigungsgebühr (zum Anfall der Einigungsgebühr bei Ratenzahlungsvereinbarung siehe Rn 357) nach Nr. 1000 VV RVG.

1.	0,3-Verfahrensgebühr, Nr. 3309 VV RVG		43,50 EUR
	(Wert: 1.860,00 EUR)		
2.	1,5-Einigungsgebühr, Nr. 1000 VV RVG		217,50 EUR
	(Wert: 1.860,00 EUR)		
3.	Postentgeltpauschale, Nr. 7002 VV RVG		20,00 EUR
	Zwischensumme	281,00 EUR	
4.	19 % Umsatzsteuer, Nr. 7008 VV RVG		53,39 EUR
	Gesamt		**334,39 EUR**

ee) Vorbem. 3 Abs. 4 VV RVG
(1) Überblick

755 Mit dem neu gefassten Abs. 4 der Vorbem. 3 VV RVG[279] wird jetzt auch in sozialgerichtlichen Verfahren, in denen gem. § 3 Abs. 1 S. 1 RVG nach Betragsrahmengebühren abzurechnen ist, eine Anrechnung der Geschäftsgebühr eingeführt und damit auch hier – ebenso wie in Teil 2 VV RVG (siehe Rn 523) – von ermäßigten Gebührenrahmen bei Vorbefassung Abstand genommen.

756 Durch die neue Anrechnungsvorschrift wird damit auch im sozialgerichtlichen Verfahren § 15a RVG anwendbar, was sich auf die Kostenerstattung auswirken kann.

757 Mittelbar ergibt sich auch für die verwaltungsgerichtlichen Verfahren eine Änderung bei der Gebührenanrechnung, weil die nach Vorbem. 3 Abs. 4 VV RVG anzurechnende Gebühr jetzt immer nur die nach Nr. 2300 VV RVG sein kann, da die Zweispurigkeit der Geschäftsgebühr mit und ohne Vorbefassung entfallen ist (siehe Rn 568). Auch das wiederum kann sich auf die Kostenerstattung auswirken.

(2) Abrechnung nach Wertgebühren
(a) Überblick

758 Bei Abrechnung nach Wertgebühren ergeben sich grundsätzlich keine Veränderungen gegenüber der bisherigen Rechtslage. Eine mittelbare Änderung ergibt sich lediglich dadurch, dass jetzt die Geschäftsgebühr im Widerspruchsverfahren bei Vorbefassung nicht mehr ermäßigt wird, sodass jetzt immer die volle Geschäftsgebühr anzurechnen ist.

(b) Anrechnung

759 *Beispiel 136: Anrechnung der Geschäftsgebühr im Widerspruchsverfahren und im nachfolgenden gerichtlichen Verfahren*

Der Anwalt wird im Verwaltungsverfahren vor der Behörde beauftragt (Wert: 6.000,00 EUR). Gegen den Bescheid der Behörde legt er Widerspruch ein. Die Tätigkeit ist weder im Verwaltungs- noch im Widerspruchsverfahren umfangreich oder schwierig. Gegen den Widerspruchsbescheid wird sodann Klage erhoben und darüber mündlich verhandelt.

760 Nach bisherigem Recht erhielt der Anwalt sowohl im Verwaltungsverfahren als auch im Widerspruchsverfahren eine Geschäftsgebühr nach Nr. 2300 VV RVG (Schwellengebühr nach Anm. zu Nr. 2300 VV RVG), im Widerspruchsverfahren nur aus dem geringeren Rahmen der Nr. 2301 VV RVG a.F. (begrenzt nach Anm. Abs. 2 zu Nr. 2300 VV RVG). Diese zweite Geschäftsgebühr war dann gem. Vorbem. 3 Abs. 4 S. 1 VV RVG hälftig auf die Verfahrensgebühr des gerichtlichen Verfahrens anzurechnen.

I. Verwaltungsverfahren

1.	1,3-Geschäftsgebühr, Nr. 2300 VV RVG		439,40 EUR
	(Wert: 6.000,00 EUR)		
2.	Postentgeltpauschale, Nr. 7002 VV RVG		20,00 EUR
	Zwischensumme	459,40 EUR	
3.	19 % Umsatzsteuer, Nr. 7008 VV RVG		87,29 EUR
	Gesamt		**546,69 EUR**

---

279 Änderung durch Art. 8 Abs. 2 Nr. 24 Buchst. b).

II. Widerspruchsverfahren
1. 0,7-Geschäftsgebühr, Nrn. 2300, 2301 VV RVG a.F.   236,60 EUR
   (Wert: 6.000,00 EUR)
2. Postentgeltpauschale, Nr. 7002 VV RVG   20,00 EUR
   Zwischensumme   256,60 EUR
3. 19 % Umsatzsteuer, Nr. 7008 VV RVG   48,75 EUR
   Gesamt   **305,35 EUR**

III. Rechtsstreit
1. 1,3-Verfahrensgebühr, Nr. 3100 VV RVG   439,40 EUR
   (Wert: 6.000,00 EUR)
2. gem. Vorbem. 3 Abs. 4 VV RVG anzurechnen,   -118,30 EUR
   0,35 aus 6.000,00 EUR
3. 1,2-Terminsgebühr, Nrn. 3104 VV RVG   405,60 EUR
   (Wert: 6.000,00 EUR)
4. Postentgeltpauschale, Nr. 7002 VV RVG   20,00 EUR
   Zwischensumme   746,70 EUR
5. 19 % Umsatzsteuer, Nr. 7008 VV RVG   141,87 EUR
   Gesamt   **888,57 EUR**

Nach neuem Recht entstehen zwei Geschäftgebühren nach Nr. 2300 VV RVG, wobei die erste gem. Vorbem. 2.3 Abs. 4 S. 3 VV RVG hälftig auf die zweite anzurechnen ist. Die zweite Geschäftsgebühr ist dann hälftig auf die Verfahrensgebühr anzurechnen (Vorbem. 3 Abs. 4 S. 1 VV RVG).   **761**

Angerechnet wird die Hälfte der Gebühr und nicht etwa die Hälfte des nach Anrechnung der vorhergehenden Geschäftsgebühr verbleibenden Rests.   **762**

Ausgehend von den neuen Gebührenbeträgen und der in Nr. 2301 VV RVG neu geregelten Schwellengebühr ist nach neuem Recht wie folgt zu rechnen:

I. Verwaltungsverfahren
1. 1,3-Geschäftsgebühr, Nrn. 2300, 2301 VV RVG   453,70 EUR
   (Wert: 6.000,00 EUR)
2. Postentgeltpauschale, Nr. 7002 VV RVG   20,00 EUR
   Zwischensumme   473,70 EUR
3. 19 % Umsatzsteuer, Nr. 7008 VV RVG   90,00 EUR
   Gesamt   **563,70 EUR**

II. Widerspruchsverfahren
1. 1,3-Geschäftsgebühr, Nrn. 2300, 2301 VV RVG   453,70 EUR
   (Wert: 6.000,00 EUR)
2. gem. Vorbem. 2.3 Abs. 4 S. 1 VV RVG anzurechnen, 0,65 aus 6.000,00 EUR   -226,85 EUR
3. Postentgeltpauschale, Nr. 7002 VV RVG   20,00 EUR
   Zwischensumme   246,85 EUR
4. 19 % Umsatzsteuer, Nr. 7008 VV RVG   46,90 EUR
   Gesamt   **293,75 EUR**

§ 3 Änderungen des RVG

III. Rechtsstreit

1.	1,3-Verfahrensgebühr, Nr. 3100 VV RVG (Wert: 6.000,00 EUR)	453,70 EUR
2.	gem. Vorbem. 3 Abs. 4 VV RVG anzurechnen, 0,65 aus 6.000,00 EUR	-226,85 EUR
3.	1,2-Terminsgebühr, Nr. 3104 VV RVG (Wert: 6.000,00 EUR)	418,80 EUR
4.	Postentgeltpauschale, Nr. 7002 VV RVG	20,00 EUR
	Zwischensumme	665,65 EUR
5.	19 % Umsatzsteuer, Nr. 7008 VV RVG	126,47 EUR
	Gesamt	**792,12 EUR**

763 Gemessen an den Gebührensätzen kann das Aufkommen nach neuem Recht geringer sein. Erst bei höheren Sätzen führt das neue Recht zu einem höheren Gesamtaufkommen, da die Gebühr im Nachprüfungsverfahren bislang auf 1,3 begrenzt war, jetzt aber bis 2,5 gehen kann, sodass sie dann trotz hälftiger Anrechnung noch über 1,3 liegen kann.

Mindestgebühr

bisher	0,5 + 0,5 + 1,3 – 0,25	2,05
neu	0,5 + 0,5 – 0,25 + 1,3 – 0,25	1,8

Schwellengebühr

bisher	1,3 + 0,7 + 1,3 – 0,35	2,95
neu	1,3 + 1,3 – 0,65 + 1,3 – 0,65	2,6

Mittelgebühr

bisher	1,5 + 0,9 + 1,3 – 0,45	3,25
Neu	1,5 + 1,5 – 0,75 + 1,3 – 0,75	2,8

20 % erhöhte Mittelgebühr

bisher	1,8 + 1,08 + 1,3 – 0,54	3,64
neu	1,8 + 1,8 – 0,75 + 1,3 – 0,75	3,4

Höchstgebühr

bisher	2,5 + 1,3 + 1,3 – 0,65	4,45
neu	2,5 + 2,5 – 0,75 + 1,3 – 0,75	4,8

(c) Kostenerstattung

764 Soweit nur die Kosten des gerichtlichen Verfahrens zu erstatten sind, ergeben sich durch das neue Recht keine Abweichungen. Es gilt § 15a Abs. 2 RVG. Danach ist die volle Verfahrensgebühr – unbeschadet einer Anrechnung – zu erstatten.

765 Sind neben den Kosten des Rechtsstreits auch die Kosten des Vorverfahrens zu erstatten (§ 162 Abs. 2 VwGO), ergeben sich dagegen Unterschiede, wobei wiederum danach zu differenzieren ist, ob der Anwalt bereits im Verwaltungsverfahren tätig war oder nicht.

766 War der Anwalt nicht im Verwaltungsverfahren tätig, gilt Folgendes:

- Nach bisherigem Recht wären bei Ansatz der Schwellengebühr eine 1,3-Geschäftsgebühr und eine 1,3-Verfahrensgebühr zu erstatten, abzüglich anzurechnender 0,65, also insgesamt 1,95 Gebühren. Bei Ansatz der Mittelgebühr wären es (1,5 + 1,3 – 0,75 =) 2,05.
- Nach neuem Recht würde sich nichts anderes ergeben.

Dagegen wirkt sich die Erstattung dann günstiger aus, wenn der Anwalt schon im Verwaltungsverfahren tätig war, da nach neuem Recht die Vorbefassung nicht berücksichtigt wird (§ 15 Abs. 2 RVG). 767

- Nach bisherigem Recht wären bei Ansatz der Schwellengebühr eine 0,7-Geschäftsgebühr und eine 1,3-Verfahrensgebühr zu erstatten abzüglich anzurechnender 0,35, also insgesamt 1,65 Gebühren. Bei Ansatz der Mittelgebühr wären es (0,9 + 1,3 – 0,45 =) 1,75.
- Nach neuem Recht sind dagegen wegen § 15a Abs. 2 RVG bei Ansatz einer Schwellengebühr auch hier insgesamt 1,95 Gebühren zu erstatten. Bei Ansatz der Mittelgebühr wären es ebenso (1,5 + 1,3 – 0,75=) 2,05. Die Vorbefassung macht also keinen Unterschied mehr aus.

(3) Abrechnung nach Rahmengebühren
(a) Überblick

Im erstinstanzlichen gerichtlichen Verfahren ist nach neuem Recht eine vorangegangene Geschäftsgebühr, die im Verwaltungs- oder Widerspruchsverfahren entstanden ist, gem. Vorbem. 3 Abs. 4 S. 1 VV RVG hälftig anzurechnen, höchstens jedoch mit einem Betrag von 175,00 EUR (Vorbem. 3 Abs. 4 S. 2 VV RVG). Dies führt nicht nur zu Änderungen bei der Abrechnung mit dem eigenen Auftraggeber, sondern auch zu Änderungen bei der Kostenerstattung, da jetzt § 15a Abs. 2 RVG unmittelbar anzuwenden ist. 768

(b) Anrechnung

Gem. Vorbem. 3 Abs. 4 VV RVG ist auch in sozialgerichtlichen Verfahren, die nach Rahmengebühren abgerechnet werden, eine vorangegangene Geschäftsgebühr hälftig auf die nachfolgende Verfahrensgebühr anzurechnen. 769

Die Anrechnung ist allerdings begrenzt auf einen Betrag in Höhe von maximal 175,00 EUR. 770

Sind vorgerichtlich mehrere Geschäftsgebühren angefallen, also sowohl im Verwaltungsverfahren als auch im Nachprüfungsverfahren (i.d.R. Widerspruchsverfahren), ist nur die letzte Gebühr anzurechnen (Vorbem. 3 Abs. 4 S. 3 VV RVG). 771

Beispiel 137: Widerspruchsverfahren und nachfolgendes gerichtliches Verfahren 772
Der Anwalt war im Widerspruchsverfahren tätig und anschließend im erstinstanzlichen gerichtlichen Verfahren vor dem SG, das mündlich verhandelt. Das Widerspruchsverfahren war durchschnittlich aber schwierig.

Nach derzeitigem Recht erhält der Anwalt im Widerspruchsverfahren eine Geschäftsgebühr nach Nr. 2400 VV RVG a.F. und im gerichtlichen Verfahren die ermäßigte Verfahrensgebühr nach Nrn. 3102, 3103 VV RVG a.F. Abzurechnen ist danach – ausgehend von den Mittelgebühren – wie folgt: 773

I. Widerspruchsverfahren
1.	Geschäftsgebühr, Nr. 2400 VV RVG a.F.		280,00 EUR
2.	Postentgeltpauschale, Nr. 7002 VV RVG		20,00 EUR
	Zwischensumme	300,00 EUR	
3.	19 % Umsatzsteuer, Nr. 7008 VV RVG		57,00 EUR
	Gesamt		**357,00 EUR**

II. Gerichtliches Verfahren 1. Instanz
1.	Verfahrensgebühr, Nrn. 3102, 3103 VV RVG a.F.	170,00 EUR
2.	Terminsgebühr, Nr. 3106 VV RVG	200,00 EUR

§ 3 Änderungen des RVG

3.	Postentgeltpauschale, Nr. 7002 VV RVG		20,00 EUR
	Zwischensumme	390,00 EUR	
4.	19 % Umsatzsteuer, Nr. 7008 VV RVG		74,10 EUR
	Gesamt		**464,10 EUR**

774 Nach neuem Recht entsteht die volle Verfahrensgebühr der Nr. 3102 VV RVG. Darauf ist allerdings die vorangegangene Geschäftgebühr (jetzt Nr. 2303 Nr. 1 VV RVG) (siehe auch Rn 590) gem. Vorbem. 3 Abs. 4 S. 1 VV RVG hälftig anzurechnen:

I. Widerspruchsverfahren

1.	Geschäftsgebühr, Nr. 2303 Nr. 1 VV RVG		345,00 EUR
2.	Postentgeltpauschale, Nr. 7002 VV RVG		20,00 EUR
	Zwischensumme	365,00 EUR	
3.	19 % Umsatzsteuer, Nr. 7008 VV RVG		69,35 EUR
	Gesamt		**434,35 EUR**

II. Gerichtliches Verfahren 1. Instanz

1.	Verfahrensgebühr, Nr. 3102 VV RVG		300,00 EUR
2.	gem. Vorbem. 3 Abs. 4 S. 1 VV RVG anzurechnen		-172,50 EUR
3.	Terminsgebühr, Nr. 3106 VV RVG		280,00 EUR
4.	Postentgeltpauschale, Nr. 7002 VV RVG		20,00 EUR
	Zwischensumme	427,50 EUR	
5.	19 % Umsatzsteuer, Nr. 7008 VV RVG		81,23 EUR
	Gesamt		**508,73 EUR**

775 Zu beachten ist die Begrenzung der Anrechnung auf höchstens 175,00 EUR (Vorbem. 3 Abs. 4 S. 2 VV RVG).

776 *Beispiel 138: Widerspruchsverfahren und nachfolgendes gerichtliches Verfahren (Begrenzung der Anrechnung)*

Der Anwalt war im Widerspruchsverfahren tätig. Aufgrund des Umfangs und der Schwierigkeit ist die Geschäftsgebühr deutlich über der Mittelgebühr anzusetzen. Anschließend wird der Anwalt im erstinstanzlichen gerichtlichen Verfahren vor dem SG tätig. Es wird mündlich verhandelt.

Abzurechnen ist nach neuem Recht wie folgt:

I. Widerspruchsverfahren

1.	Geschäftsgebühr, Nr. 2303 Nr. 1 VV RVG		450,00 EUR
2.	Postentgeltpauschale, Nr. 7002 VV RVG		20,00 EUR
	Zwischensumme	470,00 EUR	
3.	19 % Umsatzsteuer, Nr. 7008 VV RVG		89,30 EUR
	Gesamt		**559,30 EUR**

II. Gerichtliches Verfahren 1. Instanz

1.	Verfahrensgebühr, Nr. 3102 VV RVG	300,00 EUR
2.	gem. Vorbem. 3 Abs. 4 S. 1 VV RVG anzurechnen	-175,00 EUR
3.	Terminsgebühr, Nr. 3106 VV RVG	280,00 EUR

4.	Postentgeltpauschale, Nr. 7002 VV RVG	20,00 EUR
	Zwischensumme 425,00 EUR	
5.	19 % Umsatzsteuer, Nr. 7008 VV RVG	80,75 EUR
	Gesamt	**505,75 EUR**

War der Anwalt vor dem Widerspruchsverfahren bereits im Verwaltungsverfahren tätig, wird dies nach bisherigen Recht durch eine verminderte Geschäftsgebühr berücksichtigt (Nr. 2401 VV RVG a.F.). Zukünftig erfolgt eine mehrfache Anrechnung (siehe Rn 761). 777

Beispiel 139: Verwaltungsverfahren, Widerspruchsverfahren und nachfolgendes gerichtliches Verfahren 778

Der Anwalt war zunächst im Verwaltungsverfahren tätig, sodann im Widerspruchsverfahren und anschließend im erstinstanzlichen gerichtlichen Verfahren vor dem SG, das mündlich verhandelt hat.

Nach bisherigem Recht erhält der Anwalt für das Verwaltungsverfahren die Geschäftsgebühr nach Nr. 2400 VV RVG a.F., für das Widerspruchsverfahren die ermäßigte Geschäftsgebühr aus dem Rahmen der Nr. 2401 VV RVG a.F. und im gerichtlichen Verfahren die ermäßigte Verfahrensgebühr aus dem Rahmen der Nr. 3103 VV RVG a.F. 779

I. Verwaltungsverfahren

1.	Geschäftsgebühr, Nr. 2400 VV RVG a.F.	280,00 EUR
2.	Postentgeltpauschale, Nr. 7002 VV RVG	20,00 EUR
	Zwischensumme 300,00 EUR	
3.	19 % Umsatzsteuer, Nr. 7008 VV RVG	57,00 EUR
	Gesamt	**357,00 EUR**

II. Widerpruchsverfahren

1.	Geschäftsgebühr, Nrn. 2400, 2401 VV RVG a.F.	150,00 EUR
2.	Postentgeltpauschale, Nr. 7002 VV RVG	20,00 EUR
	Zwischensumme 170,00 EUR	
3.	19 % Umsatzsteuer, Nr. 7008 VV RVG	32,30 EUR
	Gesamt	**202,30 EUR**

III. Gerichtliches Verfahren 1. Instanz

1.	Verfahrensgebühr, Nrn. 3102, 3103 VV RVG a.F.	170,00 EUR
2.	Terminsgebühr, Nr. 3106 VV RVG	200,00 EUR
3.	Postentgeltpauschale, Nr. 7002 VV RVG	20,00 EUR
	Zwischensumme 390,00 EUR	
4.	19 % Umsatzsteuer, Nr. 7008 VV RVG	74,10 EUR
	Gesamt	**464,10 EUR**

Nach neuem Recht ist die erste Geschäftsgebühr hälftig auf die zweite anzurechnen (Vorbem. 2.3 Abs. 4. S. 1 VV RVG) (siehe auch Rn 761 ff.) und die zweite Geschäftsgebühr hälftig auf die Verfahrensgebühr (Vorbem. 3 Abs. 4 S. 1 VV RVG). 780

781

I. Verwaltungsverfahren
1.	Geschäftsgebühr, Nr. 2303 Nr. 1 VV RVG		345,00 EUR
2.	Postentgeltpauschale, Nr. 7002 VV RVG		20,00 EUR
	Zwischensumme	365,00 EUR	
3.	19 % Umsatzsteuer, Nr. 7008 VV RVG		69,35 EUR
	Gesamt		**434,35 EUR**

II. Widerspruchsverfahren
1.	Geschäftsgebühr, Nr. 2303 Nr. 1 VV RVG		345,00 EUR
2.	gem. Vorbem. 2.3 Abs. 4 S. 1 VV RVG anzurechnen		-172,50 EUR
3.	Postentgeltpauschale, Nr. 7002 VV RVG		20,00 EUR
	Zwischensumme	192,50 EUR	
4.	19 % Umsatzsteuer, Nr. 7008 VV RVG		36,58 EUR
	Gesamt		**229,08 EUR**

III. Gerichtliches Verfahren 1. Instanz
1.	Verfahrensgebühr, Nr. 3102 VV RVG		300,00 EUR
2.	gem. Vorbem. 3 Abs. 4 S. 1 VV RVG anzurechnen		-172,50 EUR
3.	Terminsgebühr, Nr. 3106 VV RVG		280,00 EUR
4.	Postentgeltpauschale, Nr. 7002 VV RVG		20,00 EUR
	Zwischensumme	427,50 EUR	
5.	19 % Umsatzsteuer, Nr. 7008 VV RVG		81,23 EUR
	Gesamt		**508,73 EUR**

782 Möglich ist auch, dass der Anwalt zunächst im Verwaltungsverfahren tätig war und sich dann unmittelbar das gerichtliche Verfahren anschließt, da in einigen Bundesländern ein Widerspruchsverfahren nicht mehr vorgesehen ist.

783 *Beispiel 140: Verwaltungsverfahren und nachfolgendes gerichtliches Verfahren*

Der Anwalt war im Verwaltungsverfahren tätig. Hiernach wird sofort Klage zum SG erhoben, da in dem betreffenden Bundesland kein Widerspruchsverfahren mehr vorgesehen ist. Das SG verhandelt mündlich.

784 Nach bisherigem Recht entsteht im Verwaltungsverfahren eine Geschäftsgebühr (Nr. 2400 VV RVG a.F.) und im gerichtlichen Verfahren die ermäßigte Verfahrensgebühr (Nrn. 3102, 3103 VV RVG a.F.). Abzurechnen ist wie folgt:

785

I. Verwaltungsverfahren
1.	Geschäftsgebühr, Nr. 2400 VV RVG a.F.		280,00 EUR
2.	Postentgeltpauschale, Nr. 7002 VV RVG		20,00 EUR
	Zwischensumme	300,00 EUR	
3.	19 % Umsatzsteuer, Nr. 7008 VV RVG		57,00 EUR
	Gesamt		**357,00 EUR**

II. Gerichtliches Verfahren 1. Instanz

1.	Verfahrensgebühr, Nrn. 3102, 3103 VV RVG a.F.		170,00 EUR
2.	Terminsgebühr, Nr. 3106 VV RVG		200,00 EUR
3.	Postentgeltpauschale, Nr. 7002 VV RVG		20,00 EUR
	Zwischensumme	390,00 EUR	
4.	19 % Umsatzsteuer, Nr. 7008 VV RVG		74,10 EUR
	Gesamt		**464,10 EUR**

Nach neuem Recht entsteht die volle Verfahrensgebühr. Darauf ist die Geschäftsgebühr nach Vorbem. 3 Abs. 4 S. 1 VV RVG hälftig anzurechnen: **786**

I. Verwaltungsverfahren

1.	Geschäftsgebühr, Nr. 2303 Nr. 1 VV RVG		345,00 EUR
2.	Postentgeltpauschale, Nr. 7002 VV RVG		20,00 EUR
	Zwischensumme	365,00 EUR	
3.	19 % Umsatzsteuer, Nr. 7008 VV RVG		69,35 EUR
	Gesamt		**434,35 EUR**

II. Gerichtliches Verfahren 1. Instanz

1.	Verfahrensgebühr, Nr. 3102 VV RVG		300,00 EUR
2.	gem. Vorbem. 3 Abs. 4 S. 1 VV RVG anzurechnen		-172,50 EUR
3.	Terminsgebühr, Nr. 3106 VV RVG		280,00 EUR
4.	Postentgeltpauschale, Nr. 7002 VV RVG		20,00 EUR
	Zwischensumme	427,50 EUR	
5.	19 % Umsatzsteuer, Nr. 7008 VV RVG		81,23 EUR
	Gesamt		**508,73 EUR**

(c) Keine Auswirkung auf Einigungs- oder Erledigungsgebühr

Auf die Höhe der Einigungs- oder Erledigungsgebühr hat die Anrechnung keinen Einfluss. Die Einigungs- oder Erledigungsgebühr berechnet sich gem. Anm. Abs. 2 S. 1 zu Nr. 1006 VV RVG aus dem Betrag der Verfahrensgebühr vor Anrechnung und nicht aus dem nach Anrechnung verbleibenden Restbetrag. **787**

Beispiel 141: Widerspruchsverfahren und nachfolgendes gerichtliches Verfahren mit Vergleich) **788**
Der Anwalt war im Widerspruchsverfahren und anschließend im erstinstanzlichen gerichtlichen Verfahren vor dem SG tätig. Dort wird in der mündlichen Verhandlung ein Vergleich geschlossen.
Die Höhe der Einigungsgebühr berechnet sich gem. Anm. Abs. 2 S. 1 zu Nr. 1006 VV RVG aus der Verfahrensgebühr und nicht aus dem verbleibenden Gebührenaufkommen nach Anrechnung:

I. Widerspruchsverfahren

1.	Geschäftsgebühr, Nr. 2303 Nr. 1 VV RVG		345,00 EUR
2.	Postentgeltpauschale, Nr. 7002 VV RVG		20,00 EUR
	Zwischensumme	365,00 EUR	
3.	19 % Umsatzsteuer, Nr. 7008 VV RVG		69,35 EUR
	Gesamt		**434,35 EUR**

II. Gerichtliches Verfahren 1. Instanz

1.	Verfahrensgebühr, Nr. 3102 VV RVG	300,00 EUR
2.	gem. Vorbem. 3 Abs. 4 S. 1 VV RVG anzurechnen	-172,50 EUR
3.	Terminsgebühr, Nr. 3106 VV RVG	280,00 EUR
4.	Einigungsgebühr, Nr. 1006, 3102 VV RVG	300,00 EUR
5.	Postentgeltpauschale, Nr. 7002 VV RVG	20,00 EUR
	Zwischensumme 727,50 EUR	
6.	19 % Umsatzsteuer, Nr. 7008 VV RVG	138,23 EUR
	Gesamt	**865,73 EUR**

(d) Kostenerstattung

789 Besonderheiten ergeben sich hier bei der Kostenerstattung, da jetzt § 15a Abs. 2 RVG anzuwenden ist.

790 *Beispiel 142: Verwaltungsverfahren und nachfolgendes gerichtliches Verfahren (Kostenerstattung)*

Der Anwalt war im Verwaltungsverfahren tätig. Hiernach wird sofort Klage zum SG erhoben, da in dem betreffenden Bundesland kein Widerspruchsverfahren mehr vorgesehen ist. Das SG gibt nach mündlicher Verhandlung der Klage statt. Die Kosten des Verfahrens werden der Behörde auferlegt.

Unstrittig sind nur die Kosten des gerichtlichen Verfahrens zu erstatten. Die Geschäftsgebühr für das Verwaltungsverfahren ist nicht erstattungsfähig und fällt insbesondere nicht unter § 193 SGG.[280]

Nach derzeitigem Recht ist nur die ermäßigte Verfahrensgebühr zu erstatten. Eine analoge Anwendung des § 15a Abs. 2 RVG kommt nicht in Betracht.[281] Dies ergibt folgende Berechnung:

1.	Verfahrensgebühr, Nrn. 3102, 3103 VV RVG a.F.	170,00 EUR
2.	Terminsgebühr, Nr. 3106 VV RVG	200,00 EUR
3.	Postentgeltpauschale, Nr. 7002 VV RVG	20,00 EUR
	Zwischensumme 390,00 EUR	
4.	19 % Umsatzsteuer, Nr. 7008 VV RVG	74,10 EUR
	Gesamt	**464,10 EUR**

791 Nach künftigem Recht ist dagegen die volle Verfahrensgebühr zu erstatten, und zwar unbeschadet der Anrechnung der Geschäftsgebühr nach Vorbem. 3 Abs. 4 S. 1 VV RVG:

1.	Verfahrensgebühr, Nr. 3102 VV RVG	300,00 EUR
2.	Terminsgebühr, Nr. 3106 VV RVG	280,00 EUR
3.	Postentgeltpauschale, Nr. 7002 VV RVG	20,00 EUR
	Zwischensumme 600,00 EUR	
4.	19 % Umsatzsteuer, Nr. 7008 VV RVG	114,00 EUR
	Gesamt	**714,00 EUR**

---

280 BSG AGS 2010, 434 = BSGE 106, 21 = ArbuR 2010, 178 = JurBüro 2010, 533; BSG, Urt. v. 19.6.2012 – B 4 AS 142/11 R.
281 Thüringer LSG AGS 2011, 438 = NJW-Spezial 2011, 540 = RVGreport 2011, 374; LSG NRW, Beschl. v. 22.8.2011 – L 19 AS 634/10 B; SG Stuttgart AGS 2011, 492 = AG kompakt 2011, 16 = NZS 2011, 240; SG Berlin AGS 2010, 433; SG Chemnitz AGS 2011, 440.

b) Nr. 3101 VV RVG
aa) Überblick

Nr. 3101 VV RVG erhält folgende Fassung:[282]

792

3101	1. Endigt der Auftrag, bevor der Rechtsanwalt die Klage, den ein Verfahren einleitenden Antrag oder einen Schriftsatz, der Sachanträge, Sachvortrag, die Zurücknahme der Klage oder die Zurücknahme des Antrags enthält, eingereicht oder bevor er einen gerichtlichen Termin wahrgenommen hat;	
	2. soweit lediglich Verhandlungen vor Gericht zur Einigung der Parteien oder der Beteiligten oder mit Dritten über in diesem Verfahren nicht rechtshängige Ansprüche geführt werden; der Verhandlung über solche Ansprüche steht es gleich, wenn beantragt ist, eine Einigung zu Protokoll zu nehmen oder das Zustandekommen einer Einigung festzustellen (§ 278 Abs. 6 ZPO); oder	
	3. soweit in einer Familiensache, die nur die Erteilung einer Genehmigung oder die Zustimmung des Familiengerichts zum Gegenstand hat, oder in einem Verfahren der freiwilligen Gerichtsbarkeit lediglich ein Antrag gestellt und eine Entscheidung entgegengenommen wird,	
	beträgt die Gebühr 3100	0,8
	(1) Soweit in den Fällen der Nummer 2 der sich nach § 15 Abs. 3 RVG ergebende Gesamtbetrag der Verfahrensgebühren die Gebühr 3100 übersteigt, wird der übersteigende Betrag auf eine Verfahrensgebühr angerechnet, die wegen desselben Gegenstands in einer anderen Angelegenheit entsteht.	
	(2) Nummer 3 ist in streitigen Verfahren der freiwilligen Gerichtsbarkeit, insbesondere in Verfahren nach dem Gesetz über das gerichtliche Verfahren in Landwirtschaftssachen, nicht anzuwenden.	

Neben der Ersetzung eines Kommas durch ein Semikolon am Ende von Nr. 1[283] wird Nr. 2[284] inhaltlich geändert.

793

Hintergrund dieser Änderung bzw. Klarstellung ist nach der Vorstellung des Gesetzgebers Folgendes: In der Literatur ist die Auffassung vertreten worden, dass die Formulierung der Anm. Nr. 3101 Nr. 2 VV RVG eine Ermäßigung der Verfahrensgebühr auf 0,8 nur dann zur Folge habe, wenn in einem Termin

794

- entweder lediglich eine Einigung der Parteien oder der Beteiligten über nicht rechtshängige Ansprüche zu Protokoll genommen werde
- oder wenn lediglich erfolglos über solche Ansprüche verhandelt werde, also ohne dass es zu einer Einigung kommt.

Bei erfolgreicher Verhandlung im Termin und anschließender Protokollierung würde jedoch eine Ermäßigung nach Nr. 3101 Nr. 2 VV RVG nicht greifen, da weder „lediglich protokolliert" noch „lediglich verhandelt" worden sei.[285] Dieses Ergebnis, das dem Wortlaut entspricht, war vom Gesetzgeber jedoch offenbar nicht gewollt. Auch im Falle einer Verhandlung und Einigung über in diesem Verfahren nicht anhängige Gegenstände soll die Ermäßigung greifen. Besondere Bedeutung hat die Änderung nicht, da sich zwischen den verschiedenen Auffassungen in der Regel wegen der Anwendung des § 15 Abs. 3 RVG keine Unterschiede ergeben.

---

282 Änderung durch Art. 8 Abs. 2 Nr. 25.
283 Änderung durch Art. 8 Abs. 2 Nr. 25 Buchst. a).
284 Änderung durch Art. 8 Abs. 2 Nr. 25 Buchst. b).
285 *N. Schneider*, AGS 2007, 277; Mayer/Kroiß/*Mayer*, Nr. 3101 Rn 45; *Mayer*, Gebührenformulare, § 5 Rn 79.

bb) Bloße Protokollierung

795 Unstrittig ist der Fall, dass lediglich eine Einigung der Parteien protokolliert wird, die ohne Beteiligung der Anwälte geschlossen worden ist.

796 *Beispiel 143: Einigung unter Protokollierung nicht anhängiger Gegenstände*

In einem Rechtsstreit über 10.000,00 EUR einigen sich die Parteien unter Mitwirkung ihrer Anwälte über die Klageforderung und lassen gleichzeitig weitergehende nicht anhängige 5.000,00 EUR, über die sie sich zuvor selbst ohne Anwälte geeinigt hatten, protokollieren.

Die Verfahrensgebühr der Nr. 3100 VV RVG entsteht aus dem Mehrwert nach Nr. 3101 Nr. 2, 1. Alt. VV RVG nur in Höhe von 0,8.

Eine Einigungsgebühr entsteht bei dieser Fallgestaltung nur aus dem Wert der anhängigen Gegenstände, da es hinsichtlich des Mehrwerts an einer Mitwirkung fehlt.

Die Terminsgebühr entsteht ebenfalls nur aus dem Wert der anhängigen Gegenstände (Anm. Abs. 3 zu Nr. 3104 VV RVG), da hinsichtlich des Mehrwerts lediglich eine Einigung protokolliert wird.

1.	1,3-Verfahrensgebühr, Nr. 3100 VV RVG (Wert: 10.000,00 EUR)	718,90 EUR
2.	0,8-Verfahrensgebühr, Nr. 3101 Nr. 2 VV RVG (Wert: 5.000,00 EUR)	238,40 EUR
	gem. § 15 Abs. 3 RVG nicht mehr als 1,3 aus 15.000,00 EUR	838,50 EUR
3.	1,2-Terminsgebühr, Nr. 3104 VV RVG (Wert: 10.000,00 EUR)	663,60 EUR
4.	1,0-Einigungsgebühr, Nrn. 1000, 1003 VV RVG (Wert: 10.000,00 EUR)	553,00 EUR
5.	Postentgeltpauschale, Nr. 7002 VV RVG	20,00 EUR
	Zwischensumme	2.075,10 EUR
6.	19 % Umsatzsteuer, Nr. 7008 VV RVG	394,27 EUR
	Gesamt	**2.469,37 EUR**

cc) Bloßes Verhandeln nicht anhängiger Gegenstände

797 Unstrittig ist ebenfalls der Fall, dass über nicht anhängige Gegenstände lediglich verhandelt wird, also ohne dass eine Einigung erzielt wird.

798 *Beispiel 144: Einigungsverhandlungen unter Einbeziehung nicht anhängiger Gegenstände im Termin*

In einem Rechtsstreit über 10.000,00 EUR versuchen sich die Parteien unter Mitwirkung ihrer Anwälte im Termin über die Klageforderung und über weitergehende, nicht anhängige, 5.000,00 EUR zu einigen. Eine Einigung kommt nicht zustande.

Auch hier entsteht die Verfahrensgebühr aus dem Mehrwert ebenfalls nur zu 0,8, jetzt allerdings nach der 2. Alt. der Nr. 3101 Nr. 2 VV RVG. Hinzu kommt eine Terminsgebühr aus dem Gesamtwert.

1.	1,3-Verfahrensgebühr, Nr. 3100 VV RVG (Wert: 10.000,00 EUR)	718,90 EUR
2.	0,8-Verfahrensgebühr, Nr. 3101 Nr. 2 VV RVG (Wert: 5.000,00 EUR)	238,40 EUR

	gem. § 15 Abs. 3 RVG nicht mehr als 1,3 aus 15.000,00 EUR	838,50 EUR
3.	1,2-Terminsgebühr, Nr. 3104 VV RVG (Wert: 15.000,00 EUR)	774,00 EUR
4.	Postentgeltpauschale, Nr. 7002 VV RVG	20,00 EUR
	Zwischensumme 1.632,50 EUR	
5.	19 % Umsatzsteuer, Nr. 7008 VV RVG	310,18 EUR
	Gesamt	**1.942,68 EUR**

Strittig ist, ob das Gericht hinsichtlich des Mehrwerts gem. § 33 RVG eine Wertfestsetzung vornehmen muss.[286] 799

Unstrittig ist dagegen, dass eine Kostenerstattung hinsichtlich des Mehrwerts nicht stattfindet, sondern nur hinsichtlich der Gebühren aus den anhängigen Gegenständen.[287] 800

dd) Verhandeln und Einigung über nicht anhängige Gegenstände ohne gerichtlichen Termin

Unstrittig ist weiterhin der Fall, dass über nicht anhängige Gegenstände außerhalb eines gerichtlichen Termins verhandelt und eine Einigung erzielt wird. 801

Beispiel 145: Einigung auch über nicht anhängige Gegenstände ohne Termin 802

In einem Rechtsstreit über 10.000,00 EUR einigen sich die Anwälte telefonisch über die Klageforderung und weitergehende nicht anhängige 5.000,00 EUR. Die Klage wird aufgrund der Einigung zurückgenommen.

Die Verfahrensgebühr der Nr. 3100 VV RVG entsteht aus dem Mehrwert wiederum nur in Höhe von 0,8. Die Ermäßigung ergibt sich jetzt allerdings nicht aus Nr. 3101 Nr. 2 VV RVG, sondern aus Nr. 3101 Nr. 1 VV RVG, da sich die Sache vorzeitig erledigt hat, bevor der Anwalt hinsichtlich des Mehrwerts einen Schriftsatz eingereicht oder einen Termin wahrgenommen hat.

Die Terminsgebühr entsteht dagegen jetzt auch aus dem Mehrwert nach Anm. Abs. 1 Nr. 1 zu Nr. 3104 VV RVG, da ein schriftlicher Vergleich geschlossen worden ist.[288]

1.	1,3-Verfahrensgebühr, Nr. 3100 VV RVG (Wert: 10.000,00 EUR)	718,90 EUR
2.	0,8-Verfahrensgebühr, Nr. 3101 Nr. 1 VV RVG (Wert: 5.000,00 EUR)	238,40 EUR
	gem. § 15 Abs. 3 RVG nicht mehr als 1,3 aus 15.000,00 EUR	838,50 EUR
3.	1,2-Terminsgebühr, Nr. 3104 VV RVG (Wert: 15.000,00 EUR)	774,00 EUR
4.	1,0-Einigungsgebühr, Nrn. 1000, 1003 VV RVG (Wert: 10.000,00 EUR)	553,00 EUR

---

286 Dafür: AG Siegburg AGS 2008, 361 m. Anm. *N. Schneider*; dagegen: LAG Baden-Württemberg AGS 2012, 299 m. Anm. *N. Schneider*.
287 BGH AGS 2008, 582 = FamRZ 2008, 2276 = MDR 2009, 53 = NJW 2009, 233 = Rpfleger 2009, 116 = JurBüro 2009, 34 = AnwBl 2009, 73 = BGHR 2009, 266 = NJW-Spezial 2009, 28 = RVGreport 2008, 466 = VRR 2009, 78 = RVGprof. 2009, 37 = FamRB 2009, 113.
288 OLG Saarbrücken AGS 2010, 161 = ErbR 2010, 162 = MDR 2010, 720 = JurBüro 2010, 302 = NJW-Spezial 2010, 188 = AG kompakt 2010, 29.

5.	1,5-Einigungsgebühr, Nr. 1000 VV RVG (Wert: 5.000,00 EUR)	447,00 EUR
	gem. § 15 Abs. 3 RVG nicht mehr als 1,5 aus 15.000,00 EUR	967,50 EUR
6.	Postentgeltpauschale, Nr. 7002 VV RVG	20,00 EUR
	Zwischensumme	2.600,00 EUR
7.	19 % Umsatzsteuer, Nr. 7008 VV RVG	494,00 EUR
	Gesamt	**3.094,00 EUR**

ee) Verhandeln und Einigung über nicht anhängige Gegenstände im Termin

803 Strittig ist der Fall, dass eine Einigung über nicht anhängige Gegenstände im Termin erzielt wird. Zum Teil wurde die Auffassung vertreten, eine Ermäßigung greife nicht und zwar weder
- nach Nr. 3101 Nr. 1 VV RVG, da ein Termin wahrgenommen wurde – auch hinsichtlich der weiteren Gegenstände,
- noch nach Nr. 3101 Nr. 2, 1. Alt. VV RVG, da nicht „lediglich protokolliert" worden ist,
- noch nach Nr. 3101 Nr. 2, 2. Alt. VV RVG, da nicht „lediglich verhandelt" worden ist.

Nach a.A. ist dagegen Nr. 3101 Nr. 2 VV RVG anzuwenden.

804 Dabei wirkt sich der Streit dann nicht aus, wenn die Kürzung nach § 15 Abs. 3 RVG zum Zuge kommt.

805 *Beispiel 146: Einigung auch über nicht anhängige Gegenstände im Termin (I)*

In einem Rechtsstreit über 10.000,00 EUR einigen sich die Parteien im Termin über die Klageforderung sowie über weitergehende nicht anhängige 5.000,00 EUR.

Nach der einen Auffassung wäre wie im vorangegangenen Beispiel 145 (siehe Rn 802) zu rechnen. Nach a.A. wäre von Vornherein eine 1,3-Verfahrensgebühr abzurechnen. Im Ergebnis ergibt sich kein Unterschied:

1.	1,3-Verfahrensgebühr, Nr. 3100 VV RVG (Wert: 15.000,00 EUR)	838,50 EUR
2.	1,2-Terminsgebühr, Nr. 3104 VV RVG (Wert: 15.000,00 EUR)	774,00 EUR
3.	1,0-Einigungsgebühr, Nrn. 1000, 1003 VV RVG (Wert: 10.000,00 EUR)	553,00 EUR
4.	1,5-Einigungsgebühr, Nr. 1000 VV RVG (Wert: 5.000,00 EUR)	447,00 EUR
	gem. § 15 Abs. 3 RVG nicht mehr als 1,5 aus 15.000,00 EUR	967,50 EUR
5.	Postentgeltpauschale, Nr. 7002 VV RVG	20,00 EUR
	Zwischensumme	2.600,00 EUR
6.	19 % Umsatzsteuer, Nr. 7008 VV RVG	494,00 EUR
	Gesamt	**3.094,00 EUR**

806 Ein Unterschied ergibt sich dann, wenn § 15 Abs. 3 RVG nicht greift.

807 *Beispiel 147: Einigung unter Einbeziehung nicht anhängiger Gegenstände im Termin*

In einem Rechtsstreit über 2.000,00 EUR einigen sich die Parteien im Termin über die Klageforderung sowie über weitergehende nicht anhängige 10.000,00 EUR.

C. Änderungen im Vergütungsverzeichnis § 3

Die h.M. würde jetzt wie folgt rechnen:

1.	1,3-Verfahrensgebühr, Nr. 3100 VV RVG (Wert: 2.000,00 EUR)		188,50 EUR
2.	0,8-Verfahrensgebühr, Nr. 3101 Nr. 2 VV RVG (Wert: 10.000,00 EUR)		442,40 EUR
	(die Höchstgrenze gem. § 15 Abs. 3 RVG, nicht mehr als 1,3 aus 12.000,00 EUR = 778,70 EUR ist nicht erreicht)	(630,90 EUR)	
3.	1,2-Terminsgebühr, Nr. 3104 VV RVG (Wert: 12.000,00 EUR)		718,80 EUR
4.	1,0-Einigungsgebühr, Nrn. 1000, 1003 VV RVG (Wert: 2.000,00 EUR)	145,00 EUR	
5.	1,5-Einigungsgebühr, Nr. 1000 VV RVG (Wert: 10.000,00 EUR)	829,50 EUR	
	gem. § 15 Abs. 3 RVG nicht mehr als 1,5 aus 12.000,00 EUR		898,50 EUR
6.	Postentgeltpauschale, Nr. 7002 VV RVG		20,00 EUR
	Zwischensumme	2.268,20 EUR	
7.	19 % Umsatzsteuer, Nr. 7008 VV RVG		430,96 EUR
	Gesamt		**2.699,16 EUR**

Nach a.A. ergibt sich dagegen folgende Berechnung:

1.	1,3-Verfahrensgebühr, Nr. 3100 VV RVG (Wert: 12.000,00 EUR)		778,70 EUR
2.	1,2-Terminsgebühr, Nr. 3104 VV RVG (Wert: 12.000,00 EUR)		718,80 EUR
3.	1,0-Einigungsgebühr, Nrn. 1000, 1003 VV RVG (Wert: 2.000,00 EUR)	145,00 EUR	
4.	1,5-Einigungsgebühr, Nr. 1000 VV RVG (Wert: 10.000,00 EUR)	829,50 EUR	
	gem. § 15 Abs. 3 RVG nicht mehr als 1,5 aus 12.000,00 EUR		898,50 EUR
5.	Postentgeltpauschale, Nr. 7002 VV RVG		20,00 EUR
	Zwischensumme	2.416,00 EUR	
6.	19 % Umsatzsteuer, Nr. 7008 VV RVG		459,04 EUR
	Gesamt		**2.875,04 EUR**

Nach der Klarstellung des Gesetzgebers ist die zweite Berechnungsmethode nicht mehr vertretbar.

c) Nr. 3102 VV RVG

808 Nr. 3102 VV RVG erhält folgende Fassung:[289]

3102	Verfahrensgebühr für Verfahren vor den Sozialgerichten, in denen Betragsrahmengebühren entstehen (§ 3 RVG)	50,00 bis 550,00 €

809 In Nr. 3102 VV RVG wird der Gebührenrahmen von bisher 40,00 bis 460,00 EUR auf 50,00 bis 550,00 EUR angehoben. Die neue Mittelgebühr beträgt dann 300,00 EUR. Darüber hinaus wird die Währungsangabe von „EUR" in „€" umgewandelt.

810 Eine Erweiterung des Anwendungsbereichs dieser Vorschrift ergibt sich aus dem Wegfall der Nr. 3103 VV RVG (siehe unten Rn 813).

811 Eine weitere mittelbare Änderung ergibt sich insoweit, als die Gebühr der Nr. 3102 VV RVG bislang von einer Anrechnung der vorgerichtlichen Geschäftsgebühr unberührt geblieben ist. Bei einer Vorbefassung ist derzeit vielmehr Nr. 3103 VV RVG mit einem geringeren Gebührenrahmen einschlägig. Dadurch, dass jetzt auch in Sozialsachen das Anrechnungssystem eingeführt wird, kann eine in einem vorangegangen Verwaltungs- oder Nachprüfungsverfahren entstandene Geschäftsgebühr gem. Vorbem. 3 Abs. 4 VV RVG hälftig, höchstens mit 175,00 EUR anzurechnen sein (siehe unten Rn 862).

812 Ansonsten ist Nr. 3102 VV RVG von den Änderungen der Gebührenstruktur in Sozialsachen nicht betroffen.

d) Nr. 3103 VV RVG a.F.

813 Die bisherige Nr. 3103 VV RVG wird aufgehoben,[290] da auch im gerichtlichen Verfahren gem. Vorbem. 3 Abs. 4 VV RVG eine Gebührenanrechnung eingeführt und damit von unterschiedlichen Gebührenrahmen je nach Vorbefassung oder erstmaliger Beauftragung Abstand genommen wird (siehe dazu Rn 755).

e) Nr. 3104 VV RVG
aa) Überblick

814 Nr. 3104 VV RVG erhält folgende Fassung:[291]

3104	Terminsgebühr, soweit in Nummer 3106 nichts anderes bestimmt ist	1,2
	(1) Die Gebühr entsteht auch, wenn	
	1. in einem Verfahren, für das mündliche Verhandlung vorgeschrieben ist, im Einverständnis mit den Parteien oder Beteiligten oder gemäß § 307 oder § 495a ZPO ohne mündliche Verhandlung entschieden oder in einem solchen Verfahren ein schriftlicher Vergleich geschlossen wird,	
	2. nach § 84 Abs. 1 Satz 1 VwGO oder § 105 Abs. 1 Satz 1 SGG durch Gerichtsbescheid entschieden wird und eine mündliche Verhandlung beantragt werden kann oder	
	3. das Verfahren vor dem Sozialgericht, für das mündliche Verhandlung vorgeschrieben ist, nach angenommenem Anerkenntnis ohne mündliche Verhandlung endet.	
	(2) Sind in dem Termin auch Verhandlungen zur Einigung über in diesem Verfahren nicht rechtshängige Ansprüche geführt worden, wird die Terminsgebühr, soweit sie den sich ohne Berücksichtigung der nicht rechtshängigen Ansprüche ergebenden Gebührenbetrag übersteigt, auf eine Terminsgebühr angerechnet, die wegen desselben Gegenstands in einer anderen Angelegenheit entsteht.	

---

[289] Änderung durch Art. 8 Abs. 2 Nr. 26.
[290] Änderung durch Art. 8 Abs. 2 Nr. 27.
[291] Änderung durch Art. 8 Abs. 2 Nr. 28.

> (3) Die Gebühr entsteht nicht, soweit lediglich beantragt ist, eine Einigung der Parteien oder der Beteiligten oder mit Dritten über nicht rechtshängige Ansprüche zu Protokoll zu nehmen.
>
> (4) Eine in einem vorausgegangenen Mahnverfahren oder vereinfachten Verfahren über den Unterhalt Minderjähriger entstandene Terminsgebühr wird auf die Terminsgebühr des nachfolgenden Rechtsstreits angerechnet.

Bedeutung haben die Änderungen in Anm. Abs. 1 Nr. 2 und 3 zu Nr. 3104 VV RVG nur für verwaltungs- und sozialgerichtliche Verfahren. In Zivilsachen ändert sich insoweit nichts. **815**

bb) Die Fälle der Anm. Abs. 1 Nr. 2
(1) Überblick

Eingefügt wird zum derzeitigen Wortlaut der Zusatz *„und eine mündliche Verhandlung beantragt werden kann"*.[292] Damit soll – wie auch in anderen Fällen – das Entstehen einer „fiktiven" Terminsgebühr auf die Fälle beschränkt werden, in denen der Anwalt durch sein Prozessverhalten eine mündliche Verhandlung erzwingen kann. Nur in diesen Fällen ist nach Auffassung des BMJ eine Steuerungswirkung notwendig. Der Anwalt soll also nur dann von einer „fiktiven" Terminsgebühr profitieren, wenn ihm dadurch eine an sich zu erwartende Verhandlungsgebühr entgeht. Es soll damit für ihn ein Anreiz geschaffen werden, nicht aus Gebühreninteressen auf die Durchführung der Verhandlung zu bestehen. In den Fällen, in denen das Gericht ohnehin ohne mündliche Verhandlung entscheiden kann, ist dieser Anreiz nicht erforderlich. Wie auch in anderen Fällen will der Gesetzgeber auch hier das Vergütungsverzeichnis bereinigen und bisher mögliche Terminsgebühren in Verfahren, in denen ohnehin ohne mündliche Verhandlung entschieden werden kann, aus dem Anwendungsbereich der Terminsgebühr herausnehmen. **816**

Eingeschränkt wird der Anwendungsbereich der Terminsgebühr bei Erlass eines Gerichtsbescheids. Eine Terminsgebühr bei Erlass eines Gerichtsbescheids soll künftig in allen Gerichtsbarkeiten nur noch dann anfallen, wenn im Verfahren eine mündliche Verhandlung erzwungen werden kann (siehe auch die Änderungen zu Anm. Abs. 1 Nr. 2 zu Nr. 3106, Anm. Abs. 1 und 2 zu Nr. 3202; Nr. 3210 VV RVG). Das wiederum ist in Verfahren der Verwaltungs- und Sozialgerichtsbarkeit nur dann der Fall, wenn kein Rechtsmittel gegeben ist, also bei Entscheidungen des VG oder des SG, die nicht kraft Gesetzes berufungsfähig sind und bei denen die Berufung auch nicht zugelassen worden ist (§ 84 Abs. 1 VwGO, § 105 Abs. 2 S. 2 SGG). In diesem Fall haben die Parteien die Möglichkeit, nach Erlass des Gerichtsbescheids innerhalb von einem Monat eine mündliche Verhandlung zu beantragen (§ 84 Abs. 2 Nr. 5 VwGO, § 105 Abs. 2 SGG), sodass hier weiterhin eine Terminsgebühr anfällt, wenn das SG durch Gerichtsbescheid entscheidet, ohne dass ein Termin stattgefunden hat. **817**

Kann gegen den Gerichtsbescheid jedoch ein Rechtsmittel erhoben werden, weil die Entscheidung des VG oder des SG, kraft Gesetzes berufungsfähig ist oder das VG bzw. das SG die Berufung zugelassen hat (§ 82 Abs. 2 Nr. 2 i.V.m. § 124a VwGO, § 144 SGG), fällt keine Terminsgebühr an, weil dann eine mündliche Verhandlung nicht obligatorisch ist. **818**

Soweit nur die Möglichkeit besteht, gegen die Nichtzulassung der Berufung gem. §§ 84 Abs. 2 Nr. 4, 124a Abs. 4 VwGO § 145 SGG Beschwerde einzulegen, führt dies nicht zum Ausschluss der Terminsgebühr. Zwar ist dann bei positiver Bescheidung der Beschwerde die Berufung eröffnet; nach einhelliger Rechtsprechung kann jedoch immer mündliche Verhandlung beantragt werden, wenn die Berufung nicht von Vornherein zulässig ist. Die Möglichkeit einer Nichtzulassungsbeschwerde steht dem Antrag auf mündliche Verhandlung nicht entgegen.[293] **819**

Eine gleichlautende Regelung für die Verfahren, in denen nach Betragsrahmengebühren abgerechnet wird, findet sich in Anm. S. 1 Nr. 2 zu Nr. 3106 VV RVG (siehe hierzu Rn 845). **820**

---

292 Änderung durch Art. 8 Abs. 2 Nr. 28 Buchst. a).
293 *Mayer-Ladewig/Keller/Leitherer*, SGG, 10. Aufl. 2012, § 105 Rn 16.

(2) Entscheidung durch Gerichtsbescheid nach § 84 Abs. 1 S. 1 VwGO

821 Nach § 84 Abs. 1 S. 1 VwGO kann das VG ohne mündliche Verhandlung durch Gerichtsbescheid entscheiden. Der Gerichtsbescheid ist unter den gleichen Voraussetzungen anfechtbar wie ein Urteil (§ 84 Abs. 3, 1. Hs. VwGO). Eine Zustimmung der Parteien zur Entscheidung per Gerichtsbescheid ist nicht erforderlich. Daher soll hier – im Gegensatz zum geltenden Recht – grundsätzlich keine Terminsgebühr mehr anfallen, wenn das Gericht durch Gerichtsbescheid entscheidet.

822 Nur dann, wenn gegen den Gerichtsbescheid eine Berufung nicht gegeben ist, haben die Parteien die Möglichkeit, nach Erlass des Gerichtsbescheids innerhalb von einem Monat eine mündliche Verhandlung zu beantragen (§ 84 Abs. 2 Nr. 5 VwGO). In diesem Fall soll weiterhin eine Terminsgebühr ausgelöst werden, wenn das VG durch Gerichtsbescheid entscheidet, ohne dass ein Termin stattgefunden hat.

823 *Beispiel 148: Entscheidung durch Gerichtsbescheid (I)*

Das VG entscheidet über die Anfechtungsklage (Wert: 5.000,00 EUR) durch Gerichtsbescheid nach § 84 Abs. 1 S. 1 VwGO und lässt die Berufung nicht zu.

Da mangels Zulassung der Berufung gegen den Gerichtsbescheid der Antrag auf mündliche Verhandlung gegeben ist (§ 84 Abs. 2 Nr. 5 VwGO), entsteht eine Terminsgebühr nach Anm. Abs. 1 Nr. 2 VV RVG.

1.	1,3-Verfahrensgebühr, Nr. 3100 VV RVG (Wert: 5.000,00 EUR)	387,40 EUR
2.	1,2-Terminsgebühr, Anm. Abs. 1 Nr. 2 zu Nr. 3104 VV RVG (Wert: 5.000,00 EUR)	357,60 EUR
3.	Postentgeltpauschale, Nr. 7002 VV RVG	20,00 EUR
	Zwischensumme	765,00 EUR
4.	19 % Umsatzsteuer, Nr. 7008 VV RVG	145,35 EUR
	Gesamt	**910,35 EUR**

824 *Beispiel 149: Entscheidung durch Gerichtsbescheid (II)*

Das VG entscheidet über die Anfechtungsklage (Wert: 5.000,00 EUR) durch Gerichtsbescheid und lässt die Berufung zu.

Da wegen der Möglichkeit der Berufung gegen den Gerichtsbescheid ein Antrag auf mündliche Verhandlung nicht gegeben ist (§ 84 Abs. 2 Nr. 5 VwGO), entsteht keine Terminsgebühr nach Anm. Abs. 1 Nr. 2 VV RVG.

1.	1,3-Verfahrensgebühr, Nr. 3100 VV RVG (Wert: 5.000,00 EUR)	387,40 EUR
2.	Postentgeltpauschale, Nr. 7002 VV RVG	20,00 EUR
	Zwischensumme	407,40 EUR
3.	19 % Umsatzsteuer, Nr. 7008 VV RVG	77,41 EUR
	Gesamt	**484,81 EUR**

825 Unklar ist, ob der Gerichtsbescheid rechtskräftig werden muss oder ob die Terminsgebühr auch dann anfällt, wenn Antrag auf mündliche Verhandlung gestellt wird, es aber zu deren Durchführung nicht mehr kommt.

826 *Beispiel 150: Entscheidung durch Gerichtsbescheid (III)*

Das VG entscheidet über die Anfechtungsklage (Wert: 5.000,00 EUR) durch Gerichtsbescheid und lässt die Berufung nicht zu. Daraufhin wird Antrag auf mündliche Verhandlung gestellt. Vor Durchführung des Termins nimmt die Behörde den angefochtenen Bescheid zurück, sodass sich das Verfahren in der Hauptsache erledigt. Das Gericht stellt die Erledigung im schriftlichen Verfahren fest und erlegt die Kosten des Verfahrens der Behörde auf.

Stellt man darauf ab, dass der Gerichtsbescheid infolge des Antrags auf mündliche Verhandlung als nicht ergangen gilt (§ 84 Abs. 3 VwGO), wäre keine Terminsgebühr angefallen. Stellt man dagegen darauf ab, dass zunächst einmal der Gerichtsbescheid ergangen ist, dann ist auch eine Terminsgebühr nach Anm. Abs. 1 Nr. 2 VV RVG entstanden.

(3) Entscheidung durch Gerichtsbescheid nach § 105 Abs. 1 S. 1 SGG

Die gleichen Erwägungen wie für die verwaltungsgerichtlichen Verfahren gelten auch für die Verfahren vor den Sozialgerichten. Wird hier nach § 105 Abs. 1 S. 1 SGG durch Gerichtsbescheid entschieden, soll ebenfalls nur dann eine Terminsgebühr anfallen, wenn auf Antrag mündlich verhandelt werden muss. Das wiederum ist nur der Fall, wenn eine Berufung nicht gegeben ist, also bei Entscheidungen des SG, die nicht kraft Gesetzes berufungsfähig sind und bei denen die Berufung auch nicht zugelassen worden ist (§ 105 Abs. 2 SGG).

827

Beispiel 151: Entscheidung durch Gerichtsbescheid (I)

828

Das SG entscheidet über die Anfechtungsklage (Wert: 5.000,00 EUR) durch Gerichtsbescheid und lässt die Berufung nicht zu.

Da mangels Zulassung der Berufung gegen den Gerichtsbescheid der Antrag auf mündliche Verhandlung gegeben ist (§ 105 Abs. 2 SGG), entsteht eine Terminsgebühr nach Anm. Abs. 1 Nr. 2 zu Nr. 3104 VV RVG. Dass gegen die Nichtzulassung der Berufung Beschwerde erhoben werden kann, ist unerheblich. Ausgehend von den neuen Gebührenbeträgen des § 13 RVG ist wie folgt abzurechnen:

1. 1,3-Verfahrensgebühr, Nr. 3100 VV RVG   387,40 EUR
   (Wert: 5.000,00 EUR)
2. 1,2-Terminsgebühr, Anm. Abs. 1 Nr. 2 zu Nr. 3104   357,60 EUR
   VV RVG
   (Wert: 5.000,00 EUR)
3. Postentgeltpauschale, Nr. 7002 VV RVG   20,00 EUR
   Zwischensumme   765,00 EUR
4. 19 % Umsatzsteuer, Nr. 7008 VV RVG   145,35 EUR
   Gesamt   **910,35 EUR**

Beispiel 152: Entscheidung durch Gerichtsbescheid (II)

829

Das SG entscheidet über die Anfechtungsklage (Wert: 5.000,00 EUR) durch Gerichtsbescheid und lässt die Berufung zu.

Da wegen der Möglichkeit der Berufung gegen den Gerichtsbescheid ein Antrag auf mündliche Verhandlung nicht gegeben ist (§ 105 Abs. 2 SGG), entsteht keine Terminsgebühr nach Anm. Abs. 1 Nr. 2 zu Nr. 3104 VV RVG. Es bleibt bei der Verfahrensgebühr.

1. 1,3-Verfahrensgebühr, Nr. 3100 VV RVG   387,40 EUR
   (Wert: 5.000,00 EUR)
2. Postentgeltpauschale, Nr. 7002 VV RVG   20,00 EUR
   Zwischensumme   407,40 EUR
3. 19 % Umsatzsteuer, Nr. 7008 VV RVG   77,41 EUR
   Gesamt   **484,81 EUR**

§ 3 Änderungen des RVG

830 Unklar ist auch hier, ob der Gerichtsbescheid rechtskräftig werden muss oder ob die Terminsgebühr auch dann anfällt, wenn Antrag auf mündliche Verhandlung gestellt wird, es dazu aber nicht mehr kommt.

831 *Beispiel 153: Entscheidung durch Gerichtsbescheid (III)*
Das SG entscheidet über die Anfechtungsklage (Wert: 5.000,00 EUR) durch Gerichtsbescheid und lässt die Berufung nicht zu. Daraufhin wird Antrag auf mündliche Verhandlung gestellt. Vor Durchführung des Termins nimmt die Behörde den angefochtenen Bescheid zurück, sodass sich das Verfahren in der Hauptsache erledigt. Das Gericht stellt die Erledigung im schriftlichen Verfahren fest und erlegt die Kosten des Verfahrens der Behörde auf.
Stellt man darauf ab, dass der Gerichtsbescheid infolge des Antrags auf mündliche Verhandlung gegenstandslos geworden ist (§ 105 Abs. 3 SGG),[294] wäre keine Terminsgebühr angefallen. Stellt man dagegen darauf ab, dass zunächst einmal der Gerichtsbescheid ergangen ist, dann ist auch eine Terminsgebühr nach Anm. Abs. 1 Nr. 2 zu Nr. 3104 VV RVG entstanden.

cc) Angenommenes Anerkenntnis (Anm. Abs. 1 Nr. 3)

832 Im Verfahren vor den Sozialgerichten entsteht die fiktive Terminsgebühr auch, wenn das Verfahren nach angenommenem Anerkenntnis[295] ohne mündliche Verhandlung endet. Bislang fehlt – im Gegensatz zu Anm. Abs. 1 Nr. 1 zu Nr. 3104 VV RVG – eine Regelung, dass es sich um ein Verfahren mit vorgeschriebener mündlicher Verhandlung handeln muss. Der Anwendungsbereich war daher umstritten. Überwiegend hat die Rechtsprechung die fiktive Terminsgebühr in diesen Fällen davon abhängig gemacht, dass eine mündliche Verhandlung vorgeschrieben sein muss.[296]

833 Die vorgesehene Änderung soll i.S. dieser Rechtsprechung klarstellen, dass es sich um ein Verfahren mit obligatorischer mündlicher Verhandlung handeln muss.

834 Es entspricht der Intention der „fiktiven" Terminsgebühren, dem Anwalt das Interesse zu nehmen, das Anerkenntnis nur deshalb zunächst nicht anzunehmen, um einen Termin zu erzwingen.

835 *Beispiel 154: Angenommenes Anerkenntnis (I)*
Das Verfahren über eine Anfechtungsklage (Wert: 5.000,00 EUR) endet gem. § 101 Abs. 2 SGG durch angenommenes Anerkenntnis, ohne dass mündlich verhandelt worden war.
Da im Verfahren eine mündliche Verhandlung vorgeschrieben ist (§ 124 SGG), entsteht eine Terminsgebühr.

1.	1,3-Verfahrensgebühr, Nr. 3100 VV RVG (Wert: 5.000,00 EUR)		387,40 EUR
2.	1,2-Terminsgebühr, Anm. Abs. 1 Nr. 2 zu Nr. 3104 VV RVG (Wert: 5.000,00 EUR)		357,60 EUR
3.	Postentgeltpauschale, Nr. 7002 VV RVG		20,00 EUR
	Zwischensumme	765,00 EUR	
4.	19 % Umsatzsteuer, Nr. 7008 VV RVG		145,35 EUR
	Gesamt		**910,35 EUR**

---

[294] So das FG Köln zur vergleichbaren Lage in finanzgerichtlichen Verfahren AGS 2010, 21 m. abl. Anm. *N. Schneider* = EFG 2009, 978 = StE 2009, 251; *N. Schneider*, NJW-Spezial 2010, 91.
[295] Änderung durch Art. 8 Abs. 2 Nr. 34 Buchst. b).
[296] LSG Schleswig-Holstein, AGS 2010, 23 = SchlHA 2010, 122 = NZS 2010, 295; LSG NRW v. 1.3.2011, L 7 B 247/09 AS.

Besondere Bedeutung hat die gesetzliche Klarstellung für Verfahren des einstweiligen Rechtsschutzes, da hier eine mündliche Verhandlung nicht vorgeschrieben ist (§§ 124 Abs. 3, 86b Abs. 4 SGG). Überwiegend wurde hier bereits eine Terminsgebühr abgelehnt.[297] 836

Beispiel 155: Angenommenes Anerkenntnis (II) 837

Das einstweilige Anordnungsverfahren (Wert: 1.500,00 EUR) endet durch angenommenes Anerkenntnis, ohne dass mündlich verhandelt worden war.

Da im Verfahren eine mündliche Verhandlung nicht vorgeschrieben ist (§§ 124 Abs. 3, 86b Abs. 4 SGG), entsteht keine Terminsgebühr. Es bleibt bei der Verfahrensgebühr.

1. 1,3-Verfahrensgebühr, Nr. 3100 VV RVG   143,00 EUR
   (Wert: 1.500,00 EUR)
2. Postentgeltpauschale, Nr. 7002 VV RVG   20,00 EUR
   Zwischensumme   163,00 EUR
3. 19 % Umsatzsteuer, Nr. 7008 VV RVG   30,97 EUR
   Gesamt   **193,97 EUR**

f) Nr. 3106 VV RVG
aa) Überblick
Nr. 3106 VV RVG erhält folgende Fassung:[298] 838

3106	Terminsgebühr in Verfahren vor den Sozialgerichten, in denen Betragsrahmengebühren entstehen (§ 3 RVG)	50,00 bis 510,00 €
	Die Gebühr entsteht auch, wenn	
	1. in einem Verfahren, für das mündliche Verhandlung vorgeschrieben ist, im Einverständnis mit den Parteien ohne mündliche Verhandlung entschieden oder in einem solchen Verfahren ein schriftlicher Vergleich geschlossen wird,	
	2. nach § 105 Abs. 1 Satz 1 SGG durch Gerichtsbescheid entschieden wird und eine mündliche Verhandlung beantragt werden kann oder	
	3. das Verfahren, für das mündliche Verhandlung vorgeschrieben ist, nach angenommenem Anerkenntnis ohne mündliche Verhandlung endet.	
	In den Fällen des Satzes 1 beträgt die Gebühr 90 % der in derselben Angelegenheit dem Rechtsanwalt zustehenden Verfahrensgebühr ohne Berücksichtigung einer Erhöhung nach Nr. 1008.	

Geändert werden alle drei Nummern der Anm. zu Nr. 3106 VV RVG (fortan Anm. S. 1 zu Nr. 3106 VV RVG). Eingeführt wird in Nr. 1 die längst überfällige Terminsgebühr für den Abschluss eines schriftlichen Vergleichs. In Nr. 2 wird die Terminsgebühr bei Entscheidung durch Gerichtsbescheid eingeschränkt. Auch der Anwendungsbereich der Nr. 3 wird eingeschränkt, und zwar dahingehend, dass zukünftig eine Terminsgebühr bei angenommenem Anerkenntnis nur in Verfahren mit vorgeschriebener mündlicher Verhandlung möglich ist. 839

Darüber hinaus wird der Anm. zu Nr. 3106 VV RVG ein zweiter Satz angehängt, der die Höhe der Terminsgebühr auf 90 % der einfachen Verfahrensgebühr festlegt. Eine Erhöhung nach Nr. 1008 VV RVG ist hier zuvor herauszurechnen. 840

---

[297] Bejahend zunächst LSG NRW AGS 2009, 578; Rechtsprechung aber später aufgegeben: LSG NRW, Beschl. v. 27.1.2012 – L 7 AS 1024/11 B; LSG NRW, Beschl. v. 14.9.2011- L 19 AS 879/10 B; LSG Thüringen, Beschl. v. 6.12.2012 – L 6 SF 1502/11 B; LSG Schleswig-Holstein AGS 2010, 23 = SchlHA 2010, 122 = NZS 2010, 295; VG Bremen, Beschl. v. 24. 4.2009 – S 4 E 518/09; SG Nürnberg NZS 2012, 479.
[298] Änderung durch Art. 8 Abs. 2 Nr. 29.

bb) Schriftlicher Vergleich

841 In Anm. S. 1 Nr. 1 zu Nr. 3106 VV RVG wird endlich auch bei Abrechnung nach Rahmengebühren die Terminsgebühr bei Abschluss eines schriftlichen Vergleichs[299] eingeführt. Bislang enthielt das Vergütungsverzeichnis eine dahingehende Regelung nur für die Wertgebühren (Anm. Abs. 1 Nr. 1 zu Nr. 3104 VV RVG). Mit der Änderung soll Anm. S. 1 Nr. 1 zu Nr. 3106 VV RVG an Anm. Abs. 1 Nr. 1 zu Nr. 3104 VV RVG angeglichen werden.

842 Es gibt keinen sachlichen Grund, den schriftlichen Abschluss eines Vergleichs anders zu behandeln, nur weil keine Wertgebühren, sondern Betragsrahmengebühren erhoben werden. Nur ein Teil der Rechtsprechung hat schon bisher die gesetzliche Regelung nach Sinn und Zweck ausgelegt und eine Terminsgebühr zugesprochen.[300]

843 Ungeachtet dessen hatte die überwiegende Rechtsprechung strikt auf den Wortlaut der bisherigen Nr. 3106 VV RVG abgestellt und eine Terminsgebühr bei Abschluss eines schriftlichen Vergleichs abgelehnt.[301]

844 *Beispiel 156: Schriftlicher Vergleich*

Im Verfahren auf Feststellung des Grades der Behinderung (GdB) von 70 % wird ohne mündliche Verhandlung ein Vergleich geschlossen, wonach die Behörde einen GdB von 50 % anerkennt und der Kläger im Gegenzug die weitergehende Klage zurücknimmt.

Da im Verfahren eine mündliche Verhandlung vorgeschrieben ist (§§ 124 Abs. 3, 86b Abs. 4 SGG), entsteht nach Anm. S. 1 Nr. 1 zu Nr. 3106 VV RVG eine Terminsgebühr. Die Höhe der Terminsgebühr beläuft sich auf 90 % der Verfahrensgebühr (Anm. S. 2 zu Nr. 3106 VV RVG) (siehe auch Rn 851).

Die Höhe der Einigungsgebühr bemisst sich gem. Nr. 1006 VV RVG nach der Höhe der Verfahrensgebühr.[302]

1.	Verfahrensgebühr, Nr. 3102 VV RVG		300,00 EUR
2.	Terminsgebühr, Anm. Abs. 1 Nr. 1 zu Nr. 3106 VV RVG		270,00 EUR
3.	Einigungsgebühr, Nrn. 1006, 3102 VV RVG		300,00 EUR
4.	Postentgeltpauschale, Nr. 7002 VV RVG		20,00 EUR
	Zwischensumme	890,00 EUR	
5.	19 % Umsatzsteuer, Nr. 7008 VV RVG		169,10 EUR
	Gesamt		**1.059,10 EUR**

cc) Entscheidung durch Gerichtsbescheid nach § 105 Abs. 1 S. 1 SGG

845 Ebenso wie bei Anm. Abs. 1 Nr. 2 zu Nr. 3104 VV RVG (siehe oben Rn 816) soll auch in Verfahren vor den Sozialgerichten, in denen nach Rahmengebühren abgerechnet wird, im Falle der Entscheidung durch Gerichtsbescheid gem. § 105 Abs. 1 S. 1 SGG[303] nur dann eine Terminsgebühr anfallen, wenn auf Antrag mündlich verhandelt werden muss, also wenn eine Berufung

---

[299] Änderung durch Art. 8 Abs. 2 Nr. 29 Buchst. a aa).
[300] SG Karlsruhe AGS 2007, 456 und Beschl. v. 16.10.2006 – S 10 SB 134/06 KO-A; SG Ulm AGS 2006, 554 m. Anm. *Schons*; SG Duisburg AGS 2006, 319 m. Anm. *Schons* = RVGprof. 2006, 204; SG Stuttgart ASR 2008, 110 = RVGreport 2008, 59; SG Oldenburg, Beschl. v. 11.7.2007 – S 10 SF 103/07; SG Aachen, AnwBl 2005, 722 = RVGreport 2005, 389.
[301] SG Fulda, Beschl. v. 15.4.2011 – S 3 SF 21/10 E; LSG NRW, Beschl. v. 23.2.2011 – L 19 AS 1522/10 B; AGS 2009, 328; SG Stuttgart AGS 2011, 72 = NZS 2011, 240; SG Stuttgart, Beschl. v. 5.7.2010 – S 15 SF 7062/08 E; SG Marburg AGS 2008, 494; Bayerisches LSG, Beschl. v. 22.6.2007 – L 15 B 200/07 P KO; LSG Schleswig-Holstein AGS 2006, 555 = RVGreport 2006, 188.
[302] Siehe hierzu *Schneider/Thiel*, AGS 2012, 162 ff und 213.
[303] Änderung durch Art. 8 Abs. 2 Nr. 29 Buchst. a) bb).

nicht gegeben ist. Das wiederum ist nur der Fall, bei Entscheidungen des SG, die nicht kraft Gesetzes berufungsfähig sind und bei denen die Berufung auch nicht zugelassen worden ist. Eine Terminsgebühr entsteht dagegen nicht bei einer Entscheidung des SG durch Gerichtsbescheid, wenn die Entscheidung kraft Gesetzes berufungsfähig ist oder das SG die Berufung zugelassen hat. Insoweit gilt das gleiche wie bei den Wertgebühren (siehe oben Rn 827).

Beispiel 157: Entscheidung durch berufungsfähigen Gerichtsbescheid 846

Das SG entscheidet durch Gerichtsbescheid und lässt die Berufung zu. Eine Berufung wird jedoch nicht eingelegt.

Eine Terminsgebühr entsteht nicht, da eine mündliche Verhandlung nicht hätte beantragt werden können. Es verbleibt bei der Verfahrensgebühr.

1.	Verfahrensgebühr, Nr. 3102 VV RVG	300,00 EUR
2.	Postentgeltpauschale, Nr. 7002 VV RVG	20,00 EUR
	Zwischensumme	320,00 EUR
3.	19 % Umsatzsteuer, Nr. 7008 VV RVG	60,80 EUR
	Gesamt	**380,80 EUR**

Beispiel 158: Entscheidung durch nicht berufungsfähigen Gerichtsbescheid 847

Das SG entscheidet durch Gerichtsbescheid, gegen den eine Berufung nicht möglich und auch nicht zugelassen worden ist.

Da jetzt nach § 105 Abs. 2 SGG eine mündliche Verhandlung hätte beantragt werden können, entsteht eine Terminsgebühr nach Anm. S. 1 Nr. 2 zu Nr. 3106 VV RVG. Die Höhe der Terminsgebühr beläuft sich auf 90 % der Verfahrensgebühr (Anm. S. 2 zu Nr. 3106 VV RVG; siehe Rn 840).

1.	Verfahrensgebühr, Nr. 3102 VV RVG	300,00 EUR
2.	Terminsgebühr, Nr. 3106 VV RVG	270,00 EUR
3.	Postentgeltpauschale, Nr. 7002 VV RVG	20,00 EUR
	Zwischensumme	590,00 EUR
4.	19 % Umsatzsteuer, Nr. 7008 VV RVG	112,10 EUR
	Gesamt	**702,10 EUR**

dd) Angenommenes Anerkenntnis

In Anm. S. 1 Nr. 3 zu Nr. 3106 VV RVG werden nach dem Wort „Verfahren" die Wörter „[…], für das mündliche Verhandlung vorgeschrieben ist," eingefügt.[304] Diese Regelung entspricht der gleichlautenden Regelung für die Verfahren, in denen nach Wertgebühren abgerechnet wird (Anm. Abs. 1 Nr. 2 zu Nr. 3104 VV RVG) (siehe auch Rn 816) und soll erreichen, dass eine „fiktive" Terminsgebühr nur dann anfällt, wenn im Verfahren eine mündliche Verhandlung vorgeschrieben ist. Ist das nicht der Fall, soll die Terminsgebühr bei Abschluss eines schriftlichen Vergleichs nicht entstehen. 848

Beispiel 159: Angenommenes Anerkenntnis (I) 849

Das Verfahren über eine Verpflichtungsklage endet durch angenommenes Anerkenntnis, ohne dass mündlich verhandelt worden war.

Da im Verfahren eine mündliche Verhandlung vorgeschrieben ist (§ 124 Abs. 3 SGG), entsteht eine Terminsgebühr. Die Höhe der Terminsgebühr beläuft sich auf 90 % der Verfahrensgebühr (Anm. S. 2 zu Nr. 3106 VV RVG) (siehe auch Rn 840).

---

304 Änderung durch Art. 8 Abs. 2 Nr. 29 Buchst. a) cc).

1. Verfahrensgebühr, Nr. 3102 VV RVG		300,00 EUR
2. Terminsgebühr, Anm. S. 2 zu Nr. 3106 VV RVG		270,00 EUR
3. Postentgeltpauschale, Nr. 7002 VV RVG		20,00 EUR
Zwischensumme	590,00 EUR	
4. 19 % Umsatzsteuer, Nr. 7008 VV RVG		112,10 EUR
Gesamt		**702,10 EUR**

850 *Beispiel 160: Angenommenes Anerkenntnis (II)*

Das einstweilige Anordnungsverfahren endet durch angenommenes Anerkenntnis, ohne dass mündlich verhandelt worden war.

Da im Verfahren eine mündliche Verhandlung nicht vorgeschrieben ist (§§ 124 Abs. 3, 86b Abs. 4 SGG), entsteht keine Terminsgebühr. Es bleibt bei der Verfahrensgebühr.

1. Verfahrensgebühr, Nr. 3102 VV RVG		300,00 EUR
2. Postentgeltpauschale, Nr. 7002 VV RVG		20,00 EUR
Zwischensumme	320,00 EUR	
3. 19 % Umsatzsteuer, Nr. 7008 VV RVG		60,80 EUR
Gesamt		**380,80 EUR**

ee) Berechnung der fiktiven Terminsgebühren
(1) Überblick

851 In dem neuen S. 2 der Anm. zu Nr. 3106 VV RVG wird die Höhe der Terminsgebühr für alle Fälle der Anm. S. 1 zu Nr. 3106 VV RVG festgeschrieben. Ebenso wie der Gesetzgeber die Höhe einer Einigungs- oder Erledigungsgebühr auf die Höhe der jeweiligen Verfahrensgebühr festschreibt (Nrn. 1005, 1006 VV RVG),[305] wird auch die „fiktive Terminsgebühr"[306] anhand der jeweiligen Verfahrensgebühr festgeschrieben. Allerdings beläuft sich die Terminsgebühr nicht auf die volle Höhe der Verfahrensgebühr, sondern lediglich auf 90 % der im konkreten Fall bestimmten Höhe der Verfahrensgebühr.

852 Der Grund für diese Anbindung an die konkrete Höhe der Verfahrensgebühr liegt darin, dass die Terminsgebühr kaum anhand der Kriterien des § 14 Abs. 1 RVG bemessen werden kann, weil es für diese Gebühr insbesondere nicht auf Umfang und Schwierigkeit der anwaltlichen Tätigkeit ankommen kann. Bei der fiktiven Terminsgebühr kommt es darauf an, dem Anwalt das gebührenrechtliche Interesse an der Durchführung eines Termins zu nehmen. Die Höhe der zu erwartenden Terminsgebühr wird häufig von Umfang und Schwierigkeit der Angelegenheit abhängen. Daher scheint eine Anknüpfung an die Höhe der Verfahrensgebühr sachgerecht. Da die Höhe der Terminsgebühr grundsätzlich zur Höhe der Verfahrensgebühr in einem Verhältnis von 1,2 zu 1,3 steht, soll diese mit einem Prozentsatz von 90 % der Verfahrensgebühr angesetzt werden.

(2) Berechnung

853 Grundsätzlich ist die fiktive Terminsgebühr der Nr. 3106 VV RVG mit 90 % der Verfahrensgebühr anzusetzen. Diese Gebühr ist dann einfach zu ermitteln, indem die konkret angesetzte Verfahrensgebühr mit 0,9 multipliziert wird. Es gilt also folgende Formel:

$$\textit{fiktive Terminsgebühr} = \textit{Verfahrensgebühr} \times 0{,}9$$

---

[305] Siehe *Schneider/Thiel*, AGS 2012, 162.
[306] Änderung durch Art. 8 Abs. 2 Nr. 29 Buchst. a) dd).

Konkret ergeben sich bei den wichtigsten Sätzen folgende Beträge:

	Verfahrensgebühr	Terminsgebühr
Mindestbetrag	50,00 EUR	45,00 EUR
Doppelte Mindestgebühr	100,00 EUR	90,00 EUR
halbe Mittelgebühr	150,00 EUR	135,00 EUR
Mittelgebühr	300,00 EUR	270,00 EUR
50 % über Mittelgebühr	450,00 EUR	405,00 EUR
Höchstgebühr	550,00 EUR	495,00 EUR

Beispiel 161: Berechnung der fiktiven Terminsgebühr (I) — 854

Das Verfahren endet durch ein angenommenes Anerkenntnis, ohne dass mündlich verhandelt worden war. Der Anwalt berechnet bei der Verfahrensgebühr die Mittelgebühr.

Ausgehend von der Mittelgebühr (300,00 EUR) ist jetzt für die Terminsgebühr ein Anteil von 90 % zu ermitteln, also 270,00 EUR.

1. Verfahrensgebühr, Nr. 3102 VV RVG   300,00 EUR
2. Terminsgebühr, Anm. S. 2 zu Nr. 3106 VV RVG   270,00 EUR
3. Postentgeltpauschale, Nr. 7002 VV RVG   20,00 EUR
   Zwischensumme   590,00 EUR
4. 19 % Umsatzsteuer, Nr. 7008 VV RVG   112,10 EUR
   Gesamt   **702,10 EUR**

Beispiel 162: Berechnung der fiktiven Terminsgebühr (II) — 855

Das Verfahren endet durch ein angenommenes Anerkenntnis, ohne dass mündlich verhandelt worden war. Der Anwalt setzt eine Verfahrensgebühr von 400,00 EUR an.

Ausgehend von 400,00 EUR Verfahrensgebühr ist jetzt für die Terminsgebühr ein Anteil von 400,00 × 0,9 = 360,00 EUR anzusetzen.

1. Verfahrensgebühr, Nr. 3102 VV RVG   400,00 EUR
2. Terminsgebühr, Anm. S. 2 zu Nr. 3106 VV RVG   360,00 EUR
3. Postentgeltpauschale, Nr. 7002 VV RVG   20,00 EUR
   Zwischensumme   780,00 EUR
4. 19 % Umsatzsteuer, Nr. 7008 VV RVG   148,20 EUR
   Gesamt   **928,20 EUR**

(3) Mehrere Auftraggeber

Vertritt der Anwalt mehrere Auftraggeber, so erhöht sich die Verfahrensgebühr nach Nr. 1008 VV RVG um 30 % je weiteren Auftraggeber. Diese Erhöhung soll für die Terminsgebühr jedoch nicht gelten. Das könnte auch schon deshalb nicht sein, weil dann bei Ansatz des Höchstbetrags bei der Verfahrensgebühr die Höchstgrenze der Terminsgebühr überschritten wäre. Die erhöhte Höchstgebühr würde 715,00 EUR betragen. Davon würde sich eine fiktive Terminsgebühr i.H.v. 643,00 EUR ergeben. Die Höchstgebühr beträgt nach Nr. 3106 VV RVG jedoch nur 550,00 EUR. — 856

Die Ableitung der Terminsgebühr ist dann einfach, wenn bei der Verfahrensgebühr der Mindest- oder Höchstbetrag anzusetzen ist oder die Mittelgebühr. — 857

§ 3 Änderungen des RVG

858 *Beispiel 163: Berechnung der fiktiven Terminsgebühr (mehrere Auftraggeber I)*
Das Verfahren endet durch ein angenommenes Anerkenntnis, ohne dass mündlich verhandelt worden war. Der Anwalt hatte eine Bedarfsgemeinschaft aus drei Auftraggebern vertreten und legt die Mittelgebühr zugrunde.
Während die Verfahrensgebühr um 60 % zu erhöhen ist, beläuft sich die Terminsgebühr auf 0,9 der einfachen Mittelgebühr.

1.	Verfahrensgebühr, Nrn. 3102, 1008 VV RVG		480,00 EUR
2.	Terminsgebühr, Anm. S. 2 zu Nr. 3106 VV RVG		270,00 EUR
3.	Postentgeltpauschale, Nr. 7002 VV RVG		20,00 EUR
	Zwischensumme	770,00 EUR	
4.	19 % Umsatzsteuer, Nr. 7008 VV RVG		146,30 EUR
	Gesamt		**916,30 EUR**

859 Der Anwalt ist an die Standardbeträge bei der Verfahrensgebühr jedoch nicht gebunden und kann auch abweichende Beträge ansetzen. Dann wird die Berechnung schwieriger. In allen Fällen der nach Nr. 1008 VV RVG erhöhten Verfahrensgebühr muss man die Verfahrensgebühr nach der oben (siehe Rn 853) verwendeten Formel um die Erhöhung bereinigen, indem der Erhöhungsprozentsatz wieder herausgerechnet wird. Die Verfahrensgebühr ist also dann noch zu dividieren durch

Zahl der Auftraggeber	Quotient
2	1,3
3	1,6
4	1,9
5	2,2
6	2,5
7	2,8
8 und mehr	3,0

860 *Beispiel 164: Berechnung der fiktiven Terminsgebühr (mehrere Auftraggeber)*
Das Verfahren endet durch ein angenommenes Anerkenntnis, ohne dass mündlich verhandelt worden war. Der Anwalt hatte eine Bedarfsgemeinschaft aus drei Auftraggebern vertreten und berechnet eine leicht überdurchschnittliche Verfahrensgebühr i.H.v. 500,00 EUR.
Die Terminsgebühr beläuft sich jetzt auf 500,00 EUR × 0,9 : 1,6 = 281,25 EUR.

1.	Verfahrensgebühr, Nrn. 3102, 1008 VV RVG		500,00 EUR
2.	Terminsgebühr, Anm. S. 2 zu Nr. 3106 VV RVG		281,25 EUR
3.	Postentgeltpauschale, Nr. 7002 VV RVG		20,00 EUR
	Zwischensumme	801,25 EUR	
4.	19 % Umsatzsteuer, Nr. 7008 VV RVG		152,24 EUR
	Gesamt		**953,49 EUR**

(4) Anrechnung einer Geschäftsgebühr

861 Ebenso wie eine Gebührenerhöhung nach Nr. 1008 VV RVG unbeachtlich ist, ist auch die Anrechnung einer vorherigen Geschäftsgebühr nach Vorbem. 3 Abs. 4 VV RVG unbeachtlich. Die Terminsgebühr berechnet sich nach der Verfahrensgebühr und nicht aus einem nach Anrechnung verbleibenden Restbetrag.

Beispiel 165: Berechnung der fiktiven Terminsgebühr (Anrechnung der Geschäftsgebühr) **862**

Das Verfahren endet durch ein angenommenes Anerkenntnis, ohne dass mündlich verhandelt worden war. Der Anwalt war zuvor im Widerspruchsverfahren tätig. Auszugehen ist jeweils von den Mittelgebühren.

Die Terminsgebühr berechnet sich jetzt nicht aus dem nach Anrechnung verbleibenden Betrag, sondern aus der Verfahrensgebühr vor Anrechnung.

I. Widerspruchsverfahren

1.	Geschäftsgebühr, Nr. 2303 Nr. 1 VV RVG		345,00 EUR
2.	Postentgeltpauschale, Nr. 7002 VV RVG		20,00 EUR
	Zwischensumme	365,00 EUR	
3.	19 % Umsatzsteuer, Nr. 7008 VV RVG		69,35 EUR
	Gesamt		**434,35 EUR**

II. Gerichtliches Verfahren

1.	Verfahrensgebühr, Nr. 3102 VV RVG		300,00 EUR
2.	gem. Vorbem. 3 Abs. 4 S. 1 VV RVG anzurechnen		-172,50 EUR
3.	Terminsgebühr, Anm. S. 2 zu Nr. 3106 VV RVG		270,00 EUR
4.	Postentgeltpauschale, Nr. 7002 VV RVG		20,00 EUR
	Zwischensumme	417,50 EUR	
5.	19 % Umsatzsteuer, Nr. 7008 VV RVG		79,33 EUR
	Gesamt		**496,83 EUR**

ff) Gebührenbeträge

Schließlich werden auch hier die Gebührenbeträge[307] angehoben und zwar von bisher 20,00 bis 380,00 EUR auf 50,00 bis 510,00 EUR. Die neue Mittelgebühr beträgt 280,00 EUR. Darüber hinaus wird die Währungsbezeichnung von „EUR" auf „€" umgestellt. **863**

Die Änderung des Gebührenrahmens orientiert sich dabei an der Verfahrensgebühr. Ebenso wie in den Verfahren, die nach dem Gegenstandswert abgerechnet werden und in denen die Terminsgebühr zur Verfahrensgebühr in Relation von 1,2 zu 1,3 steht, soll auch hier dieses Verhältnis gewahrt werden. **864**

2. Abschnitt 2 – Berufung, Revision, bestimmte Beschwerden und Verfahren vor dem Finanzgericht

a) Vorbem. 3.2.1 VV RVG
aa) Überblick

Die Vorbem. 3.2.1 VV RVG wird wie folgt neu gefasst:[308] **865**

> *Vorbemerkung 3.2.1*
> Dieser Unterabschnitt ist auch anzuwenden in Verfahren
> 1. vor dem Finanzgericht,
> 2. über Beschwerden
>   a) gegen die den Rechtszug beendenden Entscheidungen in Verfahren über Anträge auf Vollstreckbarerklärung ausländischer Titel oder auf Erteilung der Vollstreckungsklau-

---

[307] Änderung durch Art. 8 Abs. 2 Nr. 29 Buchst. b).
[308] Änderung durch Art. 7 Abs. 2 Nr. 30.

> sel zu ausländischen Titeln sowie über Anträge auf Aufhebung oder Abänderung der Vollstreckbarerklärung oder der Vollstreckungsklausel,
> b) gegen die Endentscheidung wegen des Hauptgegenstands in Familiensachen und in den Angelegen
> heiten der freiwilligen Gerichtsbarkeit,
> c) gegen die den Rechtszug beendenden Entscheidungen im Beschlussverfahren vor den Gerichten für Arbeitssachen,
> d) gegen die den Rechtszug beendenden Entscheidungen im personalvertretungsrechtlichen Beschlussverfahren vor den Gerichten der Verwaltungsgerichtsbarkeit,
> e) nach dem GWB,
> f) nach dem EnWG,
> g) nach dem KSpG
> h) nach dem VSchDG,
> i) nach dem SpruchG,
> 3. über Beschwerden
> a) gegen die Entscheidung des Verwaltungs- oder Sozialgerichts wegen des Hauptgegenstands in Verfahren des vorläufigen oder einstweiligen Rechtsschutzes,
> b) nach dem WpÜG,
> c) nach dem WpHG,
> 4. in Rechtsbeschwerdeverfahren nach dem StVollzG, auch i.V.m. § 92 JGG.

866 Die Aufzählung der Verfahren in der Vorbemerkung, für die die Vorschriften über die Berufung, also die Nrn. 3200 ff. VV RVG, gelten sollen, wird neu gefasst.

867 Die Aufzählung in Nr. 1 bleibt inhaltlich unverändert.

868 Neu gefasst werden die Nrn. 2 bis 4, wobei es sich zum Teil nur um systematische Umstellungen handelt, zum Teil aber auch um Neuerungen.

- Dabei sollen unter Nr. 2 diejenigen Beschwerdeverfahren zusammengefasst werden, in denen es eine Rechtsbeschwerde vor dem BGH gibt.
- In Nr. 3 wiederum werden diejenigen Verfahren zusammengefasst, zu denen es keine Rechtsbeschwerdeverfahren gibt.
- In Nr. 4 wird die Rechtsbeschwerde nach dem StVollzG geregelt. Dieses Rechtsbeschwerdeverfahren unterscheidet sich von den in der Neufassung der Vorbem. 3.2.2 VV RVG genannten Rechtsbeschwerden dadurch, dass für die Entscheidung nicht der BGH, sondern das OLG zuständig ist.

bb) Vorbem. 3.2.1 Nr. 1 VV RVG

869 Inhaltlich ergibt sich keine Änderung. Der Wortlaut ist nur aus redaktionellen Gründen angepasst worden.

cc) Vorbem. 3.2.1 Nr. 2 VV RVG
(1) Überblick

870 In Vorbem. 3.2.1 Nr. 2 VV RVG werden die Beschwerdeverfahren in den Fällen zusammengefasst, in denen es eine Rechtsbeschwerde vor dem BGH gibt. In diesen Rechtsbeschwerdeverfahren sollen sich künftig die Gebühren einheitlich nach den für die Berufung geltenden Vorschriften des Teils 3 Abschnitt 2 Unterabschnitt 2 VV RVG, den Nrn. 3200 ff. VV RVG, richten.

871 Die Zusammenfassung in einer besonderen Nummer soll zudem die Verweisung in Vorbem. 3.2.2 VV RVG erleichtern.

C. Änderungen im Vergütungsverzeichnis § 3

(2) Beschwerden in Familiensachen (Nr. 2 Buchst. b)

Klargestellt werden soll, dass Vorbem. 3.2.1 Nr. 2 Buchst. b) VV RVG nur für Beschwerden betreffend den Hauptgegenstand gilt, also nicht auch für Beschwerden gegen Zwischen- und Nebenentscheidungen.[309] Bei Änderung der Vorbem. 3.2.1 Nr. 2 Buchst. b) VV RVG durch das FGG-ReformG war übersehen worden, klarzustellen, dass hier nur Beschwerden betreffend den Hauptgegenstand gemeint sind, so wie es für die Gerichtsgebühren in den Überschriften zu den Hauptabschnitten 1, 2 und 3 FamGKG-KostVerz. ausdrücklich geregelt ist. Dieses Versäumnis wird jetzt kompensiert.

872

Beispiel 166: Beschwerde gegen Nebenentscheidung

873

In einem Verfahren vor dem FamG ist die Hauptsache übereinstimmend für erledigt erklärt worden. Das Gericht erlegt daraufhin dem Antragsgegner die Kosten des Verfahrens auf. Hiergegen legt dieser

a) gem. §§ 113 Abs. 1 S. 2 FamFG i.V.m. § 567 ZPO sofortige Beschwerde
b) gem. § 58 FamFG Beschwerde

ein.

In beiden Fällen fehlt es an einer Entscheidung in der Hauptsache, sodass Vorbem. 3.2.1 Nr. 2 Buchst. b) VV RVG nicht zur Anwendung kommt. Es bleibt bei den Gebühren nach Teil 3 Abschnitt 5 VV RVG.

Da nach dem FamGKG in Verfahren über eine Beschwerde gegen Neben- und Zwischenentscheidungen keine wertabhängigen Gebühren erhoben werden, richtet sich der Gegenstandswert der Anwaltsgebühren nach § 23 Abs. 2 S. 1 RVG und bestimmt sich nach dem Kosteninteresse. Ausgehend von einem hier angenommenen Wert von 1.500,00 EUR würde sich folgende Berechnung ergeben:

1. 0,5-Verfahrensgebühr, Nr. 3500 VV RVG   55,00 EUR
   (Wert: 1.500,00 EUR)
2. Postentgeltpauschale, Nr. 7002 VV RVG   11,00 EUR
   Zwischensumme   66,00 EUR
3. 19 % Umsatzsteuer, Nr. 7008 VV RVG   12,54 EUR
   Gesamt   **78,54 EUR**

Mit „Hauptgegenstand" ist dagegen nicht die Hauptsache gemeint. Daher entsteht die höhere Verfahrensgebühr nach Vorbem. 3.2.1 Nr. 2 Buchst. b) VV RVG auch in einstweiligen Anordnungsverfahren, soweit der dortige Hauptgegenstand betroffen ist.

874

Beispiel 167: Beschwerde gegen Entscheidung über einen Antrag auf Erlass einer einstweiligen Anordnung

875

Das FamG hat in einer Sorgerechtssache auf Antrag eine einstweilige Anordnung erlassen. Hiergegen wird gem. § 58 FamFG Beschwerde zum OLG erhoben, über die verhandelt wird.

Da jetzt eine Entscheidung zur Hauptsache angegriffen worden ist, gilt Vorbem. 3.2.1 Nr. 2 Buchst. b) VV RVG, sodass die Gebühren nach Teil 3 Abschnitt 2 VV RVG entstehen. Ausgehend von dem hälftigen Regelwert der Hauptsache (§§ 45 Abs. 1, 41 FamGKG) ist wie folgt zu rechnen.

1. 1,6-Verfahrensgebühr, Nr. 3200 VV RVG   176,00 EUR
   (Wert: 1.500,00 EUR)

---

309 So bereits auch schon für das derzeitige Recht: OLG Köln AGS 2012, 462 = NJW-Spezial 2012, 540.

2.	1,2-Terminsgebühr, Nr. 3202 VV RVG (Wert: 1.500,00 EUR)	132,00 EUR
3.	Postentgeltpauschale, Nr. 7002 VV RVG	20,00 EUR
	Zwischensumme	328,00 EUR
4.	19 % Umsatzsteuer, Nr. 7008 VV RVG	62,32 EUR
	Gesamt	**390,32 EUR**

(3) Beschwerden in Angelegenheiten der freiwilligen Gerichtsbarkeit (Nr. 2 Buchst. b)

876 Bislang waren in Vorbem. 3.2.1 VV RVG (Nr. 2 Buchst. c)) aus den Verfahren der freiwilligen Gerichtsbarkeit nur die Verfahren nach dem Gesetz über Landwirtschaftssachen und Verfahren über die Beschwerde gegen die Endentscheidung in Familiensachen (Nr. 2b)) geregelt und damit aufgewertet. Künftig sollen alle Beschwerden gegen eine Entscheidung in der Hauptsache in Verfahren der freiwilligen Gerichtsbarkeit erfasst und nach den Gebühren eines Berufungsverfahrens vergütet werden.

877 Der Grund für diese Anhebung liegt darin, dass in diesen Verfahren das Beschwerdegericht eine vollständige Nachprüfung in sachlicher und rechtlicher Hinsicht vorzunehmen hat. Insofern erscheint es dem Gesetzgeber geboten, die Anwendbarkeit des Teil 3 Abschnitt 2 und 3 VV RVG auf sämtliche Beschwerden und Rechtsbeschwerden wegen des Hauptgegenstands in Angelegenheiten der freiwilligen Gerichtsbarkeit auszudehnen.

878 Seit Inkrafttreten des RVG wurde kritisiert, dass der Anwalt in Beschwerdeverfahren der freiwilligen Gerichtsbarkeit – insbesondere in den äußerst zeitaufwändigen und häufig auch schwierigen Erbscheinverfahren – bislang nur die einfachen Beschwerdegebühren in Höhe von 0,5 nach den Nrn. 3500, 3513 VV RVG erhielt.

879 Während die erstinstanzlichen Verfahren mit Inkrafttreten des RVG zum 1.7.2004 auf die Gebührensätze von 1,3-Verfahrensgebühr (Nr. 3100 VV RVG) und 1,2-Terminsgebühr (Nr. 3104 VV RVG) angehoben worden waren, hatte sich hinsichtlich der Beschwerdeverfahren keine Verbesserung ergeben. Hier blieb es bei der bisherigen Gebührenhöhe (5/10 nach § 61 BRAGO).

880 Dagegen hatten es die Familienrechtler von Anfang an besser. In den dortigen Verfahren der freiwilligen Gerichtsbarkeit war nach Vorbem. 3.2.1 Nr. 2 Buchst. b) VV RVG a.F. (jetzt weiterhin Vorbem. 3.2.1 Nr. 2 Buchst. b) VV RVG) von Vornherein vorgesehen, dass Beschwerdeverfahren wie Berufungen zu vergüten seien. Darüber hinaus hat der Gesetzgeber in einem zweiten Anlauf durch das FGG-ReformG[310] dann auch noch die Einigungsgebühr für diese Verfahren von 1,0 auf 1,3 angehoben (Anm. Abs. 1 zu Nr. 1004 VV RVG).

881 Versuche, die Rechtsprechung in den Beschwerdeverfahren der freiwilligen Gerichtsbarkeit zu einer analogen Anwendung der Vorbem. 3.2.1 VV RVG zu bewegen, sind fast ausnahmslos gescheitert. So wurden von der Rechtsprechung in Erbscheinverfahren durchweg nur die Gebühren nach den Nrn. 3500 ff. VV RVG zugesprochen.[311] Für Beschwerdeverfahren nach § 15 Abs. 2 BNotO hat der BGH[312] ebenfalls nur auf die Gebühren nach den Nrn. 3500 ff. VV RVG abgestellt.

---

310 Vom 17.12.2008, BGBl I 2008, 2586, 2587.
311 OLG München AGS 2006, 475 m. Anm. *N. Schneider* = RVGreport 2006, 307 = ZEV 2006, 366 = OLGR 2006, 363 = JurBüro 2006, 312 = Rpfleger 2006, 441 = MDR 2006, 1016 = NJW-RR 2006, 1727 = ZEV 2006, 366; ErbR 2010, 387 = AG kompakt 2010, 122; LG Augsburg AGS 2006, 475 m. Anm. *N. Schneider*; OLG Schleswig AGS 2006, 478 = ZEV 2006, 366 m. Anm. *Ruby* = RVGreport 2006, 189; LG Heidelberg AGS 2007, 399 = ErbR 2007, 161 = ZFE 2007, 320; OLG Köln ErbR 2011, 113 = AGS 2011, 170 = JurBüro 2011, 252 = Rpfleger 2011, 465 = FamRZ 2011, 1978 = RVGreport 2011, 140; LG Bamberg AGS 2006, 595 m. Anm. *N. Schneider*.
312 AGS 2010, 594 = MDR 2011, 199 = NJW-RR 2011, 286 = FGPrax 2011, 36 = JurBüro 2011, 87 = RVGreport 2011, 21 = NJW-Spezial 2011, 28 = BRAK-Mitt 2011, 41 = RVGprof. 2011, 42.

Lediglich das OLG Köln[313] hat in einer vereinzelt gebliebenen Entscheidung für ein Beschwerdeverfahren in Notarsachen nach § 111 BNotO die analoge Anwendung der Vorbem. 3.2.1 VV RVG bejaht. Nach der derzeitigen Rechtslage kommt der Anwalt also über die 0,5-Gebühren der Nrn. 3500 ff. VV RVG nicht hinaus.

Umso erfreulicher ist es, dass die ständige Kritik und das stete Drängen nach einer Verbesserung vom Gesetzgeber erhört worden sind. Künftig werden sämtliche Beschwerdeverfahren der freiwilligen Gerichtsbarkeit gegen Hauptsacheentscheidungen in den Katalog der Nr. 3.2.1 VV RVG als weitere Tatbestandsvariante zu Nr. 2 Buchst. b) aufgenommen. Dies hat dann zur Folge, dass sämtliche Beschwerdeverfahren in Angelegenheiten der freiwilligen Gerichtsbarkeit gegen Entscheidungen in der Hauptsache wie Berufungen zu behandeln sind. 882

Nur für einfache Beschwerden gegen Zwischenentscheidungen oder -verfügungen, Nebenentscheidungen und verfahrensleitende Beschlüsse der ersten Instanz bleibt es danach bei der Anwendung der Nrn. 3500 ff. VV RVG. Gleiches gilt für Beschwerden gegen Nebenentscheidungen, wie z.B. Kostenentscheidungen, Festsetzung des Geschäftswerts, Kostenfestsetzungen, etc. Insoweit bleibt es bei den Gebühren nach Teil 3 Abschnitt 5 VV RVG, den Nrn. 3500 ff. VV RVG. 883

Beispiel 168: Beschwerde gegen Zwischenentscheidung 884

Der Antragsteller lehnt im Verfahren auf Abberufung des Testamentsvollstreckers (Wert: 10.000,00 EUR) den Richter wegen der Besorgnis der Befangenheit ab. Der Ablehnungsantrag wird vom Stellvertreter des Richters zurückgewiesen. Hiergegen wird Beschwerde erhoben.

Im Beschwerdeverfahren richten sich die Gebühren nach den Nrn. 3500 ff. VV RVG, da nicht eine Entscheidung in der Hauptsache angegriffen wird.

Ausgehend von dem Wert der Hauptsache[314] ist wie folgt zu rechnen.

1.	0,5-Verfahrensgebühr, Nr. 3500 VV RVG		276,50 EUR
	(Wert: 10.000,00 EUR)		
2.	Postentgeltpauschale, Nr. 7002 VV RVG		20,00 EUR
	Zwischensumme	296,50 EUR	
3.	19 % Umsatzsteuer, Nr. 7008 VV RVG		56,34 EUR
	Gesamt		**352,84 EUR**

In Verfahren über eine Beschwerde gegen eine Entscheidung in der Hauptsache erhält der Anwalt künftig eine Verfahrensgebühr nach Nr. 3200 VV RVG, die sich grundsätzlich auf 1,6 beläuft. 885

Wie in allen Verfahren ermäßigt sich diese Gebühr bei vorzeitiger Erledigung nach Anm. Abs. 1 zu Nr. 3201 VV RVG auf 1,1, also wenn der Auftrag endet, bevor der Rechtsanwalt das Rechtsmittel eingelegt oder einen Schriftsatz, der Sachanträge, Sachvortrag, die Zurücknahme des Antrags oder die Zurücknahme des Rechtsmittels enthält, eingereicht oder bevor er einen gerichtlichen Termin wahrgenommen hat. 886

Diese Erhöhung der Verfahrensgebühr auf 1,6 durch Vorbem. 3.2.1 Nr. Buchst. b) VV RVG schränkt aber der Gesetzgeber sogleich in Anm. Abs. 2 zu Nr. 3201 VV RVG (siehe unten Rn 938) wieder ein. Danach entsteht neben den Fällen der vorzeitigen Erledigung (siehe oben Rn 886) ebenfalls nur die ermäßigte Verfahrensgebühr in Höhe von 1,1, bei einer sog. „eingeschränkten Tätigkeit". Eine solche eingeschränkte Tätigkeit soll nach Anm. Abs. 2 zu Nr. 3201 VV RVG vorliegen, wenn sich der Auftrag auf die Einlegung und Begründung des Rechtsmittels und die Entgegennahme der Rechtsmittelentscheidung beschränkt. 887

---

313 AGS 2008, 543 = DNotZ 2009, 396 = RVGreport 2008, 426 = NJW-Spezial 2008, 765.
314 Zur Bewertung einer Beschwerde gegen die Ablehnung eines Richters siehe Schneider/Kurpat/*Schneider*, Rn 921 ff.

888 Der Gesetzgeber wollte nicht in allen Fällen dem Anwalt die 1,6-Verfahrensgebühr für das Beschwerdeverfahren zugestehen. Er hat vielmehr mit seiner Konstruktion ein Zwei-Stufen-Modell entwickelt. Grundsätzlich soll der Anwalt eine höhere Vergütung erhalten als bisher. Anstelle der 0,5-Gebühr, die er bislang verdient, soll er auf jeden Fall eine 1,1-Verfahrensgebühr erhalten, also eine Verbesserung um 0,6. Bleibt es bei der Rechtsmitteleinlegung und seiner Begründung und muss der Anwalt darüber hinaus keine weiteren Tätigkeiten entfalten, als später die Entscheidung des Gerichts entgegenzunehmen, dann soll seine Tätigkeit mit 1,1 angemessen vergütet sein. Damit sollen insbesondere die einseitigen Verfahren erfasst werden. Häufig gibt es in Verfahren der freiwilligen Gerichtsbarkeit keinen echten Gegner, der sich beteiligt oder sich gegen ein Rechtsmittel wehrt. Zum Teil gibt es zwar einen „Gegner"; dieser beteiligt sich aber in Verfahren nicht, sodass die Sache „einseitig" bleibt, und es der Anwalt nur mit dem Gericht zu tun hat. Diese Fälle sollen mit einer 1,1-Verfahrensgebühr vergütet werden.

889 *Beispiel 169: Eingeschränkte Tätigkeit im Beschwerdeverfahren*

Gegen den Beschluss des Nachlassgerichts, mit dem der Erbscheinantrag des Mandanten abgelehnt worden ist, legt der Anwalt auftragsgemäß Beschwerde ein und begründet diese. Das Gericht weist die Beschwerde ohne mündliche Verhandlung zurück und setzt den Geschäftswert auf 10.000,00 EUR fest. Andere Verfahrensbeteiligte sind nicht vorhanden.

Der Anwalt erhält jetzt nur eine 1,1-Verfahrensgebühr nach Vorbem. 3.2.1 Nr. 2 Buchst. b), Nr. 3200, Anm. Abs. 2 zu 3201 VV RVG. Ausgehend von den neuen Gebührenbeträgen des § 13 RVG ergibt sich folgende Berechnung:

1.	1,1-Verfahrensgebühr, Nrn. 3200, 3201 VV RVG		608,30 EUR
	(Wert: 10.000,00 EUR)		
2.	Postentgeltpauschale, Nr. 7002 VV RVG		20,00 EUR
	Zwischensumme	628,30 EUR	
3.	19 % Umsatzsteuer, Nr. 7008 VV RVG		119,38 EUR
	Gesamt		**747,68 EUR**

890 Schließt sich an die Begründung dagegen eine weitere Tätigkeit an, werden also Schriftsätze gewechselt, kommt es zu einem Termin o. ä., dann greift nicht mehr die Ermäßigung der Anm. Abs. 2 zu Nr. 3201 VV RVG; in diesem Fall erhält der Anwalt vielmehr die volle Verfahrensgebühr nach Nr. 3200 VV RVG.

891 Die volle Verfahrensgebühr nach Nr. 3200 VV RVG wird daher insbesondere dann ausgelöst, wenn

- über die erste Begründung hinaus weitere Schriftsätze verfasst werden müssen, etwa weil
- der Gegner sich am Verfahren beteiligt und auf seine Erwiderung repliziert werden muss oder
- das Gericht Hinweise gibt, zu denen schriftsätzlich Stellung genommen werden muss.
- Die weitergehenden Schriftsätze müssen dabei nicht die Sache selbst betreffen. Auch weitere Schriftsätze zu Zwischenverfahren oder Zwischenentscheidungen führen zum Anfall der vollen Gebühr, etwa Wiedereinsetzungsanträge, Anträge auf Ablehnung des Richters o.Ä.;
- ein Termin zur mündlichen Verhandlung, Erörterung oder Anhörung durchgeführt wird, an dem der Anwalt teilnimmt oder zu dessen Ergebnis er Stellung nimmt;
- mit dem Gegner Besprechungen zur Erledigung des Verfahrens i.S.d. Vorbem. 3 Abs. 3, 3. Var. VV RVG geführt werden;
- Beweiserhebungen erfolgen o.Ä.

892 *Beispiel 170: Umfassende Tätigkeit im Beschwerdeverfahren*

Gegen den Beschluss des Nachlassgerichts, mit dem der Erbscheinantrag des Beteiligten zu 1) abgelehnt und dem Antrag des Beteiligten zu 2) stattgegeben worden ist, legt der Anwalt des

C. Änderungen im Vergütungsverzeichnis §3

Beteiligten zu 1) auftragsgemäß Beschwerde ein und begründet diese. Der Beteiligte zu 2) erwidert darauf, worauf der Anwalt des Beteiligten zu 1) nochmals Stellung nimmt. Hiernach weist das Gericht die Beschwerde ohne mündliche Verhandlung zurück und setzt den Geschäftswert auf 10.000,00 EUR fest.

Der Anwalt erhält jetzt eine volle 1,6-Verfahrensgebühr nach Vorbem. 3.2.1 Nr. 2 Buchst. b); Nr. 3200 VV RVG.

1.	1,6-Verfahrensgebühr, Nrn. 3200 VV RVG		884,80 EUR
	(Wert: 10.000,00 EUR)		
2.	Postentgeltpauschale, Nr. 7002 VV RVG		20,00 EUR
	Zwischensumme	904,80 EUR	
3.	19 % Umsatzsteuer, Nr. 7008 VV RVG		171,91 EUR
	Gesamt		**1.076,71 EUR**

Auch die Terminsgebühr wird höher ausfallen. Sie wird sich nach Nr. 3202 VV RVG auf 1,2 belaufen. Eine Ermäßigung nach Nr. 3203 VV RVG ist nicht möglich, da in Verfahren der freiwilligen Gerichtsbarkeit eine Versäumnisentscheidung nicht vorgesehen ist. 893

Beispiel 171: Beschwerdeverfahren mit mündlicher Verhandlung 894

Über die Beschwerde des Antragstellers (Wert: 10.000,00 EUR) wird vor dem Beschwerdegericht mündlich verhandelt.

Der Anwalt erhält jetzt schon allein wegen der Terminswahrnehmung die volle 1,6-Verfahrensgebühr nach Vorbem. 3.2.1 Nr. 2 Buchst. b), Nr. 3200 VV RVG. Hinzu kommt eine 1,2-Terminsgebühr nach Nr. 3202 VV RVG.

1.	1,6-Verfahrensgebühr, Nr. 3200 VV RVG		884,80 EUR
	(Wert: 10.000,00 EUR)		
2.	1,2-Terminsgebühr, Nr. 3202 VV RVG		663,60 EUR
	(Wert: 10.000,00 EUR)		
3.	Postentgeltpauschale, Nr. 7002 VV RVG		20,00 EUR
	Zwischensumme	1.568,40 EUR	
4.	19 % Umsatzsteuer, Nr. 7008 VV RVG		298,00 EUR
	Gesamt		**1.866,40 EUR**

Eine weitere Verbesserung ergibt sich im Falle einer Einigung. Dadurch, dass die Beschwerdeverfahren in Angelegenheiten der freiwilligen Gerichtsbarkeit nunmehr in den Katalog der Nr. 3.2.1 VV RVG aufgenommen werden (siehe Rn 865), ist automatisch nicht mehr der Ermäßigungstatbestand der Nr. 1003 VV RVG (Reduzierung auf 1,0) anzuwenden, sondern nur der Ermäßigungstatbestand der Nr. 1004 VV RVG. Die Gebühr der Nr. 1000 VV RVG ermäßigt sich also nur auf 1,3, sodass sich der Anwalt zukünftig im Falle einer Einigung um 0,3 besser steht als bisher. 895

Beispiel 172: Beschwerdeverfahren mit mündlicher Verhandlung und Einigung 896

Gegen den Beschluss des Nachlassgerichts, mit dem die Abberufung des Testamentsvollstreckers abgelehnt worden ist, legt der Anwalt auftragsgemäß Beschwerde ein. Es kommt zu einem Termin zur mündlichen Verhandlung, in dem ein Vergleich geschlossen wird. Der Geschäftswert wird auf 10.000,00 EUR festgesetzt.

Der Anwalt erhält jetzt die volle 1,6-Verfahrensgebühr nach Vorbem. 3.2.1 Nr. 2 Buchst. b), Nr. 3200 VV RVG, eine 1,2-Terminsgebühr nach Nr. 3202 VV RVG und eine 1,3-Einigungsgebühr nach Nrn. 1000, 1004 VV RVG.

§ 3 Änderungen des RVG

1.	1,6-Verfahrensgebühr, Nrn. 3200 VV RVG (Wert: 10.000,00 EUR)		884,80 EUR
2.	1,2-Terminsgebühr, Nr. 3202 VV RVG (Wert: 10.000,00 EUR)		663,60 EUR
3.	1,3-Einigungsgebühr, Nrn. 1000, 1004 VV RVG (Wert: 10.000,00 EUR)		718,90 EUR
4.	Postentgeltpauschale, Nr. 7002 VV RVG		20,00 EUR
	Zwischensumme	2.287,30 EUR	
5.	19 % Umsatzsteuer, Nr. 7008 VV RVG		434,59 EUR
	Gesamt		**2.721,89 EUR**

(4) Beschwerden gegen die den Rechtszug beendenden Entscheidungen in Beschlussverfahren vor den Gerichten für Arbeitssachen (Nr. 2 Buchst. c)

897 Die Beschwerden gegen die den Rechtszug beendenden Entscheidungen in Arbeitssachen waren bislang Vorbem. 3.2.1 Nr. 3 VV RVG geregelt. Sie finden sich jetzt in Nr. 2 Buchst. c. Eine inhaltliche Änderung ist damit nicht verbunden.

(5) Beschwerden gegen die den Rechtszug beendenden Entscheidungen im personalvertretungsrechtlichen Beschlussverfahren vor den Gerichten der Verwaltungsgerichtsbarkeit (Nr. 2 Buchst. d)

898 Nach dem Regierungsentwurf sind auch diese Verfahren (§§ 83, 84 BPersVG) jetzt nach den Gebühren eines Berufungsverfahrens abzurechnen.[315] Im Referentenentwurf waren diese Verfahren noch nicht vorgesehen. Da sie den entsprechenden arbeitsgerichtlichen Beschlussverfahren jedoch vergleichbar sind, sollen künftig auch hier die höheren Gebühren ausgelöst werden.

(6) Beschwerden nach dem GWB (Nr. 2 Buchst. e)

899 Beschwerdeverfahren nach dem GWB (§§ 63 ff. GWB) werden auch jetzt schon nach den Nrn. 3200 ff. VV RVG vergütet (Vorbem. 3.2.1 Nr. 4 VV RVG a.F.). Die entsprechende Regelung wird lediglich aus systematischen Gründen zur neuen Vorbem. 3.2.1 Nr. 2 Buchst. e) VV RVG.[316] Inhaltliche Änderungen sind damit nicht verbunden.

(7) Beschwerden nach dem EnWG (Nr. 2 Buchst. f)

900 Beschwerdeverfahren nach dem EnWG (§§ 75 ff. EnWG) werden auch jetzt schon nach den Nrn. 3200 ff. VV RVG vergütet (Vorbem. 3.2.1 Nr. 8 VV RVG a.F.). Die entsprechende Regelung wird lediglich aus systematischen Gründen zur neuen Vorbem. 3.2.1 Nr. 2 Buchst. f) VV RVG.[317] Inhaltliche Änderungen sind damit nicht verbunden.

(8) Beschwerden nach dem KSpG (Nr. 2 Buchst. g)

901 Beschwerdeverfahren nach dem KSpG (§ 35 Abs. 3 KSpG) werden auch jetzt schon nach den Nrn. 3200 ff. VV RVG vergütet (Vorbem. 3.2.1 Nr. 10 VV RVG a.F.). Die entsprechende Regelung wird lediglich aus systematischen Gründen zur neuen Vorbem. 3.2.1 Nr. 2 Buchst. g) VV RVG.[318] Inhaltliche Änderungen sind damit nicht verbunden.

---

315 Änderung durch Art. 8 Abs. 2 Nr. 30.
316 Änderung durch Art. 8 Abs. 2 Nr. 30.
317 Änderung durch Art. 8 Abs. 2 Nr. 30.
318 Änderung durch Art. 8 Abs. 2 Nr. 30.

(9) Beschwerden nach dem VSchDG (Nr. 2 Buchst. h)
Beschwerdeverfahren nach dem VSchDG (§§ 13 ff. VSchDG) werden auch jetzt schon nach den Nrn. 3200 ff. VV RVG vergütet (Vorbem. 3.2.1 Nr. 9 VV RVG a.F.). Die entsprechende Regelung wird lediglich aus systematischen Gründen zur neuen Vorbem. 3.2.1 Nr. 2 Buchst. h) VV RVG.[319] Inhaltliche Änderungen sind damit nicht verbunden.

902

(10) Beschwerden nach dem SpruchG (Nr. 2 Buchst. i)
Beschwerdeverfahren nach dem SpruchG (§ 12 SpruchG) wurden bislang mangels gesonderter Regelungen nach den Nr. 3500 ff. VV RVG vergütet.

903

Mit der neuen Nr. 2 Buchst. i) soll die Anwendbarkeit der Vorschriften über die Gebühren im Berufungsverfahren auf Beschwerdeverfahren nach dem SpruchG erweitert werden.[320] Nach Umfang, Bedeutung und Schwierigkeit ist das Spruchverfahren eher mit einem zivilrechtlichen Klageverfahren in gesellschaftsrechtlichen Streitigkeiten vergleichbar.

904

Diese Verfahren gestalten sich erfahrungsgemäß rechtlich und tatsächlich sehr komplex und erfordern zumeist eine umfangreiche Beweisaufnahme. Die wirtschaftlichen Konsequenzen der Entscheidung im Spruchverfahren sind sowohl für das Unternehmen als auch die Gesellschafter weitreichend. Die Wirkung der gerichtlichen Entscheidung übertrifft sogar die eines Urteils (§ 13 SpruchG). Im Übrigen liegt die Verfahrensdauer häufig bei mehreren Jahren.

905

Grund hierfür ist, dass die Beschwerde nach § 12 SpruchG die Anfechtung einer den Rechtsweg beendenden Entscheidung betrifft. Sie führt in eine vollständige zweite Tatsacheninstanz und ermöglicht grundsätzlich in vollem Umfang neuen Tatsachen- und Rechtsvortrag. Insoweit geht die Beschwerde über den Umfang einer Berufung hinaus und ist mit den übrigen in Vorbem. 3.2.1 Nr. 2 VV RVG genannten Verfahren vergleichbar.

906

(11) Beschwerden gegen die Entscheidung des Verwaltungs- oder Sozialgerichts wegen des Hauptgegenstands in Verfahren des vorläufigen oder einstweiligen Rechtsschutzes (Nr. 3 Buchst. a)
(a) Überblick
Beschwerdeverfahren wegen des Hauptgegenstands des einstweiligen Rechtsschutzes werden in verwaltungs- und sozialgerichtlichen Angelegenheiten bisher

907

- bei Wertgebühren nach den Nrn. 3500, 3513 VV RVG
- bei Rahmengebühren nach Nrn. 3501, 3515 VV RVG

vergütet.

Versuche, eine analoge Anwendung der Vorbem. 3.2.1 VV RVG zu erreichen oder aus dem Umkehrschluss zu Vorbem. 3.2 VV RVG zu schließen, dass die höheren Gebühren eines Berufungsverfahrens gelten, sind von der Rechtsprechung sowohl in verwaltungsgerichtlichen Verfahren[321] als auch in sozialgerichtlichen Verfahren[322] bislang einhellig zurückgewiesen worden.

908

Weder kann also die höhere Verfahrensgebühr noch die höhere Terminsgebühr eines Berufungsverfahrens beansprucht werden. Auch gibt es – im Gegensatz zu den zivilrechtlichen Arrest- und einstweiligen Verfügungsverfahren – keinen Sondertatbestand für die Terminsgebühr (Nr. 3514 VV RVG) (siehe dazu auch Rn 1086), wenn das Beschwerdegericht die mündliche Verhandlung anberaumt. Es bleibt hier vielmehr bei den einfachen Gebühren.

909

---

319 Änderung durch Art. 8 Abs. 2 Nr. 30.
320 Änderung durch Art. 8 Abs. 2 Nr. 30.
321 OVG Sachsen-Anhalt AGS 2012, 330 m. Anm. *N. Schneider* = JurBüro 2012, 298 = NJW-Spezial 2012, 445;
322 LSG Hessen AGS 2012, 180; LSG Nordrhein-Westfalen AGS 2012, 181 m. Anm. *N. Schneider*; LSG Thüringen AGkompakt 2012, 57; Beschl. v. 15.3.2011 – L 6 SF 975/10 B; SG Berlin AGS 2011, 232 = ASR 2011, 79; SG Kiel AGS 2012, 276 = NZS 2012, 440.

§ 3 Änderungen des RVG

910 *Beispiel 173: Beschwerde gegen einstweilige Anordnung des Verwaltungsgerichts (bisheriges Recht)*

Gegen den Beschluss des VG, mit dem das Gericht den Antrag auf Aussetzung der sofortigen Vollziehung des Antragstellers abgelehnt hat, legt dieser Beschwerde zum OVG/VGH ein. Das OVG/der VGH weist die Beschwerde ohne mündliche Verhandlung zurück und setzt den Streitwert auf 1.500,00 EUR fest.

Im Beschwerdeverfahren ist nach den derzeitigen Gebührenbeträgen wie folgt zu rechnen:

1.	0,5-Verfahrensgebühr, Nr. 3500 VV RVG	52,50 EUR
	(Wert: 1.500,00 EUR)	
2.	Postentgeltpauschale, Nr. 7002 VV RVG	10,50 EUR
	Zwischensumme	63,00 EUR
3.	19 % Umsatzsteuer, Nr. 7008 VV RVG	11,97 EUR
	Gesamt	**74,97 EUR**

911 *Beispiel 174: Beschwerde gegen einstweilige Anordnung des Sozialgerichts (Rahmengebühren – bisheriges Recht)*

Gegen den Beschluss des SG, mit dem die Behörde zu einer vorläufigen Leistung verpflichtet worden ist, legt diese Beschwerde ein. Das LSG verhandelt mündlich und entscheidet sodann.

Im Beschwerdeverfahren ist – ausgehend von den Mittelgebühren nach den derzeitigen Betragsrahmen – wie folgt zu rechnen:

1.	Verfahrensgebühr, Nr. 3501 VV RVG	87,50 EUR
2.	Terminsgebühr, Nr. 3515 VV RVG	87,50 EUR
3.	Postentgeltpauschale, Nr. 7002 VV RVG	20,00 EUR
	Zwischensumme	195,00 EUR
4.	19 % Umsatzsteuer, Nr. 7008 VV RVG	37,05 EUR
	Gesamt	**232,05 EUR**

912 Zukünftig soll der Rechtsanwalt die gleichen Gebühren erhalten wie in einem Berufungsverfahren. Der Gesetzgeber hat erkannt, dass in den verwaltungs- und sozialgerichtlichen Beschwerdeverfahren betreffend Entscheidungen des einstweiligen Rechtsschutzes in der Hauptsache die geringeren Beschwerdegebühren nach Teil 3 Abschnitt 5 VV RVG nicht angemessen sind, da diese Verfahren häufig sehr viel Arbeit und Aufwand verursachen und eine hohe Verantwortung des Anwalts gegeben ist. Daher ist beabsichtigt, die Beschwerden gegen Entscheidungen der Verwaltungs- und Sozialgerichte im einstweiligen Rechtsschutz in den Katalog der Vorbem. 3.2.1 VV RVG als neue Nr. 3 Buchst. a) aufzunehmen. Der Anwalt erhält dann die gleichen Gebühren wie in einem Berufungsverfahren.

913 Für Beschwerden gegen Zwischen- und Nebenentscheidungen in Verfahren des einstweiligen Rechtsschutzes bleibt es dagegen bei den Gebühren nach Teil 3 Abschnitt 5 VV RVG, also bei den Wertgebühren der Nrn. 3500, 3513 VV RVG und den Rahmengebühren der Nrn. 3501, 3515 VV RVG.

914 Die Höhe der Gebühren in Beschwerdeverfahren des einstweiligen Rechtsschutzes in der Hauptsache richtet sich danach, ob nach Wertgebühren oder nach Betragsrahmengebühren abzurechnen ist.

(b) Abrechnung nach Wertgebühren

915 Soweit sich die Gebühren nach dem Gegenstandswert richten, also in verwaltungsgerichtlichen Verfahren und in den sozialgerichtlichen Verfahren nach § 3 Abs. 1 S. 2 RVG, entsteht zukünftig anstelle der 0,5-Verfahrensgebühr nach Nr. 3500 VV RVG die 1,3-Verfahrensgebühr nach Nr. 3200 VV RVG. Anstelle der 0,5-Terminsgebühr der Nr. 3513 VV RVG fällt künftig eine 1,2-Terminsgebühr nach Nr. 3202 VV RVG an.

Eine Ermäßigung nach Nr. 3203 VV RVG kann nicht eintreten, da eine Versäumnisentscheidung in Verfahren, in denen der Amtsermittlungsgrundsatz gilt, nicht möglich ist (arg e § 103 SGG, § 86 Abs. 1 VwGO). 916

> *Beispiel 175: Beschwerde gegen einstweilige Anordnung des Verwaltungsgerichts (neues Recht)* 917
>
> Gegen den Beschluss des VG, mit dem das Gericht den Antrag auf Aussetzung der sofortigen Vollziehung des Antragstellers abgelehnt hat, legt dieser Beschwerde zum OVG/VGH ein. Das OVG/der VGH weist die Beschwerde ohne mündliche Verhandlung zurück und setzt den Streitwert auf 1.500,00 EUR fest.
>
> Im Beschwerdeverfahren ist zukünftig nach den neuen Gebührenbeträgen wie folgt zu rechnen:
>
> 1. 1,6-Verfahrensgebühr, Nr. 3200 VV RVG   176,00 EUR
>   (Wert: 1.500,00 EUR)
> 2. Postentgeltpauschale, Nr. 7002 VV RVG   20,00 EUR
>   Zwischensumme   196,00 EUR
> 3. 19 % Umsatzsteuer, Nr. 7008 VV RVG   37,24 EUR
>   **Gesamt**   **233,24 EUR**

Kommt es hier zu einer Einigung oder Erledigung, entsteht nach Anm. Abs. 1 zu Nr. 1004 VV RVG eine 1,3-Einigungsgebühr. 918

> *Beispiel 176: Beschwerde gegen einstweilige Anordnung des Verwaltungsgerichts mit Einigung (neues Recht)* 919
>
> Wie vorangegangenes Beispiel 175 (siehe Rn 917); im Termin zur mündlichen Verhandlung vor dem OVG/VGH wird eine Einigung erzielt.
>
> Hinzu kommt jetzt eine 1,2-Terminsgebühr nach Nr. 3202 VV RVG sowie eine 1,3-Einigungsgebühr nach Nrn. 1000, 1004 VV RVG (Anm. Abs. 1 zu Nr. 1004 VV RVG):
>
> 1. 1,6-Verfahrensgebühr, Nr. 3200 VV RVG   176,00 EUR
>   (Wert: 1.500,00 EUR)
> 2. 1,2-Verfahrensgebühr, Nr. 3202 VV RVG   132,00 EUR
>   (Wert: 1.500,00 EUR)
> 3. 1,3-Einigungsgebühr, Nr. 1000, 1004 VV RVG   143,00 EUR
>   (Wert: 1.500,00 EUR)
> 4. Postentgeltpauschale, Nr. 7002 VV RVG   20,00 EUR
>   Zwischensumme   471,00 EUR
> 5. 19 % Umsatzsteuer, Nr. 7008 VV RVG   89,49 EUR
>   **Gesamt**   **560,49 EUR**

(c) Abrechnung nach Betragsrahmengebühren
(aa) Überblick

Soweit nach Betragsrahmen abzurechnen ist, also in den Beschwerdeverfahren nach den §§ 172 ff. SGG, in denen das GKG nicht anzuwenden ist (§ 3 Abs. 1 S. 1 RVG), erhält der Anwalt gem. Vorbem. 3.2.1 Nr. 3 Buchst. a) VV RVG anstelle der Gebühren nach den Nrn. 3501, 3515 920

VV RVG die Gebühren nach den Nrn. 3204, 3205 VV RVG. Zudem entsteht auch eine höhere Einigungs- oder Erledigungsgebühr (Nr. 1006 VV RVG).

921 Ob die Rechtsprechung allerdings in diesen Verfahren grundsätzlich eine Mittelgebühr zugesteht oder – wie in erstinstanzlichen Verfahren – wegen des Eilcharakters grundsätzlich von einer unter der Mittelgebühr liegenden Gebühr ausgehen wird, bleibt abzuwarten.

(bb) Verfahrensgebühr

922 Die Verfahrensgebühr richtet sich nach Nr. 3204 VV RVG und weist künftig einen Gebührenrahmen von 60,00 bis 680,00 EUR aus (siehe Rn 962). Die Mittelgebühr beträgt 370,00 EUR.

923 *Beispiel 177: Beschwerde gegen einstweilige Anordnung des Sozialgerichts ohne mündliche Verhandlung (neues Recht)*

Gegen den Beschluss des SG, mit dem die Behörde zu einer vorläufigen Leistung verpflichtet worden ist, legt diese Beschwerde ein. Das LSG entscheidet ohne mündliche Verhandlung.

Ausgehend von der Mittelgebühr und den ab dem 1.7.2013 geltenden Gebührenrahmen ist zukünftig wie folgt abzurechnen:

1.	Verfahrensgebühr, Nr. 3204 VV RVG		370,00 EUR
2.	Postentgeltpauschale, Nr. 7002 VV RVG		20,00 EUR
	Zwischensumme	390,00 EUR	
3.	19 % Umsatzsteuer, Nr. 7008 VV RVG		74,10 EUR
	Gesamt		**464,10 EUR**

(cc) Terminsgebühr

924 Kommt es zu einem Termin i.S.d. Vorbem. 3 Abs. 3 VV RVG, entsteht eine Terminsgebühr nach Nr. 3205 VV RVG. Da eine mündliche Verhandlung nicht vorgeschrieben ist und der Erlass eines Gerichtsbescheids in diesen Verfahren nicht in Betracht kommt (§ 124 Abs. 3 SGG), ist die Anm. zu Nr. 3205 VV RVG (Anm. S. 1 Nr. 1 und 3 zu Nr. 3106 VV RVG) nicht anwendbar. Der Gebührenrahmen beläuft sich nach den neuen Beträgen auf 50,00 bis 510,00 EUR (siehe Rn 965). Die Mittelgebühr beträgt 280,00 EUR.

925 *Beispiel 178: Beschwerde gegen einstweilige Anordnung des Sozialgerichts mit mündlicher Verhandlung (neues Recht)*

Gegen den Beschluss des SG, mit dem die Behörde zu einer vorläufigen Leistung verpflichtet worden ist, legt diese Beschwerde ein. Das LSG verhandelt mündlich und entscheidet sodann.

Ausgehend von der Mittelgebühr und den ab dem 1.7.2013 geltenden Gebührenrahmen ist zukünftig wie folgt abzurechnen:

1.	Verfahrensgebühr, Nr. 3204 VV RVG		370,00 EUR
2.	Terminsgebühr, Nr. 3205 VV RVG		280,00 EUR
3.	Postentgeltpauschale, Nr. 7002 VV RVG		20,00 EUR
	Zwischensumme	670,00 EUR	
4.	19 % Umsatzsteuer, Nr. 7008 VV RVG		127,30 EUR
	Gesamt		**797,30 EUR**

C. Änderungen im Vergütungsverzeichnis § 3

(dd) Einigungs- und Erledigungsgebühr

Infolge der Anhebung der Gebühren, werden sich auch höhere Einigungs- und Erledigungsgebühren ergeben, da diese sich künftig nach der Höhe der Verfahrensgebühr richten.[323] Der Anwalt erhält also eine Erledigungsgebühr nach Nr. 1006 i.V.m. Nr. 3204 VV RVG in Höhe von 60,00 bis 680,00 EUR. Die Mittelgebühr beträgt 370,00 EUR. Das gilt auch dann, wenn die nicht anhängige Hauptsache mit verglichen oder darüber eine Erledigung erzielt wird.

926

> *Beispiel 179: Beschwerde gegen einstweilige Anordnung des Sozialgerichts mit mündlicher Verhandlung und Einigung (neues Recht)*
>
> Gegen den Beschluss des SG, mit dem die Behörde zu einer vorläufigen Leistung verpflichtet worden ist, legt diese Beschwerde ein. In der mündlichen Verhandlung wird eine Einigung getroffen.
>
> Ausgehend von der Mittelgebühr und den ab dem 1.7.2013 geltenden Gebührenrahmen ist zukünftig wie folgt abzurechnen:
>
> | | | | |
> |---|---|---:|---:|
> | 1. | Verfahrensgebühr, Nr. 3204 VV RVG | | 370,00 EUR |
> | 2. | Terminsgebühr, Nr. 3205 VV RVG | | 280,00 EUR |
> | 3. | Erledigungsgebühr, Nrn. 1006, 3204 VV RVG | | 370,00 EUR |
> | 4. | Postentgeltpauschale, Nr. 7002 VV RVG | | 20,00 EUR |
> | | Zwischensumme | 1.040,00 EUR | |
> | 5. | 19 % Umsatzsteuer, Nr. 7008 VV RVG | | 197,60 EUR |
> | | **Gesamt** | | **1.237,60 EUR** |

927

(12) Beschwerden nach dem WpÜG (Nr. 3 Buchst. b)

Beschwerdeverfahren nach dem WpÜG (§§ 48 ff. WpÜG) werden auch jetzt schon nach den Nrn. 3200 ff. VV RVG vergütet (Vorbem. 3.2.1 Nr. 5 VV RVG a.F.). Die entsprechende Regelung wird lediglich aus redaktionellen Gründen zur neuen Vorbem. 3.2.1 Nr. 3 Buchst. b) VV RVG.[324] Inhaltliche Änderungen sind damit nicht verbunden.

928

Das derzeit in der Vorbem. 3.2.2 Nr. 1 Buchst. d) VV RVG genannte Rechtsbeschwerdeverfahren nach dem Wertpapiererwerbs- und Übernahmegesetz (WpÜG) wird gestrichen, da sich die Gebühren für das Rechtsbeschwerdeverfahren in einer Bußgeldsache gem. § 63 WpÜG nach Teil 5 VV RVG bestimmen.

929

(13) Beschwerden nach dem WpHG (Nr. 3 Buchst. c)

Beschwerdeverfahren nach dem WpHG (§§ 37u ff. WpHG) werden auch jetzt schon nach den Nrn. 3200 ff. VV RVG vergütet (Vorbem. 3.2.1 Nr. 6 VV RVG a.F.). Die entsprechende Regelung wird lediglich aus redaktionellen Gründen zur neuen Vorbem. 3.2.1 Nr. 3 Buchst. c) VV RVG.[325] Inhaltliche Änderungen sind damit nicht verbunden.

930

(14) Rechtsbeschwerdeverfahren nach dem StVollzG, auch i.V.m. § 92 JGG (Vorbem. 3.2.1 Nr. 4 VV RVG)

Für Rechtsbeschwerdeverfahren soll grundsätzlich eine höhere Vergütung durch eine Neufassung der Vorbem. 3.2.2 VV RVG erreicht werden (siehe unten Rn 975).[326]

931

Von dieser Verweisung auf die Gebühren eines Revisionsverfahrens ausgenommen werden soll – wie bisher – das in der vorgeschlagenen Nr. 4 genannte Verfahren über die Rechtsbeschwerde

932

---

323 Siehe *Schneider/Thiel*, AGS 2012, 157 ff. (162 f.).
324 Änderung durch Art. 8 Abs. 2 Nr. 30.
325 Änderung durch Art. 8 Abs. 2 Nr. 30.
326 Änderung durch Art. 8 Abs. 2 Nr. 35.

nach dem StVollzG.[327] Dieses Rechtsbeschwerdeverfahren unterscheidet sich von den in der Neufassung der Vorbem. 3.2.2 VV RVG genannten Rechtsbeschwerden dadurch, dass für die Entscheidung nicht der BGH, sondern das OLG zuständig ist.

933 Beschwerdeverfahren nach dem StVollzG, auch i.V.m. § 92 JGG (§ 108 ff. StVollzG) werden auch jetzt schon nach den Nrn. 3200 ff. VV RVG vergütet (Vorbem. 3.2.1 Nr. 7 VV RVG a.F.). Die entsprechende Regelung wird lediglich aus redaktionellen Gründen zur neuen Vorbem. 3.2.1 Nr. 4 VV RVG. Inhaltliche Änderungen sind damit nicht verbunden.

b) Nr. 3201 VV RVG
aa) Überblick

934 Nr. 3201 VV RVG erhält folgende neue Fassung:[328]

3201	Vorzeitige Beendigung des Auftrags oder eingeschränkte Tätigkeit des Anwalts:	
	Die Gebühr 3200 beträgt	1,1
	(1) Eine vorzeitige Beendigung liegt vor,	
	1. wenn der Auftrag endet, bevor der Rechtsanwalt das Rechtsmittel eingelegt oder einen Schriftsatz, der Sachanträge, Sachvortrag, die Zurücknahme der Klage oder die Zurücknahme des Rechtsmittels enthält, eingereicht oder bevor er einen gerichtlichen Termin wahrgenommen hat, oder	
	2. soweit Verhandlungen vor Gericht zur Einigung der Parteien oder der Beteiligten oder mit Dritten über in diesem Verfahren nicht rechtshängige Ansprüche geführt werden; der Verhandlung über solche Ansprüche steht es gleich, wenn beantragt ist, eine Einigung zu Protokoll zu nehmen oder das Zustandekommen einer Einigung festzustellen (§ 278 Abs. 6 ZPO).	
	Soweit in den Fällen der Nummer 2 der sich nach § 15 Abs. 3 RVG ergebende Gesamtbetrag der Verfahrensgebühren die Gebühr 3200 übersteigt, wird der übersteigende Betrag auf eine Verfahrensgebühr angerechnet, die wegen desselben Gegenstands in einer anderen Angelegenheit entsteht.	
	(2) Eine eingeschränkte Tätigkeit des Anwalts liegt vor, wenn sich seine Tätigkeit	
	1. in einer Familiensache, die nur die Erteilung einer Genehmigung oder die Zustimmung des Familiengerichts zum Gegenstand hat, oder	
	2. in einer Angelegenheit der freiwilligen Gerichtsbarkeit	
	auf die Einlegung und Begründung des Rechtsmittels und die Entgegennahme der Rechtsmittelentscheidung beschränkt.	

935 Der Ermäßigungstatbestand der Nr. 3201 VV RVG soll erweitert werden. Neben den bereits geltenden Ermäßigungen der vorzeitigen Beendigung in der derzeitigen Anm. zu Nr. 3201 VV RVG soll als weitere Alternative die eingeschränkte Tätigkeit des Anwalts hinzu kommen, die in der neuen Anm. Abs. 2 zu Nr. 3201 VV RVG näher geregelt wird. Die bisherige Anm. wird dadurch zu Anm. Abs. 1 zu Nr. 3201 VV RVG.

936 Darüber hinaus wird die bisher schon gegebene Ermäßigung der Anm. Nr. 2 zu Nr. 3201 VV RVG a.F. in Anm. Abs. 1 Nr. 2 zu Nr. 3102 VV RVG neu gefasst.

bb) Ermäßigung bei vorzeitiger Erledigung

937 **Die neue Formulierung der vorzeitigen Erledigung nach** Anm. Abs. 1 Nr. 2 zu Nr. 3201 VV RVG soll – ebenso wie die Neuformulierung der Nr. 3101 Nr. 2 VV RVG – nur der Klarstellung dienen. Auf die Ausführungen zu Nr. 3101 Nr. 2 VV RVG (siehe Rn 792 ff.) kann daher Bezug genommen werden.

---

327 Änderung durch Art. 8 Abs. 2 Nr. 30.
328 Änderung durch Art. 8 Abs. 2 Nr. 31.

C. Änderungen im Vergütungsverzeichnis §3

cc) Eingeschränkte Tätigkeit
(1) Überblick
Neu eingeführt wird eine Ermäßigung bei eingeschränkten Tätigkeiten in Familiensachen und in Verfahren der freiwilligen Gerichtsbarkeit, wenn sich die Tätigkeit des Anwalts auf die Einlegung und Begründung des Rechtsmittels und die Entgegennahme der Rechtsmittelentscheidung beschränkt. 938

(2) Verfahren der freiwilligen Gerichtsbarkeit
Aufgrund der Änderung der Vorbem. 3.2.1 Nr. 2 Buchst. b) VV RVG erhält der Anwalt in Angelegenheiten der freiwilligen Gerichtsbarkeit im Beschwerdeverfahren die gleichen Gebühren wie in einem Berufungsverfahren. Dies würde nach Auffassung des Gesetzgebers jedoch in Beschwerdeverfahren, bei denen sich kein anderer beteiligt, zu einer im Einzelfall nicht gerechtfertigten Gebührenhöhe führen. Daher wird entsprechend Nr. 3101 Nr. 3 VV RVG die ermäßigte Verfahrensgebühr für den Fall vorgeschlagen, dass es bei einem einseitigen Beschwerdeverfahren bleibt und das Gericht nach Einlegung und Begründung der Beschwerde unmittelbar entscheidet. Zu diesem Zweck ist der weitere Ermäßigungstatbestand in Anm. Abs. 2 Nr. 2 zu Nr. 3201 VV RVG eingefügt worden. 939

In allen anderen Fällen soll die ungekürzte 1,6-Verfahrensgebühr entstehen. 940

Wegen der Einzelheiten wird insoweit auf die voranstehenden Ausführungen (siehe Rn 876 ff.) Bezug genommen.

(3) Familiensachen
Entsprechend der Regelung in Nr. 3101 Nr. 3 VV RVG soll auch in Familiensachen im Beschwerdeverfahren eine Ermäßigung der Verfahrensgebühr auf 1,1 eintreten, wenn 941
- das Verfahren nur die Erteilung einer Genehmigung oder die Zustimmung des FamG zum Gegenstand hat
- oder **sich die Tätigkeit des Anwalts auf die Einlegung und Begründung des Rechtsmittels und die Entgegennahme der Rechtsmittelentscheidung beschränkt.**

Auch in Familiensachen wird anknüpfend an den aus Nr. 3101 Nr. 3 VV RVG abzuleitenden Rechtsgedanken, in Verfahren, in denen es nur um die Erteilung einer Genehmigung geht oder verfahrensgegenständlich die Zustimmung des Familiengerichts ist, geringere Gebührensätze anzunehmen, der Ermäßigungstatbestand auch in das Beschwerdeverfahren eingeführt und Nr. 3201 entsprechend ergänzt. 942

> *Beispiel 180: Beschwerde gegen einen Beschluss des FamG, der die Genehmigung eines Rechtsgeschäfts zum Gegenstand hat* 943
>
> Gegen den Beschluss des FamG, mit dem die Erteilung der Genehmigung, über das Vermögen im Ganzen verfügen zu dürfen, abgelehnt worden ist, legt der Anwalt auftragsgemäß Beschwerde ein und begründet diese. Das OLG weist die Beschwerde ohne mündliche Verhandlung zurück und setzt den Verfahrenswert auf 100.000,00 EUR fest.
>
> Der Anwalt erhält jetzt nur eine auf 1,1 ermäßigte Verfahrensgebühr, da verfahrensgegenständlich allein die Genehmigung des FamG ist, sodass nach dem eindeutigen Wortlaut zwingend zu ermäßigen ist. Ausgehend von den neuen Gebührenbeträgen des § 13 RVG ergibt sich dann folgende Berechnung:
> 1. 1,1-Verfahrensgebühr, Nrn. 3200, 3201 VV RVG   1.647,80 EUR
>   (Wert: 100.000,00 EUR)
> 2. Postentgeltpauschale, Nr. 7002 VV RVG   20,00 EUR
>   Zwischensumme   1.667,80 EUR

	3. 19 % Umsatzsteuer, Nr. 7008 VV RVG	316,88 EUR
	Gesamt	**1.984,68 EUR**

944 Anm. Abs. 2 Nr. 2 zu Nr. 3201 VV RVG bezieht sich gleichermaßen auf Familiensachen, sodass eine ermäßigte Verfahrensgebühr anzunehmen ist, wenn es bei einem einseitigen Beschwerdeverfahren verbleibt und das Gericht nach Einlegung und Begründung der Beschwerde unmittelbar entscheidet (siehe Rn 938). Sind mehrere Personen am Verfahren beteiligt, handelt es sich also nicht um ein einseitiges Verfahren, und hat sich der Anwalt mit weiterem Sachvortrag auseinanderzusetzen, so wird die ungekürzte 1,6-Verfahrensgebühr der Nr. 3200 VV RVG ausgelöst.

c) Nr. 3202 VV RVG
aa) Überblick

945 Nr. 3202 VV RVG erhält folgende Fassung:[329]

3202	Terminsgebühr, soweit in Nummer 3205 nichts anderes bestimmt ist ...	1,2
	(1) Absatz 1 Nr. 1 und 3 sowie die Absätze 2 und 3 der Anmerkung zu Nummer 3104 gelten entsprechend.	
	(2) Die Gebühr entsteht auch, wenn nach § 79a Abs. 2, § 90a oder § 94a FGO ohne mündliche Verhandlung durch Gerichtsbescheid entschieden wird.	

946 Mit der Neufassung der Anm. Abs. 1 zu Nr. 3202 VV RVG soll die Verweisung auf die Anmerkungen zu Nr. 3104 VV RVG präziser gefasst werden. Die Verweisung beschränkt sich auf diejenigen Nummern der Anm. Abs. 1 zu Nr. 3104 VV RVG, die im Berufungsverfahren entsprechend anzuwenden sind und nimmt diejenigen Fälle der Anmerkung von der Verweisung aus, die nicht auf das Berufungsverfahren anwendbar sind.

947 In Anm. Abs. 2 zu Nr. 3202 VV RVG ist der Fall des § 130a VwGO gestrichen worden.

bb) Anm. Abs. 1
(1) Überblick

948 In der Neufassung der Anm. Abs. 1 zu Nr. 3202 VV RVG wird jetzt nur noch verwiesen auf:

Anm. Abs. 1 Nr. 1 zu Nr. 3104 VV RVG	(schriftliches Verfahren oder schriftlicher Vergleich)
Anm. Abs. 1 Nr. 3 zu Nr. 3104 VV RVG	(angenommenes Anerkenntnis in sozialgerichtlichen Verfahren)

949 Die bisherige Verweisung auf Anm. Abs. 1 Nr. 2 zu Nr. 3104 VV RVG (Entscheidung durch Gerichtsbescheid) wird aufgehoben.

950 Darüber hinaus gelten entsprechend:

Anm. Abs. 2 zu Nr. 3104 VV RVG	Anrechnung der Terminsgebühr
Anm. Abs. 3 zu Nr. 3104 VV RVG	Ausschluss der Terminsgebühr bei bloßer Protokollierung

(2) Schriftliche Entscheidung oder schriftlicher Vergleich

951 Geblieben ist die Verweisung auf Anm. Abs. 1 Nr. 1 zu Nr. 3104 VV RVG, sodass bei einer Entscheidung ohne mündliche Verhandlung oder bei Abschluss eines schriftlichen Vergleichs auch im Berufungsverfahren eine Terminsgebühr anfällt, wenn es sich um ein Verfahren mit vorgeschriebener mündlicher Verhandlung handelt.

952 Um ein Verfahren mit vorgeschriebener mündlicher Verhandlung i.S.d. Nr. 3202 VV RVG handelt es sich in den Berufungsverfahren vor den Zivilgerichten, den Arbeitsgerichten, den Verwal-

---

[329] Änderung durch Art. 8 Abs. 2 Nr. 32.

tungs- und Sozialgerichten sowie den Beschwerdeverfahren betreffend die Hauptsache in Familiensachen.

Dagegen handelt es sich nicht um ein Verfahren mit vorgeschriebener mündlicher Verhandlung i.S.d. Nr. 3202 VV RVG bei 953

- Verfahren über eine Beschwerde gegen eine Entscheidung des einstweiligen Rechtsschutzes vor dem OVG/VGH, für das Nr. 3202 VV RVG künftig ebenfalls gilt (siehe oben Rn 907). Eine mündliche Verhandlung ist hier nicht vorgeschrieben (§§ 150, 101 Abs. 3 VwGO).
- Verfahren über eine Beschwerde gegen eine Entscheidung des einstweiligen Rechtsschutzes vor dem LSG, für das Nr. 3202 VV RVG künftig ebenfalls gilt (siehe oben Rn 907). Eine mündliche Verhandlung ist nicht vorgeschrieben (§§ 176, 124 Abs. 3 SGG).
- in den übrigen in Vorbem. 3.2.1 genannten Beschwerde- und Rechtsbeschwerdeverfahren.

(3) Gerichtsbescheid

Die Verweisung auf Anm. Abs. 1 Nr. 2 zu Nr. 3104 VV RVG entfällt, da in verwaltungs- und in sozialgerichtlichen Verfahren nur in erster Instanz durch Gerichtsbescheid entschieden werden kann, dagegen nicht in einem Berufungsverfahren (§ 125 Abs. 1 VwGO; § 153 Abs. 1 SGG). 954

(4) Angenommenes Anerkenntnis in sozialgerichtlichen Verfahren

Dagegen kann auch im Anwendungsbereich der Nr. 3202 VV RVG ein sozialgerichtliches Verfahren durch ein angenommenes Anerkenntnis beendet werden. Entsprechend der Anm. Abs. 1 Nr. 1 zu Nr. 3104 VV RVG muss es sich allerdings um ein Verfahren mit vorgeschriebener mündlicher Verhandlung handeln. Da in Berufungsverfahren immer mündlich zu verhandeln ist (§§ 153, 124 SGG), fällt hier die Terminsgebühr an. In Beschwerdeverfahren des einstweiligen Rechtsschutzes kann die Gebühr dagegen durch ein angenommenes Anerkenntnis nicht ausgelöst werden, da hier eine mündliche Verhandlung nicht vorgeschrieben ist. 955

cc) Anm. Abs. 2

(1) Entscheidung durch Gerichtsbescheid in finanzgerichtlichen Verfahren

Soweit im erstinstanzlichen Verfahren vor den Finanzgerichten 956

- im vorbereitenden Verfahren durch den Vorsitzenden § 79a Abs. 2 FGO,
- durch den Senat nach § 90a FGO
- oder im vereinfachten Verfahren nach § 94a S. 2 i.V.m. § 79a Abs. 2 oder 90a FGO

durch Gerichtsbescheid entschieden wird, entsteht die Terminsgebühr nach Nr. 3202 VV RVG (Anm. Abs. 2 zu Nr. 3202 VV RVG). Im Gegensatz zu den Verfahren der Verwaltungs- und Sozialgerichtsbarkeit kann in Verfahren vor den Finanzgerichten immer ein Antrag auf mündliche Verhandlung gestellt werden und zwar auch dann, wenn die Revision möglich ist. Grund für diese Abweichung ist, dass das FG letzte Tatsacheninstanz ist. Ergeht eine solche Entscheidung, dann erhält der Anwalt die Terminsgebühr nach Nr. 3202 VV RVG.

Beispiel 181: Entscheidung durch Gerichtsbescheid (I) 957

Das FG entscheidet über die Anfechtungsklage gegen einen Steuerbescheid (Wert: 5.000,00 EUR) durch Gerichtsbescheid.

Da im Verfahren vor der Finanzgerichtsbarkeit – im Gegensatz zur Verwaltungs- und Sozialgerichtsbarkeit – immer ein Antrag auf mündliche Verhandlung gestellt werden kann (§ 90a Abs. 2 S. 1 FGO), entsteht auch immer eine Terminsgebühr:

1. 1,6-Verfahrensgebühr, Nr. 3200 VV RVG 476,80 EUR
    (Wert: 5.000,00 EUR)
2. 1,2-Terminsgebühr, Nr. 3202 VV RVG 357,60 EUR
    (Wert: 5.000,00 EUR)

229

3.	Postentgeltpauschale, Nr. 7002 VV RVG	20,00 EUR
	Zwischensumme	854,40 EUR
4.	19 % Umsatzsteuer, Nr. 7008 VV RVG	162,34 EUR
	Gesamt	**1.016,74 EUR**

958 Strittig ist, ob der Gerichtsbescheid rechtskräftig werden muss oder ob die Terminsgebühr auch dann anfällt, wenn Antrag auf mündliche Verhandlung gestellt wird, es zu einer mündlichen Verhandlung aber nicht mehr kommt.

959 *Beispiel 182: Entscheidung durch Gerichtsbescheid (I)*
Das FG gibt der Anfechtungsklage gegen einen Steuerbescheid (Wert: 5.000,00 EUR) durch Gerichtsbescheid statt. Dagegen wird von der Behörde Antrag auf mündliche Verhandlung gestellt. Bevor es zu einem Termin kommt, nimmt das Finanzamt seinen Bescheid zurück.

Da im Verfahren vor der Finanzgerichtsbarkeit – im Gegensatz zur Verwaltungs- und Sozialgerichtsbarkeit – immer ein Antrag auf mündliche Verhandlung gestellt werden kann (§ 90a Abs. 2 S. 1 FGO), wird bei einer Entscheidung durch Gerichtsbescheid die Terminsgebühr ausgelöst. Stellt man darauf ab, dass der Gerichtsbescheid infolge des Antrags auf mündliche Verhandlung gegenstandslos geworden wird (§ 90a Abs. 3 S. 1 FGO), wäre keine Terminsgebühr angefallen.[330] Stellt man dagegen darauf ab, dass zunächst einmal der Gerichtsbescheid ergangen ist und der Wortlaut der Anm. Abs. 2 zu Nr. 3202 VV RVG insoweit keine Einschränkung enthält, dann ist auch eine Terminsgebühr nach Anm. Abs. 1 zu Nr. 3202 i.V.m Anm. Abs. 1 Nr. 2 zu Nr. 3104 VV RVG entstanden.[331]

(2) Einstimmiger Beschluss nach § 130a VwGO

960 Der bislang in Anm. Abs. 2 zu Nr. 3202 VV RVG genannte Fall des § 130a VwGO wird gestrichen. Nach dieser Vorschrift kann das OVG bzw. der VGH über eine Berufung ohne mündliche Verhandlung durch Beschluss entscheiden, wenn der Senat sie einstimmig für begründet oder einstimmig für unbegründet erachtet und eine mündliche Verhandlung nicht für erforderlich hält. Eine Zustimmung der Parteien ist hierfür nicht erforderlich. Da nach Auffassung des BMJ weder ein besonderer Aufwand des Anwalts ersichtlich ist, noch die Parteien eine Entscheidung ohne mündliche Verhandlung verhindern können, sei die Notwendigkeit einer besonderen Terminsgebühr nicht ersichtlich. Aus diesem Grund ist auch in der Anm. zu Nr. 3205 VV RVG der vergleichbare Fall des § 153 Abs. 4 SGG nicht genannt.[332]

961 Darüber, ob diese Streichung zweckmäßig ist, kann man durchaus streiten, da der Aufwand und die Verantwortung des Anwalts im Verfahren nach § 130a VwGO überdurchschnittlich ist, weil alles schriftsätzlich vorgetragen werden muss. Anderseits wird damit der Grundsatz konsequent umgesetzt, dass eine Terminsgebühr bei schriftlicher Entscheidung oder schriftlichem Vergleich nur dann anfallen soll, wenn eine mündliche Verhandlung vorgeschrieben ist.

d) Nr. 3204 VV RVG

962 Nr. 3204 VV RVG erhält folgende Fassung:[333]

3204	Verfahrensgebühr für Verfahren vor den Landessozialgerichten, in denen Betragsrahmengebühren entstehen (§ 3 RVG)	60,00 bis 680,00 €

---

[330] So FG Köln AGS 2010, 21 m. abl. Anm. *N. Schneider* = EFG 2009, 978 = StE 2009, 251.
[331] So *N. Schneider*, NJW-Spezial 2010, 91.
[332] BT-Drs 15/1971 S. 212.
[333] Änderung durch Art. 8 Abs. 2 Nr. 33.

Auch in Nr. 3204 VV RVG werden die Gebührenbeträge angehoben, und zwar von 50,00 bis 570,00 EUR auf 60,00 bis 680,00 EUR. Die neue Mittelgebühr beträgt 370,00 EUR. Darüber hinaus wird auch hier die Währungsbezeichnung von „EUR" auf „€" umgestellt.

963

Auch die Verfahrensgebühr in Verfahren vor den Landessozialgerichten soll zu den für Nummer 3102 VV RVG vorgeschlagenen neuen Gebührenbeträgen für die Verfahrensgebühr im ersten Rechtszug[334] im Verhältnis 1,3 zu 1,6 stehen, um eine Angleichung der Gebührenrelationen zu den anderen Gerichtsbarkeiten zu erreichen.

964

e) Nr. 3205 VV RVG
aa) Überblick
Nr. 3205 VV RVG wird wie folgt neu gefasst:[335]

965

3205	Terminsgebühr in Verfahren vor den Landessozialgerichten, in denen Betragsrahmengebühren entstehen (§ 3 RVG)	50,00 bis 510,00 €
	Satz 1 Nr. 1 und 3 der Anmerkung zu Nummer 3106 gilt entsprechend. In den Fällen des Satzes 1 beträgt die Gebühr 75 % der in derselben Angelegenheit dem Rechtsanwalt zustehenden Verfahrensgebühr ohne Berücksichtigung einer Erhöhung nach Nr. 1008.	

bb) Anm. S. 1
Die Änderung der Anm. S. 1[336] zu Nr. 3205 VV RVG dient der Klarstellung. Die Verweisung soll präziser gefasst werden, indem nicht auf diejenigen Teile der Anm. zu Nr. 3106 VV RVG verwiesen wird, die nicht auf das Berufungsverfahren anwendbar sind. Danach entsteht eine Terminsgebühr, wenn in einem Verfahren für das eine mündliche Verhandlung vorgeschrieben ist,

966

- im Einverständnis mit den Parteien ohne mündliche Verhandlung entschieden wird (Anm. S. 1 Nr. 1, 1. Alt. zu Nr. 3106 VV RVG),
- ein schriftlicher Vergleich geschlossen wird (Anm. S. 1 Nr. 1, 2. Alt. zu Nr. 3106 VV RVG)
- oder das Verfahren nach angenommenem Anerkenntnis ohne mündliche Verhandlung endet (Anm. S. 1 Nr. 3 zu Nr. 3106 VV RVG).

Auf Anm. S. 1 Nr. 2 zu Nr. 3104 VV RVG (Entscheidung durch Gerichtsbescheid) wird dagegen nicht verwiesen, weil die Vorschriften über den Gerichtsbescheid im Berufungsverfahren nicht anwendbar sind (§ 153 Abs. 1 SGG).

967

cc) Anm. S. 2
In den Fällen der fiktiven Terminsgebühr nach Anm. S. 2[337] zu Nr. 3205 VV RVG beträgt die Höhe der Gebühr 75 % der in derselben Angelegenheit dem Rechtsanwalt zustehenden Verfahrensgebühr. Die Höhe der Terminsgebühr in den Fällen der Anm. zu Nr. 3205 VV RVG soll wie bei Nr. 3106 VV RVG an die Höhe der Verfahrensgebühr geknüpft werden. Da die Höhe der Terminsgebühr in der Berufungsinstanz grundsätzlich zur Höhe der Verfahrensgebühr in einem Verhältnis von 1,2 zu 1,6 steht, wird abweichend von der ersten Instanz (dort 90 %) ein Betrag von 75 % der Verfahrensgebühr vorgeschlagen.

968

Die Terminsgebühr ist einfach zu ermitteln, indem die konkret angesetzte Verfahrensgebühr mit 0,75 multipliziert wird. Es gilt also folgende Formel:

969

$$\textit{fiktive Terminsgebühr} = \textit{Verfahrensgebühr} \times 0{,}75$$

---

[334] Art. 8 Abs. 2 Nr. 26.
[335] Änderung durch Art. 8 Abs. 2 Nr. 34.
[336] Änderung durch Art. 8 Abs. 2 Nr. 40 Buchst. a).
[337] Änderung durch Art. 8 Abs. 2 Nr. 40 Buchst. a).

§ 3 Änderungen des RVG

970 Konkret ergeben sich bei den wichtigsten Sätzen folgende Beträge:

	Verfahrensgebühr	Terminsgebühr
Mindestbetrag	60,00 EUR	45,00 EUR
Doppelte Mindestgebühr	120,00 EUR	90,00 EUR
halbe Mittelgebühr	185,00 EUR	138,75 EUR
Mittelgebühr	370,00 EUR	277,50 EUR
50 % über Mittelgebühr	555,00 EUR	416,25 EUR
Höchstgebühr	680,00 EUR	510,00 EUR

971 *Beispiel 183: Berechnung der fiktiven Terminsgebühr*
Das Berufungsverfahren endet durch ein angenommenes Anerkenntnis, ohne dass mündlich verhandelt worden war. Der Anwalt berechnet bei der Verfahrensgebühr die Mittelgebühr.
Ausgehend von der Mittelgebühr (370,00 EUR) ist jetzt für die Terminsgebühr ein Anteil von 75 % zu ermitteln, also 277,50 EUR.

1.	Verfahrensgebühr, Nr. 3204 VV RVG	370,00 EUR
2.	Terminsgebühr, Nr. 3205 VV RVG	277,50 EUR
3.	Postentgeltpauschale, Nr. 7002 VV RVG	20,00 EUR
	Zwischensumme	667,50 EUR
4.	19 % Umsatzsteuer, Nr. 7008 VV RVG	126,83 EUR
	Gesamt	**794,33 EUR**

972 Hier gilt, dass die Terminsgebühr von der einfachen Verfahrensgebühr abzuleiten ist. Eine Erhöhung nach Nr. 1008 VV RVG wegen Vertretung mehrerer Auftraggeber ist zuvor herauszurechnen. Insoweit wird auf die Darstellung der erstinstanzlichen Terminsgebühr (siehe Rn 856) verwiesen.

dd) Gebührenbeträge

973 Auch in Nr. 3205 VV RVG werden die Gebührenbeträge angehoben, und zwar von 20,00 bis 380,00 EUR auf 50,00 bis 510,00 EUR.[338] Die neue Mittelgebühr beträgt 285,00 EUR. Darüber hinaus wird auch hier die Währungsbezeichnung von „EUR" auf „€" umgestellt.

974 Die Terminsgebühr in Verfahren vor dem LSG soll der Terminsgebühr für den ersten Rechtszug (Nr. 3106 VV RVG) mit den dafür vorgeschlagenen neuen Gebührenbeträgen[339] entsprechen, um eine Angleichung der Gebührenrelationen zu den anderen Gerichtsbarkeiten zu erreichen.

f) Vorbem. 3.2.2 VV RVG
aa) Überblick

975 Vorbem. 3.2.2 VV RVG[340] wird wie folgt neu gefasst:

> *Vorbemerkung 3.2.2*
> Dieser Unterabschnitt ist auch anzuwenden in Verfahren
> 1. über Rechtsbeschwerden
>   a) in den in der Vorbemerkung 3.2.1 Nr. 2 genannten Fällen und
>   b) nach § 15 KapMuG,
> 2. vor dem Bundesgerichtshof über Berufungen, Beschwerden oder Rechtsbeschwerden gegen Entscheidungen des Bundespatentgerichts und
> 3. vor dem Bundesfinanzhof über Beschwerden nach § 128 Abs. 3 FGO.

---

338 Änderung durch Art. 8 Abs. 2 Nr. 34 Buchst. a).
339 Art. 8 Abs. 2 Nr. 29 Buchst. b) siehe dazu *Schneider/Thiel*, AGS 2012, 312 ff. (316 f.).
340 Änderung durch Art. 8 Abs. 2 Nr. 35.

Die Neufassung ordnet zum einen die Verfahren, in denen Teil 3 Abschnitt 2 Unterabschnitt 2 VV RVG anwendbar sein soll, neu. Zum anderen sind auch gegenüber der bisherigen Regelung neue Verfahren aufgenommen worden. **976**

In die Vorbem. 3.2.2 Nr. 1 VV RVG sollen dabei alle Rechtsbeschwerden aufgenommen werden, in denen die Zuständigkeit des BGH gegeben ist. **977**

Vorbem. 3.2.2 Nr. 2 VV RVG erfasst die Verfahren vor dem BGH über Berufungen, Beschwerden oder Rechtsbeschwerden gegen Entscheidungen des Bundespatentgerichts, die bisher in schon in Vorbem. 3.2.2 Nr. 2 VV RVG a.F. geregelt waren. **978**

Vorbem. 3.2.2 Nr. 3 VV RVG schließlich enthält eine Neuregelung. Sie erfasst die Verfahren vor dem BFH über Beschwerden nach § 128 Abs. 3 FGO. **979**

Insoweit in Rechtsbeschwerdeverfahren nunmehr die Vorschriften über die Gebühren im Revisionsverfahren Anwendung finden, führt dies insbesondere dazu, dass sich die für den beim Bundesgerichtshof zugelassenen Anwalt ergebenden Verfahrensgebühren in den Rechtsbeschwerdeverfahren der freiwilligen Gerichtsbarkeit nach den Nrn. 3208 und 3209 VV RVG (2,3/1,8) richten. **980**

bb) Rechtsbeschwerden in den in Vorbem. 3.2.2 Nr. 1 Buchst. a) VV RVG genannten Fällen

In die Vorbem. 3.2.2 Nr. 1 VV RVG sollen alle Rechtsbeschwerden zusammengefasst werden, in denen die Zuständigkeit des BGH gegeben ist. Zu den Rechtsbeschwerdeverfahren, die bisher schon in Vorbem. 3. 2. 1 und Vorbem. 3.2.2 VV RVG geregelt waren, kommen jetzt hinzu Rechtsbeschwerden in: **981**

- allen weiteren Verfahren der freiwilligen Gerichtsbarkeit,
- Verfahren nach dem Spruchverfahrensgesetz und
- in personalvertretungsrechtlichen Beschlussverfahren vor den Gerichten der Verwaltungsgerichtsbarkeit.

Da die vorangegangenen Beschwerdeverfahren in Vorbem. 3.2.1 Nr. 2 VV RVG zusammenfassend aufgeführt sind, kann sich Vorbem. 3.2.2 Nr. 1 Buchst. a) VV RVG[341] insoweit auf eine Verweisung beschränken und muss die Verfahren nicht selbst enumerativ aufzählen. **982**

Grund für die Erweiterung ist, dass der Aufwand und die Verantwortung des Rechtsanwalts in diesen Verfahren mit Aufwand und Verantwortung in den übrigen Verfahren vergleichbar sind. **983**

Die Anwendung dieses Unterabschnitts führt damit in diesen Verfahren insbesondere zu einer von 1,2 auf 1,5 erhöhten Terminsgebühr. **984**

Soweit in Rechtsbeschwerdeverfahren künftig die Vorschriften über die Gebühren im Revisionsverfahren Anwendung finden, führt dies auch dazu, dass dann, wenn die Vertretung durch einen beim BGH zugelassenen Anwalt notwendig ist, sich dessen Verfahrensgebühren nach den Nrn. 3208 und 3209 VV RVG richten. Namentlich gilt dies für Rechtsbeschwerden in Angelegenheiten der freiwilligen Gerichtsbarkeit. **985**

cc) Rechtsbeschwerden in den in Vorbem. 3.2.2 Nr. 1 Buchst. b) VV RVG genannten Fällen

Das Rechtsbeschwerdeverfahren nach § 15 KapMuG muss auch zukünftig ausdrücklich genannt werden,[342] weil es in diesem Verfahren keine Beschwerde gibt; das Verfahren demnach also nicht in die Vorbem. 3.2.1 Nr. 2 VV RVG aufgenommen werden konnte. **986**

---

341 Änderung durch Art. 8 Abs. 2 Nr. 35.
342 Änderung durch Art. 8 Abs. 2 Nr. 35.

dd) Verfahren vor dem BGH nach dem BPatG (Vorbem. 3.2.2 Nr. 2 VV RVG)

987 Die neue Vorbem. 3.2.2 Nr. 2 VV RVG[343] entspricht im Wesentlichen der derzeitigen Nr. 3.2.1 Nr. 2 VV RVG a.F., die allerdings nur die Beschwerde und die Rechtsbeschwerde gegen Entscheidungen des Bundespatentgerichts erfasste. Zusätzlich soll jetzt auch die Berufung gegen Entscheidungen des Bundespatentgerichts aufgenommen werden. Diese Verfahren waren bislang übersehen worden.

ee) Beschwerde im einstweiligen Rechtsschutz vor dem BFH (Vorbem. 3.2.2 Nr. 3 VV RVG)

988 Ferner soll das Verfahren über die Beschwerde in Verfahren des einstweiligen Rechtsschutzes in der Finanzgerichtsgerichtsbarkeit aufgenommen werden.[344]

989 Es gilt hier das gleiche wie für die Beschwerden in Eilsachen der Verwaltungs- und Sozialgerichtsbarkeit, für die gem. Vorbem. 3.2.1 Nr. 3 Buchst. a) VV RVG künftig die Gebühren eines Berufungsverfahrens gelten sollen. Da für Beschwerden in finanzgerichtlichen Eilverfahren die Zuständigkeit des BFH gegeben ist, sollen hier die Gebühren eines Revisionsverfahrens gelten. Bislang galten die Gebühren nach den Nrn. 3500 ff. VV RVG.

g) Nr. 3207 VV RVG

990 Nr. 3207 VV RVG erhält folgende neue Fassung:[345]

3207	Vorzeitige Beendigung des Auftrags oder eingeschränkte Tätigkeit des Anwalts:	
	Die Gebühr 3206 beträgt	1,1
	Die Anmerkung zu Nummer 3201 gilt entsprechend.	

991 In Nr. 3207 VV RVG werden wie in Nr. 3201 VV RVG im Gebührentatbestand die Wörter „oder eingeschränkte Tätigkeit des Anwalts" eingefügt. Damit wird auch die in Anm. Abs. 2 zu Nr. 3201 VV RVG eingefügte Ermäßigung bei „eingeschränkter Tätigkeit" im Revisionsverfahren eingeführt.

992 Die Verweisung auf die Anm. zu Nr. 3201 VV RVG bleibt. Mittelbar ergibt sich insoweit allerdings eine Änderung, als die Anm. zu Nr. 3201 VV RVG um einen Abs. 2 erweitert worden ist. Damit tritt eine Reduzierung auf 1,1 ein,

- wenn der Auftrag endigt, bevor der Rechtsanwalt
  - das Rechtsmittel eingelegt,
  - einen Schriftsatz, der Sachanträge, Sachvortrag, die Zurücknahme der Klage oder die Zurücknahme des Rechtsmittels enthält, eingereicht oder
  - bevor er einen gerichtlichen Termin wahrgenommen hat,
- soweit lediglich
  - Verhandlungen vor Gericht zur Einigung der Parteien oder der Beteiligten oder mit Dritten über in diesem Verfahren nicht rechtshängige Ansprüche geführt werden,
  - beantragt wird, eine Einigung zu Protokoll zu nehmen oder
  - das Zustandekommen einer Einigung festzustellen (§ 278 Abs. 6 ZPO),
- wenn sich die Tätigkeit des Anwalts in einer
  - Familiensache, die nur die Erteilung einer Genehmigung oder die Zustimmung des Familiengerichts zum Gegenstand hat,
  - Angelegenheit der freiwilligen Gerichtsbarkeit

  auf die Einlegung und Begründung des Rechtsmittels und die Entgegennahme der Rechtsmittelentscheidung beschränkt.

---

[343] Änderung durch Art. 8 Abs. 2 Nr. 35.
[344] Änderung durch Art. 8 Abs. 2 Nr. 35.
[345] Änderung durch Art. 8 Abs. 2 Nr. 36.

In den Fällen der Verweisung auf Anm. Abs. 1 S. 1 Nr. 2 zu Nr. 3201 VV RVG ist die Anrechnungsbestimmung nach Anm. Abs. 1 S. 2 VV RVG entsprechend anzuwenden.

h) Nr. 3210 VV RVG

Nr. 3210 VV RVG erhält folgende neue Fassung:[346]

3210	Terminsgebühr, soweit in Nummer 3213 nichts anderes bestimmt ist ... Absatz 1 Nr. 1 und 3 sowie Absatz 2 und 3 der Anmerkung zu Nummer 3104 und Absatz 2 der Anmerkung zu Nummer 3202 gelten entsprechend.	1,5

In Nr. 3210 VV RVG werden in der Anm. die Wörter „Die Anmerkung zu Nummer 3104" durch die Wörter „Absatz 1 Nr. 1 und 3 sowie Absatz 2 und 3 der Anmerkung zu Nummer 3104" ersetzt. Ebenso wie in Anm. zu Nr. 3202 VV RVG soll nur die Verweisung klarer gefasst werden. Insbesondere soll keine Verweisung mehr auf Anm. Abs. 1 Nr. 2 zu Nr. 3104 VV RVG erfolgen, da im Revisionsverfahren eine Entscheidung durch Gerichtsbescheid nicht möglich ist (§ 165 Abs. 1 i.V.m. § 152 Abs. 1 S. 1 SGG). Es gilt hier das gleiche wie zu Nr. 3202 VV RVG.

i) Nr. 3212 VV RVG

Nr. 3212 VV RVG erhält folgende neue Fassung:[347]

3212	Verfahrensgebühr für Verfahren vor dem Bundessozialgericht, in denen Betragsrahmengebühren entstehen (§ 3 RVG)	80,00 bis 880,00 €

Auch hier wird der Gebührenrahmen angehoben, allerdings nur durch Anhebung der Höchstgebühr von 800,00 EUR auf 880,00 EUR. Die Mindestgebühr bleibt unverändert. Die neue Mittelgebühr beträgt 480,00 EUR. Darüber hinaus wird auch hier die Währungsbezeichnung von „EUR" auf „€" umgestellt.

j) Nr. 3213 VV RVG
aa) Überblick

Nr. 3213 VV RVG erhält folgende neue Fassung:[348]

3213	Terminsgebühr in Verfahren vor dem Bundessozialgericht, in denen Betragsrahmengebühren entstehen (§ 3 RVG) .... Satz 1 Nr. 1 und 3 sowie Satz 2 der Anmerkung zu Nummer 3106 gelten entsprechend.	80,00 bis 830,00 €

Neu gefasst wird die Anmerkung. Darüber hinaus wird auch hier der Gebührenrahmen angehoben auf 80,00 bis 830,00 EUR. Die neue Mittelgebühr beträgt dann 455,00 EUR.

bb) Anm. zu Nr. 3213 VV RVG

Die Verweisung wird ohne inhaltliche Änderungen konkreter gefasst.[349] Eine Verweisung auch auf Anm. Abs. 1 Nr. 2 zu Nr. 3106 VV RVG soll unterbleiben, da im Revisionsverfahren eine Entscheidung durch Gerichtsbescheid nicht möglich ist (§ 165 Abs. 1 i.V.m. § 153 Abs. 1 S. 1 SGG).

cc) Gebührenbeträge

Schließlich werden auch hier die Gebührenbeträge angehoben,[350] und zwar von 40,00 bis 700,00 EUR (Mittelgebühr 370,00 EUR) auf 80,00 bis 830,00 EUR. Die neue Mittelgebühr beträgt dann 455,00 EUR. Darüber hinaus wird die Währungsbezeichnung von „EUR" auf „€" umgestellt.

---

346 Änderung durch Art. 8 Abs. 2 Nr. 37.
347 Änderung durch Art. 8 Abs. 2 Nr. 38.
348 Änderung durch Art. 8 Abs. 2 Nr. 39.
349 Änderung durch Art. 8 Abs. 2 Nr. 39 Buchst. a).
350 Änderung durch Art. 8 Abs. 2 Nr. 39 Buchst. b).

§ 3 Änderungen des RVG

3. Abschnitt 3 – Gebühren für besondere Verfahren

a) Nr. 3300 VV RVG
aa) Überblick

1002 Nr. 3300 VV RVG[351] erhält folgende neue Fassung:

3300	Verfahrensgebühr	
	1. für das Verfahren vor dem Oberlandesgericht nach § 16 Abs. 4 des Urheberrechtswahrnehmungsgesetzes,	
	2. für das erstinstanzliche Verfahren vor dem Bundesverwaltungsgericht, dem Bundessozialgericht, dem Oberverwaltungsgericht (Verwaltungsgerichtshof) und dem Landessozialgericht sowie	
	3. für das Verfahren bei überlangen Gerichtsverfahren und strafrechtlichen Ermittlungsverfahren vor den Oberlandesgerichten, den Landessozialgerichten, den Oberverwaltungsgerichten, den Landesarbeitsgerichten oder einem obersten Gerichtshof des Bundes	1,6

bb) Nr. 3300 Nr. 2 VV RVG

1003 In Nr. 3300 VV RVG sollen im Gebührentatbestand der Nr. 2[352] auch die erstinstanzlichen Verfahren vor dem BSG und den Landessozialgerichten erfasst werden.

1004 Derzeit gilt nach Nr. 2 ein erhöhter Gebührensatz der Verfahrensgebühr nur bei erstinstanzlichen Verfahren vor dem BVerwG und einem OVG/VGH. Eine Regelung im RVG für die erstinstanzlichen Verfahren vor den Landessozialgerichten und dem BSG fehlt, obwohl diese hinsichtlich des Umfangs und der Schwierigkeit den Verfahren in der Verwaltungsgerichtsbarkeit vergleichbar sind. In allen diesen Verfahren ist das GKG anzuwenden und es entstehen Wertgebühren. Daher sollen künftig auch die erstinstanzlichen Verfahren vor dem BSG und den Landessozialgerichten in die Aufzählung der Nr. 2 aufgenommen werden.

1005 Dadurch wird in den folgenden, in § 29 SGG genannten **Verfahren vor den Landessozialgerichten**, statt einer bisherigen 1,3-Verfahrensgebühr künftig eine 1,6-Verfahrensgebühr entstehen:

- Klagen gegen Entscheidungen der Landesschiedsämter und gegen Beanstandungen von Entscheidungen der Landesschiedsämter nach dem SGB V, gegen Entscheidungen der Schiedsstellen nach § 120 Abs. 4 SGB V, der Schiedsstelle nach § 76 SGB XI und der Schiedsstellen nach § 80 SGB XII,
- Aufsichtsangelegenheiten gegenüber Trägern der Sozialversicherung und ihren Verbänden, gegenüber den Kassenärztlichen und Kassenzahnärztlichen Vereinigungen sowie der Kassenärztlichen und Kassenzahnärztlichen Bundesvereinigung, bei denen die Aufsicht von einer Landes- oder Bundesbehörde ausgeübt wird,
- Klagen in Angelegenheiten der Erstattung von Aufwendungen nach § 6b SGB II,
- Anträge nach § 55a SGG,
- Streitigkeiten zwischen gesetzlichen Krankenkassen oder ihren Verbänden und dem Bundesversicherungsamt betreffend den Risikostrukturausgleich, die Anerkennung von strukturierten Behandlungsprogrammen und die Verwaltung des Gesundheitsfonds,
- Streitigkeiten betreffend den Finanzausgleich der gesetzlichen Pflegeversicherung,
- Streitigkeiten betreffend den Ausgleich unter den gewerblichen Berufsgenossenschaften nach dem SGB VIII,
- Klagen gegen die Entscheidung der gemeinsamen Schiedsämter nach § 89 Abs. 4 SGB V und des Bundesschiedsamts nach § 89 Abs. 7 SGB V sowie der erweiterten Bewertungsaus-

---

[351] Änderung durch Art. 8 Abs. 2 Nr. 40.
[352] Änderung durch Art. 8 Abs. 2 Nr. 40.

schüsse nach § 87 Abs. 4 SGB V, soweit die Klagen von den Einrichtungen erhoben werden, die diese Gremien bilden,
- Klagen gegen Entscheidungen des Bundesministeriums für Gesundheit nach § 87 Abs. 6 SGB V gegenüber den Bewertungsausschüssen und den erweiterten Bewertungsausschüssen sowie gegen Beanstandungen des Bundesministeriums für Gesundheit gegenüber den Bundesschiedsämtern,
- Klagen gegen Entscheidungen und Richtlinien des Gemeinsamen Bundesausschusses (§§ 91, 92 SGB V),
- Klagen in Aufsichtsangelegenheiten gegenüber dem Gemeinsamen Bundesausschuss, Klagen gegen die Festsetzung von Festbeträgen durch die Spitzenverbände der Krankenkassen oder den Spitzenverband Bund der Krankenkassen und
- Klagen gegen Entscheidungen der Schiedsstellen nach den §§ 129 und 130b SGB V.

Die erhöhte Verfahrensgebühr soll ferner in **Verfahren vor dem BSG** über Streitigkeiten nicht verfassungsrechtlicher Art zwischen dem Bund und den Ländern sowie zwischen verschiedenen Ländern entstehen. 1006

b) Nr. 3300 Nr. 3 VV RVG

Nr. 3300 Nr. 3 VV RVG ist bereits durch das Gesetz über den Rechtsschutz bei überlangen Gerichtsverfahren und strafrechtlichen Ermittlungsverfahren[353] zum 3.12.2011 in Kraft getreten. Die dortigen Regelungen sind jedoch unklar. Hier wäre eine Klarstellung wünschenswert gewesen. 1007

Die Aufzählung der Verfahren vor den Oberverwaltungsgerichten (Verwaltungsgerichtshöfen) und den Landessozialgerichten in Nr. 3 ist an sich überflüssig. Diese Verfahren sind bereits durch Nr. 2 erfasst, ebenso wie die Verfahren vor den Finanzgerichten, die aus diesem Grund[354] bewusst nicht in Nr. 3 aufgeführt worden, weil es hierfür schon gesonderte Regelungen (Vorbem. 3.2.1 Nr. 1 VV RVG) gab, auf die zurückgegriffen werden konnte. Das gilt aber auch für die erstinstanzlichen Verfahren vor einem OVG (VGH) und nach Inkrafttreten des 2. KostRMoG auch für erstinstanzlichen Verfahren vor einem LSG. Die doppelte Erwähnung ist derzeit wohl unschädlich, allerdings verwirrend, weil sie suggeriert, es bestünden Unterschiede zwischen Nr. 2 und Nr. 3. 1008

Unabhängig davon widerspricht der Wortlaut der Nr. 3300 Nr. 3 VV RVG der tatsächlich vom Gesetzgeber beabsichtigten Regelung. Es fehlt nämlich – im Gegensatz zu Nr. 3300 Nr. 2 VV RVG – die Beschränkung auf „erstinstanzliche" Verfahren. Der Gesetzgeber wollte nur die erstinstanzlichen Verfahren vor den Ober- und Bundesgerichten gesondert regeln und aus dem Anwendungsbereich des Teil 3 Abschnitt 1 VV RVG herausnehmen. Nach dem Wortlaut wären allerdings auch die Revisionsverfahren vor den Bundesgerichten (§ 201 Abs. 2 S. 1 GVG; § 9 Abs. 2 S. 2 ArbGG; § 173 S. 2 VwGO; § 202 S. 2 SGG; § 155 S. 2 FGO) erfasst. Danach würde in den Revisionsverfahren nur eine Verfahrensgebühr in Höhe von 1,6 gelten und bei vorzeitiger Erledigung in Höhe von 1,0, während nach Nr. 3206 VV RVG im Revisionsverfahren zwar auch eine Verfahrensgebühr i.H.v. 1,6 vorgesehen ist, allerdings bei vorzeitiger Erledigung i.H.v. 1,1 (Nr. 3207 VV RVG). Vor dem BGH beträgt die Verfahrensgebühr sogar 2,3 (Nr. 3208 VV RVG) und im Falle der Ermäßigung immer noch 1,8 (Nr. 3209 VV RVG). 1009

Abgesehen davon würde sich die Terminsgebühr in den Revisionsverfahren vor den Bundesgerichten gem. Vorbem. 3.3.1. VV RVG nach Teil 3 Abschnitt 1 VV RVG richten und damit nach Nr. 3104 VV RVG grundsätzlich 1,2 betragen. Die Terminsgebühr in einem Revisionsverfahren beträgt dagegen grundsätzlich durchweg 1,5 (Nr. 3210 VV RVG). 1010

---

353 Gesetz vom 24.11.2011 (BGBl I 2011, S. 2302 ff.).
354 Gesetzesbegründung in BGBl I 2011, S. 2302 ff.

c) Nr. 3310 VV RVG

1011 Nr. 3310 VV RVG erhält folgende Neufassung:[355]

3310	Termingebühr...	0,3
	Die Gebühr entsteht für die Teilnahme an einem gerichtlichen Termin, einem Termin zur Abgabe der Vermögensauskunft oder zur Abnahme der eidesstattlichen Versicherung.	

1012 Die Anmerkung ist deshalb neu gefasst, weil am dem 1.1.2013 durch das in Kraft tretende Gesetz zur Reform der Sachaufklärung in der Zwangsvollstreckung vom 29.7.2009[356] der Termin zur Abnahme der eidesstattlichen Versicherung wegen des Vermögensverzeichnisses durch einen Termin zur Abgabe der Vermögensauskunft ersetzt wird.

d) Vorbem. 3.3.6 VV RVG

1013 Vobem. 3.3.6 VV RVG erhält folgende Neufassung:[357]

> *Vorbemerkung 3.3.6:*
> Die Terminsgebühr bestimmt sich nach Abschnitt 1, soweit in diesem Unterabschnitt nichts anderes bestimmt ist. Im Verfahren über die Prozesskostenhilfe bestimmt sich die Terminsgebühr nach den für dasjenige Verfahren geltenden Vorschriften, für das die Prozesskostenhilfe beantragt wird.

1014 Derzeit bestimmt sich die Terminsgebühr im Verfahren über die Prozesskostenhilfe – wie auch für die in den Nrn. 3333 bis 3336 VV RVG genannten Verfahren – gem. Vorbem. 3.3.6 VV RVG nach Teil 3 Abschnitt 1 VV RVG. Diese Regelung ist systemwidrig und führt zu ungerechten Ergebnissen

1015 *Beispiel 184: Prozesskostenhilfeverfahren mit mündlicher Verhandlung (Zwangsvollstreckung)*

Der Kläger hat einen Unterlassungstitel (Wert: 10.000,00 EUR) erstritten. Nachdem der Beklagte hiergegen verstoßen hat, begehrt der Kläger im Wege der Zwangsvollstreckung die Verhängung eines Ordnungsgeldes und beantragt, ihm für dieses Verfahren Prozesskostenhilfe zu bewilligen. Das Gericht beraumt einen Termin im Prozesskostenhilfeprüfungsverfahren an und weist hiernach den Antrag zurück.

Die Verfahrensgebühr entsteht nach bisherigem Recht gem. Nr. 3335 VV RVG i.V.m. Nr. 3309 VV RVG lediglich in Höhe von 0,3, da auch hier auf die Gebührenhöhe in der Hauptsache abgestellt wird. Für die Terminsgebühr fehlt dagegen eine entsprechende Begrenzungsregelung. Nach dem Wortlaut der Vorbem 3.3.6 i.V.m. Nr. 3104 VV RVG würde daher die Terminsgebühr in Höhe von 1,2 entstehen, obwohl in der Hauptsache nur eine 0,3-Terminsgebühr nach Nr. 3310 VV RVG anfallen könnte. Nach den alten Gebührenbeträgen des § 13 RVG a.F. ergäbe dies daher folgende Berechnung.

1.	0,3-Verfahrensgebühr, Nrn. 3335, 3309 VV RVG (Wert: 10.000,00 EUR)	145,80 EUR
2.	1,2-Terminsgebühr, Nr. 3104 VV RVG (Wert: 10.000,00 EUR)	583,20 EUR
3.	Postentgeltpauschale, Nr. 7002 VV RVG	20,00 EUR
	Zwischensumme	749,00 EUR

---

[355] Änderung durch Art. 8 Abs. 2 Nr. 41.
[356] BGBl I S. 2258.
[357] Änderung durch Art. 8 Abs. 2 Nr. 42.

4.	19 % Umsatzsteuer, Nr. 7008 VV RVG	142,31 EUR
	Gesamt	**891,31 EUR**

Insoweit wird bereits jetzt vertreten, dass entweder die Begrenzung der Nr. 3335 VV RVG analog anzuwenden ist oder dass § 15 Abs. 6 RVG entsprechend angewandt wird, wonach der Anwalt für Einzeltätigkeiten keine höhere Vergütung verlangen kann als der Anwalt, der mit der Sache insgesamt befasst ist.[358] Da das Verfahren über die Prozesskostenhilfe mit zum Rechtszug gehört (§ 16 Nr. 2, 3 RVG) könnte folglich danach keine höhere Gebühr als 0,3 entstehen. **1016**

Um diesen Widerspruch zu beseitigen, wird durch den neuen S. 2 der Vorbem. 3.3.6 VV RVG künftig angeordnet, dass sich die Terminsgebühr im Bewilligungsverfahren nach der im zugrunde liegenden Verfahren geltenden Terminsgebühr richtet. **1017**

Abzurechnen ist daher (nach den neuen Beträgen des § 13 RVG) wie folgt:

1.	0,3-Verfahrensgebühr, Nrn. 3335, 3309 VV RVG		165,90 EUR
	(Wert: 10.000,00 EUR)		
2.	0,3-Terminsgebühr, Nr. 3310 VV RVG		165,90 EUR
	(Wert: 10.000,00 EUR)		
3.	Postentgeltpauschale, Nr. 7002 VV RVG		20,00 EUR
	Zwischensumme	351,80 EUR	
4.	19 % Umsatzsteuer, Nr. 7008 VV RVG		66,84 EUR
	Gesamt		**418,64 EUR**

Auch umgekehrt konnte die bisherige Regelung zu systemwidrigen Ungerechtigkeiten führen, nämlich dann, wenn für das zugrunde liegende Verfahren eine höhere Terminsgebühr vorgesehen war, was in der Praxis allerdings fast ausgeschlossen war (theoretisch möglich im Revisionsverfahren). **1018**

Es bleibt allerdings dabei, dass das Verfahren über die Prozesskostenhilfe und das anschließende Hauptsacheverfahren ein und dieselbe Angelegenheit darstellen, sodass die Terminsgebühr nur einmal anfallen kann. **1019**

Beispiel 185: Prozesskostenhilfeverfahren mit mündlicher Verhandlung und nachfolgendes Verfahren **1020**

Der Kläger hat Prozesskostenhilfe für eine Klage in Höhe von 10.000,00 EUR beantragt. Das LG beraumt einen Termin im Prozesskostenhilfeprüfungsverfahren an. Für diesen Termin beauftragt der Beklagte einen Anwalt, der am Termin teilnimmt. Das LG bewilligt die Prozesskostenhilfe. Daraufhin wird die Klage eingereicht und darüber mündlich verhandelt.

Für das Prozesskostenhilfeverfahren hat der Anwalt eine 1,0-Verfahrensgebühr sowie eine 1,2-Terminsgebühr verdient.

1.	1,0-Verfahrensgebühr, Nr. 3335 VV RVG		553,00 EUR
	(Wert: 10.000,00 EUR)		
2.	1,2-Terminsgebühr, Nr. 3104 VV RVG		663,60 EUR
	(Wert: 10.000,00 EUR)		
3.	Postentgeltpauschale, Nr. 7002 VV RVG		20,00 EUR
	Zwischensumme	1.236,60 EUR	
4.	19 % Umsatzsteuer, Nr. 7008 VV RVG		234,95 EUR
	Gesamt		**1.471,55 UR**

---

[358] AnwK-RVG/*N. Schneider*, § 15 Rn 302.

§ 3 Änderungen des RVG

Im nachfolgenden Verfahren erhöht sich die Verfahrensgebühr auf 1,3. Eine neue Terminsgebühr entsteht nicht. Der Anwalt des Beklagten erhält also noch weitere Gebühren:

1.	1,3-Verfahrensgebühr, Nrn. 3335, 3100 VV RVG	718,90 EUR
	(Wert: 10.000,00 EUR)	
2.	1,2-Terminsgebühr, Nr. 3104 VV RVG	663,60 EUR
	(Wert: 10.000,00 EUR)	
3.	Postentgeltpauschale, Nr. 7002 VV RVG	20,00 EUR
4.	./. bereits abgerechnet	-1.236,60 EUR
	Zwischensumme	165,90 EUR
5.	19 % Umsatzsteuer, Nr. 7008 VV RVG	31,52 EUR
	Gesamt	**197,42 EUR**

e) Nr. 3330 VV RVG
aa) Überblick

1021 Nr. 3300 VV RVG erhält folgende Neufassung:[359]

3330	Verfahrensgebühr für Verfahren über eine Rüge wegen Verletzung des Anspruchs auf rechtliches Gehör	in Höhe der Verfahrensgebühr für das Verfahren, in dem die Rüge erhoben wird, höchstens 0,5, bei Betragsrahmengebühren höchstens 220,00 €

1022 Begrenzt wird zum einen die Höhe der Verfahrensgebühr auf die Höhe der Verfahrensgebühr der Hauptsache. Abgesehen davon wird die Gebühr jetzt auch in sozialgerichtlichen Verfahren für anwendbar erklärt.

bb) Begrenzung bei Wertgebühren

1023 Durch die Änderung der Nr. 3330 VV RVG soll sichergestellt werden, dass die Gebühr für das Verfahren über die Gehörsrüge bei Abrechnung nach Wertgebühren nicht höher ausfallen kann als die Gebühr für das Verfahren, in dem die Rüge erhoben wird. Nach dem derzeitigen Wortlaut wäre dies möglich, soweit man nicht auch hier § 16 Abs. 5 RVG anwendet.

1024 *Beispiel 186: Gehörsrüge in Vollstreckungsverfahren*

In einem Zwangsvollstreckungsverfahren (Wert: 5.000,00 EUR) beauftragt der Schuldner einen Anwalt Gehörsrüge zu erheben.

Nach der bisherigen Regelung würde der Anwalt dem Wortlaut nach eine 0,5-Verfahrensgebühr erhalten, obwohl in der Hauptsache lediglich eine 0,3-Verfahrensgebühr nach Nr. 3309 VV RVG anfallen könnte. Hier wird man aber bereits nach der derzeitigen Rechtslage auf § 15 Abs. 6 RVG abstellen und die Gebühr auf 0,3 begrenzen müssen.[360] Zukünftig wird dies klar geregelt.

Der Anwalt erhält also:

1.	0,3-Verfahrensgebühr, Nrn. 3330, 3309 VV RVG	89,40 EUR
	(Wert: 5.000,00 EUR)	

---

[359] Änderung durch Art. 8 Abs. 2 Nr. 43.
[360] AnwK-RVG/*N. Schneider*, § 15 Rn 300.

2.	Postentgeltpauschale, Nr. 7002 VV RVG	17,88 EUR
	Zwischensumme 107,28 EUR	
3.	19 % Umsatzsteuer, Nr. 7008 VV RVG	20,38 EUR
	Gesamt	**127,66 EUR**

cc) Anwendbarkeit auf sozialgerichtliche Verfahren

Des Weiteren soll Nr. 3330 VV RVG künftig auch in solchen Verfahren anwendbar sein, in denen Betragsrahmen entstehen. Da die einzigen Verfahren mit Betragsrahmengebühren, die nach Teil 3 VV RVG abgerechnet werden, die Verfahren vor den Gerichten der Sozialgerichtsbarkeit nach § 3 Abs. 1 S. 1 RVG sind, gilt die Änderung damit nur in Sozialsachen. In anderen Verfahren, in denen Betragsrahmengebühren entstehen, also Strafsachen, Bußgeldsachen oder Verfahren nach Teil 6 VV RVG, ist Teil 3 VV RVG nicht anwendbar, sodass dort eine Gehörsrüge als Einzeltätigkeit vergütet wird (Nrn. 4302, 5200, 6500 VV RVG). 1025

Auch in sozialgerichtlichen Verfahren war die Gehörsrüge bislang als Einzeltätigkeit nach Nr. 3406 VV RVG zu vergüten. 1026

Jetzt ist die Gehörsrüge nach Nr. 3330 VV RVG abzurechnen. Der Gebührenrahmen bemisst sich nach dem Rahmen der Verfahrensgebühr des zugrunde liegenden Verfahrens. 1027

Gleichzeitig ist auch ein Höchstbetrag eingeführt werden. Dieser steht zu dem neuen Höchstbetrag der Verfahrensgebühr in der ersten Instanz (Nr. 3102 VV RVG) im Verhältnis 1,3 zu 0,5. 1028

> *Beispiel 187: Gehörsrüge in sozialgerichtlichen Verfahren* 1029
>
> Der Mandant, der sich im Verfahren vor dem SG selbst vertreten hat, beauftragt einen Anwalt, Gehörsrüge zu erheben.
>
> Der Anwalt erhält eine Gebühr nach Nr. 3330 VV RVG aus dem Rahmen der Nr. 3102 VV RVG, also von 50,00 bis 550,00 EUR, höchstens 220,00 EUR. Da sich der Anwalt hier i.d.R. mit dem gesamten Verfahren befassen und dieses aufarbeiten muss, dürfte der Betrag i.H.v. 220,00 EUR angemessen sein. Dies entspricht auch dem Verhältnis bei den Wertgebühren von 0,5/1,3 = 0,39 (550,00 EUR × 0,39 = 214,50 EUR).
>
> | | | |
> |---|---|---|
> | 1. | Verfahrensgebühr, Nr. 3330 VV RVG | 220,00 EUR |
> | 2. | Postentgeltpauschale, Nr. 7002 VV RVG | 20,00 EUR |
> | | Zwischensumme 240,00 EUR | |
> | 3. | 19 % Umsatzsteuer, Nr. 7008 VV RVG | 45,60 EUR |
> | | **Gesamt** | **285,60 EUR** |

dd) Gehörsrüge durch den Hauptbevollmächtigten

Der Gebührentatbestand der Nr. 3330 VV RVG greift nach wie vor nur dann, wenn der Anwalt ausschließlich mit einer Gehörsrüge oder deren Abwehr beauftragt ist. Anderenfalls gehört die Tätigkeit mit zur Hauptsache und wird durch die dortigen Gebühren mit abgegolten (§ 19 Abs. 1 S. 2 Nr. 5 RVG). 1030

> *Beispiel 188: Gehörsrüge durch Hauptbevollmächtigten* 1031
>
> Der Mandant beauftragt seinen Verfahrensbevollmächtigten, gegen die Entscheidung des LSG Gehörsrüge zu erheben.
>
> Der Anwalt erhält eine Verfahrensgebühr nach Nr. 3204 VV RVG. Diese deckt auch die Gehörsrüge mit ab (§ 19 Abs. 1 S. 2 Nr. 5b RVG). Die zusätzliche Tätigkeit der Gehörsrüge kann allenfalls im Rahmen des § 14 Abs. 1 RVG Gebühren erhöhend berücksichtigt werden.

§ 3 Änderungen des RVG

f) Nr. 3335 VV RVG
aa) Überblick

1032 Nr. 3335 VV RVG erhält folgende neue Fassung:[361]

3335	Verfahrensgebühr für das Verfahren über die Prozesskostenhilfe	in Höhe der Verfahrensgebühr für das Verfahren, für das die Prozesskostenhilfe beantragt wird, höchstens 1,0, bei Betragsrahmengebühren höchstens 420,00 €.

1033 In Nr. 3335 VV RVG wird der Nebensatz „soweit in Nummer 3336 nichts anderes bestimmt ist", gestrichen. Zudem wird die bisherige Anm. aufgehoben.

bb) Betragsrahmengebühren

1034 Durch die Streichung des Nebensatzes soll die bisherige Vorrangregelung der Nr. 3336 VV RVG, die aufgehoben wird (siehe Rn 1038), entfallen. Die Vorschrift der Nr. 3335 VV RVG soll damit künftig auch in Verfahren vor den Gerichten der Sozialgerichtsbarkeit anwendbar sein, wenn Betragsrahmengebühren entstehen.

1035 Konsequenterweise musste dann auch für die Betragsrahmen ein Höchstbetrag eingeführt werden. Dieser orientiert sich an Nr. 3400 VV RVG (siehe Rn 1051) und wird auf 420,00 EUR festgelegt.

1036 *Beispiel 189: Prozesskostenhilfeprüfungsverfahren vor dem SG*

Im Verfahren auf Überprüfung der Prozesskostenhilfe beauftragt der Mandant erstmals seinen Anwalt, ihn zu vertreten.

Der Anwalt erhält eine Verfahrensgebühr nach Nr. 3335 VV RVG. Der Gebührenrahmen richtet sich nach Nr. 3102 VV RVG und beträgt 50,00 bis 550,00 EUR, höchstens 420,00 EUR. Im Überprüfungsverfahren dürfte ein unterdurchschnittlicher Betrag anzusetzen sein, der hier mit 100,00 EUR angenommen werden soll.

1.	Verfahrensgebühr, Nr. 3330 VV RVG		100,00 EUR
2.	Postentgeltpauschale, Nr. 7002 VV RVG		20,00 EUR
	Zwischensumme	120,00 EUR	
3.	19 % Umsatzsteuer, Nr. 7008 VV RVG		22,80 EUR
	Gesamt		**142,80 EUR**

cc) Gegenstandswert

1037 Gestrichen wird die Anm. zu Nr. 3335 VV RVG, in der der Gegenstandswert für Prozess- und Verfahrenskostenhilfeverfahren geregelt war. Aus systematischen Gründen ist die Anm. zu Nr. 3335 VV RVG als eigenständige Vorschrift in den Paragraphenteil Abschnitt 4 (Gegenstandswerte) – dort § 23a RVG – verschoben worden (siehe hierzu Rn 181 ff.).

---

[361] Änderung durch Art. 8 Abs. 2 Nr. 44.

C. Änderungen im Vergütungsverzeichnis §3

g) Nr. 3336 VV RVG

Nr. 3336 VV RVG wird aufgehoben, da künftig die Verfahrensgebühr für Prozesskostenhilfeverfahren, in denen Betragsrahmengebühren gelten, jetzt von Nr. 3335 VV RVG erfasst wird (siehe Rn 1034 ff.).[362]

1038

h) Nr. 3337 VV RVG

Nr. 3337 VV RVG erhält folgende neue Fassung:[363]

1039

3337	Vorzeitige Beendigung des Auftrags im Fall der Nummern 3324 bis 3327, 3334 und 3335:	
	Die Gebühren 3324 bis 3327, 3334 und 3335 betragen höchstens	0,5
	Eine vorzeitige Beendigung liegt vor,	
	1. wenn der Auftrag endet, bevor der Rechtsanwalt den das Verfahren einleitenden Antrag oder einen Schriftsatz, der Sachanträge, Sachvortrag oder die Zurücknahme des Antrags enthält, eingereicht oder bevor er einen gerichtlichen Termin wahrgenommen hat, oder	
	2. soweit lediglich beantragt ist, eine Einigung der Parteien oder der Beteiligten zu Protokoll zu nehmen oder soweit lediglich Verhandlungen vor Gericht zur Einigung geführt werden.	

Der Gebührentatbestand wird dahingehend geändert, dass der Gebührensatz nur noch die Wirkung einer Höchstgebühr hat.

1040

Auch diese Änderung steht in Zusammenhang mit Nr. 3335 VV RVG (Verfahrensgebühr im Prozesskostenhilfeverfahren), wonach im Verfahren der Hauptsache eine geringere Gebühr als 0,5 anfallen kann. Wird ein solches Verfahren vorzeitig beendet, dann soll auch nur die geringere Verfahrensgebühr des Hauptsacheverfahrens gelten.

1041

Die vorzeitige Erledigung wirkt sich also bei Gebührensätzen von nicht mehr als 0,5 im Hauptsacheverfahren nicht aus.

1042

Beispiel 190: Vorzeitige Erledigung des Prozesskostenhilfeverfahrens

1043

Der Anwalt erhält den Auftrag, für ein Zwangsgeldverfahren nach § 888 ZPO Prozesskostenhilfe zu beantragen (Wert: 5.000,00 EUR). Bevor der Antrag eingereicht wird, erfüllt der Gegner, sodass sich die Sache vorzeitig erledigt.

Angefallen wäre in der Hauptsache eine 0,3-Verfahrensgebühr nach Nr. 3309 VV RVG. Mehr als 0,3 kann der Anwalt daher nicht abrechnen.

1.	0,3-Verfahrensgebühr, Nrn. 3335, 3337, 3309 VV RVG	89,40 EUR
	(Wert: 5.000,00 EUR)	
2.	Postentgeltpauschale, Nr. 7002 VV RVG	17,88 EUR
	Zwischensumme	107,28 EUR
3.	19 % Umsatzsteuer, Nr. 7008 VV RVG	20,38 EUR
	Gesamt	**127,66 EUR**

Für sozialgerichtliche Angelegenheiten, für die jetzt auch Nr. 3335 VV RVG gilt, bedurfte es keiner Begrenzung. Hier ist eine vorzeitige Beendigung im Rahmen des § 14 Abs. 1 RVG Gebühren mindernd zu berücksichtigen.

1044

---

[362] Änderung durch Art. 8 Abs. 2 Nr. 45.
[363] Änderung durch Art. 8 Abs. 2 Nr. 46.

§ 3 Änderungen des RVG

4. Abschnitt 4 – Einzeltätigkeiten

a) § 35 RVG

1045 Eine mittelbare Änderung des Anwendungsbereichs des Teil 3 Abschnitt 4 VV RVG ergibt sich dadurch, dass § 36 RVG jetzt auch auf diesen Abschnitt verweist und somit in schiedsrichterlichen Verfahren und Verfahren vor dem Schiedsgericht auch die Gebühren für Einzeltätigkeiten anzuwenden sind (siehe dazu Rn 238 ff.).

b) Vorbem. 3.4 VV RVG

1046 Vorbem. 3.4 VV RVG erhält folgende neue Fassung:[364]

> *Vorbemerkung 3.4:*
> Für in diesem Abschnitt genannte Tätigkeiten entsteht eine Terminsgebühr nur, wenn dies ausdrücklich bestimmt ist.

1047 Der bisherige Abs. 2 zu Vorbem. 3.4 VV RVG wird aufgehoben. Infolge des Wegfalls wird dann in Abs. 1 die Absatzbezeichnung „(1)" gestrichen.

1048 Grund für die Aufhebung der Anm. Abs. 2 VV RVG ist die Umstellung des Gebührensystems in Sozialsachen. Auch in Teil 3 Abschnitt 4 VV RVG soll es bei einer vorgerichtlichen Vorbefassung künftig keine geringeren Gebührenrahmen bzw. -beträge mehr geben. Bei einer Vorbefassung gilt auch hier die Anrechnung der Geschäftsgebühr nach Vorbem. 3 Abs. 4 VV RVG.

1049 *Beispiel 191: Verkehrsanwalt mit Vorbefassung*

Der Anwalt war im Widerspruchsverfahren tätig. Im gerichtlichen Verfahren vor dem SG wird er als Verkehrsanwalt beauftragt.

Ausgehend von den Mittelgebühren ist wie folgt abzurechnen:

I. Widerspruchsverfahren

1.	Geschäftsgebühr, Nr. 2303 Nr. 1 VV RVG		345,00 EUR
2.	Postentgeltpauschale, Nr. 7002 VV RVG		20,00 EUR
	Zwischensumme	365,00 EUR	
3.	19 % Umsatzsteuer, Nr. 7008 VV RVG		69,35 EUR
	Gesamt		**434,35 EUR**

II. Gerichtliches Verfahren 1. Instanz

1.	Verfahrensgebühr, Nrn. 3400, 3102 VV RVG		300,00 EUR
2.	gem. Vorbem. 3 Abs. 4 S. 1 VV RVG anzurechnen		-172,50 EUR
3.	Postentgeltpauschale, Nr. 7002 VV RVG		20,00 EUR
	Zwischensumme	147,50 EUR	
4.	19 % Umsatzsteuer, Nr. 7008 VV RVG		28,03 EUR
	Gesamt		**175,53 EUR**

---

[364] Änderung durch Art. 8 Abs. 2 Nr. 47.

C. Änderungen im Vergütungsverzeichnis § 3

c) Nr. 3400 VV RVG

Nr. 3400 VV RVG erhält folgende neue Fassung:[365]   1050

3400	Der Auftrag beschränkt sich auf die Führung des Verkehrs der Partei oder des Beteiligten mit dem Verfahrensbevollmächtigten: Verfahrensgebühr .... Die gleiche Gebühr entsteht auch, wenn im Einverständnis mit dem Auftraggeber mit der Übersendung der Akten an den Rechtsanwalt des höheren Rechtszugs gutachterliche Äußerungen verbunden sind.	in Höhe der dem Verfahrensbevollmächtigten zustehenden Verfahrensgebühr, höchstens 1,0, bei Betragsrahmengebühren höchstens 420,00 €

In Nr. 3400 VV RVG wird lediglich für Sozialsachen, in denen nach Betragsrahmen abzurechnen ist, der Höchstbetrag von 260,00 EUR auf 420,00 EUR angehoben. Darüber hinaus wird auch hier die Währungsbezeichnung von „€" durch EUR ersetzt. Grund dafür ist auch hier die Einführung der Anrechnung nach Vorbem. 3 Abs. 4 VV RVG.   1051

d) Nrn. 3401, 3402 VV RVG

Die Nrn. 3401 und 3402 VV RVG werden unmittelbar nicht geändert. Eine mittelbare Änderung ergibt sich aber durch die Neufassung der Vorbem. 3 Abs. 3 VV RVG. Da jetzt grundsätzlich alle gerichtlichen Termine eine Terminsgebühr auslösen, erweitert sich damit auch der Anwendungsbereich des Terminsvertreters.   1052

Bedeutung hat dies z.B. für einen Anhörungstermin.   1053

Beispiel 192: Teilnahme an einem Anhörungstermin   1054

Die Scheidung ist vor dem FamG München anhängig (Wert der Ehesache 6.000,00 EUR). Das Gericht lässt die Ehefrau im Wege der Rechtshilfe vor dem FamG Köln anhören. Dort wird ein Anwalt beauftragt, der an dem Anhörungstermin teilnehmen soll.

Nach bisherigem Recht stellte der Anhörungstermin keinen Termin i.S.d. Vorbem. 3 Abs. 3 VV RVG dar. Die Tätigkeit des Anwalts konnte daher nur als Einzeltätigkeit vergütet werden, also mit einer Verfahrensgebühr nach Nr. 3403 VV RVG. Eine Terminsgebühr entstand nicht. Bisher war deshalb abzurechnen wie folgt:

1.	0,8-Verfahrensgebühr, Nr. 3403 VV RVG (Wert: 6.000,00 EUR)		270,40 EUR
2.	Postentgeltpauschale, Nr. 7002 VV RVG		20,00 EUR
	Zwischensumme	290,40 EUR	
3.	19 % Umsatzsteuer, Nr. 7008 VV RVG		55,18 EUR
	Gesamt		**345,58 EUR**

Nach neuem Recht handelt es sich nicht mehr um eine Einzeltätigkeit, sondern um eine Terminsvertretung, sodass sich die Vergütung jetzt nach Nrn. 3401, 3402 VV RVG richtet.

1. 0,65-Verfahrensgebühr, Nrn. 3401, 3100 VV RVG   226,85 EUR
   (Wert: 6.000,00 EUR)
2. 1,2-Terminsgebühr, Nrn. 3402, 3104 VV RVG   418,80 EUR
   (Wert: 6.000,00 EUR)

---

365 Änderung durch Art. 8 Abs. 2 Nr. 48.

§ 3 Änderungen des RVG

3. Postentgeltpauschale, Nr. 7002 VV RVG		20,00 EUR
Zwischensumme	665,65 EUR	
4. 19 % Umsatzsteuer, Nr. 7008 VV RVG		126,47 EUR
Gesamt		**792,12 EUR**

1055 Bedeutung hat die Neuregelung auch für Protokollierungstermine.

1056 *Beispiel 193: Wahrnehmung eines Protokollierungstermins*

In einem Rechtsstreit (Wert: 6.000,00 EUR) haben die Hauptbevollmächtigten eine Einigung erzielt. Diese soll noch gerichtlich protokolliert werden. Dazu beauftragt der Kläger am Gerichtsort einen Anwalt, der diesen Termin wahrnehmen soll.

Nach bisherigem Recht stellte auch der Protokollierungstermin keinen Termin i.S.d. Vorbem. 3 Abs. 3 VV RVG dar. Die Tätigkeit des Anwalts konnte daher auch hier nur als Einzeltätigkeit vergütet werden, also mit einer Verfahrensgebühr nach Nr. 3403 VV RVG. Eine Terminsgebühr entstand nicht. Abzurechnen wäre daher wie im vorangegangenen Beispiel (siehe Rn 1054).

Nach neuem Recht handelt es sich nicht mehr um eine Einzeltätigkeit, sondern um eine Terminsvertretung, sodass sich die Vergütung jetzt nach Nr. 3401, 3402 VV RVG richtet. Es entsteht eine Verfahrens- und eine Terminsgebühr. Eine Einigungsgebühr entsteht nicht, da die Einigung bereits geschlossen war und nur noch protokolliert worden ist. Abzurechnen wäre daher ebenfalls wie im vorangegangenen Beispiel (siehe Rn 1054).

1057 Handelt es sich um eine formbedürftige Einigung, die erst mit ihrer Protokollierung gem. § 127a BGB wirksam wird, dann entsteht für den Terminsvertreter auch noch eine Einigungsgebühr.

1058 Die Änderung der Vorbem. 3 Abs. 3 VV RVG kann auch dann Auswirkungen haben, wenn zunächst ein Verhandlungstermin anberaumt war, es dann aber nur zu einem Protokollierungstermin kommt.

1059 *Beispiel 194: Wahrnehmung eines Protokollierungstermins nach Aufhebung des Verhandlungstermins*

In einem Rechtsstreit (Wert: 6.000,00 EUR) wird vor dem auswärtigen Gericht Termin zur mündlichen Verhandlung anberaumt. Für diesen Termin wird ein Unterbevollmächtigter bestellt. Nachdem die Parteien eine Einigung erzielt haben wird der Verhandlungstermin aufgehoben und ein Protokollierungstermin anberaumt, den der Unterbevollmächtigte wahrnimmt.

Nach bisherigem Recht hätte sich die Verfahrensgebühr nach Nr. 3405 Nr. 2 VV RVG auf die Hälfte reduziert. Eine Terminsgebühr wäre nicht angefallen. Abzurechnen gewesen wäre daher nach den bisherigen Beträgen des § 13 RVG a.F. wie folgt:

1. 0,5-Verfahrensgebühr, Nrn. 3401, 3405 Nr. 2, 3100 VV RVG		169,00 EUR
(Wert: 6.000,00 EUR)		
2. Postentgeltpauschale, Nr. 7002 VV RVG		20,00 EUR
Zwischensumme	189,00 EUR	
3. 19 % Umsatzsteuer, Nr. 7008 VV RVG		35,91 EUR
Gesamt		**224,91 EUR**

Nach neuem Recht hat der Unterbevollmächtigte einen Termin i.S.d. Vorbem. 3 Abs. 3 VV RVG wahrgenommen, sodass er nicht nur die „volle" Verfahrensgebühr erhält, sondern auch eine Terminsgebühr.

C. Änderungen im Vergütungsverzeichnis § 3

1.	0,65-Verfahrensgebühr, Nrn. 3401, 3405 Nr. 2, 3100 VV RVG (Wert: 6.000,00 EUR)	226,85 EUR
2.	1,2-Terminsgebühr, Nrn. 3401, 3104 VV RVG (Wert: 6.000,00 EUR)	418,80 EUR
3.	Postentgeltpauschale, Nr. 7002 VV RVG	20,00 EUR
	Zwischensumme 665,65 EUR	
4.	19 % Umsatzsteuer, Nr. 7008 VV RVG	129,47 EUR
	Gesamt	**792,12 EUR**

e) Nr. 3403 VV RVG

Nr. 3403 VV RVG erfährt zwar unmittelbar keine Änderung. Mittelbar ergibt sich eine Änderung jedoch daraus, dass sich der Anwendungsbereich der Terminsgebühr erweitert und damit auch der der Nr. 3401 VV RVG. Dadurch verringert sich in gleichem Umfang der Anwendungsbereich der Nr. 3403 VV RVG. So gilt eine Vertretung in einem Anhörungs- oder Protokollierungstermin jetzt nicht mehr als Einzeltätigkeit, sondern als Terminsvertretung (siehe hierzu Rn 1052 ff.).

1060

f) Nr. 3405 VV RVG

Nr. 3405 VV RVG erhält folgende neue Fassung:[366]

1061

3405	Endet der Auftrag 1. im Fall der Nummer 3400, bevor der Verfahrensbevollmächtigte beauftragt oder der Rechtsanwalt gegenüber dem Verfahrensbevollmächtigten tätig geworden ist, 2. im Fall der Nummer 3401, bevor der Termin begonnen hat: Die Gebühren 3400 und 3401 betragen . . . . Im Fall der Nummer 3403 gilt die Vorschrift entsprechend.	höchstens 0,5, bei Betragsrahmengebühren höchstens 210,00 €

In Nr. 3405 VV RVG wird lediglich der Höchstbetrag für Betragsrahmengebühren angehoben, und zwar von 130,00 EUR auf 210,00 EUR. Darüber hinaus wird auch hier die Währungsbezeichnung von „€" durch EUR ersetzt.

1062

g) Nr. 3406 VV RVG

Nr. 3406 VV RVG erhält folgende neue Fassung:[367]

1063

3406	Verfahrensgebühr für sonstige Einzeltätigkeiten in Verfahren vor Gerichten der Sozialgerichtsbarkeit, wenn Betragsrahmengebühren entstehen (§ 3 RVG) . . . . Die Anmerkung zu Nummer 3403 gilt entsprechend.	30,00 bis 340,00 €

Für Einzeltätigkeiten wird in Nr. 3406 VV RVG der Gebührenrahmen angehoben und zwar von 10,00 bis 200,00 EUR auf 30,00 bis 340,00 EUR. Die neue Mittelgebühr beträgt 185,00 EUR. Darüber hinaus wird auch hier die Währungsbezeichnung von „EUR" auf „€" umgestellt.

1064

Eine mittelbare Änderung ergibt sich insoweit, als jetzt die Gehörsrüge auch für Betragsrahmengebühren in Nr. 3330 VV RVG geregelt wird (siehe oben Rn 1021 ff.). Bislang fehlte eine Rege-

1065

---

[366] Änderung durch Art. 8 Abs. 2 Nr. 49.
[367] Änderung durch Art. 8 Abs. 2 Nr. 50.

§ 3 Änderungen des RVG

lung, sodass insoweit auf Nr. 3406 VV RVG zurückgegriffen werden musste. Das ist künftig nicht mehr erforderlich.

5. Abschnitt 5 – Beschwerde, Nichtzulassungsbeschwerde und Erinnerung

a) Vorbem. 3.5 VV RVG

1066 Vorbem. 3.5 VV RVG erhält folgende neue Fassung:[368]

> *Vorbemerkung 3.5:*
> Die Gebühren nach diesem Abschnitt entstehen nicht in den in Vorbemerkung 3.1 Abs. 3 und in den Vorbemerkungen 3.2.1 und 3.2.2 genannten Beschwerdeverfahren.

1067 In Vorbem. 3.5 wird die Angabe „Vorbemerkung 3.1 Abs. 2" durch die Angabe „Vorbemerkung 3.1 Abs. 3" ersetzt. Dies beruht darauf, dass in Vorbem. 3.1 VV RVG ein neuer Abs. 1 eingefügt worden ist, wodurch der bisherige Abs. 2 zu Abs. 3 wird.

1068 Mittelbar ergibt sich eine weitere Änderung, da sich durch die weitergehenden Fassungen der Vorbem. 3.2.1 und 3.2.2 VV RVG gleichzeitig der Anwendungsbereich von Teil 3 Abschnitt 5 VV RVG verringert.

b) Nr. 3501 VV RVG

1069 Nr. 3501 VV RVG erhält folgende Neufassung:[369]

3501	Verfahrensgebühr für Verfahren vor den Gerichten der Sozialgerichtsbarkeit über die Beschwerde und die Erinnerung, wenn in den Verfahren Betragsrahmengebühren entstehen (§ 3 RVG), soweit in diesem Abschnitt keine besonderen Gebühren bestimmt sind	20,00 bis 210,00 €

1070 In Nr. 3501 VV RVG werden nur die Gebührenbeträge angehoben, und zwar von 15,00 bis 160,00 EUR auf 20,00 bis 210,00 EUR. Die neue Mittelgebühr beträgt 115,00 EUR. Darüber hinaus wird auch hier die Währungsbezeichnung von „EUR" auf „€" umgestellt.

c) Nr. 3506 VV RVG
aa) Überblick

1071 Nr. 3506 VV RVG erhält folgende neue Fassung:[370]

3506	Verfahrensgebühr für das Verfahren über die Beschwerde gegen die Nichtzulassung der Revision oder die Nichtzulassung der Rechtsbeschwerde nach § 92a des Arbeitsgerichtsgesetzes oder § 75 GWB, soweit in Nummer 3512 nichts anderes bestimmt ist .... Die Gebühr wird auf die Verfahrensgebühr für ein nachfolgendes Revisions- oder Rechtsbeschwerdeverfahren angerechnet.	1,6

1072 In Nr. 3506 VV RVG waren bislang nur die Verfahren über die Beschwerde gegen die Nichtzulassung der Revision geregelt. Für Verfahren über die Beschwerde gegen die Nichtzulassung einer Rechtsbeschwerde sind dagegen zur Zeit keine Gebührentatbestände vorgesehen, obwohl solche Nichtzulassungsbeschwerden in Arbeitsrechtssachen und in Verfahren nach dem GWB möglich sind.

---

[368] Änderung durch Art. 8 Abs. 2 Nr. 51.
[369] Änderung durch Art. 8 Abs. 2 Nr. 52.
[370] Änderung durch Art. 8 Abs. 2 Nr. 53.

bb) Nichtzulassungsbeschwerde nach § 92a ArbGG

In Verfahren der Beschwerde gegen die Nichtzulassung einer Rechtsbeschwerde in arbeitsrechtlichen Beschlussverfahren war bislang nach dem Wortlaut lediglich eine 0,5-Gebühr nach Nr. 3500 VV RVG abzurechnen. Der Anwalt erhielt also eine erheblich geringere Vergütung als im Erkenntnisverfahren. Andererseits wurde die 0,5 Gebühr dann aber auch nicht angerechnet, wenn es zur Rechtsbeschwerde kam. Dann erhielt der Anwalt im Ergebnis höhere Gebühren als im Erkenntnisverfahren.

1073

Beispiel 195: Nichtzulassungsbeschwerde nach § 91a ArbGG (altes Recht)

1074

Das LAG hat im Beschlussverfahren (Wert: 20.000,00 EUR) entschieden und die Rechtsbeschwerde nicht zugelassen. Dagegen wird erfolgreich Rechtsbeschwerde erhoben und die Rechtsbeschwerde durchgeführt.

Nach dem Wortlaut des RVG wäre ausgehend von den bisherigen Beträgen des § 13 RVG a.F. wie folgt abzurechnen gewesen:

I. Nichtzulassungsbeschwerde
1. 0,5-Verfahrensgebühr, Nr. 3500 VV RVG   323,00 EUR
   (Wert: 20.000,00 EUR)
2. Postentgeltpauschale, Nr. 7002 VV RVG   20,00 EUR
   Zwischensumme   343,00 EUR
3. 19 % Umsatzsteuer, Nr. 7008 VV RVG   65,17 EUR
   Gesamt   **408,17 EUR**

Diese Vergütung liegt unter der nach Nr. 3506 VV RVG.

II. Rechtsbeschwerdeverfahren
1. 1,6-Verfahrensgebühr, Vorbem. 3.2.1 Nr. 2 Buchst. c), Nr. 3206 VV RVG   1.033,60 EUR
   (Wert: 20.000,00 EUR)
2. Postentgeltpauschale, Nr. 7002 VV RVG   20,00 EUR
   Zwischensumme   1.053,60 EUR
3. 19 % Umsatzsteuer, Nr. 7008 VV RVG   200,18 EUR
   Gesamt   **1.253,78 EUR**

Diese Vergütung liegt über der nach den Nrn. 3506/3206 VV RVG.

Dieses Ergebnis war jedoch nicht gewollt. Die Kommentarliteratur hat daher auch durchweg Nr. 3506 VV RVG analog angewandt.[371] Dies wird jetzt gesetzlich in Nr. 3506 VV RVG geregelt. Der Anwalt erhält in dem Verfahren über die Beschwerde gegen die Nichtzulassung einer Rechtsbeschwerde nach § 92a ArbGG die gleichen Gebühren wie in einem Verfahren über die Nichtzulassung der Revision.

1075

Der Anwalt erhält also eine 1,6-Verfahrensgebühr, die allerdings anzurechnen ist, wenn die Rechtsbeschwerde zugelassen und durchgeführt wird.

1076

Nach neuem Recht entsteht die Gebühr nach Nr. 3506 VV RVG, die im Falle der erfolgreichen Beschwerde auf die Verfahrensgebühr des Rechtsbeschwerdeverfahrens angerechnet wird (Anm. zu Nr. 3506 VV RVG).

1077

---

[371] Gerold/Schmidt/*Müller-Rabe*, Nrn. 3504, 3505 VV RVG, Rn 5 und 6.

I. Nichtzulassungsbeschwerde

1.	1,6-Verfahrensgebühr, Nr. 3506 VV RVG		1.179,20 EUR
	(Wert: 20.000,00 EUR)		
2.	Postentgeltpauschale, Nr. 7002 VV RVG		20,00 EUR
	Zwischensumme	1.199,20 EUR	
3.	19 % Umsatzsteuer, Nr. 7008 VV RVG		227,85 EUR
	Gesamt		**1.427,05 EUR**

II. Rechtsbeschwerdeverfahren

1.	1,6-Verfahrensgebühr, Vorbem. 3.2.2 Nr. 1 Buchst. a) i.V.m. Vorbem. 3.2.1 Nr. 2 Buchst. c), Nr. 3200 VV RVG a.F.		1.179,20 EUR
	(Wert: 20.000,00 EUR)		
2.	gem. Anm. zu Nr. 3506 VV RVG anzurechnen		-1.179,20 EUR
3.	Postentgeltpauschale, Nr. 7002 VV RVG		20,00 EUR
	Zwischensumme	20,00 EUR	
4.	19 % Umsatzsteuer, Nr. 7008 VV RVG		3,80 EUR
	Gesamt		**23,80 EUR**

1078 Kommt es im Verfahren der Nichtzulassungsbeschwerde zu einem Termin i.S.d. Vorbem. 3 Abs. 3 VV RVG – in der Regel im Wege der Mitwirkung an einer Besprechung i.S.d. Vorbem. 3 Abs. 3, 3. Var. VV RVG[372] –, dann entsteht nach Nr. 3516 VV RVG eine 1,2 Terminsgebühr. Eine Anrechnung der Terminsgebühr ist nicht vorgesehen.

cc) Nichtzulassungsbeschwerde nach § 95 GWB

1079 In Verfahren nach dem GWB hätte der Anwalt für eine Beschwerde gegen die Nichtzulassung sogar eine 1,6-Verfahrensgebühr gem. Vorbem. 3.2.1 Nr. 4 VV RVG erhalten, die nicht anzurechnen gewesen wäre. Auch dieses Ergebnis war nicht gewollt. Auch hier erhält der Anwalt zukünftig die gleiche Vergütung wie bei einer Beschwerde gegen die Nichtzulassung der Rechtsbeschwerde.

1080 *Beispiel 196: Nichtzulassungsbeschwerde nach § 95 GWB*

Das OLG entscheidet über die Beschwerde (Wert: 50.000,00 EUR) und lässt die Rechtsbeschwerde nicht zu. Es wird sodann Nichtzulassungsbeschwerde erhoben, die erfolgreich ist und zur Durchführung des Rechtsbeschwerdeverfahrens führt.

Während nach bisherigem Recht anrechnungsfrei zweimal eine 1,6-Verfahrensgebühr nach Vorbem. 3.2.1 Nr. 4, Nr. 3200 VV RVG angefallen wäre, ist jetzt wie folgt zu rechnen, wobei zu berücksichtigen ist, dass im Rechtsbeschwerdeverfahren jetzt die Erhöhung der Verfahrensgebühr nach Nr. 3208 VV RVG greift:

I. Nichtzulassungsbeschwerde

1.	2,3-Verfahrensgebühr, Nr. 3506, 3508 VV RVG		2.663,40 EUR
	(Wert: 50.000,00 EUR)		
2.	Postentgeltpauschale, Nr. 7002 VV RVG		20,00 EUR
	Zwischensumme	2.683,40 EUR	

---

372 Durch die Änderung der Vorbem. 3 Abs. 3 VV RVG ist die gegenteilige Rechtsprechung des BGH (AGS 2007, 298 = BGHR 2007, 369 = NJW 2007, 1461 = FamRZ 2007, 637 = NJ 2007, 223 und 411 = RVGprof. 2007, 78 = JurBüro 2007, 252 = MDR 2007, 742 = RVGreport 2007, 269 = zfs 2007, 467) überholt.

3.	19 % Umsatzsteuer, Nr. 7008 VV RVG	509,85 EUR
	Gesamt	**3.193,25 EUR**

II. Rechtsbeschwerdeverfahren

1.	2,3-Verfahrensgebühr, Vorbem. 3.2.2 Nr. 1 Buchst. a) i.V.m. Vorbem. 3.2.1 Nr. 2 Buchst. c), Nrn. 3206, 3208 VV RVG a.F. (Wert: 50.000,00 EUR)		2.663,40 EUR
2.	gem. Anm. zu Nr. 3506 VV RVG anzurechnen, 2,3 aus 50.000,00 EUR		-2.663,40 EUR
3.	Postentgeltpauschale, Nr. 7002 VV RVG		20,00 EUR
	Zwischensumme	20,00 EUR	
4.	19 % Umsatzsteuer, Nr. 7008 VV RVG		3,80 EUR
	Gesamt		**23,80 EUR**

d) Nr. 3511 VV RVG

Nr. 3511 VV RVG erhält folgende Fassung:[373]

3511	Verfahrensgebühr für das Verfahren über die Beschwerde gegen die Nichtzulassung der Berufung vor dem Landessozialgericht, wenn Betragsrahmengebühren entstehen (§ 3 RVG) .... Die Gebühr wird auf die Verfahrensgebühr für ein nachfolgendes Berufungsverfahren angerechnet.	60,00 bis 680,00 €

In Nr. 3511 VV RVG werden die Gebührenbeträge angehoben, und zwar von 50,00 bis 570,00 EUR auf 60,00 bis 680,00 EUR. Die neue Mittelgebühr beträgt 370,00 EUR. Darüber hinaus wird auch hier die Währungsbezeichnung von „EUR" auf „€" umgestellt.

e) Nr. 3512 VV RVG

Nr. 3512 VV RVG erhält folgende Fassung:[374]

3512	Verfahrensgebühr für das Verfahren über die Beschwerde gegen die Nichtzulassung der Revision vor dem Bundessozialgericht, wenn Betragsrahmengebühren entstehen (§ 3 RVG)	80,00 bis 880,00 €

Die Höchstgebühr wird auf 880,00 EUR angehoben. Die Mindestgebühr bleibt dagegen unverändert. Dadurch ergibt sich eine neue Mittelgebühr von 480,00 EUR. Darüber hinaus wird die Währungsangabe von „EUR" durch „€" ersetzt.

f) Nr. 3514 VV RVG

Nr. 3514 VV RVG[375] erhält folgende Neufassung:

3514	In dem Verfahren über die Beschwerde gegen die Zurückweisung des Antrags auf Anordnung eines Arrests oder des Antrags auf Erlass einer einstweiligen Verfügung bestimmt das Beschwerdegericht Termin zur mündlichen Verhandlung	
	Die Gebühr 3513 beträgt	1,2

---

[373] Änderung durch Art. 8 Abs. 2 Nr. 54.
[374] Änderung durch Art. 8 Abs. 2 Nr. 55.
[375] Änderung durch Art. 8 Abs. 2 Nr. 56.

1086 Nr. 3514 VV RVG gilt nur in Verfahren nach der ZPO, da nur hier einstweilige Verfügungen vorgesehen sind. Zwar können Arrestverfahren auch in Familienstreitsachen vorkommen (§ 113 Abs. 1 S. 2 FamFG); die Vergütung in Beschwerdeverfahren richtet sich jedoch gem. Vorbem. 3.2.1 Nr. 1 Buchst. b) VV RVG nach den Nrn. 3200 ff. VV RVG und nicht nach den Nrn. 3500 ff. VV RVG.

1087 Der Erhöhungstatbestand der Nr. 3514 VV RVG, der bisher eine gegenüber Nr. 3513 VV RVG höhere Terminsgebühr nur für den Fall vorsah, dass das Beschwerdegericht aufgrund mündlicher Verhandlung entscheidet, wird auf weitere Anwendungsfälle erweitert.

1088 Weist das erstinstanzliche Gericht einen Antrag auf Erlass einer einstweiligen Verfügung oder eines Arrests ohne mündliche Verhandlung durch Beschluss zurück, so ist hiergegen die einfache Beschwerde nach §§ 567 Abs. 1, 569 ZPO gegeben.

1089 Da es für diese Beschwerdeverfahren keine gesonderten Regelungen gibt und sie auch in der Vorbem. 3.2.1 VV RVG (mit Ausnahme der Familiensachen) nicht erwähnt werden, gilt für diese Verfahren Teil 3 Abschnitt 5 VV RVG. Es gelten also die Gebühren nach den Nrn. 3500 ff. VV RVG.

1090 Wird eine solche Beschwerde eingereicht, hat das Beschwerdegericht prozessual zwei Möglichkeiten:
- Das Beschwerdegericht kann ohne mündliche Verhandlung entscheiden. Dann ergeht die Entscheidung im Beschlussverfahren.
- Das Beschwerdegericht kann aber auch eine mündliche Verhandlung anordnen. In diesem Fall gelten für das Verfahren die allgemeinen Regeln für das Urteilsverfahren.[376] Am deutlichsten bringt dies *Foll*[377] zum Ausdruck: „Ordnet das Beschwerdegericht mündliche Verhandlung an, so hat es zu verfahren, als sei in erster Instanz auf mündliche Verhandlung ein Urteil erlassen und dagegen Berufung eingelegt worden. Das Beschwerdegericht entscheidet dann auch nicht durch Beschluss, sondern durch Urteil."

1091 Zu BRAGO-Zeiten war strittig, ob in dem Fall, in dem das Beschwerdegericht eine mündliche Verhandlung anordnet, die einfachen 5/10-Beschwerdegebühren des § 61 Abs. 1 Nr. 1 BRAGO Anwendung fanden oder ob auf die 10/10-Gebühren des § 31 BRAGO abzustellen sei. Diesen Streit wollte der Gesetzgeber mit Einführung des RVG regeln. Er hat es bei der einfachen Verfahrensgebühr belassen (0,5-Gebühr nach Nr. 3500 VV RVG); allerdings hat er in Nr. 3514 VV RVG eine Erhöhung der Terminsgebühr auf 1,2-Terminsgebühr vorgesehen, wenn das Gericht aufgrund mündlicher Verhandlung entscheidet. Der Gesetzgeber ist also einen Mittelweg gegangen und hat nur die Terminsgebühr auf das Niveau eines Erkenntnisverfahrens angehoben. In allen übrigen Fällen verbleibt es nach dem Wortlaut bei einer 0,5-Terminsgebühr gem. Nr. 3513 VV RVG.

1092 Ausdrücklich geregelt ist bislang aber nur der Fall, dass tatsächlich eine mündliche Verhandlung stattfindet und dort durch Urteil entschieden wird.

1093 Dabei hat der Gesetzgeber übersehen, dass ein Bedürfnis für eine höhere Terminsgebühr nicht nur dann besteht, wenn aufgrund mündlicher Verhandlung entschieden wird, sondern auch dann,
- wenn in der mündlichen Verhandlung ein Vergleich geschlossen wird,
- in der mündlichen Verhandlung die Hauptsache übereinstimmend für erledigt erklärt wird,
- in der mündlichen Verhandlung der Antrag oder die Beschwerde zurückgenommen wird.

1094 Diese Ungleichbehandlung soll durch die Neufassung der Nr. 3514 VV RVG beseitigt werden. In allen Fällen, in denen das Beschwerdegericht einen Termin zur mündlichen Verhandlung anbe-

---

[376] Musielak/*Huber*, ZPO, § 921 Rn 14.
[377] Zöller/*Foll*, § 922 Rn 14.

raumt und damit zu erkennen gibt, dass es vom Beschlussverfahren in das Urteilsverfahren übergehen will, soll bereits die höhere Terminsgebühr anfallen.

Beispiel 197: Beschwerde gegen Nichterlass einer einstweiligen Verfügung ohne mündliche Verhandlung **1095**

Das LG lehnt den Erlass einer einstweiligen Verfügung (Wert: 5.000,00 EUR) ab. Der Antragsteller legt dagegen Beschwerde ein. Im Beschwerdeverfahren entscheidet das OLG ohne mündliche Verhandlung.

Im Verfügungsverfahren entsteht die Verfahrensgebühr nach Nr. 3100 VV RVG. Für das Beschwerdeverfahren entsteht die Beschwerdegebühr nach Nr. 3500 VV RVG. Eine Terminsgebühr fällt nicht an.

I. Verfügungsverfahren vor dem LG (Wert: 5.000,00 EUR)

1.	1,3-Verfahrensgebühr, Nr. 3100 VV RVG		387,50 EUR
2.	Postentgeltpauschale, Nr. 7002 VV RVG		20,00 EUR
	Zwischensumme	407,50 EUR	
3.	19 % Umsatzsteuer, Nr. 7008 VV RVG		77,43 EUR
	Gesamt		**484,93 EUR**

II. Beschwerdeverfahren vor dem OLG (Wert: 5.000,00 EUR)

1.	0,5-Verfahrensgebühr, Nr. 3500 VV RVG		149,00 EUR
2.	Postentgeltpauschale, Nr. 7002 VV RVG		20,00 EUR
	Zwischensumme	169,00 EUR	
3.	19 % Umsatzsteuer, Nr. 7008 VV RVG		32,11 EUR
	Gesamt		**201,11 EUR**

Beispiel 198: Beschwerde gegen Nichterlass einer einstweiligen Verfügung ohne mündliche Verhandlung mit außergerichtlicher Besprechung **1096**

Das LG lehnt den Erlass einer einstweiligen Verfügung (Wert: 5.000,00 EUR) ab. Der Antragsteller legt dagegen Beschwerde ein. Im Beschwerdeverfahren verhandeln die Parteien außerhalb des Gerichts. Eine Einigung scheitert. Das OLG entscheidet ohne mündliche Verhandlung.

Im Verfügungsverfahren entsteht wiederum die Verfahrensgebühr nach Nr. 3100 VV RVG (siehe Beispiel 197). Im Beschwerdeverfahren entsteht neben der Beschwerdegebühr nach Nr. 3500 VV RVG jetzt auch eine Terminsgebühr, da auch hier Vorbem. 3 Abs. 3, 3. Var. VV RVG gilt, wonach für Besprechungen der Anwälte zur Erledigung des Verfahrens eine Terminsgebühr ausgelöst wird. Da eine mündliche Verhandlung nicht anberaumt war, bleibt es bei der 0,5-Terminsgebühr nach Nr. 3513 VV RVG. Der Anwalt erhält also im Beschwerdeverfahren:

1.	0,5-Verfahrensgebühr, Nr. 3500 VV RVG (Wert: 5.000,00 EUR)		149,00 EUR
2.	1,2-Terminsgebühr, Nr. 3513 VV RVG (Wert: 5.000,00 EUR)		357,60 EUR
3.	Postentgeltpauschale, Nr. 7002 VV RVG		20,00 EUR
	Zwischensumme	522,60 EUR	
4.	19 % Umsatzsteuer, Nr. 7008 VV RVG		100,05 EUR
	Gesamt		**626,65 EUR**

§ 3 Änderungen des RVG

1097 Beispiel 199: *Beschwerde gegen Nichterlass einer einstweiligen Verfügung mit mündlicher Verhandlung*

Das LG lehnt den Erlass einer einstweiligen Verfügung (Wert: 5.000,00 EUR) ab. Der Antragsteller legt dagegen Beschwerde ein. Im Beschwerdeverfahren beraumt das OLG Termin zur mündlichen Verhandlung an und entscheidet hiernach durch Urteil.

Im Verfügungsverfahren entsteht wiederum die Verfahrensgebühr nach Nr. 3100 VV RVG (siehe Beispiel 197). Im Beschwerdeverfahren entsteht neben der Beschwerdegebühr nach Nr. 3500 VV RVG wiederum die Terminsgebühr der Nr. 3513 VV RVG, jetzt allerdings in der Höhe der Nr. 3514 VV RVG, also in Höhe von 1,2. Dies war auch nach dem bisherigen Wortlaut der Fall.

1.	0,5-Verfahrensgebühr, Nr. 3500 VV RVG (Wert: 5.000,00 EUR)	149,00 EUR
2.	1,2-Terminsgebühr, Nr. 3513, 3514 VV RVG (Wert: 5.000,00 EUR)	357,60 EUR
3.	Postentgeltpauschale, Nr. 7002 VV RVG	20,00 EUR
	Zwischensumme	526,60 EUR
4.	19 % Umsatzsteuer, Nr. 7008 VV RVG	100,05 EUR
	Gesamt	**626,65 EUR**

1098 Beispiel 200: *Beschwerde gegen Nichterlass einer einstweiligen Verfügung mit mündlicher Verhandlung und übereinstimmender Hauptsacheerledigung*

Das LG lehnt den Erlass einer einstweiligen Verfügung (Wert: 5.000,00 EUR) ab. Der Antragsteller legt dagegen Beschwerde ein. Im Beschwerdeverfahren beraumt das OLG Termin zur mündlichen Verhandlung an. Dort wird die Hauptsache übereinstimmend für erledigt erklärt.

Obwohl es jetzt nicht mehr zu einem Urteil gekommen ist, wird jetzt ebenso wie im vorangegangenen Beispiel 199 (siehe Rn. 1097) abgerechnet. Nach bisherigem Recht wäre dem Wortlaut zur Folge nur eine 0,5-Terminsgebühr angefallen.

1099 Beispiel 201: *Beschwerde gegen Nichterlass einer einstweiligen Verfügung mit mündlicher Verhandlung mit Antrags- oder Beschwerderücknahme*

Das LG lehnt den Erlass einer einstweiligen Verfügung (Wert: 5.000,00 EUR) ab. Der Antragsteller legt dagegen Beschwerde ein. Im Beschwerdeverfahren beraumt das OLG Termin zur mündlichen Verhandlung an. Dort nimmt der Antragsteller seinen Antrag oder seine Beschwerde zurück.

Auch jetzt fällt – im Gegensatz zum bisherigen Recht – eine Terminsgebühr an, obwohl es nicht mehr zu einem Urteil gekommen ist.

1100 Beispiel 202: *Beschwerde gegen Nichterlass einer einstweiligen Verfügung mit mündlicher Verhandlung und Einigung*

Das LG lehnt den Erlass einer einstweiligen Verfügung (Wert: 5.000,00 EUR) ab. Der Antragsteller legt dagegen Beschwerde ein. Im Beschwerdeverfahren beraumt das OLG Termin zur mündlichen Verhandlung an. Dort einigen sich die Parteien.

Im Verfügungsverfahren entsteht die Verfahrensgebühr nach Nr. 3100 VV RVG (Beispiel 197). Im Beschwerdeverfahren entsteht neben der Verfahrensgebühr nach Nr. 3500 VV RVG wiederum eine Terminsgebühr nach Nrn. 3513, 3514 VV RVG, auch wenn eine Entscheidung nicht ergangen ist. Entscheidend ist, dass die mündliche Verhandlung anberaumt war und dort verhandelt wurde. Das wird jetzt durch die Neufassung klargestellt.

C. Änderungen im Vergütungsverzeichnis § 3

Hinzu kommt eine Einigungsgebühr nach Nr. 1000 VV RVG. Da es sich nicht um ein Berufungsverfahren handelt, bleibt es bei einer 1,0-Gebühr nach Nr. 1003 VV RVG; die Erhöhung nach Nr. 1004 VV RVG ist nicht einschlägig.

1.	0,5-Verfahrensgebühr, Nr. 3500 VV RVG (Wert: 5.000,00 EUR)		149,00 EUR
2.	1,2-Terminsgebühr, Nrn. 3513, 3514 VV RVG (Wert: 5.000,00 EUR)		357,60 EUR
3.	1,0-Einigungsgebühr, Nrn. 1000, 1003 VV RVG (Wert: 5.000,00 EUR)		298,00 EUR
4.	Postentgeltpauschale, Nr. 7002 VV RVG		20,00 EUR
	Zwischensumme	824,60 EUR	
5.	19 % Umsatzsteuer, Nr. 7008 VV RVG		156,67 EUR
	Gesamt		**981,27 EUR**

Die höhere Terminsgebühr wirkt sich auch dann aus, wenn es nicht mehr zu dem anberaumten Termin kommt, weil die Anwälte die Sache untereinander besprochen und erledigt haben. Nach dem Willen des Gesetzgebers soll die höhere Terminsgebühr nach Nr. 3514 VV RVG auch dann anfallen, wenn nach Terminsbestimmung eine Besprechung der Anwälte geführt wird, und sich die Sache dann ohne gerichtlichen Termin erledigt. **1101**

Beispiel 203: Beschwerde gegen Nichterlass einer einstweiligen Verfügung mit Besprechung der Anwälte nach Terminsbestimmung **1102**

Das LG lehnt den Erlass einer einstweiligen Verfügung (Wert: 5.000,00 EUR) ab. Der Antragsteller legt dagegen Beschwerde ein. Im Beschwerdeverfahren beraumt das OLG Termin zur mündlichen Verhandlung an. Daraufhin verhandeln die Anwälte außergerichtlich nochmals, worauf der Antrag oder die Beschwerde zurückgenommen werden oder das Verfahren in der Hauptsache für erledigt erklärt wird.

Durch die Besprechung der Anwälte ist eine Terminsgebühr nach Vorbem. 3 Abs. 3, 3. Var. VV RVG ausgelöst worden. Da das Gericht bereits einen Termin zur mündlichen Verhandlung anberaumt hat, gilt der höhere Gebührensatz der Nr. 3514 VV RVG.

Abzurechnen ist also wie folgt:

1.	0,5-Verfahrensgebühr, Nr. 3500 VV RVG (Wert: 5.000,00 EUR)		149,00 EUR
2.	1,2-Terminsgebühr, Nrn. 3513, 3514 VV RVG (Wert: 5.000,00 EUR)		357,60 EUR
3.	Postentgeltpauschale, Nr. 7002 VV RVG		20,00 EUR
	Zwischensumme	526,60 EUR	
4.	19 % Umsatzsteuer, Nr. 7008 VV RVG		100,05 EUR
	Gesamt		**626,65 EUR**

Nicht eindeutig geregelt ist der Fall, wenn die Parteien einen schriftlichen Vergleich abschließen. **1103**

Beispiel 204: Beschwerde gegen Nichterlass einer einstweiligen Verfügung mit schriftlichem Vergleich ohne Terminsbestimmung **1104**

Das LG lehnt den Erlass einer einstweiligen Verfügung (Wert: 5.000,00 EUR) ab. Der Antragsteller legt dagegen Beschwerde ein. Im Beschwerdeverfahren schließen die Parteien einen schriftlichen Vergleich, durch den das Verfahren erledigt wird. Das OLG hatte (noch) keinen Termin zur mündlichen Verhandlung anberaumt.

Da im Verfahren über die Beschwerde eine mündliche Verhandlung nicht vorgeschrieben ist, sind die Voraussetzungen der Anm. Abs. 1 Nr. 1 zu Nr. 3104 VV RVG nicht erfüllt, sodass der schriftliche Vergleich zwar eine Einigungsgebühr auslöst, aber keine Terminsgebühr.

Abzurechnen ist also wie folgt:

1.	0,5-Verfahrensgebühr, Nr. 3500 VV RVG	149,00 EUR
2.	1,0-Einigungsgebühr, Nrn. 1000, 1003 VV RVG	298,00 EUR
3.	Postentgeltpauschale, Nr. 7002 VV RVG	20,00 EUR
	Zwischensumme	467,00 EUR
4.	19 % Umsatzsteuer, Nr. 7008 VV RVG	88,73 EUR
	Gesamt	**555,73 EUR**

1105 Hatte das Gericht dagegen bereits einen Termin zur mündlichen Verhandlung anberaumt und wird dieser Termin dann entbehrlich, weil die Parteien doch noch einen schriftlichen Vergleich schließen, so muss Anm. Abs. 1 Nr. 1 zu Nr. 3104 VV RVG die Vorschrift der Nr. 3514 VV RVG analog anzuwenden sein, weil nach Übergang ins Urteilsverfahren eine mündliche Verhandlung vorgeschrieben ist. Auch Sinn und Zweck der Vorschrift der Anm. Abs. 1 Nr. 1 zu Nr. 3104 VV RVG sprechen dafür. Würde man hier eine Terminsgebühr ablehnen, wäre gerade ein Anreiz geschaffen, die Sache nicht außergerichtlich zu erledigen, sondern erst im gerichtlichen Termin, der für das Gericht aber wiederum zusätzlichen Zeit- und Arbeitsaufwand bedeuten würde.

1106 *Beispiel 205: Beschwerde gegen Nichterlass einer einstweiligen Verfügung mit schriftlichem Vergleich nach Terminsbestimmung*

Wie vorangegangenes Beispiel 204 (siehe Rn 1104); jedoch hatte das OLG bereits Termin zur mündlichen Verhandlung anberaumt.

Jetzt entsteht auch analog Anm. Abs. 1 Nr. 1 zu Nr. 3104 VV RVG eine Terminsgebühr nach Nr. 3514 VV RVG.

1.	0,5-Verfahrensgebühr, Nr. 3500 VV RVG	149,00 EUR
2.	1,2-Terminsgebühr, Nrn. 3513, 3514 VV RVG	357,60 EUR
3.	1,0-Einigungsgebühr, Nrn. 1000, 1003 VV RVG	298,00 EUR
4.	Postentgeltpauschale, Nr. 7002 VV RVG	20,00 EUR
	Zwischensumme	824,60 EUR
5.	19 % Umsatzsteuer, Nr. 7008 VV RVG	156,67 EUR
	Gesamt	**981,27 EUR**

1107 Zu beachten ist, dass die Änderung der Nr. 3514 VV RVG nur Verfahren auf Erlass einer einstweiligen Verfügung oder eines Arrests vor den ordentlichen Gerichten oder den Gerichten der Arbeitsgerichtsbarkeit betrifft. In Familiensachen ist die Vorschrift nicht anzuwenden. Hier sind Beschwerden gegen die Ablehnung eines Arrestbeschlusses nach Vorbem. 3.2.1 VV RVG gemäß den Vorschriften eines Berufungsverfahrens abzurechnen. Das gilt auch für Beschwerden gegen den Nichterlass einer einstweiligen Anordnung.

1108 Auch in verwaltungsgerichtlichen Verfahren ist Nr. 3514 VV RVG nicht anzuwenden. Zum einen werden hier keine einstweiligen Verfügungen erlassen, sondern einstweilige Anordnungen. Zum anderen wird hier auch nach mündlicher Verhandlung durch Beschluss und nicht durch Urteil entschieden. Unabhängig davon sind diese Verfahren ohnehin durch Vorbem. 3.2.1 Nr. 3 Buchst. a) VV RVG wie Berufungsverfahren aufgewertet worden (siehe Rn 907 ff.).

C. Änderungen im Vergütungsverzeichnis § 3

g) Nr. 3515 VV RVG

Nr. 3515 VV RVG erhält folgende Fassung:[378] 1109

3515	Terminsgebühr in den in Nummer 3501 genannten Verfahren	20,00 bis 210,00 €

In Nr. 3515 VV RVG werden die Gebührenbeträge angehoben, und zwar von 15,00 bis 160,00 EUR auf 20,00 bis 210,00 EUR. Die neue Mittelgebühr beträgt 115,00 EUR. Darüber hinaus wird auch hier die Währungsbezeichnung von „EUR" auf „€" umgestellt. 1110

h) Nr. 3517 VV RVG

Nr. 3517 VV RVG erhält folgende Fassung:[379] 1111

3517	Terminsgebühr in den in Nummer 3511 genannten Verfahren	50,00 bis 510,00 €

In Nr. 3517 VV RVG werden die Gebührenbeträge angehoben, und zwar von 12,50 bis 215,00 EUR auf 50,00 bis 510,00 EUR. Die neue Mittelgebühr beträgt 280,00 EUR. Darüber hinaus wird auch hier die Währungsbezeichnung von „EUR" auf „€" umgestellt. 1112

i) Nr. 3518 VV RVG

Nr. 3518 VV RVG erhält folgende Fassung:[380] 1113

3518	Terminsgebühr in den in Nummer 3512 genannten Verfahren	60,00 bis 660,00 €

In Nr. 3518 VV RVG werden die Gebührenbeträge angehoben, und zwar von 20,00 bis 350,00 EUR auf 60,00 bis 660,00 EUR. Die neue Mittelgebühr beträgt 360,00 EUR. Darüber hinaus wird auch hier die Währungsbezeichnung von „EUR" auf „€" umgestellt. 1114

IV. Teil 4 – Strafsachen

1. Überblick

Änderungen in Strafsachen ergeben sich zum einen aus den nachfolgenden Änderungen in Teil 4 VV RVG. 1115

Von Bedeutung sind hier aber auch die Änderungen in 1116

- § 17 Nr. 10 RVG (vorbereitendes Verfahren und erstinstanzliches gerichtliches Verfahren als gesonderte Angelegenheiten) (siehe Rn 96),
- Anrechnung und Zurückzahlung von Vorschüssen bei Überschreiten der Wahlanwaltsvergütung (§ 58 Abs. 3 RVG) (siehe Rn 317 ff.),
- Beiordnung und Bestellung durch Justizbehörden (§ 59a RVG) (siehe Rn 327 ff.).

---

[378] Änderung durch Art. 8 Abs. 2 Nr. 57.
[379] Änderung durch Art. 8 Abs. 2 Nr. 58.
[380] Änderung durch Art. 8 Abs. 2 Nr. 59.

2. Vorbem. 4.1 VV RVG

1117 Vorbem. 4.1 VV RVG wird wie folgt neu gefasst:[381]

> *Vorbemerkung 4.1:*
> (1) Für die Tätigkeit als Beistand oder Vertreter eines Privatklägers, eines Nebenklägers, eines Einziehungs- oder Nebenbeteiligten, eines Verletzten, eines Zeugen oder Sachverständigen und für die Tätigkeit im Verfahren nach dem Strafrechtlichen Rehabilitierungsgesetz erhält der Rechtsanwalt die gleichen Gebühren wie ein Verteidiger im Strafverfahren.
> (2) Durch die Gebühren wird die gesamte Tätigkeit als Verteidiger entgolten. Hierzu gehören auch Tätigkeiten im Rahmen des Täter-Opfer-Ausgleichs, soweit der Gegenstand nicht vermögensrechtlich ist.

1118 Die Änderung der Vorbem. 4.1 Abs. 1 VV RVG dient der Klarstellung.

1119 In der Rechtsprechung ist die Frage umstritten, ob der Rechtsanwalt für die Tätigkeit als Zeugenbeistand wie ein Verteidiger (also nach Teil 4 Abschnitt 1 VV RVG) zu vergüten ist oder ob er die Vergütung für eine Einzeltätigkeit (Teil 4 Abschnitt 3 VV RVG) erhält.

1120 Ein Großteil der Rechtsprechung gewährt dem Rechtsanwalt als Zeugenbeistand die gleiche Vergütung wie einem Verteidiger[382] und weist zu Recht darauf hin, dass der als Zeugenbeistand beauftragte Rechtsanwalt seine Gebühren nach Teil 4 Abschnitt 1 VV RVG erhalten muss, da anderenfalls die Gleichstellungsklausel in Vorbem. 4 Abs. 1 VV RVG widersinnig wäre.[383] Allerdings wird zum Teil die Auffassung vertreten, dass nur die Grundgebühr und die Terminsgebühr entstehen, nicht jedoch die Verfahrensgebühr.[384]

1121 Dagegen wird von anderen Gerichten die Auffassung vertreten, der Verteidiger erhalte die Vergütung nur als Einzeltätigkeit nach Nr. 4301 Nr. 4 VV RVG.[385]

1122 Der Gesetzgeber hatte in der Gesetzesbegründung zum RVG bereits ausdrücklich dargelegt, dass der Rechtsanwalt auch im Strafverfahren als Beistand für einen Zeugen oder Sachverständigen die gleichen Gebühren wie ein Verteidiger erhalten soll. Weiter hat er ausgeführt, die Gleichstellung mit dem Verteidiger sei sachgerecht, weil die Gebührenrahmen ausreichenden Spielraum böten, dem konkreten Arbeitsaufwand des Rechtsanwalts Rechnung zu tragen. Bei der Bestimmung der konkreten Gebühr werde sich der Rechtsanwalt als Beistand für einen Zeugen oder Sachverständigen an dem üblichen Aufwand eines Verteidigers in einem durchschnittlichen Verfahren messen lassen müssen.[386]

---

381 Änderung durch Art. 8 Abs. 2 Nr. 60.
382 OLG Dresden StraFo 2009, 42 = NJW 2009, 455 = wistra 2009, 80 = RVGreport 2009, 308 und 425; OLG Düsseldorf AGS 2010, 71 = JMBl NW 2009, 283 = zfs 2009, 707 = Rpfleger 2010, 47 = RVGprof. 2010, 6 = StRR 2009, 443 = JurBüro 2010, 33; OLG Hamm AGS 2008, 124 = StraFo 2008, 45 = Rpfleger 2008, 225 = StRR 2007, 323 = NJW-Spezial 2008, 120 = RVGprof. 2008, 51 = NStZ-RR 2008, 96 = StRR 2008, 79 = RVGreport 2008, 108 = JurBüro 2008, 83; OLG Köln AGS 2008, 388 = StraFo 2008, 350 = StRR 2008, 323 und 439; OLG München AGS 2008, 120; AGS 2008, 449 = RVGreport 2008, 266 = JurBüro 2008, 367 = StRR 2008, 163 und 320; OLG Koblenz AGS 2006, 598 = NStZ-RR 2006, 254 = RVGreport 2006, 232; OLG Schleswig AGS 2007, 191 = SchlHA 2007, 108 = SchlHA 2007, 204 = NStZ-RR 2007, 126 = RVG-Letter 2007, 20; LG Dresden Rpfleger 2010, 236.
383 So insbesondere OLG Schleswig RVGprof. 2007, 64 = RVGreport 2007, 149.
384 So LG Dresden Rpfleger 2010, 236.
385 OLG Hamburg NStZ-RR 2010, 327 = DAR 2011, 116 = wistra 2010, 280; wistra 2011, 120 = NStZ-RR 2011, 64; KG AGS 2009, 533 = NStZ-RR 2009, 327 = RVGreport 2009, 310 = StRR 2009, 398; OLG Stuttgart StRR 2008, 323 = NStZ-RR 2008, 328; OLG Bamberg DAR 2008, 493 = StRR 2008, 203; OLG Frankfurt NStZ-RR 2008, 264; OLG Zweibrücken NdsRpfl 2006, 353 = RVG-Letter 2006, 105 = JurBüro 2007, 202; OLG Düsseldorf JurBüro 2009, 255 = Rpfleger 2009, 528.
386 BT-Drucks 15/1971 S. 220.

C. Änderungen im Vergütungsverzeichnis § 3

Mit der Neufassung wird jetzt klar gestellt, dass sich die Vergütung nach Teil 4 Abschnitt 1 VV RVG richtet und insbesondere auch eine Grundgebühr und eine Verfahrensgebühr anfallen kann. **1123**

Beispiel 206: Tätigkeit als Zeugenbeistand **1124**

Der Anwalt wird vor der großen Strafkammer als Zeugenbeistand beauftragt und nimmt an der Hauptverhandlung teil, in der er dem Zeugen beisteht.

Der Anwalt erhält die gleiche Vergütung wie ein Verteidiger, also eine Grundgebühr, eine Verfahrensgebühr und eine Terminsgebühr.

Als Wahlverteidiger erhält der Anwalt:

1.	Grundgebühr, Nr. 4100 VV RVG	200,00 EUR
2.	Verfahrensgebühr, Nr. 4112 VV RVG	185,00 EUR
3.	Terminsgebühr, Nr. 4114 VV RVG	320,00 EUR
4.	Postentgeltpauschale, Nr. 7002 VV RVG	20,00 EUR
	Zwischensumme	725,00 EUR
5.	19 % Umsatzsteuer, Nr. 7008 VV RVG	137,75 EUR
	Gesamt	**862,75 EUR**

Als beigeordneter Anwalt erhält er:

1.	Grundgebühr, Nr. 4100 VV RVG	160,00 EUR
2.	Terminsgebühr, Nr. 4112 VV RVG	148,00 EUR
3.	Verfahrensgebühr, Nr. 4114 VV RVG	256,00 EUR
4.	Postentgeltpauschale, Nr. 7002 VV RVG	20,00 EUR
	Zwischensumme	584,00 EUR
5.	19 % Umsatzsteuer, Nr. 7008 VV RVG	110,96 EUR
	Gesamt	**694,96 EUR**

3. Grundgebühr Nr. 4100 VV RVG

a) Überblick

Nr. 4100 VV RVG erhält folgenden neuen Wortlaut:[387] **1125**

4100	Grundgebühr	40,00 € bis 360,00 €	160,00 €
	(1) Die Gebühr entsteht neben der Verfahrensgebühr für die erstmalige Einarbeitung in den Rechtsfall nur einmal, unabhängig davon, in welchem Verfahrensabschnitt sie erfolgt.		
	(2) Eine wegen derselben Tat oder Handlung bereits entstandene Gebühr 5100 ist anzurechnen.		

Neben der Klarstellung im Tatbestand wird der Gebührenrahmen erhoben. Darüber hinaus wird die Währungsangabe von „EUR" in „€" abgeändert. **1126**

b) Verhältnis zur Verfahrensgebühr

In Rechtsprechung und Literatur ist die Abgrenzung des Abgeltungsbereichs der Grundgebühr zur Verfahrensgebühr[388] umstritten. **1127**

---

[387] Änderung durch Art. 8 Abs. 2 Nr. 61.
[388] Änderung durch Art. 8 Abs. 2 Nr. 61 Buchst. a).

1128 Nach einer Auffassung in der Kommentarliteratur[389] schließen sich die Abgeltungsbereiche von Verfahrensgebühr und Grundgebühr gegenseitig aus. Beide Gebühren seien tatbestandlich voneinander abzugrenzen. Zunächst entstehe die Grundgebühr. Erst wenn deren Abgeltungsbereich beendet sei, beginne der Abgeltungsbereich der Verfahrensgebühr. Begründet wird dies damit, dass die Grundgebühr anderenfalls keinen eigenen Abgeltungsbereich mehr hätte, da ja sämtliche Tätigkeiten, die zum Entstehen der Grundgebühr führen, zugleich auch die Verfahrensgebühr auslösen würden. Damit wäre die Grundgebühr keine „Garantie-," bzw. „Grundlagengebühr". Das aber gerade habe der Gesetzgeber gewollt. Die Grundgebühr solle einen eigenen Abgeltungsbereich haben, nämlich die Vergütung der ersten Akteneinsicht und der mit der Übernahme des Mandats zusammenhängenden Tätigkeiten.[390] Auch die Rechtsprechung hat diese Auffassung bisher überwiegend vertreten.[391]

1129 Nach anderer Auffassung[392] entsteht für den Verteidiger, wenn er sich in den Fall einarbeitet, nicht nur die Grundgebühr, sondern zugleich auch die jeweilige Verfahrensgebühr. Begründet wird dies damit, dass die Verfahrensgebühr nach dem ausdrücklichen Wortlaut des Gesetzes (Vorbem. 4 Abs. 2 VV RVG) *„für das Betreiben des Geschäfts einschließlich der Information"* entsteht. Nun ist es aber nicht möglich, sich in die Sache einzuarbeiten, ohne Informationen entgegenzunehmen und bereits die Verteidigung zu betreiben. Auch die Akteneinsicht gehört bereits zum Betreiben des Geschäfts. Eine Regelung, dass der Anwendungsbereich der Verfahrensgebühr in Strafsachen – im Gegensatz zu sonstigen Verfahren – später einsetzen soll oder dass die Grundgebühr für einen bestimmten Zeitraum, nämlich den der Einarbeitung, den Anfall der Verfahrensgebühr ausschließt, ist weder dem Gesetz noch seiner Begründung zu entnehmen.

1130 In der Praxis haben die unterschiedlichen Auffassungen bislang durchaus Bedeutung. Kommt es später zu weiteren Tätigkeiten über die Einarbeitung hinaus, wirkt sich die Streitfrage zwar in der Regel nicht aus, weil dann beide Gebühren entstanden sind und dem Verteidiger auch zugesprochen werden. Wenn sich die Sache jedoch in der Vorbereitungsphase erledigt, wird von vielen Gerichten nur eine isolierte Grundgebühr zugesprochen und darüber hinaus eine Verfahrensgebühr mit der Begründung abgelehnt, der Abgeltungsbereich der Grundgebühr sei noch nicht verlassen. Dabei sind Bestrebungen der Rechtsprechung zu erkennen, den Anwendungsbereich der Grundgebühr soweit wie möglich auszudehnen, um nicht bereits in dieser frühen Phase des Mandats auch bereits eine Verfahrensgebühr zusprechen zu müssen.

1131 Vom Gesetzgeber beabsichtigt war, dass Grund- und Verfahrensgebühr zeitgleich anfallen. Dies wird jetzt durch die hinzugesetzte Formulierung, wonach die Grundgebühr *„neben der Verfahrensgebühr"* anfällt, klargestellt. Die Auffassung, dass Grund- und Verfahrensgebühr voneinander abzugrenzen seien und die Verfahrensgebühr erst entstehen könne, wenn der Abgeltungsbereich der Grundgebühr beendet sei, kann danach nicht weiter aufrechterhalten werden.

1132 Das Problem wird sich nach der neuen Gesetzeslage – wie auch zum Teil bisher – in die Gebührenbestimmung nach § 14 Abs. 1 RVG verlagern. Soweit ein Mandat schon während der Einarbeitungsphase wieder beendet wird, wird man im Rahmen der Gebührenbemessung bei der Verfahrensgebühr nach § 14 Abs. 1 RVG in der Regel von einem unterdurchschnittlichen Umfang ausgehen müssen. Auch wenn hier eine Abwägung aller Kriterien des § 14 Abs. 1 RVG stattzufinden hat, muss damit gerechnet werden, dass die bisherige Gegenauffassung dazu übergeht, in die-

---

[389] Insbesondere *Burhoff*, Nr. 4100 Rn 20; Gerold/Schmidt/*Burhoff*, Nr. 4100, 4101 Rn 9.
[390] BT-Drucksache 15/1971, S. 222.
[391] KG AGS 2009, 271 = StRR 2009, 239 = JurBüro 2009, 311 = RVGreport 2009, 186 = RVGprof. 2009, 138; OLG Köln AGS 2007, 451 m. abl. Anm. *N. Schneider* = NStZ-RR 2007, 288 = RVGprof. 2007, 153 = RVGreport 2007, 425 = StRR 2007, 360; LG Düsseldorf, Beschl. v. 26.10.2006 – XX 31/05 (nachgewiesen bei www.burhoff.de).
[392] AG Tiergarten AGS 2009, 322 = StRR 2009, 237 = VRR 2009, 43 = StRR 2009, 43 = NJW-Spezial 2009, 459 = RVGreport 2009, 38; AnwK-RVG/*N. Schneider*, Vorbem. 4 Rn 22; *Hartung/Schons/Enders*, Nrn. 4100, 4101.

C. Änderungen im Vergütungsverzeichnis § 3

ser Phase nur die Mindestgebühr der Verfahrensgebühr zuzusprechen. Bei einem gerichtlich bestellten oder beigeordneten Anwalt wird sich das Problem wegen der Festbeträge nicht stellen.

Beispiel 207: Verfahrensgebühr neben Grundgebühr 1133

Der Anwalt wird mit der Verteidigung in einer Strafsache beauftragt und beantragt zunächst Akteneinsicht. Noch bevor der Anwalt die Akten zur Einsichtnahme erhält, wird das Mandat gekündigt.

Auch wenn sich das Mandat noch in der Einarbeitungsphase befindet, ist neben der Grundgebühr bereits die entsprechende Verfahrensgebühr nach Vorbem. 4 Abs. 2 VV RVG entstanden. Der geringe Umfang der anwaltlichen Tätigkeit bei der Verfahrensgebühr kann hier allerdings im Rahmen des § 14 Abs. 1 RVG zu berücksichtigen sein. Bei einer im unteren Bereich anzusetzenden Verfahrensgebühr (halbe Mittelgebühr) ergibt sich danach für den Wahlanwalt folgende Berechnung:

1. Grundgebühr, Nr. 4100 VV RVG 200,00 EUR
2. Verfahrensgebühr, Nr. 4104 VV RVG 82,50 EUR
3. Postentgeltpauschale, Nr. 7002 VV RVG 20,00 EUR
   Zwischensumme 302,50 EUR
4. 19 % Umsatzsteuer, Nr. 7008 VV RVG 57,48 EUR
   Gesamt **359,98 EUR**

Der Pflichtverteidiger würde erhalten:
1. Grundgebühr, Nr. 4100 VV RVG 160,00 EUR
2. Verfahrensgebühr, Nr. 4104 VV RVG 132,00 EUR
3. Postentgeltpauschale, Nr. 7002 VV RVG 20,00 EUR
   Zwischensumme 312,00 EUR
4. 19 % Umsatzsteuer, Nr. 7008 VV RVG 59,28 EUR
   Gesamt **371,28 EUR**

Dass der Pflichtverteidiger hier sogar mehr erhält als der Wahlanwalt, ist Konsequenz des Pauschalsystems beim Pflichtverteidiger und daher hinzunehmen. 1134

c) Gebührenbeträge

Darüber hinaus werden auch die Gebührenbeträge angehoben (siehe Rn 1182) und die Währungsangabe von „EUR" wird in „€" vereinheitlicht.[393] 1135

4. Zusätzliche Gebühr nach Nr. 4141 VV RVG

a) Überblick

Nr. 4141 VV RVG erhält folgenden Wortlaut:[394] 1136

4141	Durch die anwaltliche Mitwirkung wird die Hauptverhandlung entbehrlich:	
	Zusätzliche Gebühr	in Höhe der jeweiligen Verfahrensgebühr (ohne Zuschlag)

---

[393] Änderung durch Art. 8 Abs. 2 Nr. 61 Buchst. b).
[394] Änderung durch Art. 8 Abs. 2 Nr. 97.

> (1) Die Gebühr entsteht, wenn
> 1. das Strafverfahren nicht nur vorläufig eingestellt wird oder
> 2. das Gericht beschließt, das Hauptverfahren nicht zu eröffnen oder
> 3. sich das gerichtliche Verfahren durch Rücknahme des Einspruchs gegen den Strafbefehl, der Berufung oder der Revision des Angeklagten oder eines anderen Verfahrensbeteiligten erledigt; ist bereits ein Termin zur Hauptverhandlung bestimmt, entsteht die Gebühr nur, wenn der Einspruch, die Berufung oder die Revision früher als zwei Wochen vor Beginn des Tages, der für die Hauptverhandlung vorgesehen war, zurückgenommen wird; oder
> 4. das Verfahren durch Beschluss nach § 411 Abs. 1 Satz 3 StPO endet.
> Nummer 3 ist auf den Beistand oder Vertreter eines Privatklägers entsprechend anzuwenden, wenn die Privatklage zurückgenommen wird.
> (2) Die Gebühr entsteht nicht, wenn eine auf die Förderung des Verfahrens gerichtete Tätigkeit nicht ersichtlich ist. Sie entsteht nicht neben der Gebühr 4147.
> (3) Die Höhe der Gebühr richtet sich nach dem Rechtszug, in dem die Hauptverhandlung vermieden wurde. Für den Wahlanwalt bemisst sich die Gebühr nach der Rahmenmitte.

1137 In Nr. 4141 VV RVG sind gleich mehrere Änderungen vorgesehen.
- Zum einen wird in Anm. Abs. 1 S. 1 Nr. 2 VV RVG das Wort „*Verfahren*" durch das Wort „*Strafverfahren*" ersetzt (siehe Rn 1138 ff.).
- Darüber hinaus wird eine neue Anm. Abs. 1 S. 1 Nr. 4 mit einer weiteren Tatbestandsvariante eingefügt (siehe Rn 1141 ff.).
- In Anm. Abs. 1 wird ein neuer S. 2 eingefügt, der eine entsprechende Anwendung von Anm. Abs. 1 S. 1 Nr. 3 bei der Rücknahme einer Privatklage anordnet (siehe Rn 1146 ff.).
- Schließlich wird in dem neu eingefügten S. 2 der Anm. Abs. 2 das Verhältnis von zusätzlicher Gebühr zur Einigungsgebühr nach Nr. 4147 VV RVG klargestellt (siehe Rn 1155 ff.).

b) Einstellung des Strafverfahrens und Abgabe an die Verwaltungsbehörde

1138 Schon zu BRAGO-Zeiten war heftig umstritten, ob die Befriedungsgebühr (damals § 84 Abs. 2 BRAGO) anfallen konnte, wenn das Strafverfahren zwar eingestellt, die Sache aber zur weiteren Verfolgung als Ordnungswidrigkeit an die Verwaltungsbehörde abgegeben wurde. Mit Einführung des RVG sollte diese Streitfrage eigentlich geklärt sein.[395] Daraus, dass – im Gegensatz zur BRAGO – Straf- und Bußgeldsachen in gesonderten Teilen des Vergütungsverzeichnisses geregelt sind, folgt bereits, dass die Einstellung eines Strafverfahrens zur Anwendung der zusätzlichen Gebühr nach Nr. 4141 VV RVG führen muss, unabhängig davon, ob die Sache zur weiteren Verfolgung als Bußgeldsache an die Verwaltungsbehörde abgegeben wird. Dennoch blieb die Rechtsprechung hier uneinheitlich. Während die wohl überwiegende Rechtsprechung der Auffassung war, die zusätzliche Gebühr falle auch dann an, wenn das Strafverfahren eingestellt, die Sa-

---
[395] *N. Schneider*, AGS 2004, 6 ff.

che aber an die Bußgeldbehörde abgegeben werde,[396] hat der BGH[397] gegenteilig entschieden und darauf abgestellt, dass das Verfahren als solches gerade nicht endgültig eingestellt werde, sondern seine Fortsetzung in der Bußgeldsache finde. Die Instanzrechtsprechung ist dennoch teilweise bei ihrer gegenteiligen Auffassung geblieben.[398] Mit der Änderung in Anm. Abs. 1 S. 1 Nr. 1 zu Nr. 4141 VV RVG wird die gesetzliche Regelung jetzt klargestellt.[399] Es heißt dort nicht mehr, dass die Gebühr (erst) bei Einstellung *„des Verfahrens"* entsteht, sondern (bereits) bei Einstellung *„des Strafverfahrens"*. Damit ist klargestellt, dass mit Einstellung des Strafverfahrens die Gebühr anfällt, unabhängig davon, ob die Tat als solche in einem anderen Verfahren, nämlich einem Bußgeldverfahren, weiter verfolgt wird.

Beispiel 208: Einstellung des Strafverfahrens und Abgabe an die Verwaltungsbehörde zur Verfolgung als Ordnungswidrigkeit wegen derselben Tat **1139**

Die Staatsanwaltschaft ermittelt nach einem Verkehrsunfall wegen des Verdachts der fahrlässigen Körperverletzung. Das Verfahren wird eingestellt. Daraufhin wird ein Bußgeldverfahren wegen Vorfahrtsverletzung (Bußgeld unter 40,00 EUR) eingeleitet, das schließlich ebenfalls eingestellt wird.

Während nach der Rechtsprechung des BGH im Strafverfahren keine zusätzliche Gebühr anfallen konnte (siehe Rn 1138), entsteht diese nach der Neufassung, da nach dem ausdrücklichen Wortlaut die Einstellung des Strafverfahrens ausreicht und eine Erledigung des gesamten Verfahrens gerade nicht erforderlich ist. Im Bußgeldverfahren entsteht darüber hinaus eine weitere zusätzliche Gebühr, da auch dieses Verfahren eingestellt worden ist.

Dagegen kann im Bußgeldverfahren keine Grundgebühr anfallen, da dies durch Anm. Abs. 2 zu Nr. 5100 VV RVG ausdrücklich ausgeschlossen ist.

I. Strafverfahren

1.	Grundgebühr, Nr. 4100 VV RVG		200,00 EUR
2.	Verfahrensgebühr, Nr. 4104 VV RVG		165,00 EUR
3.	Zusätzliche Gebühr, Nrn. 4141, 4106 VV RVG		165,00 EUR
4.	Postentgeltpauschale, Nr. 7002 VV RVG		20,00 EUR
	Zwischensumme	550,00 EUR	
5.	19 % Umsatzsteuer, Nr. 7008 VV RVG		104,50 EUR
	Gesamt		**654,50 EUR**

II. Bußgeldverfahren

1.	Verfahrensgebühr, Nr. 5101 VV RVG		65,00 EUR
2.	Zusätzliche Gebühr, Nrn. 5115, 5101 VV RVG		65,00 EUR
3.	Postentgeltpauschale, Nr. 7002 VV RVG		20,00 EUR
	Zwischensumme	150,00 EUR	

---

396 AG Regensburg AGS 2006, 125 = StraFo 2006, 88 = RVG prof. 2006, 21 = RVGreport 2006, 274; AG Köln AGS 2006, 234 = zfs 2006, 646; AG Bad Kreuznach, Urt. v. 5.5.2006 – 2 C 1747/05, nachgewiesen bei www.burhoff.de; AG Saarbrücken AGS 2007, 306 = RVGprof. 2007, 118; AG Stuttgart AGS 2007, 306; AG Gelnhausen AGS 2007, 453 = VRR 2007, 283; AG Nettetal AGS 2007, 404 = VRR 2007, 283; AG Hannover AGS 2006, 235; LG Osnabrück RVGprof. 2008, 7 = VRR 2008, 3 und 43; AG Lemgo AGS 2009, 28 = zfs 2008, 712 = RVGreport 2008, 463; ebenso Burhoff, Nr. 4141 VV Rn 15; a.A. AG München AGS 2007, 305 m. abl. Anm. *N. Schneider* = JurBüro 2004, 305; AG Osnabrück VRR 2008, 43 = RVGprof. 2008, 52 = VRR 2008, 119 = RVGreport 2008, 190.
397 AGS 2010, 1 = BRAK-Mitt 2010, 33 = zfs 2010, 103 = Rpfleger 2010, 158 = AnwBl 2010, 140 = MDR 2010, 413 = JurBüro 2010, 132 = NJW 2010, 1209 = DAR 2010, 235 = NJW-Spezial 2010, 61 = RVGprof. 2010, 25 = VRR 2010, 38 = RVGreport 2010, 70 = StRR 2010, 110.
398 LG Aurich AGS 2011, 593 = RVGprof. 2011, 188 = VRR 2011, 439 = StRR 2011, 443 = RVGreport 2011, 464.
399 Änderung durch Art. 8 Abs. 2 Nr. 97 Buchst. a) aa).

4.	19 % Umsatzsteuer, Nr. 7008 VV RVG	28,50 EUR
	Gesamt	**178,50 EUR**

1140 Diese Klarstellung entspricht auch Sinn und Zweck der Vorschrift, für den Anwalt einen Anreiz zu schaffen, rechtzeitig an der Erledigung des Verfahrens mitzuwirken. Die vom BGH vorgenommene Auslegung führte nämlich zu dem gegenteiligen Ergebnis, sodass es für den Anwalt gebührenrechtlich interessanter war, es auf die Hauptverhandlung ankommen zu lassen, um dort eine Einstellung zu erreichen.

c) Entscheidung im schriftlichen Verfahren nach § 411 Abs. 1 S. 3 StPO

1141 Mit der neuen Anm. Abs. 1 S. 1 Nr. 4 zu Nr. 4141 VV RVG[400] wird ein weiterer Tatbestand der zusätzlichen Gebühr eingeführt. Geregelt wird hier der Fall der Entscheidung über einen Einspruch ohne Hauptverhandlung.

1142 Ist gegen den Beschuldigten ein Strafbefehl ergangen, so kann der Einspruch dagegen auf die Höhe der verhängten Tagessätze beschränkt werden. In diesem Fall kann das Gericht nach § 411 Abs. 1 S. 3 StPO mit Zustimmung des Beschuldigten durch Beschluss, also ohne Durchführung der ansonsten vorgesehenen Hauptverhandlung, entscheiden. Die Rechtsprechung hat zum Teil hier bereits in analoger Anwendung der Nr. 4141 VV RVG eine zusätzliche Gebühr bejaht.[401] Andere Gerichte haben dagegen strikt auf den Wortlaut abgestellt und eine zusätzliche Gebühr verneint.[402]

1143 Die jetzige Erweiterung in Anm. Abs. 1 S. 1 Nr. 4 zu Nr. 4141 VV RVG stellt klar, dass die zusätzliche Gebühr auch in diesem Fall entsteht.

1144 Sinn und Zweck ist es auch hier, einen Anreiz für den Verteidiger zu schaffen, an einer Erledigung des Verfahrens ohne Hauptverhandlung mitzuwirken. Die Zustimmung zum Beschlussverfahren nach § 411 Abs. 1 S. 3 StPO erspart dem Gericht nämlich die Durchführung der Hauptverhandlung, wodurch der Anwalt andererseits die Terminsgebühr verliert. Hier soll durch die zusätzliche Gebühr ein Ausgleich geschaffen werden. Die neue Regelung in Anm. Abs. 1 Nr. 4 zu Nr. 4141 VV RVG ist damit vergleichbar der entsprechenden Regelung in Anm. Abs. 1 Nr. 5 zu Nr. 5115 VV RVG. Dort fällt die zusätzliche Gebühr ebenfalls an, wenn das Gericht im schriftlichen Verfahren durch Beschluss entscheidet.

1145 *Beispiel 209: Entscheidung im schriftlichen Verfahren nach § 411 Abs. 1 S. 3 StPO*

Gegen den Beschuldigten ergeht ein Strafbefehl wegen einer Trunkenheitsfahrt. Verhängt werden 30 Tagessätze zu jeweils 30,00 EUR. Der Verteidiger legt Einspruch ein und beschränkt diesen auf die Höhe des Tagessatzes, da der Beschuldigte Auszubildender ist und monatlich lediglich 300,00 EUR netto zur Verfügung hat. Das Gericht ist bereit, die Höhe des Tagessatzes auf 10,00 EUR zu beschränken und bietet an, mit dieser Maßgabe im schriftlichen Verfahren nach § 411 Abs. 1 S. 3 StPO zu entscheiden. Der Verteidiger stimmt nach Beratung des Beschuldigten zu.

Es entsteht die zusätzliche Gebühr nach Anm. Abs. 1 S. 1 Nr. 4 zu Nr. 4141 VV RVG.

I. Vorbereitendes Verfahren

1.	Grundgebühr, Nr. 4100 VV RVG	200,00 EUR
2.	Verfahrensgebühr, Nr. 4104 VV RVG	165,00 EUR

---

[400] Änderung durch Art. 8 Abs. 2 Nr. 97 Buchst. a) cc).
[401] AG Darmstadt AGS 2008, 344 = VRR 2008, 243 = StRR 2008, 243 = NJW-Spezial 2008, 601; AG Köln AGS 2008, 284 = RVGreport 2008, 226 = StRR 2008, 240 = VRR 2008, 238 = RVGprof. 2008, 135.
[402] OLG Frankfurt/M. AGS 2008, 487 = RVGreport 2008, 428 = VRR 2009, 80 = StRR 2009, 158 = RVGprof. 2009, 139 = NStZ-RR 2008, 360; OLG Hamm NStZ-RR 2008, 360.

3. Postentgeltpauschale, Nr. 7002 VV RVG		20,00 EUR
Zwischensumme	385,00 EUR	
4. 19 % Umsatzsteuer, Nr. 7008 VV RVG		73,15 EUR
Gesamt		**485,15 EUR**

II. Erstinstanzliches Verfahren vor dem Amtsgericht

1. Verfahrensgebühr, Nr. 4106 VV RVG		165,00 EUR
2. Zusätzliche Gebühr, Anm. Abs. 1 S. 1 Nr. 4 zu Nr. 4141, Nr. 4106 VV RVG		165,00 EUR
3. Postentgeltpauschale, Nr. 7002 VV RVG		20,00 EUR
Zwischensumme	350,00 EUR	
4. 19 % Umsatzsteuer, Nr. 7008 VV RVG		66,50 EUR
Gesamt		**416,50 EUR**

d) Rücknahme einer Privatklage

1146 Bislang unzureichend geregelt war der Fall der Rücknahme einer Privatklage. Nur der Fall der Rücknahme einer Privatklage nach Eröffnung des Hauptverfahrens war erfasst. Die Rücknahme hat nämlich in diesem Fall eine Einstellung des Verfahrens zur Folge und führt damit unmittelbar zur Anwendung der Anm. Abs. 1 Nr. 1 zu Nr. 4141 VV RVG. Das gilt sowohl für den Verteidiger, als auch für den Vertreter des Privatklägers, da für ihn Nr. 4141 VV RVG entsprechend gilt (Vorbem. 4 Abs. 1 VV RVG).[403]

1147 Wird die Rücknahme vor Eröffnung des Hauptverfahrens erklärt, erfolgt keine Einstellung, sondern eine Zurückweisung der Klage (§ 383 StPO), sodass in diesem Fall Nr. 4141 VV RVG dem Wortlaut nach nicht greifen würde. Dennoch wurde auch hier eine analoge Anwendung befürwortet.[404]

1148 Der Fall der Rücknahme der Privatklage wird jetzt in Anm. Abs. 1 S. 2 zu Nr. 4141 VV RVG aufgenommen.[405] Es wird klargestellt, dass die Rücknahme einer Privatklage der Rücknahme eines Einspruchs, einer Berufung oder einer Revision (Anm. Abs. 1 S. 1 Nr. 3) gleichgestellt wird. Allerdings soll dies dem Wortlaut nach nur für den Beistand oder Vertreter eines Privatklägers entsprechend gelten. Dies ist nicht einzusehen und widerspricht der in der bereits zum bisherigen Recht vertretenen Auffassung in der Kommentarliteratur.[406] Danach erhält auch der Verteidiger der Privatbeklagten die zusätzliche Gebühr, wenn er an der Rücknahme mitgewirkt hat.

1149 *Beispiel 210: Rücknahme einer Privatklage (Abrechnung Privatklagevertreter)*

Der Anwalt erhebt für den Mandanten eine Privatklage wegen Beleidigung. Nachdem der Angeklagte sich entschuldigt und das vom Mandanten geforderte Schmerzensgeld gezahlt hat, nimmt der Anwalt auftragsgemäß die Privatklage zurück.

Der Anwalt des Privatklägers erhält jetzt auch eine zusätzliche Gebühr nach Anm. Abs. 1 S. 1 Nr. 3, S. 2 zu Nr. 4141 VV RVG.

1. Grundgebühr, Nr. 4100 VV RVG	200,00 EUR
2. Verfahrensgebühr, Nr. 4106 VV RVG	165,00 EUR
3. Zusätzliche Gebühr, Anm. Abs. 1 S. 1 Nr. 3, S. 2 zu Nr. 4141, Nr. 4106 VV RVG	165,00 EUR

---

403 Anders die Begründung zu Art. 8 Abs. 2 Nr. 96 Buchst. a) bb), die davon ausgeht, der Privatklagevertreter könne diese Gebühr nicht verdienen.
404 AnwK-RVG/*N. Schneider*, Nr. 4141 Rn 125 ff.; *Burhoff*, Nr. 4141 Rn 47.
405 Änderung durch Art. 8 Abs. 2 Nr. 96 Buchst. a) bb).
406 AnwK-RVG/*N. Schneider*, Nr. 4141 Rn 125 ff.; *Burhoff*, Nr. 4141 Rn 47.

4. Postentgeltpauschale, Nr. 7002 VV RVG		20,00 EUR
Zwischensumme	550,00 EUR	
5. 19 % Umsatzsteuer, Nr. 7008 VV RVG		104,50 EUR
Gesamt		**654,50 EUR**

1150 Nach dem Wortlaut soll die zusätzliche Gebühr nur für den Beistand oder Vertreter des Privatklägers entsprechend gelten, nicht auch für den Verteidiger. Das erscheint jedoch nicht angemessen. Wirkt der Verteidiger daran mit, dass der Privatkläger seine Klage zurücknimmt, dann wirkt er ebenso wie in den anderen Fällen der Anm. zu Nr. 4141 VV RVG daran mit, dass eine Hauptverhandlung entbehrlich wird. Die Rücknahme der Privatklage ist der einer mit Einstellung verbundenen Rücknahme der Anklage oder des Antrags auf Erlass eines Strafbefehls im Falle eines Offizialverfahrens vergleichbar. Daher muss auch für den Verteidiger eine zusätzliche Gebühr – zumindest in analoger Anwendung der Anm. Abs. 1 S. 1 Nr. 1 zu Nr. 4141 VV RVG – entstehen.

1151 *Beispiel 211: Rücknahme einer Privatklage (Abrechnung Verteidiger)*

Der Anwalt wird mit der Verteidigung in einer Privatklage wegen Beleidigung beauftragt. Er überzeugt den Angeklagten, sich beim Privatkläger zu entschuldigen, woraufhin dieser anschließend die Privatklage zurücknimmt.

Der Verteidiger erhält jetzt auch eine zusätzliche Gebühr nach Anm. Abs. 1 S. 1 Nr. 3, S. 2 zu Nr. 4141 VV RVG.

1. Grundgebühr, Nr. 4100 VV RVG		200,00 EUR
2. Verfahrensgebühr, Nr. 4106 VV RVG		165,00 EUR
3. Zusätzliche Gebühr, Anm. Abs. 1 S. 1 Nr. 3, S. 2 zu Nr. 4141, Nr. 4106 VV RVG		165,00 EUR
4. Postentgeltpauschale, Nr. 7002 VV RVG		20,00 EUR
Zwischensumme	550,00 EUR	
5. 19 % Umsatzsteuer, Nr. 7008 VV RVG		104,50 EUR
Gesamt		**654,50 EUR**

1152 Bei Abschluss einer Einigung im Privatklageverfahren fällt dagegen keine zusätzliche Gebühr nach Nr. 4141 VV RVG an. Dies betrifft den Fall der Rücknahme einer Privatklage nach Eröffnung des Hauptverfahrens, da hier infolge der dann zwingenden Einstellung des Verfahrens, auch der Gebührentatbestand der Anm. Abs. 1 Nr. 1 zu Nr. 4141 VV RVG erfüllt ist. Ein Nebeneinander der Gebühren nach Nr. 4141 VV RVG und 4147 VV RVG soll jedoch ausgeschlossen sein. Es entsteht nur die Einigungsgebühr nach Nr. 4147 VV RVG (siehe dazu Rn 1155 ff.).

e) Übergang zum Strafbefehlsverfahren nach Anklageerhebung

1153 Die Rechtsprechung[407] hatte noch in einem anderen Fall Nr. 4141 VV RVG analog angewandt, nämlich für den Fall, dass nach Eröffnung des Hauptverfahrens der Anwalt daran mitwirkt, dass die Sache gem. § 408a Abs. 1 S. 1 StPO im Strafbefehlsverfahren ohne Hauptverhandlung erledigt wird. Der Gesetzgeber hat diesen Fall leider nicht in den Katalog aufgenommen, sodass der Anwalt hier weiterhin auf eine einsichtige Rechtsprechung vertrauen muss.

1154 *Beispiel 212: Übergang in das Strafbefehlsverfahren nach Anklageerhebung*

Nach Anklageerhebung verhandelt der Verteidiger mit dem Gericht und der Staatsanwaltschaft und erreicht, dass im Strafbefehlsverfahren entschieden wird.

---

407 AG Bautzen AGS 2007, 307.

Da der Verteidiger die Durchführung der Hauptverhandlung vermieden hat, steht ihm analog Nr. 4141 VV ebenfalls eine zusätzliche Gebühr zu.

1.	Grundgebühr, Nr. 4100 VV RVG	200,00 EUR
2.	Verfahrensgebühr, Nr. 4106 VV RVG	165,00 EUR
3.	Zusätzliche Gebühr, analog Anm. Abs. 1 S. 1 zu Nr. 4141, Nr. 4106 VV RVG	165,00 EUR
4.	Postentgeltpauschale, Nr. 7002 VV RVG	20,00 EUR
	Zwischensumme 550,00 EUR	
5.	19 % Umsatzsteuer, Nr. 7008 VV RVG	104,50 EUR
	Gesamt	**654,50 EUR**

f) Verhältnis zu Nr. 4147 VV RVG

Des Weiteren wird in dem neu eingefügten S. 2 zu Anm. Abs. 2 zu Nr. 4141 VV RVG geregelt, dass die zusätzliche Gebühr nach Nr. 4141 VV RVG und die Einigungsgebühr nach Nr. 4147 VV RVG nicht zugleich entstehen können, sondern sich gegenseitig ausschließen. **1155**

Erledigt sich ein Privatklageverfahren durch eine Einigung, dann wird auch der Gebührentatbestand der Nr. 4147 VV RVG ausgelöst. Gleichzeitig erledigt sich damit aber auch das Verfahren, sodass je nach Stadium eine Hauptverhandlung vermieden wird und damit an sich auch eine zusätzliche Gebühr nach Nr. 4141 VV RVG anfallen würde.[408] **1156**

Da beide Vorschriften letztlich demselben Zweck dienen und eine Doppelhonorierung des Anwalts insoweit nicht angezeigt ist, stellt Anm. Abs. 2 S. 2 zu Nr. 4141 VV RVG klar, dass beide Gebühren nicht nebeneinander entstehen können. Vorrang hat dabei die Gebühr Nr. 4147 VV RVG. Entsteht also eine Einigungsgebühr, dann ist kein Raum mehr für die zusätzliche Gebühr nach Nr. 4141 VV RVG. **1157**

Beispiel 213: Einigung im Privatklageverfahren (nur über Strafausspruch) **1158**

Der Anwalt wird mit der Verteidigung in einer Privatklage wegen Beleidigung beauftragt. Die Parteien verhandeln außergerichtlich und schließen außerhalb der Hauptverhandlung einen Vergleich, nach dem der Angeklagte sich beim Privatkläger entschuldigt und sich verpflichtet, die Verfahrenskosten zu übernehmen.

Der Verteidiger erhält zunächst eine Grundgebühr (Nr. 4100 VV RVG) und eine Verfahrensgebühr (Nr. 4106 VV RVG). Hinzu kommt eine Terminsgebühr für das Gespräch über den Täter-Opfer-Ausgleich (Nr. 4102 Nr. 4 VV RVG). Des Weiteren entsteht die Einigungsgebühr nach Nr. 4147 VV RVG (zur Höhe der Einigungsgebühr siehe Rn 1163 ff.), allerdings keine zusätzliche Gebühr nach Nr. 4141 VV RVG.

1.	Grundgebühr, Nr. 4100 VV RVG	200,00 EUR
2.	Verfahrensgebühr, Nr. 4106 VV RVG	165,00 EUR
3.	Terminsgebühr, Nr. 4102 Nr. 4 VV RVG	170,00 EUR
4.	Einigungsgebühr, Nrn. 1000, 4147, 4106 VV RVG	165,00 EUR
5.	Postentgeltpauschale, Nr. 7002 VV RVG	20,00 EUR
	Zwischensumme 720,00 EUR	
6.	19 % Umsatzsteuer, Nr. 7008 VV RVG	136,80 EUR
	Gesamt	**856,80 EUR**

Unberührt bleibt allerdings neben der Gebühr Nr. 4147 VV RVG eine Einigungsgebühr nach Nr. 1000 VV RVG (Anm. zu Nr. 4147 VV RVG) (siehe dazu Rn 1170 f.). **1159**

---

408 So AnwK-RVG/*N. Schneider*, Nr. 4141 Rn 53.

5. Zusätzliche Verfahrensgebühr (Nr. 4142 VV RVG)

1160 Nr. 4142 VV RVG[409] erhält folgende neue Fassung:

		Wahl-anwalt	gerichtlich bestellter oder beigeordneter Rechtsanwalt
4142	Verfahrensgebühr bei Einziehung und verwandten Maßnahmen .... (1) Die Gebühr entsteht für eine Tätigkeit für den Beschuldigten, die sich auf die Einziehung, dieser gleichstehende Rechtsfolgen (§ 442 StPO), die Abführung des Mehrerlöses oder auf eine diesen Zwecken dienende Beschlagnahme bezieht. (2) Die Gebühr entsteht nicht, wenn der Gegenstandswert niedriger als 30,00 € ist. (3) Die Gebühr entsteht für das Verfahren des ersten Rechtszugs einschließlich des vorbereitenden Verfahrens und für jeden weiteren Rechtszug.	1,0	1,0

1161 Ebenso wie bei der vergleichbaren Gebühr der Nr. 5116 VV RVG (siehe Rn 1213) wird auch die Bagatellgrenze für die zusätzliche Verfahrensgebühr bei Einziehung und verwandten Maßnahmen in Strafsachen angehoben. Soweit der Wert der Gegenstände, auf die sich die Einziehung oder verwandte Maßnahme bezieht, unter 30,00 EUR liegt, wird die Gebühr nicht erhoben.

1162 Aus redaktionellen Gründen ist darüber hinaus die Währungsangabe „EUR" in „€" vereinheitlicht.

6. Einigungsgebühr (Nr. 4147 VV RVG)

1163 Nr. 4147 VV RVG[410] erhält folgende neue Fassung:

4147	Einigungsgebühr im Privatklageverfahren bezüglich des Strafanspruchs und des Kostenerstattungsanspruchs: Die Gebühr 1000 entsteht .... Für einen Vertrag über sonstige Ansprüche entsteht eine weitere Einigungsgebühr nach Teil 1.	in Höhe der jeweiligen Verfahrensgebühr (ohne Zuschlag)

1164 Soweit eine Einigungsgebühr im Privatklageverfahren hinsichtlich des Strafanspruchs und des Kostenerstattungsanspruchs getroffen wird, entsteht eine Einigungsgebühr. Bislang war hier ein Gebührenrahmen von 20,00 bis 150,00 EUR (Festgebühr 68,00 EUR) vorgesehen. Nunmehr wird – ebenso wie bei den Nrn. 1005–1007 VV RVG (siehe Rn 417 ff.) – die Höhe der Gebühr an die jeweilige Verfahrensgebühr gekoppelt.

1165 Mit der Ankopplung an die Verfahrensgebühr soll die Höhe der Einigungsgebühr an die Höhe der zusätzlichen Gebühr der Nr. 4141 VV RVG angeglichen werden, die sich ebenfalls nach der betreffenden Verfahrensgebühr richtet. Da die Einigungsgebühr letztlich demselben Zweck dient wie die zusätzliche Gebühr, nämlich eine Belohnung zu schaffen für den Anwalt, das Ver-

---

[409] Änderung durch Art. 8 Abs. 2 Nr. 98.
[410] Änderung durch Art. 8 Abs. 2 Nr. 99.

fahren zu beenden und dem Gericht Arbeit zu ersparen, soll die Höhe der Einigungsgebühr an die Höhe der zusätzlichen Gebühr der Nr. 4141 VV RVG angeglichen werden.

Im Gegensatz zu Nr. 4141 VV RVG soll jedoch nicht stets die Rahmenmitte – also die Mittelgebühr – angenommen werden, sondern es soll auf die konkret abgerechnete Verfahrensgebühr abgestellt werden. Dies soll auch – wie bei den geänderten Nrn. 1005 ff. VV RVG (siehe Rn 417 ff. – dem Umstand Rechnung tragen, dass sich der Beitrag des Anwalts an der Einigung mit den Kriterien des § 14 Abs. 1 RVG nur schwer bewerten lässt. Der Gesetzgeber nimmt daher auch ausdrücklich auf die dortige Begründung Bezug. Dies führt hinsichtlich der Einigungsgebühr zwar zu einer überdurchschnittlichen Erhöhung, die aber wegen des angestrebten Zwecks gut vertretbar erscheint.

1166

Beispiel 214: Einigung im Privatklageverfahren nur über Strafausspruch und Kostenerstattungsanspruch

1167

Der Anwalt wird mit der Verteidigung in einer Privatklage wegen Körperverletzung beauftragt. Im Hauptverhandlungstermin wird nach umfangreicher Beweisaufnahme ein Vergleich geschlossen, nach dem der Angeklagte sich beim Privatkläger entschuldigt und sich verpflichtet, die Verfahrenskosten zu übernehmen. Aufgrund der umfangreichen Hauptverhandlung soll von einer überdurchschnittlichen Verfahrensgebühr ausgegangen werden (30 % über Mittelgebühr).

Jetzt entsteht neben der Verfahrensgebühr auch eine Einigungsgebühr nach Nr. 4147 VV RVG. Die Höhe der Einigungsgebühr richtet sich dabei nach der Höhe der Verfahrensgebühr, also auch 30 % über der Mittelgebühr.

1.	Grundgebühr, Nr. 4100 VV RVG	200,00 EUR
2.	Verfahrensgebühr, Nr. 4106 VV RVG	214,50 EUR
3.	Terminsgebühr, Nr. 4108 VV RVG	275,00 EUR
4.	Einigungsgebühr, Nrn. 1000, 4147, 4106 VV RVG	214,50 EUR
5.	Postentgeltpauschale, Nr. 7002 VV RVG	20,00 EUR
	Zwischensumme	924,00 EUR
6.	19 % Umsatzsteuer, Nr. 7008 VV RVG	175,56 EUR
	Gesamt	**1.099,56 EUR**

Ein eventueller Haftzuschlag (Vorbem. 4 Abs. 4 VV RVG) bleibt außer Betracht.

1168

Beispiel 215: Einigung im Privatklageverfahren nur über Strafausspruch und Kostenerstattungsanspruch (Angeklagter nicht auf freiem Fuß)

1169

Wie vorangegangenes Beispiel; die Sache ist durchschnittlich; jedoch befindet sich der Angeklagte nicht auf freiem Fuß.

Zwar entsteht jetzt nach Vorbem. 4 Abs. 4 VV RVG eine höhere Verfahrensgebühr; die zusätzliche Gebühr richtet sich jedoch nach der Höhe einfachen Verfahrensgebühr.

1.	Grundgebühr, Nrn. 4100, 4101 VV RVG	240,00 EUR
2.	Verfahrensgebühr, Nrn. 4106, 4107 VV RVG	201,25 EUR
3.	Terminsgebühr, Nrn. 4108, 4109 VV RVG	335,00 EUR
4.	Einigungsgebühr, Nrn. 1000, 4147, 4106, 4107 VV RVG	165,00 EUR
5.	Postentgeltpauschale, Nr. 7002 VV RVG	20,00 EUR
	Zwischensumme	961,25 EUR
6.	19 % Umsatzsteuer, Nr. 7008 VV RVG	182,64 EUR
	Gesamt	**1.143,89 EUR**

1170 Unberührt bleibt allerdings neben der Gebühr Nr. 4147 VV RVG eine Einigungsgebühr nach Nr. 1000 VV RVG (Anm. zu Nr. 4147 VV RVG). Ein solcher Fall kann eintreten, wenn nicht nur eine Einigung über den Strafausspruch geschlossen wird, sondern daneben auch zivilrechtliche Ansprüche im Wege einer Einigung erledigt werden.

1171 *Beispiel 216: Einigung im Privatklageverfahren (über Strafausspruch und mit eingeklagte zivilrechtliche Ansprüche)*
Der Anwalt wird mit der Verteidigung in einer Privatklage wegen Beleidigung beauftragt. Die Parteien verhandeln außergerichtlich und schließen außerhalb der Hauptverhandlung einen Vergleich, nach dem der Angeklagte sich beim Privatkläger entschuldigt und sich verpflichtet, die Verfahrenskosten zu übernehmen. Gleichzeitig verpflichtet sich der Angeklagte, auf das mit eingeklagte Schmerzensgeld in Höhe von 1.000,00 EUR einen Betrag in Höhe von 700,00 EUR zu zahlen.

Neben Grund-, Verfahrens- und Terminsgebühr entsteht jetzt noch eine 2,0-Verfahrensgebühr nach Nr. 4143 VV RVG sowie eine 1,0-Einigungsgebühr nach Nrn. 1000, 1003 VV RVG, jeweils aus dem Wert von 1.000,00 EUR.

1.	Grundgebühr, Nr. 4100 VV RVG	200,00 EUR
2.	Verfahrensgebühr, Nr. 4106 VV RVG	165,00 EUR
3.	Terminsgebühr, Nr. 4102 Nr. 4 VV RVG	170,00 EUR
4.	Einigungsgebühr, Nrn. 1000, 4147, 4106 VV RVG	165,00 EUR
5.	2,0-Verfahrensgebühr, Nr. 4143 VV RVG (Wert: 1.000,00 EUR)	150,00 EUR
6.	1,0-Einigungsgebühr, Nrn. 1000, 1003 VV RVG (Wert: 1.000,00 EUR)	75,00 EUR
7.	Postentgeltpauschale, Nr. 7002 VV RVG	20,00 EUR
	Zwischensumme	945,00 EUR
8.	19 % Umsatzsteuer, Nr. 7008 VV RVG	179,55 EUR
	Gesamt	**1.124,55 EUR**

1172 Einigen sich die Parteien über nicht anhängige Ansprüche, entsteht die Einigungsgebühr sogar zu 1,5 (Nr. 1000 VV RVG).

1173 *Beispiel 217: Einigung im Privatklageverfahren (über Strafausspruch und nicht anhängige zivilrechtliche Ansprüche)*
Wie vorangegangenes Beispiel 216 (siehe Rn 1171); jedoch verpflichtet sich der Angeklagte, auf das bislang nur außergerichtlich geltend gemachte Schmerzensgeld in Höhe von 1.000,00 EUR einen Betrag in Höhe von 700,00 EUR zu zahlen.
Jetzt entsteht die Einigungsgebühr nach Nr. 1000 VV RVG zu 1,5.

1.	Grundgebühr, Nr. 4100 VV RVG	200,00 EUR
2.	Verfahrensgebühr, Nr. 4106 VV RVG	165,00 EUR
3.	Terminsgebühr, Nr. 4102 Nr. 4 VV RVG	170,00 EUR
4.	Einigungsgebühr, Nrn. 1000, 4147, 4106 VV RVG	165,00 EUR
5.	2,0-Verfahrensgebühr, Nr. 4143 VV RVG (Wert: 1.000,00 EUR)	150,00 EUR
6.	1,5-Einigungsgebühr, Nr. 1000 VV RVG (Wert: 1.000,00 EUR)	112,50 EUR

C. Änderungen im Vergütungsverzeichnis §3

7. Postentgeltpauschale, Nr. 7002 VV RVG		20,00 EUR
Zwischensumme	982,50 EUR	
8. 19 % Umsatzsteuer, Nr. 7008 VV RVG		186,68 EUR
Gesamt		**1.169,18 EUR**

7. Verfahrensgebühr in Gnadensachen (Nr. 4303 VV RVG)

Neben der Anpassung des Gebührenrahmens (siehe Rn 1192) wird die Festgebühr für den gerichtlich bestellten oder beigeordneten Anwalt in Höhe von 110,00 EUR gestrichen.[411] Hintergrund ist, dass es in Gnadensachen keinen gerichtlich bestellten oder beigeordneten Anwalt geben kann. Gnadensachen sind keine Strafsachen, sondern außergerichtliche Verwaltungssachen. **1174**

Insoweit kann allenfalls Beratungshilfe bewilligt werden.[412] **1175**

Die bisherige Angabe eines Betrags in Höhe von 110,00 EUR für den gerichtlich bestellten oder beigeordneten Anwalt konnte zu der Annahme verleiten, dass diese Vorschrift den Beratungshilferegelungen in Vorbem. 2.5 VV RVG vorgehe. Jetzt ist also klargestellt, dass allenfalls eine Abrechnung nach Teil 2 Abschnitt 5 VV RVG in Betracht kommt. **1176**

Beispiel 218: Vertretung in einer Gnadensache **1177**

Der Anwalt wird beauftragt, ein Gnadengesuch einzureichen.

Der Anwalt erhält als Wahlanwalt eine Gebühr nach Nr. 4303 VV RVG und zwar unabhängig davon, ob er im vorangegangenen Verfahren Verteidiger war (Anm. zu Nr. 4303 VV RVG).

1. Verfahrensgebühr, Nr. 4303 VV RVG		165,00 EUR
2. Postentgeltpauschale, Nr. 7002 VV RVG		20,00 EUR
Zwischensumme	185,00 EUR	
3. 19 % Umsatzsteuer, Nr. 7008 VV RVG		35,15 EUR
Gesamt		**220,15 EUR**

Im Rahmen der Beratungshilfe würde der Anwalt erhalten:

I. Vom Auftraggeber[413]

1. Beratungshilfegebühr, Nr. 2500 VV[414]		12,61 EUR
Zwischensumme	12,61 EUR	
2. 19 % Umsatzsteuer, Nr. 7008 VV		2,39 EUR
Gesamt		**15,00 EUR**

II. Aus der Landeskasse

1. Geschäftsgebühr, Nr. 2504 VV[415]		85,00 EUR
2. Postentgeltpauschale, Nr. 7002 VV		17,00 EUR
Zwischensumme	102,00 EUR	
3. 19 % Umsatzsteuer, Nr. 7008 VV		19,38 EUR
Gesamt		**121,38 EUR**

---

411 Änderung durch Art. 8 Abs. 2 Nr. 111.
412 AnwK-RVG/*N. Schneider*, Nr. 4303 Rn 23.
413 Auf die Vergütung kann auch verzichtet werden (Anm. S. 2 zu Nr. 2500 VV RVG).
414 I.d.F. des Art. 8 Abs. 2 Nr. 15.
415 I.d.F. des Art. 8 Abs. 2 Nr. 16.

§ 3 Änderungen des RVG

8. Anhebung der Gebührenbeträge

a) Betragsrahmen

1178 Im gesamten Teil 4 VV RVG werden darüber hinaus sämtliche Betragsrahmen[416] angepasst. Mindest- und Höchstgebühren werden jeweils erhöht, sodass sich automatisch auch höhere Mittelgebühren ergeben.

1179 Auch die Festgebühren für den gerichtlich bestellten oder beigeordneten Anwalt werden angehoben.

1180 Darüber hinaus werden auch hier die bisherigen Währungsangaben von „EUR" in „€" geändert.

1181 Es ergeben sich dabei folgende Anpassungen:

Übersicht über die Gebührenbeträge in Strafsachen (neue Beträge hervorgehoben)

aa) Allgemeine Gebühren

1182

VV RVG	Mindestgebühr	Mittelgebühr	Höchstgebühr	Festgebühr
Grundgebühr, Nr. 4100[417]	30,00 EUR	165,00 EUR	300,00 EUR	132,00 EUR
	40,00 EUR	200,00 EUR	360,00 EUR	160,00 EUR
mit Zuschlag, Nr. 4101[418]	30,00 EUR	202,50 EUR	375,00 EUR	162,00 EUR
	40,00 EUR	240,00 EUR	440,00 EUR	192,00 EUR
Terminsgebühr, Nr. 4102[419]	30,00 EUR	140,00 EUR	250,00 EUR	112,00 EUR
	40,00 EUR	170,00 EUR	300,00 EUR	136,00 EUR
mit Zuschlag, Nr. 4103[420]	30,00 EUR	171,25 EUR	312,50 EUR	137,00 EUR
	40,00 EUR	207,50 EUR	375,00 EUR	166,00 EUR

bb) Vorbereitendes Verfahren

1183

VV RVG	Mindestgebühr	Mittelgebühr	Höchstgebühr	Festgebühr
Verfahrensgebühr Nr. 4104[421]	30,00 EUR	140,00 EUR	250,00 EUR	112,00 EUR
	40,00 EUR	165,00 EUR	290,00 EUR	132,00 EUR
mit Zuschlag, Nr. 4105[422]	30,00 EUR	171,25 EUR	312,50 EUR	137,00 EUR
	40,00 EUR	201,25 EUR	362,50 EUR	161,00 EUR

---

416 Änderung durch Art. 8 Abs. 2 Nr. 61 Buchst. b) – 96, 100–111.
417 Änderung durch Art. 8 Abs. 2 Nr. 61 Buchst. b).
418 Änderung durch Art. 8 Abs. 2 Nr. 62.
419 Änderung durch Art. 8 Abs. 2 Nr. 63.
420 Änderung durch Art. 8 Abs. 2 Nr. 64.
421 Änderung durch Art. 8 Abs. 2 Nr. 65.
422 Änderung durch Art. 8 Abs. 2 Nr. 66.

C. Änderungen im Vergütungsverzeichnis § 3

cc) Erstinstanzliches gerichtliches Verfahren

1184

VV RVG	Mindestgebühr	Mittelgebühr	Höchstgebühr	Festgebühr
Verfahrensgebühr Nr. 4106[423]	30,00 EUR	140,00 EUR	250,00 EUR	112,00 EUR
	40,00 EUR	165,00 EUR	290,00 EUR	132,00 EUR
mit Zuschlag, Nr. 4107[424]	30,00 EUR	171,25 EUR	312,50 EUR	137,00 EUR
	40,00 EUR	201,25 EUR	362,50 EUR	161,00 EUR
Terminsgebühr Nr. 4108[425]	60,00 EUR	230,00 EUR	400,00 EUR	184,00 EUR
	70,00 EUR	275,00 EUR	480,00 EUR	220,00 EUR
mit Zuschlag, Nr. 4109[426]	60,00 EUR	280,00 EUR	500,00 EUR	224,00 EUR
	70,00 EUR	335,00 EUR	600,00 EUR	268,00 EUR
Längenzuschlag Nr. 4110[427]				92,00 EUR
				110,00 EUR
Längenzuschlag Nr. 4111[428]				184,00 EUR
				220,00 EUR
Verfahrensgebühr Nr. 4112[429]	40,00 EUR	155,00 EUR	270,00 EUR	124,00 EUR
	50,00 EUR	185,00 EUR	320,00 EUR	148,00 EUR
mit Zuschlag, Nr. 4113[430]	40,00 EUR	188,75 EUR	337,50 EUR	151,00 EUR
	50,00 EUR	225,00 EUR	400,00 EUR	180,00 EUR
Terminsgebühr Nr. 4114[431]	70,00 EUR	270,00 EUR	470,00 EUR	216,00 EUR
	80,00 EUR	320,00 EUR	560,00 EUR	256,00 EUR
mit Zuschlag, Nr. 4115[432]	70,00 EUR	328,75 EUR	587,50 EUR	263,00 EUR
	80,00 EUR	390,00 EUR	700,00 EUR	312,00 EUR
Längenzuschlag Nr. 4116[433]				108,00 EUR
				128,00 EUR

[423] Änderung durch Art. 8 Abs. 2 Nr. 67.
[424] Änderung durch Art. 8 Abs. 2 Nr. 68.
[425] Änderung durch Art. 8 Abs. 2 Nr. 69.
[426] Änderung durch Art. 8 Abs. 2 Nr. 70.
[427] Änderung durch Art. 8 Abs. 2 Nr. 71.
[428] Änderung durch Art. 8 Abs. 2 Nr. 72.
[429] Änderung durch Art. 8 Abs. 2 Nr. 73.
[430] Änderung durch Art. 8 Abs. 2 Nr. 74.
[431] Änderung durch Art. 8 Abs. 2 Nr. 75.
[432] Änderung durch Art. 8 Abs. 2 Nr. 76.
[433] Änderung durch Art. 8 Abs. 2 Nr. 77.

§ 3 Änderungen des RVG

VV RVG	Mindestgebühr	Mittelgebühr	Höchstgebühr	Festgebühr
Längenzuschlag Nr. 4117[434]				216,00 EUR
				256,00 EUR
Verfahrensgebühr Nr. 4118[435]	80,00 EUR	330,00 EUR	580,00 EUR	264,00 EUR
	100,00 EUR	395,00 EUR	690,00 EUR	316,00 EUR
mit Zuschlag Nr. 4119[436]	80,00 EUR	402,50 EUR	725,00 EUR	322,00 EUR
	100,00 EUR	481,25 EUR	862,50 EUR	385,00 EUR
Terminsgebühr Nr. 4120[437]	110,00 EUR	445,00 EUR	780,00 EUR	356,00 EUR
	130,00 EUR	530,00 EUR	930,00 EUR	424,00 EUR
mit Zuschlag, Nr. 4121[438]	110,00 EUR	542,50 EUR	975,00 EUR	434,00 EUR
	130,00 EUR	646,25 EUR	1.162,50 EUR	517,00 EUR
Längenzuschlag, Nr. 4122[439]				178,00 EUR
				212,00 EUR
Längenzuschlag Nr. 4123[440]				356,00 EUR
				424,00 EUR

dd) Berufungsverfahren

1185

VV RVG	Mindestgebühr	Mittelgebühr	Höchstgebühr	Festgebühr
Verfahrensgebühr, Nr. 4124[441]	70,00 EUR	270,00 EUR	470,00 EUR	216,00 EUR
	80,00 EUR	320,00 EUR	560,00 EUR	256,00 EUR
mit Zuschlag, Nr. 4125[442]	70,00 EUR	328,75 EUR	587,50 EUR	263,00 EUR
	80,00 EUR	390,00 EUR	700,00 EUR	312,00 EUR
Terminsgebühr Nr. 4126[443]	70,00 EUR	270,00 EUR	470,00 EUR	216,00 EUR
	80,00 EUR	320,00 EUR	560,00 EUR	256,00 EUR

434 Änderung durch Art. 8 Abs. 2 Nr. 78.
435 Änderung durch Art. 8 Abs. 2 Nr. 79.
436 Änderung durch Art. 8 Abs. 2 Nr. 80.
437 Änderung durch Art. 8 Abs. 2 Nr. 81.
438 Änderung durch Art. 8 Abs. 2 Nr. 82.
439 Änderung durch Art. 8 Abs. 2 Nr. 83.
440 Änderung durch Art. 8 Abs. 2 Nr. 84.
441 Änderung durch Art. 8 Abs. 2 Nr. 85.
442 Änderung durch Art. 8 Abs. 2 Nr. 86.
443 Änderung durch Art. 8 Abs. 2 Nr. 87.

C. Änderungen im Vergütungsverzeichnis §3

VV RVG	Mindestgebühr	Mittelgebühr	Höchstgebühr	Festgebühr
mit Zuschlag, Nr. 4127[444]	70,00 EUR	328,75 EUR	587,50 EUR	263,00 EUR
	80,00 EUR	390,00 EUR	700,00 EUR	312,00 EUR
Längenzuschlag Nr. 4128[445]				108,00 EUR
				128,00 EUR
Längenzuschlag Nr. 4129[446]				216,00 EUR
				256,00 EUR

ee) Revisionsverfahren

1186

VV RVG	Mindestgebühr	Mittelgebühr	Höchstgebühr	Festgebühr
Verfahrensgebühr, Nr. 4130[447]	100,00 EUR	515,00 EUR	930,00 EUR	412,00 EUR
	120,00 EUR	615,00 EUR	1.110,00 EUR	492,00 EUR
mit Zuschlag, Nr. 4131[448]	100,00 EUR	631,25 EUR	1.162,50 EUR	505,00 EUR
	120,00 EUR	753,75 EUR	1.387,50 EUR	603,00 EUR
Terminsgebühr, Nr. 4132[449]	100,00 EUR	285,00 EUR	470,00 EUR	228,00 EUR
	120,00 EUR	340,00 EUR	560,00 EUR	272,00 EUR
mit Zuschlag, Nr. 4133[450]	100,00 EUR	343,75 EUR	587,50 EUR	275,00 EUR
	120,00 EUR	410,00 EUR	700,00 EUR	275,00 EUR
Längenzuschlag Nr. 4134[451]				114,00 EUR
				136,00 EUR
Längenzuschlag Nr. 4135[452]				228,00 EUR
				272,00 EUR

ff) Wiederaufnahmeverfahren

In den Nrn. 4136 bis 4140 VV RVG sind keine gesonderten Gebührenrahmen vorgesehen. Vielmehr wird auf die Gebührenrahmen des jeweiligen erstinstanzlichen Verfahrens Bezug genommen, sodass sich dadurch automatisch ein höherer Rahmen ergibt.

1187

---

444 Änderung durch Art. 8 Abs. 2 Nr. 88.
445 Änderung durch Art. 8 Abs. 2 Nr. 89.
446 Änderung durch Art. 8 Abs. 2 Nr. 90.
447 Änderung durch Art. 8 Abs. 2 Nr. 91.
448 Änderung durch Art. 8 Abs. 2 Nr. 92.
449 Änderung durch Art. 8 Abs. 2 Nr. 93.
450 Änderung durch Art. 8 Abs. 2 Nr. 94.
451 Änderung durch Art. 8 Abs. 2 Nr. 95.
452 Änderung durch Art. 8 Abs. 2 Nr. 96.

gg) Zusätzliche Gebühr

1188 Auch in Nr. 4141 VV RVG ist kein gesonderter Gebührenrahmen vorgesehen. Vielmehr wird auf die Mittelgebühr des jeweiligen Verfahrens Bezug genommen, sodass sich dadurch automatisch eine höhere Gebühr ergibt.

1189 Es gelten danach folgende Gebührenbeträge

Verfahren	Bezugsgebühr Nr. VV RVG	Wahlanwalt	Gerichtlich bestellter oder beigeordneter Anwalt
Vorbereitendes Verfahren und erstinstanzliches gerichtliches Verfahren			
Verfahren vor dem Amtsgericht	44106	165,00 EUR	132,00 EUR
Verfahren vor der Strafkammer und vor der Jugendkammer, soweit sich die Gebühr nicht nach Nr. 4118 VV RVG bestimmt	44112	185,00 EUR	148,00 EUR
Verfahren vor dem OLG, dem Schwurgericht oder der Strafkammer nach den §§ 74a und 74c GVG oder der Jugendkammer, soweit diese in Sachen entscheidet, die nach den allgemeinen Vorschriften zur Zuständigkeit des Schwurgerichts gehören	44118	395,00 EUR	316,00 EUR
Berufungsverfahren	44124	320,00 EUR	256,00 EUR
Revisionsverfahren	44130	615,00 EUR	492,00 EUR

hh) Einigungsgebühr

1190

VV RVG	Mindestgebühr	Mittelgebühr	Höchstgebühr	Festgebühr
Nr. 4147[453]	20,00 EUR	85,00 EUR	150,00 EUR	68,00 EUR
	keine gesonderten Gebührenbeträge mehr vorgesehen (siehe Rn 1163 ff.)			

ii) Strafvollstreckung

1191

VV RVG	Mindestgebühr	Mittelgebühr	Höchstgebühr	Festgebühr
Nr. 4200[454]	50,00 EUR	305,00 EUR	560,00 EUR	244,00 EUR
	60,00 EUR	365,00 EUR	670,00 EUR	292,00 EUR
Nr. 4201[455]	50,00 EUR	375,00 EUR	700,00 EUR	300,00 EUR
	60,00 EUR	448,75 EUR	837,50 EUR	359,00 EUR
Nr. 4202[456]	50,00 EUR	150,00 EUR	250,00 EUR	120,00 EUR
	60,00 EUR	180,00 EUR	300,00 EUR	144,00 EUR

---

[453] Änderung durch Art. 8 Abs. 2 Nr. 99.
[454] Änderung durch Art. 8 Abs. 2 Nr. 100.
[455] Änderung durch Art. 8 Abs. 2 Nr. 101.
[456] Änderung durch Art. 8 Abs. 2 Nr. 102.

VV RVG	Mindestgebühr	Mittelgebühr	Höchstgebühr	Festgebühr
Nr. 4203[457]	50,00 EUR	181,25 EUR	312,50 EUR	145,00 EUR
	60,00 EUR	217,50 EUR	375,00 EUR	174,00 EUR
Nr. 4204[458]	20,00 EUR	135,00 EUR	250,00 EUR	108,00 EUR
	30,00 EUR	165,00 EUR	300,00 EUR	132,00 EUR
Nr. 4205[459]	20,00 EUR	166,25 EUR	312,50 EUR	133,00 EUR
	30,00 EUR	202,50 EUR	375,00 EUR	162,00 EUR
Nr. 4206[460]	20,00 EUR	135,00 EUR	250,00 EUR	108,00 EUR
	30,00 EUR	165,00 EUR	300,00 EUR	132,00 EUR
Nr. 4207[461]	20,00 EUR	166,25 EUR	312,50 EUR	133,00 EUR
	30,00 EUR	202,50 EUR	375,00 EUR	162,00 EUR

jj) Einzeltätigkeiten

VV RVG	Mindestgebühr	Mittelgebühr	Höchstgebühr	Festgebühr
Nr. 4300[462]	50,00 EUR	305,00 EUR	560,00 EUR	244,00 EUR
	60,00 EUR	365,00 EUR	670,00 EUR	292,00 EUR
Nr. 4301[463]	35,00 EUR	210,00 EUR	385,00 EUR	168,00 EUR
	40,00 EUR	250,00 EUR	460,00 EUR	200,00 EUR
Nr. 4302[464]	20,00 EUR	135,00 EUR	250,00 EUR	108,00 EUR
	30,00 EUR	160,00 EUR	290,00 EUR	128,00 EUR
Nr. 4303[465]	25,00 EUR	137,50 EUR	250,00 EUR	110,00 EUR
	30,00 EUR	165,00 EUR	300,00 EUR	—[466]

b) Festbetrag Verfahrensgebühr (Nr. 4304 VV RVG)

Wird der Anwalt als Kontaktperson tätig, erhält er eine feste Betragsgebühr. Hier ist kein Rahmen vorgesehen. Die feste Betragsgebühr wird von 3.000 EUR auf 3.500 EUR angehoben.[467]

c) Wertgebühren

Soweit in Strafsachen Wertgebühren vorgesehen sind, bleiben die bisherigen Gebührensätze unverändert bestehen.

Eine Erhöhung der Gebühren tritt hier allerdings dadurch ein, dass sich die Wertgebühren auch in Strafsachen nach den Beträgen der Tabellen der §§ 13 und 49 RVG richten, sodass auch hier im Ergebnis höhere Gebühren entstehen (siehe Rn 39 ff. und 290 ff.).

---

457 Änderung durch Art. 8 Abs. 2 Nr. 103.
458 Änderung durch Art. 8 Abs. 2 Nr. 104.
459 Änderung durch Art. 8 Abs. 2 Nr. 105.
460 Änderung durch Art. 8 Abs. 2 Nr. 106.
461 Änderung durch Art. 8 Abs. 2 Nr. 107.
462 Änderung durch Art. 8 Abs. 2 Nr. 108.
463 Änderung durch Art. 8 Abs. 2 Nr. 109.
464 Änderung durch Art. 8 Abs. 2 Nr. 110.
465 Änderung durch Art. 8 Abs. 2 Nr. 111.
466 Keine Gebühr mehr vorgesehen (siehe Rn 1174 f.).
467 Änderung durch Art. 8 Abs. 2 Nr. 112.

V. Teil 5 – Bußgeldsachen

1. Vorbemerkung 5 VV RVG

a) Überblick

1196 Vorbem. 5 VV RVG erhält folgende Neufassung:[468]

> *Vorbemerkung 5:*
>
> (1) Für die Tätigkeit als Beistand oder Vertreter eines Einziehungs- oder Nebenbeteiligten, eines Zeugen oder eines Sachverständigen in einem Verfahren, für das sich die Gebühren nach diesem Teil bestimmen, entstehen die gleichen Gebühren wie für einen Verteidiger in diesem Verfahren.
>
> (2) Die Verfahrensgebühr entsteht für das Betreiben des Geschäfts einschließlich der Information.
>
> (3) Die Terminsgebühr entsteht für die Teilnahme an gerichtlichen Terminen, soweit nichts anderes bestimmt ist. Der Rechtsanwalt erhält die Terminsgebühr auch, wenn er zu einem anberaumten Termin erscheint, dieser aber aus Gründen, die er nicht zu vertreten hat, nicht stattfindet. Dies gilt nicht, wenn er rechtzeitig von der Aufhebung oder Verlegung des Termins in Kenntnis gesetzt worden ist.
>
> (4) Für folgende Tätigkeiten entstehen Gebühren nach den Vorschriften des Teils 3:
> 1. für das Verfahren über die Erinnerung oder die Beschwerde gegen einen Kostenfestsetzungsbeschluss, für das Verfahren über die Erinnerung gegen den Kostenansatz, für das Verfahren über die Beschwerde gegen die Entscheidung über diese Erinnerung und für Verfahren über den Antrag auf gerichtliche Entscheidung gegen einen Kostenfestsetzungsbescheid und den Ansatz der Gebühren und Auslagen (§ 108 OWiG), dabei steht das Verfahren über den Antrag auf gerichtliche Entscheidung dem Verfahren über die Erinnerung oder die Beschwerde gegen einen Kostenfestsetzungsbeschluss gleich.
> 2. in der Zwangsvollstreckung aus Entscheidungen, die über die Erstattung von Kosten ergangen sind, und für das Beschwerdeverfahren gegen die gerichtliche Entscheidung nach Nummer 1.

1197 Mittelbar ergibt sich eine Änderung durch die Neufassung des § 18 Abs. 1 Nr. 3 RVG (siehe dazu Rn 108 ff.), der klarstellt, dass auch Erinnerungen gegen einen Kostenfestsetzungsbeschluss der Staatsanwaltschaft gesonderte Angelegenheiten sind und nach Vorbem. 5 Abs. 4 Nr. 1 VV RVG abgerechnet werden.

1198 Darüber hinaus sind jetzt auch die im Referentenentwurf noch vergessenen Verfahren über für Anträge auf gerichtliche Entscheidung gegen die Festsetzung der Verwaltungsbehörde im Regierungsentwurf erfasst worden.

b) Erinnerungen gegen einen Kostenfestsetzungsbeschluss der Staatsanwaltschaft

1199 In Bußgeldsachen entscheidet nur in gerichtlichen Verfahren der Rechtspfleger über einen Kostenfestsetzungsantrag (§ 46 Abs. 1 OWiG, § 464b S. 3 StPO, § 21 Nr. 1 RpflG). Dagegen entscheidet bei der Staatsanwaltschaft der Urkundsbeamte der Geschäftsstelle (§ 108a Abs. 3 OWiG). Gegen dessen Entscheidung ist die Erinnerung gegeben (§ 108 Abs. 3 S. 2 OWiG). Nach dem derzeitigen Wortlaut würde diese Erinnerung keine gesonderte Vergütung auslösen, weil es sich nicht um eine Erinnerung gegen eine Entscheidung des „Rechtspflegers" handelt. Die Rechtsprechung hat dieses Problem – im Gegensatz zu der vergleichbaren Situation in verwaltungsgerichtlichen oder sozialgerichtlichen Verfahren (siehe dazu Rn 109 f.) – zum Teil

---

468 Änderung durch Art. 8 Abs. 2 Nr. 113.

gar nicht gesehen oder sich stillschweigend mit einer analogen Anwendung des § 18 Abs. 1 Nr. 3 RVG beholfen.

Nach der Neufassung des § 18 Abs. 1 Nr. 3 RVG (ausführlich siehe Rn 108 ff.) ist die Frage jetzt geklärt, da alle Erinnerungen gegen einen Kostenfestsetzungsbeschluss erfasst werden und zwar auch, wenn die angegriffene Entscheidung vom Urkundsbeamten der Geschäftsstelle stammt. 1200

> *Beispiel 219: Erinnerung gegen Kostenfestsetzungsbeschluss des Urkundsbeamten der Geschäftsstelle der Staatsanwaltschaft* 1201
>
> Im Zwischenverfahren nach § 69 OWiG stellt die Staatsanwaltschaft das Verfahren ein und spricht aus, dass dem Betroffenen seine notwendigen Auslagen zu erstatten sind (§ 108a Abs. 1 OWiG i.V.m. § 467a StPO). Auf den Festsetzungsantrag hin setzt der Urkundsbeamte der Geschäftsstelle bei der Staatsanwaltschaft gem. § 106 OWiG von den mit 800,00 EUR angemeldeten außergerichtlichen Kosten des Betroffenen lediglich einen Betrag i.H.v. 700,00 EUR fest. Hiergegen legt der Verteidiger gem. § 108a Abs. 3 OWiG Erinnerung ein. Der Anwalt erhält nach Vorbem. 5 Abs. 4 Nr. 1 VV RVG i.V.m. § 18 Abs. 1 Nr. 3 RVG die Gebühr nach Nr. 3500 VV RVG.
>
> 1. 0,5-Verfahrensgebühr, Nr. 3500 VV RVG   20,00 EUR
>   (Wert: 100,00 EUR)
> 2. Postentgeltpauschale, Nr. 7002 VV RVG   4,00 EUR
>   Zwischensumme   24,00 EUR
> 3. 19 % Umsatzsteuer, Nr. 7008 VV RVG   4,56 EUR
>   **Gesamt**   **28,56 EUR**

c) Anträge auf gerichtliche Entscheidung gegen einen Kostenfestsetzungsbescheid der Verwaltungsbehörde

Übersehen worden war im Referentenentwurf noch eine Klarstellung für die Verfahren über Anträge auf gerichtliche Entscheidung gegen einen Kostenfestsetzungsbescheid der Verwaltungsbehörde. Das ist jetzt mit dem Regierungsentwurf nachgeholt worden.[469] 1202

Soweit die Verwaltungsbehörde das Verfahren einstellt und eine Kostenerstattung anordnet, entscheidet ein dortiger Verwaltungsangestellter der Verwaltungsbehörde über die Kostenfestsetzung (§ 106 Abs. 1 OWiG). Gegen dessen Festsetzungsentscheidung ist nicht die Erinnerung, sondern der Antrag auf gerichtliche Entscheidung gegeben (§§ 108, 62 OWiG). 1203

Nach dem derzeitigen Wortlaut würde ein solcher Antrag keine gesonderte Vergütung auslösen, weil es sich weder um eine Erinnerung handelt, noch eine Entscheidung eines „Rechtpflegers" angegriffen wird. 1204

Selbst wenn man eine eigene Angelegenheit annehmen würde, könnte man nach dem Wortlaut des Gesetzes nicht zu einer 0,5-Verfahrensgebühr nach Nr. 3500 VV RVG gelangen, sondern müsste eine 1,3-Verfahrensgebühr nach Nr. 3100 VV RVG annehmen.[470] 1205

In der Kommentarliteratur ist das Problem weitgehend gar nicht gesehen worden. Soweit sie sich damit beschäftigt hat, wurde die entsprechende Anwendung der Vorbem. 5 Abs. 4 VV RVG i.V.m. § 18 Abs. 1 Nr. 3 RVG und Nr. 3500 VV RVG befürwortet.[471] Diese Lösung wird nunmehr gesetzlich geregelt. 1206

---

469 Änderung durch Art. 8 Abs. 2 Nr. 113.
470 So AG Viechtach AGS 2012, 467; AG Gießen AGS 2012, 466 = DAR 2012, 494.
471 AnwK-RVG/*N. Schneider* Vorbem. 5 Rn 43.

§ 3 Änderungen des RVG

1207 *Beispiel 220: Antrag auf gerichtliche Entscheidung gegen Kostenfestsetzungsbescheid der Verwaltungsbehörde*

Nach Rücknahme des Bußgeldbescheids durch die Verwaltungsbehörde wird angeordnet, dass dem Betroffenen seine notwendigen Auslagen zu erstatten sind (§ 105 OWiG i.V.m. § 467a StPO). Auf den Festsetzungsantrag hin setzt die Verwaltungsbehörde gem. § 106 OWiG von den mit 400,00 EUR angemeldeten Kosten lediglich einen Betrag i.H.v. 250,00 EUR fest. Hiergegen stellt der Verteidiger Antrag auf gerichtliche Entscheidung gem. §§ 108 Abs. 1, 62 OWiG.

Der Anwalt erhält nach Vorbem. 5 Abs. 4 Nr. 1 VV RVG i.V.m. § 18 Abs. 1 Nr. 3 RVG die Gebühr nach Nr. 3500 VV RVG.

1.	0,5-Verfahrensgebühr, Nr. 3500 VV RVG (Wert: 150,00 EUR)	20,00 EUR
2.	Postentgeltpauschale, Nr. 7002 VV RVG	4,00 EUR
	Zwischensumme	24,00 EUR
3.	19 % Umsatzsteuer, Nr. 7008 VV RVG	4,56 EUR
	Gesamt	**28,56 EUR**

2. Abschnitt 1 – Gebühren des Verteidigers

a) Grundgebühr

aa) Überblick

1208 Nr. 5100 VV RVG[472] erhält folgende neue Fassung:

		Wahlanwalt	gerichtlich bestellter oder beigeordneter Rechtsanwalt
5100	Grundgebühr .... (1) Die Gebühr entsteht neben der Verfahrensgebühr Für die erstmalige Einarbeitung in den Rechtsfall nur einmal, unabhängig davon, in welchem Verfahrensabschnitt sie erfolgt. (2) Die Gebühr entsteht nicht, wenn in einem vorangegangenen Strafverfahren für dieselbe Handlung oder Tat die Gebühr 4100 entstanden ist.	30,00 bis 170,00 €	80,00 €

bb) Anwendungsbereich

1209 Ebenso wie in Strafsachen (siehe Rn 1125 f.) stellt sich das Problem der Abgrenzung von Grund- und Verfahrensgebühren auch in Bußgeldsachen. Hier hatte der Referentenentwurf noch eine Anpassung übersehen, was daran lag, dass das Abgrenzungsproblem bislang überwiegend in Strafsachen aufgetreten war. Für Bußgeldsachen kann jedoch nichts anderes gelten. Die entsprechende Änderung ist jetzt im Regierungsentwurf enthalten.

---

472 Änderung durch Art. 8 Abs. 2 Nr. 114.

C. Änderungen im Vergütungsverzeichnis § 3

Beispiel 221: Verfahrensgebühr neben Grundgebühr 1210

Der Anwalt wird mit der Verteidigung in einer Bußgeldsache (drohendes Bußgeld 80,00 EUR) beauftragt und beantragt zunächst Akteneinsicht. Noch bevor der Anwalt die Akten zur Einsichtnahme erhält, wird das Verfahren eingestellt.

Auch wenn sich das Mandat noch in der Einarbeitungsphase befindet, ist neben der Grundgebühr der Nr. 5100 VV RVG die entsprechende Verfahrensgebühr nach Vorbem. 5 Abs. 2, Nr. 5103 VV RVG entstanden. Der geringe Umfang der anwaltlichen Tätigkeit bei der Verfahrensgebühr kann hier allerdings im Rahmen des § 14 Abs. 1 RVG zu berücksichtigen sein. Bei einer im unteren Bereich anzusetzenden Verfahrensgebühr (halbe Mittelgebühr) ergibt sich daher folgende Berechnung:

1.	Grundgebühr, Nr. 5100 VV RVG		100,00 EUR
2.	Verfahrensgebühr, Nr. 5103 VV RVG		80,00 EUR
3.	Postentgeltpauschale, Nr. 7002 VV RVG		20,00 EUR
	Zwischensumme	200,00 EUR	
4.	19 % Umsatzsteuer, Nr. 7008 VV RVG		38,00 EUR
	Gesamt		**238,00 EUR**

cc) Gebührenbeträge

Darüber hinaus sind auch hier die Gebührenbeträge abgehoben und die Währungszeichen von „EUR" auf „€" umgesetzt worden. 1211

b) Zusätzliche Verfahrensgebühr (Nr. 5116 VV RVG)
aa) Die Änderungen

Nr. 5116 VV RVG[473] erhält folgende neue Fassung: 1212

		Wahlanwalt	gerichtlich bestellter oder beigeordneter Rechtsanwalt
5116	Verfahrensgebühr bei Einziehung und verwandten Maßnahmen	1,0	1,0
	(1) Die Gebühr entsteht für eine Tätigkeit für den Betroffenen, die sich auf die Einziehung oder dieser gleichstehende Rechtsfolgen (§ 46 Abs. 1 OWiG, § 442 StPO) oder auf eine diesen Zwecken dienende Beschlagnahme bezieht.		
	(2) Die Gebühr entsteht nicht, wenn der Gegenstandswert niedriger als 30,00 € ist.		
	(3) Die Gebühr entsteht nur einmal für das Verfahren vor der Verwaltungsbehörde und für das gerichtliche Verfahren im ersten Rechtszug. Im Rechtsbeschwerdeverfahren entsteht die Gebühr besonders.		

bb) Erhöhung der Bagatellgrenze

Ebenso wie bei der vergleichbaren Gebühr Nr. 4142 VV RVG (siehe Rn 1161) wird auch die Bagatellgrenze für die zusätzliche Verfahrensgebühr bei Einziehung und verwandten Maßnahmen in Bußgeldsachen angehoben.[474] Soweit der Wert der Gegenstände, auf die sich die Einziehung oder verwandte Maßnahme richten, unter 30,00 EUR liegt, wird die Gebühr nicht erhoben. 1213

---

473 Änderung durch Art. 8 Abs. 2 Nr. 127.
474 Änderung durch Art. 8 Abs. 2 Nr. 127 Buchst. a).

Aus redaktionellen Gründen ist darüber hinaus die Währungsangabe „EUR" in „€" vereinheitlicht worden.

cc) Klarstellung des Anwendungsbereichs

1214 Bei Schaffung des RVG war in Teil 5 Abschnitt 1 VV RVG immer von „Verfahren vor dem AG" die Rede. Der Gesetzgeber hatte übersehen, dass es auch erstinstanzliche Verfahren vor dem OLG gibt. Daher sind bereits die Formulierungen in Teil 5 Abschnitt 3 Unterabschnitt 3 VV RVG durch Art. 20 des 2. Justizmodernisierungsgesetzes vom 22.12.2006[475] entsprechend geändert[476] worden. Bei der zusätzlichen Gebühr der Nr. 5116 VV RVG ist die Änderung der Anmerkung allerdings übersehen worden. Dies soll nunmehr nachgeholt werden. Sachliche Änderungen folgen daraus nicht.

dd) Anhebung der Gebührenbeträge

1215 Vorgesehen sind hier nach wie vor Wertgebühren. Zur Anhebung der Gebührenbeträge infolge der Änderungen der Tabellen zu §§ 13 und 49 RVG siehe Rn 1219.

c) Anhebung der Gebührenrahmen und -beträge

aa) Überblick

1216 Auch in Bußgeldsachen sollen die Gebührenbeträge angehoben werden. Dies gilt sowohl für die in Teil 5 VV RVG vorgesehenen Rahmengebühren als auch für die in Nr. 5116 VV RVG vorgesehene Wertgebühr, die sich nach der Tabelle des § 13 RVG oder 49 RVG richtet.

bb) Gebührenrahmen

1217 Vorgesehen sind jeweils höhere Mindest- und Höchstgebühren,[477] sodass sich damit höhere Gebührenrahmen und damit auch höhere Mittelgebühren ergeben. Ebenso sollen die Festgebühren für den gerichtlich bestellten oder beigeordneten Anwalt erhöht werden, die sich nach wie vor von der Mittelgebühr (80 %) ableiten. Es ergeben sich damit folgende Gebührenbeträge:

1218 **Übersicht über die Gebührenbeträge in Bußgeldsachen**

I. Allgemeine Gebühr

Gebühr	Nr. VV RVG	Mindestbetrag	Mittelgebühr	Höchstbetrag	Beigeordneter oder bestellter Anwalt
Grundgebühr[478]	5100	20,00 EUR	85,00 EUR	150,00 EUR	68,00 EUR
		30,00 EUR	100,00 EUR	170,00 EUR	80,00 EUR

II. Verfahren vor der Verwaltungsbehörde[479]

Verfahrensgebühr weniger als 40,00 EUR Bußgeld[480]	5101	10,00 EUR	55,00 EUR	100,00 EUR	44,00 EUR
		20,00 EUR	65,00 EUR	110,00 EUR	52,00 EUR

---

475 BGBl I S. 3416.
476 Änderung durch Art. 8 Abs. 2 Nr. 127 Buchst. b).
477 Änderungen durch Art. 8 Abs. 2 Nrn. 114 bis 126 und 128.
478 Änderung durch Art. 8 Abs. 2 Nr. 114.
479 Einschließlich des Zwischenverfahrens (§ 69 OWiG) bis zum Eingang der Akten bei Gericht (Vorbem. 5.1.2 Abs. 1 VV RVG).
480 Änderung durch Art. 8 Abs. 2 Nr. 115.

C. Änderungen im Vergütungsverzeichnis §3

Terminsgebühr[481]	5102	10,00 EUR	55,00 EUR	100,00 EUR	44,00 EUR
		20,00 EUR	65,00 EUR	110,00 EUR	52,00 EUR
Verfahrensgebühr 40,00 EUR bis 5.000,00 EUR Bußgeld[482]	5103	20,00 EUR	135,00 EUR	250,00 EUR	108,00 EUR
		30,00 EUR	160,00 EUR	290,00 EUR	128,00 EUR
Terminsgebühr[483]	5104	20,00 EUR	135,00 EUR	250,00 EUR	108,00 EUR
		30,00 EUR	160,00 EUR	290,00 EUR	128,00 EUR
Verfahrensgebühr über 5.000,00 EUR Bußgeld[484]	5105	30,00 EUR	140,00 EUR	250,00 EUR	112,00 EUR
		40,00 EUR	170,00 EUR	300,00 EUR	136,00 EUR
Terminsgebühr[485]	5106	30,00 EUR	140,00 EUR	250,00 EUR	112,00 EUR
		40,00 EUR	170,00 EUR	300,00 EUR	136,00 EUR

III. Gerichtliches Verfahren im ersten Rechtszug

Verfahrensgebühr weniger als 40,00 EUR Bußgeld[486]	5107	10,00 EUR	55,00 EUR	100,00 EUR	44,00 EUR
		20,00 EUR	65,00 EUR	110,00 EUR	52,00 EUR
Terminsgebühr[487]	5108	20,00 EUR	110,00 EUR	200,00 EUR	88,00 EUR
		20,00 EUR	130,00 EUR	240,00 EUR	104,00 EUR
Verfahrensgebühr 40,00 EUR bis 5.000,00 EUR Bußgeld[488]	5109	20,00 EUR	135,00 EUR	250,00 EUR	108,00 EUR
		30,00 EUR	160,00 EUR	290,00 EUR	128,00 EUR
Terminsgebühr[489]	5110	30,00 EUR	215,00 EUR	400,00 EUR	172,00 EUR
		40,00 EUR	255,00 EUR	470,00 EUR	204,00 EUR
Verfahrensgebühr über 5.000,00 EUR Bußgeld[490]	5111	40,00 EUR	170,00 EUR	300,00 EUR	136,00 EUR
		50,00 EUR	200,00 EUR	350,00 EUR	160,00 EUR
Terminsgebühr[491]	5112	70,00 EUR	270,00 EUR	470,00 EUR	216,00 EUR
		80,00 EUR	320,00 EUR	560,00 EUR	256,00 EUR

481 Änderung durch Art. 8 Abs. 2 Nr. 116.
482 Änderung durch Art. 8 Abs. 2 Nr. 117.
483 Änderung durch Art. 8 Abs. 2 Nr. 118.
484 Änderung durch Art. 8 Abs. 2 Nr. 119.
485 Änderung durch Art. 8 Abs. 2 Nr. 120.
486 Änderung durch Art. 8 Abs. 2 Nr. 121.
487 Änderung durch Art. 8 Abs. 2 Nr. 122.
488 Änderung durch Art. 8 Abs. 2 Nr. 123.
489 Änderung durch Art. 8 Abs. 2 Nr. 124.
490 Änderung durch Art. 8 Abs. 2 Nr. 125.
491 Änderung durch Art. 8 Abs. 2 Nr. 126.

IV. Rechtsbeschwerde[492]

Verfahrensgebühr[493]	5113	70,00 EUR	270,00 EUR	470,00 EUR	216,00 EUR
		80,00 EUR	320,00 EUR	560,00 EUR	256,00 EUR
Terminsgebühr[494]	5114	70,00 EUR	270,00 EUR	470,00 EUR	216,00 EUR
		80,00 EUR	320,00 EUR	560,00 EUR	256,00 EUR

V. Einzeltätigkeiten[495]

Verfahrensgebühr[496]	5200	10,00 EUR	55,00 EUR	100,00 EUR	44,00 EUR
		20,00 EUR	65,00 EUR	110,00 EUR	52,00 EUR

d) Wertgebühr

1219 Soweit in Bußgeldsachen eine Wertgebühr vorgesehen ist (Nr. 5116 VV RVG), bleibt der bisherige Gebührensatz unverändert bestehen (siehe oben Rn 1212).

1220 Eine Erhöhung der Gebühren tritt hier allerdings dadurch ein, dass sich die Wertgebühren auch in Bußgeldsachen nach den Beträgen der Tabellen der §§ 13 und 49 RVG richten, sodass auch hier im Ergebnis höhere Gebühren entstehen (siehe dazu Rn 290 ff. und 39 ff.).

VI. Teil 6 – Sonstige Verfahren

1. Überblick

1221 Auch in den Verfahren nach Teil 6 VV RVG werden die **Gebührenrahmen für den Wahlanwalt** angehoben. Es sind jeweils höhere Mindest- und Höchstbeträge vorgesehen, sodass sich damit höhere Gebührenrahmen und damit auch höhere Mittelgebühren ergeben.

1222 Ebenso erhöht werden die **Festgebühren für den gerichtlich bestellten oder beigeordneten Anwalt**.

1223 In Teil 6 Abschnitt 4 VV RVG werden darüber hinaus Änderungen und Klarstellungen zu den Gebührentatbeständen vorgenommen. Die Änderungen beruhen vor allem auf der Neustrukturierung der vorgerichtlichen Geschäftsgebühren in Teil 2 Abschnitt 3 VV RVG (siehe Rn 511 ff.). In Konsequenz hierzu wird jetzt auch bei der erstinstanzlichen gerichtlichen Verfahrensgebühr anstelle des besonderen Gebührenrahmens bei Vorbefassung eine Gebührenanrechnung eingeführt.

1224 Darüber hinaus wird der bislang fehlende Gebührentatbestand für die Nichtzulassungsbeschwerde (Nr. 6402 VV RVG) eingefügt und ergänzend hierzu eine Anrechnung dieser Gebühr auf ein eventuell nachfolgendes Rechtsbeschwerdeverfahren (Anm. zu Nr. 6402 VV RVG).

1225 Ebenso ist Nr. 6215 VV RVG um die fehlende Anrechnungsregelung ergänzt worden.

1226 Auch werden die Währungsbezeichnungen von „EUR" in „€" geändert, ohne dass dies allerdings sachliche Änderungen mit sich bringen wird.

---

492 Einschließlich des Verfahrens auf Zulassung der Rechtsbeschwerde, § 16 Nr. 11; AnwK-RVG/*N. Schneider*, Vor Nrn. 5113 ff. Rn 9 f.
493 Änderung durch Art. 8 Abs. 2 Nr. 126.
494 Änderung durch Art. 8 Abs. 2 Nr. 126.
495 Einschließlich der Vertretung in der Vollstreckung und in Gnadensachen (Anm. Abs. 4 zu Nr. 5200 VV RVG).
496 Änderung durch Art. 8 Abs. 2 Nr. 128.

2. Abschnitt 1 – Verfahren nach dem Gesetz über die internationale Rechtshilfe in Strafsachen und Verfahren nach dem Gesetz über die Zusammenarbeit mit dem Internationalen Strafgerichtshof

In diesem Abschnitt werden nur die Gebührenrahmen für den Wahlanwalt und die Festgebühren für den gerichtlich bestellten oder beigeordneten Anwalt erhöht. 1227

Es ergeben sich damit folgende Gebührenbeträge: 1228

Übersicht über die Gebührenbeträge in Verfahren nach dem IRG und nach dem IStGH (neue Beträge hervorgehoben)

		Wahlanwalt			Gerichtlich bestellter oder bei- geordneter Anwalt
	VV RVG	Mindestgebühr	Mittelgebühr	Höchstgebühr	Festgebühr

a) Verfahren vor der Verwaltungsbehörde

Verfahrensgebühr[497]	6100	40,00 EUR	165,00 EUR	290,00 EUR	132,00 EUR
		50,00 EUR	195,00 EUR	340,00 EUR	156,00 EUR

b) Gerichtliche Verfahren

Verfahrensgebühr[498]	6101	80,00 EUR	330,00 EUR	580,00 EUR	264,00 EUR
		100,00 EUR	395,00 EUR	690,00 EUR	316,00 EUR
Terminsgebühr[499]	6102	110,00 EUR	445,00 EUR	780,00 EUR	356,00 EUR
		130,00 EUR	530,00 EUR	930,00 EUR	424,00 EUR

3. Abschnitt 2 – Disziplinarverfahren, berufsgerichtliche Verfahren wegen der Verletzung einer Berufspflicht

a) Vorbem. 6.2 VV RVG

Inhaltlich wird die Vorbem. 6.2 VV RVG nicht geändert. Mittelbar ergibt sich hier jedoch durch die Neufassung des § 18 Abs. 1 Nr. 3 RVG (siehe Rn 108 ff.) eine Klarstellung für die in Vorbem. 6.2 Abs. 3 Nr. 1 VV RVG geregelten Verfahren über Erinnerungen gegen einen Kostenfestsetzungsbeschluss. 1229

In berufsrechtlichen Verfahren entscheidet nämlich nicht immer der Rechtspfleger über einen Kostenfestsetzungsantrag. Nach dem derzeitigen Wortlaut würde eine Erinnerung daher in diesen Fällen keine gesonderte Vergütung auslösen, weil es sich nicht um eine Erinnerung gegen eine Entscheidung des „Rechtspflegers" handelt. Durch die Neufassung des § 18 Abs. 1 Nr. 3 RVG (ausführlich siehe Rn 108 ff.) ist die Frage jetzt geklärt, da alle Erinnerungen gegen einen Kostenfestsetzungsbeschluss erfasst werden, auch wenn die angegriffene Entscheidung vom Urkundsbeamten der Geschäftsstelle stammt. 1230

---

497 Änderung durch Art. 8 Abs. 2 Nr. 129.
498 Änderung durch Art. 8 Abs. 2 Nr. 130.
499 Änderung durch Art. 8 Abs. 2 Nr. 131.

§ 3 Änderungen des RVG

1231 *Beispiel 222: Erinnerung gegen Kostenfestsetzungsbeschluss des Richters im Verfahren wegen der Verletzung einer Berufspflicht*

Im Verfahren vor dem Anwaltsgericht war der Betroffene freigesprochen worden. Auf seinen Festsetzungsantrag hin setzt der Vorsitzende gem. § 199 Abs. 1 BRAO die Kosten fest. Hiergegen legt der Verteidiger gem. § 199 Abs. 2 BRAO Erinnerung nach einem Wert von 300,00 EUR ein.

Der Anwalt erhält nach Vorbem. 6.2 Abs. 3 Nr. 1 VV RVG i.V.m. § 18 Abs. 1 Nr. 3 RVG die Gebühr nach Nr. 3500 VV RVG.

1.	0,5-Verfahrensgebühr, Nr. 3500 VV RVG (Wert: 300,00 EUR)	20,00 EUR
2.	Postentgeltpauschale, Nr. 7002 VV RVG	4,00 EUR
	Zwischensumme	24,00 EUR
3.	19 % Umsatzsteuer, Nr. 7008 VV RVG	4,56 EUR
	Gesamt	**28,56 EUR**

b) Grundgebühr

1232 Nr. 6200 VV RVG erhält folgende neue Fassung:[500]

6200	Grundgebühr	40,00 bis 350,00 €	156,00 €
	Die Gebühr entsteht neben der Verfahrensgebühr für die erstmalige Einarbeitung in den Rechtsfall nur einmal, unabhängig davon, in welchem Verfahrensabschnitt sie erfolgt.		

1233 Zum einen ist auch hier – ebenso wie in den Nr. 4100 VV RVG (siehe Rn 1125 f.) und Nr. 5100 VV RVG (siehe Rn 1209 f.) – klargestellt worden, dass die Grundgebühr „neben der Verfahrensgebühr" entsteht. Die Verfahrensgebühr entsteht daher auch hier mit der Entgegennahme der Information und nicht erst nach Abschluss der Einarbeitung.[501]

1234 Darüber hinaus ist der Gebührenrahmen angehoben (siehe Rn 1239 ff.) und die Währungsbezeichnung von „EUR" in „€" umgewandelt worden.[502]

c) Nichtzulassungsbeschwerde

1235 Nr. 6215 VV RVG erhält folgende neue Fassung:[503]

6215	Verfahrensgebühr für das Verfahren über die Beschwerde gegen die Nichtzulassung der Revision	70,00 bis 1110,00 €	472,00 €
	Die Gebühr wird auf die Verfahrensgebühr für ein nachfolgendes Revisionsverfahren angerechnet.		

1236 Die Vorschrift regelt – wie bisher – die Nichtzulassungsbeschwerde in Disziplinarverfahren und berufsgerichtlichen Verfahren wegen der Verletzung einer Berufspflicht. Ebenso wie in Nr. 6402 VV RVG (Beschwerde gegen die Nichtzulassung der Rechtsbeschwerde in Verfahren nach der WBO) hat der Gesetzgeber auch in Nr. 6215 VV RVG eine Anrechnungsbestimmung eingeführt.[504] Das war im Referentenentwurf noch übersehen worden.

---

[500] Änderung durch Art. 8 Abs. 2 Nr. 132.
[501] Änderung durch Art. 8 Abs. 2 Nr. 132 Buchst. a).
[502] Änderung durch Art. 8 Abs. 2 Nr. 132 Buchst. b).
[503] Änderung durch Art. 8 Abs. 2 Nr. 146.
[504] Änderung durch Art. 8 Abs. 2 Nr. 146 Buchst. a).

Darüber hinaus ist der Gebührenrahmen angehoben (siehe Rn 1239 ff.) und die Währungsbezeichnung von „EUR" in „€" umgewandelt worden.[505]

Beispiel 223: Anrechnung der Verfahrensgebühr bei Nichtzulassungsbeschwerde und anschließender Vertretung im berufsrechtlichen Revisionsverfahren vor dem BGH
Der Anwaltsgerichtshof hat die Revision gegen seine Entscheidung nicht zugelassen. Dagegen legt der Anwalt nach § 145 Abs. 3 S. 1 BRAO beim BGH Nichtzulassungsbeschwerde ein, die erfolgreich ist. Anschließend vertritt er den Mandanten im Verfahren der Revision vor dem BGH und nimmt an der Hauptverhandlung teil.
Im Verfahren der Nichtzulassungsbeschwerde, das nach § 17 Nr. 9 RVG eine gesonderte Angelegenheit ist, erhält der Anwalt die Verfahrensgebühr nach Nr. 6215 VV RVG. Im anschließenden Revisionsverfahren erhält er eine Verfahrensgebühr nach Nr. 6211 VV RVG und eine Terminsgebühr nach Nr. 6212 VV RVG. Die Verfahrensgebühr des Nichtzulassungsbeschwerdeverfahrens ist nach Anm. zu Nr. 6215 VV RVG anzurechnen.
Ausgehend von der Mittelgebühr ist wie folgt zu rechnen:

I. Nichtzulassungsbeschwerdeverfahren
1.	Verfahrensgebühr, Nr. 6215 VV RVG		590,00 EUR
2.	Postentgeltpauschale, Nr. 7002 VV RVG		20,00 EUR
	Zwischensumme	610,00 EUR	
3.	19 % Umsatzsteuer, Nr. 7008 VV RVG		115,90 EUR
	Gesamt		**725,90 EUR**

II. Revisionsverfahren vor dem BGH
1.	Verfahrensgebühr, Nr. 6211 VV RVG		615,00 EUR
2.	gem. Anm. zu Nr. 6215 VV RVG anzurechnen		-295,00 EUR
3.	Terminsgebühr, Nr. 6212 VV RVG		335,00 EUR
4.	Postentgeltpauschale, Nr. 7002 VV RVG		20,00 EUR
	Zwischensumme	675,00 EUR	
5.	19 % Umsatzsteuer, Nr. 7008 VV RVG		128,25 EUR
	Gesamt		**803,25 EUR**

d) Gebührenrahmen
Auch in Teil 6 Abschnitt 2 VV RVG werden die Gebührenrahmen für den Wahlanwalt und die Festgebühren für den gerichtlich bestellten oder beigeordneten Anwalt erhöht.[506]
Es ergeben sich damit folgende Gebührenbeträge:
Übersicht über die Gebührenbeträge in Disziplinarverfahren, berufsgerichtlichen Verfahren wegen der Verletzung einer Berufspflicht (neue Beträge hervorgehoben)

---

505 Änderung durch Art. 8 Abs. 2 Nr. 146 Buchst. b).
506 Änderung durch Art. 8 Abs. 2 Nr. 132 Buchst. b) bis 146 Buchst. b).

§ 3 Änderungen des RVG

		Wahlanwalt			Gerichtlich bestellter oder beigeordneter Anwalt
	VV RVG	Mindestgebühr	Mittelgebühr	Höchstgebühr	Festgebühr

Allgemeine Gebühren

Grundgebühr[507]	6200	30,00 EUR	165,00 EUR	300,00 EUR	132,00 EUR
		40,00 EUR	195,00 EUR	350,00 EUR	156,00 EUR
Terminsgebühr[508]	6201	30,00 EUR	171,25 EUR	312,50 EUR	137,00 EUR
		40,00 EUR	205,00 EUR	370,00 EUR	164,00 EUR

Außergerichtliches Verfahren

Verfahrensgebühr[509]	6202	30,00 EUR	140,00 EUR	250,00 EUR	112,00 EUR
		40,00 EUR	165,00 EUR	290,00 EUR	132,00 EUR

Nachprüfungsverfahren

Verfahrensgebühr[510]	6202	30,00 EUR	140,00 EUR	250,00 EUR	112,00 EUR
		40,00 EUR	165,00 EUR	290,00 EUR	132,00 EUR

Erster Rechtszug

Verfahrensgebühr[511]	6203	40,00 EUR	155,00 EUR	270,00 EUR	124,00 EUR
		50,00 EUR	185,00 EUR	320,00 EUR	148,00 EUR
Terminsgebühr[512]	6204	70,00 EUR	270,00 EUR	470,00 EUR	216,00 EUR
		80,00 EUR	320,00 EUR	560,00 EUR	256,00 EUR
Längenzuschlag[513]	6205				108,00 EUR
					128,00 EUR
Längenzuschlag[514]	6206				216,00 EUR
					256,00 EUR

---

507 Änderung durch Art. 8 Abs. 2 Nr. 132 Buchst. b).
508 Änderung durch Art. 8 Abs. 2 Nr. 133.
509 Änderung durch Art. 8 Abs. 2 Nr. 134.
510 Änderung durch Art. 8 Abs. 2 Nr. 134.
511 Änderung durch Art. 8 Abs. 2 Nr. 135.
512 Änderung durch Art. 8 Abs. 2 Nr. 136.
513 Änderung durch Art. 8 Abs. 2 Nr. 137.
514 Änderung durch Art. 8 Abs. 2 Nr. 138.

C. Änderungen im Vergütungsverzeichnis §3

Zweiter Rechtszug

Verfahrensgebühr[515]	6207	70,00 EUR	270,00 EUR	470,00 EUR	216,00 EUR
		80,00 EUR	320,00 EUR	560,00 EUR	256,00 EUR
Terminsgebühr[516]	6208	70,00 EUR	270,00 EUR	470,00 EUR	216,00 EUR
		80,00 EUR	320,00 EUR	560,00 EUR	256,00 EUR
Längenzuschlag mehr als 5 bis 8 Stunden[517]	6209				108,00 EUR
					128,00 EUR
Längenzuschlag mehr als 8 Stunden[518]	6210				216,00 EUR
					256,00 EUR

Nichtzulassungsbeschwerde

Verfahrensgebühr[519]	6215	60,00 EUR	495,00 EUR	930,00 EUR	396,00 EUR
		70,00 EUR	590,00 EUR	1.110,00 EUR	472,00 EUR

Dritter Rechtszug

Verfahrensgebühr[520]	6211	100,00 EUR	515,00 EUR	930,00 EUR	412,00 EUR
		120,00 EUR	615,00 EUR	1.110,00 EUR	492,00 EUR
Terminsgebühr[521]	6212	100,00 EUR	285,00 EUR	470,00 EUR	228,00 EUR
		120,00 EUR	335,00 EUR	550,00 EUR	268,00 EUR
Längenzuschlag mehr als 5 bis 8 Stunden[522]	6213				114,00 EUR
					134,00 EUR
Längenzuschlag mehr als 8 Stunden[523]	6214				228,00 EUR
					268,00 EUR

Zusatzgebühr

Für die Zusatzgebühr nach Nr. 6216 VV RVG ist kein gesonderter Gebührenrahmen vorgesehen. Vielmehr wird auf die Rahmenmitte der jeweiligen Verfahrensgebühr Bezug genommen, sodass sich dadurch automatisch auch hier eine höhere Gebühr ergibt.

---

[515] Änderung durch Art. 8 Abs. 2 Nr. 139.
[516] Änderung durch Art. 8 Abs. 2 Nr. 139.
[517] Änderung durch Art. 8 Abs. 2 Nr. 140.
[518] Änderung durch Art. 8 Abs. 2 Nr. 141.
[519] Änderung durch Art. 8 Abs. 2 Nr. 146 Buchst. b).
[520] Änderung durch Art. 8 Abs. 2 Nr. 142.
[521] Änderung durch Art. 8 Abs. 2 Nr. 143.
[522] Änderung durch Art. 8 Abs. 2 Nr. 144.
[523] Änderung durch Art. 8 Abs. 2 Nr. 145.

§ 3 Änderungen des RVG

Es gelten danach folgende Gebührenbeträge:

Verfahren	Bezugsgebühr	Wahlanwalt (Mittelgebühr) Betrag	Gerichtlich bestellter oder beigeordneter Anwalt Betrag
vorbereitendes Verfahren	Nr. 6202	165,00 EUR	132,00 EUR
Nachprüfungsverfahren	Nr. 6202	165,00 EUR	132,00 EUR
erster Rechtszug	Nr. 6203	185,00 EUR	148,00 EUR
zweiter Rechtszug	Nr. 6207	320,00 EUR	256,00 EUR
Nichtzulassungsbeschwerde	Nr. 6215	590,00 EUR	472,00 EUR
dritter Rechtszug	Nr. 6211	615,00 EUR	492,00 EUR

4. Abschnitt 3 – Gerichtliche Verfahren bei Freiheitsentziehung und in Unterbringungssachen

a) Pauschgebühr

1241 Eine mittelbare Änderung für die Tätigkeiten in Freiheitsentziehungs- und Unterbringungssachen sowie bei Unterbringungsmaßnahmen nach § 151 Nr. 6 und 7 FamFG ergibt sich insoweit als für diese Verfahren jetzt auch die Möglichkeit der Bewilligung einer Pauschgebühr besteht und zwar sowohl für den Wahlanwalt (§ 42 RVG) (siehe Rn 258 ff.) als auch für den gerichtlich bestellten oder beigeordneten Anwalt (§ 51 RVG) (siehe Rn 306 ff.).

b) Anpassung der Gebührenbeträge

1242 In diesem Abschnitt werden nur die Gebührenrahmen für den Wahlanwalt und die Festgebühren für den gerichtlich bestellten oder beigeordneten Anwalt erhöht.

1243 Es ergeben sich damit folgende Gebührenbeträge:

Übersicht über die Gebührenbeträge in gerichtlichen Verfahren bei Freiheitsentziehung und in Unterbringungssachen (neue Beträge hervorgehoben)

	VV RVG	Wahlanwalt Mindestgebühr	Mittelgebühr	Höchstgebühr	Gerichtlich bestellter oder beigeordneter Anwalt Festgebühr
Verfahrensgebühr[524]	6300	30,00 EUR	215,00 EUR	400,00 EUR	172,00 EUR
		40,00 EUR	255,00 EUR	470,00 EUR	204,00 EUR
Verfahrensgebühr[525]	6301	30,00 EUR	215,00 EUR	400,00 EUR	172,00 EUR
		40,00 EUR	255,00 EUR	470,00 EUR	204,00 EUR
Verfahrensgebühr[526]	6302	20,00 EUR	135,00 EUR	250,00 EUR	108,00 EUR
		20,00 EUR	160,00 EUR	300,00 EUR	128,00 EUR

[524] Änderung durch Art. 8 Abs. 2 Nr. 147.
[525] Änderung durch Art. 8 Abs. 2 Nr. 147.
[526] Änderung durch Art. 8 Abs. 2 Nr. 148.

C. Änderungen im Vergütungsverzeichnis §3

		Wahlanwalt			Gerichtlich bestellter oder beigeordneter Anwalt
	VV RVG	Mindestgebühr	Mittelgebühr	Höchstgebühr	Festgebühr
Verfahrensgebühr[527]	6303	20,00 EUR	135,00 EUR	250,00 EUR	108,00 EUR
		20,00 EUR	160,00 EUR	300,00 EUR	128,00 EUR

5. Abschnitt 4 – Gerichtliche Verfahren nach der Wehrbeschwerdeordnung

a) Überschrift

In der Überschrift[528] von Teil 6 Abschnitt 4 VV RVG wird dem Wort „Verfahren" das Wort „Gerichtliche" vorangestellt. Damit soll dieser Abschnitt schärfer von den in Teil 2 Abschnitt 3 VV RVG geregelten außergerichtlichen Verfahren nach der WBO, also der Beschwerde nach den §§ 1 ff. WBO und der weiteren Beschwerde nach den 17 ff. WBO vor den Disziplinarvorgesetzten abgegrenzt werden, für die keine Verfahrensgebühr, sondern eine Geschäftsgebühr nach Nr. 2303 Nr. 2 VV RVG erhoben wird (siehe dazu Rn 606 f.). 1244

Gleiches gilt für die Verfahren nach der WDO, für die gem. Vorbem. 6.4 Abs. 1 VV RVG ebenfalls die Gebühren nach Teil 6 Abschnitt 4 VV RVG gelten. 1245

b) Vorbem. 6.4 VV RVG
aa) Überblick

Vorbem. 6.4 VV RVG erhält folgende Fassung:[529] 1246

> *Vorbemerkung 6.4*
>
> (1) Die Gebühren nach diesem Abschnitt entstehen in Verfahren auf gerichtliche Entscheidung nach der WBO, auch i.V.m. § 42 WDO, wenn das Verfahren vor dem Truppendienstgericht oder vor dem Bundesverwaltungsgericht an die Stelle des Verwaltungsrechtswegs gemäß § 82 SG tritt.
>
> (2) Soweit wegen desselben Gegenstands eine Geschäftsgebühr nach Nummer 2302[530] für eine Tätigkeit im Verfahren über die Beschwerde oder über die weitere Beschwerde vor einem Disziplinarvorgesetzten entstanden ist, wird diese Gebühr zur Hälfte, höchstens jedoch mit einem Betrag von 175,00 €, auf die Verfahrensgebühr des gerichtlichen Verfahrens vor dem Truppendienstgericht oder dem Bundesverwaltungsgericht angerechnet. Sind mehrere Gebühren entstanden, ist für die Anrechnung die zuletzt entstandene Gebühr maßgebend. Bei der Bemessung der Verfahrensgebühr ist nicht zu berücksichtigen, dass der Umfang der Tätigkeit infolge der vorangegangenen Tätigkeit geringer ist.

Die bisherige Vorbem. 6.4 VV RVG wird zu Abs. 1. Dahinter wird ein neuer Abs. 2 eingefügt. 1247

Auch bei den Gebühren für gerichtliche Verfahren nach der WBO soll, da auch sie als Betragsrahmengebühren ausgestaltet sind, – ebenso wie bei den sozialrechtlichen Gebühren – eine Um- 1248

---

527 Änderung durch Art. 8 Abs. 2 Nr. 148.
528 Änderung durch Art. 8 Abs. 2 Nr. 150.
529 Änderung durch Art. 8 Abs. 2 Nr. 150.
530 Gemeint ist wohl Nr. 2303 VV RVG. Es dürfte sich um ein redaktionelles Versehen handeln.

stellung auf eine echte Anrechnungslösung erfolgen. Die Regelung entspricht im Wesentlichen dem Vorschlag zur Neufassung von Vorbem. 3 Abs. 4 VV RVG, soweit er Betragsrahmengebühren betrifft.

1249 Gleiches gilt für die Verfahren nach § 42 der WDO, der insoweit auf die Verfahren nach der WBO verweist.

bb) Verfahren nach der Wehrbeschwerdeordnung (WBO)

1250 Wird der Anwalt in einem gerichtlichen Verfahren nach der WBO beauftragt, ist häufig eine Tätigkeit im Verfahren über die Beschwerde (§§ 1 ff. WBO) oder über die weitere Beschwerde (§§ 17 ff. WBO) vor einem Disziplinarvorgesetzten vorangegangen. Dort hat der Anwalt dann eine Geschäftsgebühr nach Nr. 2303 Nr. 2 VV RVG verdient. Diese Geschäftsgebühr ist nach Vorbem. 6.4 Abs. 2 S. 1 VV RVG zur Hälfte auf die Verfahrensgebühr des gerichtlichen Verfahrens vor dem Truppendienstgericht oder dem BVerwG anzurechnen, höchstens jedoch mit einem Betrag von 175,00 EUR. Bei der Bemessung der Verfahrensgebühr darf dann aber nicht berücksichtigt werden, dass der Umfang der Tätigkeit infolge der vorangegangenen Tätigkeit geringer ist (Vorbem. 6.4 Abs. 2 S. 2 VV RVG).

1251 *Beispiel 224: Anrechnung der Geschäftsgebühr im Verfahren vor dem Truppendienstgericht (I)*
Der Anwalt hatte den Mandanten im Verfahren der weiteren Beschwerde vor dem Dienstvorgesetzten vertreten. Gegen dessen Entscheidung wird gem. § 17 WBO Antrag auf gerichtliche Entscheidung vor dem Truppendienstgericht gestellt, über den mündlich verhandelt wird. Die gesamte Tätigkeit ist durchschnittlich.

Im Verfahren der weiteren Beschwerde vor dem Dienstvorgesetzten entsteht eine Geschäftsgebühr nach Nr. 2303 Nr. 2 VV RVG. Hier soll von der Schwellengebühr der Nr. 2304 VV RVG ausgegangen werden.

Im Verfahren vor dem Truppendienstgericht erhält der Anwalt eine Verfahrensgebühr nach Nr. 6400 VV RVG sowie eine Terminsgebühr nach Nr. 6401 VV RVG. Auf die Verfahrensgebühr ist jetzt die vorangegangene Geschäftsgebühr der Nr. 2303 Nr. 2 VV RVG hälftig anzurechnen (Vorbem. 6.4 Abs. 2 S. 1 VV RVG). Im Gegenzug darf die Vorbefassung nicht gebühren mindernd berücksichtigt werden (Vorbem 6.4 Abs. 2 S. 2 VV RVG).

I. Verfahren der weiteren Beschwerde

1.	Geschäftsgebühr, Nr. 2303 Nr. 2 VV RVG		300,00 EUR
2.	Postentgeltpauschale, Nr. 7002 VV RVG		20,00 EUR
	Zwischensumme	320,00 EUR	
3.	19 % Umsatzsteuer, Nr. 7008 VV RVG		60,08 EUR
	Gesamt		**380,08 EUR**

II. Verfahren vor dem Truppendienstgericht

1.	Verfahrensgebühr, Nr. 6400 VV RVG		380,00 EUR
2.	gem. Vorbem. 6.4 Abs. 2 S. 1 VV RVG anzurechnen		-150,00 EUR
3.	Terminsgebühr, Nr. 6401 VV RVG		380,00 EUR
4.	Postentgeltpauschale, Nr. 7002 VV RVG		20,00 EUR
	Zwischensumme	630,00 EUR	
5.	19 % Umsatzsteuer, Nr. 7008 VV RVG		119,70 EUR
	Gesamt		**749,70 EUR**

Zu beachten ist, dass der Anrechnungsbetrag auf höchstens 175,00 EUR begrenzt ist.

C. Änderungen im Vergütungsverzeichnis § 3

Beispiel 225: Anrechnung der Geschäftsgebühr im Verfahren vor dem Truppendienstgericht (II) **1252**
Wie vorangegangenes Beispiel 224; jedoch war die Tätigkeit im weiteren Beschwerdeverfahren sehr umfangreich und schwierig, sodass ein Betrag in Höhe von 500,00 EUR angemessen ist.
Auch jetzt ist die Geschäftsgebühr hälftig anzurechnen. Zu beachten ist jetzt allerdings die Höchstgrenze der Anrechnung von 175,00 EUR.

I. Verfahren der weiteren Beschwerde
1.	Geschäftsgebühr, Nr. 2303 Nr. 2 VV RVG		500,00 EUR
2.	Postentgeltpauschale, Nr. 7002 VV RVG		20,00 EUR
	Zwischensumme	520,00 EUR	
3.	19 % Umsatzsteuer, Nr. 7008 VV RVG		98,80 EUR
	Gesamt		**618,80 EUR**

II. Verfahren vor dem Truppendienstgericht
1.	Verfahrensgebühr, Nr. 6400 VV RVG		380,00 EUR
2.	gem. Vorbem. 6.4 Abs. 2 S. 1 VV RVG anzurechnen		-175,00 EUR
3.	Terminsgebühr, Nr. 6401 VV RVG		380,00 EUR
4.	Postentgeltpauschale, Nr. 7002 VV RVG		20,00 EUR
	Zwischensumme	605,00 EUR	
5.	19 % Umsatzsteuer, Nr. 7008 VV RVG		114,95 EUR
	Gesamt		**719,95 EUR**

Ebenso ist anzurechnen, wenn die Beschwerde oder die weitere Beschwerde vom Bundesminister der Verteidigung beschieden worden ist und sich gem. § 21 WBO das erstinstanzliche Verfahren gem. § 21 Abs. 1 WBO vor dem BVerwG anschließt. **1253**

Beispiel 226: Anrechnung der Geschäftsgebühr im Verfahren vor dem BVerwG **1254**
Über die Beschwerde nach § 1 WBO entscheidet der Bundesminister der Verteidigung. Hiergegen wird Antrag auf gerichtliche Entscheidung vor dem BVerwG gestellt, über den mündlich verhandelt wird.
Auch jetzt ist die Geschäftsgebühr hälftig anzurechnen, allerdings jetzt auf die Verfahrensgebühr der Nr. 6402 VV RVG.

I. Verfahren der weiteren Beschwerde
1.	Geschäftsgebühr, Nr. 2303 Nr. 2 VV RVG		345,00 EUR
2.	Postentgeltpauschale, Nr. 7002 VV RVG		20,00 EUR
	Zwischensumme	365,00 EUR	
3.	19 % Umsatzsteuer, Nr. 7008 VV RVG		69,35 EUR
	Gesamt		**434,35 EUR**

II. Verfahren vor dem BVerwG
1.	Verfahrensgebühr, Nr. 6402 VV RVG		445,00 EUR
2.	gem. Vorbem. 6.4 Abs. 2 S. 1 VV RVG anzurechnen		-172,50 EUR
3.	Terminsgebühr, Nr. 6403 VV RVG		445,00 EUR
4.	Postentgeltpauschale, Nr. 7002 VV RVG		20,00 EUR
	Zwischensumme	737,50 EUR	
5.	19 % Umsatzsteuer, Nr. 7008 VV RVG		140,13 EUR
	Gesamt		**877,63 EUR**

§ 3 Änderungen des RVG

1255 Kommt es zu einem erneuten Verfahren vor dem Truppendienstgericht nach einer Zurückverweisung durch das BVerwG, so entsteht die neue Verfahrensgebühr anrechnungsfrei.

1256 *Beispiel 227: Keine Anrechnung der Geschäftsgebühr im Verfahren vor dem Truppendienstgericht nach einer Zurückverweisung*

Der Anwalt hatte den Mandanten im Verfahren der weiteren Beschwerde vor dem Dienstvorgesetzten vertreten. Gegen dessen Entscheidung wird Antrag auf Entscheidung des Truppendienstgerichts gem. § 21 WBO gestellt, über den mündlich verhandelt wird. Dagegen wird gem. § 22a WBO Rechtsbeschwerde zum BVerwG erhoben, das nach mündlicher Verhandlung die Entscheidung des Truppendienstgerichts aufhebt und die Sache zur erneuten Entscheidung an dieses zurückverweist. Dort wird daraufhin erneut verhandelt.

Der Anwalt erhält zunächst im Verfahren der weiteren Beschwerde die Geschäftsgebühr der Nr. 2303 Nr. 2 VV RVG.

Im gerichtlichen Verfahren vor dem Truppendienstgericht entstehen eine Verfahrens- und eine Terminsgebühr nach Nrn. 6400, 6401 VV RVG, wobei die vorangegangene Geschäftsgebühr gem. 6.4 Abs. 2 S. 1 VV RVG hälftig auf die Verfahrensgebühr anzurechnen ist.

Im Revisionsverfahren entstehen Verfahrens- und Terminsgebühr nach Nrn. 6402, 6403 VV RVG.

Im Verfahren nach Zurückverweisung entstehen alle Gebühren erneut (§ 21 Abs. 1 RVG). Eine Anrechnung der früheren Verfahrensgebühr ist hier im Gegensatz zu den Verfahren nach Teil 3 VV RVG (Vorbem. 3 Abs. 6 VV RVG) nicht vorgesehen. Auch ist die Geschäftsgebühr des weiteren Beschwerdeverfahrens nicht (erneut) anzurechnen, da dem neuen gerichtlichen Verfahren kein neues Nachprüfungsverfahren vorausgeht.

I. Verfahren der weiteren Beschwerde

1.	Geschäftsgebühr, Nr. 2303 Nr. 2 VV RVG		345,00 EUR
2.	Postentgeltpauschale, Nr. 7002 VV RVG		20,00 EUR
	Zwischensumme	365,00 EUR	
3.	19 % Umsatzsteuer, Nr. 7008 VV RVG		69,35 EUR
	Gesamt		**434,35 EUR**

II. Verfahren vor dem Truppendienstgericht

1.	Verfahrensgebühr, Nr. 6400 VV RVG		380,00 EUR
2.	gem. Vorbem. 6.4 Abs. 2 S. 1 VV RVG anzurechnen		-172,50 EUR
3.	Terminsgebühr, Nr. 6401 VV RVG		380,00 EUR
4.	Postentgeltpauschale, Nr. 7002 VV RVG		20,00 EUR
	Zwischensumme	607,50 EUR	
5.	19 % Umsatzsteuer, Nr. 7008 VV RVG		115,43 EUR
	Gesamt		**722,93 EUR**

III. Rechtsbeschwerdeverfahren vor dem BVerwG

1.	Verfahrensgebühr, Nr. 6402 VV RVG		445,00 EUR
2.	Terminsgebühr, Nr. 6403 VV RVG		445,00 EUR
3.	Postentgeltpauschale, Nr. 7002 VV RVG		20,00 EUR
	Zwischensumme	910,00 EUR	
4.	19 % Umsatzsteuer, Nr. 7008 VV RVG		172,90 EUR
	Gesamt		**1.082,90 EUR**

IV. Verfahren vor dem Truppendienstgericht nach Zurückverweisung

1.	Verfahrensgebühr, Nr. 6400 VV RVG		380,00 EUR
2.	Terminsgebühr, Nr. 6401 VV RVG		380,00 EUR
3.	Postentgeltpauschale, Nr. 7002 VV RVG		20,00 EUR
	Zwischensumme	780,00 EUR	
4.	19 % Umsatzsteuer, Nr. 7008 VV RVG		148,20 EUR
	Gesamt		**928,20 EUR**

Entsteht die Geschäftsgebühr der Nr. 2303 Nr. 2 VV RVG gem. 17 Nr. 1a RVG sowohl im Beschwerdeverfahren als auch im Verfahren der weiteren Beschwerde (siehe dazu Rn 610 f.), so ist die erste Geschäftsgebühr auf die zweite anzurechnen (Vorbem. 2.3 Abs. 5 i.V.m. Abs. 4 VV RVG). Im gerichtlichen Verfahren ist dann nur die zuletzt entstandene Geschäftsgebühr anzurechnen. Die im Referentenentwurf fehlende Regelung ist jetzt im Regierungsentwurf als neuer S. 2 in Vorbem. Abs. 2 VV RVG eingefügt worden. 1257

Beispiel 228: Anrechnung der Geschäftsgebühr im Verfahren vor dem Truppendienstgericht bei Vorbefassung im Beschwerdeverfahren und im Verfahren der weiteren Beschwerde 1258

Der Anwalt hatte den Mandanten im Verfahren der Beschwerde vor dem Dienstvorgesetzten vertreten. Die Sache ist durchschnittlich aber schwierig, sodass die Mittelgebühr angemessen ist. Hiernach vertritt der Anwalt den Mandanten im Verfahren der weiteren Beschwerde vor den weiteren Dienstvorgesetzten. Insoweit ist das Verfahren weder schwierig noch umfangreich, sodass die Schwellengebühr der Nr. 2304 VV RVG greift. Anschließend wird der Antrag auf Entscheidung des Truppendienstgerichts gestellt, über den mündlich verhandelt wird.

Der Anwalt erhält jetzt vorgerichtlich zwei Geschäftsgebühren (§ 17 Nr. 1a RVG), die gem. Vorbem. 2.3 Abs. 5 i.V.m. Abs. 4 VV RVG aufeinander anzurechnen sind. Im gerichtlichen Verfahren ist sodann die vorangegangene Geschäftsgebühr gem. Vorbem. 6.4 Abs. 2 S. 1 VV RVG anzurechnen. Angerechnet wird allerdings nur die zuletzt entstandene Geschäftsgebühr, also die geringere Gebühr des Verfahrens der weiteren Beschwerde (Vorbem. 6.4 Abs. 2 S. 2 VV RVG).

I. Beschwerdeverfahren

1.	Geschäftsgebühr, Nr. 2303 Nr. 2 VV RVG		345,00 EUR
2.	Postentgeltpauschale, Nr. 7002 VV RVG		20,00 EUR
	Zwischensumme	365,00 EUR	
3.	19 % Umsatzsteuer, Nr. 7008 VV RVG		69,35 EUR
	Gesamt		**434,35 EUR**

II. Verfahren der weiteren Beschwerde

1.	Geschäftsgebühr, Nr. 2303 Nr. 2 VV RVG		300,00 EUR
2.	gem. Vorbem. 2.3 Abs. 5 i.V.m. Abs. 4 VV RVG anzurechnen		−172,50 EUR
3.	Postentgeltpauschale, Nr. 7002 VV RVG		20,00 EUR
	Zwischensumme	147,50 EUR	
4.	19 % Umsatzsteuer, Nr. 7008 VV RVG		28,03 EUR
	Gesamt		**175,53 EUR**

III. Verfahren vor dem Truppendienstgericht

1.	Verfahrensgebühr, Nr. 6400 VV RVG		380,00 EUR
2.	gem. Vorbem. 6.4 Abs. 2 S. 1, 2 VV RVG anzurechnen		-150,00 EUR
3.	Terminsgebühr, Nr. 6401 VV RVG		380,00 EUR
4.	Postentgeltpauschale, Nr. 7002 VV RVG		20,00 EUR
	Zwischensumme	630,00 EUR	
5.	19 % Umsatzsteuer, Nr. 7008 VV RVG		119,70 EUR
	Gesamt		**749,70 EUR**

cc) Verfahren nach der Wehrdisziplinarordnung (WDO)

1259 Nach Vorbem. 6.4 Abs. 1 VV RVG ist Teil 6 Abschnitt 4 VV RVG in Verfahren nach § 42 WDO entsprechend anzuwenden. Das bedeutet, dass auch die Anrechnungsregelung der Vorbem. 6.4 Abs. 2 VV RVG entsprechend anzuwenden ist.

1260 In Verfahren nach der WDO beginnt das gerichtliche Verfahren bereits mit der weiteren Beschwerde. War der Anwalt zuvor im Verfahren der Beschwerde nach § 42 WDO i.V.m. §§ 1 ff. WBO tätig, so fehlt es an einer ausdrücklichen Gebührenregelung. Nach zutreffender Ansicht wird man hier Nr. 2303 Nr. 2 VV RVG entsprechend anwenden und eine Geschäftsgebühr nach diesem Tatbestand zusprechen müssen.

1261 Kommt es dann zur weiteren Beschwerde vor dem Truppendienstgericht (§ 42 Nr. 4 S. 1 WDO) oder dem BVerwG (§ 42 Nr. 4 S. 2 WDO), so ist die vorangegangene Geschäftsgebühr zur Hälfte, höchstens mit 175,00 EUR anzurechen (Vorbem. 6.4 Abs. 2 S. 1 VV RVG). Auch hier darf die vorangegangene Tätigkeit nicht Gebühren mindernd berücksichtigt werden (Vorbem. 6.4 Abs. 2 S. 2 VV RVG).

1262 *Beispiel 229: Anrechnung der Geschäftsgebühr im Verfahren vor dem Truppendienstgericht (II)*
Der Anwalt war zunächst im Verfahren über eine Beschwerde gegen eine Disziplinarmaßnahme tätig. Hiernach wird Beschwerde zum Truppendienstgericht erhoben und darüber mündlich verhandelt.

Die im Beschwerdeverfahren angefallene Geschäftsgebühr ist hälftig anzurechnen. Ausgehend von den Mittelgebühren ist wie folgt zu rechnen:

I. Beschwerdeverfahren

1.	Geschäftsgebühr, Nr. 2303 Nr. 2 VV RVG		345,00 EUR
2.	Postentgeltpauschale, Nr. 7002 VV RVG		20,00 EUR
	Zwischensumme	365,00 EUR	
3.	19 % Umsatzsteuer, Nr. 7008 VV RVG		69,35 EUR
	Gesamt		**434,35 EUR**

II. Verfahren vor dem Truppendienstgericht

1.	Verfahrensgebühr, Nr. 6400 VV RVG		380,00 EUR
2.	gem. Vorbem. 6.4 Abs. 2 S. 1 VV RVG anzurechnen		-172,50 EUR
3.	Terminsgebühr, Nr. 6401 VV RVG		380,00 EUR
4.	Postentgeltpauschale, Nr. 7002 VV RVG		20,00 EUR
	Zwischensumme	607,50 EUR	
5.	19 % Umsatzsteuer, Nr. 7008 VV RVG		115,43 EUR
	Gesamt		**722,93 EUR**

Ebenso ist anzurechnen, wenn die weitere Beschwerde vom Bundesminister der Verteidigung beschieden worden ist und sich gem. § 42 Nr. 4 S. 2 WDO das erstinstanzliche Verfahren vor dem BVerwG anschließt.

1263

Beispiel 230: Anrechnung der Geschäftsgebühr im Verfahren vor dem BVerwG
Über die Beschwerde nach § 42 WDO i.v.m. §§ 1 ff. WBO entscheidet der Bundesminister der Verteidigung. Hiergegen wird Antrag auf gerichtliche Entscheidung vor dem BVerwG gestellt, über den mündlich verhandelt wird.

1264

Auch in diesem Fall ist die Geschäftsgebühr hälftig anzurechnen, allerdings jetzt auf die Verfahrensgebühr der Nr. 6402 VV RVG.

I. Beschwerdeverfahren

1.	Geschäftsgebühr, Nr. 2303 Nr. 2 VV RVG		345,00 EUR
2.	Postentgeltpauschale, Nr. 7002 VV RVG		20,00 EUR
	Zwischensumme	365,00 EUR	
3.	19 % Umsatzsteuer, Nr. 7008 VV RVG		69,35 EUR
	Gesamt		**434,35 EUR**

II. Verfahren vor dem BVerwG

1.	Verfahrensgebühr, Nr. 6402 VV RVG		445,00 EUR
2.	gem. Vorbem. 6.4 Abs. 2 S. 1 VV RVG anzurechnen		-172,50 EUR
3.	Terminsgebühr, Nr. 6403 VV RVG		445,00 EUR
4.	Postentgeltpauschale, Nr. 7002 VV RVG		20,00 EUR
	Zwischensumme	737,50 EUR	
5.	19 % Umsatzsteuer, Nr. 7008 VV RVG		140,13 EUR
	Gesamt		**877,63 EUR**

c) Nr. 6401 VV RVG a.F.

Die bisherige Nr. 6401 VV RVG[531] (ermäßigte Verfahrensgebühr bei Vorbefassung im Beschwerdeverfahren oder Verfahren der weiteren Beschwerde) wird aufgehoben. Dies ist Folge der Umstellung auf eine echte Anrechnung (siehe Rn 643 ff.).

1265

d) Nr. 6402 VV RVG a.F. / Nr. 6401 VV RVG n.F.

Nr. 6402 VV RVG a.F. wird aufgrund des Wegfalls der bisherigen Nr. 6401 VV RVG a.F. ohne inhaltliche Änderung zur Nr. 6401 VV RVG.[532] Darüber hinaus werden die Gebührenbeträge angehoben (siehe unten Rn 1278 f.).

1266

e) Nr. 6403 VV RVG a.F. / Nr. 6402 VV RVG n.F.
aa) Überblick

Nr. 6403 VV RVG a.F.[533] wird ohne inhaltliche Änderung zur neuen Nr. 6402 VV RVG n.F. Auch dies ist eine Folge der Aufhebung der Nr. 6401 VV RVG a.F. und der Umnummerierung der Nr. 6402 VV RVG a.F.

1267

---

531 Änderung durch Art. 8 Abs. 2 Nr. 152.
532 Änderung durch Art. 8 Abs. 2 Nr. 153.
533 Änderung durch Art. 8 Abs. 2 Nr. 154.

1268 Die Vorschrift erhält zudem folgende neue Fassung:

6402	Verfahrensgebühr für das Verfahren auf gerichtliche Entscheidung vor dem Bundesverwaltungsgericht, im Verfahren über die Rechtsbeschwerde oder im Verfahren über die Beschwerde gegen die Nichtzulassung der Rechtsbeschwerde .. Die Gebühr für ein Verfahren über die Beschwerde gegen die Nichtzulassung der Rechtsbeschwerde wird auf die Gebühr für ein nachfolgendes Verfahren über die Rechtsbeschwerde angerechnet.	85,00 bis 665,00 €

1269 Zum einen sind im Gebührentatbestand die bisherigen Wörter „oder im Verfahren über die Rechtsbeschwerde" durch die Wörter „*im Verfahren über die Rechtsbeschwerde oder im Verfahren über die Beschwerde gegen die Nichtzulassung der Rechtsbeschwerde*" ersetzt worden.

1270 Darüber hinaus ist die Anmerkung hinzugekommen (zu der Änderung der Gebührenbeträge siehe Rn 1278 f.).

bb) Erweiterung des Gebührentatbestands

1271 Mit der Änderung des Gebührentatbestands wird der bisher fehlende Gebührentatbestand für das Verfahren über die Beschwerde gegen die Nichtzulassung der Rechtsbeschwerde (§ 22b WBO) geschaffen. Ein Gebührentatbestand für diese Verfahren war im Vergütungsverzeichnis bislang nicht vorhanden, obwohl es sich schon immer um selbstständige Angelegenheiten handelte (§ 17 Nr. 9 RVG).

1272 *Beispiel 231: Beschwerde gegen die Nichtzulassung der Rechtsbeschwerde zum BVerwG*

Das Truppendienstgericht hatte die Rechtsbeschwerde gegen seine Entscheidung nicht zugelassen. Dagegen erhebt der Anwalt nach § 22b WBO beim BVerwG Nichtzulassungsbeschwerde, die zurückgewiesen wird.

Im Verfahren der Nichtzulassungsbeschwerde erhält der Anwalt die Verfahrensgebühr nach Nr. 6402 VV RVG.

Ausgehend von der Mittelgebühr ist wie folgt zu rechnen:

1.	Geschäftsgebühr, Nr. 6402 VV RVG		445,00 EUR
2.	Postentgeltpauschale, Nr. 7002 VV RVG		20,00 EUR
	Zwischensumme	465,00 EUR	
3.	19 % Umsatzsteuer, Nr. 7008 VV RVG		88,35 EUR
	Gesamt		**553,35 EUR**

cc) Anm. zu Nr. 6402 VV RVG

1273 Auch wenn die Verfahrensgebühren für die Beschwerde gegen die Nichtzulassung der Revision zum BVerwG im selben Gebührentatbestand geregelt sind wie die Verfahrensgebühr für das Revisionsverfahren selbst, handelt es sich um zwei verschiedene Angelegenheiten (§ 17 Nr. 9 RVG). Damit der Anwalt aber nicht beide Gebühren ungekürzt nebeneinander erhält, ist ebenso wie in anderen Fällen der Beschwerde gegen die Nichtzulassung eines Rechtsmittels die Verfahrensgebühr des Nichtzulassungsbeschwerdeverfahrens auf die Verfahrensgebühr für das anschließende Rechtsmittelverfahren (hier das Rechtsbeschwerdeverfahren) anzurechnen (Anm. zu Nr. 6402 VV RVG).

1274 *Beispiel 232: Anrechnung der Verfahrensgebühr bei Nichtzulassungsbeschwerde und anschließender Vertretung im Rechtsbeschwerdeverfahren vor dem BVerwG*

Das Truppendienstgericht hatte die Revision gegen seine Entscheidung nicht zugelassen. Dagegen erhebt der Anwalt nach § 22b WBO beim BVerwG Nichtzulassungsbeschwerde, die erfolgreich ist. Anschließend vertritt er den Mandanten im Verfahren der Rechtsbeschwerde vor dem BVerwG.

Im Verfahren der Nichtzulassungsbeschwerde erhält der Anwalt die Verfahrensgebühr nach Nr. 6402 VV RVG. Im anschließenden Verfahren erhält er gem. § 17 Nr. 9 RVG eine weitere Verfahrensgebühr nach Nr. 6402 VV RVG sowie eine Terminsgebühr nach Nr. 6403 VV RVG. Die Verfahrensgebühr des Nichtzulassungsbeschwerdeverfahrens ist nach Anm. zu Nr. 6402 VV RVG auf die Verfahrensgebühr des nachfolgenden Revisionsverfahrens anzurechnen.

Ausgehend von den Mittelgebühren ist wie folgt zu rechnen:

I. Nichtzulassungsbeschwerdeverfahren

1.	Geschäftsgebühr, Nr. 6402 VV RVG		445,00 EUR
2.	Postentgeltpauschale, Nr. 7002 VV RVG		20,00 EUR
	Zwischensumme	465,00 EUR	
3.	19 % Umsatzsteuer, Nr. 7008 VV RVG		88,35 EUR
	Gesamt		**553,35 EUR**

II. Verfahren vor dem BVerwG

1.	Verfahrensgebühr, Nr. 6402 VV RVG		445,00 EUR
2.	gem. Anm. zu Nr. 6402 VV RVG anzurechnen		-445,00 EUR
3.	Terminsgebühr, Nr. 6403 VV RVG		445,00 EUR
4.	Postentgeltpauschale, Nr. 7002 VV RVG		20,00 EUR
	Zwischensumme	465,00 EUR	
5.	19 % Umsatzsteuer, Nr. 7008 VV RVG		88,35 EUR
	Gesamt		**553,35 EUR**

f) Nr. 6404 VV RVG a.F.

Die bisherige Nr. 6404 VV RVG (ermäßigte Verfahrensgebühr bei Vorbefassung) wird aufgehoben.[534] Auch dies ist eine Folge der Umstellung auf eine echte Anrechnung (siehe oben Rn 1273).

1275

g) Nr. 6405 VV RVG a.F. / Nr. 6403 VV RVG n.F.

Die bisherige Nr. 6405 VV RVG wird wegen des Wegfalls der Nrn. 6401, 6404 VV RVG ohne inhaltliche Änderung zur neuen Nr. 6403 VV RVG und erhält folgende neue Fassung:[535]

1276

6403	Terminsgebühr je Verhandlungstag in den in Nummer 6402 genannten Verfahren	100,00 bis 790,00 €

Zum einen ist im Gebührentatbestand die ursprüngliche Verweisung auf Nr. 6403 VV RVG in die Verweisung auf Nr. 6402 VV RVG ersetzt worden. Dies ist Folge des Wegfalls der bisherigen Nr. 6401 VV RVG und der damit verbundenen Umnummerierung. Zudem sind die Beträge angehoben worden (siehe Rn 1278 f.).

1277

h) Gebührenbeträge

Auch in Abschnitt 4 werden die Gebührenbeträge angehoben. Es ergeben sich folgende neue Beträge.

1278

---

534 Änderung durch Art. 8 Abs. 2 Nr. 155.
535 Änderung durch Art. 8 Abs. 2 Nr. 156.

§ 3 Änderungen des RVG

Gebühr	VV RVG-Nr.	Mindestgebühr	Mittelgebühr	Höchstgebühr
Verfahrensgebühr[536]	6400	70,00 EUR	320,00 EUR	570,00 EUR
		80,00 EUR	380,00 EUR	680,00 EUR
Terminsgebühr[537]	6402 a.F.	70,00 EUR	320,00 EUR	570,00 EUR
	6401 n.F.	80,00 EUR	380,00 EUR	680,00 EUR
Verfahrensgebühr[538]	6403 a.F.	85,00 EUR	375,00 EUR	665,00 EUR
	6402 n.F.	100,00 EUR	445,00 EUR	790,00 EUR
Terminsgebühr[539]	6405 a.F.	85,00 EUR	375,00 EUR	665,00 EUR
	6403 n.F.	100,00 EUR	445,00 EUR	790,00 EUR

6. Abschnitt 5 – Einzeltätigkeiten und Verfahren auf Aufhebung oder Änderung einer Disziplinarmaßnahme

1279 Auch hier werden nur die Gebührenbeträge in Nr. 6500 VV RVG angehoben.

Gebühr	VV RVG-Nr.	Mindestbetrag	Mittelgebühr	Höchstbetrag	Gerichtlich bestellter oder beigeordneter Anwalt Festgebühr
Verfahrensgebühr[540]	6500	20,00 EUR	135,00 EUR	250,00 EUR	108,00 EUR
		20,00 EUR	160,00 EUR	300,00 EUR	128,00 EUR

VII. Teil 7 Auslagen

1. Dokumentenpauschale

a) Überblick

1280 Nr. 7000 VV RVG[541] erhält folgende neue Fassung:

7000	Pauschale für die Herstellung und Überlassung von Dokumenten:
	1. für Kopien und Ausdrucke
	a) aus Behörden- und Gerichtsakten, soweit deren Herstellung zur sachgemäßen Bearbeitung der Rechtssache geboten war,

---

536 Änderung durch Art. 8 Abs. 2 Nr. 151.
537 Änderung durch Art. 8 Abs. 2 Nr. 153.
538 Änderung durch Art. 8 Abs. 2 Nr. 154 Buchst. c).
539 Änderung durch Art. 8 Abs. 2 Nr. 156 Buchst. b).
540 Änderung durch Art. 8 Abs. 2 Nr. 157.
541 Änderung durch Art. 8 Abs. 2 Nr. 158.

b) zur Zustellung oder Mitteilung an Gegner oder Beteiligte und Verfahrensbevollmächtigte aufgrund einer Rechtsvorschrift oder nach Aufforderung durch das Gericht, die Behörde oder die sonst das Verfahren führende Stelle, soweit hierfür mehr als 100 Seiten zu fertigen waren,	
c) zur notwendigen Unterrichtung des Auftraggebers, soweit hierfür mehr als 100 Seiten zu fertigen waren,	
d) in sonstigen Fällen nur, wenn sie im Einverständnis mit dem Auftraggeber zusätzlich, auch zur Unterrichtung Dritter, angefertigt worden sind:	
für die ersten 50 abzurechnenden Seiten je Seite	0,50 €
für jede weitere Seite	0,15 €
für die ersten 50 abzurechnenden Seiten in Farbe je Seite ..	1,00 €
für jede weitere abzurechnende Seite in Farbe	0,30 €
2. Überlassung von elektronisch gespeicherten Dateien oder deren Bereitstellung zum Abruf anstelle der in Nummer 1 Buchstabe d genannten Kopien und Ausdrucke:	
je Datei	1,50 €
für die in einem Arbeitsgang überlassenen, bereitgestellten oder in einem Arbeitsgang auf denselben Datenträger übertragenen Dokumente insgesamt höchstens	5,00 €
(1) Die Höhe der Dokumentenpauschale nach Nummer 1 ist in derselben Angelegenheit und in gerichtlichen Verfahren in demselben Rechtszug einheitlich zu berechnen. Eine Übermittlung durch den Rechtsanwalt per Telefax steht der Herstellung einer Kopie gleich.	
(2) Werden zum Zweck der Überlassung von elektronisch gespeicherten Dateien Dokumente im Einverständnis mit dem Auftraggeber zuvor von der Papierform in die elektronische Form übertragen, beträgt die Dokumentenpauschale nach Nummer 2 nicht weniger, als die Dokumentenpauschale im Fall der Nummer 1 betragen würde.	

In Nr. 7000 VV RVG wird zum einen jeweils das Wort „Ablichtung" durch „Kopie" ersetzt. Des Weiteren wird eine gesonderte Vergütung für Farbkopien eingeführt. **1281**

Darüber hinaus wird Nr. 2 (Überlassung von elektronisch gespeicherten Dateien oder deren Bereitstellung zum Abruf) inhaltlich geändert. Hinzugekommen ist hier die Beschränkung für die in einem Arbeitsgang überlassenen, bereitgestellten oder in einem Arbeitsgang auf einen Datenträger übertragenen Dokumente auf insgesamt höchstens 5,00 EUR. **1282**

Schließlich wird eine neue Anmerkung als Anm. Abs. 2 eingefügt, die den Fall regelt, dass Dokumente in Papierform erst noch in elektronische Form umgesetzt werden müssen. **1283**

b) Anm. Abs. 1 zu Nr. 7000 VV RVG

Durch die Einfügung einer weiteren Anmerkung (Anm. Abs. 2) wird die bisherige Anm. zu Nr. 7000 VV RVG nunmehr zur Anm. Abs. 1 zu Nr. 7000 VV RVG.[542] **1284**

c) „Kopie" statt „Ablichtung"

Geändert wurde der Begriff der „Ablichtung" jeweils in die Bezeichnung „Kopie". In der Begründung hierzu wird auf die Begründung zu § 11 GNotKG[543] Bezug genommen. Dort heißt es: **1285**

---

[542] Änderung durch Art. 8 Abs. 2 Nr. 158 Buchst. b) aa).
[543] Art. 1 § 11.

§ 3 Änderungen des RVG

Der Entwurf sieht im gesamten Gerichts- und Notarkostengesetz die Verwendung des Begriffs „Kopie" anstelle des Begriffs „Ablichtung" vor. Grund der Änderung ist – neben der Einführung einer heute gebräuchlicheren Bezeichnung – die Vermeidung von Missverständnissen bei der Erstellung von elektronischen Dokumenten (Scans). Da auch beim Scannen in der Regel das Papierdokument „abgelichtet" wird, wird zum Teil unter den Begriff der „Ablichtung" auch ein eingescanntes Dokument verstanden. Nunmehr soll klargestellt werden, dass es sich hierbei gerade nicht um Ablichtungen im Sinne des geltenden Rechts und damit auch nicht um Kopien im Sinne des Gerichts- und Notarkostengesetzes handelt. Kopie im Sinne des Kostenrechts ist die Reproduktion einer Vorlage auf einem körperlichen Gegenstand, beispielsweise Papier, Karton oder Folie.

d) Differenzierung nach Schwarz-Weiß- und Farbkopien

1286 Neu eingeführt wird eine Differenzierung zwischen Schwarz-Weiß-Kopien und Farbkopien. Für Farbkopien sind die doppelten Sätze vorgesehen wie für einfache Kopien. Solche Kopien sind in der Herstellung teurer, weil sie farbigen Toner verbrauchen. Sie werden auch bei Leasinggeräten höher berechnet. Während einige Gerichte davon ausgingen, mangels gesetzlicher Sonderregelung wie in § 7 JVEG seien Farbkopien ebenfalls nach den Beträgen der Nr. 7000 VV RVG abzurechnen,[544] hatten andere Gerichte insoweit bereits zum Teil in freier Rechtsfindung angenommen, Farbkopien seien nach Vorbem. 7 Abs. 1 S. 1 VV RVG, §§ 670, 675 BGB abzurechnen.[545] Die Höhe der danach zu zahlenden Beträge wurde jedoch uneinheitlich angesetzt:

- LG Frankfurt/Oder: 6,00 DM,[546]
- OLG Düsseldorf: 1,00 EUR.[547]

Die jetzige klarstellende Regelung ist daher zu begrüßen.

1287 Zu einer Gleichstellung des Anwalts mit einem Sachverständigen, der nach § 7 Abs. 2 S. 1 JVEG 2,00 EUR je Farbkopie erhält, konnte sich der Gesetzgeber allerdings nicht entschließen. Der Anwalt erhält stattdessen für die ersten 50 Seiten 1,00 EUR je Seite und ab der 51. Seite 0,30 EUR.

1288 Damit eine Vergütungspflicht entsteht, müssen auch hier die Voraussetzungen der Nr. 7000 Nr. 1 Buchst. a) bis d) VV RVG vorliegen.

1289 Ob und inwieweit auch eine Notwendigkeit bestehen muss, eine Farbkopie anstelle einer Schwarz-Weiß-Kopie zu erstellen, wird die Rechtsprechung vermutlich noch herausarbeiten und sich damit beschäftigen, in welchen Fällen es ausreicht, ein farbiges Original lediglich in schwarz-weiß zu kopieren.

1290 Probleme bereiten wird die Abrechnung, da zwar eine gesonderte Vergütung und Zählung für Schwarz-Weiß-Kopien und Farbkopien vorgesehen ist, es aber auch hier in den Fällen der Nr. 7000 Nr. 1 Buchst. b) und c) VV RVG bei einer Vergütungsfreiheit der ersten 100 Seiten bleibt und zudem eine Reduzierung ab der 51. Seite vorgesehen ist.

1291 Hinsichtlich der Reduzierung wird man auf die jeweilige Art der Kopie abstellen müssen.

- Die ersten abzurechnenden 50 Schwarz-Weiß-Kopien sind mit 0,50 EUR zu vergüten und die Schwarz-Weiß-Kopien ab der 51. Seite mit 0,15 EUR.
- Die ersten abzurechnenden 50 Farb-Kopien sind mit 1,00 EUR zu vergüten und die Farbkopien ab der 51. Seite mit 0,30 EUR.

---

544 OLG Stuttgart JurBüro 2002, 195; OLG Hamburg, Beschl. v. 10.1.2012 – 8 W 98/11.
545 OLG Düsseldorf RVGreport 2005, 232 m. Anm. *Hansens*; a.A. OLG Düsseldorf JurBüro 1992, 498 = OLGR 1992, 168 = Schaden-Praxis 1992, 280; *Hansens/Braun/Schneider*, Praxis des Vergütungsrechts, Teil 19 Rn 15.
546 LG Frankfurt (Oder) JurBüro 1996, 658.
547 RVGreport AGS 2005, 232 m. Anm. *Hansens*: 1,00 EUR.

C. Änderungen im Vergütungsverzeichnis §3

Beispiel 233: Abrechnung Schwarz-Weiß- und Farbkopien (I) **1292**

Der Anwalt fertigt 20 abzurechnende Seiten Schwarz-Weiß-Kopien und 20 abzurechnende Farbkopien.

Der Anwalt kann berechnen:

20 Schwarz-Weiß-Kopien, Nr. 7000 Nr. 1, 20 × 0,50 EUR	10,00 EUR
20 Farbkopien, Nr. 7000 Nr. 1, 20 × 1,00 EUR	20,00 EUR

Beispiel 234: Abrechnung Schwarz-Weiß- und Farbkopien (II) **1293**

Der Anwalt fertigt 30 abzurechnende Seiten Schwarz-Weiß-Kopien und 30 abzurechnende Farbkopien.

Obwohl der Anwalt insgesamt mehr als 50 Seiten fertigt, kann er voll abrechnen, da er weder mehr als 50 Seiten Schwarz-Weiß-Kopien und mehr als 50 Seiten Farbkopien erstellt.

30 Schwarz-Weiß-Kopien, Nr. 7000 Nr. 1, 30 × 0,50 EUR	15,00 EUR
30 Farbkopien, Nr. 7000 Nr. 1, 30 × 1,00 EUR	30,00 EUR

Beispiel 235: Abrechnung Schwarz-Weiß- und Farbkopien (III) **1294**

Der Anwalt fertigt 60 abzurechnende Seiten Schwarz-Weiß-Kopien und 30 abzurechnende Farbkopien.

Jetzt greift die Beschränkung bei den Schwarz-Weiß-Kopien, nicht aber auch bei den Farbkopien. Der Anwalt kann berechnen:

50 Schwarz-Weiß-Kopien, Nr. 7000 Nr. 1, 50 × 0,50 EUR	25,00 EUR
10 Schwarz-Weiß-Kopien, Nr. 7000 Nr. 1, 10 × 0,15 EUR	1,50 EUR
30 Farbkopien, Nr. 7000 Nr. 1, 30 × 1,00 EUR	30,00 EUR

Beispiel 236: Abrechnung Schwarz-Weiß- und Farbkopien (IV) **1295**

Der Anwalt fertigt 80 abzurechnende Seiten Schwarz-Weiß-Kopien und 60 abzurechnende Farbkopien.

Jetzt greift die Beschränkung sowohl bei den Schwarz-Weiß-Kopien als auch bei den Farbkopien. Der Anwalt kann berechnen:

50 Schwarz-Weiß-Kopien, Nr. 7000 Nr. 1, 50 × 0,50 EUR	25,00 EUR
30 Schwarz-Weiß-Kopien, Nr. 7000 Nr. 1, 30 × 0,15 EUR	4,50 EUR
50 Farbkopien, Nr. 7000 Nr. 1, 50 × 1,00 EUR	50,00 EUR
10 Farbkopien, Nr. 7000 Nr. 1, 10 × 0,30 EUR	3,00 EUR

Die Zählung der Freistücke nach Nr. 7000 Nr. 1 Buchst. b) und c) VV RVG ist dagegen übergreifend. In diesen Fällen bleiben nicht etwa 100 schwarz-weiße und 100 farbige Seiten, also 200 Seiten, ohne Berechnung. Das bedeutet, dass nach diesen Varianten eine Vergütungspflicht einsetzt sobald in der Summe von Schwarz-Weiß- und Farbkopien mehr als 100 Seiten anfallen. **1296**

Beispiel 237: Berechnung der Freistücke bei Schwarz-Weiß- und Farbkopien (I) **1297**

Der Anwalt fertigt 80 Seiten Schwarz-Weiß-Kopien und 60 Farbkopien zur Unterrichtung des Auftraggebers.

> Insgesamt sind jetzt 140 Seiten angefertigt worden. Folglich sind 40 Seiten zu vergüten. Die 100 Freistücke sind übergreifend zu berechnen.

1298 Damit stellt sich dann aber das nächste Problem, welche Seiten in solchen Mischfällen zu vergüten sind, also ob die teureren Farbkopien oder die billigeren Schwarz-Weiß-Kopien abzurechnen sind. Es stellt sich also die Frage, welche Kopien zu den ersten 100 Freistücken zählen. Dabei bieten sich vier Möglichkeiten an:
1. Der Anwalt rechnet erst die billigeren Schwarz-Weiß-Kopien auf die Freistücke an, sodass die teureren Farbkopien zu vergüten sind.
2. Der Anwalt rechnet erst die teureren Farbkopien auf die Freistücke an, sodass nur die billigeren Schwarz-Weiß-Kopien zu vergüten sind.
3. Farbkopien und Schwarz-Weiß-Kopien werden zu gleichen Teile auf die Freistücke verrechnet.
4. Es wird chronologisch gezählt. Die zuerst gefertigten 100 Seiten – gleich ob schwarz-weiß oder mehrfarbig – sind vergütungsfrei. Die danach anfallenden Kopien werden sodann abgerechnet, wie sie anfallen.

1299 *Beispiel 238: Berechnung der Freistücke bei Schwarz-Weiß- und Farbkopien (II)*
Der Anwalt fertigt zur Unterrichtung des Auftraggebers zunächst 50 Seiten Schwarz-Weiß-Kopien, anschließend 45 Seiten Farbkopien, hiernach noch einmal 40 Seiten schwarz-weiß und schließlich nochmals 15 Seiten mehrfarbige Kopien. Insgesamt sind damit 150 Seiten angefertigt worden (90 schwarz-weiß und 60 Seiten farbig).
Nach der ersten Berechnungsmethode wären 50 Seiten zu 0,50 EUR abzurechnen.
Nach der zweiten Berechnungsmethode wären dagegen 50 Seiten zu 1,00 EUR abzurechnen.
Nach der dritten Berechnungsmethode wären anteilig 60 Seiten schwarz-weiß vergütungsfrei und 40 farbige Seiten. Abzurechen wären dann
- 30 Seiten zu 0,50 EUR
- 20 Seiten zu 1,00 EUR.

Nach der vierten Berechnungsmethode wären vergütungsfrei: 50 Seiten schwarz-weiß, 45 farbige Seiten und nochmals 5 schwarz-weiße Seiten. Abzurechen wären dann noch
- 35 Seiten zu 0,50 EUR
- 15 Seiten zu 1,00 EUR.

1300 Die dritte Berechnungsmethode dürfte die unpraktikabelste sein, insbesondere dann, wenn sich die Anteile nicht so glatt berechnen lassen wie hier. Die vierte Methode würde zwar dem gesetzlichen Wortlaut „die ersten 100 Seiten" am nächsten kommen, wäre aber ebenfalls unpraktikabel, zumal es dann vom Zufall abhängen würde, welche Seiten zuerst kopiert werden. Vorzugswürdig erscheint die erste Methode, die sich zumindest auf den Rechtsgedanken der §§ 366, 367 BGB berufen könnte.

e) Höhe der Dokumentenpauschale bei Übermittlung elektronischer Dokumente

1301 Die Dokumentenpauschale bei Übermittlung elektronischer Dokumente soll an den neuen Auslagentatbestand in Nr. 31000 GNotKG-KostVerz. angepasst werden. Damit wird die Pauschale für die Übermittlung elektronischer Dokumente auf 1,50 EUR ermäßigt.[548] Auch der für diesen Fall neu eingefügte Höchstbetrag 5,00 EUR soll aus dem GNotKG übernommen werden.

---

548 Änderung durch Art. 8 Abs. 2 Nr. 158 Buchst. a).

Der Gesetzgeber verweist dabei auf die Begründung zu Art. 1 (Teil 3 Hauptabschnitt 1 GNotKG-KostVerz., S. 358), die wie folgt lautet:

Die derzeit in § 136 Absatz 3 KostO geregelte Dokumentenpauschale für die Überlassung von elektronisch gespeicherten Dateien soll von 2,50 € je Datei auf 1,50 € herabgesetzt (Nummer 31000 Nummer 2 KV GNotKG-E) werden. Auf diese Weise soll ein Anreiz geschaffen werden, verstärkt von der Möglichkeit Gebrauch zu machen, Dokumente elektronisch zu versenden. Der Betrag entspricht dem für den elektronischen Abruf von Dokumenten, die zu einem Register eingereicht worden sind (Nummer 401 GV JVKostO). Ferner wird für die elektronische Überlassung eine Höchstgrenze von 5 € vorgeschlagen, wenn Dokumente in einem Arbeitsgang überlassen oder auf einem Datenträger gespeichert werden. Dies entspricht dem Betrag, der derzeit als Auslage für die elektronische Übermittlung einer elektronisch geführten Akte in der streitigen Gerichtsbarkeit und vom Familiengericht zu erheben ist (Nummer 9003 KV GKG, Nummer 2003 KV FamGKG). Die derzeit für die elektronische Übermittlung einer Akte geltenden besonderen Tatbestände im GKG und im FamGKG sollen entfallen. Der Auslagentatbestand soll ferner um den Fall der Bereitstellung zum Download ergänzt werden. Von dieser Möglichkeit wird bei der elektronischen Aktenführung bzw. bei laufenden Pilotprojekten bereits Gebrauch gemacht.

f) Neue Zählweise in Straf- und Bußgeldsachen

Mittelbare Auswirkungen auf die Dokumentenpauschale ergeben sich aus den neu eingeführten Nrn. 10 und 11 in § 17 RVG (siehe Rn 96 ff. und 102 ff.). Da die Dokumentenpauschale in jeder Angelegenheit anfällt, setzt die Reduzierung ab der 50. Kopie auch jeweils gesondert ein.

Beispiel 239: Berechnung der Dokumentenpauschale in Straf- und Bußgeldsachen

In einer Strafsache fertigt der Verteidiger im vorbereitenden Verfahren 45 Seiten Aktenauszug und im erstinstanzlichen gerichtlichen Verfahren nochmals 30 Seiten, insgesamt also 75 Seiten (jeweils schwarz-weiß).

Jetzt sind nicht etwa nur 50 Seiten zu 0,50 EUR zu vergüten und 25 Seiten zu 0,15 EUR. Vielmehr ist im gerichtlichen Verfahren wieder bei „null" anzufangen, sodass die dort angefallenen Kopien ebenfalls mit 0,50 EUR zu vergüten sind:

I. Vorbereitendes Verfahren

45 Schwarz-Weiß-Kopien, Nr. 7000 Nr. 1, 45 × 0,50 EUR	22,50 EUR

II. Erstinstanzliches gerichtliches Verfahren

30 Schwarz-Weiß-Kopien, Nr. 7000 Nr. 1, 30 × 0,50 EUR	15,00 EUR

g) Anm. Abs. 2 zu Nr. 7000 VV RVG

Die neu eingefügte Anm. Abs. 2 zu Nr. 7000 VV RVG[549] enthält eine Regelung für den Fall, dass die Übermittlung als elektronische Datei ausdrücklich beantragt wird, das Dokument aber nur in Papierform vorliegt, und daher eine elektronische Form erst noch erstellt werden muss (etwa als pdf-Datei).

Soweit der Anwalt die elektronische Fassung in einer Datei erst noch herstellen muss, erhält er zwar auch die Vergütung nach Nr. 7000 Nr. 2 VV RVG. Der danach vorgesehene Betrag in Höhe von 1,50 EUR kann sich jedoch als unangemessen erweisen, wenn eine Vielzahl von ein-

---

549 Änderung durch Art. 8 Abs. 2 Nr. 158 Buchst. b) bb).

zelnen Seiten (z.B. ein umfangreiches Vertragswerk) eingescannt werden muss. In diesem Fall soll für das Einscannen mindestens der Betrag erhoben werden, der auch bei der Fertigung einer Kopie oder bei der Übermittlung per Fax nach Nr. 7000 Nr. 1 VV RVG angefallen wäre. Auch dies ist sachgerecht, da nach den üblichen Leasing- oder Nutzungsverträgen die Erstellung einer pdf-Datei wie eine gewöhnliche Kopie abgerechnet wird.

1307   *Beispiel 240: Erstellung und Übermittlung einer Datei (I)*

Der Anwalt hat sich für seine Unterlagen einen Auszug aus den staatsanwaltschaftlichen Ermittlungsakten (38 Seiten) gefertigt. Der Auftraggeber bittet den Anwalt, ihm die Ermittlungsakten als pdf-Datei zuzumailen.

Hätte der Anwalt die Ermittlungsakte für den Mandanten kopiert und ihm die Kopien zugeschickt, hätte er dafür die Dokumentenpauschale nach Nr. 7000 Nr. 1 Buchst. d) VV RVG verlangen können, also (38 × 0,50 EUR =) 19,00 EUR. Für die Übermittlung der Datei würde der Anwalt nach Nr. 7000 Nr. 2 VV RVG an sich nur eine Vergütung in Höhe von 1,50 EUR erhalten. Da er die pdf-Datei durch Einscannen aber erst noch herstellen muss, kann er gem. Anm. Abs. 2 zu Nr. 7000 VV RVG die Vergütung verlangen, die ihm im Falle des Kopierens zustehen würde, also 19,00 EUR.

1308   Die Vergütung entsteht auch dann, wenn der Anwalt kostenlose Durchschriften versenden könnte, der Mandant aber auf einer elektronischen Übermittlung besteht.

1309   *Beispiel 241: Erstellung und Übermittlung einer Datei (II)*

Der Anwalt hat vom Gegner die Klageerwiderung in beglaubigter und einfacher Abschrift erhalten. Der Mandant wünscht, dass ihm die Abschrift vorab als pdf-Datei zugemailt wird. Der Anwalt scannt daraufhin die Klageerwiderung ein und mailt sie an den Mandanten.

Für die Übersendung der einfachen Abschrift hätte der Anwalt keine Dokumentenpauschale erhalten. Dadurch, dass er sie jetzt auf Wunsch des Mandanten einscannt und ihm in elektronischer Form zusendet, erhöht sich die Pauschale der Nr. 7000 Nr. 2 VV RVG gem. Anm. Abs. 2 zu Nr. 7000 VV RVG auf den Betrag, der nach Nr. 7000 Nr. 1 Buchst. d) VV RVG hätte abgerechnet werden können.

1310   Da insgesamt auf die Dokumentenpauschale nach Nr. 7000 Nr. 1 VV RVG verwiesen wird, sind auch hier die höheren Beträge anzusetzen, wenn farbige Seiten farbig eingescannt und übermittelt werden.

2. Postentgeltpauschale

a) Änderung des Währungszeichens

1311   In Nr. 7002 VV RVG[550] wird lediglich die bisherige Währungsbezeichnung „EUR" in „€" ersetzt. Sachliche Änderungen sind damit nicht verbunden.

b) Auswirkungen des § 17 Nr. 10 und 11 RVG

1312   Strittig war, ob in Straf- und Bußgeldsachen im erstinstanzlichen gerichtlichen Verfahren jeweils eine gesonderte Postentgeltpauschale nach Nr. 7002 VV RVG anfällt. Dies wurde überwiegend verneint, da es sich bei dem gerichtlichen Verfahren und dem vorbereitenden Verfahren bzw. dem Verfahren vor der Verwaltungsbehörde um dieselbe Angelegenheit handele.[551] Zum Teil

---

[550] Änderung durch Art. 8 Abs. 2 Nr. 159.
[551] LG Koblenz AGS 2006, 174; OLG Saarbrücken AGS 2007, 78 = NStZ-RR 2007, 127 = Rpfleger 2007, 342 = RVG-Letter 2007, 31 = RVGprof. 2007, 65 = RVGreport 2007, 181; LG Detmold, Beschl. v. 31. 7. 2007 – 4 KLs 31 Js 553/06 (juris); AG Koblenz AGS 2007, 141 = RVG-Letter 2007, 11 = NStZ-RR 2007, 96; LG Hamburg AGS 2006, 503 = JurBüro 2006, 644; AG Köln AGS 2008, 79; AG München AGS 2008, 599 = DAR 2008, 612.

wurden beide Verfahrensabschnitte als gesonderte Angelegenheiten angesehen.[552] Infolge der neu eingefügten Nrn. 10 und 11 RVG zu § 17 ist jetzt klargestellt, dass es sich um zwei Angelegenheiten handelt und daher zwei Postentgeltpauschalen anfallen.

Beispiel 242: Postentgeltpauschale in Strafsachen 1313

Der Anwalt war für den Beschuldigten sowohl im vorbereitenden Verfahren als auch im gerichtlichen Verfahren tätig.

Die Postentgeltpauschale der Nr. 7002 VV RVG fällt sowohl im vorbereitenden Verfahren als auch im gerichtlichen Verfahren gesondert an.

I. Vorbereitendes Verfahren

1.	Grundgebühr, Nr. 4100 VV RVG		200,00 EUR
2.	Verfahrensgebühr, Nr. 4104 VV RVG		165,00 EUR
3.	Postentgeltpauschale, Nr. 7002 VV RVG		20,00 EUR
	Zwischensumme	385,00 EUR	
4.	19 % Umsatzsteuer, Nr. 7008 VV RVG		73,15 EUR
	Gesamt		**458,15 EUR**

II. Erstinstanzliches gerichtliches Verfahren

1.	Verfahrensgebühr, Nr. 4104 VV RVG		165,00 EUR
2.	Terminsgebühr, Nr. 4108 VV RVG		275,00 EUR
3.	Postentgeltpauschale, Nr. 7002 VV RVG		20,00 EUR
	Zwischensumme	460,00 EUR	
4.	19 % Umsatzsteuer, Nr. 7008 VV RVG		87,40 EUR
	Gesamt		**547,40 EUR**

Beispiel 243: Postentgeltpauschale in Bußgeldsachen 1314

Der Anwalt war für den Betroffenen sowohl im Verfahren vor der Verwaltungsbehörde als auch im erstinstanzlichen gerichtlichen Verfahren tätig (Bußgeld 60,00 EUR).

Die Postentgeltpauschale der Nr. 7002 VV RVG entsteht sowohl im Verfahren vor der Verwaltungsbehörde als auch im gerichtlichen Verfahren.

I. Verfahren vor der Verwaltungsbehörde

1.	Grundgebühr, Nr. 5100 VV RVG		100,00 EUR
2.	Verfahrensgebühr, Nr. 5103 VV RVG		160,00 EUR
3.	Postentgeltpauschale, Nr. 7002 VV RVG		20,00 EUR
	Zwischensumme	280,00 EUR	
4.	19 % Umsatzsteuer, Nr. 7008 VV RVG		53,20 EUR
	Gesamt		**333,20 EUR**

II. Erstinstanzliches gerichtliches Verfahren

1.	Verfahrensgebühr, Nr. 5109 VV RVG	160,00 EUR
2.	Terminsgebühr, Nr. 5110 VV RVG	255,00 EUR

---

552 AG Hamburg St. Georg (aufgehoben durch LG Hamburg, s.u.) AGS 2006, 423 = JurBüro 2006, 359 = RVGprof. 2006, 149 = VRR 2006, 400; AG Düsseldorf AGS 2006, 504; LG Düsseldorf VRR 2006, 357; AG Düsseldorf VRR 2006, 399; AG Nauen AGS 2007, 405 =VRR 2007, 283; AG Neuss AGS 2008, 598 (3 Entscheidungen); AnwK-RVG/*N. Schneider*, Nrn. 7001, 7002 VV Rn 33; Vor Nrn. 4106 VV ff. Rn 13; *Burhoff*, Nr. 7002 VV Rn 10; *N. Schneider*, Fünf Zweifelsfälle in Straf- und Bußgeldsachen, RVG-B 2005, 14.

3.	Postentgeltpauschale, Nr. 7002 VV RVG	20,00 EUR
	Zwischensumme	435,00 EUR
4.	19 % Umsatzsteuer, Nr. 7008 VV RVG	82,65 EUR
	Gesamt	**517,65 EUR**

3. Fahrtkosten

1315 Auch in Nr. 7003 VV RVG[553] wird nur die bisherige Währungsbezeichnung „EUR" in „€" ersetzt, ohne dass dies inhaltliche Änderungen zur Folge hat.

1316 Eine Anhebung der Kilometerpauschale wäre in Anbetracht der gestiegenen Benzinpreise und sonstigen mit dem Betrieb eines Kraftfahrzeugs verbundenen Kosten wünschenswert gewesen, zumal auch bereits ein Zahnarzt gem. § 8 Abs. 3 GOZ seit dem 1.1.2012 0,42 EUR für jeden zurückgelegten Kilometer bei Benutzung eines eigenen Kfz als Aufwand erstattet erhält. Leider konnte sich der Gesetzgeber zu einer Anhebung im RVG nicht durchringen.

4. Tage- und Abwesenheitsgeld bei einer Geschäftsreise

1317 Nr. 7005 VV RVG[554] erhält folgende neue Fassung:

7005	Tage- und Abwesenheitsgeld bei einer Geschäftsreise	
	1. von nicht mehr als 4 Stunden	25,00 €
	2. von mehr als 4 bis 8 Stunden	40,00 €
	3. von mehr als 8 Stunden	70,00 €
	Bei Auslandsreisen kann zu diesen Beträgen ein Zuschlag von 50 % berechnet werden.	

1318 In Nr. 7005 VV RVG werden die Tages- und Abwesenheitsgelder angehoben und wie in den anderen Gebühren- und Auslagentatbeständen die Währungszeichen von „EUR" in „€" abgeändert.

1319 Gegenüber dem bisherigen Recht ergeben sich damit folgende Veränderungen:

Tages- und Abwesenheitsgelder	bisherige Beträge		neue Beträge	
	Inland	Ausland	Inland	Ausland
bis zu 4 Stunden	20,00 EUR	bis 30,00 EUR	25,00 EUR	bis 37,50 EUR
4 bis 8 Stunden	35,00 EUR	bis 52,50 EUR	40,00 EUR	bis 60,00 EUR
über 8 Stunden	60,00 EUR	bis 90,00 EUR	70,00 EUR	bis 105,00 EUR

5. Haftpflichtversicherungsprämie

1320 In Nr. 7007 VV RVG sowie in der Anm. zu Nr. 7007 VV RVG wird wiederum die bisherige Währungsangabe von „EUR" in „€" umgewandelt und die bisher ausgeschriebene Zahl von „30 Millionen" durch „30 Mio." ersetzt.[555] Sachliche Änderungen sind damit jedoch nicht verbunden.[556]

---

[553] Änderung durch Art. 8 Abs. 2 Nr. 159.
[554] Änderung durch Art. 8 Abs. 2 Nr. 160.
[555] Änderung durch Art. 8 Abs. 2 Nr. 161.
[556] Zur Berechnung der mit dem Mandanten abrechenbaren Prämie bzw. des abrechenbaren Prämienanteils siehe AnwK-RVG/*N. Schneider*, Nr. 7007 VV RVG.

D. Anlage 2 zu § 13 Abs. 1 S. 3 RVG

Die Anlage 2 zu § 13 Abs. 1 S. 3 RVG[557] wird wie folgt neu gefasst: 1321

Anlage 2 (zu § 13 Abs. 1 Satz 3)

Gegenstandswert bis ... €	Gebühr ... €	Gegenstandswert bis ... €	Gebühr ... €
500	40,00	50 000	1 158,00
1 000	75,00	65 000	1 243,00
1 500	110,00	80 000	1 328,00
2 000	145,00	95 000	1 413,00
3 000	196,00	110 000	1 498,00
4 000	247,00	125 000	1 583,00
5 000	298,00	140 000	1 668,00
6 000	349,00	155 000	1 753,00
7 000	400,00	170 000	1 838,00
8 000	451,00	185 000	1 923,00
9 000	502,00	200 000	2 008,00
10 000	553,00	230 000	2 128,00
13 000	599,00	260 000	2 248,00
16 000	645,00	290 000	2 368,00
19 000	691,00	320 000	2 488,00
22 000	737,00	350 000	2 608,00
25 000	783,00	380 000	2 728,00
30 000	858,00	410 000	2 848,00
35 000	933,00	440 000	2 968,00
40 000	1 008,00	470 000	3 088,00
45 000	1 083,00	500 000	3 208,00

Die neue Fassung der Anlage ist Folge der Änderung der neuen Gebührenstufen und -beträge nach § 13 Abs. 1 RVG (siehe Rn 39). 1322

---

557 Geändert durch Art. 8 Abs. 3.

§ 4 Änderungen des GKG

A. Überblick

Auch im GKG sind zahlreiche Änderungen[1] vorgesehen. Die nachfolgende Darstellung beschränkt sich auf diejenigen Änderungen, die für die anwaltliche Praxis von besonderer Bedeutung sind.

B. § 1 GKG (Geltungsbereich)

In § 1 GKG wird ein neuer Abs. 5 angehängt:[2]

> § 1 Geltungsbereich
> [...]
> (5) Die Vorschriften dieses Gesetzes über die Erinnerung und die Beschwerde gehen den Regelungen der für das zugrunde liegende Verfahren geltenden Verfahrensvorschriften vor.

Hierdurch soll – ebenso wie in § 1 Abs. 6 GNotKG, § 1 Abs. 2 FamGKG und § 1 Abs. 3 RVG – klargestellt werden, dass für Verfahren über eine Erinnerung und eine Beschwerde ausschließlich die Regelungen des GKG gelten und die Verfahrensvorschriften der ZPO oder sonstiger Verfahrensordnungen nicht anwendbar sind.

Insoweit kann auf die Ausführungen zur Änderung in § 1 Abs. 3 RVG Bezug genommen werden (siehe § 3 Rn 13 ff.).

In Verfahren des GKG hat die Klarstellung insbesondere Bedeutung für Verfahren der Wertfestsetzung oder des Kostenansatzes. So ist die Beschwerde in diesen Verfahren auch dann gegeben, wenn die entsprechende Verfahrensordnung ein Rechtsmittel in der Hauptsache nicht vorsieht. Daher ist z.B. eine Beschwerde gegen die Festsetzung des Streitwerts auch dann zulässig, wenn mangels Erreichens der erforderlichen Beschwer eine Berufung nicht zulässig wäre. Ebenso ist z.B. in einem verwaltungsgerichtlichen Verfahren eine Beschwerde gegen die Streitwertfestsetzung oder den Kostenansatz auch dann zulässig, wenn in der Hauptsache keine Berufung gegeben ist. Das hat die Rechtsprechung zum Teil anders gesehen.

> *Beispiel 1: Beschwerde gegen Nebenentscheidung*
> In einem Verfahren nach § 132 TKG (Telekommunikationsgesetz) erhebt die Partei gem. § 68 Streitwertbeschwerde.
> Obwohl nach § 137 Abs. 3 S. 1 TKG eine Berufung nicht möglich ist, steht dies einer Streitwertbeschwerde nach § 68 GKG nicht entgegen.[3]

Klargestellt wird damit auch noch einmal, dass Streitwertfestsetzungen des LG als Berufungs- oder Beschwerdegericht mit der Beschwerde nach § 68 GKG zum OLG anfechtbar sind, auch wenn das OLG im Hauptsacherechtszug nicht befasst werden könnte.[4]

---

1 Änderung durch Art. 3.
2 Änderung durch Art. 3 Abs. 1 Nr. 2.
3 A.A. nach bisherigem Recht: OVG NRW, Beschl. v. 19.3.2010 – 13 E 206/10; OVG NRW, Beschl. v. 18.4.2012 – 13 E 292/12; OVG NRW, Beschl. v. 25.4.2012 – 13 E 374/12.
4 Zuletzt OLG Karlsruhe AGS 2012, 420 = Justiz 2012, 371.

C. § 31 GKG (Mehrere Kostenschuldner)

8 § 31 GKG erhält folgende Fassung:[5]

> **§ 31 Mehrere Kostenschuldner**
> (1) Mehrere Kostenschuldner haften als Gesamtschuldner.
> (2) Soweit ein Kostenschuldner aufgrund von § 29 Nr. 1 oder 2 (Erstschuldner) haftet, soll die Haftung eines anderen Kostenschuldners nur geltend gemacht werden, wenn eine Zwangsvollstreckung in das bewegliche Vermögen des ersteren erfolglos geblieben ist oder aussichtslos erscheint. Zahlungen des Erstschuldners mindern seine Haftung aufgrund anderer Vorschriften dieses Gesetzes auch dann in voller Höhe, wenn sich seine Haftung nur auf einen Teilbetrag bezieht.
> (3) Soweit einem Kostenschuldner, der aufgrund von § 29 Nr. 1 haftet (Entscheidungsschuldner), Prozesskostenhilfe bewilligt worden ist, darf die Haftung eines anderen Kostenschuldners nicht geltend gemacht werden; von diesem bereits erhobene Kosten sind zurückzuzahlen, soweit es sich nicht um eine Zahlung nach § 13 Abs. 1 und 3 des Justizvergütungs- und -entschädigungsgesetzes handelt und die Partei, der die Prozesskostenhilfe bewilligt worden ist, der besonderen Vergütung zugestimmt hat. Die Haftung eines anderen Kostenschuldners darf auch nicht geltend gemacht werden, soweit dem Entscheidungsschuldner ein Betrag für die Reise zum Ort einer Verhandlung, Vernehmung oder Untersuchung und für die Rückreise gewährt worden ist.
> (4) Absatz 3 ist entsprechend anzuwenden, soweit der Kostenschuldner aufgrund des § 29 Nummer 2 haftet, wenn
> 1. der Kostenschuldner die Kosten in einem vor Gericht abgeschlossenen oder gegenüber dem Gericht angenommenen Vergleich übernommen hat,
> 2. der Vergleich einschließlich der Verteilung der Kosten von dem Gericht vorgeschlagen worden ist und
> 3. das Gericht in seinem Vergleichsvorschlag ausdrücklich festgestellt hat, dass die Kostenregelung der sonst zu erwartenden Kostenentscheidung entspricht.

9 Die bisherige Regelung des § 31 Abs. 3 GKG befreit nur den Entscheidungsschuldner von Gerichtskosten, nicht aber auch den Übernahmeschuldner. Dies führt nach ganz überwiegender Auffassung dazu, dass vom Gegner gezahlte Kosten nicht zurückzuzahlen sind, sondern dieser vielmehr im Wege der Kostenerstattung die bedürftige Partei in Anspruch nehmen kann (§ 123 ZPO).[6]

10 Diese Zusammenhänge sind den Anwälten vielfach nicht bekannt, sodass es immer wieder zu nachteiligen haftungsträchtigen Vergleichsabschlüssen kommt, deren Folgen sich nicht mehr beseitigen lassen.[7]

11 *Beispiel 2: Kostenübernahme durch Vergleich (I)*
Die Mandantin wird auf Zahlung eines Betrags in Höhe von 10.000,00 EUR verklagt. Ihr wird Prozesskostenhilfe unter Beiordnung ihres Anwalts bewilligt. Anschließend wird ein Vergleich geschlossen, in dem die Parteien vereinbaren, die Kosten gegeneinander aufzuheben.
Da sich gem. Nr. 1211 Nr. 3 GKG-KostVerz. die Gerichtsgebühr auf 1,0 ermäßigt, erhält der Kläger zwei Drittel der eingezahlten 3,0-Gerichtsgebühr der Nr. 1210 GKG-KostVerz. zurück. Eine 1,0-Gebühr i.H.v. 200,00 EUR verbleibt bei ihm. Er erhält jetzt nicht etwa davon

---

5 Änderung durch Art. 3 Abs. 1 Nr. 14.
6 AG Koblenz FamRZ 2011, 1324; OLG Koblenz AGS 2000, 135 = MDR 2000, 113 = Rpfleger 2000, 73 = NJW 2000, 1122 = JurBüro 2000, 206 = OLGR 2000, 278 = FamRZ 2000, 1229 = FuR 2000, 391.
7 Siehe OLG Hamm AGS 2011, 546 m. Anm. *N. Schneider* = NJW-RR 2011, 1436.

gem. § 31 Abs. 3 S. 1, 2. Hs. GKG die Hälfte aus der Landeskasse zurück. Die bedürftige Partei ist nämlich nicht Entscheidungsschuldner, sodass die Voraussetzungen dieser Vorschrift nicht erfüllt sind. Diese bei ihm verbleibende 1,0-Gebühr kann der Kläger allerdings von der bedürftigen Partei aufgrund der getroffenen Kostenregelung hälftig erstattet verlangen (§ 123 ZPO). Die bedürftige Partei trägt also letztlich trotz Prozesskostenhilfebewilligung eine halbe Gerichtsgebühr.

Hätten die Parteien hinsichtlich der Kosten keine Vereinbarung getroffen, sondern den Rechtsstreit in der Hauptsache übereinstimmend für erledigt erklärt und hätte das Gericht die Kosten gem. § 91a ZPO gegeneinander aufgehoben, dann wäre die bedürftige Partei Entscheidungsschuldnerin nach § 29 Nr. 1 GKG gewesen. Die Landeskasse hätte dann von der verbrauchten 1,0-Gerichtsgebühr die Hälfte an den Kläger gem. § 31 Abs. 3 S. 1, 2. Hs. GKG zurückgezahlt, sodass dieser insoweit keinen Erstattungsanspruch mehr hätte festsetzen lassen können und die bedürftige Partei auf die Gerichtskosten nicht hätte in Anspruch genommen werden können.

Auch dann, wenn die bedürftige Partei Kläger war, kann sie eine Erstattungshaftung für Gerichtskosten treffen.

Beispiel 3: Kostenübernahme durch Vergleich (II)
Die Mandantin klagt auf Schadensersatz aus einem Verkehrsunfall i.H.v. 10.000,00 EUR. Ihr wird Prozesskostenhilfe unter Beiordnung ihres Anwalts bewilligt. Anschließend wird ein Vergleich geschlossen, wonach die Parteien vereinbaren, die Kosten gegeneinander aufzuheben. Der Gegner hatte 5.000,00 EUR für ein Sachverständigengutachten vorgelegt.

Gerichtskosten können von der Klägerin zunächst nicht verlangt werden (§ 122 Abs. 1 Nr. 1 Buchst. a) ZPO). Vom Beklagten wird jetzt lediglich die auf ihn entfallende Hälfte der 1,0-Gebühr (Nrn. 1210, 1211 GKG-KostVerz.) eingefordert. Einen Kostenerstattungsanspruch erwirbt er insoweit nicht. Jedoch kann er die von ihm vorgelegten Gerichtskosten für das Sachverständigengutachten hälftig erstattet verlangen (§ 123 ZPO). Die bedürftige Partei muss sich an den Gerichtskosten also letztlich insoweit mit 2.500,00 EUR beteiligen.

Hätten die Parteien hinsichtlich der Kosten keine Vereinbarung getroffen, sondern das Verfahren in der Hauptsache übereinstimmend für erledigt erklärt und hätte das Gericht die Kosten nach § 91a ZPO gegeneinander aufgehoben oder hälftig geteilt, dann wäre die bedürftige Partei Entscheidungsschuldnerin nach § 29 Nr. 1 GKG gewesen. Die Landeskasse hätte dann von den Sachverständigenkosten die Hälfte an den Kläger gem. § 31 Abs. 3 S. 1, 2. Hs. GKG zurückgezahlt, sodass dieser insoweit keinen Erstattungsanspruch mehr hätte festsetzen lassen können. Die bedürftige Partei wäre dann an den Sachverständigenkosten nicht zu beteiligen gewesen.

Die derzeitige Regelung des § 31 Abs. 3 GKG erschwert es damit einer Partei, der Prozesskostenhilfe bewilligt ist, einen gerichtlichen Vergleich abzuschließen. Sie verliert, wenn sie sich auch über die Kosten einigt, den Schutz des § 122 Abs. 1 Nr. 1 Buchst. a) ZPO vor der Inanspruchnahme auf Zahlung von Gerichtskosten. Klammert sie dagegen die Kostenregelung aus und besteht sie insoweit auf einer gerichtlichen Entscheidung, kann daran der Vergleich scheitern. Jedenfalls führt dies zu höheren Gerichtskosten, da dann mangels Erledigung des „gesamten Verfahrens" die Gerichtskostenermäßigung nicht eintritt. Dies benachteiligt zwar zunächst nur den Gegner, kann aber auf die bedürftige Partei zurückkommen, wenn die Prozesskostenhilfe aufgehoben oder nachträglich eine Ratenzahlung angeordnet wird.

Abgesehen davon wird durch eine Kostenentscheidung dem Gericht unnötig Arbeit bereitet und Aufwand verursacht, da es über die Kosten nur deshalb entscheiden muss, weil der bedürftigen Partei eine Einigung durch § 31 Abs. 3 GKG verwehrt wird. Auch dem Gericht wird damit nach der bestehenden Rechtslage der Abschluss des Verfahrens durch einen Vergleich erschwert.

§ 4 Änderungen des GKG

16 Die neue Regelung dagegen ermöglicht es der bedürftigen Partei sich auch über die Kosten zu einigen. Um einer missbräuchlichen Vereinbarung über die Kosten vorzubeugen, ist die Freistellung der bedürftigen Partei an mehrere Voraussetzungen geknüpft:
- Der Vergleich muss vor Gericht abgeschlossen worden sein.
- Der Vergleich muss einschließlich der Kosten vom Gericht vorgeschlagen worden sein.
- Das Gericht muss in seinem Vergleichsvorschlag ausdrücklich festgestellt haben, dass die Kostenregelung der sonst zu erwartenden Kostenentscheidung entspricht. Im Referentenentwurf[8] hieß es noch, dass die Kostenentscheidung dem Sach- und Streitgegenstand wegen des Hauptgegenstands entsprechen müsse. Im Hinblick darauf, dass auch Kostenentscheidungen nach Billigkeit möglich sind (§ 91a ZPO) und in vielen Fällen sich die Kosten nicht am Obsiegen und Unterliegen orientieren, ist die jetzt vorgeschlagene Regelung vom Gericht flexibler zu handhaben.

17 Soweit § 31 GKG fordert, der Vergleich müsse vor Gericht abgeschlossen worden sein, dürfte es auch ausreichen, dass der Vergleich im Verfahren nach § 278 Abs. 6 ZPO geschlossen worden ist, dass also die Parteien den Vergleichsvorschlag dem Gericht selbst unterbreiten und sein Zustandekommen nach § 278 Abs. 6 ZPO gerichtlich feststellen lassen.

18 Insoweit § 31 GKG fordert, dass der Vergleich vom Gericht vorgeschlagen worden sein müsse, dürfte es wohl ausreichen, dass der Vergleichsvorschlag von den Parteien ausgeht und das Gericht ihn billigt und ihn als eigenen übernimmt.

19 Eindeutig ist dagegen das Erfordernis, dass das Gericht in seinem Vergleichsvorschlag ausdrücklich festgestellt haben muss, dass die Kostenregelung der sonst zu erwartenden Kostenentscheidung entspricht. Damit dürfte eine nachträgliche Feststellung nicht ausreichen. Das Gericht kann also nicht nachträglich einen Vergleich mit der Folge „genehmigen", dass die Kostenhaftung der bedürftigen Partei entfällt.

20 Eine besondere Begründung des Gerichts, weshalb nach seiner Auffassung die vorgeschlagene Kostenregelung der sonst zu erwartenden Kostenentscheidung entspricht, ist nicht erforderlich, zumal der Hinweis nicht überprüfbar und schon gar nicht angreifbar ist. Das Gericht kann bei seinem Vorschlag den voraussichtlichen Ausgang des Verfahrens berücksichtigen, aber auch alle sonstigen Aspekte, die für eine Kostenentscheidung von Bedeutung sein können (z.B. Kostenlast bei fehlender Verursachung, § 93 ZPO). U. E. bestehen auch keine Bedenken, wenn das Gericht im Falle einer Entscheidung an sich zwingend vorgesehene Kostentrennungen (z.B. §§ 344, 281 ZPO) unterlässt und in eine einheitliche Kostenregelung einbezieht.

> *Wichtig*
> Der Anwalt muss daher unbedingt darauf achten, dass in dem gerichtlichen Vergleichsvorschlag ausdrücklich darauf hingewiesen wird, dass die vorgeschlagene Kostenregelung dem Sach- und Streitgegenstand entspricht. Schließt der Anwalt einen Vergleich, ohne dass zuvor der entsprechende gerichtliche Hinweis erteilt worden ist, macht er sich gegebenenfalls schadensersatzpflichtig.

21 Die Belastung der Staatskasse durch die Änderung des § 31 GKG dürfte sich in Grenzen halten, weil die Wirkungen denjenigen entsprechen, die im Fall einer Streitentscheidung ohnehin eintreten würden. Abgesehen davon werden mögliche Mindereinnahmen der Staatskasse durch eine Entlastung der Gerichte ausgeglichen, die nicht mehr gezwungen wären, eine streitige Kostenentscheidung zu treffen.

22 Die Gefahr eines Missbrauchs ist sehr gering. Die Parteien und ihre Anwälte haben keine Möglichkeit eines Missbrauchs, da die Kostenregelung nicht von ihnen ausgeht, sondern vom Gericht und jede Abweichung vom Vorschlag des Gerichts den Schutz des § 31 Abs. 4 GKG entfallen

---

8 Art. 3 Abs. 1 Nr. 7.

lässt. Soweit das Gericht missbräuchliche Kostenregelungen vorschlägt, also solche, die dem Sach- und Streitstand nicht entsprechen, dürfte damit eine erhebliche Entlastung der Gerichte einhergehen, die dies jedenfalls rechtfertigt.

Eine vergleichbare Regelung wird auch für den Anwendungsbereich des GNotKG (§ 33 Abs. 3 GNotKG) und des FamGKG (§ 26 Abs. 4 FamGKG) eingeführt. 23

D. § 34 GKG (Wertgebühren)

§ 34 GKG erhält folgende Fassung:[9] 24

> **§ 34 Wertgebühren**
>
> (1) Wenn sich die Gebühren nach dem Streitwert richten, beträgt die Gebühr bei einem Streitwert bis 500 Euro 35 Euro. Die Gebühr erhöht sich bei einem
>
> | Streitwert bis … Euro | für jeden angefangenen Betrag von weiteren … Euro | um … Euro |
> |---|---|---|
> | 2 000 | 500 | 15 |
> | 10 000 | 1 000 | 17 |
> | 25 000 | 3 000 | 28 |
> | 50 000 | 5 000 | 35 |
> | 200 000 | 15 000 | 105 |
> | 500 000 | 30 000 | 154 |
> | über 500 000 | 50 000 | 150 |
>
> (2) Der Mindestbetrag einer Gebühr ist 15 Euro.

Ebenso wie im RVG und im FamGKG werden auch im GKG die bisherigen Gebührenbeträge angehoben.[10] Dabei soll die Gebührentabelle in ihrer Struktur an die Tabelle A (§ 34 Abs. 2 GNotKG) angepasst werden. Die unterste Gebührenstufe wird auch hier von bis 300,00 EUR auf bis 500,00 EUR angehoben. Zudem sind im unteren Wertbereich künftig weniger Stufen vorgesehen. 25

Eine Gebührentabelle nach den wichtigsten Gebührensätzen des GKG findet sich in Anhang (siehe § 8). 26

Darüber hinaus wird der Mindestbetrag einer Gebühr wie in allen Kostengesetzen von 10,00 EUR auf 15,00 EUR angehoben.[11] 27

---

9 Änderung durch Art. 3 Abs. 1 Nr. 15.
10 Änderung durch Art. 3 Abs. 1 Nr. 15 Buchst. a).
11 Änderung durch Art. 3 Abs. 1 Nr. 15 Buchst. b).

E. § 42 GKG (Wiederkehrende Leistungen)

28 § 42 GKG erhält folgende neue Fassung:[12]

> **§ 42 Wiederkehrende Leistungen**
>
> (1) Bei Ansprüchen auf wiederkehrende Leistungen aus einem öffentlich-rechtlichen Dienst- oder Amtsverhältnis, einer Dienstpflicht oder einer Tätigkeit, die anstelle einer gesetzlichen Dienstpflicht geleistet werden kann, bei Ansprüchen von Arbeitnehmern auf wiederkehrende Leistungen sowie in Verfahren vor Gerichten der Sozialgerichtsbarkeit, in denen Ansprüche auf wiederkehrende Leistungen dem Grunde oder der Höhe nach geltend gemacht oder abgewehrt werden, ist der dreifache Jahresbetrag der wiederkehrenden Leistungen maßgebend, wenn nicht der Gesamtbetrag der geforderten Leistungen geringer ist. Ist im Verfahren vor den Gerichten der Verwaltungs- und Sozialgerichtsbarkeit die Höhe des Jahresbetrags nicht nach dem Antrag des Klägers bestimmt oder nach diesem Antrag mit vertretbarem Aufwand bestimmbar, ist der Streitwert nach § 52 Abs. 1 und 2 zu bestimmen.
>
> (2) Für die Wertberechnung bei Rechtsstreitigkeiten vor den Gerichten für Arbeitssachen über das Bestehen, das Nichtbestehen oder die Kündigung eines Arbeitsverhältnisses ist höchstens der Betrag des für die Dauer eines Vierteljahres zu leistenden Arbeitsentgelts maßgebend; eine Abfindung wird nicht hinzugerechnet. Bei Rechtsstreitigkeiten über Eingruppierungen ist der Wert des dreijährigen Unterschiedsbetrags zur begehrten Vergütung maßgebend, sofern nicht der Gesamtbetrag der geforderten Leistungen geringer ist.
>
> (3) Die bei Einreichung der Klage fälligen Beträge werden dem Streitwert hinzugerechnet; dies gilt nicht in Rechtsstreitigkeiten vor den Gerichten für Arbeitssachen. Der Einreichung der Klage steht die Einreichung eines Antrags auf Bewilligung der Prozesskostenhilfe gleich, wenn die Klage alsbald nach Mitteilung der Entscheidung über den Antrag oder über eine alsbald eingelegte Beschwerde eingereicht wird.

29 Aufgehoben wird § 42 Abs. 1 GKG a.F., der folgenden Wortlaut hatte:

> (1) Wird wegen der Tötung eines Menschen oder wegen der Verletzung des Körpers oder der Gesundheit eines Menschen Schadensersatz durch Entrichtung einer Geldrente verlangt, ist der fünffache Betrag des einjährigen Bezugs maßgebend, wenn nicht der Gesamtbetrag der geforderten Leistungen geringer ist. Dies gilt nicht bei Ansprüchen aus einem Vertrag, der auf Leistung einer solchen Rente gerichtet ist.

Die Absätze 2 bis 4 werden dadurch zu den Absätzen 1 bis 3.

30 Anstelle des bisherigen fünffachen Jahreswerts bei Schadensersatzrenten wegen der Tötung oder wegen der Verletzung des Körpers oder der Gesundheit eines Menschen gilt zukünftig gem. § 48 Abs. 1 S. 1 GKG i.V.m. § 9 ZPO nur noch der dreieinhalbfache Jahreswert (42 Monate) für die zukünftigen Beträge.

31 Hinsichtlich der bei Klageeinreichung fälligen Beträge bleibt es dabei, dass diese in vollem Umfang hinzuzurechnen sind.

32 Zweck des § 42 Abs. 1 GKG a.F. war es ursprünglich, die Prozesskosten insbesondere bei Renten aus unerlaubter Handlung aus sozialen Erwägungen zu begrenzen,[13] weil der Zuständigkeitsstreitwert bis zum Inkrafttreten des Gesetzes zur Entlastung der Rechtspflege vom 11.1.1993[14] grundsätzlich mit dem zwölfeinhalbfachen Betrag des einjährigen Bezugs zu berechnen war.

---

12 Änderung durch Art. 3 Abs. 1 Nr. 16.
13 *Lappe*, NJW 1993, 2785.
14 BGBl I S. 50.

E. § 42 GKG (Wiederkehrende Leistungen) | § 4

Ausgenommen davon waren diejenigen Ansprüche, die auf Verträgen beruhten, deren Gegenstand die Leistung einer Rente ist, „insbesondere Garantieverträge, Versicherungsverträge oder Rentenverträge".[15] Mit dem Inkrafttreten des Gesetzes zur Entlastung der Rechtspflege wurde der Streitwert in § 9 ZPO generell auf den dreieinhalbfachen Jahreswert festgelegt. Dies hatte zur Folge, dass der Wert für die Rente wegen einer unerlaubten Handlung aus einem höheren Streitwert zu berechnen war als eine vertragliche Rente. Die ursprüngliche Wertbegrenzung aus sozialen Gründen war damit in ihr Gegenteil verkehrt, weil sie zu höheren Werten führte. Daher wird die derzeit noch geltende Sonderregelung des § 42 Abs. 1 GKG aufgehoben, sodass künftig alle Rentenansprüche einheitlich nach §§ 48 Abs. 1 S. 1 GKG i.V.m. 9 ZPO zu bewerten sind.

Durch die Gesetzesänderung werden gleichzeitig Unsicherheiten bei der Abgrenzung von Renten aus unerlaubter Handlung und aus Vertrag beseitigt.   33

Des Weiteren werden die Gerichte von einer gesonderten Streitwertfestsetzung entlastet. Aufgrund der Anwendbarkeit des § 9 ZPO ist damit der Zuständigkeitsstreitwert auch für den Gebührenstreitwert verbindlich (§ 62 GKG), sodass es keiner gesonderten Festsetzung bedarf.

Beispiel 4: Regulierung Schadensersatzrente   34

Im Mai 2012 war der Ehemann und Kindesvater bei einem Verkehrsunfall tödlich verunglückt und hat seine Ehefrau und ein Kind hinterlassen. Daraufhin war der Anwalt von der Ehefrau beauftragt worden, außergerichtlich eine Schadensersatzrente für sie und das Kind geltend zu machen. Der Anwalt hatte daraufhin den gegnerischen Versicherer angeschrieben und aufgefordert, ab Juni 2012 eine Schadensersatzrente nach § 844 Abs. 2 BGB zu zahlen, und zwar in Höhe von monatlich 2.500,00 EUR für die Ehefrau und mit 1.000,00 EUR für das gemeinsame Kind. Im August 2013 wird schließlich Klage erhoben.

Nach bisherigem Recht wäre gem. § 42 Abs. 1 GKG der fünffache Jahresbetrag zuzüglich der bei Einreichung fälligen Beträge anzusetzen gewesen. Dies hätte folgenden Streitwert ergeben:

1. Antrag Ehefrau

60 × 2.500,00 EUR =	150.000,00 EUR
fällige Beträge, 14 × 2.500,00 EUR	35.000,00 EUR

2. Antrag Kind

60 × 1.000,00 EUR =	60.000,00 EUR
fällige Beträge, 14 × 1.000,00 EUR	14.000,00 EUR
Gesamt	**259.000,00 EUR**

Nach neuem Recht richtet sich der Streitwert nach § 48 Abs. 1 S. 1 GKG i.V.m. § 9 ZPO und ist mit dem dreieinhalbfachen Jahresbetrag für die Zukunft anzusetzen zuzüglich der bei Einreichung fälligen Beträge. Dies ergibt folgenden Streitwert:

1. Antrag Ehefrau

42 × 2.500,00 EUR =	105.000,00 EUR
fällige Beträge, 14 × 2.500,00 EUR	35.000,00 EUR

2. Antrag Kind

42 × 1.000,00 EUR =	42.000,00 EUR
fällige Beträge, 14 × 1.000,00 EUR	14.000,00 EUR
Gesamt	**196.000,00 EUR**

---

15 BT-Drucks II S. 2545.

F. § 50 GKG (Bestimmte Beschwerdeverfahren)

35 § 50 GKG erhält folgende Fassung:[16]

> **§ 50 Bestimmte Beschwerdeverfahren**
>
> (1) In folgenden Verfahren bestimmt sich der Wert nach § 3 der Zivilprozessordnung:
> 1. über Beschwerden gegen Verfügungen der Kartellbehörden und über Rechtsbeschwerden (§§ 63 und 74 des Gesetzes gegen Wettbewerbsbeschränkungen),
> 2. über Beschwerden gegen Entscheidungen der Regulierungsbehörde und über Rechtsbeschwerden (§§ 75 und 86 des Energiewirtschaftsgesetzes),
> 3. über Beschwerden gegen Verfügungen der Bundesanstalt für Finanzdienstleistungsaufsicht (§ 48 des Wertpapiererwerbs- und Übernahmegesetzes und § 37u Abs. 1 des Wertpapierhandelsgesetzes) und
> 4. über Beschwerden gegen Entscheidungen der zuständigen Behörde und über Rechtsbeschwerden (§§ 13 und 24 des EG-Verbraucherschutzdurchsetzungsgesetzes).
>
> Im Verfahren über Beschwerden eines Beigeladenen (§ 54 Abs. 2 Nr. 3 des Gesetzes gegen Wettbewerbsbeschränkungen, § 79 Abs. 1 Nr. 3 des Energiewirtschaftsgesetzes und § 16 Nr. 3 des EG-Verbraucherschutzdurchsetzungsgesetzes) ist der Streitwert unter Berücksichtigung der sich für den Beigeladenen ergebenden Bedeutung der Sache nach Ermessen zu bestimmen.
>
> (2) Im Verfahren über die Beschwerde gegen die Entscheidung der Vergabekammer (§ 116 des Gesetzes gegen Wettbewerbsbeschränkungen) einschließlich des Verfahrens über den Antrag nach § 115 Absatz 2 Satz 5 und 6, Absatz 4 Satz 2, § 118 Abs. 1 Satz 3 und nach § 121 des Gesetzes gegen Wettbewerbsbeschränkungen beträgt der Streitwert 5 Prozent der Bruttoauftragssumme.

36 Mit Art. 1 Nr. 17 Buchst. b) bb) des Gesetzes zur Modernisierung des Vergaberechts vom 20.4.2009[17] sind in § 115 Abs. 2 GWB zwei neue Sätze eingefügt worden. Die bisherigen S. 2 u. 3 sind die S. 5 u. 6 geworden. Bei dieser Änderung ist die Anpassung der Verweisung in § 50 Abs. 2 GKG übersehen worden. Dies wird nunmehr korrigiert.

37 Darüber hinaus ist in Nr. 17 Buchst. d) des vorgenannten Gesetzes in § 115 GWB ein neuer Abs. 4 einfügt worden, der ein weiteres gerichtliches Verfahren enthält, in dem das Beschwerdegericht das Verbot des Zuschlags wiederherstellen kann. Für dieses weitere Verfahren gibt es derzeit noch keine Wertvorschrift, die nunmehr in § 50 Abs. 2 GKG eingeführt wird.

G. § 52 GKG (Verfahren vor Gerichten der Verwaltungs-, Finanz- und Sozialgerichtsbarkeit)

38 § 52 GKG erhält folgende Fassung:[18]

> **§ 52 Verfahren vor Gerichten der Verwaltungs-, Finanz- und Sozialgerichtsbarkeit**
>
> (1) In Verfahren vor den Gerichten der Verwaltungs-, Finanz- und Sozialgerichtsbarkeit ist, soweit nichts anderes bestimmt ist, der Streitwert nach der sich aus dem Antrag des Klägers für ihn ergebenden Bedeutung der Sache nach Ermessen zu bestimmen.

---

16 Änderung durch Art. 3 Abs. 1 Nr. 17.
17 BGBl I S. 790.
18 Änderung durch Art. 3 Nr. Abs. 1 Nr. 18.

G. § 52 GKG (Verfahren vor Gerichten der Verwaltungs-, Finanz- und Sozialgerichtsbarkeit) § 4

(2) Bietet der Sach- und Streitstand für die Bestimmung des Streitwerts keine genügenden Anhaltspunkte, ist ein Streitwert von 5 000 Euro anzunehmen.

(3) Betrifft der Antrag des Klägers eine bezifferte Geldleistung oder einen hierauf gerichteten Verwaltungsakt, ist deren Höhe maßgebend. Ergibt sich aus Absatz 1 wegen der Bedeutung für die Zukunft ein höherer Wert, ist dieser maßgebend. Dabei darf das Dreifache des Werts nach Satz 1 nicht überschritten werden.

(4) In Verfahren

1. vor den Gerichten der Finanzgerichtsbarkeit, mit Ausnahme der Verfahren nach § 155 Satz 2 der Finanzgerichtsordnung und der Verfahren in Kindergeldangelegenheiten, darf der Streitwert nicht unter 1 500 Euro,
2. vor den Gerichten der Sozialgerichtsbarkeit und bei Rechtsstreitigkeiten nach dem Krankenhausfinanzierungsgesetz nicht über 2 500 000 Euro und
3. vor den Gerichten der Verwaltungsgerichtsbarkeit über Ansprüche nach dem Vermögensgesetz nicht über 500 000 Euro

angenommen werden.

(5) In Verfahren, die die Begründung, die Umwandlung, das Bestehen, das Nichtbestehen oder die Beendigung eines besoldeten öffentlich-rechtlichen Dienst- oder Amtsverhältnisses betreffen, ist Streitwert

1. die Summe der für ein Kalenderjahr zu zahlenden Bezüge mit Ausnahme nicht ruhegehaltsfähiger Zulagen, wenn Gegenstand des Verfahrens ein Dienst- oder Amtsverhältnis auf Lebenszeit ist;
2. im Übrigen die Hälfte der für ein Kalenderjahr zu zahlenden Bezüge mit Ausnahme nicht ruhegehaltsfähiger Zulagen.

Maßgebend für die Berechnung ist das laufende Kalenderjahr. Bezügebestandteile, die vom Familienstand oder von Unterhaltsverpflichtungen abhängig sind, bleiben außer Betracht. Betrifft das Verfahren die Verleihung eines anderen Amts oder den Zeitpunkt einer Versetzung in den Ruhestand, ist Streitwert die Hälfte des sich nach den Sätzen 1 bis 3 ergebenden Betrags.

(6) Ist mit einem in Verfahren nach Absatz 5 verfolgten Klagebegehren ein aus ihm hergeleiteter vermögensrechtlicher Anspruch verbunden, ist nur ein Klagebegehren, und zwar das wertmäßig höhere, maßgebend.

(7) Dem Kläger steht gleich, wer sonst das Verfahren des ersten Rechtszugs beantragt hat.

I. Abs. 3

Die Höhe der Streitwerte in der Finanz- und Verwaltungsgerichtsbarkeit wird insbesondere von den Ländern als zu niedrig kritisiert, weil bei der Wertbemessung nur das berücksichtigt wird, was der Kläger mit seiner Klage unmittelbar erstrebt. Auswirkungen, die die gerichtliche Entscheidung für die Zukunft hat, insbesondere bei regelmäßig zu erwartenden gleich gelagerten Verwaltungsakten, denen die gleiche Rechtsproblematik zugrunde liegt, werden dabei bislang nicht berücksichtigt. Dies führt insbesondere in finanzgerichtlichen Verfahren, in denen i.d.R. nur der Bescheid eines Jahres angefochten wird, bei dem sich aber die Entscheidung auch auf die Folgejahre auswirkt, zu einer systematischen Unterbewertung der Streitwerte in Anbetracht ihrer tatsächlichen wirtschaftlichen Bedeutung für den Kläger. Gleiches gilt z.B. im kommunalen Abgabenrecht. Mit der Neuregelung soll eine höhere Bewertung ermöglicht werden. 39

Einerseits soll das zukünftige Interesse, das sich aus einer „Präzedenzentscheidung" ergibt, bei einem bezifferten Geldbetrag oder einem hierauf gerichteten Verwaltungsakt mit zu berücksich- 40 tigen sein und eine höhere Wertfestsetzung ermöglichen, wobei der Höchstwert allerdings auf das Dreifache des Geldbetrags begrenzt wird.

41 Andererseits soll es aber auch dabei bleiben, dass es nur auf die Bedeutung für den Kläger ankommt. Interessen Dritter, insbesondere das Interesse an einem Musterprozess, sollen dagegen in die Wertermittlung weiterhin nicht einfließen können.

42 Dies soll jetzt durch die Neufassung des § 52 Abs. 3 GKG[19] geregelt werden.

43 *Beispiel 5: Bewertung des zukünftigen Interesses*
Der Kläger wehrt sich gegen einen Grundsteuerbescheid, weil die Behörde von einem zu hohen Gewerbeanteil des Grundstücks ausgeht, was zu einem um 1.000,00 EUR höheren Grundsteuerbetrag führt.
Das unmittelbare Interesse beträgt 1.000,00 EUR, weil das Gericht nur über die Rechtmäßigkeit dieses Bescheides entscheidet. Faktisch wird damit aber auch über die Grundlagen der Berechnung für die Folgejahre entschieden, sodass das Interesse des Klägers einen höheren Wert rechtfertigt. Das Gericht kann nach dem neuen § 52 Abs. 3 S. 2 GKG einen höheren Wert annehmen. Dabei darf es aber den Wert von 3.000,00 EUR (§ 52 Abs. 3 S. 3 GKG) nicht überschreiten.

II. Abs. 4

44 Mit der Änderung des § 52 Abs. 4 GKG[20] wird der bisherige Mindestwert in Verfahren der Finanzgerichtsbarkeit von 1.000,00 EUR auf 1.500,00 EUR angehoben. Grund hierfür ist zum einen die Änderung der Tabelle des § 34 GKG (siehe Rn 24 ff.), die im unteren Bereich weniger Wertstufen vorsieht als bisher. Zum anderen soll der niedrigen Kostendeckungsquote in diesem Bereich entgegengewirkt werden.

45 Der Mindestwert gilt nicht in Verfahren nach dem Gesetz über den Rechtsschutz bei überlangen Gerichtsverfahren.

46 Der Mindestwert gilt auch nicht in Verfahren des einstweiligen Rechtsschutzes, für die § 53 GKG eine Sonderregelung enthält, die nicht auf § 52 Abs. 4 GKG Bezug nimmt. In Anbetracht dessen, dass der Gesetzgeber in Kenntnis der Rechtsprechung[21] hier keine Änderung vorgenommen hat, kann nicht davon ausgegangen werden, dass es sich um ein redaktionelles Versehen handelt.[22]

47 Auch für Verfahren nach § 155 S. 2 FGO[23] soll der Mindestwert des § 52 Abs. 4 GKG aus sozialpolitischen Erwägungen heraus nicht gelten. Damit soll eine Gleichbehandlung dieser Verfahren in allen Gerichtsbarkeiten gewährleistet werden.

48 Ausnehmen von der Regelung des § 52 Abs. 4 GKG will der Gesetzgeber schließlich auch Kindergeldverfahren gem. den §§ 62 ff. EStG, das heißt Verfahren, die auf bezifferte Zahlung oder Rückzahlung des Kindergelds gerichtet sind. Verfahrensbeteiligte, die regelmäßig auf Kindergeldzahlungen angewiesen sind, sollen jedenfalls dann nicht mit unangemessen hohen Gerichtskosten belegt werden, wenn sie einen Anspruch für einen begrenzten Zeitraum geltend machen, der unterhalb des Mindestwerts gelegen ist. Diese Erwägung gilt einmal mehr für denjenigen Ver-

---

19 Änderung durch Art. 3 Nr. Abs. 1 Nr. 18 Buchst. a).
20 Änderung durch Art. 3 Nr. Abs. 1 Nr. 18 Buchst. b).
21 BFH AGS 2008, 96 = DStR 2008, 49 = StE 2008, 24 = NJW-Spezial 2008, 59 = DStRE 2008, 196 = DStZ 2008, 94 = RVGreport 2008, 76; FG Düsseldorf AGS 2007, 568 m. Anm. *N. Schneider* = DStRE 2008, 532; FG Sachsen-Anhalt EFG 2007, 293 = StE 2007, 122; FG Brandenburg EFG 2006, 1704 = StE 2006, 473; FG Köln RVGreport 2007, 355 = EFG 2007, 793 = StE 2007, 315; Thüringer FG EFG 2005, 1563 = FGReport 2005, 84.
22 So aber noch Sächsisches FG AGS 2007, 568 = EFG 2006, 1103.
23 Verfahren über den Rechtsschutz bei überlangen Gerichtsverfahren nach den §§ 198 ff. GVG.

H. § 63 GKG (Wertfestsetzung für die Gerichtsgebühren)

fahrensbeteiligten, der auf Rückzahlung von Kindergeld in Anspruch genommen wird über einen Betrag, der den Mindestwert unterschreitet.

Für Kindergeldverfahren, die auf die Bestimmung des Bezugsberechtigten gerichtet sind, ist nach § 64 Abs. 2 Satz 3 EStG das Familiengericht zuständig. Eine Bewertung nach dem GKG scheidet insoweit aus. Die Bewertung dieser Verfahren ergibt sich aus § 51 Abs. 3 FamGKG, wobei der Wert zukünftig 500,00 EUR betragen soll (siehe § 5 Rn 28). Dies rechtfertigt einmal mehr die Nichtgeltung des Mindestwerts von 1.500,00 EUR in Kindergeldverfahren, da ein sozial vergleichbarer Gegenstand unterschiedlich bemessen würde.

49

III. Abs. 5

Bei der Bewertung der Statusstreitigkeiten im öffentlichen Dienst vor den Gerichten der Verwaltungsgerichtsbarkeit sah der Gesetzgeber Regelungsbedarf.

50

Um eine einheitliche Bewertung zu erreichen soll nach § 52 Abs. 5 GKG[24] künftig auf den Jahresbetrag der Bezüge abgestellt werden. Soweit Sonderzuwendungen gezahlt werden, sind diese in dem Jahresbetrag enthalten. Familienstatusbezogene Elemente der Bezüge sollen auch künftig unberücksichtigt bleiben, damit die Zahl unterhaltspflichtiger Kinder keinen Einfluss auf den Streitwert nimmt.

51

Um einen eindeutigen Jahreszeitraum festzulegen, soll ferner auf das laufende Kalenderjahr abgestellt werden. Da nach § 40 GKG für die Wertberechnung der Zeitpunkt der Antragstellung maßgebend ist, führt dies dazu, dass die zu diesem Zeitpunkt geltenden Bezüge für ein Kalenderjahr zu berechnen sind. Bei Einreichung sind bereits gesetzlich bestimmte Änderungen, die noch im laufenden Kalenderjahr in Kraft treten, zu berücksichtigen. Änderungen der Bezügeansprüche in der Person des Klägers sind dagegen nicht zu berücksichtigen.

52

H. § 63 GKG (Wertfestsetzung für die Gerichtsgebühren)

§ 63 GKG erhält folgende Fassung:[25]

53

> **§ 63 Wertfestsetzung für die Gerichtsgebühren**
>
> (1) Sind Gebühren, die sich nach dem Streitwert richten, mit der Einreichung der Klage-, Antrags-, Einspruchs- oder Rechtsmittelschrift oder mit der Abgabe der entsprechenden Erklärung zu Protokoll fällig, setzt das Gericht sogleich den Wert ohne Anhörung der Parteien durch Beschluss vorläufig fest, wenn Gegenstand des Verfahrens nicht eine bestimmte Geldsumme in Euro ist oder gesetzlich kein fester Wert bestimmt ist. Einwendungen gegen die Höhe des festgesetzten Werts können nur im Verfahren über die Beschwerde gegen den Beschluss, durch den die Tätigkeit des Gerichts aufgrund dieses Gesetzes von der vorherigen Zahlung von Kosten abhängig gemacht wird, geltend gemacht werden. Die Sätze 1 und 2 gelten nicht in Verfahren vor den Gerichten der Finanzgerichtsbarkeit. Die Gebühren sind in diesen Verfahren vorläufig nach dem in § 52 Abs. 4 bestimmten Mindestwert zu bemessen.
>
> (2) Soweit eine Entscheidung nach § 62 Satz 1 nicht ergeht oder nicht bindet, setzt das Prozessgericht den Wert für die zu erhebenden Gebühren durch Beschluss fest, sobald eine Entscheidung über den gesamten Streitgegenstand ergeht oder sich das Verfahren anderweitig erledigt. In Verfahren vor den Gerichten für Arbeitssachen oder der Finanzgerichtsbarkeit gilt dies nur dann, wenn ein Beteiligter oder die Staatskasse die Festsetzung beantragt oder das Gericht sie für angemessen hält.

---

24 Änderung durch Art. 3 Abs. 1 Nr. 18 Buchst. b).
25 Änderung durch Art. 3 Abs. 1 Nr. 19.

> (3) Die Festsetzung kann von Amts wegen geändert werden
> 1. von dem Gericht, das den Wert festgesetzt hat, und
> 2. von dem Rechtsmittelgericht, wenn das Verfahren wegen der Hauptsache oder wegen der Entscheidung über den Streitwert, den Kostenansatz oder die Kostenfestsetzung in der Rechtsmittelinstanz schwebt.
>
> Die Änderung ist nur innerhalb von sechs Monaten zulässig, nachdem die Entscheidung in der Hauptsache Rechtskraft erlangt oder das Verfahren sich anderweitig erledigt hat.

54 Die Vorschrift des § 63 Abs. 3 S. 1 GKG soll lediglich sprachlich verbessert werden. Inhaltliche Änderungen sind damit nicht verbunden. Vorbild der sprachlichen Änderung ist der neue § 79 Abs. 2 GNotKG.

I. Nr. 1900 GKG-KostVerz. (Vergleichsgebühr)

55 In Nr. 1900 GKG-KostVerz. erhält folgende Neufassung:[26]

1900	Abschluss eines gerichtlichen Vergleichs:	
	Soweit ein Vergleich über nicht gerichtlich anhängige Gegenstände geschlossen wird	0,25
	Die Gebühr entsteht nicht im Verfahren über die Prozesskostenhilfe. Im Verhältnis zur Gebühr für das Verfahren im Allgemeinen ist § 36 Abs. 3 GKG entsprechend anzuwenden.	

56 Der bisherige Wortlaut der Nr. 1900 GKG-KostVerz. ist unglücklich formuliert. Nach dem Wortlaut entsteht die Vergleichsgebühr nur, soweit der Wert des Vergleichsgegenstands den Wert des Verfahrensgegenstands übersteigt. Gemeint war aber, wie es jetzt formuliert ist,[27] dass die Vergleichsgebühr entsteht, soweit der Vergleichsgegenstand über den Gegenstand des Verfahrens hinausgeht, also soweit in diesem Verfahren nicht anhängige Gegenstände verglichen werden.

57 *Beispiel 6: Vergleich über nicht anhängige Gegenstände*
In einem Verfahren über eine Forderung i.H.v. 3.000,00 EUR vergleichen sich die Beteiligten über fällige nicht anhängige Beträge i.H.v. 1.000,00 EUR, nicht aber auch über die eingeklagten 3.000,00 EUR.
Der Streitwert des Verfahrens beträgt 3.000,00 EUR, der Wert des Vergleichs 1.000,00 EUR. Der Wert des Vergleichs übersteigt damit nicht den Wert des Verfahrens, sodass strikt nach dem bisherigen Wortlaut die Einigungsgebühr nicht angefallen wäre.
Zutreffend ist hier eine Vergleichsgebühr nach Nr. 1900 GKG-KostVerz. aus 1.000,00 EUR zu berechnen, weil Gegenstand des Vergleichs weitere Gegenstände sind, die nicht Gegenstand des Verfahrens sind oder waren. Das wird jetzt klargestellt.

58 In der Anmerkung wird ein Satz 2 angefügt,[28] der klarstellt, das im Verhältnis zur Gebühr für das Verfahren im Allgemeinen § 36 Abs. 3 GKG entsprechend anzuwenden ist. Diese Änderung geht auf eine Streitfrage zurück, die der Gesetzgeber jetzt geregelt hat. Systematisch hätte diese Regelung an sich in § 36 GKG gehört.

59 In der Rechtsprechung war strittig, ob § 36 Abs. 3 GKG analog auf das Verhältnis von Verfahrens- und Vergleichsgebühr anzuwenden ist, also ob im Falle eines Vergleichs über weitergehende An-

---

[26] Änderung durch Art. 3 Abs. 2 Nr. 25.
[27] Änderung durch Art. 3 Abs. 2 Nr. 25 Buchst. a).
[28] Änderung durch Art. 3 Abs. 2 Nr. 25 Buchst. b).

sprüche die Summe von Verfahrens- und Vergleichsgebühr nicht höher liegen darf als eine Verfahrensgebühr aus dem Gesamtwert von Verfahren und Vergleich. Dem Wortlaut nach wäre dies nicht der Fall, da § 36 Abs. 3 GKG nur von verschiedenen Gebührensätzen spricht und von derselben Gebühr ausgeht.[29] Bei Verfahrens- und Vergleichsgebühr handelt es sich dagegen um verschiedene Gebühren. Andererseits sind beide Gebühren vergleichbar und die Vorschriften für Verfahrensgebühren auch entsprechend auf die Vergleichsgebühr anzuwenden. Hinzu kam das Kuriosum, dass es für die Beteiligten teurer sein konnte, sich über nicht anhängige Gegenstände zu einigen und diese protokollieren zu lassen als die Vergleichsgegenstände zunächst einmal anhängig zu machen und sich dann zu einigen.

Beispiel 7: Vergleich mit Mehrwert 60

Eingeklagt werden 20.000,00 EUR. Im Termin vergleichen sich die Parteien über die Klageforderung und weitere nicht anhängige 5.000,00 EUR.

Ohne eine Kürzung in analoger Anwendung des § 36 Abs. 3 GKG würde neben der 1,0-Verfahrensgebühr (Nrn. 1220, 1221 GKG-KostVerz.) aus dem Wert von 20.000,00 EUR zusätzlich eine 0,25-Vergleichsgebühr (Nr. 1900 GKG-KostVerz.) aus dem Wert von 5.000,00 EUR erhoben:

1. 1,0-Gebühr (Nrn. 1220, 1221 GKG-KostVerz.) aus 20.000,00 EUR   328,00 EUR
2. 0,25-Gebühr (Nr. 1900 GKG-KostVerz.) aus 5.000,00 EUR   32,75 EUR
Gesamt   **360,75 EUR**

Wären die 5.000,00 EUR vor dem Vergleich noch mit anhängig gemacht worden, wäre abzurechnen wie folgt:
1,0-Gebühr (Nrn. 1220, 1221 GKG-KostVerz.) aus 25.000,00 EUR   356,00 EUR

Daher hat bereits das OLG Köln[30] die Auffassung vertreten, dass hier die Begrenzung nach § 36 Abs. 3 GKG analog anzuwenden ist. Diese Rechtsprechung wird nunmehr Gesetz. Abzurechnen ist danach wie folgt:

1. 1,0-Gebühr (Nrn. 1220, 1221 GKG-KostVerz.) aus 20.000,00 EUR   328,00 EUR
2. 0,25-Gebühr (Nr. 1900 GKG-KostVerz.) aus 5.000,00 EUR   32,75 EUR
    gem. § 36 Abs. 6 GKG nicht mehr als 1,0 aus 25.000,00 EUR   356,00 EUR

J. Änderung der Festgebühren

Im gesamten GKG werden nicht nur die Gebührenbeträge angehoben (siehe Rn 24 ff.), sondern auch die Festgebühren.[31] So werden insbesondere die Festgebühren für Beschwerden angehoben, aber auch die Festgebühren in der Zwangsvollstreckung nach den Nrn. 2110 bis 2113 GKG-KostVerz. und zwar von bislang 15,00 EUR auf 20,00 EUR.[32] 61

---

29 So noch zu § 36 Abs. 3 GKG: OLG München AGS 2009, 491 = JurBüro 2009, 491 = OLGR 2009, 722 = MDR 2009, 894.
30 AGS 2010, 337 m. Anm. *Thiel* = NJW-RR 2010, 1512 = NJW-Spezial 2010, 443 = RVGreport 2010, 439 = FamFR 2010, 281.
31 Änderung durch Art. 3 Abs. 2.
32 Änderung durch Art. 3 Abs. 2 Nr. 26.

§ 5 Änderungen des FamGKG

A. Überblick

Auch im FamGKG[1] sind zahlreiche Änderungen vorgesehen. Die nachfolgende Darstellung beschränkt sich auf diejenigen Änderungen, die für die anwaltliche Praxis von besonderer Bedeutung sind.

B. § 1 FamGKG (Geltungsbereich)

§ 1 FamGKG erhält folgende Fassung:[2]

> **§ 1 Geltungsbereich**
>
> (1) In Familiensachen einschließlich der Vollstreckung durch das Familiengericht und für Verfahren vor dem Oberlandesgericht nach § 107 des Gesetzes über das Verfahren in Familiensachen und in den Angelegenheiten der freiwilligen Gerichtsbarkeit werden Kosten (Gebühren und Auslagen) nur nach diesem Gesetz erhoben, soweit nichts anderes bestimmt ist. Dies gilt auch für Verfahren über eine Beschwerde, die mit einem Verfahren nach Satz 1 in Zusammenhang steht. Für das Mahnverfahren werden Kosten nach dem Gerichtskostengesetz erhoben.
>
> (2) Die Vorschriften dieses Gesetzes über die Erinnerung und die Beschwerde gehen den Regelungen der für das zugrunde liegende Verfahren geltenden Verfahrensvorschriften vor.

Eingefügt wird ein neuer Abs. 2. Die bisherige Regelung wird damit zu Abs. 1. Auch hier soll – ebenso wie in § 1 Abs. 6 GNotKG, § 1 Abs. 5 GKG und § 1 Abs. 3 RVG – klargestellt werden, dass für Verfahren über eine Erinnerung und eine Beschwerde ausschließlich die Regelungen des FamGKG gelten und die Verfahrensvorschriften des FamFG oder der ZPO (§ 113 Abs. 1 S. 2 FamFG) nicht anzuwenden sind.

C. § 26 FamGKG (Mehrere Kostenschuldner)

§ 26 FamGKG erhält folgende Fassung:[3]

> **§ 26 Mehrere Kostenschuldner**
>
> (1) Mehrere Kostenschuldner haften als Gesamtschuldner.
>
> (2) Soweit ein Kostenschuldner aufgrund von § 24 Nr. 1 oder Nr. 2 (Erstschuldner) haftet, soll die Haftung eines anderen Kostenschuldners nur geltend gemacht werden, wenn eine Zwangsvollstreckung in das bewegliche Vermögen des ersteren erfolglos geblieben ist oder aussichtslos erscheint. Zahlungen des Erstschuldners mindern seine Haftung aufgrund anderer Vorschriften dieses Gesetzes auch dann in voller Höhe, wenn sich seine Haftung nur auf einen Teilbetrag bezieht.
>
> (3) Soweit einem Kostenschuldner, der aufgrund von § 24 Nr. 1 haftet (Entscheidungsschuldner), Verfahrenskostenhilfe bewilligt worden ist, darf die Haftung eines anderen Kostenschuldners nicht geltend gemacht werden; von diesem bereits erhobene Kosten sind zurück-

---

1 Änderung durch Art. 5.
2 Änderung durch Art. 5 Abs. 1 Nr. 2.
3 Änderung durch Art. 5 Abs. 1 Nr. 13.

§ 5 Änderungen des FamGKG

> zuzahlen, soweit es sich nicht um eine Zahlung nach § 13 Abs. 1 und 3 des Justizvergütungs- und -entschädigungsgesetzes handelt und die Partei, der die Verfahrenskostenhilfe bewilligt worden ist, der besonderen Vergütung zugestimmt hat. Die Haftung eines anderen Kostenschuldners darf auch nicht geltend gemacht werden, soweit dem Entscheidungsschuldner ein Betrag für die Reise zum Ort einer Verhandlung, Anhörung oder Untersuchung und für die Rückreise gewährt worden ist.
> (4) Absatz 3 ist entsprechend anzuwenden, soweit der Kostenschuldner aufgrund des § 24 Nummer 2 haftet, wenn
> 1. der Kostenschuldner die Kosten in einem vor Gericht abgeschlossenen, gegenüber dem Gericht angenommenen oder in einem gerichtlich gebilligten Vergleich übernommen hat,
> 2. der Vergleich einschließlich der Verteilung der Kosten, bei einem gerichtlich gebilligten Vergleich allein die Verteilung der Kosten, von dem Gericht vorgeschlagen worden ist und
> 3. das Gericht in seinem Vergleichsvorschlag ausdrücklich festgestellt hat, dass die Kostenregelung der sonst zu erwartenden Kostenentscheidung entspricht.

5 Zum einen werden in Abs. 3 S. 1 jeweils die Wörter „Verfahrens- oder Prozesskostenhilfe" durch das Wort „Verfahrenskostenhilfe" ersetzt, da es in Familiensachen keine Prozesskostenhilfe gibt, sondern Verfahrenskostenhilfe (§ 113 Abs. 5 Nr. 1 FamFG).

6 Darüber hinaus wird ein neuer Abs. 4 angefügt, der eine vergleichsweise Kostenregelung durch einen bedürftigen Beteiligten ohne Kostennachteile ermöglichen soll. Insoweit kann auf die Ausführungen zur gleich lautenden Änderung des § 31 GKG verwiesen werden (siehe § 4 Rn 8 ff.)

D. § 28 FamGKG (Wertgebühren)

7 § 28 FamGKG erhält folgende Fassung:[4]

> **§ 28 Wertgebühren**
> (1) Wenn sich die Gebühren nach dem Verfahrenswert richten, beträgt die Gebühr bei einem Verfahrenswert bis 500 Euro 35 Euro. Die Gebühr erhöht sich bei einem
>
> | Verfahrenswert bis … Euro | für jeden angefangenen Betrag von weiteren … Euro | um … Euro |
> |---|---|---|
> | 2 000 | 500 | 15 |
> | 10 000 | 1 000 | 17 |
> | 25 000 | 3 000 | 28 |
> | 50 000 | 5 000 | 35 |
> | 200 000 | 15 000 | 105 |
> | 500 000 | 30 000 | 154 |
> | über 500 000 | 50 000 | 150 |
>
> (2) Der Mindestbetrag einer Gebühr ist 15 Euro.

8 Ebenso wie im GKG werden auch im FamGKG die Gebührenbeträge angehoben. Dabei soll die Gebührentabelle in ihrer Struktur an die Tabelle A (§ 34 Abs. 2 GNotKG) angepasst werden. Die

---

4 Änderung durch Art. 5 Abs. 1 Nr. 14.

unterste Gebührenstufe wird auch hier von bis 300,00 EUR auf bis 500,00 EUR angehoben. Eine Gebührentabelle nach den möglichen Gebührensätzen des FamGKG findet sich im Anhang § 8 I (siehe § 8 Rn 9).

Darüber hinaus wird der Mindestbetrag einer Gebühr wie in allen Kostengesetzen von 10,00 EUR auf 15,00 EUR angehoben.

E. § 36 FamGKG (Genehmigung einer Erklärung oder deren Ersetzung)

§ 36 FamGKG erhält folgende Fassung:[5]

> **§ 36 Genehmigung einer Erklärung oder deren Ersetzung**
> (1) Wenn in einer vermögensrechtlichen Angelegenheit Gegenstand des Verfahrens die Genehmigung einer Erklärung oder deren Ersetzung ist, bemisst sich der Verfahrenswert nach dem Wert des zugrunde liegenden Geschäfts. § 38 des Gerichts- und Notarkostengesetzes und die für eine Beurkundung geltenden besonderen Geschäftswert- und Bewertungsvorschriften des Gerichts- und Notarkostengesetzes sind entsprechend anzuwenden.
> (2) Mehrere Erklärungen, die denselben Gegenstand betreffen, insbesondere der Kauf und die Auflassung oder die Schulderklärung und die zur Hypothekenbestellung erforderlichen Erklärungen, sind als ein Verfahrensgegenstand zu bewerten.
> (3) Der Wert beträgt in jedem Fall höchstens 1 Million Euro.

Anstelle einer Verweisung auf zahlreiche Einzelvorschriften soll pauschal auf die für eine Beurkundung vorgesehenen besonderen Geschäftswert- und Bewertungsvorschriften des GNotKG verwiesen werden. Dies sind die für Gerichte und Notare geltenden besonderen Geschäftswertvorschriften in Kapitel 1 Abschnitt 7 Unterabschnitt 2 GNotKG (§§ 40 bis 45 GNotKG) und die für Beurkundungen geltenden besonderen Wertvorschriften in Kapitel 3 Abschnitt 4 Unterabschnitt 2 GNotKG (§§ 97 bis 111 GNotKG). Ferner soll ausdrücklich auf das Schuldenabzugsverbot in § 38 GNotKG verwiesen werden, das zu den allgemeinen Geschäftswertvorschriften gehört.

F. § 38 FamGKG (Stufenantrag)

§ 38 FamGKG erhält folgende Fassung:[6]

> **§ 38 Stufenantrag**
> Wird mit dem Antrag auf Rechnungslegung oder auf Vorlegung eines Vermögensverzeichnisses oder auf Abgabe einer eidesstattlichen Versicherung der Antrag auf Herausgabe desjenigen verbunden, was der Antragsgegner aus dem zugrunde liegenden Rechtsverhältnis schuldet, ist für die Wertberechnung nur einer der verbundenen Ansprüche, und zwar der höhere, maßgebend.

Ersetzt wird in der Überschrift das Wort „Stufenklageantrag" durch das Wort „Stufenantrag" und im Text jeweils das Wort „Klageantrag" durch das Wort „Antrag". Diese Änderungen dienen le-

---

[5] Änderung durch Art. 5 Abs. 1 Nr. 15.
[6] Änderung durch Art. 5 Abs. 1 Nr. 16.

diglich der redaktionellen Vereinheitlichung des Sprachgebrauchs, da es in Familiensachen keine Klagen, sondern nur Anträge gibt (§ 113 Abs. 5 Nr. 2 FamFG).

G. § 39 FamGKG (Antrag und Widerantrag)

14 § 39 FamGKG erhält folgende Fassung:[7]

> **§ 39 Antrag- und Widerantrag, Hilfsanspruch, wechselseitige Rechtsmittel, Aufrechnung**
>
> (1) Mit einem Antrag und einem Widerantrag geltend gemachte Ansprüche, die nicht in getrennten Verfahren verhandelt werden, werden zusammengerechnet. Ein hilfsweise geltend gemachter Anspruch wird mit dem Hauptanspruch zusammengerechnet, soweit eine Entscheidung über ihn ergeht. Betreffen die Ansprüche im Fall des Satzes 1 oder des Satzes 2 denselben Gegenstand, ist nur der Wert des höheren Anspruchs maßgebend.
>
> (2) Für wechselseitig eingelegte Rechtsmittel, die nicht in getrennten Verfahren verhandelt werden, ist Absatz 1 Satz 1 und 3 entsprechend anzuwenden.
>
> (3) Macht ein Beteiligter hilfsweise die Aufrechnung mit einer bestrittenen Gegenforderung geltend, erhöht sich der Wert um den Wert der Gegenforderung, soweit eine der Rechtskraft fähige Entscheidung über sie ergeht.
>
> (4) Bei einer Erledigung des Verfahrens durch Vergleich sind die Absätze 1 bis 3 entsprechend anzuwenden.

15 Ersetzt werden in der Überschrift die Wörter „Klage- und Widerklageantrag" durch die Wörter „Antrag und Widerantrag". Im Text werden die Wörter „Klage- und einem Widerklageantrag" durch die Wörter „Antrag und einem Widerantrag" ersetzt. Auch diese Änderungen dienen lediglich der redaktionellen Vereinheitlichung des Sprachgebrauchs, da es in Familiensachen keine Klagen, sondern nur Anträge gibt.

H. § 40 FamGKG (Rechtsmittelverfahren)

16 § 40 FamGKG erhält folgende Fassung:[8]

> **§ 40 Rechtsmittelverfahren**
>
> (1) Im Rechtsmittelverfahren bestimmt sich der Verfahrenswert nach den Anträgen des Rechtsmittelführers. Endet das Verfahren, ohne dass solche Anträge eingereicht werden, oder werden, wenn eine Frist für die Rechtsmittelbegründung vorgeschrieben ist, innerhalb dieser Frist Rechtsmittelanträge nicht eingereicht, ist die Beschwer maßgebend.
>
> (2) Der Wert ist durch den Wert des Verfahrensgegenstands des ersten Rechtszugs begrenzt. Dies gilt nicht, soweit der Gegenstand erweitert wird.
>
> (3) Im Verfahren über den Antrag auf Zulassung der Sprungrechtsbeschwerde ist Verfahrenswert der für das Rechtsmittelverfahren maßgebende Wert.

17 Nach dem Vorbild des § 40 FamGKG, dem § 47 GKG, ist der Wert der Beschwer maßgebend, wenn ein Rechtsmittelantrag gestellt wird, dieser aber nicht innerhalb der für die Rechtsmittelbegründung vorgeschriebenen Frist bei Gericht eingegangen ist. In Familiensachen gilt dies

---

[7] Änderung durch Art. 5 Abs. 1 Nr. 17.
[8] Änderung durch Art. 5 Abs. 1 Nr. 18.

dem Wortlaut nach nur für die Rechtsbeschwerde nach §§ 70 ff. FamFG. Für die Beschwerde nach §§ 58 ff. FamFG gilt diese Regelung dem Wortlaut nach dagegen nicht. Das würde bedeuten, dass auch Rechtsmittelanträge nach Ablauf der Beschwerdebegründungsfrist beachtlich wären und zu einer Reduzierung des Verfahrenswerts führen können. Das war nicht gewollt.[9] Die Rechtsprechung hat daher hier zu Recht eine Lücke angenommen und auch bei einer verspäteten Beschwerdebegründung den vollen Wert der Beschwer festgesetzt.[10] Der Gesetzgeber hat jetzt diese Lücke geschlossen.

I. § 42 FamGKG (Auffangwert)

§ 42 FamGKG erhält folgende Fassung:[11] 18

> **§ 42 Auffangwert**
>
> (1) Soweit in einer vermögensrechtlichen Angelegenheit der Verfahrenswert sich aus den Vorschriften dieses Gesetzes nicht ergibt und auch sonst nicht feststeht, ist er nach billigem Ermessen zu bestimmen.
>
> (2) Soweit in einer nichtvermögensrechtlichen Angelegenheit der Verfahrenswert sich aus den Vorschriften dieses Gesetzes nicht ergibt, ist er unter Berücksichtigung aller Umstände des Einzelfalls, insbesondere des Umfangs und der Bedeutung der Sache und der Vermögens- und Einkommensverhältnisse der Beteiligten, nach billigem Ermessen zu bestimmen, jedoch nicht über 500 000 Euro.
>
> (3) Bestehen in den Fällen der Absätze 1 und 2 keine genügenden Anhaltspunkte, ist von einem Wert von 5 000 Euro auszugehen.

Der Ausgangswert bei fehlenden Anhaltspunkten für eine Wertfestsetzung nach § 42 Abs. 1 u. 2 FamGKG soll von 3.000,00 EUR auf 5.000,00 EUR abgehoben werden und insoweit mit der in § 36 Abs. 3 GNotKG (Allgemeiner Geschäftswert) gleichermaßen festgelegten Höhe korrespondieren. 19

J. § 43 FamGKG (Ehesachen)

§ 43 FamGKG erhält folgende Fassung:[12] 20

> **§ 43 Ehesachen**
>
> (1) In Ehesachen ist der Verfahrenswert unter Berücksichtigung aller Umstände des Einzelfalls, insbesondere des Umfangs und der Bedeutung der Sache und der Vermögens- und Einkommensverhältnisse der Ehegatten, nach Ermessen zu bestimmen. Der Wert darf nicht unter 3 000 Euro und nicht über 1 Million Euro angenommen werden.
>
> (2) Für die Einkommensverhältnisse ist das in drei Monaten erzielte Nettoeinkommen der Ehegatten einzusetzen.

Der Mindestverfahrenswert in Ehesachen, der seit 1976 nicht mehr angepasst worden ist, soll von 2.000,00 EUR auf 3.000,00 EUR angehoben werden.

---

9 Siehe ausführlich *N. Schneider*, Verfahrenswert im Rechtsmittelverfahren – Lücken des § 40 FamGKG, NJW-Spezial 2012, 91.
10 OLG Hamburg AGS 2012, 490 = FamFR 2012, 422.
11 Änderung durch Art. 5 Abs. 1 Nr. 19.
12 Änderung durch Art. 5 Abs. 1 Nr. 20.

§ 5 Änderungen des FamGKG

K. § 46 FamGKG (Übrige Kindschaftssachen)

21 § 46 FamGKG erhält folgende Fassung:[13]

> **§ 46 Übrige Kindschaftssachen**
> (1) Wenn Gegenstand einer Kindschaftssache eine vermögensrechtliche Angelegenheit ist, gelten § 38 des Gerichts- und Notarkostengesetzes und die für eine Beurkundung geltenden besonderen Geschäftswert- und Bewertungsvorschriften des Gerichts- und Notarkostengesetzes entsprechend.
> (2) Bei Pflegschaften für einzelne Rechtshandlungen bestimmt sich der Verfahrenswert nach dem Wert des Gegenstands, auf den sich die Rechtshandlung bezieht. Bezieht sich die Pflegschaft auf eine gegenwärtige oder künftige Mitberechtigung, ermäßigt sich der Wert auf den Bruchteil, der dem Anteil der Mitberechtigung entspricht. Bei Gesamthandsverhältnissen ist der Anteil entsprechend der Beteiligung an dem Gesamthandvermögen zu bemessen.
> (3) Der Wert beträgt in jedem Fall höchstens 1 Million Euro.

22 In Abs. 1 wird die bisherige Verweisung auf die §§ 18 Abs. 3, 19 bis 25, 39 Abs. 2 und § 46 Abs. 4 KostO, die mit Inkrafttreten des 2. KostRMoG aufgehoben werden, durch die Verweisung auf § 38 GNotKG und die für eine Beurkundung geltenden besonderen Geschäftswert- und Bewertungsvorschriften des GNotKG ersetzt.

23 In Abs. 2 S. 1 werden die Wörter „der Rechtshandlung" durch die Wörter „des Gegenstands, auf den sich die Rechtshandlung bezieht" ersetzt.

24 Beide Formulierungen sollen redaktionell an die für § 63 GNotKG vorgesehene Formulierung angepasst werden.

L. § 51 FamGKG (Unterhaltssachen)

25 § 51 FamGKG erhält folgende Fassung:[14]

> **§ 51 Unterhaltssachen und sonstige den Unterhalt betreffende Familiensachen**
> (1) In Unterhaltssachen und in sonstigen den Unterhalt betreffenden Familiensachen, soweit diese jeweils Familienstreitsachen sind und wiederkehrende Leistungen betreffen, ist der für die ersten zwölf Monate nach Einreichung des Antrags geforderte Betrag maßgeblich, höchstens jedoch der Gesamtbetrag der geforderten Leistung. Bei Unterhaltsansprüchen nach den §§ 1612a bis 1612c des Bürgerlichen Gesetzbuchs ist dem Wert nach Satz 1 der Monatsbetrag des zum Zeitpunkt der Einreichung des Antrags geltenden Mindestunterhalts nach der zu diesem Zeitpunkt maßgebenden Altersstufe zugrunde zu legen.
> (2) Die bei Einreichung des Antrags fälligen Beträge werden dem Wert hinzugerechnet. Der Einreichung des Antrags wegen des Hauptgegenstands steht die Einreichung eines Antrags auf Bewilligung der Verfahrenskostenhilfe gleich, wenn der Antrag wegen des Hauptgegenstands alsbald nach Mitteilung der Entscheidung über den Antrag auf Bewilligung der Verfahrenskostenhilfe oder über eine alsbald eingelegte Beschwerde eingereicht wird. Die Sätze 1 und 2 sind im vereinfachten Verfahren zur Festsetzung von Unterhalt Minderjähriger entsprechend anzuwenden.

---

[13] Änderung durch Art. 5 Abs. 1 Nr. 21.
[14] Änderung durch Art. 5 Abs. 1 Nr. 22.

M. § 55 FamGKG (Wertfestsetzung für die Gerichtsgebühren)   § 5

> (3) In Unterhaltssachen, die nicht Familienstreitsachen sind, beträgt der Wert 500 Euro. Ist der Wert nach den besonderen Umständen des Einzelfalls unbillig, kann das Gericht einen höheren Wert festsetzen.

Die Vorschriften der Abs. 1 und 2 sollten nach dem Willen des Gesetzgebers ausweislich der Begründung zum FGG-ReformG sowohl für gesetzliche als auch für vertragliche Unterhaltsansprüche gelten. Der Gesetzgeber wollte die frühere Differenzierung nach dem GKG nicht beibehalten, weil er für eine unterschiedliche Behandlung keine sachlichen Gründe mehr sah.[15] Nach dem derzeitigen Wortlaut des Gesetzes gilt § 51 FamGKG aber nach wie vor nur für gesetzliche Unterhaltsansprüche. Die Vorschriften der Abs. 1 und 2 stellen ausdrücklich auf „Unterhaltssachen" ab. Unterhaltssachen sind nach der Legaldefiniton des § 231 Abs. 1 FamFG aber nur Verfahren, die gesetzliche Unterhaltsansprüche betreffen. Verfahren über vertragliche Unterhaltsansprüche sind zwar auch Familiensachen (§ 266 FamFG), aber keine Unterhaltssachen, sondern sonstige Familienstreitsachen. Dieser Widerspruch zwischen Gesetzestext und -begründung soll durch den Einschub „und in sonstigen den Unterhalt betreffenden Familiensachen" aufgelöst werden, sodass jetzt klar ist, dass auch Streitigkeiten über vertragliche Unterhaltsansprüche nach § 51 FamGKG bewertet werden. 26

In Abs. 1 werden darüber hinaus jeweils die Wörter „des Klageantrags oder" gestrichen und in Abs. 2 S. 1 wird das Wort „Klageantrags" durch das Wort „Antrags" ersetzt. Darüber hinaus wird Abs. 2 S. 2 neu gefasst. Diese Änderungen dienen lediglich der redaktionellen Vereinheitlichung des Sprachgebrauchs. 27

In Abs. 3 S. 1 wird der Regelwert von 300,00 EUR auf 500,00 EUR angehoben. Diese Änderung ist allerdings überflüssig, da durch die neue Strukturierung der Gebührentabelle des § 28 FamGKG (siehe Rn 7) der Regelwert des § 51 Abs. 3 FamGKG nach wie vor in der untersten Gebührenstufe bleibt. 28

M. § 55 FamGKG (Wertfestsetzung für die Gerichtsgebühren)

§ 55 FamGKG erhält folgende Fassung:[16] 29

> **§ 55 Wertfestsetzung für die Gerichtsgebühren**
> (1) Sind Gebühren, die sich nach dem Verfahrenswert richten, mit der Einreichung des Antrags, der Einspruchs- oder der Rechtsmittelschrift oder mit der Abgabe der entsprechenden Erklärung zu Protokoll fällig, setzt das Gericht sogleich den Wert ohne Anhörung der Beteiligten durch Beschluss vorläufig fest, wenn Gegenstand des Verfahrens nicht eine bestimmte Geldsumme in Euro ist oder für den Regelfall kein fester Wert bestimmt ist. Einwendungen gegen die Höhe des festgesetzten Werts können nur im Verfahren über die Beschwerde gegen den Beschluss, durch den die Tätigkeit des Gerichts aufgrund dieses Gesetzes von der vorherigen Zahlung von Kosten abhängig gemacht wird, geltend gemacht werden.
> (2) Soweit eine Entscheidung nach § 54 nicht ergeht oder nicht bindet, setzt das Gericht den Wert für die zu erhebenden Gebühren durch Beschluss fest, sobald eine Entscheidung über den gesamten Verfahrensgegenstand ergeht oder sich das Verfahren anderweitig erledigt.
> (3) Die Festsetzung kann von Amts wegen geändert werden
> 1. von dem Gericht, das den Wert festgesetzt hat, und

---

15 Begr. RegE, BT-Drucks. 16/6308, S. 307.
16 Änderung durch Art. 5 Abs. 1 Nr. 23.

> 2. von dem Rechtsmittelgericht, wenn das Verfahren wegen des Hauptgegenstands der wegen der Entscheidung über den Verfahrenswert, den Kostenansatz oder die Kostenfestsetzung in der Rechtsmittelinstanz schwebt.
>
> Die Änderung ist nur innerhalb von sechs Monaten zulässig, nachdem die Entscheidung wegen des Hauptgegenstands Rechtskraft erlangt oder das Verfahren sich anderweitig erledigt hat.

30 In Abs. 1 S. 1 werden aus redaktionellen Gründen die Wörter „des Klageantrags" gestrichen.

31 Die Neufassung des § 55 Abs. 3 FamGKG gleicht die Formulierung sprachlich an § 79 Abs. 2 GNotKG an. Inhaltliche Änderungen sind damit nicht verbunden.

N. § 58 FamGKG (Beschwerde gegen die Anordnung einer Vorauszahlung)

32 § 58 FamGKG erhält folgende Fassung:[17]

> **§ 58 Beschwerde gegen die Anordnung einer Vorauszahlung**
>
> (1) Gegen den Beschluss, durch den die Tätigkeit des Familiengerichts nur aufgrund dieses Gesetzes von der vorherigen Zahlung von Kosten abhängig gemacht wird, und wegen der Höhe des in diesem Fall im Voraus zu zahlenden Betrags findet stets die Beschwerde statt. § 57 Abs. 3, 4 Satz 1 und 4, Abs. 5, 7 und 8 ist entsprechend anzuwenden. Soweit sich der Beteiligte in dem Verfahren wegen des Hauptgegenstands vor dem Familiengericht durch einen Bevollmächtigten vertreten lassen muss, gilt dies auch im Beschwerdeverfahren.
>
> (2) Im Fall des § 16 Abs. 2 ist § 57 entsprechend anzuwenden.

O. Nr. 1315 FamGKG-KostVerz. (Beendigung des gesamten Verfahrens ohne Endentscheidung)

33 Nr. 1315 FamGKG-KostVerz. wird durch einen neuen Abs. 3 ergänzt:[18]

1315	Beendigung des gesamten Verfahrens ohne Endentscheidung: Die Gebühr Nr. 1314 ermäßigt sich auf	0,5
	(1) Wenn die Entscheidung nicht durch Vorlesen der Entscheidungsformel bekannt gegeben worden ist, ermäßigt sich die Gebühr auch im Fall der Zurücknahme der Beschwerde vor Ablauf des Tages, an dem die Endentscheidung der Geschäftsstelle übermittelt wird.	
	(2) Eine Entscheidung über die Kosten steht der Ermäßigung nicht entgegen, wenn die Entscheidung einer zuvor mitgeteilten Einigung über die Kostentragung oder einer Kostenübernahmeerklärung folgt.	
	(3) Die Billigung eines gerichtlichen Vergleichs (§ 156 Abs. 2 FamFG) steht der Ermäßigung nicht entgegen.	

34 Der Gesetzgeber hat Nr. 1315 FamGKG-KostVerz. klarstellend deshalb um einen Abs. 3 komplementiert, weil umstritten ist, inwieweit der Beschluss nach § 156 Abs. 2 FamFG eine Endentscheidung i.S.d. § 38 FamFG darstellt. Insoweit war bisher auch fraglich, ob eine Gebührenermäßigung eintritt, wenn ein gerichtlicher Vergleich gebilligt wird. Da der Arbeitsaufwand bei einer gericht-

---

17 Änderung durch Art. 5 Abs. 1 Nr. 24.
18 Änderung durch Art. 5 Abs. 2 Nr. 7.

lichen Billigung eines Vergleichs eindeutig geringer ist als bei einer streitigen Entscheidung, stellt Anm. Abs. 3 die Ermäßigung der Gebühr der Nr. 1314 FamGKG-KostVerz. ausdrücklich auch bei gerichtlicher Billigung eines Vergleichs fest.

P. Nr. 1500 FamGKG-KostVerz. (Vergleichsgebühr)

Nr. 1500 FamGKG-KostVerz. erhält folgende Neufassung:[19]   35

1500	Abschluss eines gerichtlichen Vergleichs:	
	Soweit ein Vergleich über nicht gerichtlich anhängige Gegenstände geschlossen wird	0,25
	Die Gebühr entsteht nicht im Verfahren über die Verfahrenskostenhilfe.	
	Im Verhältnis zur Gebühr für das Verfahren im Allgemeinen ist § 30 Abs. 3 FamGKG entsprechend anzuwenden.	

Der bisherige Wortlaut der Nr. 1500 FamGKG-KostVerz. ist unglücklich formuliert. Die Änderung dient der gleichen Klarstellung wie die in Nr. 1900 GKG-KostVerz (siehe dazu § 4 Rn 55).   36

Darüber hinaus werden in der Anmerkung die Wörter „Verfahrens- oder Prozesskostenhilfe" durch das Wort „Verfahrenskostenhilfe" ersetzt.[20] Insoweit handelt es sich nur um eine sprachliche Änderung.   37

Schließlich wird in der Anmerkung ein Satz 2 angefügt, der klarstellt, dass im Verhältnis zur Gebühr für das Verfahren im Allgemeinen § 30 Abs. 3 FamGKG entsprechend anzuwenden ist.[21] Insoweit kann auf die inhaltsgleiche Änderung zu Nr. 1900 GKG-KostVerz Bezug genommen werden (siehe § 4 Rn 55).   38

Q. Nr. 1800 FamGKG-KostVerz. (Rüge wegen Verletzung des Anspruchs auf rechtliches Gehör)

Nr. 1800 FamGKG-KostVerz. wie folgt geändert:[22]   39

1800	Verfahren über die Rüge wegen Verletzung des Anspruchs auf rechtliches Gehör (§§ 44, 113 Abs. 1 Satz 2 FamFG, § 321a ZPO):	
	Die Rüge wird in vollem Umfang verworfen oder zurückgewiesen ..	60,00 €

Bislang wird in Nr. 1800 FamGKG-KostVerz. alleine die Gehörsrüge nach § 44 FamFG erwähnt. Diese gilt aber nur für Verfahren in Ehe- und Folgesachen, Familiensachen der freiwilligen Gerichtsbarkeit, Verfahren mit Auslandsbezug und Vollstreckungsverfahren nach dem FamFG. Soweit das FamFG auf die Vorschriften der ZPO verweist, richtet sich die Gehörsrüge gem. § 113 Abs. 1 S. 1 FamFG nach den Vorschriften der ZPO, also nach § 321a ZPO. Für diese Gehörsrüge ist allerdings kein Gebührentatbestand vorgesehen. Aufgrund des im Kostenrecht geltenden Analogieverbotes darf daher hier keine Gebühr erhoben werden.[23] Um diese Lücke zu schließen, wird nunmehr auch die Gehörsrüge nach § 321a ZPO in den Tatbestand der Nr. 1800 FamGKG-KostVerz. aufgenommen.   40

Darüber hinaus wird die Festgebühr von bisher 50,00 EUR auf 60,00 EUR angehoben.   41

---

19 Änderung durch Art. 5 Abs. 2 Nr. 11.
20 Änderung durch Art. 5 Abs. 2 Nr. 11 Buchst. b) aa).
21 Änderung durch Art. 5 Abs. 2 Nr. 11 Buchst. b) bb).
22 Änderung durch Art. 5 Abs. 2 Nr. 25.
23 Zutreffend OLG Köln, Beschl. v. 16.10.2012 – 27 UF 47/12, zur Veröffentlichung vorgesehen in AGS 2012, Heft 11.

§ 6 Änderungen des JVEG

A. Überblick

Nach § 91 Abs. 1 S. 2, 1. Hs. ZPO umfasst die Kostenerstattung auch die Entschädigung des Gegners für die durch notwendige Reisen oder durch die notwendige Wahrnehmung von Terminen entstandene Zeitversäumnis. Insoweit gelten gem. § 91 Abs. 1 S. 2, 2. Hs. ZPO die für die Entschädigung von Zeugen geltenden Vorschriften entsprechend, also die Vorschriften des JVEG.[1]

Unerheblich ist, ob das persönliche Erscheinen der Partei vom Gericht angeordnet war.[2] Erstattungsfähig sind grundsätzlich alle Kosten, die durch die Terminswahrnehmung entstanden sind, also insbesondere Reisekosten, sonstige Aufwendungen anlässlich der Reise und auch Verdienstausfall oder Entschädigung für Zeitversäumnis.

B. Reisekosten

Von den Änderungen des 2. KostRMoG unberührt bleibt – ebenso wie beim Anwalt – die Höhe der zu erstattenden Reisekosten. Fahrtkosten bei Benutzung eines Pkw werden gem. § 5 Abs. 2 JVEG nach wie vor mit 0,25 EUR/km erstattet.

C. Entschädigung für Zeitversäumnis

I. Überblick

Änderungen ergeben sich lediglich bei den Kosten der Zeitversäumnis nach den §§ 20 ff. JVEG.

II. Zeitversäumnis

§ 20 JVEG erhält folgende Neufassung:[3]

> **§ 20 Entschädigung für Zeitversäumnis**
> Die Entschädigung für Zeitversäumnis beträgt 3,50 Euro je Stunde, soweit weder für einen Verdienstausfall noch für Nachteile bei der Haushaltsführung eine Entschädigung zu gewähren ist, es sei denn, dem Zeugen ist durch seine Heranziehung ersichtlich kein Nachteil entstanden.

Die Entschädigung für Zeitversäumnis wird von bisher 3,00 EUR auf 3,50 EUR angehoben.

III. Nachteile bei der Haushaltsführung

§ 21 JVEG erhält folgende Neufassung:[4]

> **§ 21 Entschädigung für Nachteile bei der Haushaltsführung**
> Zeugen, die einen eigenen Haushalt für mehrere Personen führen, erhalten eine Entschädigung für Nachteile bei der Haushaltsführung von 14 Euro je Stunde, wenn sie nicht erwerbs-

---

[1] Änderung durch Art. 7 Nrn. 16, 17 und 18.
[2] OLG Koblenz AGS 2010, 102 m. Anm. *N. Schneider* = JurBüro 2010, 210 = FamRZ 2010, 1104 = NJW-Spezial 2010, 187; LG Saarbrücken AGS 2012, 496.
[3] Änderung durch Art. 7 Nr. 16.
[4] Änderung durch Art. 7 Nr. 17.

> tätig sind oder wenn sie teilzeitbeschäftigt sind und außerhalb ihrer vereinbarten regelmäßigen täglichen Arbeitszeit herangezogen werden. Die Entschädigung von Teilzeitbeschäftigten wird für höchstens zehn Stunden je Tag gewährt abzüglich der Zahl an Stunden, die der vereinbarten regelmäßigen täglichen Arbeitszeit entspricht. Die Entschädigung wird nicht gewährt, soweit Kosten einer notwendigen Vertretung erstattet werden.

8 Die Entschädigung für Nachteile bei der Haushaltsführung wird von bisher 12,00 EUR auf 14,00 EUR angehoben.

IV. Verdienstausfall

9 § 22 JVEG erhält folgende Neufassung:[5]

> **§ 22 Entschädigung für Verdienstausfall**
> Zeugen, denen ein Verdienstausfall entsteht, erhalten eine Entschädigung, die sich nach dem regelmäßigen Bruttoverdienst einschließlich der vom Arbeitgeber zu tragenden Sozialversicherungsbeiträge richtet und für jede Stunde höchstens 21 Euro beträgt. Gefangene, die keinen Verdienstausfall aus einem privatrechtlichen Arbeitsverhältnis haben, erhalten Ersatz in Höhe der entgangenen Zuwendung der Vollzugsbehörde.

10 Die Höchstentschädigung für Verdienstausfall wird von 17,00 EUR auf 21,00 EUR angehoben.

---

5 Änderung durch Art. 7 Nr. 18.

§ 7 Übergangsrecht

A. Überblick

Das 2. KostRMoG wird zum 1.7.2013 in Kraft treten.

> **Artikel 43 Inkrafttreten**
> Das Gesetz tritt am 1. Juli 2013 in Kraft.

Ab dem 1.7.2013 wird sich häufig die Frage stellen, welches Recht im betreffenden Verfahren anzuwenden ist, bzw. nach welchem Recht der Anwalt seine Vergütung abrechnet. Dabei sind verschiedene Übergangsregelungen zu beachten, je nachdem, um welche Gesetzesanwendung es geht.

Während in dem neu eingeführten GNotKG gesonderte Übergangsregelungen aus Anlass des Inkrafttretens dieses Gesetzes erforderlich waren (§§ 134, 136 GNotKG), konnte in den anderen Gesetzen, die lediglich geändert worden sind, auf die bestehenden Übergangsregelungen zurückgegriffen werden.

B. RVG

I. Überblick

Im Anwendungsbereich des RVG richtet sich das Übergangsrecht nach § 60 RVG. Dabei sind drei Grundsätze zu beachten:

II. Allgemeiner Grundsatz

Wie in allen Übergangsfällen gilt auch hier, dass es grundsätzlich auf den Tag der unbedingten Auftragserteilung zur Erledigung derselben Angelegenheit i.S. § 15 RVG ankommt, bzw. auf den Tag der Bestellung oder Beiordnung (§ 60 Abs. 1 S. 1 RVG). Vereinfacht ausgedrückt:

- Ist dem Anwalt der Auftrag vor dem 1.7.2013 erteilt worden, ist er vor diesem Tag bestellt oder beigeordnet worden, dann gilt nach wie vor noch altes Recht.
- Ist der Anwalt nach dem 30.6.2013 beauftragt, beigeordnet oder bestellt worden, gilt bereits neues Recht.

Zu beachten ist, dass auf die jeweilige Auftragserteilung, Bestellung oder Beiordnung zur jeweiligen Angelegenheit i.S.d. § 15 RVG abzustellen ist. Dies kann dazu führen, dass sich während eines laufenden Mandats das zugrunde liegende Recht ändert, wenn eine neue Angelegenheit beginnt.

> *Beispiel 1: Außergerichtliche Vertretung/gerichtliches Verfahren*
>
> Der Anwalt wird im Mai 2013 außergerichtlich beauftragt. Im August 2013 erhält er Klageauftrag.
>
> Die Geschäftgebühr (Nr. 2300 VV RVG) richtet sich nach den Gebührenbeträgen des § 13 RVG a.F.; der Rechtsstreit dagegen bereits nach den Gebührenbeträgen des § 13 RVG n.F. Angerechnet (Vorbem. 3 Abs. 4 VV RVG) wird die hälftige Geschäftsgebühr nach den alten Gebührenbeträgen.

8 *Beispiel 2: Mahnverfahren/streitiges Verfahren*

Der Anwalt wird im Mai 2013 mit der Einleitung eines Mahnverfahrens beauftragt. Im September 2013 erhält er den Auftrag zur Durchführung des streitigen Verfahrens.

Mahnverfahren und streitiges Verfahren sind unterschiedliche Angelegenheiten (§ 16 Nr. 4 RVG). Für das Mahnverfahren gelten die alten Gebührenbeträge des § 13 RVG a.F., für das streitige Verfahren die neuen Beträge. Angerechnet (Anm. zu Nr. 3305 VV RVG) wird nach den alten Gebührenbeträgen.

9 *Beispiel 3: Beweisverfahren/Hauptsacheverfahren*

Der Anwalt erhält im April 2013 den Auftrag für ein selbstständiges Beweisverfahren; im November 2013 wird das Hauptsacheverfahren eingeleitet.

Das Beweisverfahren richtet sich nach den alten Gebührenbeträgen, der Hauptsacheprozess nach den neuen Gebührenbeträgen. Angerechnet (Vorbem. 3 Abs. 5 VV RVG) wird nach den alten Gebührenbeträgen.

10 Die Anwendung dieses Grundsatzes kann dazu führen, dass der Anwalt der einen Partei bereits nach neuem Recht abrechnet, während der andere noch nach altem Recht abzurechnen hat.

11 *Beispiel 4: Unterschiedliches Recht für mehrere Anwälte*

Anwalt A erhebt für den Kläger im Juni 2013 Klage. Die Klage wird dem Beklagten im Juli zugestellt, worauf dieser Anwalt B mit seiner Vertretung beauftragt. Später legt Anwalt A das Mandat nieder, sodass der Kläger nunmehr Anwalt C beauftragt.

Für Anwalt A gilt altes Recht, da er vor dem 1.7.2013 beauftragt worden ist. Für die Anwälte B und C gilt dagegen bereits neues Recht, da ihnen der Auftrag erst nach dem 30.6.2013 erteilt worden ist.

III. Rechtsmittelverfahren

1. Überblick

12 In Rechtsmittelverfahren gilt der allgemeine Grundsatz nicht uneingeschränkt. Hier ist zu differenzieren, ob der Anwalt vorinstanzlich tätig war oder nicht.

2. Keine vorinstanzliche Tätigkeit

13 Wird der Anwalt mit einem Rechtsmittel beauftragt und war er vorinstanzlich nicht tätig, bleibt es beim allgemeinen Grundsatz (siehe Rn 5 ff.). Es kommt auf die Auftragserteilung an.

14 *Beispiel 5: Rechtsmittelverfahren ohne Vorbefassung (I)*

Die Partei hat ein Erbscheinverfahren selbst betrieben und beauftragt den Anwalt im Juni 2013, Beschwerde einzulegen.

a) Die Beschwerde wird noch im Juni 2013 eingereicht.
b) Die Beschwerde wird erst im Juli 2013 eingereicht.

Da es ausschließlich auf die Auftragserteilung ankommt, gilt das im Juni 2013 geltende Recht. Der Anwalt erhält also nur die Gebühren nach Teil 3 Abschnitt 5 VV RVG (Nrn. 3500 VV RVG – 0,5-Gebühren) nach den Beträgen des § 13 RVG a.F. Auf das Datum der Einlegung der Beschwerde kommt es nicht an.

Beispiel 6: Rechtsmittelverfahren ohne Vorbefassung (II)
Wie vorangegangenes Beispiel; der Auftrag zur Beschwerde wird jedoch erst im Juli 2013 erteilt.
Jetzt erhält der Anwalt nach Vorbem. 3.2.1 Nr. 2 Buchst. b) VV RVG n.F. die Gebühren eines Berufungsverfahrens nach den Nrn. 3200 ff. VV RVG und zwar nach den Gebührenbeträgen des § 13 RVG n.F.

3. Anwalt war vorbefasst

Wird der Anwalt im Rechtsmittelverfahren beauftragt und war er bereits in der Vorinstanz tätig, dann gilt nach § 60 Abs. 1 S. 2 RVG abweichend von dem allgemeinen Grundsatz nicht das Datum der Auftragserteilung, sondern der Tag, an dem das Rechtsmittel eingelegt worden ist.

Beispiel 7: Rechtsmittelverfahren mit Vorbefassung (Anwalt des Rechtsmittelführers)
Der Anwalt war im Erbscheinverfahren tätig und erhält im Juni 2013 den Auftrag, Beschwerde einzulegen.
a) Die Beschwerde wird noch im Juni eingereicht.
b) Die Beschwerde wird erst im Juli eingereicht.
Im Fall a) gilt noch altes Recht, da die Beschwerde noch vor Inkrafttreten des neuen Rechts eingelegt worden ist.
Im Fall b) würde sich dagegen nach § 60 Abs. 1 S. 2 RVG die Vergütung nach neuem Recht berechnen.

Trotz massiver Kritik an dieser Vorschrift hat der Gesetzgeber bislang daran festgehalten. Ein Grund für diese Differenzierung will allerdings nach wie vor nicht einleuchten, zumal der Anwalt danach die Möglichkeit hat, durch die verzögerte Einlegung des Rechtsmittels die Höhe seiner Vergütung zu steuern.

Die Vorschrift des § 60 Abs. 1 S. 2 RVG gilt auch für den Anwalt des Antragsgegners.

Beispiel 8: Rechtsmittelverfahren mit Vorbefassung (Anwalt des Rechtsmittelgegners)
Der Anwalt des Antragstellers war erstinstanzlich im Erbscheinverfahren tätig. Der Beschluss des AG ergeht im Juni 2013. Der Antragsgegner legt noch im Juni 2013 Beschwerde ein, die dem Anwalt des Antragstellers allerdings erst im September 2013 zugestellt wird.
Unabhängig davon, wann der Antragsteller oder sein Anwalt Kenntnis von dem Rechtsmittel erlangt haben und wann ein Auftrag für das Rechtsmittelverfahren erteilt worden ist, bleibt es auch für den Anwalt des Antragstellers bei der Anwendbarkeit des alten Rechts, weil das Rechtsmittel noch vor Inkrafttreten des neuen Gesetzes eingelegt worden ist.

IV. Änderung von anderen Kostengesetzen

Soweit sich in anderen Kostengesetzen, auf die das RVG Bezug nimmt, Änderungen ergeben, gelten die vorstehenden Ausführungen entsprechend (§ 60 Abs. 1 S. 3 RVG). Es kommt also auch hier grundsätzlich auf den Tag der Auftragserteilung an bzw. im Rechtsmittelverfahren gegebenenfalls auf den Tag der Einlegung des Rechtsmittels.

C. GNotKG

22 Für den Übergang zum 2. KostRMoG im Bereich des neu eingeführten GNotKG gilt die Übergangsvorschrift des § 136 GNotKG.

> **§ 136 Übergangsvorschrift zum 2. Kostenrechtsmodernisierungsgesetz**
>
> (1) Die Kostenordnung in der im Bundesgesetzblatt Teil III, Gliederungsnummer 361-1, veröffentlichten bereinigten Fassung, die zuletzt durch ... geändert worden ist, und Verweisungen hierauf sind weiter anzuwenden
> 1. in gerichtlichen Verfahren, die vor dem 1. Juli 2013 anhängig geworden oder eingeleitet worden sind; die Jahresgebühr 12311 wird in diesen Verfahren nicht erhoben;
> 2. in gerichtlichen Verfahren über ein Rechtsmittel, das vor dem 1. Juli 2013 eingelegt worden ist;
> 3. hinsichtlich der Jahresgebühren in Verfahren vor dem Betreuungsgericht, die vor dem 1. Juli 2013 fällig geworden sind;
> 4. in notariellen Verfahren oder bei notariellen Geschäften, für die ein Auftrag vor dem 1. Juli 2013 erteilt worden ist;
> 5. in allen übrigen Fällen, wenn die Kosten vor dem 1. Juli 2013 fällig geworden sind.
>
> (2) Soweit Gebühren nach diesem Gesetz anzurechnen sind, sind auch nach der Kostenordnung für entsprechende Tätigkeiten entstandene Gebühren anzurechnen.
>
> (3) Soweit für ein notarielles Hauptgeschäft die Kostenordnung nach Absatz 1 weiter anzuwenden ist, gilt dies auch für die damit zusammenhängenden Vollzugs- und Betreuungstätigkeiten sowie für zu Vollzugszwecken gefertigte Entwürfe.
>
> (4) Bis zum Erlass landesrechtlicher Vorschriften über die Höhe des Haftkostenbeitrags, der von einem Gefangenen zu erheben ist, ist anstelle der Nummern 31010 und 31011 des Kostenverzeichnisses § 137 Nummer 12 der Kostenordnung in der bis zum 27. Dezember 2010 geltenden Fassung anzuwenden.
>
> (5) Absatz 1 ist auf die folgenden Vorschriften in ihrer bis zum 30. Juni 2013 geltenden Fassung entsprechend anzuwenden:
> 1. § 30 des Einführungsgesetzes zum Gerichtsverfassungsgesetz,
> 2. § 15 des Spruchverfahrensgesetzes,
> 3. § 12 Absatz 3, die §§ 33 bis 43, 44 Absatz 2 sowie die §§ 45 und 47 des Gesetzes über das gerichtliche Verfahren in Landwirtschaftssachen,
> 4. § 102 des Gesetzes über Rechte an Luftfahrzeugen,
> 5. § 100 Absatz 1 und 3 des Sachenrechtsbereinigungsgesetzes,
> 6. § 39b Absatz 1 und 6 des Wertpapiererwerbs- und Übernahmegesetzes,
> 7. § 99 Absatz 6, § 132 Absatz 5 und § 260 Absatz 4 des Aktiengesetzes,
> 8. § 51b des Gesetzes betreffend die Gesellschaften mit beschränkter Haftung,
> 9. § 62 Absatz 5 und 6 des Bereinigungsgesetzes für deutsche Auslandsbonds,
> 10. § 138 Absatz 2 des Urheberrechtsgesetzes,
> 11. die §§ 18 bis 24 der Verfahrensordnung für Höfesachen,
> 12. § 18 des Gesetzes zur Ergänzung des Gesetzes über die Mitbestimmung der Arbeitnehmer in den Aufsichtsräten und Vorständen der Unternehmen des Bergbaus und der Eisen und Stahl erzeugenden Industrie und
> 13. § 65 Absatz 3 des Landwirtschaftsanpassungsgesetzes.
> An die Stelle der Kostenordnung treten dabei die in Satz 1 genannten Vorschriften.

Die Übergangsregelung besagt Folgendes: 23

- In Verfahren, die vor dem 1.7.2013 eingeleitet worden sind, bleibt es beim alten Recht, also bei der Anwendung der KostO.
- Bei Verfahren, die nach dem 30.6.2013 eingeleitet worden sind, ist bereits neues Recht, also das GNotKG anzuwenden.
- In Verfahren vor dem Betreuungsgericht ist die KostO weiterhin anzuwenden für die Jahresgebühren, die vor dem 1.7.2013 fällig geworden sind.
- In notariellen Verfahren ist die Auftragserteilung für die Anwendung alten oder neuen Rechts maßgebend.
- Hinsichtlich der Rechtsmittel gilt der Tag der Rechtsmitteleinlegung. Hier kann es also dazu kommen, dass die erste Instanz noch nach der KostO abzurechnen ist, während die zweite Instanz sich bereits nach dem GNotKG richtet.

D. GKG

Für das GKG gilt die Übergangsvorschrift des § 71 GKG. Auch hier wird auf die Einleitung des Verfahrens abgestellt (§ 71 Abs. 1 S. 1 GKG). 24

- Verfahren, die vor dem 1.7.2013 anhängig geworden sind, richten sich nach der alten Fassung des GKG.
- Verfahren, die nach dem 30.6.2013 eingeleitet worden sind, richten sich nach der Neufassung.

Auch hier sind die Rechtsmittelverfahren gesondert geregelt (§ 71 Abs. 1 S. 2 GKG). Es kommt auf den Zeitpunkt der Einlegung des Rechtsmittels an. 25

- Wird das Rechtsmittel noch vor dem 1.7.2013 eingelegt, bleibt es auch für das Rechtsmittelverfahren beim alten Recht.
- Wird das Rechtsmittel dagegen nach dem 30.6.2013 eingeleitet, gilt neues Recht, unabhängig davon, welches Recht für die erste Instanz gilt.

E. FamGKG

Für den Bereich des FamGKG gilt die Übergangsvorschrift des § 63 FamGKG. Hier gilt hier das Gleiche wie im GKG. Abzustellen ist auf den Zeitpunkt, zu dem das Verfahren anhängig gemacht worden ist (§ 63 Abs. 1 S. 1 FamGKG). 26

- Bei einer Anhängigmachung vor dem 1.7.2013 bleibt es bei der alten Fassung des FamGKG.
- Wird das Verfahren nach dem 30.6.2013 anhängig gemacht, gilt die Neufassung des FamGKG.

Auch hier gilt eine Ausnahme für Rechtsmittelverfahren (§ 63 Abs. 1 S. 2 FamGKG). Rechtsmittelverfahren richten sich abweichend von dem Grundsatz des (§ 63 Abs. 1 S. 1 FamGKG) nach dem Tag der Rechtsmitteleinlegung. 27

- Wird das Rechtsmittel vor dem 1.7.2013 eingelegt, gilt die alte Fassung des FamGKG.
- Wird das Rechtsmittel nach dem 30.6.2013 eingelegt, gilt neues Recht, selbst wenn das Ausgangsverfahren noch nach altem Recht abzuhandeln war.

F. JVEG

Im Bereich des JVEG richtet sich das Übergangsrecht nach § 24 JVEG. Das Gesetz stellt auf die Heranziehung ab. Abzustellen ist für die Partei also nicht auf den Zeitpunkt der Ladung, sondern auf den Zeitpunkt, für den die fragliche Zeit zu entschädigen ist. 28

§ 7 Übergangsrecht

29 *Beispiel 9: Kostenerstattung der Partei für Zeitversäumnis*

Die Partei nimmt am 22.6.2013 und am 8.9.2013 an einem Gerichtstermin teil.

Für den ersten Termin erhält die Partei 3,00 EUR Entschädigung je Stunde, für den zweiten Termin 3,50 EUR je Stunde. Auf den Zeitpunkt der Ladung kommt es nicht an.

§ 8 Anhänge

A. Gesetzestext RVG (Stand: 1.11.2012, unter Berücksichtigung des Gesetzes zur Reform der Sachaufklärung (mit Inkrafttreten zum 1.1.2013) und des Regierungsentwurfs des 2. KostRMoG vom 29.8.2012)

Inhaltsübersicht   1

Abschnitt 1: Allgemeine Vorschriften
§ 1 Geltungsbereich
§ 2 Höhe der Vergütung
§ 3 Gebühren in sozialrechtlichen Angelegenheiten
§ 3a Vergütungsvereinbarung
§ 4 Erfolgsunabhängige Vergütung
§ 4a Erfolgshonorar
§ 4b Fehlerhafte Vergütungsvereinbarung
§ 5 Vergütung für Tätigkeiten von Vertretern des Rechtsanwalts
§ 6 Mehrere Rechtsanwälte
§ 7 Mehrere Auftraggeber
§ 8 Fälligkeit, Hemmung der Verjährung
§ 9 Vorschuss
§ 10 Berechnung
§ 11 Festsetzung der Vergütung
§ 12 Anwendung von Vorschriften für die Prozesskostenhilfe
§ 12a Abhilfe bei Verletzung des Anspruchs auf rechtliches Gehör
§ 12b Elektronische Akte, elektronisches Dokument

Abschnitt 2: Gebührenvorschriften
§ 13 Wertgebühren
§ 14 Rahmengebühren
§ 15 Abgeltungsbereich der Gebühren
§ 15a Anrechnung einer Gebühr

Abschnitt 3: Angelegenheit
§ 16 Dieselbe Angelegenheit
§ 17 Verschiedene Angelegenheiten
§ 18 Besondere Angelegenheiten
§ 19 Rechtszug; Tätigkeiten, die mit dem Verfahren zusammenhängen

§ 20 Verweisung, Abgabe
§ 21 Zurückverweisung, Fortführung einer Folgesache als selbständige Familiensache

Abschnitt 4: Gegenstandswert
§ 22 Grundsatz
§ 23 Allgemeine Wertvorschrift
§ 23a Gegenstandswert im Verfahren über die Prozesskostenhilfe
§ 23b Gegenstandswert im Musterverfahren nach dem Kapitalanleger-Musterverfahrensgesetz
§ 24 Gegenstandswert im Sanierungs- und Reorganisationsverfahren nach dem Kreditinstitute-Reorganisationsgesetz
§ 25 Gegenstandswert in der Vollstreckung und bei der Vollziehung
§ 26 Gegenstandswert in der Zwangsversteigerung
§ 27 Gegenstandswert in der Zwangsverwaltung
§ 28 Gegenstandswert im Insolvenzverfahren
§ 29 Gegenstandswert im Verteilungsverfahren nach der Schifffahrtsrechtlichen Verteilungsordnung
§ 30 Gegenstandswert in gerichtlichen Verfahren nach dem Asylverfahrensgesetz
§ 31 Gegenstandswert in gerichtlichen Verfahren nach dem Spruchverfahrensgesetz
§ 31a Ausschlussverfahren nach dem Wertpapiererwerbs- und Übernahmegesetz
§ 31b Gegenstandswert bei Zahlungsvereinbarungen
§ 32 Wertfestsetzung für die Gerichtsgebühren
§ 33 Wertfestsetzung für die Rechtsanwaltsgebühren

Abschnitt 5: Außergerichtliche Beratung und Vertretung
§ 34 Beratung, Gutachten und Mediation
§ 35 Hilfeleistung in Steuersachen
§ 36 Schiedsrichterliche Verfahren und Verfahren vor dem Schiedsgericht

Abschnitt 6: Gerichtliche Verfahren
§ 37 Verfahren vor den Verfassungsgerichten
§ 38 Verfahren vor dem Gerichtshof der Europäischen Gemeinschaften
§ 38a Verfahren vor dem Europäischen Gerichtshof für Menschenrechte
§ 39 In Scheidungs- und Lebenspartnerschaftssachen beigeordneter Rechtsanwalt
§ 40 Als gemeinsamer Vertreter bestellter Rechtsanwalt
§ 41 Prozesspfleger
§ 41a Vertreter des Musterklägers

Abschnitt 7: Straf- und Bußgeldsachen sowie bestimmte sonstige Verfahren
§ 42 Feststellung einer Pauschgebühr
§ 43 Abtretung des Kostenerstattungsanspruchs

Abschnitt 8: Beigeordneter oder bestellter Rechtsanwalt, Beratungshilfe
§ 44 Vergütungsanspruch bei Beratungshilfe
§ 45 Vergütungsanspruch des beigeordneten oder bestellten Rechtsanwalts
§ 46 Auslagen und Aufwendungen
§ 47 Vorschuss
§ 48 Umfang des Anspruchs und der Beiordnung
§ 49 Wertgebühren aus der Staatskasse
§ 50 Weitere Vergütung bei Prozesskostenhilfe
§ 51 Festsetzung einer Pauschgebühr
§ 52 Anspruch gegen den Beschuldigten oder den Betroffenen
§ 53 Anspruch gegen den Auftraggeber, Anspruch des zum Beistand bestellten Rechtsanwalts gegen den Verurteilten
§ 54 Verschulden eines beigeordneten oder bestellten Rechtsanwalts
§ 55 Festsetzung der aus der Staatskasse zu zahlenden Vergütungen und Vorschüsse
§ 56 Erinnerung und Beschwerde
§ 57 Rechtsbehelf in Bußgeldsachen vor der Verwaltungsbehörde
§ 58 Anrechnung von Vorschüssen und Zahlungen
§ 59 Übergang von Ansprüchen auf die Staatskasse
§ 59a Beiordnung und Bestellung durch Justizbehörden

Abschnitt 9: Übergangs- und Schlussvorschriften
§ 59b Bekanntmachung von Neufassungen
§ 60 Übergangsvorschrift
§ 61 Übergangsvorschrift aus Anlass des Inkrafttretens dieses Gesetzes
§ 62 Verfahren nach dem Therapieunterbringungsgesetz

Anlage 1 (zu § 2 Abs. 2)
Anlage 2 (zu § 13 Abs. 1)

Abschnitt 1: Allgemeine Vorschriften

§ 1 Geltungsbereich (1) ¹Die Vergütung (Gebühren und Auslagen) für anwaltliche Tätigkeiten der Rechtsanwältinnen und Rechtsanwälte bemisst sich nach diesem Gesetz. ²Dies gilt auch für eine Tätigkeit als Prozesspfleger nach den §§ 57 und 58 der Zivilprozessordnung. ³Andere Mitglieder einer Rechtsanwaltskammer, Partnerschaftsgesellschaften und sonstige Gesellschaften stehen einem Rechtsanwalt im Sinne dieses Gesetzes gleich.

(2) ¹Dieses Gesetz gilt nicht für eine Tätigkeit als Vormund, Betreuer, Pfleger, Verfahrenspfleger, Verfahrensbeistand, Testamentsvollstrecker, Insolvenzverwalter, Sachwalter, Mitglied des Gläubigerausschusses, Nachlassverwalter, Zwangsverwalter, Treuhänder oder Schiedsrichter oder für eine ähnliche Tätigkeit. ²§ 1835 Abs. 3 des Bürgerlichen Gesetzbuchs bleibt unberührt.

(3) Die Vorschriften dieses Gesetzes über die Erinnerung und die Beschwerde gehen den Regelungen der für das zugrunde liegende Verfahren geltenden Verfahrensvorschriften vor.

§ 2 Höhe der Vergütung (1) ¹Die Gebühren werden, soweit dieses Gesetz nichts anderes bestimmt, nach dem Wert berechnet, den der Gegenstand der anwaltlichen Tätigkeit hat (Gegenstandswert).

(2) ¹Die Höhe der Vergütung bestimmt sich nach dem Vergütungsverzeichnis der Anlage 1 zu diesem Gesetz. ²Gebühren werden auf den nächstliegenden Cent auf- oder abgerundet; 0,5 Cent werden aufgerundet.

§ 3 Gebühren in sozialrechtlichen Angelegenheiten (1) ¹In Verfahren vor den Gerichten der Sozialgerichtsbarkeit, in denen das Gerichtskostengesetz nicht anzuwenden ist, entstehen Betragsrahmengebühren. ²In sonstigen Verfahren werden die Gebühren nach dem Gegenstandswert berechnet, wenn der Auftraggeber nicht zu den in § 183 des Sozialgerichtsgesetzes genannten Personen gehört; im Verfahren nach § 201 Absatz 1 des Sozialgerichtsgesetzes werden die Gebühren immer nach dem Gegenstandswert berechnet. ³In Verfahren wegen überlanger Gerichtsverfahren (§ 202 Satz 2 des Sozialgerichtsgesetzes) werden die Gebühren nach dem Gegenstandswert berechnet.

(2) ¹Absatz 1 gilt entsprechend für eine Tätigkeit außerhalb eines gerichtlichen Verfahrens.

§ 3a Vergütungsvereinbarung (1) ¹Eine Vereinbarung über die Vergütung bedarf der Textform. ²Sie muss als Vergütungsvereinbarung oder in vergleichbarer Weise bezeichnet werden, von anderen Vereinbarungen mit Ausnahme der Auftragserteilung deutlich abgesetzt sein und darf nicht in der Vollmacht enthalten sein. ³Sie hat einen Hinweis darauf zu enthalten, dass die gegnerische Partei, ein Verfahrensbeteiligter oder die Staatskasse im Falle der Kostenerstattung regelmäßig nicht mehr als die gesetzliche Vergütung erstatten muss. ⁴Die Sätze 1 und 2 gelten nicht für eine Gebührenvereinbarung nach § 34.

(2) ¹Ist eine vereinbarte, eine nach § 4 Abs. 3 Satz 1 von dem Vorstand der Rechtsanwaltskammer festgesetzte oder eine nach § 4 a für den Erfolgsfall vereinbarte Vergütung unter Berücksichtigung aller Umstände unangemessen hoch, kann sie im Rechtsstreit auf den angemessenen Betrag bis zur Höhe der gesetzlichen Vergütung herabgesetzt werden. ²Vor der Herabsetzung hat das Gericht ein Gutachten des Vorstands der Rechtsanwaltskammer einzuholen; dies gilt nicht, wenn der Vorstand der Rechtsanwaltskammer die Vergütung nach § 4 Abs. 3 Satz 1 festgesetzt hat. ³Das Gutachten ist kostenlos zu erstatten.

(3) ¹Eine Vereinbarung, nach der ein im Wege der Prozesskostenhilfe beigeordneter Rechtsanwalt für die von der Beiordnung erfasste Tätigkeit eine höhere als die gesetzliche Vergütung erhalten soll, ist nichtig. ²Die Vorschriften des bürgerlichen Rechts über die ungerechtfertigte Bereicherung bleiben unberührt.

(4) ¹§ 8 des Beratungshilfegesetzes bleibt unberührt.

§ 4 Erfolgsunabhängige Vergütung (1) ¹In außergerichtlichen Angelegenheiten kann eine niedrigere als die gesetzliche Vergütung vereinbart werden. ²Sie muss in einem angemessenen Verhältnis zu Leistung, Verantwortung und Haftungsrisiko des Rechtsanwalts stehen.

(2) ¹Der Rechtsanwalt kann sich für gerichtliche Mahnverfahren und Zwangsvollstreckungsverfahren nach den §§ 802 a bis 863 und 882 b bis 882 f der Zivilprozessordnung verpflichten, dass er, wenn der Anspruch des Auftraggebers auf Erstattung der gesetzlichen Vergütung nicht beigetrieben werden kann, einen Teil des Erstattungsanspruchs an Erfüllungs statt annehmen werde. ²Der nicht durch Abtretung zu erfüllende Teil der gesetzlichen Vergütung muss in einem angemessenen Verhältnis zu Leistung, Verantwortung und Haftungsrisiko des Rechtsanwalts stehen.

(3) ¹In der Vereinbarung kann es dem Vorstand der Rechtsanwaltskammer überlassen werden, die Vergütung nach billigem Ermessen festzusetzen. ²Ist die Festsetzung der Vergütung dem Ermessen eines Vertragsteils überlassen, gilt die gesetzliche Vergütung als vereinbart.

§ 4a Erfolgshonorar (1) ¹Ein Erfolgshonorar (§ 49 b Abs. 2 Satz 1 der Bundesrechtsanwaltsordnung) darf nur für den Einzelfall und nur dann vereinbart werden, wenn der Auftraggeber aufgrund seiner wirtschaftlichen Verhältnisse bei verständiger Betrachtung ohne die Vereinbarung eines Erfolgshonorars von der Rechtsverfolgung abgehalten würde. ²In einem gerichtlichen Verfahren darf dabei für den Fall des Misserfolgs vereinbart werden, dass keine oder eine geringere als die gesetzliche Vergütung zu zahlen ist, wenn für den Erfolgsfall ein angemessener Zuschlag auf die gesetzliche Vergütung vereinbart wird.

(2) ¹Die Vereinbarung muss enthalten:
1. die voraussichtliche gesetzliche Vergütung und gegebenenfalls die erfolgsunabhängige vertragliche Vergütung, zu der der Rechtsanwalt bereit wäre, den Auftrag zu übernehmen, sowie
2. die Angabe, welche Vergütung bei Eintritt welcher Bedingungen verdient sein soll.

(3) ¹In der Vereinbarung sind außerdem die wesentlichen Gründe anzugeben, die für die Bemessung des Erfolgshonorars bestimmend sind. ²Ferner ist ein Hinweis aufzunehmen, dass die Vereinbarung keinen Einfluss auf die gegebenenfalls vom Auftraggeber zu zahlenden Gerichtskosten, Verwaltungskosten und die von ihm zu erstattenden Kosten anderer Beteiligter hat.

§ 4b Fehlerhafte Vergütungsvereinbarung ¹Aus einer Vergütungsvereinbarung, die nicht den Anforderungen des § 3 a Abs. 1 Satz 1 und 2 oder des § 4 a Abs. 1 und 2 entspricht, kann der Rechtsanwalt keine höhere als die gesetzliche Vergütung fordern. ²Die Vorschriften des bürgerlichen Rechts über die ungerechtfertigte Bereicherung bleiben unberührt.

§ 5 Vergütung für Tätigkeiten von Vertretern des Rechtsanwalts ¹Die Vergütung für eine Tätigkeit, die der Rechtsanwalt nicht persönlich vornimmt, wird nach diesem Gesetz bemessen, wenn der Rechtsanwalt durch einen Rechtsanwalt, den allgemeinen Vertreter, einen Assessor bei einem Rechtsanwalt oder einen zur Ausbildung zugewiesenen Referendar vertreten wird.

§ 6 Mehrere Rechtsanwälte ¹Ist der Auftrag mehreren Rechtsanwälten zur gemeinschaftlichen Erledigung übertragen, erhält jeder Rechtsanwalt für seine Tätigkeit die volle Vergütung.

§ 7 Mehrere Auftraggeber (1) ¹Wird der Rechtsanwalt in derselben Angelegenheit für mehrere Auftraggeber tätig, erhält er die Gebühren nur einmal.

(2) ¹Jeder der Auftraggeber schuldet die Gebühren und Auslagen, die er schulden würde, wenn der Rechtsanwalt nur in seinem Auftrag tätig geworden wäre; die Dokumentenpauschale nach Nummer 7000 des Vergütungsverzeichnisses schuldet er auch insoweit, wie diese nur durch die Unterrichtung mehrerer Auftraggeber entstanden ist. ²Der Rechtsanwalt kann aber insgesamt nicht mehr als die nach Absatz 1 berechneten Gebühren und die insgesamt entstandenen Auslagen fordern.

§ 8 Fälligkeit, Hemmung der Verjährung (1) ¹Die Vergütung wird fällig, wenn der Auftrag erledigt oder die Angelegenheit beendet ist. ²Ist der Rechtsanwalt in einem gerichtlichen Verfahren tätig, wird die Vergütung auch fällig, wenn eine Kostenentscheidung ergangen oder der Rechtszug beendet ist oder wenn das Verfahren länger als drei Monate ruht.

(2) ¹Die Verjährung der Vergütung für eine Tätigkeit in einem gerichtlichen Verfahren wird gehemmt, solange das Verfahren anhängig ist. ²Die Hemmung endet mit der rechtskräftigen Entscheidung oder anderweitigen Beendigung des Verfahrens. ³Ruht das Verfahren, endet die Hemmung drei Monate nach Eintritt der Fälligkeit. ⁴Die Hemmung beginnt erneut, wenn das Verfahren weiter betrieben wird.

§ 9 Vorschuss ¹Der Rechtsanwalt kann von seinem Auftraggeber für die entstandenen und die voraussichtlich entstehenden Gebühren und Auslagen einen angemessenen Vorschuss fordern.

§ 10 Berechnung (1) ¹Der Rechtsanwalt kann die Vergütung nur aufgrund einer von ihm unterzeichneten und dem Auftraggeber mitgeteilten Berechnung einfordern. ²Der Lauf der Verjährungsfrist ist von der Mitteilung der Berechnung nicht abhängig.

(2) ¹In der Berechnung sind die Beträge der einzelnen Gebühren und Auslagen, Vorschüsse, eine kurze Bezeichnung des jeweiligen Gebührentatbestands, die Bezeichnung der Auslagen sowie die angewandten Nummern des Vergütungsverzeichnisses und bei Gebühren, die nach dem Gegen-

standswert berechnet sind, auch dieser anzugeben. ²Bei Entgelten für Post- und Telekommunikationsdienstleistungen genügt die Angabe des Gesamtbetrags.

(3) ¹Hat der Auftraggeber die Vergütung gezahlt, ohne die Berechnung erhalten zu haben, kann er die Mitteilung der Berechnung noch fordern, solange der Rechtsanwalt zur Aufbewahrung der Handakten verpflichtet ist.

§ 11 Festsetzung der Vergütung (1) ¹Soweit die gesetzliche Vergütung, eine nach § 42 festgestellte Pauschgebühr und die zu ersetzenden Aufwendungen (§ 670 des Bürgerlichen Gesetzbuchs) zu den Kosten des gerichtlichen Verfahrens gehören, werden sie auf Antrag des Rechtsanwalts oder des Auftraggebers durch das Gericht des ersten Rechtszugs festgesetzt. ²Getilgte Beträge sind abzusetzen.

(2) ¹Der Antrag ist erst zulässig, wenn die Vergütung fällig ist. ²Vor der Festsetzung sind die Beteiligten zu hören. ³Die Vorschriften der jeweiligen Verfahrensordnung über das Kostenfestsetzungsverfahren mit Ausnahme des § 104 Abs. 2 Satz 3 der Zivilprozessordnung und die Vorschriften der Zivilprozessordnung über die Zwangsvollstreckung aus Kostenfestsetzungsbeschlüssen gelten entsprechend. ⁴Das Verfahren vor dem Gericht des ersten Rechtszugs ist gebührenfrei. ⁵In den Vergütungsfestsetzungsbeschluss sind die von dem Rechtsanwalt gezahlten Auslagen für die Zustellung des Beschlusses aufzunehmen. ⁶Im Übrigen findet eine Kostenerstattung nicht statt; dies gilt auch im Verfahren über Beschwerden.

(3) ¹Im Verfahren vor den Gerichten der Verwaltungsgerichtsbarkeit, der Finanzgerichtsbarkeit und der Sozialgerichtsbarkeit wird die Vergütung vom Urkundsbeamten der Geschäftsstelle festgesetzt. ²Die für die jeweilige Gerichtsbarkeit geltenden Vorschriften über die Erinnerung im Kostenfestsetzungsverfahren gelten entsprechend.

(4) ¹Wird der vom Rechtsanwalt angegebene Gegenstandswert von einem Beteiligten bestritten, ist das Verfahren auszusetzen, bis das Gericht hierüber entschieden hat (§§ 32, 33 und 38 Abs. 1).

(5) ¹Die Festsetzung ist abzulehnen, soweit der Antragsgegner Einwendungen oder Einreden erhebt, die nicht im Gebührenrecht ihren Grund haben. ²Hat der Auftraggeber bereits dem Rechtsanwalt gegenüber derartige Einwendungen oder Einreden erhoben, ist die Erhebung der Klage nicht von der vorherigen Einleitung des Festsetzungsverfahrens abhängig.

(6) ¹Anträge und Erklärungen können ohne Mitwirkung eines Bevollmächtigten schriftlich eingereicht oder zu Protokoll der Geschäftsstelle abgegeben werden. ²§ 129 a der Zivilprozessordnung gilt entsprechend. ³Für die Bevollmächtigung gelten die Regelungen der für das zugrunde liegende Verfahren geltenden Verfahrensordnung entsprechend.

(7) ¹Durch den Antrag auf Festsetzung der Vergütung wird die Verjährung wie durch Klageerhebung gehemmt.

(8) ¹Die Absätze 1 bis 7 gelten bei Rahmengebühren nur, wenn die Mindestgebühren geltend gemacht werden oder der Auftraggeber der Höhe der Gebühren ausdrücklich zugestimmt hat. ²Die Festsetzung auf Antrag des Rechtsanwalts ist abzulehnen, wenn er die Zustimmungserklärung des Auftraggebers nicht mit dem Antrag vorlegt.

§ 12 Anwendung von Vorschriften für die Prozesskostenhilfe ¹Die Vorschriften dieses Gesetzes für im Wege der Prozesskostenhilfe beigeordnete Rechtsanwälte und für Verfahren über die Prozesskostenhilfe sind bei Verfahrenskostenhilfe und in den Fällen des § 11 a des Arbeitsgerichtsgesetzes und des § 4 a der Insolvenzordnung entsprechend anzuwenden. ²Der Bewilligung von Prozesskostenhilfe steht die Stundung nach § 4 a der Insolvenzordnung gleich.

§ 12a Abhilfe bei Verletzung des Anspruchs auf rechtliches Gehör (1) ¹Auf die Rüge eines durch die Entscheidung nach diesem Gesetz beschwerten Beteiligten ist das Verfahren fortzuführen, wenn

1. ein Rechtsmittel oder ein anderer Rechtsbehelf gegen die Entscheidung nicht gegeben ist und

2. das Gericht den Anspruch dieses Beteiligten auf rechtliches Gehör in entscheidungserheblicher Weise verletzt hat.

(2) ¹Die Rüge ist innerhalb von zwei Wochen nach Kenntnis von der Verletzung des rechtlichen Gehörs zu erheben; der Zeitpunkt der Kenntniserlangung ist glaubhaft zu machen. ²Nach Ablauf eines Jahres seit Bekanntmachung der angegriffenen Entscheidung kann die Rüge nicht mehr erhoben werden. ³Formlos mitgeteilte Entscheidungen gelten mit dem dritten Tage nach Aufgabe zur Post als bekannt gemacht. ⁴Die Rüge ist bei dem Gericht zu erheben, dessen Entscheidung angegriffen wird; § 33 Abs. 7 Satz 1 und 2 gilt entsprechend. ⁵Die Rüge muss die angegriffene Entscheidung bezeichnen und das Vorliegen der in Absatz 1 Nr. 2 genannten Voraussetzungen darlegen.

(3) ¹Den übrigen Beteiligten ist, soweit erforderlich, Gelegenheit zur Stellungnahme zu geben.

(4) ¹Das Gericht hat von Amts wegen zu prüfen, ob die Rüge an sich statthaft und ob sie in der gesetzlichen Form und Frist erhoben ist. ²Mangelt es an einem dieser Erfordernisse, so ist die Rüge als unzulässig zu verwerfen. ³Ist die Rüge unbegründet, weist das Gericht sie zurück. ⁴Die Entscheidung ergeht durch unanfechtbaren Beschluss. ⁵Der Beschluss soll kurz begründet werden.

(5) ¹Ist die Rüge begründet, so hilft ihr das Gericht ab, indem es das Verfahren fortführt, soweit dies aufgrund der Rüge geboten ist.

(6) ¹Kosten werden nicht erstattet.

§ 12b Elektronische Akte, elektronisches Dokument In Verfahren nach diesem Gesetz sind die verfahrensrechtlichen Vorschriften über die elektronische Akte und über das elektronische Dokument für das Verfahren anzuwenden, in dem der Rechtsanwalt die Vergütung erhält. Im Fall der Beratungshilfe sind die entsprechenden Vorschriften des Gesetzes über das Verfahren in Familiensachen und in den Angelegenheiten der freiwilligen Gerichtsbarkeit anzuwenden.

Abschnitt 2: Gebührenvorschriften

§ 13 Wertgebühren (1) ¹Wenn sich die Gebühren nach dem Gegenstandswert richten, beträgt die Gebühr bei einem Gegenstandswert bis 500 Euro 40 Euro. ²Die Gebühr erhöht sich bei einem Gegenstandswert für jeden angefangenen um … Euro

bis … Euro Betrag von weiteren … Euro

2000	500	35
10000	1000	51
25000	3000	46
50000	5000	75
200000	15000	85
500000	30000	120
über		
500000	50000	150

³Eine Gebührentabelle für Gegenstandswerte bis 500 000 Euro ist diesem Gesetz als Anlage 2 beigefügt.

(2) ¹Der Mindestbetrag einer Gebühr ist 15 Euro.

§ 14 Rahmengebühren (1) ¹Bei Rahmengebühren bestimmt der Rechtsanwalt die Gebühr im Einzelfall unter Berücksichtigung aller Umstände, vor allem des Umfangs und der Schwierigkeit der anwaltlichen Tätigkeit, der Bedeutung der Angelegenheit sowie der Einkommens- und Vermögensverhältnisse des Auftraggebers, nach billigem Ermessen. ²Ein besonderes Haftungsrisiko des Rechtsanwalts kann bei der Bemessung herangezogen werden. ³Bei Rahmengebühren, die sich nicht nach dem Gegenstandswert richten, ist das Haftungsrisiko zu berücksichtigen. ⁴Ist die Gebühr von einem Dritten zu ersetzen, ist die von dem Rechtsanwalt getroffene Bestimmung nicht verbindlich, wenn sie unbillig ist.

(2) ¹Im Rechtsstreit hat das Gericht ein Gutachten des Vorstands der Rechtsanwaltskammer einzuholen, soweit die Höhe der Gebühr streitig ist; dies gilt auch im Verfahren nach § 495 a der Zivilprozessordnung. ²Das Gutachten ist kostenlos zu erstatten.

§ 15 Abgeltungsbereich der Gebühren (1) ¹Die Gebühren entgelten, soweit dieses Gesetz nichts anderes bestimmt, die gesamte Tätigkeit des Rechtsanwalts vom Auftrag bis zur Erledigung der Angelegenheit.

(2) ¹Der Rechtsanwalt kann die Gebühren in derselben Angelegenheit nur einmal fordern.

(3) ¹Sind für Teile des Gegenstands verschiedene Gebührensätze anzuwenden, entstehen für die Teile gesondert berechnete Gebühren, jedoch nicht mehr als die aus dem Gesamtbetrag der Wertteile nach dem höchsten Gebührensatz berechnete Gebühr.

(4) ¹Auf bereits entstandene Gebühren ist es, soweit dieses Gesetz nichts anderes bestimmt, ohne Einfluss, wenn sich die Angelegenheit vorzeitig erledigt oder der Auftrag endet, bevor die Angelegenheit erledigt ist.

(5) ¹Wird der Rechtsanwalt, nachdem er in einer Angelegenheit tätig geworden ist, beauftragt, in derselben Angelegenheit weiter tätig zu werden, erhält er nicht mehr an Gebühren, als er erhalten würde, wenn er von vornherein hiermit beauftragt worden wäre. ²Ist der frühere Auftrag seit mehr als zwei Kalenderjahren erledigt, gilt die weitere Tätigkeit als neue Angelegenheit und in diesem Gesetz bestimmte Anrechnungen von Gebühren entfallen. ³Satz 2 gilt entsprechend, wenn ein Vergleich mehr als zwei Kalenderjahre nach seinem Abschluss angefochten wird oder wenn mehr als zwei Kalenderjahre nach Zustellung eines Beschlusses nach § 23 Absatz 3 Satz 1 des Kapitalanleger-Musterverfahrensgesetzes der Kläger einen Antrag nach § 23 Absatz 4 des Kapitalanleger-Musterverfahrensgesetzes auf Wiedereröffnung des Verfahrens stellt.

(6) ¹Ist der Rechtsanwalt nur mit einzelnen Handlungen oder mit Tätigkeiten, die nach § 19 zum Rechtszug oder zum Verfahren gehören, beauftragt, erhält er nicht mehr an Gebühren als der mit der gesamten Angelegenheit beauftragte Rechtsanwalt für die gleiche Tätigkeit erhalten würde.

§ 15a Anrechnung einer Gebühr (1) ¹Sieht dieses Gesetz die Anrechnung einer Gebühr auf eine andere Gebühr vor, kann der Rechtsanwalt beide Gebühren fordern, jedoch nicht mehr als den um den Anrechnungsbetrag verminderten Gesamtbetrag der beiden Gebühren.

(2) ¹Ein Dritter kann sich auf die Anrechnung nur berufen, soweit er den Anspruch auf eine der beiden Gebühren erfüllt hat, wegen eines dieser Ansprüche gegen ihn ein Vollstreckungstitel besteht oder beide Gebühren in demselben Verfahren gegen ihn geltend gemacht werden.

Abschnitt 3: Angelegenheit

§ 16 Dieselbe Angelegenheit ¹Dieselbe Angelegenheit sind
1. das Verwaltungsverfahren auf Aussetzung oder Anordnung der sofortigen Vollziehung sowie über einstweilige Maßnahmen zur Sicherung der Rechte Dritter und jedes Verwaltungsverfahren auf Abänderung oder Aufhebung in den genannten Fällen;
2. das Verfahren über die Prozesskostenhilfe und das Verfahren, für das die Prozesskostenhilfe beantragt worden ist;
3. mehrere Verfahren über die Prozesskostenhilfe in demselben Rechtszug:
3a. das Verfahren zur Bestimmung des zuständigen Gerichts und das Verfahren, für das der Gerichtsstand bestimmt werden soll; dies gilt auch dann, wenn das Verfahren zur Bestimmung

des zuständigen Gerichts vor Klageerhebung oder Antragstellung endet, ohne dass das zuständige Gericht bestimmt worden ist;
4. eine Scheidungssache oder ein Verfahren über die Aufhebung einer Lebenspartnerschaft und die Folgesachen:
5. das Verfahren über die Anordnung eines Arrests, über den Erlass einer einstweiligen Verfügung oder einstweiligen Anordnung, über die Anordnung oder Wiederherstellung der aufschiebenden Wirkung, über die Aufhebung der Vollziehung oder die Anordnung der sofortigen Vollziehung eines Verwaltungsakts und jedes Verfahren über deren Abänderung oder Aufhebung;
6. das Verfahren nach § 3 Abs. 1 des Gesetzes zur Ausführung des Vertrages zwischen der Bundesrepublik Deutschland und der Republik Österreich vom 6. Juni 1959 über die gegenseitige Anerkennung und Vollstreckung von gerichtlichen Entscheidungen, Vergleichen und öffentlichen Urkunden in Zivil- und Handelssachen in der im Bundesgesetzblatt Teil III, Gliederungsnummer 319–12, veröffentlichten bereinigten Fassung, das zuletzt durch Artikel 23 des Gesetzes vom 27. Juli 2001 (BGBl. I S. 1887) geändert worden ist, und das Verfahren nach § 3 Abs. 2 des genannten Gesetzes;
7. das Verfahren über die Zulassung der Vollziehung einer vorläufigen oder sichernden Maßnahme und das Verfahren über einen Antrag auf Aufhebung oder Änderung einer Entscheidung über die Zulassung der Vollziehung (§ 1041 der Zivilprozessordnung);
8. das schiedsrichterliche Verfahren und das gerichtliche Verfahren bei der Bestellung eines Schiedsrichters oder Ersatzschiedsrichters, über die Ablehnung eines Schiedsrichters oder über die Beendigung des Schiedsrichteramts, zur Unterstützung bei der Beweisaufnahme oder bei der Vornahme sonstiger richterlicher Handlungen;
9. das Verfahren vor dem Schiedsgericht und die gerichtlichen Verfahren über die Bestimmung einer Frist (§ 102 Abs. 3 des Arbeitsgerichtsgesetzes), die Ablehnung eines Schiedsrichters (§ 103 Abs. 3 des Arbeitsgerichtsgesetzes) oder die Vornahme einer Beweisaufnahme oder einer Vereidigung (§ 106 Abs. 2 des Arbeitsgerichtsgesetzes);
10. im Kostenfestsetzungsverfahren im Kostenfestsetzungsverfahren und im Verfahren über den Antrag auf gerichtliche Entscheidung gegen einen Kostenfestsetzungsbescheid (§ 108 des Gesetzes über Ordnungswidrigkeiten) einerseits und im Kostenansatzverfahren sowie im Verfahren über den Antrag auf gerichtliche Entscheidung gegen den Ansatz der Gebühren und Auslagen (§ 108 des Gesetzes über Ordnungswidrigkeiten) andererseits jeweils mehrere Verfahren über
    a) die Erinnerung,
    b) den Antrag auf gerichtliche Entscheidung,
    c) die Beschwerde in demselben Beschwerderechtszug;
11. das Rechtsmittelverfahren und das Verfahren über die Zulassung des Rechtsmittels; dies gilt nicht für das Verfahren über die Beschwerde gegen die Nichtzulassung eines Rechtsmittels;
12. das Verfahren über die Privatklage und die Widerklage und zwar auch im Fall des § 388 Abs. 2 der Strafprozessordnung und
13. das erstinstanzliche Prozessverfahren und der erste Rechtszug des Musterverfahrens nach dem Kapitalanleger-Musterverfahrensgesetz.

§ 17 Verschiedene Angelegenheiten [1]Verschiedene Angelegenheiten sind
1. das Verfahren über ein Rechtsmittel und der vorausgegangene Rechtszug,
1a. jeweils das Verwaltungsverfahren, das einem gerichtlichen Verfahren vorausgehende und der Nachprüfung des Verwaltungsakts dienende weitere Verwaltungsverfahren (Vorverfahren, Einspruchsverfahren, Beschwerdeverfahren, Abhilfeverfahren), das Verfahren über die Beschwerde und die weitere Beschwerde nach der Wehrbeschwerdeordnung, das Verwaltungsverfahren auf Aussetzung oder Anordnung der sofortigen Vollziehung sowie über einstweilige Maßnahmen zur Sicherung der Rechte Dritter und ein gerichtliches Verfahren,

2. das Mahnverfahren und das streitige Verfahren,
3. das vereinfachte Verfahren über den Unterhalt Minderjähriger und das streitige Verfahren,
4. das Verfahren in der Hauptsache und ein Verfahren über
   a) die Anordnung eines Arrests,
   b) den Erlass einer einstweiligen Verfügung oder einer einstweiligen Anordnung,
   c) die Anordnung oder Wiederherstellung der aufschiebenden Wirkung, die Aufhebung der Vollziehung oder Anordnung der sofortigen Vollziehung eines Verwaltungsakts sowie
   d) die Abänderung oder Aufhebung einer in einem Verfahren nach den Buchstaben a bis c ergangenen Entscheidung,
5. der Urkunden- oder Wechselprozess und das ordentliche Verfahren, das nach Abstandnahme vom Urkunden- oder Wechselprozess oder nach einem Vorbehaltsurteil anhängig bleibt (§§ 596, 600 der Zivilprozessordnung),
6. das Schiedsverfahren und das Verfahren über die Zulassung der Vollziehung einer vorläufigen oder sichernden Maßnahme sowie das Verfahren über einen Antrag auf Aufhebung oder Änderung einer Entscheidung über die Zulassung der Vollziehung (§ 1041 der Zivilprozessordnung),
7. das gerichtliche Verfahren und ein vorausgegangenes
   a) Güteverfahren vor einer durch die Landesjustizverwaltung eingerichteten oder anerkannten Gütestelle (§ 794 Abs. 1 Nr. 1 der Zivilprozessordnung) oder, wenn die Parteien den Einigungsversuch einvernehmlich unternehmen, vor einer Gütestelle, die Streitbeilegung betreibt (§ 15 a Abs. 3 des Einführungsgesetzes zur Zivilprozessordnung),
   b) Verfahren vor einem Ausschuss der in § 111 Abs. 2 des Arbeitsgerichtsgesetzes bezeichneten Art,
   c) Verfahren vor dem Seemannsamt zur vorläufigen Entscheidung von Arbeitssachen und
   d) Verfahren vor sonstigen gesetzlich eingerichteten Einigungsstellen, Gütestellen oder Schiedsstellen,
8. das Vermittlungsverfahren nach § 165 des Gesetzes über das Verfahren in Familiensachen und in den Angelegenheiten der freiwilligen Gerichtsbarkeit und ein sich anschließendes gerichtliches Verfahren,
9. das Verfahren über ein Rechtsmittel und das Verfahren über die Beschwerde gegen die Nichtzulassung des Rechtsmittels,
10. das strafrechtliche Ermittlungsverfahren und
    a) ein nachfolgendes gerichtliches Verfahren und
    b) ein sich nach Einstellung des Ermittlungsverfahrens anschließendes Bußgeldverfahren,
11. das Bußgeldverfahren vor der Verwaltungsbehörde und das nachfolgende gerichtliche Verfahren,
12. das Strafverfahren und das Verfahren über die im Urteil vorbehaltene Sicherungsverwahrung und
13. das Wiederaufnahmeverfahren und das wiederaufgenommene Verfahren, wenn sich die Gebühren nach Teil 4 oder 5 des Vergütungsverzeichnisses richten.

§ 18 Besondere Angelegenheiten (1) ¹Besondere Angelegenheiten sind
1. jede Vollstreckungsmaßnahme zusammen mit den durch diese vorbereiteten weiteren Vollstreckungshandlungen bis zur Befriedigung des Gläubigers; dies gilt entsprechend im Verwaltungszwangsverfahren (Verwaltungsvollstreckungsverfahren);
2. jede Vollziehungsmaßnahme bei der Vollziehung eines Arrests oder einer einstweiligen Verfügung (§§ 928 bis 934 und 936 der Zivilprozessordnung), die sich nicht auf die Zustellung beschränkt;
3. solche Angelegenheiten, in denen sich die Gebühren nach Teil 3 des Vergütungsverzeichnisses richten, jedes Beschwerdeverfahren, jedes Verfahren über eine Erinnerung gegen einen

Kostenfestsetzungsbeschluss und jedes sonstige Verfahren über eine Erinnerung gegen eine Entscheidung des Rechtspflegers, soweit sich aus § 16 Nummer 10 nichts anderes ergibt;
4. das Verfahren über Einwendungen gegen die Erteilung der Vollstreckungsklausel, auf das § 732 der Zivilprozessordnung anzuwenden ist;
5. das Verfahren auf Erteilung einer weiteren vollstreckbaren Ausfertigung;
6. jedes Verfahren über Anträge nach den §§ 765 a, 851 a oder 851 b der Zivilprozessordnung und jedes Verfahren über Anträge auf Änderung oder Aufhebung der getroffenen Anordnungen, jedes Verfahren über Anträge nach § 1084 Absatz 1, § 1096 oder § 1109 der Zivilprozessordnung und über Anträge nach § 31 des Auslandsunterhaltsgesetzes;
7. das Verfahren auf Zulassung der Austauschpfändung (§ 811 a der Zivilprozessordnung);
8. das Verfahren über einen Antrag nach § 825 der Zivilprozessordnung;
9. die Ausführung der Zwangsvollstreckung in ein gepfändetes Vermögensrecht durch Verwaltung (§ 857 Abs. 4 der Zivilprozessordnung);
10. das Verteilungsverfahren (§ 858 Abs. 5, §§ 872 bis 877, 882 der Zivilprozessordnung);
11. das Verfahren auf Eintragung einer Zwangshypothek (§§ 867, 870 a der Zivilprozessordnung);
12. die Vollstreckung der Entscheidung, durch die der Schuldner zur Vorauszahlung der Kosten, die durch die Vornahme einer Handlung entstehen, verurteilt wird (§ 887 Abs. 2 der Zivilprozessordnung);
13. das Verfahren zur Ausführung der Zwangsvollstreckung auf Vornahme einer Handlung durch Zwangsmittel (§ 888 der Zivilprozessordnung);
14. jede Verurteilung zu einem Ordnungsgeld gemäß § 890 Abs. 1 der Zivilprozessordnung;
15. die Verurteilung zur Bestellung einer Sicherheit im Fall des § 890 Abs. 3 der Zivilprozessordnung;
16. das Verfahren zur Abnahme der Vermögensauskunft (§§ 802 f und 802 g der Zivilprozessordnung);
17. das Verfahren auf Löschung der Eintragung im Schuldnerverzeichnis (§ 882 e der Zivilprozessordnung);
18. das Ausüben der Veröffentlichungsbefugnis;
19. das Verfahren über Anträge auf Zulassung der Zwangsvollsteckung nach § 17 Abs. 4 der Schifffahrtsrechtlichen Verteilungsordnung;
20. das Verfahren über Anträge auf Aufhebung von Vollstreckungsmaßregeln (§ 8 Abs. 5 und § 41 der Schifffahrtsrechtlichen Verteilungsordnung) und
21. das Verfahren zur Anordnung von Zwangsmaßnahmen durch Beschluss nach § 35 des Gesetzes über das Verfahren in Familiensachen und in den Angelegenheiten der freiwilligen Gerichtsbarkeit.

(2) ¹Absatz 1 gilt entsprechend für
1. die Vollziehung eines Arrestes und
2. die Vollstreckung

nach den Vorschriften des Gesetzes über das Verfahren in Familiensachen und in den Angelegenheiten der freiwilligen Gerichtsbarkeit.

§ 19 Rechtszug; Tätigkeiten, die mit dem Verfahren zusammenhängen (1) ¹Zu dem Rechtszug oder dem Verfahren gehören auch alle Vorbereitungs-, Neben- und Abwicklungstätigkeiten und solche Verfahren, die mit dem Rechtszug oder Verfahren zusammenhängen, wenn die Tätigkeit nicht nach § 18 eine besondere Angelegenheit ist. ²Hierzu gehören insbesondere
1. die Vorbereitung der Klage, des Antrags oder der Rechtsverteidigung, soweit kein besonderes gerichtliches oder behördliches Verfahren stattfindet;
2. außergerichtliche Verhandlungen;

3. Zwischenstreite, die Bestellung von Vertretern durch das in der Hauptsache zuständige Gericht, die Ablehnung von Richtern, Rechtspflegern, Urkundsbeamten der Geschäftsstelle oder Sachverständigen, die Festsetzung des Streit- oder Geschäftswerts;
4. das Verfahren vor dem beauftragten oder ersuchten Richter;
5. das Verfahren
   a) über die Erinnerung (§ 573 der Zivilprozessordnung),
   b) über die Rüge wegen Verletzung des Anspruchs auf rechtliches Gehör,
   c) nach Artikel 18 der Verordnung (EG) Nr. 861/2007 des Europäischen Parlaments und des Rates vom 13. Juni 2007 zur Einführung eines europäischen Verfahrens für geringfügige Forderungen,
   d) nach Artikel 20 der Verordnung (EG) Nr. 1896/2006 des Europäischen Parlaments und des Rates vom 12. Dezember 2006 zur Einführung eines Europäischen Mahnverfahrens und
   e) nach Artikel 19 der Verordnung (EG) Nr. 4/2009 über die Zuständigkeit, das anwendbare Recht, die Anerkennung und Vollstreckung von Entscheidungen und die Zusammenarbeit in Unterhaltssachen;
6. die Berichtigung und Ergänzung der Entscheidung oder ihres Tatbestands;
7. die Mitwirkung bei der Erbringung der Sicherheitsleistung und das Verfahren wegen deren Rückgabe;
8. die für die Geltendmachung im Ausland vorgesehene Vervollständigung der Entscheidung und die Bezifferung eines dynamisierten Unterhaltstitels;
9. die Zustellung oder Empfangnahme von Entscheidungen oder Rechtsmittelschriften und ihre Mitteilung an den Auftraggeber, die Einwilligung zur Einlegung der Sprungrevision oder Sprungrechtsbeschwerde, der Antrag auf Entscheidung über die Verpflichtung, die Kosten zu tragen, die nachträgliche Vollstreckbarerklärung eines Urteils auf besonderen Antrag, die Erteilung des Notfrist- und des Rechtskraftzeugnisses, die Ausstellung einer Bescheinigung nach § 48 des Internationalen Familienrechtsverfahrensgesetzes oder § 56 des Anerkennungs- und Vollstreckungsausführungsgesetzes, die Ausstellung, die Berichtigung oder der Widerruf einer Bestätigung nach § 1079 der Zivilprozessordnung, die Ausstellung des Formblatts oder der Bescheinigung nach § 71 Absatz 1 des Auslandsunterhaltsgesetzes;
10. die Einlegung von Rechtsmitteln bei dem Gericht desselben Rechtszugs in Verfahren, in denen sich die Gebühren nach Teil 4, 5 oder 6 des Vergütungsverzeichnisses richten; die Einlegung des Rechtsmittels durch einen neuen Verteidiger gehört zum Rechtszug des Rechtsmittels;
10a. Beschwerdeverfahren, wenn sich die Gebühren nach Teil 4, 5 oder 6 des Vergütungsverzeichnisses richten und dort nichts anderes bestimmt ist oder besondere Gebührentatbestände vorgesehen sind;
11. die vorläufige Einstellung, Beschränkung oder Aufhebung der Zwangsvollstreckung, wenn nicht eine abgesonderte mündliche Verhandlung hierüber stattfindet;
12. die einstweilige Einstellung oder Beschränkung der Vollstreckung und die Anordnung, dass Vollstreckungsmaßnahmen aufzuheben sind (§ 93 Abs. 1 des Gesetzes über das Verfahren in Familiensachen und in den Angelegenheiten der freiwilligen Gerichtsbarkeit), wenn nicht ein besonderer gerichtlicher Termin hierüber stattfindet;
13. die erstmalige Erteilung der Vollstreckungsklausel, wenn deswegen keine Klage erhoben wird;
14. die Kostenfestsetzung und die Einforderung der Vergütung;
15. (aufgehoben)
16. die Zustellung eines Vollstreckungstitels, der Vollstreckungsklausel und der sonstigen in § 750 der Zivilprozessordnung genannten Urkunden und
17. die Herausgabe der Handakten oder ihre Übersendung an einen anderen Rechtsanwalt.

(2) ¹Zu den in § 18 Abs. 1 Nr. 1 und 2 genannten Verfahren gehören ferner insbesondere
1. gerichtliche Anordnungen nach § 758 a der Zivilprozessordnung sowie Beschlüsse nach den §§ 90 und 91 Abs. 1 des Gesetzes über das Verfahren in Familiensachen und in den Angelegenheiten der freiwilligen Gerichtsbarkeit,
2. die Erinnerung nach § 766 der Zivilprozessordnung,
3. die Bestimmung eines Gerichtsvollziehers (§ 827 Abs. 1 und § 854 Abs. 1 der Zivilprozessordnung) oder eines Sequesters (§§ 848 und 855 der Zivilprozessordnung),
4. die Anzeige der Absicht, die Zwangsvollstreckung gegen eine juristische Person des öffentlichen Rechts zu betreiben,
5. die einer Verurteilung vorausgehende Androhung von Ordnungsgeld und
6. die Aufhebung einer Vollstreckungsmaßnahme.

§ 20 Verweisung, Abgabe ¹Soweit eine Sache an ein anderes Gericht verwiesen oder abgegeben wird, sind die Verfahren vor dem verweisenden oder abgebenden und vor dem übernehmenden Gericht ein Rechtszug. ²Wird eine Sache an ein Gericht eines niedrigeren Rechtszugs verwiesen oder abgegeben, ist das weitere Verfahren vor diesem Gericht ein neuer Rechtszug.

§ 21 Zurückverweisung, Fortführung einer Folgesache als selbständige Familiensache
(1) ¹Soweit eine Sache an ein untergeordnetes Gericht zurückverwiesen wird, ist das weitere Verfahren vor diesem Gericht ein neuer Rechtszug.
(2) ¹In den Fällen des § 146 des Gesetzes über das Verfahren in Familiensachen und in den Angelegenheiten der freiwilligen Gerichtsbarkeit, auch in Verbindung mit § 270 des Gesetzes über das Verfahren in Familiensachen und in den Angelegenheiten der freiwilligen Gerichtsbarkeit, bildet das weitere Verfahren vor dem Familiengericht mit dem früheren einen Rechtszug.
(3) ¹Wird eine Folgesache als selbständige Familiensache fortgeführt, sind das fortgeführte Verfahren und das frühere Verfahren dieselbe Angelegenheit.

Abschnitt 4: Gegenstandswert

§ 22 Grundsatz (1) ¹In derselben Angelegenheit werden die Werte mehrerer Gegenstände zusammengerechnet.
(2) ¹Der Wert beträgt in derselben Angelegenheit höchstens 30 Millionen Euro, soweit durch Gesetz kein niedrigerer Höchstwert bestimmt ist. ²Sind in derselben Angelegenheit mehrere Personen wegen verschiedener Gegenstände Auftraggeber, beträgt der Wert für jede Person höchstens 30 Millionen Euro, insgesamt jedoch nicht mehr als 100 Millionen Euro.

§ 23 Allgemeine Wertvorschrift (1) ¹Soweit sich die Gerichtsgebühren nach dem Wert richten, bestimmt sich der Gegenstandswert im gerichtlichen Verfahren nach den für die Gerichtsgebühren geltenden Wertvorschriften. ²In Verfahren, in denen Kosten nach dem Gerichtskostengesetz oder dem Gesetz über Gerichtskosten in Familiensachen erhoben werden, sind die Wertvorschriften des jeweiligen Kostengesetzes entsprechend anzuwenden, wenn für das Verfahren keine Gerichtsgebühr oder eine Festgebühr bestimmt ist. ³Diese Wertvorschriften gelten auch entsprechend für die Tätigkeit außerhalb eines gerichtlichen Verfahrens, wenn der Gegenstand der Tätigkeit auch Gegenstand eines gerichtlichen Verfahrens sein könnte. ⁴§ 22 Abs. 2 Satz 2 bleibt unberührt.
(2) ¹In Beschwerdeverfahren, in denen Gerichtsgebühren unabhängig vom Ausgang des Verfahrens nicht erhoben werden oder sich nicht nach dem Wert richten, ist der Wert unter Berücksichtigung des Interesses des Beschwerdeführers nach Absatz 3 Satz 2 zu bestimmen, soweit sich aus diesem Gesetz nichts anderes ergibt. ²Der Gegenstandswert ist durch den Wert des zugrunde liegenden Verfahrens begrenzt. ³In Verfahren über eine Erinnerung oder eine Rüge wegen Verletzung des rechtlichen Gehörs richtet sich der Wert nach den für Beschwerdeverfahren geltenden Vorschriften.

(3) ¹Soweit sich aus diesem Gesetz nichts anderes ergibt, gelten in anderen Angelegenheiten für den Gegenstandswert die Bewertungsvorschriften des Gerichts- und Notarkostengesetzes und die §§ 38, 42 bis 45 sowie 100 bis 102 des Gerichts- und Notarkostengesetzes entsprechend. ²Soweit sich der Gegenstandswert aus diesen Vorschriften nicht ergibt und auch sonst nicht feststeht, ist er nach billigem Ermessen zu bestimmen; in Ermangelung genügender tatsächlicher Anhaltspunkte für eine Schätzung und bei nichtvermögensrechtlichen Gegenständen ist der Gegenstandswert mit 5 000 Euro, nach Lage des Falles niedriger oder höher, jedoch nicht über 500 000 Euro anzunehmen.

§ 23a Gegenstandswert im Verfahren über die Prozesskostenhilfe (1) Im Verfahren über die Bewilligung der Prozesskostenhilfe oder die Aufhebung der Bewilligung nach § 124 Nummer 1 der Zivilprozessordnung bestimmt sich der Gegenstandswert nach dem für die Hauptsache maßgebenden Wert; im Übrigen ist er nach dem Kosteninteresse nach billigem Ermessen zu bestimmen.

(2) Der Wert nach Absatz 1 und der Wert für das Verfahren, für das die Prozesskostenhilfe beantragt worden ist, werden nicht zusammengerechnet.

§ 23b Gegenstandswert im Musterverfahren nach dem Kapitalanleger-Musterverfahrensgesetz ¹Im Musterverfahren nach dem Kapitalanleger-Musterverfahrensgesetz bestimmt sich der Gegenstandswert nach der Höhe des von dem Auftraggeber oder gegen diesen im Ausgangsverfahren geltend gemachten Anspruchs, soweit dieser Gegenstand des Musterverfahrens ist.

§ 24 Gegenstandswert im Sanierungs- und Reorganisationsverfahren nach dem Kreditinstitute-Reorganisationsgesetz ¹Ist der Auftrag im Sanierungs- und Reorganisationsverfahren von einem Gläubiger erteilt, bestimmt sich der Wert nach dem Nennwert der Forderung.

§ 25 Gegenstandswert in der Vollstreckung und bei der Vollziehung (1) ¹In der Zwangsvollstreckung, in der Vollstreckung, in Verfahren des Verwaltungszwangs und bei der Vollziehung eines Arrestes oder einer einstweiligen Verfügung bestimmt sich der Gegenstandswert

1. nach dem Betrag der zu vollstreckenden Geldforderung einschließlich der Nebenforderungen; soll ein bestimmter Gegenstand gepfändet werden und hat dieser einen geringeren Wert, ist der geringere Wert maßgebend; wird künftig fällig werdendes Arbeitseinkommen nach § 850 d Abs. 3 der Zivilprozessordnung gepfändet, sind die noch nicht fälligen Ansprüche nach § 51 Abs. 1 Satz 1 des Gesetzes über Gerichtskosten in Familiensachen und § 9 der Zivilprozessordnung zu bewerten; im Verteilungsverfahren (§ 858 Abs. 5, §§ 872 bis 877 und 882 der Zivilprozessordnung) ist höchstens der zu verteilende Geldbetrag maßgebend;
2. nach dem Wert der herauszugebenden oder zu leistenden Sachen; der Gegenstandswert darf jedoch den Wert nicht übersteigen, mit dem der Herausgabe- oder Räumungsanspruch nach den für die Berechnung von Gerichtskosten maßgeblichen Vorschriften zu bewerten ist;
3. nach dem Wert, den die zu erwirkende Handlung, Duldung oder Unterlassung für den Gläubiger hat, und
4. in Verfahren über die Erteilung der Vermögensauskunft nach § 802 c der Zivilprozessordnung nach dem Betrag, der einschließlich der Nebenforderungen aus dem Vollstreckungstitel noch geschuldet wird; der Wert beträgt jedoch höchstens 2 000 Euro.

(2) ¹In Verfahren über Anträge des Schuldners ist der Wert nach dem Interesse des Antragstellers nach billigem Ermessen zu bestimmen.

§ 26 Gegenstandswert in der Zwangsversteigerung ¹In der Zwangsversteigerung bestimmt sich der Gegenstandswert

1. bei der Vertretung des Gläubigers oder eines anderen nach § 9 Nr. 1 und 2 des Gesetzes über die Zwangsversteigerung und die Zwangsverwaltung Beteiligten nach dem Wert des dem Gläubiger oder dem Beteiligten zustehenden Rechts; wird das Verfahren wegen einer Teilforderung betrieben, ist der Teilbetrag nur maßgebend, wenn es sich um einen nach § 10 Abs. 1 Nr. 5 des Gesetzes über die Zwangsversteigerung und die Zwangsverwaltung zu befriedigenden An-

spruch handelt; Nebenforderungen sind mitzurechnen; der Wert des Gegenstands der Zwangsversteigerung (§ 66 Abs. 1, § 74 a Abs. 5 des Gesetzes über die Zwangsversteigerung und die Zwangsverwaltung), im Verteilungsverfahren der zur Verteilung kommende Erlös, sind maßgebend, wenn sie geringer sind;
2. bei der Vertretung eines anderen Beteiligten, insbesondere des Schuldners, nach dem Wert des Gegenstands der Zwangsversteigerung, im Verteilungsverfahren nach dem zur Verteilung kommenden Erlös; bei Miteigentümern oder sonstigen Mitberechtigten ist der Anteil maßgebend;
3. bei der Vertretung eines Bieters, der nicht Beteiligter ist, nach dem Betrag des höchsten für den Auftraggeber abgegebenen Gebots, wenn ein solches Gebot nicht abgegeben ist, nach dem Wert des Gegenstands der Zwangsversteigerung.

§ 27 Gegenstandswert in der Zwangsverwaltung [1]In der Zwangsverwaltung bestimmt sich der Gegenstandswert bei der Vertretung des Antragstellers nach dem Anspruch, wegen dessen das Verfahren beantragt ist; Nebenforderungen sind mitzurechnen; bei Ansprüchen auf wiederkehrende Leistungen ist der Wert der Leistungen eines Jahres maßgebend. [2]Bei der Vertretung des Schuldners bestimmt sich der Gegenstandswert nach dem zusammengerechneten Wert aller Ansprüche, wegen derer das Verfahren beantragt ist, bei der Vertretung eines sonstigen Beteiligten nach § 23 Abs. 3 Satz 2.

§ 28 Gegenstandswert im Insolvenzverfahren (1) [1]Die Gebühren der Nummern 3313, 3317 sowie im Fall der Beschwerde gegen den Beschluss über die Eröffnung des Insolvenzverfahrens der Nummern 3500 und 3513 des Vergütungsverzeichnisses werden, wenn der Auftrag vom Schuldner erteilt ist, nach dem Wert der Insolvenzmasse (§ 58 des Gerichtskostengesetzes) berechnet. [2]Im Fall der Nummer 3313 des Vergütungsverzeichnisses beträgt der Gegenstandswert jedoch mindestens 4 000 Euro.
(2) [1]Ist der Auftrag von einem Insolvenzgläubiger erteilt, werden die in Absatz 1 genannten Gebühren und die Gebühr nach Nummer 3314 nach dem Nennwert der Forderung berechnet. [2]Nebenforderungen sind mitzurechnen.
(3) [1]Im Übrigen ist der Gegenstandswert im Insolvenzverfahren unter Berücksichtigung des wirtschaftlichen Interesses, das der Auftraggeber im Verfahren verfolgt, nach § 23 Abs. 3 Satz 2 zu bestimmen.

§ 29 Gegenstandswert im Verteilungsverfahren nach der Schifffahrtsrechtlichen Verteilungsordnung [1]Im Verfahren nach der Schifffahrtsrechtlichen Verteilungsordnung gilt § 28 entsprechend mit der Maßgabe, dass an die Stelle des Werts der Insolvenzmasse die festgesetzte Haftungssumme tritt.

§ 30 Gegenstandswert in gerichtlichen Verfahren nach dem Asylverfahrensgesetz [1]In Klageverfahren nach dem Asylverfahrensgesetz beträgt der Gegenstandswert 5 000 Euro, in Verfahren des vorläufigen Rechtsschutzes 2 500 Euro. Sind mehrere natürliche Personen an demselben Verfahren beteiligt, erhöht sich der Wert für jede weitere Person in Klageverfahren um 1 000 Euro und in Verfahren des vorläufigen Rechtsschutzes um 500 Euro.
(2) Ist der nach Absatz 1 bestimmte Wert nach den besonderen Umständen des Einzelfalls unbillig, kann das Gericht einen höheren oder einen niedrigeren Wert festsetzen.

§ 31 Gegenstandswert in gerichtlichen Verfahren nach dem Spruchverfahrensgesetz
(1) [1]Vertritt der Rechtsanwalt im Verfahren nach dem Spruchverfahrensgesetz einen von mehreren Antragstellern, bestimmt sich der Gegenstandswert nach dem Bruchteil des für die Gerichtsgebühren geltenden Geschäftswerts, der sich aus dem Verhältnis der Anzahl der Anteile des Auftraggebers zu der Gesamtzahl der Anteile aller Antragsteller ergibt. [2]Maßgeblicher Zeitpunkt für die Bestimmung der auf die einzelnen Antragsteller entfallenden Anzahl der Anteile ist der jeweilige Zeitpunkt der Antragstellung. [3]Ist die Anzahl der auf einen Antragsteller entfallenden Anteile

nicht gerichtsbekannt, wird vermutet, dass er lediglich einen Anteil hält. ⁴Der Wert beträgt mindestens 5 000 Euro.

(2) ¹Wird der Rechtsanwalt von mehreren Antragstellern beauftragt, sind die auf die einzelnen Antragsteller entfallenden Werte zusammenzurechnen; Nummer 1008 des Vergütungsverzeichnisses ist insoweit nicht anzuwenden.

§ 31a Ausschlussverfahren nach dem Wertpapiererwerbs- und Übernahmegesetz ¹Vertritt der Rechtsanwalt im Ausschlussverfahren nach § 39 b des Wertpapiererwerbs- und Übernahmegesetzes einen Antragsgegner, bestimmt sich der Gegenstandswert nach dem Wert der Aktien, die dem Auftraggeber im Zeitpunkt der Antragstellung gehören. ²§ 31 Abs. 1 Satz 2 bis 4 und Abs. 2 gilt entsprechend.

§ 31b Gegenstandswert bei Zahlungsvereinbarungen Ist Gegenstand einer Einigung nur eine Zahlungsvereinbarung (Nummer 1000 des Vergütungsverzeichnisses), beträgt der Gegenstandswert 20 Prozent des Anspruchs.

§ 32 Wertfestsetzung für die Gerichtsgebühren (1) ¹Wird der für die Gerichtsgebühren maßgebende Wert gerichtlich festgesetzt, ist die Festsetzung auch für die Gebühren des Rechtsanwalts maßgebend.

(2) ¹Der Rechtsanwalt kann aus eigenem Recht die Festsetzung des Werts beantragen und Rechtsmittel gegen die Festsetzung einlegen. ²Rechtsbehelfe, die gegeben sind, wenn die Wertfestsetzung unterblieben ist, kann er aus eigenem Recht einlegen.

§ 33 Wertfestsetzung für die Rechtsanwaltsgebühren (1) ¹Berechnen sich die Gebühren in einem gerichtlichen Verfahren nicht nach dem für die Gerichtsgebühren maßgebenden Wert oder fehlt es an einem solchen Wert, setzt das Gericht des Rechtszugs den Wert des Gegenstands der anwaltlichen Tätigkeit auf Antrag durch Beschluss selbstständig fest.

(2) ¹Der Antrag ist erst zulässig, wenn die Vergütung fällig ist. ²Antragsberechtigt sind der Rechtsanwalt, der Auftraggeber, ein erstattungspflichtiger Gegner und in den Fällen des § 45 die Staatskasse.

(3) ¹Gegen den Beschluss nach Absatz 1 können die Antragsberechtigten Beschwerde einlegen, wenn der Wert des Beschwerdegegenstands 200 Euro übersteigt. ²Die Beschwerde ist auch zulässig, wenn sie das Gericht, das die angefochtene Entscheidung erlassen hat, wegen der grundsätzlichen Bedeutung der zur Entscheidung stehenden Frage in dem Beschluss zulässt. ³Die Beschwerde ist nur zulässig, wenn sie innerhalb von zwei Wochen nach Zustellung der Entscheidung eingelegt wird.

(4) ¹Soweit das Gericht die Beschwerde für zulässig und begründet hält, hat es ihr abzuhelfen; im Übrigen ist die Beschwerde unverzüglich dem Beschwerdegericht vorzulegen. ²Beschwerdegericht ist das nächsthöhere Gericht, in Zivilsachen der in § 119 Abs. 1 Nr. 1 des Gerichtsverfassungsgesetzes bezeichneten Art jedoch das Oberlandesgericht. ³Eine Beschwerde an einen obersten Gerichtshof des Bundes findet nicht statt. ⁴Das Beschwerdegericht ist an die Zulassung der Beschwerde gebunden; die Nichtzulassung ist unanfechtbar.

(5) ¹War der Beschwerdeführer ohne sein Verschulden verhindert, die Frist einzuhalten, ist ihm auf Antrag von dem Gericht, das über die Beschwerde zu entscheiden hat, Wiedereinsetzung in den vorigen Stand zu gewähren, wenn er die Beschwerde binnen zwei Wochen nach der Beseitigung des Hindernisses einlegt und die Tatsachen, welche die Wiedereinsetzung begründen, glaubhaft macht. ²Nach Ablauf eines Jahres, von dem Ende der versäumten Frist an gerechnet, kann die Wiedereinsetzung nicht mehr beantragt werden. ³Gegen die Ablehnung der Wiedereinsetzung findet die Beschwerde statt. ⁴Sie ist nur zulässig, wenn sie innerhalb von zwei Wochen eingelegt wird. ⁵Die Frist beginnt mit der Zustellung der Entscheidung. ⁶Absatz 4 Satz 1 bis 3 gilt entsprechend.

(6) ¹Die weitere Beschwerde ist nur zulässig, wenn das Landgericht als Beschwerdegericht entschieden und sie wegen der grundsätzlichen Bedeutung der zur Entscheidung stehenden Frage in dem Beschluss zugelassen hat. ²Sie kann nur darauf gestützt werden, dass die Entscheidung auf einer Verletzung des Rechts beruht; die §§ 546 und 547 der Zivilprozessordnung gelten entsprechend. ³Über die weitere Beschwerde entscheidet das Oberlandesgericht. ⁴Absatz 3 Satz 3, Absatz 4 Satz 1 und 4 und Absatz 5 gelten entsprechend.

(7) ¹Anträge und Erklärungen können ohne Mitwirkung eines Bevollmächtigten schriftlich eingereicht oder zu Protokoll der Geschäftsstelle abgegeben werden; § 129 a der Zivilprozessordnung gilt entsprechend. ²Für die Bevollmächtigung gelten die Regelungen der für das zugrunde liegende Verfahren geltenden Verfahrensordnung entsprechend. ³Die Beschwerde ist bei dem Gericht einzulegen, dessen Entscheidung angefochten wird.

(8) ¹Das Gericht entscheidet über den Antrag durch eines seiner Mitglieder als Einzelrichter; dies gilt auch für die Beschwerde, wenn die angefochtene Entscheidung von einem Einzelrichter oder einem Rechtspfleger erlassen wurde. ²Der Einzelrichter überträgt das Verfahren der Kammer oder dem Senat, wenn die Sache besondere Schwierigkeiten tatsächlicher oder rechtlicher Art aufweist oder die Rechtssache grundsätzliche Bedeutung hat. ³Das Gericht entscheidet jedoch immer ohne Mitwirkung ehrenamtlicher Richter. ⁴Auf eine erfolgte oder unterlassene Übertragung kann ein Rechtsmittel nicht gestützt werden.

(9) ¹Das Verfahren über den Antrag ist gebührenfrei. ²Kosten werden nicht erstattet; dies gilt auch im Verfahren über die Beschwerde.

Abschnitt 5: Außergerichtliche Beratung und Vertretung

§ 34 Beratung, Gutachten und Mediation (1) ¹Für einen mündlichen oder schriftlichen Rat oder eine Auskunft (Beratung), die nicht mit einer anderen gebührenpflichtigen Tätigkeit zusammenhängen, für die Ausarbeitung eines schriftlichen Gutachtens und für die Tätigkeit als Mediator soll der Rechtsanwalt auf eine Gebührenvereinbarung hinwirken, soweit in Teil 2 Abschnitt 1 des Vergütungsverzeichnisses keine Gebühren bestimmt sind. ²Wenn keine Vereinbarung getroffen worden ist, erhält der Rechtsanwalt Gebühren nach den Vorschriften des bürgerlichen Rechts. ³Ist im Fall des Satzes 2 der Auftraggeber Verbraucher, beträgt die Gebühr für die Beratung oder für die Ausarbeitung eines schriftlichen Gutachtens jeweils höchstens 250 Euro; § 14 Abs. 1 gilt entsprechend; für ein erstes Beratungsgespräch beträgt die Gebühr jedoch höchstens 190 Euro.

(2) ¹Wenn nichts anderes vereinbart ist, ist die Gebühr für die Beratung auf eine Gebühr für eine sonstige Tätigkeit, die mit der Beratung zusammenhängt, anzurechnen.

§ 35 Hilfeleistung in Steuersachen (1) ¹Für die Hilfeleistung bei der Erfüllung allgemeiner Steuerpflichten und bei der Erfüllung steuerlicher Buchführungs- und Aufzeichnungspflichten gelten die §§ 23 bis 39 der Steuerberatergebührenverordnung in Verbindung mit den §§ 10 und 13 der Steuerberatergebührenverordnung entsprechend.

(2) Sieht dieses Gesetz die Anrechnung einer Geschäftsgebühr auf eine andere Gebühr vor, stehen die Gebühren nach den §§ 23, 24 und 31 der Steuerberatergebührenverordnung, bei mehreren Gebühren deren Summe, einer Geschäftsgebühr nach Teil 2 des Vergütungsverzeichnisses gleich. Bei der Ermittlung des Höchstbetrags des anzurechnenden Teils der Geschäftsgebühr ist der Gegenstandswert derjenigen Gebühr zugrunde zu legen, auf die angerechnet wird.

§ 36 Schiedsrichterliche Verfahren und Verfahren vor dem Schiedsgericht (1) ¹Teil 3 Abschnitt 1, 2 und 4 des Vergütungsverzeichnisses ist auf die folgenden außergerichtlichen Verfahren entsprechend anzuwenden:

1. schiedsrichterliche Verfahren nach Buch 10 der Zivilprozessordnung und
2. Verfahren vor dem Schiedsgericht (§ 104 des Arbeitsgerichtsgesetzes).

(2) ¹Im Verfahren nach Absatz 1 Nr. 1 erhält der Rechtsanwalt die Terminsgebühr auch, wenn der Schiedsspruch ohne mündliche Verhandlung erlassen wird.

Abschnitt 6: Gerichtliche Verfahren

§ 37 Verfahren vor den Verfassungsgerichten (1) ¹Die Vorschriften für die Revision in Teil 4 Abschnitt 1 Unterabschnitt 3 des Vergütungsverzeichnisses gelten entsprechend in folgenden Verfahren vor dem Bundesverfassungsgericht oder dem Verfassungsgericht (Verfassungsgerichtshof, Staatsgerichtshof) eines Landes:
1. Verfahren über die Verwirkung von Grundrechten, den Verlust des Stimmrechts, den Ausschluss von Wahlen und Abstimmungen,
2. Verfahren über die Verfassungswidrigkeit von Parteien,
3. Verfahren über Anklagen gegen den Bundespräsidenten, gegen ein Regierungsmitglied eines Landes oder gegen einen Abgeordneten oder Richter und
4. Verfahren über sonstige Gegenstände, die in einem dem Strafprozess ähnlichen Verfahren behandelt werden.

(2) ¹In sonstigen Verfahren vor dem Bundesverfassungsgericht oder dem Verfassungsgericht eines Landes gelten die Vorschriften in Teil 3 Abschnitt 2 Unterabschnitt 2 des Vergütungsverzeichnisses entsprechend. ²Der Gegenstandswert ist unter Berücksichtigung der in § 14 Abs. 1 genannten Umstände nach billigem Ermessen zu bestimmen; er beträgt mindestens 5 000 Euro.

§ 38 Verfahren vor dem Gerichtshof der Europäischen Gemeinschaften (1) ¹In Vorabentscheidungsverfahren vor dem Gerichtshof der Europäischen Gemeinschaften gelten die Vorschriften in Teil 3 Abschnitt 2 Unterabschnitt 2 des Vergütungsverzeichnisses entsprechend. ²Der Gegenstandswert bestimmt sich nach den Wertvorschriften, die für die Gerichtsgebühren des Verfahrens gelten, in dem vorgelegt wird. ³Das vorlegende Gericht setzt den Gegenstandswert auf Antrag durch Beschluss fest. ⁴§ 33 Abs. 2 bis 9 gilt entsprechend.

(2) ¹Ist in einem Verfahren, in dem sich die Gebühren nach Teil 4, 5 oder 6 des Vergütungsverzeichnisses richten, vorgelegt worden, sind in dem Vorabentscheidungsverfahren die Nummern 4130 und 4132 des Vergütungsverzeichnisses entsprechend anzuwenden.

(3) ¹Die Verfahrensgebühr des Verfahrens, in dem vorgelegt worden ist, wird auf die Verfahrensgebühr des Verfahrens vor dem Gerichtshof der Europäischen Gemeinschaften angerechnet, wenn nicht eine im Verfahrensrecht vorgesehene schriftliche Stellungnahme gegenüber dem Gerichtshof der Europäischen Gemeinschaften abgegeben wird.

§ 38a Verfahren vor dem Europäischen Gerichtshof für Menschenrechte In Verfahren vor dem Europäischen Gerichtshof für Menschenrechte gelten die Vorschriften in Teil 3 Abschnitt 2 Unterabschnitt 2 des Vergütungsverzeichnisses entsprechend. Der Gegenstandswert ist unter Berücksichtigung der in § 14 Absatz 1 genannten Umstände nach billigem Ermessen zu bestimmen; er beträgt mindestens 5 000 Euro.

§ 39 In Scheidungs- und Lebenspartnerschaftssachen beigeordneter Rechtsanwalt ¹Der Rechtsanwalt, der nach § 138 des Gesetzes über das Verfahren in Familiensachen und in den Angelegenheiten der freiwilligen Gerichtsbarkeit, auch in Verbindung mit § 270 des Gesetzes über das Verfahren in Familiensachen und in den Angelegenheiten der freiwilligen Gerichtsbarkeit dem Antragsgegner beigeordnet ist, kann von diesem die Vergütung eines zum Prozessbevollmächtigten bestellten Rechtsanwalts und einen Vorschuss verlangen.

§ 40 Als gemeinsamer Vertreter bestellter Rechtsanwalt ¹Der Rechtsanwalt kann von den Personen, für die er nach § 67 a Abs. 1 Satz 2 der Verwaltungsgerichtsordnung bestellt ist, die Vergütung eines von mehreren Auftraggebern zum Prozessbevollmächtigten bestellten Rechtsanwalts und einen Vorschuss verlangen.

§ 41 Prozesspfleger ¹Der Rechtsanwalt, der nach § 57 oder § 58 der Zivilprozessordnung dem Beklagten als Vertreter bestellt ist, kann von diesem die Vergütung eines zum Prozessbevollmächtigten bestellten Rechtsanwalts verlangen. ²Er kann von diesem keinen Vorschuss fordern. ³§ 126 der Zivilprozessordnung ist entsprechend anzuwenden.

§ 41a Vertreter des Musterklägers (1) ¹Für das erstinstanzliche Musterverfahren nach dem Kapitalanleger-Musterverfahrensgesetz kann das Oberlandesgericht dem Rechtsanwalt, der den Musterkläger vertritt, auf Antrag eine besondere Gebühr bewilligen, wenn sein Aufwand im Vergleich zu dem Aufwand der Vertreter der beigeladenen Kläger höher ist. ²Bei der Bemessung der Gebühr sind der Mehraufwand sowie der Vorteil und die Bedeutung für die beigeladenen Kläger zu berücksichtigen. ³Die Gebühr darf eine Gebühr mit einem Gebührensatz von 0,3 nach § 13 Absatz 1 nicht überschreiten. ⁴Hierbei ist als Wert die Summe der in sämtlichen nach § 8 des Kapitalanleger-Musterverfahrensgesetzes ausgesetzten Verfahren geltend gemachten Ansprüche zugrunde zu legen, soweit diese Ansprüche von den Feststellungszielen des Musterverfahrens betroffen sind, höchstens jedoch 30 Millionen Euro. ⁵Der Vergütungsanspruch gegen den Auftraggeber bleibt unberührt.

(2) ¹Der Antrag ist spätestens vor dem Schluss der mündlichen Verhandlung zu stellen. ²Der Antrag und ergänzende Schriftsätze werden entsprechend § 12 Absatz 2 des Kapitalanleger-Musterverfahrensgesetzes bekannt gegeben. ³Mit der Bekanntmachung ist eine Frist zur Erklärung zu setzen. ⁴Die Landeskasse ist nicht zu hören.

(3) ¹Die Entscheidung kann mit dem Musterentscheid getroffen werden. ²Die Entscheidung ist dem Musterkläger, den Musterbeklagten, den Beigeladenen sowie dem Rechtsanwalt mitzuteilen. ³§ 16 Absatz 1 Satz 2 des Kapitalanleger-Musterverfahrensgesetzes ist entsprechend anzuwenden. ⁴Die Mitteilung kann durch öffentliche Bekanntmachung ersetzt werden, § 11 Absatz 2 Satz 2 des Kapitalanleger-Musterverfahrensgesetzes ist entsprechend anzuwenden. ⁵Die Entscheidung ist unanfechtbar.

(4) ¹Die Gebühr ist einschließlich der anfallenden Umsatzsteuer aus der Landeskasse zu zahlen. ²Ein Vorschuss kann nicht gefordert werden.

Abschnitt 7: Straf- und Bußgeldsachen sowie bestimmte sonstige Verfahren

§ 42 Feststellung einer Pauschgebühr (1) ¹In Strafsachen, gerichtlichen Bußgeldsachen, Verfahren nach dem Gesetz über die internationale Rechtshilfe in Strafsachen, in Verfahren nach dem IStGH-Gesetz, in Freiheitsentziehungs- und Unterbringungssachen sowie bei Unterbringungsmaßnahmen nach § 151 Nummer 6 und 7 des Gesetzes über das Verfahren in Familiensachen und in den Angelegenheiten der freiwilligen Gerichtsbarkeit stellt das Oberlandesgericht, zu dessen Bezirk das Gericht des ersten Rechtszugs gehört, auf Antrag des Rechtsanwalts eine Pauschgebühr für das ganze Verfahren oder für einzelne Verfahrensabschnitte durch unanfechtbaren Beschluss fest, wenn die in den Teilen 4 bis 6 des Vergütungsverzeichnisses bestimmten Gebühren eines Wahlanwalts wegen des besonderen Umfangs oder der besonderen Schwierigkeit nicht zumutbar sind. ²Dies gilt nicht, soweit Wertgebühren entstehen. ³Beschränkt sich die Feststellung auf einzelne Verfahrensabschnitte, sind die Gebühren nach dem Vergütungsverzeichnis, an deren Stelle die Pauschgebühr treten soll, zu bezeichnen. ⁴Die Pauschgebühr darf das Doppelte der für die Gebühren eines Wahlanwalts geltenden Höchstbeträge nach den Teilen 4 bis 6 des Vergütungsverzeichnisses nicht übersteigen. ⁵Für den Rechtszug, in dem der Bundesgerichtshof für das Verfahren zuständig ist, ist er auch für die Entscheidung über den Antrag zuständig.

(2) ¹Der Antrag ist zulässig, wenn die Entscheidung über die Kosten des Verfahrens rechtskräftig ist. ²Der gerichtlich bestellte oder beigeordnete Rechtsanwalt kann den Antrag nur unter den Voraussetzungen des § 52 Abs. 1 Satz 1, Abs. 2, auch in Verbindung mit § 53 Abs. 1, stellen. ³Der Auftraggeber, in den Fällen des § 52 Abs. 1 Satz 1 der Beschuldigte, ferner die Staatskasse und

andere Beteiligte, wenn ihnen die Kosten des Verfahrens ganz oder zum Teil auferlegt worden sind, sind zu hören.

(3) ¹Der Strafsenat des Oberlandesgerichts ist mit einem Richter besetzt. ²Der Richter überträgt die Sache dem Senat in der Besetzung mit drei Richtern, wenn es zur Sicherung einer einheitlichen Rechtsprechung geboten ist.

(4) ¹Die Feststellung ist für das Kostenfestsetzungsverfahren, das Vergütungsfestsetzungsverfahren (§ 11) und für einen Rechtsstreit des Rechtsanwalts auf Zahlung der Vergütung bindend.

(5) ¹Die Absätze 1 bis 4 gelten im Bußgeldverfahren vor der Verwaltungsbehörde entsprechend. ²Über den Antrag entscheidet die Verwaltungsbehörde. ³Gegen die Entscheidung kann gerichtliche Entscheidung beantragt werden. ⁴Für das Verfahren gilt § 62 des Gesetzes über Ordnungswidrigkeiten.

§ 43 Abtretung des Kostenerstattungsanspruchs ¹Tritt der Beschuldigte oder der Betroffene den Anspruch gegen die Staatskasse auf Erstattung von Anwaltskosten als notwendige Auslagen an den Rechtsanwalt ab, ist eine von der Staatskasse gegenüber dem Beschuldigten oder dem Betroffenen erklärte Aufrechnung insoweit unwirksam, als sie den Anspruch des Rechtsanwalts vereiteln oder beeinträchtigen würde. ²Dies gilt jedoch nur, wenn zum Zeitpunkt der Aufrechnung eine Urkunde über die Abtretung oder eine Anzeige des Beschuldigten oder des Betroffenen über die Abtretung in den Akten vorliegt.

Abschnitt 8: Beigeordneter oder bestellter Rechtsanwalt, Beratungshilfe

§ 44 Vergütungsanspruch bei Beratungshilfe ¹Für die Tätigkeit im Rahmen der Beratungshilfe erhält der Rechtsanwalt eine Vergütung nach diesem Gesetz aus der Landeskasse, soweit nicht für die Tätigkeit in Beratungsstellen nach § 3 Abs. 1 des Beratungshilfegesetzes besondere Vereinbarungen getroffen sind. ²Die Beratungshilfegebühr (Nummer 2500 des Vergütungsverzeichnisses) schuldet nur der Rechtsuchende.

§ 45 Vergütungsanspruch des beigeordneten oder bestellten Rechtsanwalts (1) ¹Der im Wege der Prozesskostenhilfe beigeordnete oder nach § 57 oder § 58 der Zivilprozessordnung zum Prozesspfleger bestellte Rechtsanwalt erhält, soweit in diesem Abschnitt nichts anderes bestimmt ist, die gesetzliche Vergütung in Verfahren vor Gerichten des Bundes aus der Bundeskasse, in Verfahren vor Gerichten eines Landes aus der Landeskasse.

(2) ¹Der Rechtsanwalt, der nach § 138 des Gesetzes über das Verfahren in Familiensachen und in den Angelegenheiten der freiwilligen Gerichtsbarkeit, auch in Verbindung mit § 270 des Gesetzes über das Verfahren in Familiensachen und in den Angelegenheiten der freiwilligen Gerichtsbarkeit, beigeordnet oder nach § 67 a Abs. 1 Satz 2 der Verwaltungsgerichtsordnung bestellt ist, kann eine Vergütung aus der Landeskasse verlangen, wenn der zur Zahlung Verpflichtete (§ 39 oder § 40) mit der Zahlung der Vergütung im Verzug ist.

(3) ¹Ist der Rechtsanwalt sonst gerichtlich bestellt oder beigeordnet worden, erhält er die Vergütung aus der Landeskasse, wenn ein Gericht des Landes den Rechtsanwalt bestellt oder beigeordnet hat, im Übrigen aus der Bundeskasse. ²Hat zuerst ein Gericht des Bundes und sodann ein Gericht des Landes den Rechtsanwalt bestellt oder beigeordnet, zahlt die Bundeskasse die Vergütung, die der Rechtsanwalt während der Dauer der Bestellung oder Beiordnung durch das Gericht des Bundes verdient hat, die Landeskasse die dem Rechtsanwalt darüber hinaus zustehende Vergütung. ³Dies gilt entsprechend, wenn zuerst ein Gericht des Landes und sodann ein Gericht des Bundes den Rechtsanwalt bestellt oder beigeordnet hat.

(4) ¹Wenn der Verteidiger von der Stellung eines Wiederaufnahmeantrags abrät, hat er einen Anspruch gegen die Staatskasse nur dann, wenn er nach § 364 b Abs. 1 Satz 1 der Strafprozessordnung bestellt worden ist oder das Gericht die Feststellung nach § 364 b Abs. 1 Satz 2 der Straf-

prozessordnung getroffen hat. ²Dies gilt auch im gerichtlichen Bußgeldverfahren (§ 85 Abs. 1 des Gesetzes über Ordnungswidrigkeiten).

(5) ¹Absatz 3 ist im Bußgeldverfahren vor der Verwaltungsbehörde entsprechend anzuwenden. ²An die Stelle des Gerichts tritt die Verwaltungsbehörde.

§ 46 Auslagen und Aufwendungen (1) ¹Auslagen, insbesondere Reisekosten, werden nicht vergütet, wenn sie zur sachgemäßen Durchführung der Angelegenheit nicht erforderlich waren.

(2) ¹Wenn das Gericht des Rechtszugs auf Antrag des Rechtsanwalts vor Antritt der Reise feststellt, dass eine Reise erforderlich ist, ist diese Feststellung für das Festsetzungsverfahren (§ 55) bindend. ²Im Bußgeldverfahren vor der Verwaltungsbehörde tritt an die Stelle des Gerichts die Verwaltungsbehörde. ³Für Aufwendungen (§ 670 des Bürgerlichen Gesetzbuchs) gelten Absatz 1 und die Sätze 1 und 2 entsprechend; die Höhe zu ersetzender Kosten für die Zuziehung eines Dolmetschers oder Übersetzers ist auf die nach dem Justizvergütungs- und -entschädigungsgesetz zu zahlenden Beträge beschränkt.

(3) ¹Auslagen, die durch Nachforschungen zur Vorbereitung eines Wiederaufnahmeverfahrens entstehen, für das die Vorschriften der Strafprozessordnung gelten, werden nur vergütet, wenn der Rechtsanwalt nach § 364 b Abs. 1 Satz 1 der Strafprozessordnung bestellt worden ist oder wenn das Gericht die Feststellung nach § 364 b Abs. 1 Satz 2 der Strafprozessordnung getroffen hat. ²Dies gilt auch im gerichtlichen Bußgeldverfahren (§ 85 Abs. 1 des Gesetzes über Ordnungswidrigkeiten).

(2) ¹Bei Beratungshilfe kann der Rechtsanwalt keinen Vorschuss fordern.

§ 47 Vorschuss (1) ¹Wenn dem Rechtsanwalt wegen seiner Vergütung ein Anspruch gegen die Staatskasse zusteht, kann er für die entstandenen Gebühren und die entstandenen und voraussichtlich entstehenden Auslagen aus der Staatskasse einen angemessenen Vorschuss fordern. ²Der Rechtsanwalt, der nach § 138 des Gesetzes über das Verfahren in Familiensachen und in den Angelegenheiten der freiwilligen Gerichtsbarkeit, auch in Verbindung mit § 270 des Gesetzes über das Verfahren in Familiensachen und in den Angelegenheiten der freiwilligen Gerichtsbarkeit, beigeordnet oder nach § 67 a Abs. 1 Satz 2 der Verwaltungsgerichtsordnung bestellt ist, kann einen Vorschuss nur verlangen, wenn der zur Zahlung Verpflichtete (§ 39 oder § 40) mit der Zahlung des Vorschusses im Verzug ist.

(2) ¹Bei Beratungshilfe kann der Rechtsanwalt keinen Vorschuss fordern.

§ 48 Umfang des Anspruchs und der Beiordnung (1) ¹Der Vergütungsanspruch bestimmt sich nach den Beschlüssen, durch die die Prozesskostenhilfe bewilligt und der Rechtsanwalt beigeordnet oder bestellt worden ist.

(2) ¹In Angelegenheiten, in denen sich die Gebühren nach Teil 3 des Vergütungsverzeichnisses bestimmen und die Beiordnung eine Berufung, eine Beschwerde wegen des Hauptgegenstands, eine Revision oder eine Rechtsbeschwerde wegen des Hauptgegenstands betrifft, wird eine Vergütung aus der Staatskasse auch für die Rechtsverteidigung gegen ein Anschlussrechtsmittel und, wenn der Rechtsanwalt für die Erwirkung eines Arrests, einer einstweiligen Verfügung, einer einstweiligen oder vorläufigen Anordnung beigeordnet ist, auch für deren Vollziehung oder Vollstreckung gewährt. ²Dies gilt nicht, wenn der Beiordnungsbeschluss ausdrücklich etwas anderes bestimmt.

(3) ¹Die Beiordnung in einer Ehesache erstreckt sich auf den Abschluss eines Vertrags im Sinne der Nummer 1000 des Vergütungsverzeichnisses auf alle mit der Herbeiführung der Einigung erforderlichen Tätigkeiten, soweit der Vertrag
1. den gegenseitigen Unterhalt der Ehegatten,
2. den Unterhalt gegenüber den Kindern im Verhältnis der Ehegatten zueinander,
3. die Sorge für die Person der gemeinschaftlichen minderjährigen Kinder,
4. die Regelung des Umgangs mit einem Kind,

5. die Rechtsverhältnisse an der Ehewohnung und den Haushaltsgegenständen oder
6. die Ansprüche aus dem ehelichen Güterrecht

betrifft.

(4) ¹Die Beiordnung in Angelegenheiten, in denen nach § 3 Absatz 1 Betragsrahmengebühren entstehen, erstreckt sich auf Tätigkeiten ab dem Zeitpunkt der Beantragung der Prozesskostenhilfe, wenn vom Gericht nichts anderes bestimmt ist. Die Beiordnung erstreckt sich ferner auf die gesamte Tätigkeit im Verfahren über die Prozesskostenhilfe einschließlich der vorbereitenden Tätigkeit

(5) ¹In anderen Angelegenheiten, die mit dem Hauptverfahren nur zusammenhängen, erhält der für das Hauptverfahren beigeordnete Rechtsanwalt eine Vergütung aus der Staatskasse nur dann, wenn er ausdrücklich auch hierfür beigeordnet ist. ²Dies gilt insbesondere für

1. die Zwangsvollstreckung, die Vollstreckung und den Verwaltungszwang;
2. das Verfahren über den Arrest, die einstweilige Verfügung und die einstweilige Anordnung;
3. das selbstständige Beweisverfahren;
4. das Verfahren über die Widerklage oder den Widerantrag, ausgenommen die Rechtsverteidigung gegen den Widerantrag in Ehesachen und in Lebenspartnerschaftssachen nach § 269 Abs. 1 Nr. 1 und 2 des Gesetzes über das Verfahren in Familiensachen und in den Angelegenheiten der freiwilligen Gerichtsbarkeit.

(6) ¹Wird der Rechtsanwalt in Angelegenheiten nach den Teilen 4 bis 6 des Vergütungsverzeichnisses im ersten Rechtszug bestellt oder beigeordnet, erhält er die Vergütung auch für seine Tätigkeit vor dem Zeitpunkt seiner Bestellung, in Strafsachen einschließlich seiner Tätigkeit vor Erhebung der öffentlichen Klage und in Bußgeldsachen einschließlich der Tätigkeit vor der Verwaltungsbehörde. ²Wird der Rechtsanwalt in einem späteren Rechtszug beigeordnet, erhält er seine Vergütung in diesem Rechtszug auch für seine Tätigkeit vor dem Zeitpunkt seiner Bestellung. ³Werden Verfahren verbunden, kann das Gericht die Wirkungen des Satzes 1 auch auf diejenigen Verfahren erstrecken, in denen vor der Verbindung keine Beiordnung oder Bestellung erfolgt war.

§ 49 Wertgebühren aus der Staatskasse ¹Bestimmen sich die Gebühren nach dem Gegenstandswert, werden bei einem Gegenstandswert von mehr als 4 000 Euro anstelle der Gebühr nach § 13 Absatz 1 folgende Gebühren vergütet:

Gegenstandswert bis … Euro	Gebühr … Euro
5000	257
6000	267
7000	277
8000	287
9000	297
10000	307
13000	321
16000	335
19000	349
22000	363
25000	377
30000	412
über 30000	447

§ 50 Weitere Vergütung bei Prozesskostenhilfe (1) ¹Nach Deckung der in § 122 Absatz 1 Nummer 1 der Zivilprozessordnung bezeichneten Kosten und Ansprüche hat die Staatskasse über die auf sie übergegangenen Ansprüche des Rechtsanwalts hinaus weitere Beträge bis zur Höhe der Regelvergütung einzuziehen, wenn dies nach den Vorschriften der Zivilprozessordnung und nach den Bestimmungen, die das Gericht getroffen hat, zulässig ist. ²Die weitere Vergütung ist festzusetzen, wenn das Verfahren durch rechtskräftige Entscheidung oder in sonstiger Weise beendet ist und die von der Partei zu zahlenden Beträge beglichen sind oder wegen dieser Beträge eine Zwangsvollstreckung in das bewegliche Vermögen der Partei erfolglos geblieben ist oder aussichtslos erscheint.

(2) ¹Der beigeordnete Rechtsanwalt soll eine Berechnung seiner Regelvergütung unverzüglich zu den Prozessakten mitteilen.

(3) ¹Waren mehrere Rechtsanwälte beigeordnet, bemessen sich die auf die einzelnen Rechtsanwälte entfallenden Beträge nach dem Verhältnis der jeweiligen Unterschiedsbeträge zwischen den Gebühren nach § 49 und den Regelgebühren; dabei sind Zahlungen, die nach § 58 auf den Unterschiedsbetrag anzurechnen sind, von diesem abzuziehen.

§ 51 Festsetzung einer Pauschgebühr (1) ¹In Straf- und Bußgeldsachen, Verfahren nach dem Gesetz über die internationale Rechtshilfe in Strafsachen, in Verfahren nach dem IStGH-Gesetz, in Freiheitsentziehungs- und Unterbringungssachen sowie bei Unterbringungsmaßnahmen nach § 151 Nummer 6 und 7 des Gesetzes über das Verfahren in Familiensachen und in den Angelegenheiten der freiwilligen Gerichtsbarkeit ist dem gerichtlich bestellten oder beigeordneten Rechtsanwalt für das ganze Verfahren oder für einzelne Verfahrensabschnitte auf Antrag eine Pauschgebühr zu bewilligen, die über die Gebühren nach dem Vergütungsverzeichnis hinausgeht, wenn die in den Teilen 4 bis 6 des Vergütungsverzeichnisses bestimmten Gebühren wegen des besonderen Umfangs oder der besonderen Schwierigkeit nicht zumutbar sind. ²Dies gilt nicht, soweit Wertgebühren entstehen. ³Beschränkt sich die Bewilligung auf einzelne Verfahrensabschnitte, sind die Gebühren nach dem Vergütungsverzeichnis, an deren Stelle die Pauschgebühr treten soll, zu bezeichnen. ⁴Eine Pauschgebühr kann auch für solche Tätigkeiten gewährt werden, für die ein Anspruch nach § 48 Abs. 6 besteht. ⁵Auf Antrag ist dem Rechtsanwalt ein angemessener Vorschuss zu bewilligen, wenn ihm insbesondere wegen der langen Dauer des Verfahrens und der Höhe der zu erwartenden Pauschgebühr nicht zugemutet werden kann, die Festsetzung der Pauschgebühr abzuwarten.

(2) ¹Über die Anträge entscheidet das Oberlandesgericht, zu dessen Bezirk das Gericht des ersten Rechtszugs gehört, und im Fall der Beiordnung einer Kontaktperson (§ 34 a des Einführungsgesetzes zum Gerichtsverfassungsgesetz) das Oberlandesgericht, in dessen Bezirk die Justizvollzugsanstalt liegt, durch unanfechtbaren Beschluss. ²Der Bundesgerichtshof ist für die Entscheidung zuständig, soweit er den Rechtsanwalt bestellt hat. ³In dem Verfahren ist die Staatskasse zu hören. ⁴§ 42 Abs. 3 ist entsprechend anzuwenden.

(3) ¹Absatz 1 gilt im Bußgeldverfahren vor der Verwaltungsbehörde entsprechend. ²Über den Antrag nach Absatz 1 Satz 1 bis 3 entscheidet die Verwaltungsbehörde gleichzeitig mit der Festsetzung der Vergütung.

§ 52 Anspruch gegen den Beschuldigten oder den Betroffenen (1) ¹Der gerichtlich bestellte Rechtsanwalt kann von dem Beschuldigten die Zahlung der Gebühren eines gewählten Verteidigers verlangen; er kann jedoch keinen Vorschuss fordern. ²Der Anspruch gegen den Beschuldigten entfällt insoweit, als die Staatskasse Gebühren gezahlt hat.

(2) ¹Der Anspruch kann nur insoweit geltend gemacht werden, als dem Beschuldigten ein Erstattungsanspruch gegen die Staatskasse zusteht oder das Gericht des ersten Rechtszugs auf Antrag des Verteidigers feststellt, dass der Beschuldigte ohne Beeinträchtigung des für ihn und seine Familie notwendigen Unterhalts zur Zahlung oder zur Leistung von Raten in der Lage ist. ²Ist das Verfahren nicht gerichtlich anhängig geworden, entscheidet das Gericht, das den Verteidiger bestellt hat.

(3) ¹Wird ein Antrag nach Absatz 2 Satz 1 gestellt, setzt das Gericht dem Beschuldigten eine Frist zur Darlegung seiner persönlichen und wirtschaftlichen Verhältnisse; § 117 Abs. 2 bis 4 der Zivilprozessordnung gilt entsprechend. ²Gibt der Beschuldigte innerhalb der Frist keine Erklärung ab, wird vermutet, dass er leistungsfähig im Sinne des Absatzes 2 Satz 1 ist.

(4) ¹Gegen den Beschluss nach Absatz 2 ist die sofortige Beschwerde nach den Vorschriften der §§ 304 bis 311 a der Strafprozessordnung zulässig.

(5) ¹Der für den Beginn der Verjährung maßgebende Zeitpunkt tritt mit der Rechtskraft der das Verfahren abschließenden gerichtlichen Entscheidung, in Ermangelung einer solchen mit der Beendigung des Verfahrens ein. ²Ein Antrag des Verteidigers hemmt den Lauf der Verjährungsfrist. ³Die Hemmung endet sechs Monate nach der Rechtskraft der Entscheidung des Gerichts über den Antrag.

(6) ¹Die Absätze 1 bis 3 und 5 gelten im Bußgeldverfahren entsprechend. ²Im Bußgeldverfahren vor der Verwaltungsbehörde tritt an die Stelle des Gerichts die Verwaltungsbehörde.

§ 53 Anspruch gegen den Auftraggeber, Anspruch des zum Beistand bestellten Rechtsanwalts gegen den Verurteilten (1) ¹Für den Anspruch des dem Privatkläger, dem Nebenkläger, dem Antragsteller im Klageerzwingungsverfahren oder des sonst in Angelegenheiten, in denen sich die Gebühren nach Teil 4, 5 oder 6 des Vergütungsverzeichnisses bestimmen, beigeordneten Rechtsanwalts gegen seinen Auftraggeber gilt § 52 entsprechend.

(2) ¹Der dem Nebenkläger, dem nebenklageberechtigten Verletzten oder dem Zeugen als Beistand bestellte Rechtsanwalt kann die Gebühren eines gewählten Beistands nur von dem Verurteilten verlangen. ²Der Anspruch entfällt insoweit, als die Staatskasse die Gebühren bezahlt hat.

(3) ¹Der in Absatz 2 Satz 1 genannte Rechtsanwalt kann einen Anspruch aus einer Vergütungsvereinbarung nur geltend machen, wenn das Gericht des ersten Rechtszugs auf seinen Antrag feststellt, dass der Nebenkläger, der nebenklageberechtigte Verletzte oder der Zeuge zum Zeitpunkt des Abschlusses der Vereinbarung allein auf Grund seiner persönlichen und wirtschaftlichen Verhältnisse die Voraussetzungen für die Bewilligung von Prozesskostenhilfe in bürgerlichen Rechtsstreitigkeiten nicht erfüllt hätte. ²Ist das Verfahren nicht gerichtlich anhängig geworden, entscheidet das Gericht, das den Rechtsanwalt als Beistand bestellt hat. ³§ 52 Absatz 3 bis 5 gilt entsprechend.

§ 54 Verschulden eines beigeordneten oder bestellten Rechtsanwalts ¹Hat der beigeordnete oder bestellte Rechtsanwalt durch schuldhaftes Verhalten die Beiordnung oder Bestellung eines anderen Rechtsanwalts veranlasst, kann er Gebühren, die auch für den anderen Rechtsanwalt entstehen, nicht fordern.

§ 55 Festsetzung der aus der Staatskasse zu zahlenden Vergütungen und Vorschüsse (1) ¹Die aus der Staatskasse zu gewährende Vergütung und der Vorschuss hierauf werden auf Antrag des Rechtsanwalts von dem Urkundsbeamten der Geschäftsstelle des Gerichts des ersten Rechtszugs festgesetzt. ²Ist das Verfahren nicht gerichtlich anhängig geworden, erfolgt die Festsetzung durch den Urkundsbeamten der Geschäftsstelle des Gerichts, das den Verteidiger bestellt hat.

(2) ¹In Angelegenheiten, in denen sich die Gebühren nach Teil 3 des Vergütungsverzeichnisses bestimmen, erfolgt die Festsetzung durch den Urkundsbeamten des Gerichts des Rechtszugs, solange das Verfahren nicht durch rechtskräftige Entscheidung oder in sonstiger Weise beendet ist.

(3) ¹Im Fall der Beiordnung einer Kontaktperson (§ 34 a des Einführungsgesetzes zum Gerichtsverfassungsgesetz) erfolgt die Festsetzung durch den Urkundsbeamten der Geschäftsstelle des Landgerichts, in dessen Bezirk die Justizvollzugsanstalt liegt.

(4) ¹Im Fall der Beratungshilfe wird die Vergütung von dem Urkundsbeamten der Geschäftsstelle des in § 4 Abs. 1 des Beratungshilfegesetzes bestimmten Gerichts festgesetzt.

(5) ¹§ 104 Abs. 2 der Zivilprozessordnung gilt entsprechend. ²Der Antrag hat die Erklärung zu enthalten, ob und welche Zahlungen der Rechtsanwalt bis zum Tag der Antragstellung erhalten

hat. ³Bei Zahlungen auf eine anzurechnende Gebühr sind diese Zahlungen, der Satz oder der Betrag der Gebühr und bei Wertgebühren auch der zugrunde gelegte Wert anzugeben. ⁴Zahlungen, die der Rechtsanwalt nach der Antragstellung erhalten hat, hat er unverzüglich anzuzeigen.

(6) ¹Der Urkundsbeamte kann vor einer Festsetzung der weiteren Vergütung (§ 50) den Rechtsanwalt auffordern, innerhalb einer Frist von einem Monat bei der Geschäftsstelle des Gerichts, dem der Urkundsbeamte angehört, Anträge auf Festsetzung der Vergütungen, für die ihm noch Ansprüche gegen die Staatskasse zustehen, einzureichen oder sich zu den empfangenen Zahlungen (Absatz 5 Satz 2) zu erklären. ²Kommt der Rechtsanwalt der Aufforderung nicht nach, erlöschen seine Ansprüche gegen die Staatskasse.

(7) ¹Die Absätze 1 und 5 gelten im Bußgeldverfahren vor der Verwaltungsbehörde entsprechend. ²An die Stelle des Urkundsbeamten der Geschäftsstelle tritt die Verwaltungsbehörde.

§ 56 Erinnerung und Beschwerde (1) ¹Über Erinnerungen des Rechtsanwalts und der Staatskasse gegen die Festsetzung nach § 55 entscheidet das Gericht des Rechtszugs, bei dem die Festsetzung erfolgt ist, durch Beschluss. ²Im Fall des § 55 Abs. 3 entscheidet die Strafkammer des Landgerichts. ³Im Fall der Beratungshilfe entscheidet das nach § 4 Abs. 1 des Beratungshilfegesetzes zuständige Gericht.

(2) ¹Im Verfahren über die Erinnerung gilt § 33 Abs. 4 Satz 1, Abs. 7 und 8 und im Verfahren über die Beschwerde gegen die Entscheidung über die Erinnerung § 33 Abs. 3 bis 8 entsprechend. ²Das Verfahren über die Erinnerung und über die Beschwerde ist gebührenfrei. ³Kosten werden nicht erstattet.

§ 57 Rechtsbehelf in Bußgeldsachen vor der Verwaltungsbehörde ¹Gegen Entscheidungen der Verwaltungsbehörde im Bußgeldverfahren nach den Vorschriften dieses Abschnitts kann gerichtliche Entscheidung beantragt werden. ²Für das Verfahren gilt § 62 des Gesetzes über Ordnungswidrigkeiten.

§ 58 Anrechnung von Vorschüssen und Zahlungen (1) ¹Zahlungen, die der Rechtsanwalt nach § 9 des Beratungshilfegesetzes erhalten hat, werden auf die aus der Landeskasse zu zahlende Vergütung angerechnet.

(2) ¹In Angelegenheiten, in denen sich die Gebühren nach Teil 3 des Vergütungsverzeichnisses bestimmen, sind Vorschüsse und Zahlungen, die der Rechtsanwalt vor oder nach der Beiordnung erhalten hat, zunächst auf die Vergütungen anzurechnen, für die ein Anspruch gegen die Staatskasse nicht oder nur unter den Voraussetzungen des § 50 besteht.

(3) ¹In Angelegenheiten, in denen sich die Gebühren nach den Teilen 4 bis 6 des Vergütungsverzeichnisses bestimmen, sind Vorschüsse und Zahlungen, die der Rechtsanwalt vor oder nach der gerichtlichen Bestellung oder Beiordnung für seine Tätigkeit für bestimmte Verfahrensabschnitte erhalten hat, auf die von der Staatskasse für diese Verfahrensabschnitte zu zahlenden Gebühren anzurechnen. ²Hat der Rechtsanwalt Zahlungen empfangen, nachdem er Gebühren aus der Staatskasse erhalten hat, ist er zur Rückzahlung an die Staatskasse verpflichtet. ³Die Anrechnung oder Rückzahlung erfolgt nur, soweit der Rechtsanwalt durch die Zahlungen insgesamt mehr als den doppelten Betrag der ihm ohne Berücksichtigung des § 51 aus der Staatskasse zustehenden Gebühren erhalten würde. ³Sind die dem Rechtsanwalt nach Satz 3 verbleibenden Gebühren höher als die Höchstgebühren eines Wahlanwalts, ist auch der die Höchstgebühren übersteigende Betrag anzurechnen oder zurückzuzahlen.

§ 59 Übergang von Ansprüchen auf die Staatskasse (1) ¹Soweit dem im Wege der Prozesskostenhilfe oder nach § 138 des Gesetzes über das Verfahren in Familiensachen und in den Angelegenheiten der freiwilligen Gerichtsbarkeit, auch in Verbindung mit § 270 des Gesetzes über das Verfahren in Familiensachen und in den Angelegenheiten der freiwilligen Gerichtsbarkeit, beigeordneten oder nach § 67 a Abs. 1 Satz 2 der Verwaltungsgerichtsordnung bestellten Rechtsanwalt wegen seiner Vergütung ein Anspruch gegen die Partei oder einen ersatzpflichtigen Gegner zusteht, geht der Anspruch mit der Befriedigung des Rechtsanwalts durch die Staatskasse auf diese über. ²Der Übergang kann nicht zum Nachteil des Rechtsanwalts geltend gemacht werden.

(2) ¹Für die Geltendmachung des Anspruchs sowie für die Erinnerung und die Beschwerde gelten die Vorschriften über die Kosten des gerichtlichen Verfahrens entsprechend. ²Ansprüche der Staatskasse werden bei dem Gericht des ersten Rechtszugs angesetzt. ³Ist das Gericht des ersten Rechtszugs ein Gericht des Landes und ist der Anspruch auf die Bundeskasse übergegangen, wird er insoweit bei dem jeweiligen obersten Gerichtshof des Bundes angesetzt.

(3) ¹Absatz 1 gilt entsprechend bei Beratungshilfe.

§ 59a Beiordnung und Bestellung durch Justizbehörden (1) Das Für den durch die Staatsanwaltschaft beigeordneten Zeugenbeistand gelten die Vorschriften über den gerichtlich beigeordneten Zeugenbeistand entsprechend. Über Anträge nach § 51 Absatz 1 entscheidet das Oberlandesgericht, in dessen Bezirk die Staatsanwaltschaft ihren Sitz hat. Hat der Generalbundesanwalt einen Zeugenbeistand beigeordnet, entscheidet der Bundesgerichtshof.

(2) Für den nach § 87e des Gesetzes über die internationale Rechtshilfe in Strafsachen in Verbindung mit § 53 des Gesetzes über die internationale Rechtshilfe in Strafsachen durch das Bundesamt für Justiz bestellten Beistand gelten die Vorschriften über den gerichtlich bestellten Rechtsanwalt entsprechend. An die Stelle des Urkundsbeamten der Geschäftsstelle tritt das Bundesamt. Über Anträge nach § 51 Absatz 1 entscheidet das Bundesamt gleichzeitig mit der Festsetzung der Vergütung.

(3) Gegen Entscheidungen der Staatsanwaltschaft und des Bundesamts für Justiz nach den Vorschriften dieses Abschnitts kann gerichtliche Entscheidung beantragt werden. Zuständig ist das Landgericht, in dessen Bezirk die Justizbehörde ihren Sitz hat. Bei Entscheidungen des Generalbundesanwalts entscheidet der Bundesgerichtshof.

Abschnitt 9: Übergangs- und Schlussvorschriften

§ 59b Bekanntmachung von Neufassungen ¹Das Bundesministerium der Justiz kann nach Änderungen den Wortlaut des Gesetzes feststellen und als Neufassung im Bundesgesetzblatt bekannt machen. ²Die Bekanntmachung muss auf diese Vorschrift Bezug nehmen und angeben

1. den Stichtag, zu dem der Wortlaut festgestellt wird,
2. die Änderungen seit der letzten Veröffentlichung des vollständigen Wortlauts im Bundesgesetzblatt sowie
3. das Inkrafttreten der Änderungen.

§ 60 Übergangsvorschrift (1) ¹Die Vergütung ist nach bisherigem Recht zu berechnen, wenn der unbedingte Auftrag zur Erledigung derselben Angelegenheit im Sinne des § 15 vor dem Inkrafttreten einer Gesetzesänderung erteilt oder der Rechtsanwalt vor diesem Zeitpunkt bestellt oder beigeordnet worden ist. ²Ist der Rechtsanwalt im Zeitpunkt des Inkrafttretens einer Gesetzesänderung in derselben Angelegenheit ist die Vergütung für das Verfahren über ein Rechtsmittel, das nach diesem Zeitpunkt eingelegt worden ist, nach neuem Recht zu berechnen. ³Die Sätze 1 und 2 gelten auch, wenn Vorschriften geändert werden, auf die dieses Gesetz verweist.

(2) ¹Sind Gebühren nach dem zusammengerechneten Wert mehrerer Gegenstände zu bemessen, gilt für die gesamte Vergütung das bisherige Recht auch dann, wenn dies nach Absatz 1 nur für einen der Gegenstände gelten würde.

§ 61 Übergangsvorschrift aus Anlass des Inkrafttretens dieses Gesetzes (1) ¹Die Bundesgebührenordnung für Rechtsanwälte in der im Bundesgesetzblatt Teil III, Gliederungsnummer 368–1, veröffentlichten bereinigten Fassung, zuletzt geändert durch Artikel 2 Abs. 6 des Gesetzes vom 12. März 2004 (BGBl. I S. 390), und Verweisungen hierauf sind weiter anzuwenden, wenn der unbedingte Auftrag zur Erledigung derselben Angelegenheit im Sinne des § 15 vor dem 1. Juli 2004 erteilt oder der Rechtsanwalt vor diesem Zeitpunkt gerichtlich bestellt oder beigeordnet worden ist. ²Ist der Rechtsanwalt am 1. Juli 2004 in derselben Angelegenheit und, wenn ein gerichtliches Verfahren anhängig ist, in demselben Rechtszug bereits tätig, gilt für das Verfahren über ein Rechtsmittel, das nach diesem Zeitpunkt eingelegt worden ist, dieses Gesetz. ³§ 60 Abs. 2 ist entsprechend anzuwenden.

(2) ¹Auf die Vereinbarung der Vergütung sind die Vorschriften dieses Gesetzes auch dann anzuwenden, wenn nach Absatz 1 die Vorschriften der Bundesgebührenordnung für Rechtsanwälte weiterhin anzuwenden und die Willenserklärungen beider Parteien nach dem 1. Juli 2004 abgegeben worden sind.

§ 62 Verfahren nach dem Therapieunterbringungsgesetz ¹Die Regelungen des Therapieunterbringungsgesetzes zur Rechtsanwaltsvergütung bleiben unberührt.

Anlage 1 (zu § 2 Abs. 2)

Vergütungsverzeichnis

Gliederung

Teil 1	Allgemeine Gebühren
Teil 2	Außergerichtliche Tätigkeiten einschließlich der Vertretung im Verwaltungsverfahren
Abschnitt 1	Prüfung der Erfolgsaussicht eines Rechtsmittels
Abschnitt 2	Herstellung des Einvernehmens
Abschnitt 3	Vertretung
Abschnitt 4	Vertretung in bestimmten Angelegenheiten
Abschnitt 5	Beratungshilfe
Teil 3	Zivilsachen, Verfahren der öffentlich-rechtlichen Gerichtsbarkeiten, Verfahren nach dem Strafvollzugsgesetz, auch in Verbindung mit § 92 des Jugendgerichtsgesetzes, und ähnliche Verfahren
Abschnitt 1	Erster Rechtszug
Abschnitt 2	Berufung, Revision, bestimmte Beschwerden und Verfahren vor dem Finanzgericht
Unterabschnitt 1	Berufung, bestimmte Beschwerden und Verfahren vor dem Finanzgericht
Unterabschnitt 2	Revision, bestimmte Beschwerden und Rechtsbeschwerden
Abschnitt 3	Gebühren für besondere Verfahren
Unterabschnitt 1	Besondere erstinstanzliche Verfahren
Unterabschnitt 2	Mahnverfahren
Unterabschnitt 3	Vollstreckung und Vollziehung
Unterabschnitt 4	Zwangsversteigerung und Zwangsverwaltung
Unterabschnitt 5	Insolvenzverfahren, Verteilungsverfahren nach der Schifffahrtsrechtlichen Verteilungsordnung
Unterabschnitt 6	Sonstige besondere Verfahren
Abschnitt 4	Einzeltätigkeiten
Abschnitt 5	Beschwerde, Nichtzulassungsbeschwerde und Erinnerung
Teil 4	Strafsachen
Abschnitt 1	Gebühren des Verteidigers
Unterabschnitt 1	Allgemeine Gebühren
Unterabschnitt 2	Vorbereitendes Verfahren
Unterabschnitt 3	Gerichtliches Verfahren
Erster Rechtszug	
Berufung	
Revision	
Unterabschnitt 4	Wiederaufnahmeverfahren
Unterabschnitt 5	Zusätzliche Gebühren

Abschnitt 2　Gebühren in der Strafvollstreckung
Abschnitt 3　Einzeltätigkeiten

Teil 5　Bußgeldsachen
Abschnitt 1　Gebühren des Verteidigers
    Unterabschnitt 1　Allgemeine Gebühr
    Unterabschnitt 2　Verfahren vor der Verwaltungsbehörde
    Unterabschnitt 3　Gerichtliches Verfahren im ersten Rechtszug
    Unterabschnitt 4　Verfahren über die Rechtsbeschwerde
    Unterabschnitt 5　Zusätzliche Gebühren
Abschnitt 2　Einzeltätigkeiten

Teil 6　Sonstige Verfahren
Abschnitt 1　Verfahren nach dem Gesetz über die internationale Rechtshilfe in Strafsachen und Verfahren nach dem Gesetz über die Zusammenarbeit mit dem Internationalen Strafgerichtshof
    Unterabschnitt 1　Verfahren vor der Verwaltungsbehörde
    Unterabschnitt 2　Gerichtliches Verfahren
Abschnitt 2　Disziplinarverfahren, berufsgerichtliche Verfahren wegen der Verletzung einer Berufspflicht
    Unterabschnitt 1　Allgemeine Gebühren
    Unterabschnitt 2　Außergerichtliches Verfahren
    Unterabschnitt 3　Gerichtliches Verfahren
        Erster Rechtszug
        Zweiter Rechtszug
        Dritter Rechtszug
    Unterabschnitt 4　Zusatzgebühr
Abschnitt 3　Gerichtliche Verfahren bei Freiheitsentziehung und in Unterbringungssachen
Abschnitt 4　Gerichtliche Verfahren nach der Wehrbeschwerdeordnung
Abschnitt 5　Einzeltätigkeiten und Verfahren auf Aufhebung oder Änderung einer Disziplinarmaßnahme

Teil 7　Auslagen

Teil 1:
Allgemeine Gebühren

Nr.	Gebührentatbestand	Gebühr oder Satz der Gebühr nach § 13 RVG
	Vorbemerkung 1: Die Gebühren dieses Teils entstehen neben den in anderen Teilen bestimmten Gebühren.	
1000	Einigungsgebühr	1,5
	(1) Die Gebühr entsteht für die Mitwirkung beim Abschluss eines Vertrags, durch den	
	1. der Streit oder die Ungewissheit über ein Rechtsverhältnis beseitigt wird oder	
	2. die Erfüllung des Anspruchs bei gleichzeitigem vorläufigen Verzicht auf die gerichtliche Geltendmachung und, wenn bereits ein zur Zwangsvollstreckung geeigneter Titel vorliegt, bei gleichzeitigem vorläufigen Verzicht auf Vollstreckungsmaßnahmen geregelt wird (Zahlungsvereinbarung).	
	Die Gebühr entsteht nicht, wenn sich der Vertrag ausschließlich auf ein Anerkenntnis oder einen Verzicht beschränkt. Im Privatklageverfahren ist Nummer 4147 anzuwenden.	
	(2) Die Gebühr entsteht auch für die Mitwirkung bei Vertragsverhandlungen, es sei denn, dass diese für den Abschluss des Vertrags im Sinne des Absatzes 1 nicht ursächlich war.	
	(3) Für die Mitwirkung bei einem unter einer aufschiebenden Bedingung oder unter dem Vorbehalt des Widerrufs geschlossenen Vertrag entsteht die Gebühr, wenn die Bedingung eingetreten ist oder der Vertrag nicht mehr widerrufen werden kann.	
	(4) Soweit über die Ansprüche vertraglich verfügt werden kann, gelten die Absätze 1 und 2 auch bei Rechtsverhältnissen des öffentlichen Rechts.	
	(5) Die Gebühr entsteht nicht in Ehesachen und in Lebenspartnerschaftssachen (§ 269 Abs. 1 Nr. 1 und 2 FamFG). Wird ein Vertrag, insbesondere über den Unterhalt, im Hinblick auf die in Satz 1 genannten Verfahren geschlossen, bleibt der Wert dieser Verfahren bei der Berechnung der Gebühr außer Betracht. In Kindschaftssachen ist Absatz 1 Satz 1 und 2 auch für die Mitwirkung an einer Vereinbarung, über deren Gegenstand nicht vertraglich verfügt werden kann, entsprechend anzuwenden.	
1001	Aussöhnungsgebühr	1,5
	Die Gebühr entsteht für die Mitwirkung bei der Aussöhnung, wenn der ernstliche Wille eines Ehegatten, eine Scheidungssache oder ein Verfahren auf Aufhebung der Ehe anhängig zu machen, hervorgetreten ist und die Ehegatten die eheliche Lebensgemeinschaft fortsetzen oder die eheliche Lebensgemeinschaft wieder aufnehmen. Dies gilt entsprechend bei Lebenspartnerschaften.	
1002	Erledigungsgebühr, soweit nicht Nummer 1005 gilt	1,5
	Die Gebühr entsteht, wenn sich eine Rechtssache ganz oder teilweise nach Aufhebung oder Änderung des mit einem Rechtsbehelf angefochtenen Verwaltungsakts durch die anwaltliche Mitwirkung erledigt. Das Gleiche gilt, wenn sich eine Rechtssache ganz oder teilweise durch Erlass eines bisher abgelehnten Verwaltungsakts erledigt.	

Nr.	Gebührentatbestand	Gebühr oder Satz der Gebühr nach § 13 RVG
1003	Über den Gegenstand ist ein anderes gerichtliches Verfahren als ein selbstständiges Beweisverfahren anhängig: Die Gebühren 1000 bis 1002 betragen .... (1) Dies gilt auch, wenn ein Verfahren über die Prozesskostenhilfe anhängig ist, soweit nicht lediglich Prozesskostenhilfe für ein selbständiges Beweisverfahren oder die gerichtliche Protokollierung des Vergleichs beantragt wird oder sich die Beiordnung auf den Abschluss eines Vertrags im Sinne der Nummer 1000 erstreckt (§ 48 Abs. 3 RVG). Die Anmeldung eines Anspruchs zum Musterverfahren nach dem KapMuG steht einem anhängigen gerichtlichen Verfahren gleich. Das Verfahren vor dem Gerichtsvollzieher steht einem gerichtlichen Verfahren gleich. (2) In Kindschaftssachen entsteht die Gebühr auch für die Mitwirkung am Abschluss eines gerichtlich gebilligten Vergleichs (§ 156 Abs. 2 FamFG) und an einer Vereinbarung, über deren Gegenstand nicht vertraglich verfügt werden kann, wenn hierdurch eine gerichtliche Entscheidung entbehrlich wird oder wenn die Entscheidung der getroffenen Vereinbarung folgt.	1,0
1004	Über den Gegenstand ist ein Berufungs- oder Revisionsverfahren, ein Verfahren über die Beschwerde gegen die Nichtzulassung eines dieser Rechtsmittel oder ein Verfahren vor dem Rechtsmittelgericht über die Zulassung des Rechtsmittels anhängig: Die Gebühren 1000 bis 1002 betragen .... (1) Dies gilt auch in den in den Vorbemerkungen 3.2.1 und 3.2.2 genannten Beschwerde- und Rechtsbeschwerdeverfahren. (2) Absatz 2 der Anmerkung zu Nummer 1003 ist anzuwenden.	1,3
1005	Einigung oder Erledigung in sozialrechtlichen Angelegenheiten, in denen im gerichtlichen Verfahren Betragsrahmengebühren entstehen (§ 3 RVG): Die Gebühren 1000 und 1002 entstehen .... (1) Die Gebühr bestimmt sich einheitlich nach dieser Vorschrift, wenn in die Einigung Ansprüche aus anderen Verwaltungsverfahren einbezogen werden. Ist über einen Gegenstand ein gerichtliches Verfahren anhängig, bestimmt sich die Gebühr nach Nummer 1006. Maßgebend für die Höhe der Gebühr ist die höchste entstandene Geschäftsgebühr ohne Berücksichtigung einer Erhöhung nach Nummer 1008. Steht dem Rechtsanwalt ausschließlich eine Gebühr nach § 34 RVG zu, beträgt die Gebühr die Hälfte des in der Anmerkung zu Nummer 2302[1] genannten Betrags. (2) Betrifft die Einigung oder Erledigung nur einen Teil der Angelegenheit, ist der auf diesen Teil der Angelegenheit entfallende Anteil an der Geschäftsgebühr unter Berücksichtigung der in § 14 Abs. 1 RVG genannten Umstände zu schätzen.	in Höhe der Geschäftsgebühr

---

[1] Gemeint ist Nr. 2400 VV RVG. Hier liegt ein offensichtliches redaktionelles Versehen vor.

Nr.	Gebührentatbestand	Gebühr oder Satz der Gebühr nach § 13 RVG
1006	Über den Gegenstand ist ein gerichtliches Verfahren anhängig: Die Gebühr 1005 entsteht .... (1) Die Gebühr bestimmt sich auch dann einheitlich nach dieser Vorschrift, wenn in die Einigung Ansprüche einbezogen werden, die nicht in diesem Verfahren rechtshängig sind. Maßgebend für die Höhe der Gebühr ist die im Einzelfall bestimmte Verfahrensgebühr in der Angelegenheit, in der die Einigung erfolgt. Eine Erhöhung nach Nummer 1008 ist nicht zu berücksichtigen. (2) Betrifft die Einigung oder Erledigung nur einen Teil der Angelegenheit, ist der auf diesen Teil der Angelegenheit entfallende Anteil an der Verfahrensgebühr unter Berücksichtigung der in § 14 Abs. 1 RVG genannten Umstände zu schätzen.	in Höhe der Verfahrensgebühr
1007	(aufgehoben)	
1008	Auftraggeber sind in derselben Angelegenheit mehrere Personen: Die Verfahrens- oder Geschäftsgebühr erhöht sich für jede weitere Person um .... (1) Dies gilt bei Wertgebühren nur, soweit der Gegenstand der anwaltlichen Tätigkeit derselbe ist. (2) Die Erhöhung wird nach dem Betrag berechnet, an dem die Personen gemeinschaftlich beteiligt sind. (3) Mehrere Erhöhungen dürfen einen Gebührensatz von 2,0 nicht übersteigen; bei Festgebühren dürfen die Erhöhungen das Doppelte der Festgebühr und bei Betragsrahmengebühren das Doppelte des Mindest- und Höchstbetrags nicht übersteigen. (4) Im Fall der Gebühren 2301 und 2304 erhöht sich der Gebührensatz oder Betrag dieser Gebühren entsprechend.	0,3 oder 30 % bei Festgebühren, bei Betragsrahmengebühren erhöhen sich der Mindest- und Höchstbetrag um 30 %
1009	Hebegebühr 1. bis einschließlich 2 500,00 € .... 2. von dem Mehrbetrag bis einschließlich 10 000,00 € .. 3. von dem Mehrbetrag über 10 000,00 € .... (1) Die Gebühr wird für die Auszahlung oder Rückzahlung von entgegengenommenen Geldbeträgen erhoben. (2) Unbare Zahlungen stehen baren Zahlungen gleich. Die Gebühr kann bei der Ablieferung an den Auftraggeber entnommen werden. (3) Ist das Geld in mehreren Beträgen gesondert ausgezahlt oder zurückgezahlt, wird die Gebühr von jedem Betrag besonders erhoben. (4) Für die Ablieferung oder Rücklieferung von Wertpapieren und Kostbarkeiten entsteht die in den Absätzen 1 bis 3 bestimmte Gebühr nach dem Wert. (5) Die Hebegebühr entsteht nicht, soweit Kosten an ein Gericht oder eine Behörde weitergeleitet oder eingezogene Kosten an den Auftraggeber abgeführt oder eingezogene Beträge auf die Vergütung verrechnet werden.	1,0 % 0,5 % 0,25 % des aus- oder zurückgezahlten Betrags – mindestens 1,00 €

§ 8 Anhänge

Nr.	Gebührentatbestand	Gebühr oder Satz der Gebühr nach § 13 RVG
1010	Zusatzgebühr für besonders umfangreiche Beweisaufnahmen in Angelegenheiten, in denen sich die Gebühren nach Teil 3 richten und mindestens drei gerichtliche Termine stattfinden, in denen Sachverständige oder Zeugen vernommen werden. Die Gebühr entsteht für den durch besonders umfangreiche Beweisaufnahmen anfallenden Mehraufwand.	0,3 oder bei Betragsrahmengebühren erhöhen sich der Mindest- und Höchstbetrag der Terminsgebühr um 30 %

Teil 2:
Außergerichtliche Tätigkeiten einschließlich der Vertretung im Verwaltungsverfahren

Nr.	Gebührentatbestand	Gebühr oder Satz der Gebühr nach § 13 RVG
	Vorbemerkung 2: (1) Die Vorschriften dieses Teils sind nur anzuwenden, soweit nicht die §§ 34 bis 36 RVG etwas anderes bestimmen. (2) Für die Tätigkeit als Beistand für einen Zeugen oder Sachverständigen in einem Verwaltungsverfahren, für das sich die Gebühren nach diesem Teil bestimmen, entstehen die gleichen Gebühren wie für einen Bevollmächtigten in diesem Verfahren. Für die Tätigkeit als Beistand eines Zeugen oder Sachverständigen vor einem parlamentarischen Untersuchungsausschuss entstehen die gleichen Gebühren wie für die entsprechende Beistandsleistung in einem Strafverfahren des ersten Rechtszugs vor dem Oberlandesgericht.	
	Abschnitt 1: **Prüfung der Erfolgsaussicht eines Rechtsmittels**	
2100	Gebühr für die Prüfung der Erfolgsaussicht eines Rechtsmittels, soweit in Nummer 2102 nichts anderes bestimmt ist .. Die Gebühr ist auf eine Gebühr für das Rechtsmittelverfahren anzurechnen.	0,5 bis 1,0
2101	Die Prüfung der Erfolgsaussicht eines Rechtsmittels ist mit der Ausarbeitung eines schriftlichen Gutachtens verbunden: Die Gebühr 2100 beträgt	1,3
2102	Gebühr für die Prüfung der Erfolgsaussicht eines Rechtsmittels in sozialrechtlichen Angelegenheiten, in denen im gerichtlichen Verfahren Betragsrahmengebühren entstehen (§ 3 RVG), und in den Angelegenheiten, für die nach den Teilen 4 bis 6 Betragsrahmengebühren entstehen .... Die Gebühr ist auf eine Gebühr für das Rechtsmittelverfahren anzurechnen.	30,00 bis 320,00 €
2103	Die Prüfung der Erfolgsaussicht eines Rechtsmittels ist mit der Ausarbeitung eines schriftlichen Gutachtens verbunden: Die Gebühr 2102 beträgt	50,00 bis 550,00 €

Nr.	Gebührentatbestand	Gebühr oder Satz der Gebühr nach § 13 RVG
	Abschnitt 2: **Herstellung des Einvernehmens**	
2200	Geschäftsgebühr für die Herstellung des Einvernehmens nach § 28 EuRAG	in Höhe der einem Bevollmächtigten oder Verteidiger zustehenden Verfahrensgebühr
2201	Das Einvernehmen wird nicht hergestellt: Die Gebühr 2200 beträgt	0,1 bis 0,5 oder Mindestbetrag der einem Bevollmächtigten oder Verteidiger zustehenden Verfahrensgebühr

Abschnitt 3:
Vertretung

Vorbemerkung 2.3:
(1) Im Verwaltungszwangsverfahren ist Teil 3 Abschnitt 3 Unterabschnitt 3 entsprechend anzuwenden.
(2) Dieser Abschnitt gilt nicht für die in Abschnitt 4 und in den Teilen 4 bis 6 genannten Angelegenheiten.
(3) Die Geschäftsgebühr entsteht für das Betreiben des Geschäfts einschließlich der Information und für die Mitwirkung bei der Gestaltung eines Vertrags.
(4) Soweit wegen desselben Gegenstands eine Geschäftsgebühr für eine Tätigkeit im Verwaltungsverfahren entstanden ist, wird diese Gebühr zur Hälfte, bei Wertgebühren jedoch höchstens mit einem Gebührensatz von 0,75, auf eine Geschäftsgebühr für eine Tätigkeit im weiteren Verwaltungsverfahren, das der Nachprüfung des Verwaltungsakts dient, angerechnet. Bei einer Betragsrahmengebühr beträgt der Anrechnungsbetrag höchstens 175,00 €. Bei der Bemessung einer weiteren Geschäftsgebühr innerhalb eines Rahmens ist nicht zu berücksichtigen, dass der Umfang der Tätigkeit infolge der vorangegangenen Tätigkeit geringer ist. Bei einer Wertgebühr erfolgt die Anrechnung nach dem Wert des Gegenstands, der auch Gegenstand des weiteren Verfahrens ist.
(5) Absatz 4 gilt entsprechend bei einer Tätigkeit im Verfahren nach der WBO, wenn darauf eine Tätigkeit im Beschwerdeverfahren oder wenn der Tätigkeit im Beschwerdeverfahren eine Tätigkeit im Verfahren der weiteren Beschwerde vor den Disziplinarvorgesetzten folgt.
(6) Soweit wegen desselben Gegenstands eine Geschäftsgebühr nach Nummer 2300 entstanden ist, wird diese Gebühr zur Hälfte, jedoch höchstens mit einem Gebührensatz von 0,75, auf eine Geschäftsgebühr nach Nummer 2305 angerechnet. Absatz 4 Satz 4 gilt entsprechend.

2300	Geschäftsgebühr, soweit in den Nummern 2302, 2303 und 2305 nichts anderes bestimmt ist	0,5 bis 2,5
2301	Die Tätigkeit ist weder schwierig noch umfangreich: Die Gebühr 2300 beträgt höchstens	0,3
2302	Der Auftrag beschränkt sich auf ein Schreiben einfacher Art: Die Gebühr 2300 beträgt	0,3
	Es handelt sich um ein Schreiben einfacher Art, wenn dieses weder schwierige rechtliche Ausführungen noch größere sachliche Auseinandersetzungen enthält.	

Nr.	Gebührentatbestand	Gebühr oder Satz der Gebühr nach § 13 RVG
2303	Geschäftsgebühr in	
	1. sozialrechtlichen Angelegenheiten, in denen im gerichtlichen Verfahren Betragsrahmengebühren entstehen (§ 3 RVG), und	
	2. Verfahren nach der WBO, wenn im gerichtlichen Verfahren das Verfahren vor dem Truppendienstgericht oder vor dem Bundesverwaltungsgericht an die Stelle des Verwaltungsrechtswegs gemäß § 82 SG tritt	50,00 bis 640,00 €
2304	Die Tätigkeit ist weder schwierig noch umfangreich:	
	Die Gebühr 2303 beträgt höchstens	300,00 €
2305	Geschäftsgebühr für	
	1. Güteverfahren vor einer durch die Landesjustizverwaltung eingerichteten oder anerkannten Gütestelle (§ 794 Abs. 1 Nr. 1 ZPO) oder, wenn die Parteien den Einigungsversuch einvernehmlich unternehmen, vor einer Gütestelle, die Streitbeilegung betreibt (§ 15 a Abs. 3 EGZPO),	
	2. Verfahren vor einem Ausschuss der in § 111 Abs. 2 des Arbeitsgerichtsgesetzes bezeichneten Art,	
	3. Verfahren vor dem Seemannsamt zur vorläufigen Entscheidung von Arbeitssachen und	
	4. Verfahren vor sonstigen gesetzlich eingerichteten Einigungsstellen, Gütestellen oder Schiedsstellen	

Abschnitt 4: Verwendung

(aufgehoben)

Abschnitt 5: Beratungshilfe

Vorbemerkung 2.5:
Im Rahmen der Beratungshilfe entstehen Gebühren ausschließlich nach diesem Abschnitt.

2500	Beratungshilfegebühr	15,00 €
	Neben der Gebühr werden keine Auslagen erhoben. Die Gebühr kann erlassen werden.	
2501	Beratungsgebühr	35,00 €
	(1) Die Gebühr entsteht für eine Beratung, wenn die Beratung nicht mit einer anderen gebührenpflichtigen Tätigkeit zusammenhängt.	
	(2) Die Gebühr ist auf eine Gebühr für eine sonstige Tätigkeit anzurechnen, die mit der Beratung zusammenhängt.	
2502	Beratungstätigkeit mit dem Ziel einer außergerichtlichen Einigung mit den Gläubigern über die Schuldenbereinigung auf der Grundlage eines Plans (§ 305 Abs. 1 Nr. 1 InsO):	
	Die Gebühr 2501 beträgt	70,00 €

Nr.	Gebührentatbestand	Gebühr oder Satz der Gebühr nach § 13 RVG
2503	Geschäftsgebühr	85,00 €
	(1) Die Gebühr entsteht für das Betreiben des Geschäfts einschließlich der Information oder die Mitwirkung bei der Gestaltung eines Vertrags.	
	(2) Auf die Gebühren für ein Verfahren auf Vollstreckbarerklärung eines Vergleichs nach den §§ 796 a, 796 b und 796 c Abs. 2 Satz 2 ZPO ist die Gebühr zu einem Viertel anzurechnen.	
2504	Tätigkeit mit dem Ziel einer außergerichtlichen Einigung mit den Gläubigern über die Schuldenbereinigung auf der Grundlage eines Plans (§ 305 Abs. 1 Nr. 1 InsO):	
	Die Gebühr 2503 beträgt bei bis zu 5 Gläubigern	270,00 €
2505	Es sind 6 bis 10 Gläubiger vorhanden:	
	Die Gebühr 2503 beträgt	405,00 €
2506	Es sind 11 bis 15 Gläubiger vorhanden:	
	Die Gebühr 2503 beträgt	540,00 €
2507	Es sind mehr als 15 Gläubiger vorhanden:	
	Die Gebühr 2503 beträgt	675,00 €
2508	Einigungs- und Erledigungsgebühr	150,00 €
	(1) Die Anmerkungen zu Nummern 1000 und 1002 sind anzuwenden.	
	(2) Die Gebühr entsteht auch für die Mitwirkung bei einer außergerichtlichen Einigung mit den Gläubigern über die Schuldenbereinigung auf der Grundlage eines Plans (§ 305 Abs. 1 Nr. 1 InsO).	

Teil 3:
Zivilsachen, Verfahren der öffentlich-rechtlichen Gerichtsbarkeiten, Verfahren nach dem Strafvollzugsgesetz, auch in Verbindung mit § 92 des Jugendgerichtsgesetzes, und ähnliche Verfahren

Nr.	Gebührentatbestand	Gebühr oder Satz der Gebühr nach § 13 RVG

Vorbemerkung 3:

(1) Gebühren nach diesem Teil erhält der Rechtsanwalt, dem ein unbedingter Auftrag als Prozess- oder Verfahrensbevollmächtigter, als Beistand für einen Zeugen oder Sachverständigen oder für eine sonstige Tätigkeit in einem gerichtlichem Verfahren erteilt worden ist. Der Beistand für einen Zeugen oder Sachverständigen erhält die gleichen Gebühren wie ein Verfahrensbevollmächtigter

(2) Die Verfahrensgebühr entsteht für das Betreiben des Geschäfts einschließlich der Information.

(3) Die Terminsgebühr entsteht sowohl für die Wahrnehmung von gerichtlichen Terminen als auch für die Wahrnehmung von außergerichtlichen Terminen und Besprechungen, wenn nichts anderes bestimmt ist. Sie entsteht jedoch nicht für die Wahrnehmung eines gerichtlichen Termins nur zur Verkündung einer Entscheidung. Die Gebühr für außergerichtliche Termine und Besprechungen entsteht für

1. die Wahrnehmung eines von einem gerichtlich bestellten Sachverständigen anberaumten Termins und
2. die Mitwirkung an Besprechungen, die auf die Vermeidung oder Erledigung des Verfahrens gerichtet sind; dies gilt nicht für Besprechungen mit dem Auftraggeber.

(4) Soweit wegen desselben Gegenstands eine Geschäftsgebühr nach Teil 2 entsteht, wird diese Gebühr zur Hälfte, bei Wertgebühren jedoch höchstens mit einem Gebührensatz von 0,75, auf die Verfahrensgebühr des gerichtlichen Verfahrens angerechnet. Bei Betragsrahmengebühren beträgt der Anrechnungsbetrag höchstens 175,00 €. Sind mehrere Gebühren entstanden, ist für die Anrechnung die zuletzt entstandene Gebühr maßgebend. Bei einer Betragsrahmengebühr ist nicht zu berücksichtigen, dass der Umfang der Tätigkeit im gerichtlichen Verfahren infolge der vorangegangenen Tätigkeit geringer ist. Bei einer wertabhängigen Gebühr erfolgt die Anrechnung nach dem Wert des Gegenstands, der auch Gegenstand des gerichtlichen Verfahrens ist. der Gebührentatbestand

(5) Soweit der Gegenstand eines selbstständigen Beweisverfahrens auch Gegenstand eines Rechtsstreits ist oder wird, wird die Verfahrensgebühr des selbstständigen Beweisverfahrens auf die Verfahrensgebühr des Rechtszugs angerechnet.

(6) Soweit eine Sache an ein untergeordnetes Gericht zurückverwiesen wird, das mit der Sache bereits befasst war, ist die vor diesem Gericht bereits entstandene Verfahrensgebühr auf die Verfahrensgebühr für das erneute Verfahren anzurechnen.

(7) Die Vorschriften dieses Teils sind nicht anzuwenden, soweit Teil 6 besondere Vorschriften enthält.

Abschnitt 1:
Erster Rechtszug

Vorbemerkung 3.1:

(1) Die Gebühren dieses Abschnitts entstehen in allen Verfahren, für die in den folgenden Abschnitten dieses Teils keine Gebühren bestimmt sind.

(2) Dieser Abschnitt ist auch für das Rechtsbeschwerdeverfahren nach § 1065 ZPO anzuwenden.

3100	Verfahrensgebühr, soweit in Nummer 3102 nichts anderes bestimmt ist	1,3
	(1) Die Verfahrensgebühr für ein vereinfachtes Verfahren über den Unterhalt Minderjähriger wird auf die Verfahrensgebühr angerechnet, die in dem nachfolgenden Rechtsstreit entsteht (§ 255 FamFG). (2) Die Verfahrensgebühr für einen Urkunden- oder Wechselprozess wird auf die Verfahrensgebühr für das ordentliche Verfahren angerechnet, wenn dieses nach Abstandnahme vom Urkunden- oder Wechselprozess oder nach einem Vorbehaltsurteil anhängig bleibt (§§ 596, 600 ZPO).	

Nr.	Gebührentatbestand	Gebühr oder Satz der Gebühr nach § 13 RVG
	(3) Die Verfahrensgebühr für ein Vermittlungsverfahren nach § 165 FamFG wird auf die Verfahrensgebühr für ein sich anschließendes Verfahren angerechnet.	
3101	1. Endigt der Auftrag, bevor der Rechtsanwalt die Klage, den ein Verfahren einleitenden Antrag oder einen Schriftsatz, der Sachanträge, Sachvortrag, die Zurücknahme der Klage oder die Zurücknahme des Antrags enthält, eingereicht oder bevor er einen gerichtlichen Termin wahrgenommen hat; 2. soweit Verhandlungen vor Gericht zur Einigung der Parteien oder der Beteiligten oder mit Dritten über in diesem Verfahren nicht rechtshängige Ansprüche geführt werden; der Verhandlung über solche Ansprüche steht es gleich, wenn beantragt ist, eine Einigung zu Protokoll zu nehmen oder das Zustandekommen einer Einigung festzustellen (§ 278 Abs. 6 ZPO); oder 3. soweit in einer Familiensache, die nur die Erteilung einer Genehmigung oder die Zustimmung des Familiengerichts zum Gegenstand hat, oder in einem Verfahren der freiwilligen Gerichtsbarkeit lediglich ein Antrag gestellt und eine Entscheidung entgegengenommen wird,	
	beträgt die Gebühr 3100	0,8
	(1) Soweit in den Fällen der Nummer 2 der sich nach § 15 Abs. 3 RVG ergebende Gesamtbetrag der Verfahrensgebühren die Gebühr 3100 übersteigt, wird der übersteigende Betrag auf eine Verfahrensgebühr angerechnet, die wegen desselben Gegenstands in einer anderen Angelegenheit entsteht. (2) Nummer 3 ist in streitigen Verfahren der freiwilligen Gerichtsbarkeit, insbesondere in Verfahren nach dem Gesetz über das gerichtliche Verfahren in Landwirtschaftssachen, nicht anzuwenden.	
3102	Verfahrensgebühr für Verfahren vor den Sozialgerichten, in denen Betragsrahmengebühren entstehen (§ 3 RVG)	50,00 bis 550,00 €
3103	(aufgehoben)	
3104	Terminsgebühr, soweit in Nummer 3106 nichts anderes bestimmt ist	1,2
	(1) Die Gebühr entsteht auch, wenn 1. in einem Verfahren, für das mündliche Verhandlung vorgeschrieben ist, im Einverständnis mit den Parteien oder Beteiligten oder gemäß § 307 oder § 495 a ZPO ohne mündliche Verhandlung entschieden oder in einem solchen Verfahren ein schriftlicher Vergleich geschlossen wird, 2. nach § 84 Abs. 1 Satz 1 VwGO oder § 105 Abs. 1 Satz 1 SGG durch Gerichtsbescheid entschieden wird und eine mündliche Verhandlung beantragt werden kann oder 3. das Verfahren vor dem Sozialgericht für das mündliche Verhandlung vorgeschrieben ist, nach angenommenem Anerkenntnis ohne mündliche Verhandlung endet.	

Nr.	Gebührentatbestand	Gebühr oder Satz der Gebühr nach § 13 RVG
	(2) Sind in dem Termin auch Verhandlungen zur Einigung über in diesem Verfahren nicht rechtshängige Ansprüche geführt worden, wird die Terminsgebühr, soweit sie den sich ohne Berücksichtigung der nicht rechtshängigen Ansprüche ergebenden Gebührenbetrag übersteigt, auf eine Terminsgebühr angerechnet, die wegen desselben Gegenstands in einer anderen Angelegenheit entsteht. (3) Die Gebühr entsteht nicht, soweit lediglich beantragt ist, eine Einigung der Parteien oder der Beteiligten oder mit Dritten über nicht rechtshängige Ansprüche zu Protokoll zu nehmen. (4) Eine in einem vorausgegangenen Mahnverfahren oder vereinfachten Verfahren über den Unterhalt Minderjähriger entstandene Terminsgebühr wird auf die Terminsgebühr des nachfolgenden Rechtsstreits angerechnet.	
3105	Wahrnehmung nur eines Termins, in dem eine Partei oder ein Beteiligter nicht erschienen oder nicht ordnungsgemäß vertreten ist und lediglich ein Antrag auf Versäumnisurteil, Versäumnisentscheidung oder zur Prozess-, Verfahrens- oder Sachleitung gestellt wird: Die Gebühr 3104 beträgt	0,5
	(1) Die Gebühr entsteht auch, wenn 1. das Gericht bei Säumnis lediglich Entscheidungen zur Prozess-, Verfahrens- oder Sachleitung von Amts wegen trifft oder 2. eine Entscheidung gemäß § 331 Abs. 3 ZPO ergeht. (2) § 333 ZPO ist nicht entsprechend anzuwenden.	
3106	Terminsgebühr in Verfahren vor den Sozialgerichten, in denen Betragsrahmengebühren entstehen (§ 3 RVG)	50,00 bis 510,00 €
	Die Gebühr entsteht auch, wenn 1. in einem Verfahren, für das mündliche Verhandlung vorgeschrieben ist, im Einverständnis mit den Parteien ohne mündliche Verhandlung entschieden oder in einem solchen Verfahren ein schriftlicher Vergleich geschlossen wird, 2. nach § 105 Abs. 1 Satz 1 SGG durch Gerichtsbescheid entschieden wird und eine mündliche Verhandlung beantragt werden kann oder 3. das Verfahren, für das mündliche Verhandlung vorgeschrieben ist nach angenommenem Anerkenntnis ohne mündliche Verhandlung endet. In den Fällen des Satzes 1 beträgt die Gebühr 90 % der in derselben Angelegenheit dem Rechtsanwalt zustehenden Verfahrensgebühr ohne Berücksichtigung einer Erhöhung nach Nummer 1008.	

Nr.	Gebührentatbestand	Gebühr oder Satz der Gebühr nach § 13 RVG

Abschnitt 2:
Berufung, Revision, bestimmte Beschwerden und Verfahren vor dem Finanzgericht

Vorbemerkung 3.2:

(1) Dieser Abschnitt ist auch in Verfahren vor dem Rechtsmittelgericht über die Zulassung des Rechtsmittels anzuwenden.

(2) Wenn im Verfahren über einen Antrag auf Anordnung, Abänderung oder Aufhebung eines Arrests oder einer einstweiligen Verfügung das Berufungsgericht als Gericht der Hauptsache anzusehen ist (§ 943 ZPO), bestimmen sich die Gebühren nach Abschnitt 1. Dies gilt entsprechend im Verfahren der einstweiligen Anordnung und im Verfahren vor den Gerichten der Verwaltungs- und Sozialgerichtsbarkeit auf Anordnung oder Wiederherstellung der aufschiebenden Wirkung, auf Aussetzung oder Aufhebung der Vollziehung oder Anordnung der sofortigen Vollziehung eines Verwaltungsakts. Satz 1 gilt ferner entsprechend in Verfahren über einen Antrag nach § 115 Abs. 2 Satz 2 und 3, § 118 Abs. 1 Satz 3 oder nach § 121 GWB.

Unterabschnitt 1:
Berufung, bestimmte Beschwerden und Verfahren vor dem Finanzgericht

Vorbemerkung 3.2.1:

Dieser Unterabschnitt ist auch anzuwenden in Verfahren

1. vor dem Finanzgericht,
2. über Beschwerden gegen
   a) gegen die den Rechtszug beendenden Entscheidungen in Verfahren über Anträge auf Vollstreckbarerklärung ausländischer Titel oder auf Erteilung der Vollstreckungsklausel zu ausländischen Titeln sowie über Anträge auf Aufhebung oder Abänderung der Vollstreckbarerklärung oder der ollstreckungsklausel,
   b) gegen die Endentscheidung wegen des Hauptgegenstands in Familiensachen und in den Angelegenheiten der freiwilligen Gerichtsbarkeit,
   c) gegen die den Rechtszug beendenden Entscheidungen im Beschlussverfahren vor den Gerichten für Arbeitssachen,
   d) gegen die den Rechtszug beendenden Entscheidungen im personalvertretungsrechtlichen Beschlussverfahren vor den Gerichten der Verwaltungsgerichtsbarkeit,
   e) nach dem GWB,
   f) nach dem EnWG,
   g) nach dem KSpG,
   h) nach dem VSchDG,
   i) nach dem SpruchG,
3. über Beschwerden
   a) gegen die Entscheidung des Verwaltungs- oder Sozialgerichts wegen des Hauptgegenstands in Verfahren des vorläufigen oder einstweiligen Rechtsschutzes,
   b) nach dem WpÜG,
   c) nach dem WpHG,
4. in Rechtsbeschwerdeverfahren nach dem StVollzG, auch i.V.m. § 92 JGG.

3200	Verfahrensgebühr, soweit in Nummer 3204 nichts anderes bestimmt ist	1,6
3201	Vorzeitige Beendigung des Auftrags oder eingeschränkte Tätigkeit des Anwalts:	
	Die Gebühr 3200 beträgt	1,1

Nr.	Gebührentatbestand	Gebühr oder Satz der Gebühr nach § 13 RVG
	(1) Eine vorzeitige Beendigung liegt vor, 1. wenn der Auftrag endigt, bevor der Rechtsanwalt das Rechtsmittel eingelegt oder einen Schriftsatz, der Sachanträge, Sachvortrag, die Zurücknahme der Klage oder die Zurücknahme des Rechtsmittels enthält, eingereicht oder bevor er einen gerichtlichen Termin wahrgenommen hat, oder 2. soweit Verhandlungen vor Gericht zur Einigung der Parteien oder der Beteiligten oder mit Dritten über in diesem Verfahren nicht rechtshängige Ansprüche geführt werden; der Verhandlung über solche Ansprüche steht es gleich, wenn beantragt ist, eine Einigung zu Protokoll zu nehmen oder das Zustandekommen einer Einigung festzustellen (§ 278 Abs. 6 ZPO). Soweit in den Fällen der Nummer 2 der sich nach § 15 Abs. 3 RVG ergebende Gesamtbetrag der Verfahrensgebühren die Gebühr 3200 übersteigt, wird der übersteigende Betrag auf eine Verfahrensgebühr angerechnet, die wegen desselben Gegenstands in einer anderen Angelegenheit entsteht. (2) Eine eingeschränkte Tätigkeit des Anwalts liegt vor, wenn sich seine Tätigkeit 1. in einer Familiensache, die nur die Erteilung einer Genehmigung oder die Zustimmung des Familiengerichts zum Gegenstand hat, oder 2. in einer Angelegenheit der freiwilligen Gerichtsbarkeit auf die Einlegung und Begründung des Rechtsmittels und die Entgegennahme der Rechtsmittelentscheidung beschränkt.	
3202	Terminsgebühr, soweit in Nummer 3205 nichts anderes bestimmt ist .... (1) Absatz 1 Nr. 1 und 3 sowie die Absätze 2 und 3 der Anmerkung zu Nummer 3104 gelten entsprechend. (2) Die Gebühr entsteht auch auch, wenn nach § 79a Abs. 2, § 90a oder § 94a FGO ohne mündliche Verhandlung durch Gerichtsbescheid entschieden wird.	1,2
3203	Wahrnehmung nur eines Termins, in dem eine Partei oder ein Beteiligter, im Berufungsverfahren der Berufungskläger, im Beschwerdeverfahren der Beschwerdeführer, nicht erschienen oder nicht ordnungsgemäß vertreten ist und lediglich ein Antrag auf Versäumnisurteil, Versäumnisentscheidung oder zur Prozess, Verfahrens- oder Sachleitung gestellt wird: Die Gebühr 3202 beträgt .... Die Anmerkung zu Nummer 3105 und Absatz 2 der Anmerkung zu Nummer 3202 gelten entsprechend.	0,5
3204	Verfahrensgebühr für Verfahren vor den Landessozialgerichten, in denen Betragsrahmengebühren entstehen (§ 3 RVG)	60,00 bis 680,00 €
3205	Terminsgebühr in Verfahren vor den Landessozialgerichten, in denen Betragsrahmengebühren entstehen (§ 3 RVG)	50,00 bis 510,00 €

Nr.	Gebührentatbestand	Gebühr oder Satz der Gebühr nach § 13 RVG
	Satz 1 Nr. 1 und 3 der Anmerkung zu Nummer 3106 gilt entsprechend. In den Fällen des Satzes 1 beträgt die Gebühr 75 % der in derselben Angelegenheit dem Rechtsanwalt zustehenden Verfahrensgebühr ohne Berücksichtigung einer Erhöhung nach Nummer 1008.	

Unterabschnitt 2:
Revision, bestimmte Beschwerden und Rechtsbeschwerden

Vorbemerkung 3.2.2:

Dieser Unterabschnitt ist auch anzuwenden in Verfahren

1. über Rechtsbeschwerden
   a) in den in der Vorbemerkung 3.2.1 Nr. 2 genannten Fällen und
   b) nach § 15 KapMuG,
2. vor dem Bundesgerichtshof über Berufungen, Beschwerden oder Rechtsbeschwerden gegen Entscheidungen des Bundespatentgerichts und
3. vor dem Bundesfinanzhof über Beschwerden nach § 128 Abs. 3 FGO.

Nr.	Gebührentatbestand	Gebühr oder Satz der Gebühr nach § 13 RVG
3206	Verfahrensgebühr, soweit in Nummer 3212 nichts anderes bestimmt ist	1,6
3207	Vorzeitige Beendigung des Auftrags oder eingeschränkte Tätigkeit des Anwalts:	
	Die Gebühr 3206 beträgt	1,1
	Die Anmerkung zu Nummer 3201 gilt entsprechend.	
3208	Im Verfahren können sich die Parteien oder die Beteiligten nur durch einen beim Bundesgerichtshof zugelassenen Rechtsanwalt vertreten lassen:	
	Die Gebühr 3206 beträgt	2,3
3209	Vorzeitige Beendigung des Auftrags, wenn sich die Parteien oder die Beteiligten nur durch einen beim Bundesgerichtshof zugelassenen Rechtsanwalt vertreten lassen können:	
	Die Gebühr 3206 beträgt	1,8
	Die Anmerkung zu Nummer 3201 gilt entsprechend.	
3210	Terminsgebühr, soweit in Nummer 3213 nichts anderes bestimmt ist	1,5
	Absatz 1 Nr. 1 und 3 sowie Absatz 2 und 3 der Anmerkung zu Nummer 3104 und Absatz 2 der Anmerkung zu Nummer 3202 gelten entsprechend.	
3211	Wahrnehmung nur eines Termins, in dem der Revisionskläger oder Beschwerdeführer nicht ordnungsgemäß vertreten ist und lediglich ein Antrag auf Versäumnisurteil, Versäumnisentscheidung oder zur Prozess-, Verfahrens- oder Sachleitung gestellt wird:	
	Die Gebühr 3210 beträgt	0,8
	Die Anmerkung zu Nummer 3105 und Absatz 2 der Anmerkung zu Nummer 3202 gelten entsprechend.	
3212	Verfahrensgebühr für Verfahren vor dem Bundessozialgericht, in denen Betragsrahmengebühren entstehen (§ 3 RVG)	80,00 bis 880,00 €

Nr.	Gebührentatbestand	Gebühr oder Satz der Gebühr nach § 13 RVG
3213	Terminsgebühr in Verfahren vor dem Bundessozialgericht, in denen Betragsrahmengebühren entstehen (§ 3 RVG) ...... Satz 1 Nr. 1 und 3 sowie Satz 2 der Anmerkung zu Nummer 3106 gelten entsprechend.	80,00 bis 830,00 €

Abschnitt 3:
Gebühren für besondere Verfahren

Unterabschnitt 1:
Besondere erstinstanzliche Verfahren

Vorbemerkung 3.3.1:
Die Terminsgebühr bestimmt sich nach Abschnitt 1.

3300	Verfahrensgebühr 1. für das Verfahren vor dem Oberlandesgericht nach § 16 Abs. 4 des Urheberrechtswahrnehmungsgesetzes, 2. für das erstinstanzliche Verfahren vor dem Bundesverwaltungsgericht, dem Bundessozialgericht, dem Oberverwaltungsgericht (Verwaltungsgerichtshof) und dem Landessozialgericht sowie 3. für das Verfahren bei überlangen Gerichtsverfahren und strafrechtlichen Ermittlungsverfahren vor den Oberlandesgerichten, den Landessozialgerichten, den Oberverwaltungsgerichten, den Landesarbeitsgerichten oder einem obersten Gerichtshof des Bundes	1,6
3301	Vorzeitige Beendigung des Auftrags: Die Gebühr 3300 beträgt .... Die Anmerkung zu Nummer 3201 gilt entsprechend.	1,0

Unterabschnitt 2:
Mahnverfahren

Vorbemerkung 3.3.2:
Die Terminsgebühr bestimmt sich nach Abschnitt 1.

3305	Verfahrensgebühr für die Vertretung des Antragstellers .... Die Gebühr wird auf die Verfahrensgebühr für einen nachfolgenden Rechtsstreit angerechnet.	1,0
3306	Beendigung des Auftrags, bevor der Rechtsanwalt den verfahrenseinleitenden Antrag oder einen Schriftsatz, der Sachanträge, Sachvortrag oder die Zurücknahme des Antrags enthält, eingereicht hat: Die Gebühr 3305 beträgt	0,5
3307	Verfahrensgebühr für die Vertretung des Antragsgegners .. Die Gebühr wird auf die Verfahrensgebühr für einen nachfolgenden Rechtsstreit angerechnet.	0,5

Nr.	Gebührentatbestand	Gebühr oder Satz der Gebühr nach § 13 RVG
3308	Verfahrensgebühr für die Vertretung des Antragstellers im Verfahren über den Antrag auf Erlass eines Vollstreckungsbescheids	0,5
	Die Gebühr entsteht neben der Gebühr 3305 nur, wenn innerhalb der Widerspruchsfrist kein Widerspruch erhoben oder der Widerspruch gemäß § 703 a Abs. 2 Nr. 4 ZPO beschränkt worden ist. Nummer 1008 ist nicht anzuwenden, wenn sich bereits die Gebühr 3305 erhöht.	

Unterabschnitt 3:
Vollstreckung und Vollziehung

Vorbemerkung 3.3.3:
Dieser Unterabschnitt gilt für
1. die Zwangsvollstreckung,
2. die Vollstreckung,
3. Verfahren des Verwaltungszwangs und
4. die Vollziehung eines Arrestes oder einstweiligen Verfügung,

soweit nachfolgend keine besonderen Gebühren bestimmt sind. Er gilt auch für Verfahren auf Eintragung einer Zwangshypothek (§§ 867 und 870 a ZPO).

Nr.	Gebührentatbestand	Gebühr oder Satz der Gebühr nach § 13 RVG
3309	Verfahrensgebühr	0,3
3310	Terminsgebühr	0,3
	Die Gebühr entsteht für die Teilnahme an einem gerichtlichen Termin, einem Termin zur Abgabe der Vermögensauskunft oder zur Abnahme der eidesstattlichen Versicherung.	

Unterabschnitt 4:
Zwangsversteigerung und Zwangsverwaltung

Nr.	Gebührentatbestand	Gebühr oder Satz der Gebühr nach § 13 RVG
3311	Verfahrensgebühr	0,4
	Die Gebühr entsteht jeweils gesondert	
	1. für die Tätigkeit im Zwangsversteigerungsverfahren bis zur Einleitung des Verteilungsverfahrens;	
	2. im Zwangsversteigerungsverfahren für die Tätigkeit im Verteilungsverfahren, und zwar auch für eine Mitwirkung an einer außergerichtlichen Verteilung;	
	3. im Verfahren der Zwangsverwaltung für die Vertretung des Antragstellers im Verfahren über den Antrag auf Anordnung der Zwangsverwaltung oder auf Zulassung des Beitritts;	
	4. im Verfahren der Zwangsverwaltung für die Vertretung des Antragstellers im weiteren Verfahren einschließlich des Verteilungsverfahrens;	
	5. im Verfahren der Zwangsverwaltung für die Vertretung eines sonstigen Beteiligten im ganzen Verfahren einschließlich des Verteilungsverfahrens und	
	6. für die Tätigkeit im Verfahren über Anträge auf einstweilige Einstellung oder Beschränkung der Zwangsvollstreckung und einstweilige Einstellung des Verfahrens sowie für Verhandlungen zwischen Gläubiger und Schuldner mit dem Ziel der Aufhebung des Verfahrens.	

Nr.	Gebührentatbestand	Gebühr oder Satz der Gebühr nach § 13 RVG
3312	Terminsgebühr	0,4
	Die Gebühr entsteht nur für die Wahrnehmung eines Versteigerungstermins für einen Beteiligten. Im Übrigen entsteht im Verfahren der Zwangsversteigerung und der Zwangsverwaltung keine Terminsgebühr.	
	Unterabschnitt 5: **Insolvenzverfahren, Verteilungsverfahren nach der Schifffahrtsrechtlichen Verteilungsordnung**	
	Vorbemerkung 3.3.5: (1) Die Gebührenvorschriften gelten für die Verteilungsverfahren nach der SVertO, soweit dies ausdrücklich angeordnet ist. (2) Bei der Vertretung mehrerer Gläubiger, die verschiedene Forderungen geltend machen, entstehen die Gebühren jeweils besonders. (3) Für die Vertretung des ausländischen Insolvenzverwalters im Sekundärinsolvenzverfahren entstehen die gleichen Gebühren wie für die Vertretung des Schuldners.	
3313	Verfahrensgebühr für die Vertretung des Schuldners im Eröffnungsverfahren	1,0
	Die Gebühr entsteht auch im Verteilungsverfahren nach der SVertO.	
3314	Verfahrensgebühr für die Vertretung des Gläubigers im Eröffnungsverfahren	0,5
	Die Gebühr entsteht auch im Verteilungsverfahren nach der SVertO.	
3315	Tätigkeit auch im Verfahren über den Schuldenbereinigungsplan:	
	Die Verfahrensgebühr 3313 beträgt	1,5
3316	Tätigkeit auch im Verfahren über den Schuldenbereinigungsplan:	
	Die Verfahrensgebühr 3314 beträgt	1,0
3317	Verfahrensgebühr für das Insolvenzverfahren	1,0
	Die Gebühr entsteht auch im Verteilungsverfahren nach der SVertO.	
3318	Verfahrensgebühr für das Verfahren über einen Insolvenzplan	1,0
3319	Vertretung des Schuldners, der den Plan vorgelegt hat:	
	Die Verfahrensgebühr 3318 beträgt	3,0
3320	Die Tätigkeit beschränkt sich auf die Anmeldung einer Insolvenzforderung:	
	Die Verfahrensgebühr 3317 beträgt	0,5
	Die Gebühr entsteht auch im Verteilungsverfahren nach der SVertO.	
3321	Verfahrensgebühr für das Verfahren über einen Antrag auf Versagung oder Widerruf der Restschuldbefreiung	0,5
	(1) Das Verfahren über mehrere gleichzeitig anhängige Anträge ist eine Angelegenheit. (2) Die Gebühr entsteht auch gesondert, wenn der Antrag bereits vor Aufhebung des Insolvenzverfahrens gestellt wird.	

Nr.	Gebührentatbestand	Gebühr oder Satz der Gebühr nach § 13 RVG
3322	Verfahrensgebühr für das Verfahren über Anträge auf Zulassung der Zwangsvollstreckung nach § 17 Abs. 4 SVertO ...	0,5
3323	Verfahrensgebühr für das Verfahren über Anträge auf Aufhebung von Vollstreckungsmaßregeln (§ 8 Abs. 5 und § 41 SVertO)	0,5

Unterabschnitt 6:
Sonstige besondere Verfahren

Vorbemerkung 3.3.6:
Die Terminsgebühr bestimmt sich nach Abschnitt 1, soweit in diesem Unterabschnitt nichts anderes bestimmt ist. Im Verfahren über die Prozesskostenhilfe bestimmt sich die Terminsgebühr nach den für dasjenige Verfahren geltenden Vorschriften, für das die Prozesskostenhilfe beantragt wird.

Nr.	Gebührentatbestand	Gebühr oder Satz der Gebühr nach § 13 RVG
3324	Verfahrensgebühr für das Aufgebotsverfahren	1,0
3325	Verfahrensgebühr für Verfahren nach § 148 Abs. 1 und 2, §§ 246 a, 319 Abs. 6 AktG, auch i. V m. § 327 e Abs. 2 AktG, oder nach § 16 Abs. 3 UmwG	0,75
3326	Verfahrensgebühr für Verfahren vor den Gerichten für Arbeitssachen, wenn sich die Tätigkeit auf eine gerichtliche Entscheidung über die Bestimmung einer Frist (§ 102 Abs. 3 des Arbeitsgerichtsgesetzes), die Ablehnung eines Schiedsrichters (§ 103 Abs. 3 des Arbeitsgerichtsgesetzes) oder die Vornahme einer Beweisaufnahme oder einer Vereidigung (§ 106 Abs. 2 des Arbeitsgerichtsgesetzes) beschränkt	0,75
3327	Verfahrensgebühr für gerichtliche Verfahren über die Bestellung eines Schiedsrichters oder Ersatzschiedsrichters, über die Ablehnung eines Schiedsrichters oder über die Beendigung des Schiedsrichteramts, zur Unterstützung bei der Beweisaufnahme oder bei der Vornahme sonstiger richterlicher Handlungen anlässlich eines schiedsrichterlichen Verfahrens	0,75
3328	Verfahrensgebühr für Verfahren über die vorläufige Einstellung, Beschränkung oder Aufhebung der Zwangsvollstreckung oder die einstweilige Einstellung oder Beschränkung der Vollstreckung und die Anordnung, dass Vollstreckungsmaßnahmen aufzuheben sind	0,5
	Die Gebühr entsteht nur, wenn eine abgesonderte mündliche Verhandlung hierüber oder ein besonderer gerichtlicher Termin stattfindet. Wird der Antrag beim Vollstreckungsgericht und beim Prozessgericht gestellt, entsteht die Gebühr nur einmal.	
3329	Verfahrensgebühr für Verfahren auf Vollstreckbarerklärung der durch Rechtsmittelanträge nicht angefochtenen Teile eines Urteils (§§ 537, 558 ZPO)	0,5

Nr.	Gebührentatbestand	Gebühr oder Satz der Gebühr nach § 13 RVG
3330	Verfahrensgebühr für Verfahren über eine Rüge wegen Verletzung des Anspruchs auf rechtliches Gehör	in Höhe der Verfahrensgebühr für das Verfahren, in dem die Rüge erhoben wird, höchstens 0,5, bei Betragsrahmengebühren höchstens 220,00 €
3331	(aufgehoben)	
3332	Terminsgebühr in den in Nummern 3324 bis 3330 genannten Verfahren	0,5
3333	Verfahrensgebühr für ein Verteilungsverfahren außerhalb der Zwangsversteigerung und der Zwangsverwaltung .... Der Wert bestimmt sich nach § 26 Nr. 1 und 2 RVG. Eine Terminsgebühr entsteht nicht.	0,4
3334	Verfahrensgebühr für Verfahren vor dem Prozessgericht oder dem Amtsgericht auf Bewilligung, Verlängerung oder Verkürzung einer Räumungsfrist (§§ 721, 794 a ZPO), wenn das Verfahren mit dem Verfahren über die Hauptsache nicht verbunden ist	1,0
3335	Verfahrensgebühr für das Verfahren über die Prozesskostenhilfe	in Höhe der Verfahrensgebühr für das Verfahren, für das die Prozesskostenhilfe beantragt wird, höchstens 1,0
3336	(aufgehoben)	
3337	Vorzeitige Beendigung des Auftrags im Fall der Nummern 3324 bis 3327, 3334 und 3335: Die Gebühren 3324 bis 3327, 3334 und 3335 betragen höchstens .... Eine vorzeitige Beendigung liegt vor, 1. wenn der Auftrag endigt, bevor der Rechtsanwalt den das Verfahren einleitenden Antrag oder einen Schriftsatz, der Sachanträge, Sachvortrag oder die Zurücknahme des Antrags enthält, eingereicht oder bevor er einen gerichtlichen Termin wahrgenommen hat, oder 2. soweit lediglich beantragt ist, eine Einigung der Parteien oder der Beteiligten zu Protokoll zu nehmen oder soweit lediglich Verhandlungen vor Gericht zur Einigung geführt werden.	0,5
3338	Verfahrensgebühr für die Tätigkeit als Vertreter des Anmelders eines Anspruchs zum Musterverfahren (§ 10 Abs. 2 KapMuG)	0,8

Nr.	Gebührentatbestand	Gebühr oder Satz der Gebühr nach § 13 RVG
	Abschnitt 4: Einzeltätigkeiten	
	Vorbemerkung 3.4: Für in diesem Abschnitt genannte Tätigkeiten entsteht eine Terminsgebühr nur, wenn dies ausdrücklich bestimmt ist.number()	
3400	Der Auftrag beschränkt sich auf die Führung des Verkehrs der Partei oder des Beteiligten mit dem Verfahrensbevollmächtigten: Verfahrensgebühr .... Die gleiche Gebühr entsteht auch, wenn im Einverständnis mit dem Auftraggeber mit der Übersendung der Akten an den Rechtsanwalt des höheren Rechtszugs gutachterliche Äußerungen verbunden sind.	in Höhe der dem Verfahrensbevollmächtigten zustehenden Verfahrensgebühr, höchstens 1,0, bei Betragsrahmengebühren höchstens 420,00 €
3401	Der Auftrag beschränkt sich auf die Vertretung in einem Termin im Sinne der Vorbemerkung 3 Abs. 3: Verfahrensgebühr	in Höhe der Hälfte der dem Verfahrensbevollmächtigten zustehenden Verfahrensgebühr
3402	Terminsgebühr in dem in Nummer 3401 genannten Fall ...	in Höhe der einem Verfahrensbevollmächtigten zustehenden Terminsgebühr
3403	Verfahrensgebühr für sonstige Einzeltätigkeiten, soweit in Nummer 3406 nichts anderes bestimmt ist .... Die Gebühr entsteht für sonstige Tätigkeiten in einem gerichtlichen Verfahren, wenn der Rechtsanwalt nicht zum Prozess- oder Verfahrensbevollmächtigten bestellt ist, soweit in diesem Abschnitt nichts anderes bestimmt ist.	0,8
3404	Der Auftrag beschränkt sich auf ein Schreiben einfacher Art: Die Gebühr 3403 beträgt .... Die Gebühr entsteht insbesondere, wenn das Schreiben weder schwierige rechtliche Ausführungen noch größere sachliche Auseinandersetzungen enthält.	0,3

Nr.	Gebührentatbestand	Gebühr oder Satz der Gebühr nach § 13 RVG
3405	Endet der Auftrag 1. im Fall der Nummer 3400, bevor der Verfahrensbevollmächtigte beauftragt oder der Rechtsanwalt gegenüber dem Verfahrensbevollmächtigten tätig geworden ist, 2. im Fall der Nummer 3401, bevor der Termin begonnen hat: Die Gebühren 3400 und 3401 betragen .... Im Fall der Nummer 3403 gilt die Vorschrift entsprechend.	höchstens 0,5, bei Betragsrahmengebühren höchstens 210,00 €
3406	Verfahrensgebühr für sonstige Einzeltätigkeiten in Verfahren vor Gerichten der Sozialgerichtsbarkeit, wenn Betragsrahmengebühren entstehen (§ 3 RVG) .... Die Anmerkung zu Nummer 3403 gilt entsprechend.	30,00 bis 340,00 €

Abschnitt 5:
Beschwerde, Nichtzulassungsbeschwerde und Erinnerung

Vorbemerkung 3.5:
Die Gebühren nach diesem Abschnitt entstehen nicht in den in Vorbemerkung 3.1 Abs. 3 und in den Vorbemerkungen 3.2.1 und 3.2.2 genannten Beschwerdeverfahren.

3500	Verfahrensgebühr für Verfahren über die Beschwerde und die Erinnerung, soweit in diesem Abschnitt keine besonderen Gebühren bestimmt sind	0,5
3501	Verfahrensgebühr für Verfahren vor den Gerichten der Sozialgerichtsbarkeit über die Beschwerde und die Erinnerung, wenn in den Verfahren Betragsrahmengebühren entstehen (§ 3 RVG), soweit in diesem Abschnitt keine besonderen Gebühren bestimmt sind	20,00 bis 210,00 €
3502	Verfahrensgebühr für das Verfahren über die Rechtsbeschwerde	1,0
3503	Vorzeitige Beendigung des Auftrags: Die Gebühr 3502 beträgt .... Die Anmerkung zu Nummer 3201 ist entsprechend anzuwenden.	0,5
3504	Verfahrensgebühr für das Verfahren über die Beschwerde gegen die Nichtzulassung der Berufung, soweit in Nummer 3511 nichts anderes bestimmt ist .... Die Gebühr wird auf die Verfahrensgebühr für ein nachfolgendes Berufungsverfahren angerechnet.	1,6
3505	Vorzeitige Beendigung des Auftrags: Die Gebühr 3504 beträgt .... Die Anmerkung zu Nummer 3201 ist entsprechend anzuwenden.	1,0

A. Gesetzestext RVG § 8

Nr.	Gebührentatbestand	Gebühr oder Satz der Gebühr nach § 13 RVG
3506	Verfahrensgebühr für das Verfahren über die Beschwerde gegen die Nichtzulassung der Revision oder die Nichtzulassung der Rechtsbeschwerde nach § 92a des Arbeitsgerichtsgesetzes oder § 75 GWB, soweit in Nummer 3512 nichts anderes bestimmt ist .... Die Gebühr wird auf die Verfahrensgebühr für ein nachfolgendes Revisions- oder Beschwerdeverfahren angerechnet.	1,6
3507	Vorzeitige Beendigung des Auftrags: Die Gebühr 3506 beträgt .... Die Anmerkung zu Nummer 3201 ist entsprechend anzuwenden.	1,1
3508	In dem Verfahren über die Beschwerde gegen die Nichtzulassung der Revision können sich die Parteien nur durch einen beim Bundesgerichtshof zugelassenen Rechtsanwalt vertreten lassen: Die Gebühr 3506 beträgt	2,3
3509	Vorzeitige Beendigung des Auftrags, wenn sich die Parteien nur durch einen beim Bundesgerichtshof zugelassenen Rechtsanwalt vertreten lassen können: Die Gebühr 3506 beträgt .... Die Anmerkung zu Nummer 3201 ist entsprechend anzuwenden.	1,8

3510	Verfahrensgebühr für Beschwerdeverfahren vor dem Bundespatentgericht
	
	1. nach dem Patentgesetz, wenn sich die Beschwerde gegen einen Beschluss richtet,
	   a) durch den die Vergütung bei Lizenzbereitschaftserklärung festgesetzt wird oder Zahlung der Vergütung an das Deutsche Patent- und Markenamt angeordnet wird,
	   b) durch den eine Anordnung nach § 50 Abs. 1 PatG oder die Aufhebung dieser Anordnung erlassen wird,
	   c) durch den die Anmeldung zurückgewiesen oder über die Aufrechterhaltung, den Widerruf oder die Beschränkung des Patents entschieden wird,
	2. nach dem Gebrauchsmustergesetz, wenn sich die Beschwerde gegen einen Beschluss richtet,
	   a) durch den die Anmeldung zurückgewiesen wird,
	   b) durch den über den Löschungsantrag entschieden wird,
	3. nach dem Markengesetz, wenn sich die Beschwerde gegen einen Beschluss richtet,
	   a) durch den über die Anmeldung einer Marke, einen Widerspruch oder einen Antrag auf Löschung oder über die Erinnerung gegen einen solchen Beschluss entschieden worden ist oder
	   b) durch den ein Antrag auf Eintragung einer geographischen Angabe oder einer Ursprungsbezeichnung zurückgewiesen worden ist,	

§ 8 Anhänge

Nr.	Gebührentatbestand	Gebühr oder Satz der Gebühr nach § 13 RVG
	4. nach dem Halbleiterschutzgesetz, wenn sich die Beschwerde gegen einen Beschluss richtet, a) durch den die Anmeldung zurückgewiesen wird, b) durch den über den Löschungsantrag entschieden wird, 5. nach dem Geschmacksmustergesetz, wenn sich die Beschwerde gegen einen Beschluss richtet, durch den die Anmeldung eines Geschmacksmusters zurückgewiesen oder durch den über einen Löschungsantrag entschieden worden ist, 6. nach dem Sortenschutzgesetz, wenn sich die Beschwerde gegen einen Beschluss des Widerspruchsausschusses richtet	1,3
3511	Verfahrensgebühr für das Verfahren über die Beschwerde gegen die Nichtzulassung der Berufung vor dem Landessozialgericht, wenn Betragsrahmengebühren entstehen (§ 3 RVG) Die Gebühr wird auf die Verfahrensgebühr für ein nachfolgendes Berufungsverfahren angerechnet.	60,00 bis 680,00 €
3512	Verfahrensgebühr für das Verfahren über die Beschwerde gegen die Nichtzulassung der Revision vor dem Bundessozialgericht, wenn Betragsrahmengebühren entstehen (§ 3 RVG) Die Gebühr wird auf die Verfahrensgebühr für ein nachfolgendes Revisionsverfahren angerechnet.	80,00 bis 880,00 €
3513	Terminsgebühr in den in Nummer 3500 genannten Verfahren	0,5
3514	In dem Verfahren über die Beschwerde gegen die Zurückweisung des Antrags auf Anordnung eines Arrests oder des Antrags auf Erlass einer einstweiligen Verfügung bestimmt das Beschwerdegericht Termin zur mündlichen Verhandlung: Die Gebühr 3513 beträgt	1,2
3515	Terminsgebühr in den in Nummer 3501 genannten Verfahren	20,00 bis 210,00 €
3516	Terminsgebühr in den in Nummern 3502, 3504, 3506 und 3510 genannten Verfahren	1,2
3517	Terminsgebühr in den in Nummer 3511 genannten Verfahren	50,00 bis 510,00 €
3518	Terminsgebühr in den in Nummer 3512 genannten Verfahren	60,00 bis 660,00 €

Teil 4:
Strafsachen

Nr.	Gebührentatbestand	Gebühr oder Satz der Gebühr nach § 13 oder § 49 RVG	
		Wahlanwalt	gerichtlich bestellter oder beigeordneter Rechtsanwalt

Vorbemerkung 4:

(1) Für die Tätigkeit als Beistand oder Vertreter eines Privatklägers, eines Nebenklägers, eines Einziehungs- oder Nebenbeteiligten, eines Verletzten, eines Zeugen oder Sachverständigen und für die Tätigkeit im Verfahren nach dem Strafrechtlichen Rehabilitierungsgesetz erhält der Rechtsanwalt die gleichen Gebühren wie ein Verteidiger im Strafverfahren.

(2) Die Verfahrensgebühr entsteht für das Betreiben des Geschäfts einschließlich der Information.

(3) Die Terminsgebühr entsteht für die Teilnahme an gerichtlichen Terminen, soweit nichts anderes bestimmt ist. Der Rechtsanwalt erhält die Terminsgebühr auch, wenn er zu einem anberaumten Termin erscheint, dieser aber aus Gründen, die er nicht zu vertreten hat, nicht stattfindet. Dies gilt nicht, wenn er rechtzeitig von der Aufhebung oder Verlegung des Termins in Kenntnis gesetzt worden ist.

(4) Befindet sich der Beschuldigte nicht auf freiem Fuß, entsteht die Gebühr mit Zuschlag.

(5) Für folgende Tätigkeiten entstehen Gebühren nach den Vorschriften des Teils 3:

1. im Verfahren über die Erinnerung oder die Beschwerde gegen einen Kostenfestsetzungsbeschluss (§ 464 b StPO) und im Verfahren über die Erinnerung gegen den Kostenansatz und im Verfahren über die Beschwerde gegen die Entscheidung über diese Erinnerung,
2. in der Zwangsvollstreckung aus Entscheidungen, die über einen aus der Straftat erwachsenen vermögensrechtlichen Anspruch oder die Erstattung von Kosten ergangen sind (§§ 406 b, 464 b StPO), für die Mitwirkung bei der Ausübung der Veröffentlichungsbefugnis und im Beschwerdeverfahren gegen eine dieser Entscheidungen.

Abschnitt 1:
Gebühren des Verteidigers

Vorbemerkung 4.1:

(1) Dieser Abschnitt ist auch anzuwenden auf die Tätigkeit im Verfahren über die im Urteil vorbehaltene Sicherungsverwahrung und im Verfahren über die nachträgliche Anordnung der Sicherungsverwahrung.

(2) Durch die Gebühren wird die gesamte Tätigkeit als Verteidiger entgolten. Hierzu gehören auch Tätigkeiten im Rahmen des Täter-Opfer-Ausgleichs, soweit der Gegenstand nicht vermögensrechtlich ist.

Unterabschnitt 1:
Allgemeine Gebühren

4100	Grundgebühr	40,00 bis 360,00 €	160,00 €
	(1) Die Gebühr entsteht neben der Verfahrensgebühr für die erstmalige Einarbeitung in den Rechtsfall nur einmal, unabhängig davon, in welchem Verfahrensabschnitt sie erfolgt.		
	(2) Eine wegen derselben Tat oder Handlung bereits entstandene Gebühr 5100 ist anzurechnen.		
4101	Gebühr 4100 mit Zuschlag	40,00 bis 440,00 €	192,00 €

Nr.	Gebührentatbestand	Gebühr oder Satz der Gebühr nach § 13 oder § 49 RVG	
		Wahlanwalt	gerichtlich bestellter oder beigeordneter Rechtsanwalt
4102	Terminsgebühr für die Teilnahme an 1. richterlichen Vernehmungen und Augenscheinseinnahmen, 2. Vernehmungen durch die Staatsanwaltschaft oder eine andere Strafverfolgungsbehörde, 3. Terminen außerhalb der Hauptverhandlung, in denen über die Anordnung oder Fortdauer der Untersuchungshaft oder der einstweiligen Unterbringung verhandelt wird, 4. Verhandlungen im Rahmen des Täter-Opfer-Ausgleichs sowie 5. Sühneterminen nach § 380 StPO .... Mehrere Termine an einem Tag gelten als ein Termin. Die Gebühr entsteht im vorbereitenden Verfahren und in jedem Rechtszug für die Teilnahme an jeweils bis zu drei Terminen einmal.	40,00 bis 300,00 €	136,00 €
4103	Gebühr 4102 mit Zuschlag	40,00 bis 375,00 €	166,00 €

Unterabschnitt 2:
Vorbereitendes Verfahren

Vorbemerkung 4.1.2:
Die Vorbereitung der Privatklage steht der Tätigkeit im vorbereitenden Verfahren gleich.

Nr.	Gebührentatbestand	Wahlanwalt	gerichtlich
4104	Verfahrensgebühr .... Die Gebühr entsteht für eine Tätigkeit in dem Verfahren bis zum Eingang der Anklageschrift, des Antrags auf Erlass eines Strafbefehls bei Gericht oder im beschleunigten Verfahren bis zum Vortrag der Anklage, wenn diese nur mündlich erhoben wird.	40,00 bis 290,00 €	132,00 €
4105	Gebühr 4104 mit Zuschlag	40,00 bis 362,50 €	161,00 €

Unterabschnitt 3:
Gerichtliches Verfahren

Erster Rechtszug

Nr.	Gebührentatbestand	Wahlanwalt	gerichtlich
4106	Verfahrensgebühr für den ersten Rechtszug vor dem Amtsgericht	40,00 bis 290,00 €	132,00 €
4107	Gebühr 4106 mit Zuschlag	40,00 bis 362,50 €	161,00 €

A. Gesetzestext RVG § 8

Nr.	Gebührentatbestand	Gebühr oder Satz der Gebühr nach § 13 oder § 49 RVG	
		Wahlanwalt	gerichtlich bestellter oder beigeordneter Rechtsanwalt
4108	Terminsgebühr je Hauptverhandlungstag in den in Nummer 4106 genannten Verfahren	70,00 bis 480,00 €	220,00 €
4109	Gebühr 4108 mit Zuschlag	70,00 bis 600,00 €	224,00 €
4110	Der gerichtlich bestellte oder beigeordnete Rechtsanwalt nimmt mehr als 5 und bis 8 Stunden an der Hauptverhandlung teil:		
	Zusätzliche Gebühr neben der Gebühr 4108 oder 4109		110,00 €
4111	Der gerichtlich bestellte oder beigeordnete Rechtsanwalt nimmt mehr als 8 Stunden an der Hauptverhandlung teil:		
	Zusätzliche Gebühr neben der Gebühr 4108 oder 4109		220,00 €
4112	Verfahrensgebühr für den ersten Rechtszug vor der Strafkammer	50,00 bis 320,00 €	148,00 €
	Die Gebühr entsteht auch für Verfahren		
	1. vor der Jugendkammer, soweit sich die Gebühr nicht nach Nummer 4118 bestimmt,		
	2. im Rehabilitierungsverfahren nach Abschnitt 2 StrRehaG.		
4113	Gebühr 4112 mit Zuschlag	50,00 bis 400,00 €	180,00 €
4114	Terminsgebühr je Hauptverhandlungstag in den in Nummer 4112 genannten Verfahren	80,00 bis 560,00 €	256,00 €
4115	Gebühr 4114 mit Zuschlag	80,00 bis 700,00 €	312,00 €
4116	Der gerichtlich bestellte oder beigeordnete Rechtsanwalt nimmt mehr als 5 und bis 8 Stunden an der Hauptverhandlung teil:		
	Zusätzliche Gebühr neben der Gebühr 4114 oder 4115		128,00 €
4117	Der gerichtlich bestellte oder beigeordnete Rechtsanwalt nimmt mehr als 8 Stunden an der Hauptverhandlung teil:		
	Zusätzliche Gebühr neben der Gebühr 4114 oder 4115		256,00 €

Nr.	Gebührentatbestand	Gebühr oder Satz der Gebühr nach § 13 oder § 49 RVG	
		Wahlanwalt	gerichtlich bestellter oder beigeordneter Rechtsanwalt
4118	Verfahrensgebühr für den ersten Rechtszug vor dem Oberlandesgericht, dem Schwurgericht oder der Strafkammer nach den §§ 74 a und 74 c GVG ...	100,00 bis 690,00 €	316,00 €
	Die Gebühr entsteht auch für Verfahren vor der Jugendkammer, soweit diese in Sachen entscheidet, die nach den allgemeinen Vorschriften zur Zuständigkeit des Schwurgerichts gehören.		
4119	Gebühr 4118 mit Zuschlag	100,00 bis 862,50 €	385,00 €
4120	Terminsgebühr je Hauptverhandlungstag in den in Nummer 4118 genannten Verfahren	130,00 bis 930,00 €	424,00 €
4121	Gebühr 4120 mit Zuschlag	130,00 bis 1.162,50 €	434,00 €
4122	Der gerichtlich bestellte oder beigeordnete Rechtsanwalt nimmt mehr als 5 und bis 8 Stunden an der Hauptverhandlung teil:		
	Zusätzliche Gebühr neben der Gebühr 4120 oder 4121		212,00 €
4123	Der gerichtlich bestellte oder beigeordnete Rechtsanwalt nimmt mehr als 8 Stunden an der Hauptverhandlung teil:		
	Zusätzliche Gebühr neben der Gebühr 4120 oder 4121		424,00 €
	Berufung		
4124	Verfahrensgebühr für das Berufungsverfahren ...	80,00 bis 560,00 €	256,00 €
	Die Gebühr entsteht auch für Beschwerdeverfahren nach § 13 StrRehaG.		
4125	Gebühr 4124 mit Zuschlag	80,00 bis 700,00 €	312,00 €
4126	Terminsgebühr je Hauptverhandlungstag im Berufungsverfahren	80,00 bis 560,00 €	256,00 €
	Die Gebühr entsteht auch für Beschwerdeverfahren nach § 13 StrRehaG.		
4127	Gebühr 4126 mit Zuschlag	80,00 bis 700,00 €	312,00 €
4128	Der gerichtlich bestellte oder beigeordnete Rechtsanwalt nimmt mehr als 5 und bis 8 Stunden an der Hauptverhandlung teil:		
	Zusätzliche Gebühr neben der Gebühr 4126 oder 4127		128,00 €

Nr.	Gebührentatbestand	Gebühr oder Satz der Gebühr nach § 13 oder § 49 RVG	
		Wahlanwalt	gerichtlich bestellter oder beigeordneter Rechtsanwalt
4129	Der gerichtlich bestellte oder beigeordnete Rechtsanwalt nimmt mehr als 8 Stunden an der Hauptverhandlung teil: Zusätzliche Gebühr neben der Gebühr 4126 oder 4127		256,00 €
	Revision		
4130	Verfahrensgebühr für das Revisionsverfahren ...	120,00 bis 1100,00 €	492,00 €
4131	Gebühr 4130 mit Zuschlag	120,00 bis 1 387,50 €	603,00 €
4132	Terminsgebühr je Hauptverhandlungstag im Revisionsverfahren	120,00 bis 560,00 €	272,00 €
4133	Gebühr 4132 mit Zuschlag	120,00 bis 700,00 €	328,00 €
4134	Der gerichtlich bestellte oder beigeordnete Rechtsanwalt nimmt mehr als 5 und bis 8 Stunden an der Hauptverhandlung teil: Zusätzliche Gebühr neben der Gebühr 4132 oder 4133		136,00 €
4135	Der gerichtlich bestellte oder beigeordnete Rechtsanwalt nimmt mehr als 8 Stunden an der Hauptverhandlung teil: Zusätzliche Gebühr neben der Gebühr 4132 oder 4133		272,00 €

Unterabschnitt 4:
Wiederaufnahmeverfahren

Vorbemerkung 4.1.4:
Eine Grundgebühr entsteht nicht.

4136	Geschäftsgebühr für die Vorbereitung eines Antrags .... Die Gebühr entsteht auch, wenn von der Stellung eines Antrags abgeraten wird.		in Höhe der Verfahrensgebühr für den ersten Rechtszug
4137	Verfahrensgebühr für das Verfahren über die Zulässigkeit des Antrags		in Höhe der Verfahrensgebühr für den ersten Rechtszug
4138	Verfahrensgebühr für das weitere Verfahren		in Höhe der Verfahrensgebühr für den ersten Rechtszug

Nr.	Gebührentatbestand	Gebühr oder Satz der Gebühr nach § 13 oder § 49 RVG	
		Wahlanwalt	gerichtlich bestellter oder beigeordneter Rechtsanwalt
4139	Verfahrensgebühr für das Beschwerdeverfahren (§ 372 StPO)	in Höhe der Verfahrensgebühr für den ersten Rechtszug	
4140	Terminsgebühr für jeden Verhandlungstag	in Höhe der Terminsgebühr für den ersten Rechtszug	
	Unterabschnitt 5: Zusätzliche Gebühren		
4141	Durch die anwaltliche Mitwirkung wird die Hauptverhandlung entbehrlich: Zusätzliche Gebühr .... (1) Die Gebühr entsteht, wenn 1. das Strafverfahren nicht nur vorläufig eingestellt wird oder 2. das Gericht beschließt, das Hauptverfahren nicht zu eröffnen oder 3. sich das gerichtliche Verfahren durch Rücknahme des Einspruchs gegen den Strafbefehl, der Berufung oder der Revision des Angeklagten oder eines anderen Verfahrensbeteiligten erledigt; ist bereits ein Termin zur Hauptverhandlung bestimmt, entsteht die Gebühr nur, wenn der Einspruch, die Berufung oder die Revision früher als zwei Wochen vor Beginn des Tages, der für die Hauptverhandlung vorgesehen war, zurückgenommen wird oder 4. das Verfahren durch Beschluss nach § 411 Abs. 1 Satz 3 StPO endet. Nummer 3 ist auf den Beistand oder Vertreter eines Privatklägers entsprechend anzuwenden, wenn die Privatklage zurückgenommen wird. (2) Die Gebühr entsteht nicht, wenn eine auf die Förderung des Verfahrens gerichtete Tätigkeit nicht ersichtlich ist. Sie entsteht nicht neben der Gebühr 4147. (3) Die Höhe der Gebühr richtet sich nach dem Rechtszug, in dem die Hauptverhandlung vermieden wurde. Für den Wahlanwalt bemisst sich die Gebühr nach der Rahmenmitte.	in Höhe der jeweiligen Verfahrensgebühr (ohne Zuschlag)	
4142	Verfahrensgebühr bei Einziehung und verwandten Maßnahmen .... (1) Die Gebühr entsteht für eine Tätigkeit für den Beschuldigten, die sich auf die Einziehung, dieser gleichstehende Rechtsfolgen (§ 442 StPO), die Abführung des Mehrerlöses oder auf eine diesen Zwecken dienende Beschlagnahme bezieht.	1,0	1,0

Nr.	Gebührentatbestand	Gebühr oder Satz der Gebühr nach § 13 oder § 49 RVG	
		Wahlanwalt	gerichtlich bestellter oder beigeordneter Rechtsanwalt
	(2) Die Gebühr entsteht nicht, wenn der Gegenstandswert niedriger als 30,00 € ist.		
	(3) Die Gebühr entsteht für das Verfahren des ersten Rechtszugs einschließlich des vorbereitenden Verfahrens und für jeden weiteren Rechtszug.		
4143	Verfahrensgebühr für das erstinstanzliche Verfahren über vermögensrechtliche Ansprüche des Verletzten oder seines Erben	2,0	2,0
	(1) Die Gebühr entsteht auch, wenn der Anspruch erstmalig im Berufungsverfahren geltend gemacht wird.		
	(2) Die Gebühr wird zu einem Drittel auf die Verfahrensgebühr, die für einen bürgerlichen Rechtsstreit wegen desselben Anspruchs entsteht, angerechnet.		
4144	Verfahrensgebühr im Berufungs- und Revisionsverfahren über vermögensrechtliche Ansprüche des Verletzten oder seines Erben	2,5	2,5
4145	Verfahrensgebühr für das Verfahren über die Beschwerde gegen den Beschluss, mit dem nach § 406 Abs. 5 Satz 2 StPO von einer Entscheidung abgesehen wird	0,5	0,5
4146	Verfahrensgebühr für das Verfahren über einen Antrag auf gerichtliche Entscheidung oder über die Beschwerde gegen eine den Rechtszug beendende Entscheidung nach § 25 Abs. 1 Satz 3 bis 5, § 13 StRehaG	1,5	1,5
4147	Einigungsgebühr im Privatklageverfahren bezüglich des Strafanspruchs und des Kostenerstattungsanspruchs:		
	Die Gebühr 1000 entsteht		in Höhe der jeweiligen Verfahrensgebühr (ohne Zuschlag)
	Für einen Vertrag über sonstige Ansprüche entsteht eine weitere Einigungsgebühr nach Teil 1.		

Abschnitt 2:
Gebühren in der Strafvollstreckung

Vorbemerkung 4.2:
Im Verfahren über die Beschwerde gegen die Entscheidung in der Hauptsache entstehen die Gebühren besonders.

Nr.	Gebührentatbestand	Gebühr oder Satz der Gebühr nach § 13 oder § 49 RVG	
		Wahlanwalt	gerichtlich bestellter oder beigeordneter Rechtsanwalt

4200	Verfahrensgebühr als Verteidiger für ein Verfahren über
	1. die Erledigung oder Aussetzung der Maßregel der Unterbringung
	  a) in der Sicherungsverwahrung,
	  b) in einem psychiatrischen Krankenhaus oder
	  c) in einer Entziehungsanstalt,
	2. die Aussetzung des Restes einer zeitigen Freiheitsstrafe oder einer lebenslangen Freiheitsstrafe oder
	3. den Widerruf einer Strafaussetzung zur Bewährung oder den Widerruf der Aussetzung einer Maßregel der Besserung und Sicherung zur Bewährung ....
		60,00 bis 670,00 €	292,00 €

4201	Gebühr 4200 mit Zuschlag	60,00 bis 837,50 €	359,00 €
4202	Terminsgebühr in den in Nummer 4200 genannten Verfahren	60,00 bis 300,00 €	144,00 €
4203	Gebühr 4202 mit Zuschlag	60,00 bis 375,00 €	174,00 €
4204	Verfahrensgebühr für sonstige Verfahren in der Strafvollstreckung	30,00 bis 300,00 €	132,00 €
4205	Gebühr 4204 mit Zuschlag	30,00 bis 375,00 €	162,00 €
4206	Terminsgebühr für sonstige Verfahren	30,00 bis 300,00 €	132,00 €
4207	Gebühr 4206 mit Zuschlag	30,00 bis 375,00 €	162,00 €

Abschnitt 3:
Einzeltätigkeiten

Vorbemerkung 4.3:

(1) Die Gebühren entstehen für einzelne Tätigkeiten, ohne dass dem Rechtsanwalt sonst die Verteidigung oder Vertretung übertragen ist.

(2) Beschränkt sich die Tätigkeit des Rechtsanwalts auf die Geltendmachung oder Abwehr eines aus der Straftat erwachsenen vermögensrechtlichen Anspruchs im Strafverfahren, so erhält er die Gebühren nach den Nummern 4143 bis 4145.

(3) Die Gebühr entsteht für jede der genannten Tätigkeiten gesondert, soweit nichts anderes bestimmt ist. § 15 RVG bleibt unberührt. Das Beschwerdeverfahren gilt als besondere Angelegenheit.

Nr.	Gebührentatbestand	Gebühr oder Satz der Gebühr nach § 13 oder § 49 RVG	
		Wahlanwalt	gerichtlich bestellter oder beigeordneter Rechtsanwalt
	(4) Wird dem Rechtsanwalt die Verteidigung oder die Vertretung für das Verfahren übertragen, werden die nach diesem Abschnitt entstandenen Gebühren auf die für die Verteidigung oder Vertretung entstehenden Gebühren angerechnet.		
4300	Verfahrensgebühr für die Anfertigung oder Unterzeichnung einer Schrift 1. zur Begründung der Revision, 2. zur Erklärung auf die von dem Staatsanwalt, Privatkläger oder Nebenkläger eingelegte Revision oder 3. in Verfahren nach den §§ 57 a und 67 e StGB . Neben der Gebühr für die Begründung der Revision entsteht für die Einlegung der Revision keine besondere Gebühr.	60,00 bis 670,00 €	292,00 €
4301	Verfahrensgebühr für 1. die Anfertigung oder Unterzeichnung einer Privatklage, 2. die Anfertigung oder Unterzeichnung einer Schrift zur Rechtfertigung der Berufung oder zur Beantwortung der von dem Staatsanwalt, Privatkläger oder Nebenkläger eingelegten Berufung, 3. die Führung des Verkehrs mit dem Verteidiger, 4. die Beistandsleistung für den Beschuldigten bei einer richterlichen Vernehmung, einer Vernehmung durch die Staatsanwaltschaft oder eine andere Strafverfolgungsbehörde oder in einer Hauptverhandlung, einer mündlichen Anhörung oder bei einer Augenscheinseinnahme, 5. die Beistandsleistung im Verfahren zur gerichtlichen Erzwingung der Anklage (§ 172 Abs. 2 bis 4, § 173 StPO) oder 6. sonstige Tätigkeiten in der Strafvollstreckung . Neben der Gebühr für die Rechtfertigung der Berufung entsteht für die Einlegung der Berufung keine besondere Gebühr.	40,00 bis 460,00 €	200,00 €
4302	Verfahrensgebühr für 1. die Einlegung eines Rechtsmittels, 2. die Anfertigung oder Unterzeichnung anderer Anträge, Gesuche oder Erklärungen oder 3. eine andere nicht in Nummer 4300 oder 4301 erwähnte Beistandsleistung	30,00 bis 290,00 €	128,00 €

§ 8 Anhänge

Nr.	Gebührentatbestand	Gebühr oder Satz der Gebühr nach § 13 oder § 49 RVG	
		Wahlanwalt	gerichtlich bestellter oder beigeordneter Rechtsanwalt
4303	Verfahrensgebühr für die Vertretung in einer Gnadensache .... Der Rechtsanwalt erhält die Gebühr auch, wenn ihm die Verteidigung übertragen war.	30,00 bis 300,00 €	
4304	Gebühr für den als Kontaktperson beigeordneten Rechtsanwalt (§ 34 a EGGVG)		3500,00 €

Teil 5: Bußgeldsachen

Nr.	Gebührentatbestand	Gebühr oder Satz der Gebühr nach § 13 oder § 49 RVG	
		Wahlanwalt	gerichtlich bestellter oder beigeordneter Rechtsanwalt

Vorbemerkung 5:

(1) Für die Tätigkeit als Beistand oder Vertreter eines Einziehungs- oder Nebenbeteiligten, eines Zeugen oder eines Sachverständigen in einem Verfahren, für das sich die Gebühren nach diesem Teil bestimmen, entstehen die gleichen Gebühren wie für einen Verteidiger in diesem Verfahren.

(2) Die Verfahrensgebühr entsteht für das Betreiben des Geschäfts einschließlich der Information.

(3) Die Terminsgebühr entsteht für die Teilnahme an gerichtlichen Terminen, soweit nichts anderes bestimmt ist. Der Rechtsanwalt erhält die Terminsgebühr auch, wenn er zu einem anberaumten Termin erscheint, dieser aber aus Gründen, die er nicht zu vertreten hat, nicht stattfindet. Dies gilt nicht, wenn er rechtzeitig von der Aufhebung oder Verlegung des Termins in Kenntnis gesetzt worden ist.

(4) Für folgende Tätigkeiten entstehen Gebühren nach den Vorschriften des Teils 3:

1. für das Verfahren über die Erinnerung oder die Beschwerde gegen einen Kostenfestsetzungsbeschluss, für das Verfahren über die Erinnerung gegen den Kostenansatz, für das Verfahren über die Beschwerde gegen die Entscheidung über diese Erinnerung und für Verfahren über den Antrag auf gerichtliche Entscheidung gegen einen Kostenfestsetzungsbescheid und den Ansatz der Gebühren und Auslagen (§ 108 OWiG), dabei steht das Verfahren über den Antrag auf gerichtliche Entscheidung dem Verfahren über die Erinnerung oder die Beschwerde gegen einen Kostenfestsetzungsbeschluss gleich,
2. in der Zwangsvollstreckung aus Entscheidungen, die über die Erstattung von Kosten ergangen sind, und für das Beschwerdeverfahren gegen die gerichtliche Entscheidung nach Nummer 1.

Nr.	Gebührentatbestand	Gebühr oder Satz der Gebühr nach § 13 oder § 49 RVG	
		Wahlanwalt	gerichtlich bestellter oder beigeordneter Rechtsanwalt
	Abschnitt 1: Gebühren des Verteidigers		

Vorbemerkung 5.1:
(1) Durch die Gebühren wird die gesamte Tätigkeit als Verteidiger entgolten.
(2) Hängt die Höhe der Gebühren von der Höhe der Geldbuße ab, ist die zum Zeitpunkt des Entstehens der Gebühr zuletzt festgesetzte Geldbuße maßgebend. Ist eine Geldbuße nicht festgesetzt, richtet sich die Höhe der Gebühren im Verfahren vor der Verwaltungsbehörde nach dem mittleren Betrag der in der Bußgeldvorschrift angedrohten Geldbuße. Sind in einer Rechtsvorschrift Regelsätze bestimmt, sind diese maßgebend. Mehrere Geldbußen sind zusammenzurechnen.

Nr.	Gebührentatbestand	Wahlanwalt	gerichtlich bestellter oder beigeordneter Rechtsanwalt
	Unterabschnitt 1: Allgemeine Gebühr		
5100	Grundgebühr .... (1) Die Gebühr entsteht neben der Verfahrensgebühr für die erstmalige Einarbeitung in den Rechtsfall nur einmal, unabhängig davon, in welchem Verfahrensabschnitt sie erfolgt. (2) Die Gebühr entsteht nicht, wenn in einem vorangegangenen Strafverfahren für dieselbe Handlung oder Tat die Gebühr 4100 entstanden ist.	30,00 bis 170,00 €	80,00 €
	Unterabschnitt 2: Verfahren vor der Verwaltungsbehörde		

Vorbemerkung 5.1.2:
(1) Zu dem Verfahren vor der Verwaltungsbehörde gehört auch das Verwarnungsverfahren und das Zwischenverfahren (§ 69 OWiG) bis zum Eingang der Akten bei Gericht.
(2) Die Terminsgebühr entsteht auch für die Teilnahme an Vernehmungen vor der Polizei oder der Verwaltungsbehörde.

Nr.	Gebührentatbestand	Wahlanwalt	gerichtlich bestellter oder beigeordneter Rechtsanwalt
5101	Verfahrensgebühr bei einer Geldbuße von weniger als 40,00 €	20,00 bis 110,00 €	52,00 €
5102	Terminsgebühr für jeden Tag, an dem ein Termin in den in Nummer 5101 genannten Verfahren stattfindet	20,00 bis 110,00 €	52,00 €
5103	Verfahrensgebühr bei einer Geldbuße von 40,00 € bis 5 000,00 €	30,00 bis 290,00 €	128,00 €
5104	Terminsgebühr für jeden Tag, an dem ein Termin in den in Nummer 5103 genannten Verfahren stattfindet	30,00 bis 290,00 €	128,00 €

§ 8 Anhänge

Nr.	Gebührentatbestand	Gebühr oder Satz der Gebühr nach § 13 oder § 49 RVG	
		Wahlanwalt	gerichtlich bestellter oder beigeordneter Rechtsanwalt
5105	Verfahrensgebühr bei einer Geldbuße von mehr als 5 000,00 €	40,00 bis 300,00 €	136,00 €
5106	Terminsgebühr für jeden Tag, an dem ein Termin in den in Nummer 5105 genannten Verfahren stattfindet	40,00 bis 300,00 €	136,00 €

Unterabschnitt 3:
Gerichtliches Verfahren im ersten Rechtszug

Vorbemerkung 5.1.3:
(1) Die Terminsgebühr entsteht auch für die Teilnahme an gerichtlichen Terminen außerhalb der Hauptverhandlung.
(2) Die Gebühren dieses Abschnitts entstehen für das Wiederaufnahmeverfahren einschließlich seiner Vorbereitung gesondert; die Verfahrensgebühr entsteht auch, wenn von der Stellung eines Wiederaufnahmeantrags abgeraten wird.

Nr.	Gebührentatbestand	Wahlanwalt	gerichtlich bestellter oder beigeordneter Rechtsanwalt
5107	Verfahrensgebühr bei einer Geldbuße von weniger als 40,00 €	20,00 bis 110,00 €	52,00 €
5108	Terminsgebühr je Hauptverhandlungstag in den in Nummer 5107 genannten Verfahren	20,00 bis 240,00 €	104,00 €
5109	Verfahrensgebühr bei einer Geldbuße von 40,00 € bis 5 000,00 €	30,00 bis 290,00 €	128,00 €
5110	Terminsgebühr je Hauptverhandlungstag in den in Nummer 5109 genannten Verfahren	40,00 bis 470,00 €	204,00 €
5111	Verfahrensgebühr bei einer Geldbuße von mehr als 5 000,00 €	50,00 bis 350,00 €	160,00 €
5112	Terminsgebühr je Hauptverhandlungstag in den in Nummer 5111 genannten Verfahren	80,00 bis 560,00 €	256,00 €

Unterabschnitt 4:
Verfahren über die Rechtsbeschwerde

Nr.	Gebührentatbestand	Wahlanwalt	gerichtlich bestellter oder beigeordneter Rechtsanwalt
5113	Verfahrensgebühr	80,00 bis 560,00 €	256,00 €
5114	Terminsgebühr je Hauptverhandlungstag	80,00 bis 560,00 €	256,00 €

Nr.	Gebührentatbestand	Gebühr oder Satz der Gebühr nach § 13 oder § 49 RVG	
		Wahlanwalt	gerichtlich bestellter oder beigeordneter Rechtsanwalt
	Unterabschnitt 5: Zusätzliche Gebühren		
5115	Durch die anwaltliche Mitwirkung wird das Verfahren vor der Verwaltungsbehörde erledigt oder die Hauptverhandlung entbehrlich: Zusätzliche Gebühr .... (1) Die Gebühr entsteht, wenn 1. das Verfahren nicht nur vorläufig eingestellt wird oder 2. der Einspruch gegen den Bußgeldbescheid zurückgenommen wird oder 3. der Bußgeldbescheid nach Einspruch von der Verwaltungsbehörde zurückgenommen und gegen einen neuen Bußgeldbescheid kein Einspruch eingelegt wird oder 4. sich das gerichtliche Verfahren durch Rücknahme des Einspruchs gegen den Bußgeldbescheid oder der Rechtsbeschwerde des Betroffenen oder eines anderen Verfahrensbeteiligten erledigt; ist bereits ein Termin zur Hauptverhandlung bestimmt, entsteht die Gebühr nur, wenn der Einspruch oder die Rechtsbeschwerde früher als zwei Wochen vor Beginn des Tages, der für die Hauptverhandlung vorgesehen war, zurückgenommen wird, oder 5. das Gericht nach § 72 Abs. 1 Satz 1 OWiG durch Beschluss entscheidet. (2) Die Gebühr entsteht nicht, wenn eine auf die Förderung des Verfahrens gerichtete Tätigkeit nicht ersichtlich ist. (3) Die Höhe der Gebühr richtet sich nach dem Rechtszug, in dem die Hauptverhandlung vermieden wurde. Für den Wahlanwalt bemisst sich die Gebühr nach der Rahmenmitte.	in Höhe der jeweiligen Verfahrensgebühr	
5116	Verfahrensgebühr bei Einziehung und verwandten Maßnahmen .... (1) Die Gebühr entsteht für eine Tätigkeit für den Betroffenen, die sich auf die Einziehung oder dieser gleichstehende Rechtsfolgen (§ 46 Abs. 1 OWiG, § 442 StPO) oder auf eine diesen Zwecken dienende Beschlagnahme bezieht. (2) Die Gebühr entsteht nicht, wenn der Gegenstandswert niedriger als 30,00 € ist. (3) Die Gebühr entsteht nur einmal für das Verfahren vor der Verwaltungsbehörde und für das gerichtliche Verfahren im ersten Rechtszug. Im Rechtsbeschwerdeverfahren entsteht die Gebühr besonders.	1,0	1,0

Nr.	Gebührentatbestand	Gebühr oder Satz der Gebühr nach § 13 oder § 49 RVG	
		Wahlanwalt	gerichtlich bestellter oder beigeordneter Rechtsanwalt
	Abschnitt 2: Einzeltätigkeiten		
5200	Verfahrensgebühr .... (1) Die Gebühr entsteht für einzelne Tätigkeiten, ohne dass dem Rechtsanwalt sonst die Verteidigung übertragen ist. (2) Die Gebühr entsteht für jede Tätigkeit gesondert, soweit nichts anderes bestimmt ist. § 15 RVG bleibt unberührt. (3) Wird dem Rechtsanwalt die Verteidigung für das Verfahren übertragen, werden die nach dieser Nummer entstandenen Gebühren auf die für die Verteidigung entstehenden Gebühren angerechnet. (4) Der Rechtsanwalt erhält die Gebühr für die Vertretung in der Vollstreckung und in einer Gnadensache auch, wenn ihm die Verteidigung übertragen war.	20,00 bis 110,00 €	52,00 €

**Teil 6:
Sonstige Verfahren**

Nr.	Gebührentatbestand	Gebühr	
		Wahlverteidiger oder Verfahrensbevollmächtigter	gerichtlich bestellter oder beigeordneter Rechtsanwalt

Vorbemerkung 6:
(1) Für die Tätigkeit als Beistand für einen Zeugen oder Sachverständigen in einem Verfahren, für das sich die Gebühren nach diesem Teil bestimmen, entstehen die gleichen Gebühren wie für einen Verfahrensbevollmächtigten in diesem Verfahren.
(2) Die Verfahrensgebühr entsteht für das Betreiben des Geschäfts einschließlich der Information.
(3) Die Terminsgebühr entsteht für die Teilnahme an gerichtlichen Terminen, soweit nichts anderes bestimmt ist. Der Rechtsanwalt erhält die Terminsgebühr auch, wenn er zu einem anberaumten Termin erscheint, dieser aber aus Gründen, die er nicht zu vertreten hat, nicht stattfindet. Dies gilt nicht, wenn er rechtzeitig von der Aufhebung oder Verlegung des Termins in Kenntnis gesetzt worden ist.

Nr.	Gebührentatbestand	Gebühr Wahlverteidiger oder Verfahrensbevollmächtigter	gerichtlich bestellter oder beigeordneter Rechtsanwalt
	Abschnitt 1: **Verfahren nach dem Gesetz über die internationale Rechtshilfe in Strafsachen und Verfahren nach dem Gesetz über die Zusammenarbeit mit dem Internationalen Strafgerichtshof**		
	Unterabschnitt 1: Verfahren vor der Verwaltungsbehörde		

Vorbemerkung 6.1.1:
Die Gebühr nach diesem Unterabschnitt entsteht für die Tätigkeit gegenüber der Bewilligungsbehörde in Verfahren nach Abschnitt 2 Unterabschnitt 2 des Neunten Teils des Gesetzes über die internationale Rechtshilfe in Strafsachen.

6100	Verfahrensgebühr	50,00 bis 340,00 €	156,00 €
	Unterabschnitt 2: Gerichtliches Verfahren		
6101	Verfahrensgebühr	100,00 bis 690,00 €	316,00 €
6102	Terminsgebühr je Verhandlungstag	130,00 bis 930,00 €	420,00 €

Abschnitt 2:
Disziplinarverfahren, berufsgerichtliche Verfahren wegen der Verletzung einer Berufspflicht

Vorbemerkung 6.2:
(1) Durch die Gebühren wird die gesamte Tätigkeit im Verfahren abgegolten.
(2) Für die Vertretung gegenüber der Aufsichtsbehörde außerhalb eines Disziplinarverfahrens entstehen Gebühren nach Teil 2.
(3) Für folgende Tätigkeiten entstehen Gebühren nach Teil 3:
1. für das Verfahren über die Erinnerung oder die Beschwerde gegen einen Kostenfestsetzungsbeschluss, für das Verfahren über die Erinnerung gegen den Kostenansatz und für das Verfahren über die Beschwerde gegen die Entscheidung über diese Erinnerung,
2. in der Zwangsvollstreckung aus einer Entscheidung, die über die Erstattung von Kosten ergangen ist, und für das Beschwerdeverfahren gegen diese Entscheidung.

Nr.	Gebührentatbestand	Gebühr	
		Wahlverteidger oder Verfahrensbevollmächtigter	gerichtlich bestellter oder beigeordneter Rechtsanwalt
	Unterabschnitt 1: **Allgemeine Gebühren**		
6200	Grundgebühr .... Die Gebühr entsteht neben der Verfahrensgebühr für die erstmalige Einarbeitung in den Rechtsfall nur einmal, unabhängig davon, in welchem Verfahrensabschnitt sie erfolgt.	40,00 bis 350,00 €	156,00 €
6201	Terminsgebühr für jeden Tag, an dem ein Termin stattfindet .... Die Gebühr entsteht für die Teilnahme an außergerichtlichen Anhörungsterminen und außergerichtlichen Terminen zur Beweiserhebung.	40,00 bis 370,00 €	164,00 €
	Unterabschnitt 2: **Außergerichtliches Verfahren**		
6202	Verfahrensgebühr .... (1) Die Gebühr entsteht gesondert für eine Tätigkeit in einem dem gerichtlichen Verfahren vorausgehenden und der Überprüfung der Verwaltungsentscheidung dienenden weiteren außergerichtlichen Verfahren. (2) Die Gebühr entsteht für eine Tätigkeit in dem Verfahren bis zum Eingang des Antrags oder der Anschuldigungsschrift bei Gericht.	40,00 bis 290,00 €	132,00 €
	Unterabschnitt 3: **Gerichtliches Verfahren** *Erster Rechtszug*		

Vorbemerkung 6.2.3:
Die nachfolgenden Gebühren entstehen für das Wiederaufnahmeverfahren einschließlich seiner Vorbereitung gesondert.

Nr.	Gebührentatbestand	Wahlverteidger	gerichtlich bestellter
6203	Verfahrensgebühr	50,00 bis 320,00 €	148,00 €
6204	Terminsgebühr je Verhandlungstag	80,00 bis 560,00 €	256,00 €
6205	Der gerichtlich bestellte Rechtsanwalt nimmt mehr als 5 und bis 8 Stunden an der Hauptverhandlung teil: Zusätzliche Gebühr neben der Gebühr 6204		128,00 €

Nr.	Gebührentatbestand	Gebühr	
		Wahlverteidger oder Verfahrensbevollmächtigter	gerichtlich bestellter oder beigeordneter Rechtsanwalt
6206	Der gerichtlich bestellte Rechtsanwalt nimmt mehr als 8 Stunden an der Hauptverhandlung teil:		
	Zusätzliche Gebühr neben der Gebühr 6204		256,00 €
	Zweiter Rechtszug		
6207	Verfahrensgebühr	80,00 bis 560,00 €	256,00 €
6208	Terminsgebühr je Verhandlungstag	870,00 bis 560,00 €	256,00 €
6209	Der gerichtlich bestellte Rechtsanwalt nimmt mehr als 5 und bis 8 Stunden an der Hauptverhandlung teil:		
	Zusätzliche Gebühr neben der Gebühr 6208		128,00 €
6210	Der gerichtlich bestellte Rechtsanwalt nimmt mehr als 8 Stunden an der Hauptverhandlung teil:		
	Zusätzliche Gebühr neben der Gebühr 6208		256,00 €
	Dritter Rechtszug		
6211	Verfahrensgebühr	100,00 bis 1110,00 €	492,00 €
6212	Terminsgebühr je Verhandlungstag	120,00 bis 550,00 €	268,00 €
6213	Der gerichtlich bestellte Rechtsanwalt nimmt mehr als 5 und bis 8 Stunden an der Hauptverhandlung teil:		
	Zusätzliche Gebühr neben der Gebühr 6212		134,00 €
6214	Der gerichtlich bestellte Rechtsanwalt nimmt mehr als 8 Stunden an der Hauptverhandlung teil:		
	Zusätzliche Gebühr neben der Gebühr 6212		268,00 €
6215	Verfahrensgebühr für das Verfahren über die Beschwerde gegen die Nichtzulassung der Revision . . . . Die Gebühr wird auf die Verfahrensgebühr für ein nachfolgendes Revisionsverfahren angerechnet.	10,00 bis 1100,00 €	472,00 €

Nr.	Gebührentatbestand	Gebühr	
		Wahlverteidger oder Verfahrensbevollmächtigter	gerichtlich bestellter oder beigeordneter Rechtsanwalt
	Unterabschnitt 4: Zusatzgebühr		
6216	Durch die anwaltliche Mitwirkung wird die mündliche Verhandlung entbehrlich: Zusätzliche Gebühr .... (1) Die Gebühr entsteht, wenn eine gerichtliche Entscheidung mit Zustimmung der Beteiligten ohne mündliche Verhandlung ergeht oder einer beabsichtigten Entscheidung ohne Hauptverhandlungstermin nicht widersprochen wird. (2) Die Gebühr entsteht nicht, wenn eine auf die Förderung des Verfahrens gerichtete Tätigkeit nicht ersichtlich ist. (3) Die Höhe der Gebühr richtet sich nach dem Rechtszug, in dem die Hauptverhandlung vermieden wurde. Für den Wahlanwalt bemisst sich die Gebühr nach der Rahmenmitte.	in Höhe der jeweiligen Verfahrensgebühr	
	Abschnitt 3: **Gerichtliche Verfahren bei Freiheitsentziehung und in Unterbringungssachen**		
6300	Verfahrensgebühr in Freiheitsentziehungssachen nach § 415 FamFG, in Unterbringungssachen nach § 312 FamFG und bei Unterbringungsmaßnahmen nach § 151 Nr. 6 und 7 FamFG .... Die Gebühr entsteht für jeden Rechtszug.	40,00 bis 470,00 €	204,00 €
6301	Terminsgebühr in den Fällen der Nummer 6300 .... Die Gebühr entsteht für die Teilnahme an gerichtlichen Terminen.	40,00 bis 470,00 €	204,00 €
6302	Verfahrensgebühr in sonstigen Fällen ..... Die Gebühr entsteht für jeden Rechtszug des Verfahrens über die Verlängerung oder Aufhebung einer Freiheitsentziehung nach den §§ 425 und 426 FamFG oder einer Unterbringungsmaßnahme nach den §§ 329 und 330 FamFG.	20,00 bis 300,00 €	128,00 €
6303	Terminsgebühr in den Fällen der Nummer 6302 .... Die Gebühr entsteht für die Teilnahme an gerichtlichen Terminen.	20,00 bis 300,00 €	128,00 €

Nr.	Gebührentatbestand	Gebühr	
		Wahlverteidger oder Verfahrensbevollmächtigter	gerichtlich bestellter oder beigeordneter Rechtsanwalt

Abschnitt 4:
Gerichtliche Verfahren nach der Wehrbeschwerdeordnung

Vorbemerkung 6.4:

(1) Die Gebühren nach diesem Abschnitt entstehen in Verfahren auf gerichtliche Entscheidung nach der WBO, auch i. V m. § 42 WDO, wenn das Verfahren vor dem Truppendienstgericht oder vor dem Bundesverwaltungsgericht an die Stelle des Verwaltungsrechtswegs gemäß § 82 SG tritt.

(2) Soweit wegen desselben Gegenstands eine Geschäftsgebühr nach Nummer 2302[2] für eine Tätigkeit im Verfahren über die Beschwerde oder über die weitere Beschwerde vor einem Disziplinarvorgesetzten entstanden ist, wird diese Gebühr zur Hälfte, höchstens jedoch mit einem Betrag von 175,00 €, auf die Verfahrensgebühr des gerichtlichen Verfahrens vor dem Truppendienstgericht oder dem Bundesverwaltungsgericht angerechnet. Sind mehrere Gebühren entstanden, ist für die Anrechnung die zuletzt entstandene Gebühr maßgebend. Bei der Bemessung der Verfahrensgebühr ist nicht zu berücksichtigen, dass der Umfang der Tätigkeit infolge der vorangegangenen Tätigkeit geringer ist.

6400	Verfahrensgebühr für das Verfahren auf gerichtliche Entscheidung vor dem Truppendienstgericht	80,00 bis 680,00 €	
6401	Terminsgebühr je Verhandlungstag in den in Nummer 6400 genannten Verfahren	80,00 bis 680,00 €	
6402	Verfahrensgebühr für das Verfahren auf gerichtliche Entscheidung vor dem Bundesverwaltungsgericht, im Verfahren über die Rechtsbeschwerde oder im Verfahren über die Beschwerde gegen die Nichtzulassung der Rechtsbeschwerde. Die Gebühr für ein Verfahren über die Beschwerde gegen die Nichtzulassung der Rechtsbeschwerde wird auf die Gebühr für ein nachfolgendes Verfahren über die Rechtsbeschwerde angerechnet.	100,00 bis 790,00 €	
6403	Terminsgebühr je Verhandlungstag in den in Nummer 6402 genannten Verfahren	100,00 bis 790,00 €	

---

[2] Gemeint ist Nr. 2303 VV RVG. Hier dürfte ein offensichltiches Redaktionsversehen vorliegen.

§ 8 Anhänge

Nr.	Gebührentatbestand	Gebühr	
		Wahlverteidger oder Verfahrensbevollmächtigter	gerichtlich bestellter oder beigeordneter Rechtsanwalt
	Abschnitt 5: **Einzeltätigkeiten und Verfahren auf Aufhebung oder Änderung einer Disziplinarmaßnahme**		
6500	Verfahrensgebühr .... (1) Für eine Einzeltätigkeit entsteht die Gebühr, wenn dem Rechtsanwalt nicht die Verteidigung oder Vertretung übertragen ist. (2) Die Gebühr entsteht für jede einzelne Tätigkeit gesondert, soweit nichts anderes bestimmt ist. § 15 RVG bleibt unberührt. (3) Wird dem Rechtsanwalt die Verteidigung oder Vertretung für das Verfahren übertragen, werden die nach dieser Nummer entstandenen Gebühren auf die für die Verteidigung oder Vertretung entstehenden Gebühren angerechnet. (4) Eine Gebühr nach dieser Vorschrift entsteht jeweils auch für das Verfahren nach der WDO vor einem Disziplinarvorgesetzten auf Aufhebung oder Änderung einer Disziplinarmaßnahme und im gerichtlichen Verfahren vor dem Wehrdienstgericht.	20,00 bis 250,00 €	108,00 €

Teil 7:
Auslagen

Nr.	Auslagentatbestand	Höhe
Vorbemerkung 7:		
(1) Mit den Gebühren werden auch die allgemeinen Geschäftskosten entgolten. Soweit nachfolgend nichts anderes bestimmt ist, kann der Rechtsanwalt Ersatz der entstandenen Aufwendungen (§ 675 i. V m. § 670 BGB) verlangen.		
(2) Eine Geschäftsreise liegt vor, wenn das Reiseziel außerhalb der Gemeinde liegt, in der sich die Kanzlei oder die Wohnung des Rechtsanwalts befindet.		
(3) Dient eine Reise mehreren Geschäften, sind die entstandenen Auslagen nach den Nummern 7003 bis 7006 nach dem Verhältnis der Kosten zu verteilen, die bei gesonderter Ausführung der einzelnen Geschäfte entstanden wären. Ein Rechtsanwalt, der seine Kanzlei an einen anderen Ort verlegt, kann bei Fortführung eines ihm vorher erteilten Auftrags Auslagen nach den Nummern 7003 bis 7006 nur insoweit verlangen, als sie auch von seiner bisherigen Kanzlei aus entstanden wären.		
7000	Pauschale für die Herstellung und Überlassung von Dokumenten: 1. für Kopien und Ausdrucke a) aus Behörden- und Gerichtsakten, soweit deren Herstellung zur sachgemäßen Bearbeitung der Rechtssache geboten war,	

Nr.	Auslagentatbestand	Höhe
	b) zur Zustellung oder Mitteilung an Gegner oder Beteiligte und Verfahrensbevollmächtigte aufgrund einer Rechtsvorschrift oder nach Aufforderung durch das Gericht, die Behörde oder die sonst das Verfahren führende Stelle, soweit hierfür mehr als 100 Seiten zu fertigen waren, c) zur notwendigen Unterrichtung des Auftraggebers, soweit hierfür mehr als 100 Seiten zu fertigen waren, d) in sonstigen Fällen nur, wenn sie im Einverständnis mit dem Auftraggeber zusätzlich, auch zur Unterrichtung Dritter, angefertigt worden sind:	
	für die ersten 50 abzurechnenden Seiten je Seite	0,50 €
	für jede weitere Seite	0,15 €
	für die ersten 50 abzurechnenden Seiten in Farbe je Seite	1,00 €
	für jede weitere abzurechnende Seite in Farbe	0,30 €
	2. Überlassung von elektronisch gespeicherten Dateien oder deren Bereitstellung zum Abruf anstelle der in Nummer 1 Buchstabe d genannten Kopien und Ausdrucke:	
	je Datei	1,50 €
	für die in einem Arbeitsgang überlassenen, bereitgestellten oder in einem Arbeitsgang auf denselben Datenträger übertragenen Dokumente insgesamt höchstens	5,00 €
	(1) Die Höhe der Dokumentenpauschale nach Nummer 1 ist in derselben Angelegenheit und in gerichtlichen Verfahren in demselben Rechtszug einheitlich zu berechnen. Eine Übermittlung durch den Rechtsanwalt per Telefax steht der Herstellung einer Kopie gleich. (2) Werden zum Zweck der Überlassung von elektronisch gespeicherten Dateien Dokumente im Einverständnis mit dem Auftraggeber zuvor von der Papierform in die elektronische Form übertragen, beträgt die Dokumentenpauschale nach Nummer 2 nicht weniger, als die Dokumentenpauschale im Fall der Nummer 1 betragen würde.	
7001	Entgelte für Post- und Telekommunikationsdienstleistungen	in voller Höhe
	Für die durch die Geltendmachung der Vergütung entstehenden Entgelte kann kein Ersatz verlangt werden.	
7002	Pauschale für Entgelte für Post- und Telekommunikationsdienstleistungen	20 % der Gebühren – höchstens 20,00 €
	Die Pauschale kann in jeder Angelegenheit anstelle der tatsächlichen Auslagen nach Nummer 7001 gefordert werden.	
7003	Fahrtkosten für eine Geschäftsreise bei Benutzung eines eigenen Kraftfahrzeugs für jeden gefahrenen Kilometer	0,30 €
	Mit den Fahrtkosten sind die Anschaffungs-, Unterhaltungs- und Betriebskosten sowie die Abnutzung des Kraftfahrzeugs abgegolten.	

Nr.	Auslagentatbestand	Höhe
7004	Fahrtkosten für eine Geschäftsreise bei Benutzung eines anderen Verkehrsmittels, soweit sie angemessen sind	in voller Höhe
7005	Tage- und Abwesenheitsgeld bei einer Geschäftsreise	
	1. von nicht mehr als 4 Stunden	25,00 €
	2. von mehr als 4 bis 8 Stunden	40,00 €
	3. von mehr als 8 Stunden	70,00 €
	Bei Auslandsreisen kann zu diesen Beträgen ein Zuschlag von 50 % berechnet werden.	
7006	Sonstige Auslagen anlässlich einer Geschäftsreise, soweit sie angemessen sind	in voller Höhe
7007	Im Einzelfall gezahlte Prämie für eine Haftpflichtversicherung für Vermögensschäden, soweit die Prämie auf Haftungsbeträge von mehr als 30 Millionen € entfällt	in voller Höhe
	Soweit sich aus der Rechnung des Versicherers nichts anderes ergibt, ist von der Gesamtprämie der Betrag zu erstatten, der sich aus dem Verhältnis der 30 Mio. € übersteigenden Versicherungssumme zu der Gesamtversicherungssumme ergibt.	
7008	Umsatzsteuer auf die Vergütung	in voller Höhe
	Dies gilt nicht, wenn die Umsatzsteuer nach § 19 Abs. 1 UStG unerhoben bleibt.	

Anlage 2 (zu § 13 Abs. 1)

Gegenstandswert bis ... €	Gebühr ... €	Gegenstandswert bis ... €	Gebühr ... €
500	40,00	**50 000**	1 158,00
1 000	75,00	**65 000**	1 243,00
1 500	110,00	**80 000**	1 328,00
2 000	145,00	**95 000**	1 413,00
3 000	196,00	**110 000**	1 498,00
4 000	247,00	**125 000**	1 583,00
5 000	298,00	**140 000**	1 668,00
6 000	349,00	**155 000**	1 753,00
7 000	400,00	**170 000**	1 838,00
8 000	451,00	**185 000**	1 923,00
9 000	502,00	**200 000**	2 008,00
10 000	553,00	**230 000**	2 128,00
13 000	599,00	**260 000**	2 248,00
16 000	645,00	**290 000**	2 368,00
19 000	691,00	**320 000**	2 488,00
22 000	737,00	**350 000**	2 608,00
25 000	783,00	**380 000**	2 728,00
30 000	858,00	**410 000**	2 848,00
35 000	933,00	**440 000**	2 968,00
40 000	1 008,00	**470 000**	3 088,00
45 000	1 083,00	**500 000**	3 208,00

B. Gebührentabelle zu § 13 Abs. 1 RVG

Wert bis … EUR	0,3	0,5	0,65	0,75	0,8	1,0	1,1
500	15,00	20,00	26,00	30,00	32,00	40,00	44,00
1.000	22,50	37,50	48,75	56,25	60,00	75,00	82,50
1.500	33,00	55,00	71,50	82,50	88,00	110,00	121,00
2.000	43,50	72,50	94,25	108,75	116,00	145,00	159,50
3.000	58,80	98,00	127,40	147,00	156,80	196,00	215,60
4.000	74,10	123,50	160,55	185,25	197,60	247,00	271,70
5.000	89,40	149,00	193,70	223,50	238,40	298,00	327,80
6.000	104,70	174,50	226,85	261,75	279,20	349,00	383,90
7.000	120,00	200,00	260,00	300,00	320,00	400,00	440,00
8.000	135,30	225,50	293,15	338,25	360,80	451,00	496,10
9.000	150,60	251,00	326,30	376,50	401,60	502,00	552,20
10.000	165,90	276,50	359,45	414,75	442,40	553,00	608,30
13.000	179,70	299,50	389,35	449,25	479,20	599,00	658,90
16.000	193,50	322,50	419,25	483,75	516,00	645,00	709,50
19.000	207,30	345,50	449,15	518,25	552,80	691,00	760,10
22.000	221,10	368,50	479,05	552,75	589,60	737,00	810,70
25.000	234,90	391,50	508,95	587,25	626,40	783,00	861,30
30.000	257,40	429,00	557,70	643,50	686,40	858,00	943,80
35.000	279,90	466,50	606,45	699,75	746,40	933,00	1.026,30
40.000	302,40	504,00	655,20	756,00	806,40	1.008,00	1.108,80
45.000	324,90	541,50	703,95	812,25	866,40	1.083,00	1.191,30
50.000	347,40	579,00	752,70	868,50	926,40	1.158,00	1.273,80
65.000	372,90	621,50	807,95	932,25	994,40	1.243,00	1.367,30
80.000	398,40	664,00	863,20	996,00	1.062,40	1.328,00	1.460,80
95.000	423,90	706,50	918,45	1.059,75	1.130,40	1.413,00	1.554,30
110.000	449,40	749,00	973,70	1.123,50	1.198,40	1.498,00	1.647,80
125.000	474,90	791,50	1.028,95	1.187,25	1.266,40	1.583,00	1.741,30
140.000	500,40	834,00	1.084,20	1.251,00	1.334,40	1.668,00	1.834,80
155.000	525,90	876,50	1.139,45	1.314,75	1.402,40	1.753,00	1.928,30
170.000	551,40	919,00	1.194,70	1.378,50	1.470,40	1.838,00	2.021,80
185.000	576,90	961,50	1.249,95	1.442,25	1.538,40	1.923,00	2.115,30
200.000	602,40	1.004,00	1.305,20	1.506,00	1.606,40	2.008,00	2.208,80
230.000	638,40	1.064,00	1.383,20	1.596,00	1.702,40	2.128,00	2.340,80
260.000	674,40	1.124,00	1.461,20	1.686,00	1.798,40	2.248,00	2.472,80
290.000	710,40	1.184,00	1.539,20	1.776,00	1.894,40	2.368,00	2.604,80
320.000	746,40	1.244,00	1.617,20	1.866,00	1.990,40	2.488,00	2.736,80
350.000	782,40	1.304,00	1.695,20	1.956,00	2.086,40	2.608,00	2.868,80
380.000	818,40	1.364,00	1.773,20	2.046,00	2.182,40	2.728,00	3.000,80

B. Gebührentabelle zu § 13 Abs. 1 RVG §8

Wert bis ... EUR	1,2	1,3	1,5	1,6	1,8	2,0	2,5
500	48,00	52,00	60,00	64,00	72,00	60,00	100,00
1.000	90,00	97,50	112,50	120,00	135,00	112,50	187,50
1.500	132,00	143,00	165,00	176,00	198,00	165,00	275,00
2.000	174,00	188,50	217,50	232,00	261,00	217,50	362,50
3.000	235,20	254,80	294,00	313,60	352,80	294,00	490,00
4.000	296,40	321,10	370,50	395,20	444,60	370,50	617,50
5.000	357,60	387,40	447,00	476,80	536,40	447,00	745,00
6.000	418,80	453,70	523,50	558,40	628,20	523,50	872,50
7.000	480,00	520,00	600,00	640,00	720,00	600,00	1.000,00
8.000	541,20	586,30	676,50	721,60	811,80	676,50	1.127,50
9.000	602,40	652,60	753,00	803,20	903,60	753,00	1.255,00
10.000	663,60	718,90	829,50	884,80	995,40	829,50	1.382,50
13.000	718,80	778,70	898,50	958,40	1.078,20	898,50	1.497,50
16.000	774,00	838,50	967,50	1.032,00	1.161,00	967,50	1.612,50
19.000	829,20	898,30	1.036,50	1.105,60	1.243,80	1.036,50	1.727,50
22.000	884,40	958,10	1.105,50	1.179,20	1.326,60	1.105,50	1.842,50
25.000	939,60	1.017,90	1.174,50	1.252,80	1.409,40	1.174,50	1.957,50
30.000	1.029,60	1.115,40	1.287,00	1.372,80	1.544,40	1.287,00	2.145,00
35.000	1.119,60	1.212,90	1.399,50	1.492,80	1.679,40	1.399,50	2.332,50
40.000	1.209,60	1.310,40	1.512,00	1.612,80	1.814,40	1.512,00	2.520,00
45.000	1.299,60	1.407,90	1.624,50	1.732,80	1.949,40	1.624,50	2.707,50
50.000	1.389,60	1.505,40	1.737,00	1.852,80	2.084,40	1.737,00	2.895,00
65.000	1.491,60	1.615,90	1.864,50	1.988,80	2.237,40	1.864,50	3.107,50
80.000	1.593,60	1.726,40	1.992,00	2.124,80	2.390,40	1.992,00	3.320,00
95.000	1.695,60	1.836,90	2.119,50	2.260,80	2.543,40	2.119,50	3.532,50
110.000	1.797,60	1.947,40	2.247,00	2.396,80	2.696,40	2.247,00	3.745,00
125.000	1.899,60	2.057,90	2.374,50	2.532,80	2.849,40	2.374,50	3.957,50
140.000	2.001,60	2.168,40	2.502,00	2.668,80	3.002,40	2.502,00	4.170,00
155.000	2.103,60	2.278,90	2.629,50	2.804,80	3.155,40	2.629,50	4.382,50
170.000	2.205,60	2.389,40	2.757,00	2.940,80	3.308,40	2.757,00	4.595,00
185.000	2.307,60	2.499,90	2.884,50	3.076,80	3.461,40	2.884,50	4.807,50
200.000	2.409,60	2.610,40	3.012,00	3.212,80	3.614,40	3.012,00	5.020,00
230.000	2.553,60	2.766,40	3.192,00	3.404,80	3.830,40	3.192,00	5.320,00
260.000	2.697,60	2.922,40	3.372,00	3.596,80	4.046,40	3.372,00	5.620,00
290.000	2.841,60	3.078,40	3.552,00	3.788,80	4.262,40	3.552,00	5.920,00
320.000	2.985,60	3.234,40	3.732,00	3.980,80	4.478,40	3.732,00	6.220,00
350.000	3.129,60	3.390,40	3.912,00	4.172,80	4.694,40	3.912,00	6.520,00
380.000	3.273,60	3.546,40	4.092,00	4.364,80	4.910,40	4.092,00	6.820,00

§ 8 Anhänge

Wert bis … EUR	0,3	0,5	0,65	0,75	0,8	1,0	1,1
410.000	854,40	1.424,00	1.851,20	2.136,00	2.278,40	2.848,00	3.132,80
440.000	890,40	1.484,00	1.929,20	2.226,00	2.374,40	2.968,00	3.264,80
470.000	926,40	1.544,00	2.007,20	2.316,00	2.470,40	3.088,00	3.396,80
500.000	962,40	1.604,00	2.085,20	2.406,00	2.566,40	3.208,00	3.528,80
550.000	1.007,40	1.679,00	2.182,70	2.518,50	2.686,40	3.358,00	3.693,80
600.000	1.052,40	1.754,00	2.280,20	2.631,00	2.806,40	3.508,00	3.858,80
650.000	1.097,40	1.829,00	2.377,70	2.743,50	2.926,40	3.658,00	4.023,80
700.000	1.142,40	1.904,00	2.475,20	2.856,00	3.046,40	3.808,00	4.188,80
750.000	1.187,40	1.979,00	2.572,70	2.968,50	3.166,40	3.958,00	4.353,80
800.000	1.232,40	2.054,00	2.670,20	3.081,00	3.286,40	4.108,00	4.518,80
850.000	1.277,40	2.129,00	2.767,70	3.193,50	3.406,40	4.258,00	4.683,80
900.000	1.322,40	2.204,00	2.865,20	3.306,00	3.526,40	4.408,00	4.848,80
950.000	1.367,40	2.279,00	2.962,70	3.418,50	3.646,40	4.558,00	5.013,80
1.000.000	1.412,40	2.354,00	3.060,20	3.531,00	3.766,40	4.708,00	5.178,80
1.050.000	1.457,40	2.429,00	3.157,70	3.643,50	3.886,40	4.858,00	5.343,80
1.100.000	1.502,40	2.504,00	3.255,20	3.756,00	4.006,40	5.008,00	5.508,80
1.150.000	1.547,40	2.579,00	3.352,70	3.868,50	4.126,40	5.158,00	5.673,80
1.200.000	1.592,40	2.654,00	3.450,20	3.981,00	4.246,40	5.308,00	5.838,80
1.250.000	1.637,40	2.729,00	3.547,70	4.093,50	4.366,40	5.458,00	6.003,80
1.300.000	1.682,40	2.804,00	3.645,20	4.206,00	4.486,40	5.608,00	6.168,80
1.350.000	1.727,40	2.879,00	3.742,70	4.318,50	4.606,40	5.758,00	6.333,80
1.400.000	1.772,40	2.954,00	3.840,20	4.431,00	4.726,40	5.908,00	6.498,80
1.450.000	1.817,40	3.029,00	3.937,70	4.543,50	4.846,40	6.058,00	6.663,80
1.500.000	1.862,40	3.104,00	4.035,20	4.656,00	4.966,40	6.208,00	6.828,80
1.550.000	1.907,40	3.179,00	4.132,70	4.768,50	5.086,40	6.358,00	6.993,80
1.600.000	1.952,40	3.254,00	4.230,20	4.881,00	5.206,40	6.508,00	7.158,80
1.650.000	1.997,40	3.329,00	4.327,70	4.993,50	5.326,40	6.658,00	7.323,80
1.700.000	2.042,40	3.404,00	4.425,20	5.106,00	5.446,40	6.808,00	7.488,80
1.750.000	2.087,40	3.479,00	4.522,70	5.218,50	5.566,40	6.958,00	7.653,80
1.800.000	2.132,40	3.554,00	4.620,20	5.331,00	5.686,40	7.108,00	7.818,80
1.850.000	2.177,40	3.629,00	4.717,70	5.443,50	5.806,40	7.258,00	7.983,80
1.900.000	2.222,40	3.704,00	4.815,20	5.556,00	5.926,40	7.408,00	8.148,80
1.950.000	2.267,40	3.779,00	4.912,70	5.668,50	6.046,40	7.558,00	8.313,80
2.000.000	2.312,40	3.854,00	5.010,20	5.781,00	6.166,40	7.708,00	8.478,80
2.050.000	2.357,40	3.929,00	5.107,70	5.893,50	6.286,40	7.858,00	8.643,80
2.100.000	2.402,40	4.004,00	5.205,20	6.006,00	6.406,40	8.008,00	8.808,80
2.150.000	2.447,40	4.079,00	5.302,70	6.118,50	6.526,40	8.158,00	8.973,80
2.200.000	2.492,40	4.154,00	5.400,20	6.231,00	6.646,40	8.308,00	9.138,80
2.250.000	2.537,40	4.229,00	5.497,70	6.343,50	6.766,40	8.458,00	9.303,80
2.300.000	2.582,40	4.304,00	5.595,20	6.456,00	6.886,40	8.608,00	9.468,80

B. Gebührentabelle zu § 13 Abs. 1 RVG §8

Wert bis ... EUR	1,2	1,3	1,5	1,6	1,8	2,0	2,5
410.000	3.417,60	3.702,40	4.272,00	4.556,80	5.126,40	4.272,00	7.120,00
440.000	3.561,60	3.858,40	4.452,00	4.748,80	5.342,40	4.452,00	7.420,00
470.000	3.705,60	4.014,40	4.632,00	4.940,80	5.558,40	4.632,00	7.720,00
500.000	3.849,60	4.170,40	4.812,00	5.132,80	5.774,40	4.812,00	8.020,00
550.000	4.029,60	4.365,40	5.037,00	5.372,80	6.044,40	5.037,00	8.395,00
600.000	4.209,60	4.560,40	5.262,00	5.612,80	6.314,40	5.262,00	8.770,00
650.000	4.389,60	4.755,40	5.487,00	5.852,80	6.584,40	5.487,00	9.145,00
700.000	4.569,60	4.950,40	5.712,00	6.092,80	6.854,40	5.712,00	9.520,00
750.000	4.749,60	5.145,40	5.937,00	6.332,80	7.124,40	5.937,00	9.895,00
800.000	4.929,60	5.340,40	6.162,00	6.572,80	7.394,40	6.162,00	10.270,00
850.000	5.109,60	5.535,40	6.387,00	6.812,80	7.664,40	6.387,00	10.645,00
900.000	5.289,60	5.730,40	6.612,00	7.052,80	7.934,40	6.612,00	11.020,00
950.000	5.469,60	5.925,40	6.837,00	7.292,80	8.204,40	6.837,00	11.395,00
1.000.000	5.649,60	6.120,40	7.062,00	7.532,80	8.474,40	7.062,00	11.770,00
1.050.000	5.829,60	6.315,40	7.287,00	7.772,80	8.744,40	7.287,00	12.145,00
1.100.000	6.009,60	6.510,40	7.512,00	8.012,80	9.014,40	7.512,00	12.520,00
1.150.000	6.189,60	6.705,40	7.737,00	8.252,80	9.284,40	7.737,00	12.895,00
1.200.000	6.369,60	6.900,40	7.962,00	8.492,80	9.554,40	7.962,00	13.270,00
1.250.000	6.549,60	7.095,40	8.187,00	8.732,80	9.824,40	8.187,00	13.645,00
1.300.000	6.729,60	7.290,40	8.412,00	8.972,80	10.094,40	8.412,00	14.020,00
1.350.000	6.909,60	7.485,40	8.637,00	9.212,80	10.364,40	8.637,00	14.395,00
1.400.000	7.089,60	7.680,40	8.862,00	9.452,80	10.634,40	8.862,00	14.770,00
1.450.000	7.269,60	7.875,40	9.087,00	9.692,80	10.904,40	9.087,00	15.145,00
1.500.000	7.449,60	8.070,40	9.312,00	9.932,80	11.174,40	9.312,00	15.520,00
1.550.000	7.629,60	8.265,40	9.537,00	10.172,80	11.444,40	9.537,00	15.895,00
1.600.000	7.809,60	8.460,40	9.762,00	10.412,80	11.714,40	9.762,00	16.270,00
1.650.000	7.989,60	8.655,40	9.987,00	10.652,80	11.984,40	9.987,00	16.645,00
1.700.000	8.169,60	8.850,40	10.212,00	10.892,80	12.254,40	10.212,00	17.020,00
1.750.000	8.349,60	9.045,40	10.437,00	11.132,80	12.524,40	10.437,00	17.395,00
1.800.000	8.529,60	9.240,40	10.662,00	11.372,80	12.794,40	10.662,00	17.770,00
1.850.000	8.709,60	9.435,40	10.887,00	11.612,80	13.064,40	10.887,00	18.145,00
1.900.000	8.889,60	9.630,40	11.112,00	11.852,80	13.334,40	11.112,00	18.520,00
1.950.000	9.069,60	9.825,40	11.337,00	12.092,80	13.604,40	11.337,00	18.895,00
2.000.000	9.249,60	10.020,40	11.562,00	12.332,80	13.874,40	11.562,00	19.270,00
2.050.000	9.429,60	10.215,40	11.787,00	12.572,80	14.144,40	11.787,00	19.645,00
2.100.000	9.609,60	10.410,40	12.012,00	12.812,80	14.414,40	12.012,00	20.020,00
2.150.000	9.789,60	10.605,40	12.237,00	13.052,80	14.684,40	12.237,00	20.395,00
2.200.000	9.969,60	10.800,40	12.462,00	13.292,80	14.954,40	12.462,00	20.770,00
2.250.000	10.149,60	10.995,40	12.687,00	13.532,80	15.224,40	12.687,00	21.145,00
2.300.000	10.329,60	11.190,40	12.912,00	13.772,80	15.494,40	12.912,00	21.520,00

§ 8 Anhänge

Wert bis ... EUR	0,3	0,5	0,65	0,75	0,8	1,0	1,1
2.350.000	2.627,40	4.379,00	5.692,70	6.568,50	7.006,40	8.758,00	9.633,80
2.400.000	2.672,40	4.454,00	5.790,20	6.681,00	7.126,40	8.908,00	9.798,80
2.450.000	2.717,40	4.529,00	5.887,70	6.793,50	7.246,40	9.058,00	9.963,80
2.500.000	2.762,40	4.604,00	5.985,20	6.906,00	7.366,40	9.208,00	10.128,80
2.550.000	2.807,40	4.679,00	6.082,70	7.018,50	7.486,40	9.358,00	10.293,80
2.600.000	2.852,40	4.754,00	6.180,20	7.131,00	7.606,40	9.508,00	10.458,80
2.650.000	2.897,40	4.829,00	6.277,70	7.243,50	7.726,40	9.658,00	10.623,80
2.700.000	2.942,40	4.904,00	6.375,20	7.356,00	7.846,40	9.808,00	10.788,80
2.750.000	2.987,40	4.979,00	6.472,70	7.468,50	7.966,40	9.958,00	10.953,80
2.800.000	3.032,40	5.054,00	6.570,20	7.581,00	8.086,40	10.108,00	11.118,80
2.850.000	3.077,40	5.129,00	6.667,70	7.693,50	8.206,40	10.258,00	11.283,80
2.900.000	3.122,40	5.204,00	6.765,20	7.806,00	8.326,40	10.408,00	11.448,80
2.950.000	3.167,40	5.279,00	6.862,70	7.918,50	8.446,40	10.558,00	11.613,80
3.000.000	3.212,40	5.354,00	6.960,20	8.031,00	8.566,40	10.708,00	11.778,80
3.050.000	3.257,40	5.429,00	7.057,70	8.143,50	8.686,40	10.858,00	11.943,80
3.100.000	3.302,40	5.504,00	7.155,20	8.256,00	8.806,40	11.008,00	12.108,80
3.150.000	3.347,40	5.579,00	7.252,70	8.368,50	8.926,40	11.158,00	12.273,80
3.200.000	3.392,40	5.654,00	7.350,20	8.481,00	9.046,40	11.308,00	12.438,80
3.250.000	3.437,40	5.729,00	7.447,70	8.593,50	9.166,40	11.458,00	12.603,80
3.300.000	3.482,40	5.804,00	7.545,20	8.706,00	9.286,40	11.608,00	12.768,80
3.350.000	3.527,40	5.879,00	7.642,70	8.818,50	9.406,40	11.758,00	12.933,80
3.400.000	3.572,40	5.954,00	7.740,20	8.931,00	9.526,40	11.908,00	13.098,80
3.450.000	3.617,40	6.029,00	7.837,70	9.043,50	9.646,40	12.058,00	13.263,80
3.500.000	3.662,40	6.104,00	7.935,20	9.156,00	9.766,40	12.208,00	13.428,80
3.550.000	3.707,40	6.179,00	8.032,70	9.268,50	9.886,40	12.358,00	13.593,80
3.600.000	3.752,40	6.254,00	8.130,20	9.381,00	10.006,40	12.508,00	13.758,80
3.650.000	3.797,40	6.329,00	8.227,70	9.493,50	10.126,40	12.658,00	13.923,80
3.700.000	3.842,40	6.404,00	8.325,20	9.606,00	10.246,40	12.808,00	14.088,80
3.750.000	3.887,40	6.479,00	8.422,70	9.718,50	10.366,40	12.958,00	14.253,80
3.800.000	3.932,40	6.554,00	8.520,20	9.831,00	10.486,40	13.108,00	14.418,80
3.850.000	3.977,40	6.629,00	8.617,70	9.943,50	10.606,40	13.258,00	14.583,80
3.900.000	4.022,40	6.704,00	8.715,20	10.056,00	10.726,40	13.408,00	14.748,80
3.950.000	4.067,40	6.779,00	8.812,70	10.168,50	10.846,40	13.558,00	14.913,80
4.000.000	4.112,40	6.854,00	8.910,20	10.281,00	10.966,40	13.708,00	15.078,80
4.050.000	4.157,40	6.929,00	9.007,70	10.393,50	11.086,40	13.858,00	15.243,80
4.100.000	4.202,40	7.004,00	9.105,20	10.506,00	11.206,40	14.008,00	15.408,80
4.150.000	4.247,40	7.079,00	9.202,70	10.618,50	11.326,40	14.158,00	15.573,80
4.200.000	4.292,40	7.154,00	9.300,20	10.731,00	11.446,40	14.308,00	15.738,80
4.250.000	4.337,40	7.229,00	9.397,70	10.843,50	11.566,40	14.458,00	15.903,80
4.300.000	4.382,40	7.304,00	9.495,20	10.956,00	11.686,40	14.608,00	16.068,80

B. Gebührentabelle zu § 13 Abs. 1 RVG   § 8

Wert bis ... EUR	1,2	1,3	1,5	1,6	1,8	2,0	2,5
2.350.000	10.509,60	11.385,40	13.137,00	14.012,80	15.764,40	13.137,00	21.895,00
2.400.000	10.689,60	11.580,40	13.362,00	14.252,80	16.034,40	13.362,00	22.270,00
2.450.000	10.869,60	11.775,40	13.587,00	14.492,80	16.304,40	13.587,00	22.645,00
2.500.000	11.049,60	11.970,40	13.812,00	14.732,80	16.574,40	13.812,00	23.020,00
2.550.000	11.229,60	12.165,40	14.037,00	14.972,80	16.844,40	14.037,00	23.395,00
2.600.000	11.409,60	12.360,40	14.262,00	15.212,80	17.114,40	14.262,00	23.770,00
2.650.000	11.589,60	12.555,40	14.487,00	15.452,80	17.384,40	14.487,00	24.145,00
2.700.000	11.769,60	12.750,40	14.712,00	15.692,80	17.654,40	14.712,00	24.520,00
2.750.000	11.949,60	12.945,40	14.937,00	15.932,80	17.924,40	14.937,00	24.895,00
2.800.000	12.129,60	13.140,40	15.162,00	16.172,80	18.194,40	15.162,00	25.270,00
2.850.000	12.309,60	13.335,40	15.387,00	16.412,80	18.464,40	15.387,00	25.645,00
2.900.000	12.489,60	13.530,40	15.612,00	16.652,80	18.734,40	15.612,00	26.020,00
2.950.000	12.669,60	13.725,40	15.837,00	16.892,80	19.004,40	15.837,00	26.395,00
3.000.000	12.849,60	13.920,40	16.062,00	17.132,80	19.274,40	16.062,00	26.770,00
3.050.000	13.029,60	14.115,40	16.287,00	17.372,80	19.544,40	16.287,00	27.145,00
3.100.000	13.209,60	14.310,40	16.512,00	17.612,80	19.814,40	16.512,00	27.520,00
3.150.000	13.389,60	14.505,40	16.737,00	17.852,80	20.084,40	16.737,00	27.895,00
3.200.000	13.569,60	14.700,40	16.962,00	18.092,80	20.354,40	16.962,00	28.270,00
3.250.000	13.749,60	14.895,40	17.187,00	18.332,80	20.624,40	17.187,00	28.645,00
3.300.000	13.929,60	15.090,40	17.412,00	18.572,80	20.894,40	17.412,00	29.020,00
3.350.000	14.109,60	15.285,40	17.637,00	18.812,80	21.164,40	17.637,00	29.395,00
3.400.000	14.289,60	15.480,40	17.862,00	19.052,80	21.434,40	17.862,00	29.770,00
3.450.000	14.469,60	15.675,40	18.087,00	19.292,80	21.704,40	18.087,00	30.145,00
3.500.000	14.649,60	15.870,40	18.312,00	19.532,80	21.974,40	18.312,00	30.520,00
3.550.000	14.829,60	16.065,40	18.537,00	19.772,80	22.244,40	18.537,00	30.895,00
3.600.000	15.009,60	16.260,40	18.762,00	20.012,80	22.514,40	18.762,00	31.270,00
3.650.000	15.189,60	16.455,40	18.987,00	20.252,80	22.784,40	18.987,00	31.645,00
3.700.000	15.369,60	16.650,40	19.212,00	20.492,80	23.054,40	19.212,00	32.020,00
3.750.000	15.549,60	16.845,40	19.437,00	20.732,80	23.324,40	19.437,00	32.395,00
3.800.000	15.729,60	17.040,40	19.662,00	20.972,80	23.594,40	19.662,00	32.770,00
3.850.000	15.909,60	17.235,40	19.887,00	21.212,80	23.864,40	19.887,00	33.145,00
3.900.000	16.089,60	17.430,40	20.112,00	21.452,80	24.134,40	20.112,00	33.520,00
3.950.000	16.269,60	17.625,40	20.337,00	21.692,80	24.404,40	20.337,00	33.895,00
4.000.000	16.449,60	17.820,40	20.562,00	21.932,80	24.674,40	20.562,00	34.270,00
4.050.000	16.629,60	18.015,40	20.787,00	22.172,80	24.944,40	20.787,00	34.645,00
4.100.000	16.809,60	18.210,40	21.012,00	22.412,80	25.214,40	21.012,00	35.020,00
4.150.000	16.989,60	18.405,40	21.237,00	22.652,80	25.484,40	21.237,00	35.395,00
4.200.000	17.169,60	18.600,40	21.462,00	22.892,80	25.754,40	21.462,00	35.770,00
4.250.000	17.349,60	18.795,40	21.687,00	23.132,80	26.024,40	21.687,00	36.145,00
4.300.000	17.529,60	18.990,40	21.912,00	23.372,80	26.294,40	21.912,00	36.520,00

§ 8 Anhänge

Wert bis ... EUR	0,3	0,5	0,65	0,75	0,8	1,0	1,1
4.350.000	4.427,40	7.379,00	9.592,70	11.068,50	11.806,40	14.758,00	16.233,80
4.400.000	4.472,40	7.454,00	9.690,20	11.181,00	11.926,40	14.908,00	16.398,80
4.450.000	4.517,40	7.529,00	9.787,70	11.293,50	12.046,40	15.058,00	16.563,80
4.500.000	4.562,40	7.604,00	9.885,20	11.406,00	12.166,40	15.208,00	16.728,80
4.550.000	4.607,40	7.679,00	9.982,70	11.518,50	12.286,40	15.358,00	16.893,80
4.600.000	4.652,40	7.754,00	10.080,20	11.631,00	12.406,40	15.508,00	17.058,80
4.650.000	4.697,40	7.829,00	10.177,70	11.743,50	12.526,40	15.658,00	17.223,80
4.700.000	4.742,40	7.904,00	10.275,20	11.856,00	12.646,40	15.808,00	17.388,80
4.750.000	4.787,40	7.979,00	10.372,70	11.968,50	12.766,40	15.958,00	17.553,80
4.800.000	4.832,40	8.054,00	10.470,20	12.081,00	12.886,40	16.108,00	17.718,80
4.850.000	4.877,40	8.129,00	10.567,70	12.193,50	13.006,40	16.258,00	17.883,80
4.900.000	4.922,40	8.204,00	10.665,20	12.306,00	13.126,40	16.408,00	18.048,80
4.950.000	4.967,40	8.279,00	10.762,70	12.418,50	13.246,40	16.558,00	18.213,80
5.000.000	5.012,40	8.354,00	10.860,20	12.531,00	13.366,40	16.708,00	18.378,80
5.050.000	5.057,40	8.429,00	10.957,70	12.643,50	13.486,40	16.858,00	18.543,80
5.100.000	5.102,40	8.504,00	11.055,20	12.756,00	13.606,40	17.008,00	18.708,80
5.150.000	5.147,40	8.579,00	11.152,70	12.868,50	13.726,40	17.158,00	18.873,80
5.200.000	5.192,40	8.654,00	11.250,20	12.981,00	13.846,40	17.308,00	19.038,80
5.250.000	5.237,40	8.729,00	11.347,70	13.093,50	13.966,40	17.458,00	19.203,80
5.300.000	5.282,40	8.804,00	11.445,20	13.206,00	14.086,40	17.608,00	19.368,80
5.350.000	5.327,40	8.879,00	11.542,70	13.318,50	14.206,40	17.758,00	19.533,80
5.400.000	5.372,40	8.954,00	11.640,20	13.431,00	14.326,40	17.908,00	19.698,80
5.450.000	5.417,40	9.029,00	11.737,70	13.543,50	14.446,40	18.058,00	19.863,80
5.500.000	5.462,40	9.104,00	11.835,20	13.656,00	14.566,40	18.208,00	20.028,80
5.550.000	5.507,40	9.179,00	11.932,70	13.768,50	14.686,40	18.358,00	20.193,80
5.600.000	5.552,40	9.254,00	12.030,20	13.881,00	14.806,40	18.508,00	20.358,80
5.650.000	5.597,40	9.329,00	12.127,70	13.993,50	14.926,40	18.658,00	20.523,80
5.700.000	5.642,40	9.404,00	12.225,20	14.106,00	15.046,40	18.808,00	20.688,80
5.750.000	5.687,40	9.479,00	12.322,70	14.218,50	15.166,40	18.958,00	20.853,80
5.800.000	5.732,40	9.554,00	12.420,20	14.331,00	15.286,40	19.108,00	21.018,80
5.850.000	5.777,40	9.629,00	12.517,70	14.443,50	15.406,40	19.258,00	21.183,80
5.900.000	5.822,40	9.704,00	12.615,20	14.556,00	15.526,40	19.408,00	21.348,80
5.950.000	5.867,40	9.779,00	12.712,70	14.668,50	15.646,40	19.558,00	21.513,80
6.000.000	5.912,40	9.854,00	12.810,20	14.781,00	15.766,40	19.708,00	21.678,80
6.050.000	5.957,40	9.929,00	12.907,70	14.893,50	15.886,40	19.858,00	21.843,80
6.100.000	6.002,40	10.004,00	13.005,20	15.006,00	16.006,40	20.008,00	22.008,80
6.150.000	6.047,40	10.079,00	13.102,70	15.118,50	16.126,40	20.158,00	22.173,80
6.200.000	6.092,40	10.154,00	13.200,20	15.231,00	16.246,40	20.308,00	22.338,80
6.250.000	6.137,40	10.229,00	13.297,70	15.343,50	16.366,40	20.458,00	22.503,80
6.300.000	6.182,40	10.304,00	13.395,20	15.456,00	16.486,40	20.608,00	22.668,80

B. Gebührentabelle zu § 13 Abs. 1 RVG   § 8

Wert bis ... EUR	1,2	1,3	1,5	1,6	1,8	2,0	2,5
4.350.000	17.709,60	19.185,40	22.137,00	23.612,80	26.564,40	22.137,00	36.895,00
4.400.000	17.889,60	19.380,40	22.362,00	23.852,80	26.834,40	22.362,00	37.270,00
4.450.000	18.069,60	19.575,40	22.587,00	24.092,80	27.104,40	22.587,00	37.645,00
4.500.000	18.249,60	19.770,40	22.812,00	24.332,80	27.374,40	22.812,00	38.020,00
4.550.000	18.429,60	19.965,40	23.037,00	24.572,80	27.644,40	23.037,00	38.395,00
4.600.000	18.609,60	20.160,40	23.262,00	24.812,80	27.914,40	23.262,00	38.770,00
4.650.000	18.789,60	20.355,40	23.487,00	25.052,80	28.184,40	23.487,00	39.145,00
4.700.000	18.969,60	20.550,40	23.712,00	25.292,80	28.454,40	23.712,00	39.520,00
4.750.000	19.149,60	20.745,40	23.937,00	25.532,80	28.724,40	23.937,00	39.895,00
4.800.000	19.329,60	20.940,40	24.162,00	25.772,80	28.994,40	24.162,00	40.270,00
4.850.000	19.509,60	21.135,40	24.387,00	26.012,80	29.264,40	24.387,00	40.645,00
4.900.000	19.689,60	21.330,40	24.612,00	26.252,80	29.534,40	24.612,00	41.020,00
4.950.000	19.869,60	21.525,40	24.837,00	26.492,80	29.804,40	24.837,00	41.395,00
5.000.000	20.049,60	21.720,40	25.062,00	26.732,80	30.074,40	25.062,00	41.770,00
5.050.000	20.229,60	21.915,40	25.287,00	26.972,80	30.344,40	25.287,00	42.145,00
5.100.000	20.409,60	22.110,40	25.512,00	27.212,80	30.614,40	25.512,00	42.520,00
5.150.000	20.589,60	22.305,40	25.737,00	27.452,80	30.884,40	25.737,00	42.895,00
5.200.000	20.769,60	22.500,40	25.962,00	27.692,80	31.154,40	25.962,00	43.270,00
5.250.000	20.949,60	22.695,40	26.187,00	27.932,80	31.424,40	26.187,00	43.645,00
5.300.000	21.129,60	22.890,40	26.412,00	28.172,80	31.694,40	26.412,00	44.020,00
5.350.000	21.309,60	23.085,40	26.637,00	28.412,80	31.964,40	26.637,00	44.395,00
5.400.000	21.489,60	23.280,40	26.862,00	28.652,80	32.234,40	26.862,00	44.770,00
5.450.000	21.669,60	23.475,40	27.087,00	28.892,80	32.504,40	27.087,00	45.145,00
5.500.000	21.849,60	23.670,40	27.312,00	29.132,80	32.774,40	27.312,00	45.520,00
5.550.000	22.029,60	23.865,40	27.537,00	29.372,80	33.044,40	27.537,00	45.895,00
5.600.000	22.209,60	24.060,40	27.762,00	29.612,80	33.314,40	27.762,00	46.270,00
5.650.000	22.389,60	24.255,40	27.987,00	29.852,80	33.584,40	27.987,00	46.645,00
5.700.000	22.569,60	24.450,40	28.212,00	30.092,80	33.854,40	28.212,00	47.020,00
5.750.000	22.749,60	24.645,40	28.437,00	30.332,80	34.124,40	28.437,00	47.395,00
5.800.000	22.929,60	24.840,40	28.662,00	30.572,80	34.394,40	28.662,00	47.770,00
5.850.000	23.109,60	25.035,40	28.887,00	30.812,80	34.664,40	28.887,00	48.145,00
5.900.000	23.289,60	25.230,40	29.112,00	31.052,80	34.934,40	29.112,00	48.520,00
5.950.000	23.469,60	25.425,40	29.337,00	31.292,80	35.204,40	29.337,00	48.895,00
6.000.000	23.649,60	25.620,40	29.562,00	31.532,80	35.474,40	29.562,00	49.270,00
6.050.000	23.829,60	25.815,40	29.787,00	31.772,80	35.744,40	29.787,00	49.645,00
6.100.000	24.009,60	26.010,40	30.012,00	32.012,80	36.014,40	30.012,00	50.020,00
6.150.000	24.189,60	26.205,40	30.237,00	32.252,80	36.284,40	30.237,00	50.395,00
6.200.000	24.369,60	26.400,40	30.462,00	32.492,80	36.554,40	30.462,00	50.770,00
6.250.000	24.549,60	26.595,40	30.687,00	32.732,80	36.824,40	30.687,00	51.145,00
6.300.000	24.729,60	26.790,40	30.912,00	32.972,80	37.094,40	30.912,00	51.520,00

§ 8 Anhänge

Wert bis ... EUR	0,3	0,5	0,65	0,75	0,8	1,0	1,1
6.350.000	6.227,40	10.379,00	13.492,70	15.568,50	16.606,40	20.758,00	22.833,80
6.400.000	6.272,40	10.454,00	13.590,20	15.681,00	16.726,40	20.908,00	22.998,80
6.450.000	6.317,40	10.529,00	13.687,70	15.793,50	16.846,40	21.058,00	23.163,80
6.500.000	6.362,40	10.604,00	13.785,20	15.906,00	16.966,40	21.208,00	23.328,80
6.550.000	6.407,40	10.679,00	13.882,70	16.018,50	17.086,40	21.358,00	23.493,80
6.600.000	6.452,40	10.754,00	13.980,20	16.131,00	17.206,40	21.508,00	23.658,80
6.650.000	6.497,40	10.829,00	14.077,70	16.243,50	17.326,40	21.658,00	23.823,80
6.700.000	6.542,40	10.904,00	14.175,20	16.356,00	17.446,40	21.808,00	23.988,80
6.750.000	6.587,40	10.979,00	14.272,70	16.468,50	17.566,40	21.958,00	24.153,80
6.800.000	6.632,40	11.054,00	14.370,20	16.581,00	17.686,40	22.108,00	24.318,80
6.850.000	6.677,40	11.129,00	14.467,70	16.693,50	17.806,40	22.258,00	24.483,80
6.900.000	6.722,40	11.204,00	14.565,20	16.806,00	17.926,40	22.408,00	24.648,80
6.950.000	6.767,40	11.279,00	14.662,70	16.918,50	18.046,40	22.558,00	24.813,80
7.000.000	6.812,40	11.354,00	14.760,20	17.031,00	18.166,40	22.708,00	24.978,80
7.050.000	6.857,40	11.429,00	14.857,70	17.143,50	18.286,40	22.858,00	25.143,80
7.100.000	6.902,40	11.504,00	14.955,20	17.256,00	18.406,40	23.008,00	25.308,80
7.150.000	6.947,40	11.579,00	15.052,70	17.368,50	18.526,40	23.158,00	25.473,80
7.200.000	6.992,40	11.654,00	15.150,20	17.481,00	18.646,40	23.308,00	25.638,80
7.250.000	7.037,40	11.729,00	15.247,70	17.593,50	18.766,40	23.458,00	25.803,80
7.300.000	7.082,40	11.804,00	15.345,20	17.706,00	18.886,40	23.608,00	25.968,80
7.350.000	7.127,40	11.879,00	15.442,70	17.818,50	19.006,40	23.758,00	26.133,80
7.400.000	7.172,40	11.954,00	15.540,20	17.931,00	19.126,40	23.908,00	26.298,80
7.450.000	7.217,40	12.029,00	15.637,70	18.043,50	19.246,40	24.058,00	26.463,80
7.500.000	7.262,40	12.104,00	15.735,20	18.156,00	19.366,40	24.208,00	26.628,80
7.550.000	7.307,40	12.179,00	15.832,70	18.268,50	19.486,40	24.358,00	26.793,80
7.600.000	7.352,40	12.254,00	15.930,20	18.381,00	19.606,40	24.508,00	26.958,80
7.650.000	7.397,40	12.329,00	16.027,70	18.493,50	19.726,40	24.658,00	27.123,80
7.700.000	7.442,40	12.404,00	16.125,20	18.606,00	19.846,40	24.808,00	27.288,80
7.750.000	7.487,40	12.479,00	16.222,70	18.718,50	19.966,40	24.958,00	27.453,80
7.800.000	7.532,40	12.554,00	16.320,20	18.831,00	20.086,40	25.108,00	27.618,80
7.850.000	7.577,40	12.629,00	16.417,70	18.943,50	20.206,40	25.258,00	27.783,80
7.900.000	7.622,40	12.704,00	16.515,20	19.056,00	20.326,40	25.408,00	27.948,80
7.950.000	7.667,40	12.779,00	16.612,70	19.168,50	20.446,40	25.558,00	28.113,80
8.000.000	7.712,40	12.854,00	16.710,20	19.281,00	20.566,40	25.708,00	28.278,80
8.050.000	7.757,40	12.929,00	16.807,70	19.393,50	20.686,40	25.858,00	28.443,80
8.100.000	7.802,40	13.004,00	16.905,20	19.506,00	20.806,40	26.008,00	28.608,80
8.150.000	7.847,40	13.079,00	17.002,70	19.618,50	20.926,40	26.158,00	28.773,80
8.200.000	7.892,40	13.154,00	17.100,20	19.731,00	21.046,40	26.308,00	28.938,80
8.250.000	7.937,40	13.229,00	17.197,70	19.843,50	21.166,40	26.458,00	29.103,80
8.300.000	7.982,40	13.304,00	17.295,20	19.956,00	21.286,40	26.608,00	29.268,80

B. Gebührentabelle zu § 13 Abs. 1 RVG — § 8

Wert bis … EUR	1,2	1,3	1,5	1,6	1,8	2,0	2,5
6.350.000	24.909,60	26.985,40	31.137,00	33.212,80	37.364,40	31.137,00	51.895,00
6.400.000	25.089,60	27.180,40	31.362,00	33.452,80	37.634,40	31.362,00	52.270,00
6.450.000	25.269,60	27.375,40	31.587,00	33.692,80	37.904,40	31.587,00	52.645,00
6.500.000	25.449,60	27.570,40	31.812,00	33.932,80	38.174,40	31.812,00	53.020,00
6.550.000	25.629,60	27.765,40	32.037,00	34.172,80	38.444,40	32.037,00	53.395,00
6.600.000	25.809,60	27.960,40	32.262,00	34.412,80	38.714,40	32.262,00	53.770,00
6.650.000	25.989,60	28.155,40	32.487,00	34.652,80	38.984,40	32.487,00	54.145,00
6.700.000	26.169,60	28.350,40	32.712,00	34.892,80	39.254,40	32.712,00	54.520,00
6.750.000	26.349,60	28.545,40	32.937,00	35.132,80	39.524,40	32.937,00	54.895,00
6.800.000	26.529,60	28.740,40	33.162,00	35.372,80	39.794,40	33.162,00	55.270,00
6.850.000	26.709,60	28.935,40	33.387,00	35.612,80	40.064,40	33.387,00	55.645,00
6.900.000	26.889,60	29.130,40	33.612,00	35.852,80	40.334,40	33.612,00	56.020,00
6.950.000	27.069,60	29.325,40	33.837,00	36.092,80	40.604,40	33.837,00	56.395,00
7.000.000	27.249,60	29.520,40	34.062,00	36.332,80	40.874,40	34.062,00	56.770,00
7.050.000	27.429,60	29.715,40	34.287,00	36.572,80	41.144,40	34.287,00	57.145,00
7.100.000	27.609,60	29.910,40	34.512,00	36.812,80	41.414,40	34.512,00	57.520,00
7.150.000	27.789,60	30.105,40	34.737,00	37.052,80	41.684,40	34.737,00	57.895,00
7.200.000	27.969,60	30.300,40	34.962,00	37.292,80	41.954,40	34.962,00	58.270,00
7.250.000	28.149,60	30.495,40	35.187,00	37.532,80	42.224,40	35.187,00	58.645,00
7.300.000	28.329,60	30.690,40	35.412,00	37.772,80	42.494,40	35.412,00	59.020,00
7.350.000	28.509,60	30.885,40	35.637,00	38.012,80	42.764,40	35.637,00	59.395,00
7.400.000	28.689,60	31.080,40	35.862,00	38.252,80	43.034,40	35.862,00	59.770,00
7.450.000	28.869,60	31.275,40	36.087,00	38.492,80	43.304,40	36.087,00	60.145,00
7.500.000	29.049,60	31.470,40	36.312,00	38.732,80	43.574,40	36.312,00	60.520,00
7.550.000	29.229,60	31.665,40	36.537,00	38.972,80	43.844,40	36.537,00	60.895,00
7.600.000	29.409,60	31.860,40	36.762,00	39.212,80	44.114,40	36.762,00	61.270,00
7.650.000	29.589,60	32.055,40	36.987,00	39.452,80	44.384,40	36.987,00	61.645,00
7.700.000	29.769,60	32.250,40	37.212,00	39.692,80	44.654,40	37.212,00	62.020,00
7.750.000	29.949,60	32.445,40	37.437,00	39.932,80	44.924,40	37.437,00	62.395,00
7.800.000	30.129,60	32.640,40	37.662,00	40.172,80	45.194,40	37.662,00	62.770,00
7.850.000	30.309,60	32.835,40	37.887,00	40.412,80	45.464,40	37.887,00	63.145,00
7.900.000	30.489,60	33.030,40	38.112,00	40.652,80	45.734,40	38.112,00	63.520,00
7.950.000	30.669,60	33.225,40	38.337,00	40.892,80	46.004,40	38.337,00	63.895,00
8.000.000	30.849,60	33.420,40	38.562,00	41.132,80	46.274,40	38.562,00	64.270,00
8.050.000	31.029,60	33.615,40	38.787,00	41.372,80	46.544,40	38.787,00	64.645,00
8.100.000	31.209,60	33.810,40	39.012,00	41.612,80	46.814,40	39.012,00	65.020,00
8.150.000	31.389,60	34.005,40	39.237,00	41.852,80	47.084,40	39.237,00	65.395,00
8.200.000	31.569,60	34.200,40	39.462,00	42.092,80	47.354,40	39.462,00	65.770,00
8.250.000	31.749,60	34.395,40	39.687,00	42.332,80	47.624,40	39.687,00	66.145,00
8.300.000	31.929,60	34.590,40	39.912,00	42.572,80	47.894,40	39.912,00	66.520,00

§ 8 Anhänge

Wert bis ... EUR	0,3	0,5	0,65	0,75	0,8	1,0	1,1
8.350.000	8.027,40	13.379,00	17.392,70	20.068,50	21.406,40	26.758,00	29.433,80
8.400.000	8.072,40	13.454,00	17.490,20	20.181,00	21.526,40	26.908,00	29.598,80
8.450.000	8.117,40	13.529,00	17.587,70	20.293,50	21.646,40	27.058,00	29.763,80
8.500.000	8.162,40	13.604,00	17.685,20	20.406,00	21.766,40	27.208,00	29.928,80
8.550.000	8.207,40	13.679,00	17.782,70	20.518,50	21.886,40	27.358,00	30.093,80
8.600.000	8.252,40	13.754,00	17.880,20	20.631,00	22.006,40	27.508,00	30.258,80
8.650.000	8.297,40	13.829,00	17.977,70	20.743,50	22.126,40	27.658,00	30.423,80
8.700.000	8.342,40	13.904,00	18.075,20	20.856,00	22.246,40	27.808,00	30.588,80
8.750.000	8.387,40	13.979,00	18.172,70	20.968,50	22.366,40	27.958,00	30.753,80
8.800.000	8.432,40	14.054,00	18.270,20	21.081,00	22.486,40	28.108,00	30.918,80
8.850.000	8.477,40	14.129,00	18.367,70	21.193,50	22.606,40	28.258,00	31.083,80
8.900.000	8.522,40	14.204,00	18.465,20	21.306,00	22.726,40	28.408,00	31.248,80
8.950.000	8.567,40	14.279,00	18.562,70	21.418,50	22.846,40	28.558,00	31.413,80
9.000.000	8.612,40	14.354,00	18.660,20	21.531,00	22.966,40	28.708,00	31.578,80
9.050.000	8.657,40	14.429,00	18.757,70	21.643,50	23.086,40	28.858,00	31.743,80
9.100.000	8.702,40	14.504,00	18.855,20	21.756,00	23.206,40	29.008,00	31.908,80
9.150.000	8.747,40	14.579,00	18.952,70	21.868,50	23.326,40	29.158,00	32.073,80
9.200.000	8.792,40	14.654,00	19.050,20	21.981,00	23.446,40	29.308,00	32.238,80
9.250.000	8.837,40	14.729,00	19.147,70	22.093,50	23.566,40	29.458,00	32.403,80
9.300.000	8.882,40	14.804,00	19.245,20	22.206,00	23.686,40	29.608,00	32.568,80
9.350.000	8.927,40	14.879,00	19.342,70	22.318,50	23.806,40	29.758,00	32.733,80
9.400.000	8.972,40	14.954,00	19.440,20	22.431,00	23.926,40	29.908,00	32.898,80
9.450.000	9.017,40	15.029,00	19.537,70	22.543,50	24.046,40	30.058,00	33.063,80
9.500.000	9.062,40	15.104,00	19.635,20	22.656,00	24.166,40	30.208,00	33.228,80
9.550.000	9.107,40	15.179,00	19.732,70	22.768,50	24.286,40	30.358,00	33.393,80
9.600.000	9.152,40	15.254,00	19.830,20	22.881,00	24.406,40	30.508,00	33.558,80
9.650.000	9.197,40	15.329,00	19.927,70	22.993,50	24.526,40	30.658,00	33.723,80
9.700.000	9.242,40	15.404,00	20.025,20	23.106,00	24.646,40	30.808,00	33.888,80
9.750.000	9.287,40	15.479,00	20.122,70	23.218,50	24.766,40	30.958,00	34.053,80
9.800.000	9.332,40	15.554,00	20.220,20	23.331,00	24.886,40	31.108,00	34.218,80
9.850.000	9.377,40	15.629,00	20.317,70	23.443,50	25.006,40	31.258,00	34.383,80
9.900.000	9.422,40	15.704,00	20.415,20	23.556,00	25.126,40	31.408,00	34.548,80
9.950.000	9.467,40	15.779,00	20.512,70	23.668,50	25.246,40	31.558,00	34.713,80
10.000.000	9.512,40	15.854,00	20.610,20	23.781,00	25.366,40	31.708,00	34.878,80

B. Gebührentabelle zu § 13 Abs. 1 RVG § 8

Wert bis … EUR	1,2	1,3	1,5	1,6	1,8	2,0	2,5
8.350.000	32.109,60	34.785,40	40.137,00	42.812,80	48.164,40	40.137,00	66.895,00
8.400.000	32.289,60	34.980,40	40.362,00	43.052,80	48.434,40	40.362,00	67.270,00
8.450.000	32.469,60	35.175,40	40.587,00	43.292,80	48.704,40	40.587,00	67.645,00
8.500.000	32.649,60	35.370,40	40.812,00	43.532,80	48.974,40	40.812,00	68.020,00
8.550.000	32.829,60	35.565,40	41.037,00	43.772,80	49.244,40	41.037,00	68.395,00
8.600.000	33.009,60	35.760,40	41.262,00	44.012,80	49.514,40	41.262,00	68.770,00
8.650.000	33.189,60	35.955,40	41.487,00	44.252,80	49.784,40	41.487,00	69.145,00
8.700.000	33.369,60	36.150,40	41.712,00	44.492,80	50.054,40	41.712,00	69.520,00
8.750.000	33.549,60	36.345,40	41.937,00	44.732,80	50.324,40	41.937,00	69.895,00
8.800.000	33.729,60	36.540,40	42.162,00	44.972,80	50.594,40	42.162,00	70.270,00
8.850.000	33.909,60	36.735,40	42.387,00	45.212,80	50.864,40	42.387,00	70.645,00
8.900.000	34.089,60	36.930,40	42.612,00	45.452,80	51.134,40	42.612,00	71.020,00
8.950.000	34.269,60	37.125,40	42.837,00	45.692,80	51.404,40	42.837,00	71.395,00
9.000.000	34.449,60	37.320,40	43.062,00	45.932,80	51.674,40	43.062,00	71.770,00
9.050.000	34.629,60	37.515,40	43.287,00	46.172,80	51.944,40	43.287,00	72.145,00
9.100.000	34.809,60	37.710,40	43.512,00	46.412,80	52.214,40	43.512,00	72.520,00
9.150.000	34.989,60	37.905,40	43.737,00	46.652,80	52.484,40	43.737,00	72.895,00
9.200.000	35.169,60	38.100,40	43.962,00	46.892,80	52.754,40	43.962,00	73.270,00
9.250.000	35.349,60	38.295,40	44.187,00	47.132,80	53.024,40	44.187,00	73.645,00
9.300.000	35.529,60	38.490,40	44.412,00	47.372,80	53.294,40	44.412,00	74.020,00
9.350.000	35.709,60	38.685,40	44.637,00	47.612,80	53.564,40	44.637,00	74.395,00
9.400.000	35.889,60	38.880,40	44.862,00	47.852,80	53.834,40	44.862,00	74.770,00
9.450.000	36.069,60	39.075,40	45.087,00	48.092,80	54.104,40	45.087,00	75.145,00
9.500.000	36.249,60	39.270,40	45.312,00	48.332,80	54.374,40	45.312,00	75.520,00
9.550.000	36.429,60	39.465,40	45.537,00	48.572,80	54.644,40	45.537,00	75.895,00
9.600.000	36.609,60	39.660,40	45.762,00	48.812,80	54.914,40	45.762,00	76.270,00
9.650.000	36.789,60	39.855,40	45.987,00	49.052,80	55.184,40	45.987,00	76.645,00
9.700.000	36.969,60	40.050,40	46.212,00	49.292,80	55.454,40	46.212,00	77.020,00
9.750.000	37.149,60	40.245,40	46.437,00	49.532,80	55.724,40	46.437,00	77.395,00
9.800.000	37.329,60	40.440,40	46.662,00	49.772,80	55.994,40	46.662,00	77.770,00
9.850.000	37.509,60	40.635,40	46.887,00	50.012,80	56.264,40	46.887,00	78.145,00
9.900.000	37.689,60	40.830,40	47.112,00	50.252,80	56.534,40	47.112,00	78.520,00
9.950.000	37.869,60	41.025,40	47.337,00	50.492,80	56.804,40	47.337,00	78.895,00
10.000.000	38.049,60	41.220,40	47.562,00	50.732,80	57.074,40	47.562,00	79.270,00

§ 8 Anhänge

C. Tabelle Wertgebühren § 49

Wert bis … EUR	0,3	0,5	0,65	0,75	0,8	1,0	1,1
500	12,00	20,00	26,00	30,00	32,00	40,00	44,00
1.000	22,50	37,50	48,75	56,25	60,00	75,00	82,50
1.500	33,00	55,00	71,50	82,50	88,00	110,00	121,00
2.000	43,50	72,50	94,25	108,75	116,00	145,00	159,50
3.000	58,80	98,00	127,40	147,00	156,80	196,00	215,60
4.000	74,10	123,50	160,55	185,25	197,60	247,00	271,70
5.000	77,10	128,50	167,05	192,75	205,60	257,00	282,70
6.000	80,10	133,50	173,55	200,25	213,60	267,00	293,70
7.000	83,10	138,50	180,05	207,75	221,60	277,00	304,70
8.000	86,10	143,50	186,55	215,25	229,60	287,00	315,70
9.000	89,10	148,50	193,05	222,75	237,60	297,00	326,70
10.000	92,10	153,50	199,55	230,25	245,60	307,00	337,70
13.000	96,30	160,50	208,65	240,75	256,80	321,00	353,10
16.000	100,50	167,50	217,75	251,25	268,00	335,00	368,50
19.000	104,70	174,50	226,85	261,75	279,20	349,00	383,90
22.000	108,90	181,50	235,95	272,25	290,40	363,00	399,30
25.000	113,10	188,50	245,05	282,75	301,60	377,00	414,70
30.000	123,60	206,00	267,80	309,00	329,60	412,00	453,20
darüber hinaus	134,10	223,50	290,55	335,25	357,60	447,00	491,70

C. Tabelle Wertgebühren § 49 — § 8

Wert bis ... EUR	1,2	1,3	1,5	1,6	1,8	2,0	2,3
500	48,00	52,00	60,00	64,00	72,00	80,00	92,00
1.000	90,00	97,50	112,50	120,00	135,00	150,00	172,50
1.500	132,00	143,00	165,00	176,00	198,00	220,00	253,00
2.000	174,00	188,50	217,50	232,00	261,00	290,00	333,50
3.000	235,20	254,80	294,00	313,60	352,80	392,00	450,80
4.000	296,40	321,10	370,50	395,20	444,60	494,00	568,10
5.000	308,40	334,10	385,50	411,20	462,60	514,00	591,10
6.000	320,40	347,10	400,50	427,20	480,60	534,00	614,10
7.000	332,40	360,10	415,50	443,20	498,60	554,00	637,10
8.000	344,40	373,10	430,50	459,20	516,60	574,00	660,10
9.000	356,40	386,10	445,50	475,20	534,60	594,00	683,10
10.000	368,40	399,10	460,50	491,20	552,60	614,00	706,10
13.000	385,20	417,30	481,50	513,60	577,80	642,00	738,30
16.000	402,00	435,50	502,50	536,00	603,00	670,00	770,50
19.000	418,80	453,70	523,50	558,40	628,20	698,00	802,70
22.000	435,60	471,90	544,50	580,80	653,40	726,00	834,90
25.000	452,40	490,10	565,50	603,20	678,60	754,00	867,10
30.000	494,40	535,60	618,00	659,20	741,60	824,00	947,60
darüber hinaus	536,40	581,10	670,50	715,20	804,60	894,00	1.028,10

D. Gebühren in Sozialsachen nach Betragsrahmen

4   Soweit sich die Gebühren in Sozialsachen nach dem Gegenstandswert berechnen (§ 3 Abs. 1 S. 2, Abs. 2 RVG), gelten die Gebührentabellen zu § 13 RVG (siehe § 8 B) und zu § 49 RVG (siehe § 8 C).

5   Soweit nach Betragsrahmen abgerechnet wird (§ 3 Abs. 1 S. 1, Abs. 2 RVG), gelten die nachfolgenden Gebühren, die sich nach Betragsrahmen berechnen. Der bestimmt in diesem Fall die Höhe der im Einzelfall angemessenen Gebühr nach billigem Ermessen unter Berücksichtigung der Kriterien des § 14 Abs. 1 RVG.

Gebührentatbestand	Nr. VV RVG	Mindestgebühr €	Mittelgebühr €	Höchstgebühr €
I. Beratung und Gutachten				
Beratungs- und Gutachtengebühr	§ 34 Abs. 1 S. 1 RVG	es soll eine Vereinbarung getroffen werden		
Beratung eines Unternehmers Vergütung bei Fehlen einer Vereinbarung	§ 34 Abs. 1 S. 2 RVG	Vergütung nach BGB		keine Höchstgrenze
Beratung eines Verbrauchers bei Fehlen einer Vereinbarung	§ 34 Abs. 1 S. 3 RVG	Vergütung nach BGB		250,00
Erstberatung eines Verbrauchers bei fehlender Vereinbarung	§ 34 Abs. 1 S. 3 RVG	Vergütung nach BGB		190,00
Einigungs- oder Erledigungsgebühr	1005		150,00	
II. Prüfung der Erfolgsaussicht eines Rechtsmittels				
Prüfung	2102	30,00	175,00	320,00
Prüfung mit Gutachten	2103	50,00	300,00	550,00
III. Außergerichtliche Vertretung				
Geschäftsgebühr	2303 Nr. 1	50,00	345,00	640,00
weder umfangreich noch schwierig	2304			300,00
Einigungs- oder Erledigungsgebühr	1005	in Höhe der konkret abgerechneten Geschäftsgebühr		
IV. Erstinstanzliches Verfahren				
Verfahrensgebühr	3102	50,00	300,00	550,00
Terminsgebühr	3106	50,00	280,00	510,00
Terminsgebühr ohne mündliche Verhandlung	Anm. S. 2 zu Nr. 3106	90 % der konkret abgerechneten Verfahrensgebühr		
Einigungs- oder Erledigungsgebühr	1006	in Höhe der konkret abgerechneten Verfahrensgebühr		
V. Beschwerde gegen die Nichtzulassung der Berufung				
Verfahrensgebühr	3511	60,00	370,00	680,00
Terminsgebühr	3517	50,00	280,00	510,00
Einigungs- oder Erledigungsgebühr	1006	in Höhe der konkret abgerechneten Verfahrensgebühr		

D. Gebühren in Sozialsachen nach Betragsrahmen § 8

Gebührentatbestand	Nr. VV RVG	Mindestgebühr €	Mittelgebühr €	Höchstgebühr €
VI. Berufungsverfahren/Beschwerdeverfahren in Verfahren des einstweiligen Rechtsschutzes				
Verfahrensgebühr	3204	60,00	370,00	680,00
Terminsgebühr	3205	50,00	280,00	510,00
Terminsgebühr ohne mündliche Verhandlung	Anm. S. 2 zu Nr. 3205	75 % der konkret abgerechneten Verfahrensgebühr		
Einigungs- oder Erledigungsgebühr	1006	in Höhe der konkret abgerechneten Verfahrensgebühr		
VII. Beschwerde gegen die Nichtzulassung der Revision				
Verfahrensgebühr	3512	80,00	480,00	880,00
Terminsgebühr	3518	60,00	360,00	660,00
VIII. Revisionsverfahren				
Verfahrensgebühr	3212	80,00	480,00	880,00
Terminsgebühr	3213	80,00	455,00	830,00
Terminsgebühr ohne mündliche Verhandlung	Anm. zu Nr. 3213	90 % der konkret abgerechneten Verfahrensgebühr		
Einigungs- oder Erledigungsgebühr	1006	in Höhe der konkret abgerechneten Verfahrensgebühr		
IX. Einfache Beschwerde- und Erinnerungsverfahren				
Verfahrensgebühr	3501	20,00	115,00	210,00
Terminsgebühr	3515	20,00	115,00	210,00
Einigungs- oder Erledigungsgebühr	1006	in Höhe der konkret abgerechneten Verfahrensgebühr		
X. Gehörsrügeverfahren				
Verfahrensgebühr	3330	in Höhe der Verfahrensgebühr des zugrunde liegenden Verfahrens		220,00
XI. PKH-Prüfungsverfahren				
Verfahrensgebühr	3335	in Höhe der Verfahrensgebühr des zugrunde liegenden Verfahrens		420,00
Terminsgebühr	Vorbem. 3.3.6	in Höhe der Terminsgebühr des zugrunde liegenden Verfahrens		
XII. Verkehrsanwalt				
Verfahrensgebühr	3400	in Höhe der Verfahrensgebühr des Hauptbevollmächtigten		420,00
Vorzeitige Erledigung	3405			210,00
Einigungs- oder Erledigungsgebühr	1006	in Höhe der konkret abgerechneten Verfahrensgebühr		
XIII. Terminsvertreter				
Verfahrensgebühr	3401	in Höhe der Hälfte der Verfahrensgebühr des Hauptbevollmächtigten		
Vorzeitige Erledigung	3405			210,00
Terminsgebühr	3402	in Höhe der Terminsgebühr eines Hauptbevollmächtigten		
Einigungs- oder Erledigungsgebühr	1006	in Höhe der konkret abgerechneten Verfahrensgebühr		

§ 8 Anhänge

Gebührentatbestand	Nr. VV RVG	Mindestgebühr €	Mittelgebühr €	Höchstgebühr €
XIV. Einzeltätigkeit				
Verfahrensgebühr	3406	30,00	185,00	340,00

E. Gebührentabelle Strafsachen

Tatbestand	Nr. VV RVG	Mindestgebühr	Mittelgebühr	Höchstgebühr	bestellter oder beigeordneter Anwalt
I. Allgemeine Gebühren					
Grundgebühr	4100	40,00	200,00	360,00	160,00
■ mit Zuschlag	4101	40,00	240,00	440,00	192,00
Terminsgebühr	4102	40,00	170,00	300,00	136,00
■ mit Zuschlag	4103	40,00	207,50	375,00	166,00
II. Vorbereitendes Verfahren					
Verfahrensgebühr	4104	40,00	165,00	290,00	132,00
■ mit Zuschlag	4105	40,00	201,25	362,50	161,00
III. Erstinstanzliches gerichtliches Verfahren					
1. Verfahren vor dem Amtsgericht					
Verfahrensgebühr	4106	40,00	165,00	290,00	132,00
■ mit Zuschlag	4107	40,00	201,25	362,50	161,00
Terminsgebühr	4108	70,00	275,00	480,00	220,00
■ mit Zuschlag	4109	70,00	335,00	600,00	268,00
■ Längenzuschlag mehr als 5 bis 8 Stunden	4110				110,00
■ Längenzuschlag mehr als 8 Stunden	4111				220,00
2. Verfahren vor der Strafkammer und der Jugendkammer, soweit diese nicht in Sachen entscheidet, die nach den allgemeinen Vorschriften zur Zuständigkeit des Schwurgerichts gehören					
Verfahrensgebühr	4112	50,00	185,00	320,00	148,00
■ mit Zuschlag	4113	50,00	225,00	400,00	180,00
Terminsgebühr	4114	80,00	320,00	560,00	256,00
■ mit Zuschlag	4115	80,00	390,00	700,00	312,00
■ Längenzuschlag mehr als 5 bis 8 Stunden	4116				128,00
■ Längenzuschlag mehr als 8 Stunden	4117				256,00
3. Verfahren vor dem Oberlandesgericht, dem Schwurgericht oder der Strafkammer nach den §§ 74a und 74c GVG sowie der Jugendkammer, soweit diese in Sachen entscheidet, die nach den allgemeinen Vorschriften zur Zuständigkeit des Schwurgerichts gehören					
Verfahrensgebühr	4118	100,00	395,00	690,00	316,00
■ mit Zuschlag	4119	100,00	481,25	862,50	385,00
Terminsgebühr	4120	130,00	530,00	930,00	424,00
■ mit Zuschlag	4121	130,00	646,25	1.162,50	517,00
■ Längenzuschlag mehr als 5 bis 8 Stunden	4122				212,00
■ Längenzuschlag mehr als 8 Stunden	4123				424,00

E. Gebührentabelle Strafsachen § 8

Tatbestand	Nr. VV RVG	Mindestgebühr	Mittel-gebühr	Höchst-gebühr	bestellter oder beigeordneter Anwalt
IV. Berufungsverfahren					
Verfahrensgebühr	4124	80,00	320,00	560,00	256,00
▪ mit Zuschlag	4125	80,00	390,00	700,00	312,00
Terminsgebühr	4126	80,00	320,00	560,00	256,00
▪ mit Zuschlag	4127	80,00	390,00	700,00	312,00
▪ Längenzuschlag mehr als 5 bis 8 Stunden	4128				128,00
▪ Längenzuschlag mehr als 8 Stunden	4129				256,00
V. Revisionsverfahren					
Verfahrensgebühr	4130	120,00	615,00	1.110,00	492,00
▪ mit Zuschlag	4131	120,00	753,75	1.387,50	603,00
Terminsgebühr	4132	120,00	340,00	560,00	272,00
▪ mit Zuschlag	4133	120,00	410,00	700,00	328,00
▪ Längenzuschlag mehr als 5 bis 8 Stunden	4134				136,00
▪ Längenzuschlag mehr als 8 Stunden	4135				272,00
VI. Wiederaufnahmeverfahren					
Geschäftsgebühr	4136	In Höhe der Verfahrensgebühr für den ersten Rechtszug			
Verfahrensgebühr	4137	In Höhe der Verfahrensgebühr für den ersten Rechtszug			
Verfahrensgebühr	4138	In Höhe der Verfahrensgebühr für den ersten Rechtszug			
Verfahrensgebühr	4139	In Höhe der Verfahrensgebühr für den ersten Rechtszug			
Terminsgebühr	4140	In Höhe der Terminsgebühr für den ersten Rechtszug			
VIII. Strafvollstreckung					
Verfahrensgebühr	4200	60,00	365,00	670,00	292,00
▪ mit Zuschlag	4201	60,00	448,75	837,50	359,00
Terminsgebühr	4202	60,00	180,00	300,00	144,00
▪ mit Zuschlag	4203	60,00	217,50	375,00	174,00
Verfahrensgebühr	4204	30,00	165,00	300,00	132,00
▪ mit Zuschlag	4205	30,00	202,50	375,00	162,00
Terminsgebühr	4206	30,00	165,00	300,00	132,00
▪ mit Zuschlag	4207	30,00	202,50	375,00	162,00
IX. Einzeltätigkeiten					
Verfahrensgebühr	4300	60,00	365,00	670,00	292,00
Verfahrensgebühr	4301	40,00	250,00	460,00	200,00
Verfahrensgebühr	4302	30,00	160,00	290,00	128,00
X. Gnadensachen					
Verfahrensgebühr	4303	30,00	165,00	300,00	
XI. Kontaktperson					
Gebühr	4304				3.500,00

Tatbestand	Nr. VV RVG	Mindestgebühr	Mittelgebühr	Höchstgebühr	bestellter oder beigeordneter Anwalt
XII. Einigungsgebühr					
Einigungsgebühr im Privatklageverfahren bezüglich des Strafanspruchs und des Kostenerstattungsanspruchs	1000, 4147	in Höhe der jeweiligen Verfahrensgebühr (ohne Zuschlag)			
XIII. Zusätzliche Gebühren					
1. Zusätzliche Gebühr für Vermeidung der Hauptverhandlung					

	Nr. VV RVG	Bezugsgebühr	Wahlanwalt	Bestellter oder beigeordenter Anwalt
Vorbereitendes Verfahren	4141	4106	165,00	132,00
Erstinstanzliches Verfahren vor dem AG	4141	4106	165,00	132,00
Erstinstanzliches Verfahren vor der Strafkammer etc.	4141	4112	185,00	148,00
Erstinstanzliches Verfahren vor dem OLG etc.	4141	4118	395,00	316,00
Berufungsverfahren	4141	4124	320,00	256,00
Revisionsverfahren	4141	4130	615,00	492,00
2. Zusätzliche Gebühr bei Einziehung und verwandten Maßnahmen				
	Nr. VV RVG		Wahlanwalt	Bestellter oder beigeordneter Anwalt
Verfahrensgebühr	4142		1,0[3]	1,0[4]
3. Zusätzliche Verfahrensgebühren für das Verfahren über vermögensrechtliche Ansprüche des Verletzten oder seines Erben				
Verfahrensgebühr für das erstinstanzliche Verfahren	4143		2,0[5]	2,0[6]
Berufungs- und Revisionsverfahren	4144		2,5[7]	2,5[8]
4. Verfahren über die Beschwerde gegen den Beschluss, mit dem nach § 406 Abs. 5 S. 2 StPO von einer Entscheidung abgesehen wird				
Verfahrensgebühr	4145		0,5[9]	0,5[10]
5. Verfahren über einen Antrag auf gerichtliche Entscheidung oder über die Beschwerde gegen eine den Rechtszug beendende Entscheidung nach § 25 Abs. 1 S. 3 bis 5, § 13 StrRehaG				
Verfahrensgebühr	4146		1,5[11]	1,5[12]

3 Aus den Beträgen des § 13 RVG.
4 Aus den Beträgen des § 49 RVG.
5 Aus den Beträgen des § 13 RVG.
6 Aus den Beträgen des § 49 RVG.
7 Aus den Beträgen des § 13 RVG.
8 Aus den Beträgen des § 49 RVG.
9 Aus den Beträgen des § 13 RVG.
10 Aus den Beträgen des § 49 RVG.
11 Aus den Beträgen des § 13 RVG.
12 Aus den Beträgen des § 49 RVG.

F. Gebührentabelle Bußgeldsachen

Tatbestand	Nr. VV RVG	Mindestgebühr	Mittelgebühr	Höchstgebühr	bestellter oder beigeordneter Anwalt
I. Allgemeine Gebühr					
Grundgebühr	5100	30,00	100,00	170,00	80,00
II. Verfahren vor der Verwaltungsbehörde, einschließlich des Zwischenverfahrens (§ 69 OWiG) bis zum Eingang der Akten bei Gericht (Vorbem. 5.1.2 Abs. 1 VV RVG).					
Verfahrensgebühr weniger als 40,00 EUR Bußgeld	5101	20,00	65,00	110,00	52,00
Terminsgebühr	5102	20,00	65,00	110,00	52,00
Verfahrensgebühr 40,00 EUR bis 5.000,00 EUR Bußgeld	5103	30,00	160,00	290,00	128,00
Terminsgebühr	5104	30,00	160,00	290,00	128,00
Verfahrensgebühr über 5.000,00 EUR Bußgeld	5105	40,00	170,00	300,00	136,00
Terminsgebühr	5106	40,00	170,00	300,00	136,00
III. Gerichtliches Verfahren im ersten Rechtszug					
Verfahrensgebühr weniger als 40,00 EUR Bußgeld	5107	20,00	65,00	110,00	52,00
Terminsgebühr	5108	20,00	130,00	240,00	104,00
Verfahrensgebühr 40,00 EUR bis 5.000,00 EUR Bußgeld	5109	30,00	160,00	290,00	128,00
Terminsgebühr	5110	40,00	255,00	470,00	204,00
Verfahrensgebühr über 5.000,00 EUR Bußgeld	5111	50,00	200,00	350,00	160,00
Terminsgebühr	5112	80,00	320,00	560,00	256,00
IV. Rechtsbeschwerde, einschließlich des Verfahrens auf Zulassung der Rechtsbeschwerde					
Verfahrensgebühr	5113	80,00	320,00	560,00	256,00
Terminsgebühr	5114	80,00	320,00	560,00	256,00
V. Einzeltätigkeiten, einschließlich der Vertretung in der Vollstreckung und in Gnadensachen (Anm. Abs. 4 zu Nr. 5200 VV RVG).					
Verfahrensgebühr	5200	20,00	65,00	110,00	52,00
VI. Zusätzliche Gebühren					
1. Zusätzliche Gebühr für Vermeidung der Hauptverhandlung					

Tatbestand	Nr. VV RVG	Bezugsgebühr	Wahlanwalt	bestellter oder beigeordneter Anwalt
Verfahren vor der Verwaltungsbehörde	5115			
■ weniger als 40,00 EUR Bußgeld		5101	65,00	52,00
■ 40,00 EUR bis 5.000,00 EUR Bußgeld		5103	160,00	128,00

Tatbestand	Nr. VV RVG	Mindest-gebühr	Mittel-gebühr	Höchstgebühr	bestellter oder beigeordneter Anwalt
■ über 5.000,00 EUR Bußgeld		5105	170,00		136,00
Gerichtliches Verfahren im ersten Rechtszug	5115				
■ weniger als 40,00 EUR Bußgeld		5107	65,00		52,00
■ 40,00 EUR bis 5.000,00 EUR Bußgeld		5109	160,00		128,00
■ über 5.000,00 EUR Bußgeld		5111	200,00		160,00
Rechtsbeschwerde	5115	5113	270,00		256,00
2. Zusätzliche Gebühr bei Einziehung und verwandte Maßnahmen					
			Wahlanwalt	Bestellter oder beigeordneter Anwalt	
Verfahrensgebühr	5116		1,0[13]	1,0[14]	

G. Gebührentabelle Teil 6 VV RVG

I. Verfahren nach dem IRG und nach dem IStGH

		Wahlanwalt			Gerichtlich bestellter oder beigeordneter Anwalt
Tatbestand	Nr. VV RVG	Mindest-gebühr	Mittel-gebühr	Höchst-gebühr	Festgebühr
1. Verfahren vor der Verwaltungsbehörde					
Verfahrensgebühr	6100	50,00	195,00	340,00	156,00
2. Gerichtliche Verfahren					
Verfahrensgebühr	6101	100,00	395,00	690,00	316,00
Terminsgebühr	6102	130,00	530,00	930,00	424,00

II. Disziplinarverfahren, berufsgerichtliche Verfahren wegen der Verletzung einer Berufspflicht

		Wahlanwalt			Gerichtlich bestellter oder beigeordneter Anwalt
Tatbestand	Nr. VV RVG	Mindest-gebühr	Mittel-gebühr	Höchst-gebühr	Festgebühr
1. Allgemeine Gebühren					
Grundgebühr	6200	40,00	195,00	350,00	156,00
Terminsgebühr	6201	40,00	205,00	370,00	164,00
2. Außergerichtliches Verfahren					
Verfahrensgebühr	6202	40,00	165,00	290,00	132,00
3. Nachprüfungsverfahren					
Verfahrensgebühr	6202	40,00	165,00	290,00	132,00

---

13 Aus den Beträgen des § 13 RVG.
14 Aus den Beträgen des § 49 RVG.

G. Gebührentabelle Teil 6 VV RVG §8

Tatbestand	Nr. VV RVG	Wahlanwalt			Gerichtlich bestellter oder beigeordneter Anwalt
		Mindestgebühr	Mittelgebühr	Höchstgebühr	Festgebühr
4. Erster Rechtszug					
Verfahrensgebühr	6203	50,00	185,00	320,00	148,00
Terminsgebühr	6204	80,00	320,00	560,00	256,00
■ Längenzuschlag mehr als 5 bis 8 Stunden	6205				128,00
■ Längenzuschlag mehr als 8 Stunden	6206				256,00
5. Zweiter Rechtszug					
Verfahrensgebühr	6207	80,00	320,00	560,00	256,00
Terminsgebühr	6208	80,00	320,00	560,00	256,00
■ Längenzuschlag mehr als 5 bis 8 Stunden	6209				128,00
■ Längenzuschlag mehr als 8 Stunden	6210				256,00
6. Nichtzulassungsbeschwerde					
Verfahrensgebühr	6215	70,00	590,00	1.110,00	472,00
7. Dritter Rechtszug					
Verfahrensgebühr	6211	120,00	615,00	1.110,00	492,00
Terminsgebühr	6212	120,00	335,00	550,00	268,00
■ Längenzuschlag mehr als 5 bis 8 Stunden	6213				134,00
■ Längenzuschlag mehr als 8 Stunden	6214				268,00
8. Zusatzgebühr					

Verfahren	Nr. VV RVG	Bezugsgebühr	Wahlanwalt (Mittelgebühr)	Gerichtlich bestellter oder beigeordneter Anwalt
vorbereitendes Verfahren	6216	6202	165,00	132,00
Nachprüfungsverfahren	6216	6202	165,00	132,00
erster Rechtszug	6216	6203	185,00	148,00
zweiter Rechtszug	6216	6207	320,00	256,00
Nichtzulassungsbeschwerde	6216	6215	590,00	472,00
dritter Rechtszug	6216	6211	615,00	492,00

III. Gerichtlichen Verfahren bei Freiheitsentziehung und in Unterbringungssachen

Tatbestand	Nr. VV RVG	Wahlanwalt			Gerichtlich bestellter oder beigeordneter Anwalt
		Mindestgebühr	Mittelgebühr	Höchstgebühr	Festgebühr
Verfahrensgebühr	6300	40,00	255,00	470,00	204,00
Verfahrensgebühr	6301	40,00	255,00	470,00	204,00
Verfahrensgebühr	6302	20,00	160,00	300,00	128,00
Verfahrensgebühr	6303	20,00	160,00	300,00	128,00

IV. Gerichtlichen Verfahren bei Freiheitsentziehung und in Unterbringungssachen

Tatbestand	Nr. VV RVG	Mindestgebühr	Mittelgebühr	Höchstgebühr
Terminsgebühr	6401	80,00	380,00	680,00
Verfahrensgebühr	6402	100,00	445,00	790,00
Terminsgebühr	6403	100,00	445,00	790,00

V. Einzeltätigkeiten und Verfahren auf Aufhebung oder Änderung einer Disziplinarmaßnahme

	Nr. VV RVG	Wahlanwalt			Gerichtlich bestellter oder beigeordneter Anwalt
		Mindestgebühr	Mittelgebühr	Höchstgebühr	Festgebühr
Verfahrensgebühr	6500	20,00	160,00	300,00	128,00

H. Gebührentabelle zu § 34 GKG/§ 28 FamGKG

Wert bis ... EUR	0,25	0,5	1,0	2,0	3,0	4,0	5,0
500	15,00	17,50	35,00	70,00	105,00	140,00	175,00
1.000	15,00	25,00	50,00	100,00	150,00	200,00	250,00
1.500	16,25	32,50	65,00	130,00	195,00	260,00	325,00
2.000	20,00	40,00	80,00	160,00	240,00	320,00	400,00
3.000	24,25	48,50	97,00	194,00	291,00	388,00	485,00
4.000	28,50	57,00	114,00	228,00	342,00	456,00	570,00
5.000	32,75	65,50	131,00	262,00	393,00	524,00	655,00
6.000	37,00	74,00	148,00	296,00	444,00	592,00	740,00
7.000	41,25	82,50	165,00	330,00	495,00	660,00	825,00
8.000	45,50	91,00	182,00	364,00	546,00	728,00	910,00
9.000	49,75	99,50	199,00	398,00	597,00	796,00	995,00
10.000	54,00	108,00	216,00	432,00	648,00	864,00	1.080,00
13.000	61,00	122,00	244,00	488,00	732,00	976,00	1.220,00
16.000	68,00	136,00	272,00	544,00	816,00	1.088,00	1.360,00
19.000	75,00	150,00	300,00	600,00	900,00	1.200,00	1.500,00
22.000	82,00	164,00	328,00	656,00	984,00	1.312,00	1.640,00
25.000	89,00	178,00	356,00	712,00	1.068,00	1.424,00	1.780,00
30.000	97,75	195,50	391,00	782,00	1.173,00	1.564,00	1.955,00
35.000	106,50	213,00	426,00	852,00	1.278,00	1.704,00	2.130,00
40.000	115,25	230,50	461,00	922,00	1.383,00	1.844,00	2.305,00
45.000	124,00	248,00	496,00	992,00	1.488,00	1.984,00	2.480,00
50.000	132,75	265,50	531,00	1.062,00	1.593,00	2.124,00	2.655,00
65.000	159,00	318,00	636,00	1.272,00	1.908,00	2.544,00	3.180,00
80.000	185,25	370,50	741,00	1.482,00	2.223,00	2.964,00	3.705,00
95.000	211,50	423,00	846,00	1.692,00	2.538,00	3.384,00	4.230,00
110.000	237,75	475,50	951,00	1.902,00	2.853,00	3.804,00	4.755,00
125.000	264,00	528,00	1.056,00	2.112,00	3.168,00	4.224,00	5.280,00
140.000	290,25	580,50	1.161,00	2.322,00	3.483,00	4.644,00	5.805,00
155.000	316,50	633,00	1.266,00	2.532,00	3.798,00	5.064,00	6.330,00
170.000	342,75	685,50	1.371,00	2.742,00	4.113,00	5.484,00	6.855,00
185.000	369,00	738,00	1.476,00	2.952,00	4.428,00	5.904,00	7.380,00
200.000	395,25	790,50	1.581,00	3.162,00	4.743,00	6.324,00	7.905,00
230.000	433,75	867,50	1.735,00	3.470,00	5.205,00	6.940,00	8.675,00
260.000	472,25	944,50	1.889,00	3.778,00	5.667,00	7.556,00	9.445,00
290.000	510,75	1.021,50	2.043,00	4.086,00	6.129,00	8.172,00	10.215,00
320.000	549,25	1.098,50	2.197,00	4.394,00	6.591,00	8.788,00	10.985,00
350.000	587,75	1.175,50	2.351,00	4.702,00	7.053,00	9.404,00	11.755,00
380.000	626,25	1.252,50	2.505,00	5.010,00	7.515,00	10.020,00	12.525,00
410.000	664,75	1.329,50	2.659,00	5.318,00	7.977,00	10.636,00	13.295,00
440.000	703,25	1.406,50	2.813,00	5.626,00	8.439,00	11.252,00	14.065,00
470.000	741,75	1.483,50	2.967,00	5.934,00	8.901,00	11.868,00	14.835,00
500.000	780,25	1.560,50	3.121,00	6.242,00	9.363,00	12.484,00	15.605,00
550.000	817,75	1.635,50	3.271,00	6.542,00	9.813,00	13.084,00	16.355,00
600.000	855,25	1.710,50	3.421,00	6.842,00	10.263,00	13.684,00	17.105,00
650.000	892,75	1.785,50	3.571,00	7.142,00	10.713,00	14.284,00	17.855,00
700.000	930,25	1.860,50	3.721,00	7.442,00	11.163,00	14.884,00	18.605,00

§ 8 Anhänge

Wert bis ... EUR	0,25	0,5	1,0	2,0	3,0	4,0	5,0
750.000	967,75	1.935,50	3.871,00	7.742,00	11.613,00	15.484,00	19.355,00
800.000	1.005,25	2.010,50	4.021,00	8.042,00	12.063,00	16.084,00	20.105,00
850.000	1.042,75	2.085,50	4.171,00	8.342,00	12.513,00	16.684,00	20.855,00
900.000	1.080,25	2.160,50	4.321,00	8.642,00	12.963,00	17.284,00	21.605,00
950.000	1.117,75	2.235,50	4.471,00	8.942,00	13.413,00	17.884,00	22.355,00
1.000.000	1.155,25	2.310,50	4.621,00	9.242,00	13.863,00	18.484,00	23.105,00
1.050.000	1.192,75	2.385,50	4.771,00	9.542,00	14.313,00	19.084,00	23.855,00
1.100.000	1.230,25	2.460,50	4.921,00	9.842,00	14.763,00	19.684,00	24.605,00
1.150.000	1.267,75	2.535,50	5.071,00	10.142,00	15.213,00	20.284,00	25.355,00
1.200.000	1.305,25	2.610,50	5.221,00	10.442,00	15.663,00	20.884,00	26.105,00
1.250.000	1.342,75	2.685,50	5.371,00	10.742,00	16.113,00	21.484,00	26.855,00
1.300.000	1.380,25	2.760,50	5.521,00	11.042,00	16.563,00	22.084,00	27.605,00
1.350.000	1.417,75	2.835,50	5.671,00	11.342,00	17.013,00	22.684,00	28.355,00
1.400.000	1.455,25	2.910,50	5.821,00	11.642,00	17.463,00	23.284,00	29.105,00
1.450.000	1.492,75	2.985,50	5.971,00	11.942,00	17.913,00	23.884,00	29.855,00
1.500.000	1.530,25	3.060,50	6.121,00	12.242,00	18.363,00	24.484,00	30.605,00
1.550.000	1.567,75	3.135,50	6.271,00	12.542,00	18.813,00	25.084,00	31.355,00
1.600.000	1.605,25	3.210,50	6.421,00	12.842,00	19.263,00	25.684,00	32.105,00
1.650.000	1.642,75	3.285,50	6.571,00	13.142,00	19.713,00	26.284,00	32.855,00
1.700.000	1.680,25	3.360,50	6.721,00	13.442,00	20.163,00	26.884,00	33.605,00
1.750.000	1.717,75	3.435,50	6.871,00	13.742,00	20.613,00	27.484,00	34.355,00
1.800.000	1.755,25	3.510,50	7.021,00	14.042,00	21.063,00	28.084,00	35.105,00
1.850.000	1.792,75	3.585,50	7.171,00	14.342,00	21.513,00	28.684,00	35.855,00
1.900.000	1.830,25	3.660,50	7.321,00	14.642,00	21.963,00	29.284,00	36.605,00
1.950.000	1.867,75	3.735,50	7.471,00	14.942,00	22.413,00	29.884,00	37.355,00
2.000.000	1.905,25	3.810,50	7.621,00	15.242,00	22.863,00	30.484,00	38.105,00
2.050.000	1.942,75	3.885,50	7.771,00	15.542,00	23.313,00	31.084,00	38.855,00
2.100.000	1.980,25	3.960,50	7.921,00	15.842,00	23.763,00	31.684,00	39.605,00
2.150.000	2.017,75	4.035,50	8.071,00	16.142,00	24.213,00	32.284,00	40.355,00
2.200.000	2.055,25	4.110,50	8.221,00	16.442,00	24.663,00	32.884,00	41.105,00
2.250.000	2.092,75	4.185,50	8.371,00	16.742,00	25.113,00	33.484,00	41.855,00
2.300.000	2.130,25	4.260,50	8.521,00	17.042,00	25.563,00	34.084,00	42.605,00
2.350.000	2.167,75	4.335,50	8.671,00	17.342,00	26.013,00	34.684,00	43.355,00
2.400.000	2.205,25	4.410,50	8.821,00	17.642,00	26.463,00	35.284,00	44.105,00
2.450.000	2.242,75	4.485,50	8.971,00	17.942,00	26.913,00	35.884,00	44.855,00
2.500.000	2.280,25	4.560,50	9.121,00	18.242,00	27.363,00	36.484,00	45.605,00
2.550.000	2.317,75	4.635,50	9.271,00	18.542,00	27.813,00	37.084,00	46.355,00
2.600.000	2.355,25	4.710,50	9.421,00	18.842,00	28.263,00	37.684,00	47.105,00
2.650.000	2.392,75	4.785,50	9.571,00	19.142,00	28.713,00	38.284,00	47.855,00
2.700.000	2.430,25	4.860,50	9.721,00	19.442,00	29.163,00	38.884,00	48.605,00
2.750.000	2.467,75	4.935,50	9.871,00	19.742,00	29.613,00	39.484,00	49.355,00
2.800.000	2.505,25	5.010,50	10.021,00	20.042,00	30.063,00	40.084,00	50.105,00
2.850.000	2.542,75	5.085,50	10.171,00	20.342,00	30.513,00	40.684,00	50.855,00
2.900.000	2.580,25	5.160,50	10.321,00	20.642,00	30.963,00	41.284,00	51.605,00
2.950.000	2.617,75	5.235,50	10.471,00	20.942,00	31.413,00	41.884,00	52.355,00
3.000.000	2.655,25	5.310,50	10.621,00	21.242,00	31.863,00	42.484,00	53.105,00
3.050.000	2.692,75	5.385,50	10.771,00	21.542,00	32.313,00	43.084,00	53.855,00

H. Gebührentabelle zu § 34 GKG/§ 28 FamGKG § 8

Wert bis ... EUR	0,25	0,5	1,0	2,0	3,0	4,0	5,0
3.100.000	2.730,25	5.460,50	10.921,00	21.842,00	32.763,00	43.684,00	54.605,00
3.150.000	2.767,75	5.535,50	11.071,00	22.142,00	33.213,00	44.284,00	55.355,00
3.200.000	2.805,25	5.610,50	11.221,00	22.442,00	33.663,00	44.884,00	56.105,00
3.250.000	2.842,75	5.685,50	11.371,00	22.742,00	34.113,00	45.484,00	56.855,00
3.300.000	2.880,25	5.760,50	11.521,00	23.042,00	34.563,00	46.084,00	57.605,00
3.350.000	2.917,75	5.835,50	11.671,00	23.342,00	35.013,00	46.684,00	58.355,00
3.400.000	2.955,25	5.910,50	11.821,00	23.642,00	35.463,00	47.284,00	59.105,00
3.450.000	2.992,75	5.985,50	11.971,00	23.942,00	35.913,00	47.884,00	59.855,00
3.500.000	3.030,25	6.060,50	12.121,00	24.242,00	36.363,00	48.484,00	60.605,00
3.550.000	3.067,75	6.135,50	12.271,00	24.542,00	36.813,00	49.084,00	61.355,00
3.600.000	3.105,25	6.210,50	12.421,00	24.842,00	37.263,00	49.684,00	62.105,00
3.650.000	3.142,75	6.285,50	12.571,00	25.142,00	37.713,00	50.284,00	62.855,00
3.700.000	3.180,25	6.360,50	12.721,00	25.442,00	38.163,00	50.884,00	63.605,00
3.750.000	3.217,75	6.435,50	12.871,00	25.742,00	38.613,00	51.484,00	64.355,00
3.800.000	3.255,25	6.510,50	13.021,00	26.042,00	39.063,00	52.084,00	65.105,00
3.850.000	3.292,75	6.585,50	13.171,00	26.342,00	39.513,00	52.684,00	65.855,00
3.900.000	3.330,25	6.660,50	13.321,00	26.642,00	39.963,00	53.284,00	66.605,00
3.950.000	3.367,75	6.735,50	13.471,00	26.942,00	40.413,00	53.884,00	67.355,00
4.000.000	3.405,25	6.810,50	13.621,00	27.242,00	40.863,00	54.484,00	68.105,00
4.050.000	3.442,75	6.885,50	13.771,00	27.542,00	41.313,00	55.084,00	68.855,00
4.100.000	3.480,25	6.960,50	13.921,00	27.842,00	41.763,00	55.684,00	69.605,00
4.150.000	3.517,75	7.035,50	14.071,00	28.142,00	42.213,00	56.284,00	70.355,00
4.200.000	3.555,25	7.110,50	14.221,00	28.442,00	42.663,00	56.884,00	71.105,00
4.250.000	3.592,75	7.185,50	14.371,00	28.742,00	43.113,00	57.484,00	71.855,00
4.300.000	3.630,25	7.260,50	14.521,00	29.042,00	43.563,00	58.084,00	72.605,00
4.350.000	3.667,75	7.335,50	14.671,00	29.342,00	44.013,00	58.684,00	73.355,00
4.400.000	3.705,25	7.410,50	14.821,00	29.642,00	44.463,00	59.284,00	74.105,00
4.450.000	3.742,75	7.485,50	14.971,00	29.942,00	44.913,00	59.884,00	74.855,00
4.500.000	3.780,25	7.560,50	15.121,00	30.242,00	45.363,00	60.484,00	75.605,00
4.550.000	3.817,75	7.635,50	15.271,00	30.542,00	45.813,00	61.084,00	76.355,00
4.600.000	3.855,25	7.710,50	15.421,00	30.842,00	46.263,00	61.684,00	77.105,00
4.650.000	3.892,75	7.785,50	15.571,00	31.142,00	46.713,00	62.284,00	77.855,00
4.700.000	3.930,25	7.860,50	15.721,00	31.442,00	47.163,00	62.884,00	78.605,00
4.750.000	3.967,75	7.935,50	15.871,00	31.742,00	47.613,00	63.484,00	79.355,00
4.800.000	4.005,25	8.010,50	16.021,00	32.042,00	48.063,00	64.084,00	80.105,00
4.850.000	4.042,75	8.085,50	16.171,00	32.342,00	48.513,00	64.684,00	80.855,00
4.900.000	4.080,25	8.160,50	16.321,00	32.642,00	48.963,00	65.284,00	81.605,00
4.950.000	4.117,75	8.235,50	16.471,00	32.942,00	49.413,00	65.884,00	82.355,00
5.000.000	4.155,25	8.310,50	16.621,00	33.242,00	49.863,00	66.484,00	83.105,00

Stichwortverzeichnis

fette Zahlen = §§, magere Zahlen = Randnummern

Abänderungs-/Aufhebungsverfahren **3** 80
Akte/Dokument, elektronische/-s **3** 37 f.
Anerkenntnis, angenommenes **3** 832 ff., 848 ff., 955
Angelegenheit/-en **3** 62 ff.
– Abänderungs-/Aufhebungsverfahren **3** 80
– Aussetzungsverfahren **3** 85 f.
– Beschwerde **3** 140 ff.
– besondere **3** 108 ff.
– Bußgeldsachen **3** 102 ff., 117
– dieselbe **3** 63 ff.
– erbrechtliche **3** 178
– Gerichtsstandsbestimmungsverfahren **3** 64 ff.
– gesonderte **1** 14
– güterrechtliche **3** 177
– Kostenfestsetzungsverfahren **3** 81
– mit Verfahren zusammenhängende **3** 126 ff.
– nach Teil 6 Abschnitt 2 VV RVG **3** 118
– Rechtsmittel/Rechtszug **3** 83 f.
– Rechtsschutz, einstweiliger **3** 87 ff.
– Rechtszug **3** 62
– Sicherheitsleistung **3** 128 ff.
– Sozialsachen **3** 119 ff.
– Verfahren, vorbereitendes **3** 96 ff.
– verschiedene **3** 82 ff.
Anhörungsrüge **1** 11
Anlage 2 **3** 1321 f.
Anrechnung **1** 6
– Auftraggeber, mehrere **3** 588 f., 640 f.
– Begrenzung **3** 582 ff., 637 ff.
– bei Erreichen der Wahlanwaltsvergütung **3** 317 ff.
– bei Wert, geringem **3** 586 f.
– Beiordnung **3** 312 ff.
– Beratungshilfe **3** 685 ff.
– Einfluss auf Einigungs-/Erledigungsgebühr **3** 787 f.
– Geschäftsgebühr **1** 6
– Güteverfahren **3** 653 ff.
– im Verfahren, gerichtlichen **3** 590, 642
– nach Vorb. 2.3 Abs. 5 VV RVG **3** 536 ff.
– nach Vorb. 2.3 Abs. 6 VV RVG **3** 542 f.
– Rahmengebühren **3** 769 ff.
– Rechtszug, erster **3** 755 f.
– Schwellengebühr **3** 632 ff.
– Sozialrecht **3** 523 ff., 755 ff.
– Terminsgebühr **3** 861 f.
– Unbeachtlichkeit **3** 440 f.
– Vertretung **3** 523 ff., 570 ff.
– Verwaltungsrecht **3** 523 ff., 570 ff., 628 ff.
– Wehrbeschwerdeordnung (WBO) **3** 536 ff., 643 ff., 1273 ff.
– Wehrdisziplinarordnung (WDO) **3** 541, 650, 1262 ff., 1273 ff.
– Wertgebühren **3** 759 ff.
Anschlussbeschwerde **1** 11
Anspruchsübergang **3** 324 ff.
Antrag/Widerantrag **5** 14 f.
Arbeitssachen **1** 13, **3** 897 ff., 1073 ff.
Arrest **1** 1, **3** 1085 ff., 1109 ff.; *siehe auch Rechtsschutz, einstweiliger/vorläufiger*
Asylverfahren **1** 14, **3** 205 ff.
Auffangwert **5** 18 f.

Auftraggeber, mehrere **3** 458 ff.
– Anrechnung **3** 588 f., 640 f.
– Beratungshilfe **3** 684
– Geschäftsgebühr **3** 623 ff.
– Sozialrecht **3** 623 ff.
– Terminsgebühr **3** 856 ff.
– Vertretung **3** 568 f.
– Wertgrenze Gegenstandswert **3** 144 ff.
Auslagen
– Dokumentenpauschale **3** 1280 ff.
– Fahrtkosten **3** 1315 f.
– Haftpflichtversicherungsprämie **3** 1320
– Postentgeltpauschale **3** 1311 ff.
– Tage-/Abwesenheitsgeld **3** 1317 f.
Aussetzungsverfahren **3** 85 f.

Beendigung, vorzeitige **3** 792 ff., 934 ff.
– Einzeltätigkeiten **3** 1061 f.
– Protokollierung, bloße **3** 795 f.
– Prozesskostenhilfe **3** 1039 ff.
– Terminsvertreter **3** 1061 f.
– Vergütungsverzeichnis RVG **3** 990 ff.
– Verhandeln, bloßes **3** 797 f.
– Verhandeln/Einigung **3** 801 ff.
– Verkehrsanwalt **3** 1061 f.
Beiordnung
– Anrechnung **3** 314 ff.
– Anrechnung Vorschüsse/Zahlungen **3** 312 f.
– Anspruchsübergang **3** 324 ff.
– Bekanntmachung von Neufassungen **3** 334 f.
– durch Justizbehörden **3** 327 f.
– Festsetzung Pauschgebühr **3** 306
– Freiheitsentziehungs-/Unterbringungssachen **3** 307 ff.
Beistand **3** 1117 ff.
Beratung/Vertretung, außergerichtliche **3** 227 ff., 238 ff., 506 ff.
Beratungsgebühr **1** 15, **3** 674 ff.
Beratungshilfe **3** 264 ff., 661 ff.
– Anrechnung **3** 685 ff.
– Auftraggeber, mehrere **3** 684
– Beratungsgebühr **1** 15, **3** 674 ff.
– Beratungshilfegebühr **3** 669 ff.
– Beratungstätigkeit **3** 678 f.
– Einigungs-/Erledigungsgebühr **1** 15, **3** 698 ff.
– Erweiterung Rechtsmittel **3** 265 ff.
– Geschäftsgebühr **1** 15, **3** 680 ff.
– Regierungsentwurf **3** 669 ff.
– Schuldenbereinigung **3** 690 ff.
– Umfang Anspruch **3** 264
– Vorschläge, verworfene **3** 661 ff.
– Wertgebühren aus Staatskasse **3** 290 ff.
Berufung **3** 865 ff., 1185
Beschluss **3** 960
Beschwerdeverfahren **3** 412 ff., 865 ff., 1066 ff.
– Angelegenheit/-en **3** 140 ff.
– Arbeitssachen **1** 13, **3** 897 f.
– bestimmte **4** 35 ff.
– Familiensachen **3** 872 ff.
– FGG-Beschwerde **1** 12, **3** 410 f., 876 ff.

443

Stichwortverzeichnis

- Finanzverfahren **3** 407 ff., 975 ff.
- Gebührenerhöhung **3** 394 ff.
- gegen Entscheidungen Bundespatentgericht **3** 987
- Gerichtskostengesetz **4** 35 ff.
- nach dem EnWG **3** 900
- nach dem KSpG **3** 901
- nach dem SpruchG **3** 903 ff.
- nach dem VSchDG **3** 902
- nach dem WpHG **3** 930
- nach dem WpÜG **3** 928 f.
- nach GWB **3** 899, 1079 f.
- nach KapMuG **3** 986
- Nichtzulassungsbeschwerde *siehe dort*
- Rechtsbeschwerde *siehe dort*
- Rechtsschutz, einstweiliger/vorläufiger **3** 907 ff., 988 f.
- Sozialverfahren **3** 1069 f.
- Streitwert **1** 14
- Verfahren, sonstige **3** 416
- Verfahren, weitere **3** 415

Beseitigung Streit/Ungewissheit **3** 346 ff.
Betragsrahmengebühren **1** 7
- Beweisaufnahme, umfangreiche **3** 501 ff.
- Gebührentabelle **8** 5
- Prozesskostenhilfe **3** 1034 ff.
- Rechtsschutz, einstweiliger/vorläufiger **3** 920 ff.
- Strafsachen **3** 1178 ff.
- Terminsgebühr **3** 999
- Verfahrensgebühr **3** 996 f.

Beweisaufnahme, umfangreiche **3** 469 ff.
- Anwendungsbereich **3** 475
- Betragsrahmengebühren **3** 501 ff.
- Gebühr, zusätzliche **1** 8
- Höhe Gebühr **3** 496 ff.
- Termin Vernehmung Sachverständiger **3** 491 ff.
- Termine, drei gerichtliche **3** 483 ff.
- Überblick **3** 476
- Umfang, besonderer **3** 477 ff.
- Voraussetzungen **3** 476
- Wertgebühren **3** 496 ff.
- Zeugenvernehmungstermine **3** 486 ff.

Bewertungsvorschriften
- Angelegenheit/-en, erbrechtliche **3** 178
- Angelegenheit/-en, güterrechtliche **3** 177
- Belastung mit Verbindlichkeiten **3** 170
- Erbbaurechtsbestellung **3** 172
- Erwerbs-/Veräußerungsrechte **3** 165
- Gesellschaftsanteile, bestimmte **3** 168
- Grundpfandrechte **3** 167
- Miet-/Pacht-/Dienstverträge **3** 175 f.
- Mithaft **3** 173
- Nutzungs-/Leistungsrechte **3** 166
- Rangverhältnisse Vormerkung **3** 174
- Rechte, grundstücksgleiche **3** 163
- Sache **3** 160 f.
- Sicherheiten, sonstige **3** 167
- Überblick **3** 159
- Verfügungsbeschränkungen **3** 165
- Vermögen, land-/forstwirtschaftliches **3** 162
- Verpflichtungen, bestimmte schuldrechtliche **3** 164
- Verweisung auf GNotKG **3** 158 ff., 169 ff.
- Wohnungs-/Teileigentum **3** 171

Bundespatentgericht **3** 987
Bußgeldsachen **3** 1196 ff.
- Angelegenheit/-en **3** 102 ff., 117
- Anhebung Gebührenbeträge **3** 1216 ff.

- Antrag Entscheidung, gerichtliche **3** 1202 ff.
- Erinnerung KFB Staatsanwaltschaft **3** 1199 ff.
- Feststellung Pauschgebühr **3** 257 ff.
- Gebührentabelle **8** 7
- Grundgebühr **3** 1208 ff.
- Pauschgebühr **3** 306
- Postentgeltpauschale **3** 1312 ff.
- Umfang **3** 102 ff.
- Verfahrensgebühr, zusätzliche **3** 1212 ff.
- Verteidiger **3** 1208 ff.
- Vorbemerkung 5 VV RVG **3** 1196 ff.
- Wertgebühr **3** 1219 f.

Disziplinarverfahren **1** 1, **3** 1229 ff.; *siehe auch Wehrdisziplinarordnung (WDO)*
- Gebührenrahmen **3** 1239 f.
- Grundgebühr **3** 1232 ff.
- Nichtzulassungsbeschwerde **3** 1235 ff.

Dokumentenpauschale **3** 1280 ff.
- Differenzierung nach SW/F-Kopien **3** 1286 ff.
- Dokumente, elektronische **3** 1301 f.
- Erstellung/Übermittlung Datei **3** 1305 f.
- Überblick **3** 1280 f.
- Zählweise, neue **3** 1303 f.

Ehesachen
- Anhörungsrüge **1** 11
- Gerichtskostengesetz **5** 20
- Mindestwert **1** 11
- Verfahrenskostenhilfe **3** 268 ff.

Eidesstattliche Versicherung **3** 730
Einigung
- Gegenstandswert **3** 369 ff.
- Mitwirkung **3** 367 f.
- Vergütungsverzeichnis RVG **3** 357 ff.

Einigungsgebühr **3** 417 ff.
- Anbindung an Geschäfts-/Verfahrensgebühr **3** 419 ff.
- Auftraggeber, mehrere **3** 435 ff.
- Beratungshilfe **1** 15, **3** 698 f.
- Einigung in Beratung **3** 447 ff.
- Erhöhung **3** 435 ff.
- FGG-Verfahren **1** 12
- Gebührenbestimmung, keine eigene **3** 427 ff.
- Sozialverfahren **3** 417 ff.
- Strafsachen **3** 1155 ff., 1163 ff., 1190
- Tatbestandsvoraussetzungen **3** 418
- Teileinigung/-erledigung **3** 442 ff.
- Unbeachtlichkeit Anrechnung **3** 440 f.
- Verwaltungsverfahren **3** 417 ff.

Einstweilige Verfügung **1** 1, **3** 1085 ff., 1109 ff.; *siehe auch Rechtsschutz, einstweiliger/vorläufiger*
Einzeltätigkeiten **3** 1045 ff., 1192, 1279
EnWG-Beschwerde **3** 900
Erbrecht **3** 177
Erinnerung **1** 14, **3** 1066 ff., 1199 ff.
Erledigungsgebühr
- Beratungshilfe **3** 698 f.
- Einbeziehung Gegenstände, anhängige **3** 456 f.
- Einbeziehung Gegenstände, nicht anhängige **3** 451 ff.
- Erledigung in Beratung **3** 447 ff.
- Teileinigung/-erledigung **3** 442 ff.

Europäischer Gerichtshof für Menschenrechte **3** 225, 251 ff.

Fahrtkosten **3** 1315 f.
Familiensachen **1** 11, **3** 89 ff.
- Anhörungsrüge **1** 11

Stichwortverzeichnis

- Auffangwert **1** 11
- Beschwerden **3** 872 ff.
- Beschwerdeverfahren **3** 872 ff.
- Tätigkeit, eingeschränkte **3** 941 ff.

Festgebühren **4** 61
FGG-Verfahren **1** 12, **3** 410 f., 876 ff., 939 f.
Finanzverfahren **3** 407 ff., 865 ff.
- Beschwerdeverfahren **3** 407 ff., 975 ff.
- Mindestwert **4** 44 ff.
- Streitwert **4** 38 ff., 44 ff.
- Terminsgebühr **3** 956 ff.

Freiheitsentziehungs-/Unterbringungssachen **3** 307 ff., 1241 ff.

Gebühr, zusätzliche **1** 8, **3** 1136 ff., 1188 ff.
Gebührenbeträge **3** 863 f.
Gebührentabelle
- Bußgeldsachen **8** 7
- Gebührenstufen **3** 1321 f.
- Sozialsachen **8** 5
- Strafsachen **8** 6
- Teil 6 VV RVG **8** 8
- zu § 13 Abs. 1 RVG **8** 2
- zu § 34 GKG/28 FamGKG **8** 9
- zu § 49 RVG **8** 3

Gegenstandswert
- Asylverfahrensgesetz **3** 205 ff.
- Bewertungsvorschriften **3** 157 ff.
- Einigung **3** 369 ff.
- Europäischer Gerichtshof für Menschenrechte **3** 225
- Gleichstellung Verfahren **3** 193 ff.
- Höchstwert **3** 199 ff.
- Prozesskostenhilfe **3** 181 ff., 1037
- Regelwert **3** 179 f.
- Schadensersatzrente **3** 196 ff.
- Vermögensauskunft **3** 199 ff.
- Vollstreckung/Vollziehung **3** 188 ff.
- Wertgebühren **3** 498 ff.
- Wertgrenze bei Auftraggebern, mehreren **3** 144 ff.
- Zahlungsvereinbarung **3** 215 ff.

Gehörsrüge
- Begrenzung bei Wertgebühren **3** 1023 f.
- durch Hauptbevollmächtigten **3** 1030 f.
- Gerichtskostengesetz **5** 39 ff.
- Sozialverfahren **3** 1025 ff.
- Verfahrensgebühr **3** 1021 ff.

Genehmigung/Ersetzung Erklärung **5** 10 f.
Gerichtsbescheid **3** 827 ff., 845 ff., 954, 956 ff.
Gerichtsgebühren **4** 53 ff., **5** 29 ff.
Gerichtshof Europäische Union **3** 246 ff.
Gerichtskostengesetz **4** 1 ff., **5** 1 ff.
- Änderung Festgebühren **4** 61
- Antrag/Widerantrag **5** 14 f.
- Auffangwert **5** 18 f.
- Beschwerdeverfahren, bestimmte **4** 35 ff.
- Ehesachen **5** 20
- FamGKG **5** 1 ff.
- Gehörsrüge **5** 39 ff.
- Geltungsbereich **4** 2 ff., **5** 2 f.
- Genehmigung/Ersetzung Erklärung **5** 10 f.
- Gerichtsgebühren **4** 53 ff., **5** 29 ff.
- Kindschaftssachen **5** 21 ff.
- Kostenschuldner, mehrere **4** 8 ff., **5** 4 ff.
- Leistungen, wiederkehrende **4** 28 ff.
- Rechtsmittelverfahren **5** 16 f.

- Streitwert Verwaltungs-/Finanz-/Sozialverfahren **4** 38 ff.
- Stufenantrag **5** 12 f.
- Unterhaltssachen **5** 25 ff.
- Verfahrensbeendigung ohne Entscheidung **5** 33
- Vergleichsgebühr **4** 55 ff., **5** 35 ff.
- Vorauszahlungsbeschwerde **5** 32
- Wertgebühren **4** 24 ff., **5** 7 ff.

Gerichtsstandsbestimmungsverfahren **3** 64 ff.
Geschäftsgebühr
- Anrechnung *siehe dort*
- Auftraggeber, mehrere **3** 623 ff.
- Beratungshilfe **1** 15, **3** 680 ff.
- Einigungsgebühr **3** 419 ff.
- Güteverfahren **3** 651 ff.
- Schwellengebühr **3** 559 ff., 619
- Sozialrecht **1** 6, **3** 593 ff., 620 ff.
- Vertretung **3** 544 ff.
- Wehrbeschwerdeordnung (WBO) **3** 606 ff., 625 f.
- Wehrdisziplinarordnung (WDO) **3** 618, 627

Gnadensachen **3** 1174 ff.
Grundgebühr
- Anwendungsbereich **3** 1209 f.
- Bußgeldsachen **3** 1208 ff.
- Disziplinarverfahren **3** 1232 ff.
- Gebührenbeträge **3** 1211
- Strafsachen **3** 1125 ff.

Gutachten **3** 508 f.
Güterrecht **3** 178
Güteverfahren **3** 651 ff.
GWB-Beschwerde **3** 899, 1079 f.

Haftpflichtversicherungsprämie **3** 1320
Herstellung Einvernehmen **3** 510
Höchstbetrag **3** 54
Höchstwert **3** 199 ff.

Inkrafttreten **1** 2
IRG/IStGH-Verfahren **3** 1227 f.

JVEG-Änderungen **6** 1 ff.

KapMuG-Beschwerde **3** 986
Kindergeldverfahren **1** 11
Kindschaftssachen **5** 21 ff.
Kostenerstattung **3** 389 ff.
Kostenfestsetzungsverfahren **3** 81
Kostenschuldner, mehrere **5** 4 ff.
KSpG-Beschwerde **3** 901

Leistungen, wiederkehrende **4** 28 ff.

Mindestbetrag **3** 46 ff.
Mindestwert **4** 44 ff.
Mittelgebühr **3** 1001
Mitwirkung **3** 367 f.
Modifikationen RVG **1** 16

Nichtzulassungsbeschwerde **3** 398 ff., 405 f., 1066 ff.
- Arbeitsverfahren **1** 13, **3** 1073 ff.
- Disziplinarverfahren **3** 1235 ff.
- Gebührenerhöhung **3** 398 ff.
- nach GWB **3** 1079 f.
- Verfahren, sonstige **3** 1267 ff.
- Verfahrensgebühr **3** 1071 f.

445

Stichwortverzeichnis

– Wehrbeschwerdeordnung (WBO) **3** 1267 ff.
– Wehrdisziplinarordnung (WDO) **3** 1267 ff.

Pauschgebühr **3** 258 ff., 306
Pflichtanwalt **1** 7
Postentgeltpauschale **3** 1311 ff.
Privatklage **3** 1146 ff.
Prozesskostenhilfe *siehe auch Beiordnung*
– Beendigung, vorzeitige **3** 1039 ff.
– Betragsrahmengebühren **3** 1034 ff.
– Gegenstandswert **3** 181 ff., 1037
– Verfahrensgebühr **3** 1032 ff.
– Vergütung, weitere **3** 297 ff.
Prüfung Erfolgsaussicht Rechtsmittel **3** 506 ff.

Rahmengebühren **3** 55 ff., 768 ff.
– Anrechnung **3** 769 ff.
– Kostenerstattung **3** 789 ff.
Rechtsanwalt, beigeordneter/bestellter **3** 264 ff.
Rechtsanwaltsvergütungsgesetz (RVG) **3** 1 ff., **8** 1
– Akte/Dokument, elektronische/-s **3** 37 f.
– Änderung Vergütungsverzeichnis **3** 341 ff.
– Angelegenheit/-en **3** 62 ff.
– Beratung/Vertretung, außergerichtliche **3** 227 ff.
– Beratungshilfe **3** 264 ff.
– Bußgeldsachen **3** 257 ff., 306 ff.
– Gegenstandswert **3** 144 ff.
– Geltungsbereich **3** 13 ff.
– Rahmengebühren **3** 55 ff.
– Rechtsanwalt, beigeordneter/bestellter **3** 264 ff.
– Sozialgerichtsverfahren **3** 22 ff.
– Strafsachen **3** 257 ff., 306 ff.
– Übergangsvorschriften **3** 336 ff.
– Verfahren, bestimmte sonstige **3** 257 ff.
– Verfahren, gerichtliche **3** 242 ff.
– Verfahrenskostenhilfe **3** 268 ff.
– Wertgebühren **3** 39 ff.
– Widerantrag **3** 288
Rechtsbeschwerde **3** 975 ff.
– FGG-Verfahren **1** 12, **3** 410 f.
– gegen Entscheidungen Bundespatentgericht **3** 987
– nach KapMuG **3** 986
– Strafvollzug **3** 931 ff.
– Verfahren, sonstige **3** 1267 ff.
– Wehrbeschwerdeordnung (WBO) **3** 1267 ff.
– Wehrdisziplinarordnung (WDO) **3** 1267 ff.
– Zuständigkeit BGH **3** 981 ff.
Rechtsmittelverfahren **7** 12 ff.
– Angelegenheit/-en **3** 83 f.
– Erweiterung bei Beratungshilfe **3** 265 ff.
– gegen Entscheidungen Bundespatentgericht **3** 975 ff.
– Gerichtskostengesetz **5** 16 f.
– keine Tätigkeit, vorinstanzliche **7** 13 ff.
– Überblick **7** 12
– Vorbefassung **7** 16 ff.
Rechtsschutz, einstweiliger/vorläufiger
– Angelegenheit/-en **3** 87 ff.
– Arrest/Einstweilige Verfügung **3** 1085 ff., 1109 ff.
– Beschwerden **3** 907 ff., 988 f.
– nach Betragsrahmengebühren **3** 920 ff.
– nach Wertgebühren **3** 915 ff.
– Terminsgebühr **3** 924 ff.
– Verfahren nach FamFG **3** 89 ff.
– Verfahren, sonstige **3** 95
– Verwaltungsrecht **1** 14

Rechtszug, erster **3** 700 ff.
– Angelegenheit/-en **3** 62, 83 f.
– Anrechnung **3** 755 ff.
– Anwendungsbereich Teil 3 VV RVG **3** 704 ff.
– Beendigung, vorzeitige **3** 792 ff.
– Terminsgebühr *siehe dort*
– Überblick **3** 700 f.
– Vorb. 3 Abs. 1 VV RVG **3** 702 f.
– Vorb. 3 Abs. 3 VV RVG **3** 711 ff.
Regelstreitwert **1** 8
Regelwert **3** 179 f.
Reisekosten **6** 3
Revision **3** 865 ff., 1186

Schadensersatzrente **3** 196 ff.
Scheidungsfolgenvereinbarung **1** 11
Schiedsverfahren **3** 1045 ff.
Schwellengebühr **3** 559 ff., 619
– Anrechnung **3** 632 ff.
– Prüfung, gesonderte **3** 577 ff.
Sicherheitsleistung **3** 128 ff.
Sozialverfahren **1** 6
– Anerkenntnis, angenommenes **3** 955
– Angelegenheit/-en **3** 119 ff.
– Anrechnung **3** 523 ff., 755 ff.
– Auftraggeber, mehrere **3** 623 ff.
– Beschwerde **3** 1069 f.
– Betragsrahmengebühren **3** 996 ff., **8** 4 f.
– Gebührenanpassung **3** 29 ff.
– Gehörsrüge **3** 1025 ff.
– Geltungsbereich RVG **3** 22 ff.
– Geschäftsgebühr mit GKG **1** 6
– Geschäftsgebühr ohne GKG **1** 6, **3** 593 ff., 620 ff.
– Mittelgebühr **3** 1001
– Rahmengebühren **3** 768 ff.
– Streitwert **4** 38 ff.
– Terminsgebühr **3** 838 ff., 965 ff., 999
– Verfahrensgebühr **3** 808 ff., 962 ff., 996 f.
– Wertgebühren **3** 758 ff.
SpruchG-Beschwerde **3** 903 ff.
Staatskasse **3** 290 ff.
Staffelung Gebührentabelle **1** 7
Steuersachen **3** 227 ff.
Strafbefehlsverfahren **3** 1153 ff.
Strafsachen
– Anhebung Gebührenbeträge **3** 1178 ff.
– Beistände **3** 1117 ff.
– Berufungsverfahren **3** 1185
– Betragsrahmen **3** 1178 ff.
– Einigungsgebühr **3** 1155 ff., 1163 ff., 1190
– Einzeltätigkeiten **3** 1192
– Festbetrag Verfahrensgebühr **3** 1193
– Feststellung Pauschgebühr **3** 257 ff.
– Freiheitsentziehungs-/Unterbringungssachen **3** 307 ff.
– Gebühr, zusätzliche **3** 1136 ff., 1188 ff.
– Gebühren, allgemeine **3** 1182
– Gebührentabelle **8** 6
– Gnadensachen **3** 1174 ff.
– Grundgebühr **3** 1125 ff.
– Pauschgebühr **3** 306
– Postentgeltpauschale **3** 1312 ff.
– Revisionsverfahren **3** 1186
– Rücknahme Privatklage **3** 1146 ff.
– Strafvollzug **3** 700 ff., 931 ff., 1191

Stichwortverzeichnis

- Übergang zum Strafbefehlsverfahren **3** 1153 f.
- Verfahren, erstinstanzliches **3** 1184
- Verfahren, schriftliches **3** 1141 ff.
- Verfahren, vorbereitendes **3** 1183
- Verfahrensgebühr, zusätzliche **3** 1160 ff.
- Vergütungsverzeichnis RVG **3** 1115 ff.
- Wahlanwalt **1** 7
- Wertgebühren **3** 1194 f.
- Wiederaufnahmeverfahren **3** 1187

Streitwert
- Asylverfahren **1** 14
- Auffangwert **1** 11
- Beschwerde **1** 14
- Finanzverfahren **4** 38 ff., 44 ff.
- Gerichtsgebühren **4** 53 ff.
- Mindestwert **1** 11
- Sozialgerichtsverfahren **4** 38 ff.
- Verwaltungsverfahren **1** 14, **4** 38 ff., 50 ff.

Streitwertbeschwerde **1** 14
Stufenantrag **5** 12 f.

Tage-/Abwesenheitsgeld **3** 1317 ff.
Tätigkeit, außergerichtliche **1** 6, **3** 227 ff., 238 ff.
- Herstellung Einvernehmen **3** 510
- Prüfung Erfolgsaussicht Rechtsmittel **3** 506 ff.
- Vertretung **3** 511 ff.

Tätigkeit, eingeschränkte **3** 934 ff.
- Familiensachen **3** 941 ff.
- FGG-Verfahren **3** 939 f.
- Überblick **3** 938
- Vergütungsverzeichnis RVG **3** 990 ff.

Terminsgebühr **3** 814 ff., 945 ff., 994 f.
- Abgabe Eidesstattliche Versicherung **3** 730
- Anerkenntnis, angenommenes *siehe dort*
- Anhörungstermin **3** 718 ff.
- Anrechnung **3** 861 f.
- Arrest/Einstweilige Verfügung **3** 1109 ff.
- Auftraggeber, mehrere **3** 856 ff.
- Beschluss, einstimmiger nach § 130a VwGO **3** 960
- Beweisaufnahme, umfangreiche **1** 8
- FGG-Verfahren **1** 12
- fiktive **3** 851 ff.
- Finanzverfahren **3** 956 ff.
- Gebührenbeträge **3** 863 f.
- Gerichtsbescheid *siehe dort*
- Mitwirkung Besprechungen **3** 739
- Protokollierungstermin **3** 722 ff.
- Sachverständigentermin **3** 738
- Sozialrecht/Betragsrahmengebühren **3** 838 ff.
- Sozialverfahren **3** 965 ff., 999
- Termine, außergerichtliche **3** 737 ff.
- Termine, gerichtliche **3** 717 ff.
- Termine, mündliche **3** 740 ff.
- Termine, sonstige **3** 731 f.
- Terminsvertreter **3** 1052 ff.
- Verfahren, besondere **3** 1013 ff.
- Verfahrensauftrag, unbedingter **3** 749 ff.
- Vergleich, schriftlicher **3** 841 ff.
- Vergleich/Entscheidung, schriftlicher **3** 951 ff.
- Verkündungstermin **3** 733 ff.
- Wehrbeschwerdeordnung (WBO) **3** 1276 ff.
- Wehrdisziplinarordnung (WDO) **3** 1276 ff.

Terminsvertreter **3** 1052 ff., 1061 f.

Überblick Änderungen **1** 5, **2**
Übergangsrecht **7** 1 ff.
- FamGKG **7** 26 f.
- GKG **7** 24 f.
- GNotKG **7** 22 f.
- Grundsatz, allgemeiner **7** 5 ff.
- JVEG **7** 28 f.
- Kostengesetze, andere **7** 21
- Rechtsanwaltsvergütungsgesetz (RVG) **3** 336 ff., **7** 4 ff.
- Rechtsmittelverfahren **7** 12 ff.

Unterhaltssachen **1** 11, **5** 25 ff.

Verfahren vor dem Schiedsgericht **3** 238 ff., 1045 ff.
Verfahren, besondere **3** 1002 ff.
- Aufzählung Verfahren **3** 1007 ff.
- Gehörsrüge **3** 1021 ff.
- Terminsgebühr **3** 1013 ff.
- Verfahrensgebühr **3** 1002 ff.

Verfahren, gerichtliche
- Europäischer Gerichtshof für Menschenrechte **3** 251 ff.
- Gerichtshof Europäische Union **3** 246 ff.
- Verfassungsgericht **3** 242 ff.

Verfahren, schiedsrichterliche **3** 238 ff.
Verfahren, sonstige **3** 257 ff., 416, 1221 ff.
- Disziplinarverfahren **3** 1229 ff.
- Einzeltätigkeiten **3** 1279
- Freiheitsentziehungs-/Unterbringungssachen **3** 307 ff., 1241 ff.
- Gebührenerhöhung **3** 416
- IRG/IStGH-Verfahren **3** 1227 f.
- Nichtzulassungsbeschwerde **3** 1267 ff.
- Rechtsbeschwerde **3** 1267 ff.
- Überblick **3** 1221 ff.
- Wehrbeschwerdeordnung (WBO) **3** 1244 ff.
- Wehrdisziplinarordnung (WDO) **3** 1259 ff.

Verfahren, vorbereitende **3** 96 ff.
Verfahren, weitere **3** 415

Verfahrensgebühr
- Anrechnung *siehe dort*
- Arrest/Einstweilige Verfügung **3** 1085 ff.
- Einigungsgebühr **3** 419 ff.
- ermäßigte **1** 6
- Festbetrag **3** 1193
- Gehörsrüge **3** 1021 ff.
- Gnadensachen **3** 1174 ff.
- Nichtzulassungsbeschwerde **3** 1071 f.
- Sozialverfahren **3** 808 ff., 962 ff., 996 f.
- Strafsachen **3** 1160 ff.
- Verfahren, besondere **3** 1002 ff.
- Verkehrsanwalt **3** 1050 ff.
- Wehrbeschwerdeordnung (WBO) **3** 1265 ff.
- Wehrdisziplinarordnung (WDO) **3** 1265 ff.
- zusätzliche **3** 1160 ff., 1212 ff.

Verfahrenskostenhilfe **1** 11, **3** 268 ff.
Verfahrenswert **1** 11
Verfassungsgericht **3** 242 ff.
Vergleich/Entscheidung, schriftliche/-r **3** 841 ff., 951 ff.
Vergleichsgebühr **4** 55 ff., **5** 35 ff.
Vergütung, weitere **3** 297 ff.
Vergütungsverzeichnis RVG **3** 341 ff., **8** 1
- Anpassung Schreibweise **3** 466 ff.

447

Stichwortverzeichnis

- Arrest/Einstweilige Verfügung **3** 1085 ff.
- Auftraggeber, mehrere **3** 458 ff.
- Auslagen **3** 1280 ff.
- Beendigung, vorzeitige **3** 934 ff., 990 ff., 1039 ff., 1061 f.
- Beratungshilfe **3** 661 ff.
- Berufung **3** 865 ff.
- Beschwerden **3** 865 ff., 975 ff., 1066 ff.
- Beseitigung Streit/Ungewissheit **3** 346 ff.
- Beweisaufnahme, umfangreiche **3** 469 ff.
- Bußgeldsachen **3** 1196 ff.
- Einigung **3** 357 ff.
- Einigungsgebühr **3** 417 ff.
- Einzeltätigkeiten **3** 1045 ff.
- Erhöhung Einigungsgebühr **3** 394 ff.
- Erinnerung **3** 1066 ff.
- Finanzverfahren **3** 865 ff.
- Gebühren, allgemeine **3** 341 ff.
- Gegenstandswert **3** 369 ff.
- Gehörsrüge **3** 1021 ff.
- Mitwirkung **3** 367 f.
- Nichtzulassungsbeschwerde **3** 1066 ff.
- Prozesskostenhilfe **3** 1032 ff.
- Rechtsbeschwerden **3** 975 ff.
- Rechtsmittel gegen Bundespatentgericht **3** 975 ff.
- Rechtszug, erster **3** 700 ff.
- Revision **3** 865 ff.
- Schiedsverfahren **3** 1045 ff.
- Strafsachen **3** 1115 ff.
- Strafvollzugsgesetz **3** 700 ff.
- Tätigkeit, außergerichtliche **3** 506 ff.
- Tätigkeit, eingeschränkte **3** 934 ff., 990 ff.
- Terminsgebühr **3** 945 ff., 994 f., 999, 1109 ff.
- Terminsvertreter **3** 1052 ff.
- Verfahren vor Schiedsgericht **3** 1045 ff.
- Verfahren, besondere **3** 1002 ff.
- Verfahren, sonstige **3** 1221 ff.
- Verfahrensgebühr **3** 996 f., 1032 ff.
- Verkehrsanwalt **3** 1050 ff.
- Vertretung Verwaltungsverfahren **3** 506 ff.
- Verwaltungsrecht **3** 700 ff.
- Verzicht, vorläufiger auf Titulierung **3** 361 f.
- Verzicht, vorläufiger auf Vollstreckung **3** 363 ff.
- Zahlungsvereinbarung **3** 347 ff.
- Zivilsachen **3** 700 ff.

Verkehrsanwalt **3** 1050 ff., 1061 f.
Vermögensauskunft **3** 199 ff.
Verteidiger
- Bußgeldsachen **3** 1208 ff.
- Strafsachen *siehe dort*

Vertretung **3** 511 ff.
- Anrechnung **3** 523 ff., 570 ff.
- Auftraggeber, mehrere **3** 568 f.
- Geschäftsgebühr **3** 544 ff.
- Schwellengebühr **3** 559 ff.
- Überblick **3** 511 ff.
- Verwaltungsrecht **3** 549 ff., 570 ff.
- Vorb. 2.3 VV RVG **3** 521 ff.

Verwaltungsverfahren **1** 6, **3** 700 ff.
- Anrechnung **3** 523 ff., 570 ff., 628 ff.
- Asylverfahren **1** 14
- Erinnerung **1** 14
- Geschäftsgebühr **3** 549 ff.
- Rechtsschutz, einstweiliger **1** 14
- Streitwert **1** 14, **4** 38 ff., 50 ff.
- Streitwertbeschwerde **1** 14
- Tätigkeiten, außergerichtliche **3** 506 ff.
- Vertretung **3** 570 ff.

Vollstreckung/Vollziehung **3** 188 ff.
Vorauszahlungsbeschwerde **5** 32
Vorbefassung **7** 16 f.
Vorschüsse **3** 312 f.
VSchDG-Beschwerde **3** 902

Wehrbeschwerdeordnung (WBO) **3** 1244 ff.
- Anrechnung **3** 536 ff., 643 ff., 1273 ff.
- Einzeltätigkeiten **3** 1279
- Gebührenbeträge **3** 1278
- Geschäftsgebühr **3** 606 ff., 625 f.
- Nichtzulassungsbeschwerde **3** 1267 ff.
- Rechtsbeschwerde **3** 1267 ff.
- Terminsgebühr **3** 1276 ff.
- Überblick **3** 1246 ff.
- Verfahrensgebühr **3** 1265 ff.
- Vertretung **3** 536 ff.

Wehrdisziplinarordnung (WDO)
- Anrechnung **3** 541, 650, 1262 ff., 1273 ff.
- Einzeltätigkeiten **3** 1279
- Gebührenbeträge **3** 1278
- Geschäftsgebühr **3** 618, 627
- Nichtzulassungsbeschwerde **3** 1267 ff.
- Rechtsbeschwerde **3** 1267 ff.
- Terminsgebühr **3** 1276 ff.
- Überblick **3** 1246 ff.
- Verfahrensgebühr **3** 1265 ff.
- Vertretung **3** 541

Wertfestsetzung **5** 29 ff.
Wertgebühren **3** 39 ff., 758 ff.
- Anhebung **4** 24 ff.
- Anrechnung **3** 759 ff.
- Beratungshilfe **3** 290 ff.
- Beweisaufnahme, umfangreiche **3** 496 ff.
- Gebührenbeträge **3** 40 ff.
- Gebührensatz **3** 496 ff.
- Gegenstandswert **3** 498 ff.
- Gehörsrüge **3** 1023 ff.
- Gerichtskostengesetz **4** 24 ff., **5** 7 ff.
- Höchstbetrag **3** 54
- Kostenerstattung **3** 764 ff.
- Mindestbetrag **3** 46 ff.
- Rechtsschutz, einstweiliger/vorläufiger **3** 915 ff.
- Strafsachen **3** 1194 f.

Widerantrag **3** 288
Widerspruchsverfahren **1** 6
Wiederaufnahme **3** 1187
WpHG-Beschwerde **3** 930
WpÜG-Beschwerde **3** 928 f.

Zahlungen **3** 312 f.
Zahlungsvereinbarung
- Gegenstandswert **3** 215 ff.
- Höhe Gebühr **3** 381 ff.
- Kostenerstattung **3** 389 ff.
- Vergütungsverzeichnis RVG **3** 347 ff.

Zeitversäumnis **6** 4 ff.
- Haushaltsführungsnachteil **6** 7 f.
- Überblick **6** 4
- Verdienstausfall **6** 9 f.

Zivilsachen **3** 700 ff.
Zulassung Rechtsmittel **3** 405 f.